CW01011026

GOLD

MAGIE MYTHOS MACHT
Gold der Alten und Neuen Welt

GOLD

MAGIE MYTHOS MACHT
GOLD DER ALTEN UND NEUEN WELT

Herausgegeben von
Ludwig Wamser und Rupert Gebhard

ARNOLDSCHE

© 2001 ARNOLDSCHE Art Publishers
Stuttgart, Archäologische Staatssammlung
München und Autoren

Herausgeber
Ludwig Wamser
Rupert Gebhard
Archäologische Staatssammlung München

Redaktion
Rupert Gebhard
Barbara Wührer
Archäologische Staatssammlung München

Offset-Reproduktionen
mb Satz und Repro, Stuttgart

Druck
Offizin Andersen Nexö, Leipzig

Dieses Buch wurde gedruckt auf 100 % chlor-
frei gebleichtem Papier und entspricht damit
dem TCF-Standard.

**Die Deutsche Bibliothek –
CIP-Einheitsaufnahme**

Ein Titeldatensatz für diese Publikation ist bei
der Deutschen Bibliothek erhältlich
ISBN 3-89790-170-6

Made in Germany, 2001

Umschlagabbildung vorne
Maske. Kolumbien, Ilama-Kultur.
350–100 v. Chr. (Kat. 16)

Umschlagabbildung hinten
Cloissonierte Fibel mit Filigrandekor.
Vagen Grab 20, Lkr. Rosenheim.
Um 600 n. Chr. (Kat. 145)

Frontispiz
Schale aus Votivschatz. Heroldingen-
Huisheim. 10.–9. Jh. v. Chr. (Kat. 24b)

**Wir danken für die großzügige Förderung
des Ausstellungsprojektes:**

**Ernst von Siemens-Kunstfonds, München
(Dr. Heribald Närger)**

Inhaltsverzeichnis

Leihgeber

Andechs, Kirchenstiftung St. Vitus
Augsburg, Römisches Museum
Bayreuth, Richard-Wagner-Museum
Berlin, Ethnologisches Museum,
    Staatliche Museen zu Berlin
Berlin, Museum f. Vor- u. Frühgeschich-
    te, Staatliche Museen zu Berlin
Bern, Bernisches Historisches Museum
Brad, Muzeul Aurului
Dresden, Kunstgewerbemuseum
    Dresden
Dresden, Museum f. Mineralogie u.
    Geologie
Frankfurt, Deutsche Bank, Geldge-
    schichtliche Sammlungen im Geld-
    museum
Frauenchiemsee, Gemeinde und
    Torhallenmuseum
Freiberg, Geowissenschaftliche Samm-
    lung, TU Bergakademie
Ingolstadt, Stadtmuseum
Karlsruhe, Badisches Landesmuseum
    (Münzkabinett)
Kassel, Museum f. Astronomie u.
    Technikgeschichte
Landau/Isar, Kreisarchäologie Dingol-
    fing-Landau
Magdalensberg, Archäologischer Park
    Magdalensberg
Manching, Marktgemeinde
Mindelheim, Franziskanerinnenkloster
    Hl. Kreuz, Mus. Mindelheim
München, Bayerisches National-
    museum
München, Hofjuwelier P. Rath GmbH
    (Inh. K. Rothmüller)
München, Lehrstuhl für Allgemeine,
    Angewandte und Ingenieur-Geologie,
    Technische Universität München

München, Mineralogische Staatssamm-
    lung, Museum Reich der Kristalle
München, Schatzkammer der Residenz
München, Staatliche Antikensamm-
    lungen
München, Staatliches Museum Ägyp-
    tischer Kunst
München, Staatliches Museum f.
    Völkerkunde
Nürnberg, Germanisches National-
    museum
Oberstockstall, Slg. Fritz Salomon,
    Oberstockstall
Rudolstadt, Thüringisches Landes-
    museum Schloss Heidecksburg
Salzburg, Carolino Augusteum,
    Salzburger Museum f. Kunst- u.
    Kulturgeschichte
Speyer, Historisches Museum der Pfalz
Straubing, Gäubodenmuseum
Stuttgart, Linden-Museum
Stuttgart, Württembergisches Landes-
    museum
Tübingen, Institut f. Ur- u. Früh-
    geschichte u. Münzsammlung der
    Eberhard-Karls-Universität
Wien, Naturhistorisches Museum
Zürich, Schweizerisches Landesmuseum

Privatsammlungen: A. Bisswang,
    A. Brändle, Dexel, P. R. Franke,
    H. G. Fröber, R. Gebhard u. B. Haas-
    Gebhard, S. Kreher, Kulick, G. Lehr-
    berger, M. Mönnich, P. Morávek,
    T. Obertüfer, W. Paar, E. Preßl,
    V. Ruttner, C. Schmidt, S. Schörg-
    huber, R. Sporn, G. u. B. Steyer,
    H. Voit, G. Zahlhaas.

Vorwort

Die Archäologische Staatssammlung – Museum für Vor- und Frühgeschichte schätzt sich glücklich, mit dem 1998 und 1999 erworbenen goldenen Zubehör eines lebensgroßen Kultbildes von Bernstorf (Reg.bezirk Oberbayern) und einem aus fünf reichornamentierten Goldgefäßen bestehenden Votivschatz von Hoppingen-Huisheim (Reg.bezirk Schwaben) gleich zwei landes- und kultur- bzw. religionsgeschichtlich hochbedeutende Fundkomplexe aus der alteuropäischen Bronzezeit zu besitzen. Es handelt sich hierbei um jene Epoche, die 1994 vom Europarat als das erste goldene Zeitalter Europas proklamiert wurde und für die spätere wirtschaftliche und gesellschaftliche Entwicklung unseres Kontinents wichtige Grundlagen schuf. Diese beiden spektakulären Neuerwerbungen, deren Bekanntwerden nicht nur in der Fachwelt erhebliches Aufsehen erregte, wären vor dem Hintergrund des Faktums, dass Sonderausstellungen vor allem dann, wenn sie mit Gold oder »fremden Schätzen« locken, Besucherscharen anziehen, an sich Grund genug, sie im Rahmen einer eigenen Sonderausstellung zu präsentieren. Abweichend von der bisherigen, in den vergangenen Jahrzehnten geübten Praxis der stereotypen Variation des Themas »Gold« (der Thraker, Skythen, Helvetier, Kelten, Barbarenfürsten, Alpen usw.) wird hier jedoch angesichts der Vielschichtigkeit dieses Begriffs und der kulturgeschichtlichen Bedeutung dieses allseits beliebten Gegenstands mystifizierender Spekulationen der Versuch unternommen, besagte Neuerwerbungen einmal unter einem übergreifenden Aspekt – d.h. in raum- und zeitüberschreitender Betrachtungsweise, bezogen auf die Vielfalt menschlichen Daseins – aufzuzeigen,

auch wenn letzteres natürlich nur exemplarisch geschehen kann

Seit jeher ist Gold der Inbegriff von Reichtum und Macht – im Investmentbereich steht es stellvertretend für die klassische Absicherung von allen anderen Vermögenswerten. Wie in den vergangenen Jahrhunderten empfehlen auch heute Fachleute diese »glänzende Anlageform« zur Stabilisierung des Vermögensportefeuilles, wenn auch nicht mehr in einem Ausmaß von 30 %, einer von Rothschild im 18. Jahrhundert empfohlenen Faustregel, sondern von 5 bis 10 %. Der fixe Stellenwert im Portfolio ist hingegen nach wie vor unumstritten. Wer Gold jedoch nur kurzfristig unter dem Aspekt »kurzfristig spekulativen Gewinndenkens« erwirbt, kann bisweilen auch schlecht beraten sein, da der Goldpreis in Deutschland direkt von der Entwicklung des Dollars abhängig und somit auch dessen Kursschwankungen unterworfen ist. Als Absicherung der Portefeuilles zur Erhaltung des Realwertes hat sich Gold hingegen immer schon bewährt, vor allem in politischen oder wirtschaftlichen Krisenzeiten.

Diese unveränderte Bedeutung des Goldes resultiert, wie Paul Berger, der Generaldirektor der Münze Österreichs, erst kürzlich wieder betont hat, zu einem großen Teil aus seinen immanenten Eigenschaften, die ihm in den verschiedensten Bereichen des Wirtschaftslebens einen besonderen Stellenwert sichern: Seine hohe chemische Beständigkeit macht es zu einem wichtigen Rohstoff für Raumfahrt und Medizintechnik, seine elektrische Leitfähigkeit zu einem unentbehrlichen Rohstoff für Elektronik und Raumforschung. Das hohe spezifische Gewicht macht Gold extrem formbar, womit es sich

in der Schmuckindustrie, die über 80 % der Weltgolderzeugung verarbeitet, eine unumstrittene Spitzenstellung gesichert hat, aber auch in der modernen Technologie von hoher Bedeutung ist. Seine Rarität – die gesamte bis heute geförderte Goldmenge soll einem Würfel von nur 17 m Seitenlänge entsprechen – und der Umstand, dass Gold bis heute nicht künstlich hergestellt werden kann, sichern dem Edelmetall seinen immanenten Wert.

Als der »reinsten« und »unvergänglichsten« Materie, der man früher sogar himmlischen Ursprung zuerkannte, schrieb man Gold aber auch magische – heilende, schützende, abwehrende und glückverheißende – Wirkungskräfte zu. Kein Wunder, dass sich um dieses faszinierendste aller Metalle zahlreiche Mythen und Sagen ranken und sich der »verfluchte Hunger nach Gold« auf der ganzen Welt, quer durch alle Zeiten, findet. Seit jeher wird diesem »sonnengleichen«, zur Darstellung des göttlichen Lichts verwendeten Metall eine ungeheure Wirkung zugeschrieben; sein Besitz bedeutet Macht, als Schmuck schmeichelt es der Schönheit seiner Trägerin. Morde und Kriege waren ein Mittel, um an Gold zu kommen. Der Hochmut der Menschen machte sie sogar glauben, man könne es künstlich herstellen. Alchemisten täuschten die Fürsten mit ihren Künsten. All dies gab Anlass genug zu einer zusammenfassenden Behandlung dieses weitgespannten Themenbereichs im Rahmen einer gesonderten Ausstellung unter dem beziehungsreichen Titel »MAGIE, MYTHOS, MACHT – Gold der Alten und Neuen Welt«.

Der Erwerb der beiden eingangs genannten Neuzugänge, die in dieser Ausstellung erstmals präsentiert werden, wurde ermöglicht durch erhebliche finanzielle Mittel, die die Bayerische Landestiftung (Staatsminister a. D. Maurer), die Ernst von Siemens-Stiftung (Dr. Närger) und das Bundesministerium des Inneren (Ministerialrat Trautmann) dankenswerterweise zur Verfügung stellten. Ganz besonders zu danken habe ich Herrn Dr. Heribald Närger für die Bereitstellung eines namhaften Druckkostenzuschusses durch den Ernst von Siemens-Kunstfonds.

Abschließend ist es dem Herausgeber dieser Reihe ein Bedürfnis, allen jenen zu danken, die sich um das Zustandekommen der Ausstellung und dieses Katalog-Handbuchs verdient gemacht haben. An erster Stelle zu nennen ist Herr Dr. habil. Rupert Gebhard, der nicht nur die Verwirklichung dieses Bandes und der Ausstellung zielstrebig vorangetrieben, sondern auch einen einführenden Beitrag und eine Reihe von Katalogtexten zu den verschiedenen Aspekten des vielschichtigen Themenbereichs dieses Projektes beigesteuert hat, dessen Konzeption, Organisation und Gestaltung vor allem sein Werk sind. Mein Dank gilt sodann Frau Dr. Gisela Zahlhaas und Herrn Dr. Bernward Ziegaus für ihre tatkräftige Mitarbeit bei der Erarbeitung des Konzepts und der Ausstellungsgestaltung sowie allen übrigen, im Vorspann genannten Autoren, ohne deren engagierte Unterstützung dieses Vorhaben nicht möglich gewesen wäre, desweiteren Frau Dr. Barbara Wührer für die damit verbundenen Arbeiten.

Dank und Anerkennung gebührt aber auch den Leihgebern und allen anderen beteiligten Mitgestaltern der Ausstellung und dieses Begleitbandes für ihre konstruktive Mitwirkung: den Damen und Herren Dr. Andrea Lorentzen (Öffentlich-

keitsarbeit), Moritz Ostenrieder (3 D Laser Imaging), Manfred Eberlein (Fotoarbeiten), dem technischen Einrichtungs- und Restauratorenteam der Archäologischen Staatssammlung unter der Anleitung von Michael Berger (Ausstellungsgestaltung, Graphik), Alfred Müller (Ausstellungstechnik) und Egon Blumenau (Restaurierung, Objektmontagen, konservatorische Betreuung) sowie Otto Lang (Verwaltung), Gabriela Falbo und Cornelia Schönhuber (Sekretariat).

Dass Satz und Drucklegung so rasch und problemlos in Gang gebracht werden konnten, ist das besondere Verdienst der ARNOLDSCHEN Verlagsanstalt GmbH in Stuttgart (Verleger Dieter Zühlsdorff, Dirk Allgaier) sowie der Grafikerin Silke Nalbach, die diesem Band durch stets verständnisvolle redaktionelle und technische Mitwirkung, Geduld und Festigkeit Form und Gestalt verliehen und alles getan hat, um den drucktechnisch partiell schwierigen Abbildungsvorlagen das Beste abzugewinnen. Zugleich hoffen und wünschen wir, dass die vorliegende Publikation und das Ausstellungsprojekt in möglichst weiten Kreisen gute Aufnahme finden und so eine weitere Brücke der Verbindung zwischen unserem Hause und seinen Besuchern hergestellt werden kann.

Ludwig Wamser
München, im Oktober 2001

Magie, Mythos, Macht
Gold der Alten und Neuen Welt

Rupert Gebhard

»Gold ist ein Kind des Zeus; weder Motten noch Rost verzehren es – aber der Geist des Menschen wird von diesem kostbarsten Stoff verzehrt.«
(Pindar 5. Jh .v.Chr.)

Gold ist das faszinierendste aller Metalle – selten, wertvoll, von ewiger Dauer, mit dem Glanz der Sonne, reines Licht. Um Gold winden sich Mythen und Sagen, ihm wird gewaltige Wirkung zugeschrieben, sein Besitz bedeutet Macht, als Schmuck schmeichelt es der Schönheit und Würde seiner Träger. Andererseits findet sich die skeptische Bewertung »auri sacra fames«, »verfluchter Hunger nach Gold« (Vergil, Äneis), immer und überall auf der Welt.

Die Gedanken der Menschen über Gold gleichen sich zu allen Zeiten. Unabhängig, ob es eine räumliche oder zeitliche Tradition gibt, entwickeln sich die Ideen über Gold anscheinend immer gleich. Eine Gegenüberstellung von Goldobjekten aus ganz verschiedenen Bereichen führt letztlich zu der Erkenntnis, dass die Vorstellungen über das Wesen des Goldes ein Spiegel des menschlichen Geistes sind, der gleiche Gedanken an verschiedenem Ort hervorzubringen vermag. Eine völlige Freiheit besitzt er dabei nicht, da er stets in eine kulturelle Umwelt und deren Traditionen eingebunden ist. So verstanden sind alle in dieser Ausstellung gezeigten Objekte ihrem Wesen nach Beispiele für die Phantasie des menschlichen Geistes.

Die erste Entdeckung des Goldes, vorgestellt als eine naive Fiktion, veranschaulicht die Begegnung mit seinen Wesenseigenschaften. Ein Mensch entdeckt im Licht der Sonne ein Stückchen Gold. Um es zu prüfen, schlägt er mit einem Stein darauf. Zu seiner Überraschung lässt es sich selbst mit größter Gewalt nicht zerstören, es verformt sich immer weiter und behält seinen Glanz. Die urtümliche magische Faszination, die von dem Metall ausgeht, ist sein Glanz, seine Unzerstörbarkeit und der begnadete Zufall, der zu

seiner Entdeckung führt. Schon früh müssen sich daraus Mythen gebildet haben. Seit es eine literarische Überlieferung gibt, spielt darin immer auch Gold eine Rolle. Die mythischen Zeitalter mit einem Leben in friedlicher Glückseligkeit waren für viele Völker immer die »goldenen«. Der Besitz von Gold und seine Darstellung war in vielen Gesellschaften der Alten Welt ein wichtiges Element. Aufgrund der Seltenheit begegnet uns Gold zunächst überwiegend im religiösen Bereich. Schamanen nutzen es für den Kontakt mit den Geistern, Priesterhäuptlinge zur Darstellung ihrer Selbst und ihres göttlichen Wesens. Die Hortung des Goldes, zunächst in den Tempeln, dann in den Schatzkammern der antiken Reiche, führte zu einem Anwachsen der Goldmenge. Der ihm dadurch zugetragene materielle Wert schien die ursprüngliche magische Bedeutung des Metalls zurückzudrängen. Zu Münzen geschlagen wurde Gold zur Basis antiker Wirtschaftssysteme. Der Besitz von Gold bedeutete den Besitz der Macht. Die ganze Reihe der damit verbundenen Übel, von Neid und Geiz bis hin zur Gier veranlasste früh die Denker, Gold zu tabuisieren: »Das schlimmste Verbrechen gegen die Menschheit hat der begangen, der als erster Gold an die Finger steckte ..., und den nächsten der, der aus Gold einen Denar prägte.« (Plinius, Naturgeschichte, 33. Buch, 1. Jh. n. Chr.).

Bis in unsere Gegenwart sind diese Vorstellungen geblieben. Der Bengale Rabindranath Tagore, 1913 mit dem Nobelpreis für Literatur ausgezeichnet, schrieb: »Fasst die Flügel des Vogels in Gold, und er wird sich nie wieder in die Luft schwingen.« Der Mythos Gold, so scheint es, ist auch noch in der Gegenwart geblieben. Es gibt

zahlreiche Berichte und Studien über Gold. Die folgenden Abschnitte mögen daher exemplarisch Aspekte der Geschichte des Goldes aufzeigen, um dem Leser des Buches und dem Besucher der Ausstellung die Werke zu erschließen.

Zeichen der Ewigkeit

Gold wird durch keine anderen, in der Antike bekannten Stoffe angegriffen oder zerstört. Es gilt als unzerstörbar, entzieht sich dem Kreislauf der Dinge: des Werdens, Seins und Vergehens. Es wurde daher zum Zeichen der Ewigkeit. Ewigkeit ist ein Zustand ohne Zeit und wird in vielen Religionen als der ersehnte Endzustand gesehen. Die Vorstellungen über den Tod und das Jenseits verbinden sich mit dem Begriff der Ewigkeit. Das treffendste Beispiel für diese Zusammenhänge bildet die Verwendung von Gold im Totenbrauchtum. Im Zentrum steht die Bedeckung des Gesichtes mit Gold, die Bewahrung seines Antlitzes für die Ewigkeit. Die Beispiele für diesen Ritus haben aufgrund ihrer Expressivität weite Berühmtheit erlangt, etwa die Goldmaske des Pharaos Tutanchamun (18. Dynastie, etwa 1347–1339 v. Chr.) oder des sogenannten »Agamemnon«, jenes unbekannten mykenischen Priesterfürsten, der von Heinrich Schliemann irrtümlich für den Helden Homers gehalten wurde (Kat. 15). In den Schachtgräbern von Mykene fanden sich insgesamt sechs goldene Masken für Erwachsene, alle offensichtlich Männerbestattungen zuzuordnen. In gleichem Zusammenhang sind die zwei Kinderleichen zu nennen, bei denen neben dem Kopf auch noch der ganze Körper und die Gliedmaßen mit

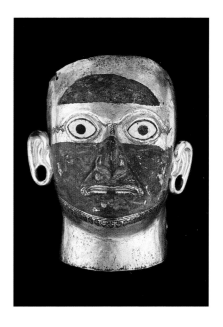

Abb. 1 | Maske aus einem Grab in der Mondpyramide (Huaca de la Luna) bei Trujillo, Peru.
3.–4. Jh. n. Chr.
(Linden-Museum Stuttgart).

Goldblechen bedeckt waren. Der Ritus, das Gesicht bei der Beisetzung mit einer Goldmaske zu bedecken, setzt sich in Griechenland offensichtlich fort, ohne dass eine Kontinuität überliefert ist. Dies liegt vor allem an Änderungen im Bestattungsritus und dem Auftreten von Brandbestattungen anstelle von Körperbegräbnissen. Jahrhunderte später findet man in der makedonischen Nekropole von Sindos im 8. Jahrhundert v. Chr. wieder mehrere Elitegräber, deren Gesicht mit einem Goldblech bedeckt ist. Die Verwendung von Gold bei den Totenmasken hat nicht nur den Zweck der ewigen Bewahrung der Gestalt, vielmehr geht es, wie weiter unten näher ausgeführt wird, zugleich auch noch um eine Vergöttlichung des Verstorbenen während der Totenzeremonien. Die goldenen Masken in Griechenland stellen stets einen Toten mit geschlossenen Augen und geschlossenem Mund dar, teilweise vermag man individuelle porträtartige Züge in ihnen zu erkennen. Diese Darstellung begegnet uns auch vereinzelt, aber nicht regelhaft in der Neuen Welt. In den südamerikanischen Kulturen haben die Goldmasken zwar offensichtlich eine ähnliche Funktion im Totenritual wie in der Alten Welt, in ihrer Darstellung scheinen aber individuelle Züge zu fehlen. Farbige Augeneinlagen, wie etwa bei der berühmten Maske aus der Huaca de la Luna *(Abb. 1)*, zeichnen ein realistisches, aber zugleich stilisiertes Bild. Ein ähnliches Aussehen dürfte die ausgestellte, weit ältere Maske von Ilama *(Kat. 16)* gehabt haben, deren geöffneter Mund schwer zu deuten ist, weil leider keine Grabzusammenhänge überliefert sind. Einen Sonderfall in der Bedeutung des Goldes scheint die vor allem in der Sicán-Zeit häufige Überma-

lung des Goldes mit Zinnober bei gleichzeitiger Abdeckung mit Geweben darzustellen. Zinnober wird hier wohl als Ersatz für Blut verwandt, das in der indianischen Vorstellung als heilig galt.

Die goldene Gesichtsmaske steht nicht allein. Sehr individuellen Vorstellungen entsprechen Teilbedeckungen des Körpers mit Goldblechen. Im Totenritual weit verbreitet erscheint das Schließen der Augen und des Mundes. Nach dem homerischen Totenbrauchtum dient das Verschließen der Körperöffnungen der Kontrolle des Verbleibs der Seele *(griech. psyché)*. In

Abb. 2 | Grab des »Señor« von Sipán, Nordperu, Moche-Kultur.
Nasen-, Mund- und Augenbleche vom Kopf des Toten. 3. Jh. v. Chr.
(Museum Brüning, Lambayeque).

einzelnen Fällen haben sich goldene Mundbleche erhalten, die auf den Leichnam gelegt wurden. Es sei an dieser Stelle ein Beispiel aus einem ganz anderen Kulturkreis genannt: das Grab des »Señor von Sipán« (Moche Kultur, Nordperu, 3. Jahrhundert v. Chr.). Der »Señor« war ein Herrscher und Gott-König, dessen wichtige Rolle im religiösen Kult sich in einer besonders aufwändigen Grabausstattung spiegelt. Neben aufwändigen Ritualgeräten und Zeremonialschmuck sei hier besonders auf die Gegenstände eingegangen, die ausschließlich mit der Bestattungszeremonie zusammenhängen. Das Hinterhaupt ruhte auf einem goldenen Kalottenblech. Die Kinnpartie war vollständig mit einem goldenen Schutz abgedeckt, auf dem der Mund geschlossen dargestellt ist. Die Augen und die Nase waren mit einzelnen Goldblechen belegt *(Abb. 2)*. Unter dem Kinnschutz befand sich ein zweites Blech mit dargestellten Zähnen und einer schmalen, grob geschlitzten Öffnung dazwischen, die den Weg ins Innere des Körpers freigab. Dieses Detail steht vermutlich mit einem besonderen Ritual im Verlauf der Bestattungszeremonie in Zusammenhang, das der Vorstellung eines Entweichens der Seele entsprach. Im Mund des Toten befand sich ein Goldbarren, je ein weiterer lag auf der Brust und in der rechten Hand, in der linken lag ein Silberbarren.

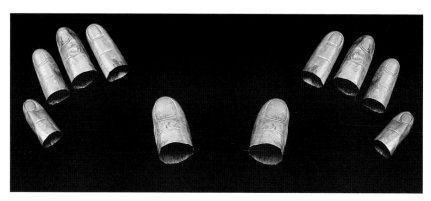

Abb. 3 | Grab des Tutanchamun (ca. 1334–1325 v.Chr.), goldene Fingerhülsen des Pharaos.
(Ägyptisches Nationalmuseum, Kairo).

In vielem erinnert die Ausstattung des »Señor von Sipán« und vergleichbarer herausragender südamerikanischer Gräber an Gräber ägyptischer Pharaonen. Der Pharao vereinigt gleichermaßen den Herrscher und den Gott. Seine Macht gegenüber dem Volk beruht vor allem auf seiner religiösen Funktion. Damit verbunden ist die Verwendung des Goldes. Das intimste Zeichen sind die Goldbleche, die dem Körper am nächsten waren, eindrucksvoll darstellbar an den goldenen Fingerhülsen des Tutanchamun (Abb. 3). Sie sollen zugleich das Göttliche des Pharaos unterstreichen, der mit seinen goldenen Sandalen auch seinen Fuß nie mehr direkt auf einen unheiligen Boden setzen wird.

Das Fleisch der Götter

Das Göttliche des Goldes ist direkt verbunden mit der Ewigkeit. Dies kommt nirgends besser zum Ausdruck als in Ägypten. »Gold ist das Fleisch der Götter«: dieser Vorstellung entsprechend konzentriert sich die Verwendung von Gold im pharaonischen Ägypten ganz auf den religiösen Bereich. Einerseits werden tatsächlich hölzerne Götter mit einer Haut aus Gold überzogen, andererseits dient die Zurschaustellung von Gold in der Umgebung des Pharaos der Unterstreichung seiner besonderen Stellung als Gottkönig.

Gold hat so eine wichtige Bedeutung zu Lebzeiten, die im Totenritual ihren Höhepunkt findet. Die Bedeckung des Leichnams mit Gold, die Einhüllung mit einen Sarg, der mit einer Haut aus Gold überzogen ist, all dies gehört zum Ritual, die Umwandlung des irdischen Körpers in ein göttliches Wesen zu vollziehen.

Die Verwendung von Gold im Totenkult ist somit nicht nur die Demonstration des königlichen Glanzes, sie bedeutet völlige Loslösung vom Irdischen und die endgültige Erhebung in das Göttliche. Diese Vorstellungen ägyptischer Rituale lassen sich wohl auf die Bestattungen von Mykene übertragen. Die goldenen Masken, die Diademe und sonstiges Gerät und Schmuck sind aus dünnem Blech speziell für die Be-

stattung hergestellt. Die übersteigerte Größe der Masken und Diademe zeigt, dass die strahlende Präsentation des Toten eine große Rolle spielte. Im Spiegel der Sonne wird der Tote mit seiner goldenen Bedeckung zu einer Lichtgestalt, die fortan in der Ewigkeit eine neue Aufgabe hat.

Zeichen der Sonne

Der Glanz der Sonne, der dem Gold innewohnt, birgt eine besondere Bedeutung für den Menschen. Das Tagesgestirn, Quell allen Lebens, war stets Gegenstand höchster Verehrung. Es war selbst der höchste Gott oder seine intensivste Darstellungsform. Als Material für die Darstellung der Sonne wurde stets Gold gewählt, ihre Zeichen waren der Kreis und das Rad (Abb. 4). Beide sind Sinnbild für die tägliche Wiederkehr. Der Mythos des Rades oder Wagens verbunden mit dem Feuer oder der Sonne ist in der Alten Welt weit

Abb. 4 | Scheibe mit Sonnendarstellung von Goldbach, 12. Jh. v. Chr.
(Mainfränkisches Museum, Würzburg).

Abb. 5 | Der Sonnenwagen von Trundholm, 9. Jh. v. Chr. (Nationalmuseum von Dänemark, Kopenhagen).

verbreitet. Das »Sich-Drehende-Runde« symbolisiert das vergöttlichte Sonnengestirn zunächst in der ägyptischen und hethitischen, zuletzt in der gesamten Ikonographie des Vorderen Orients (Nagel 1986). Die Verbindung von Rad und Sonne findet sich zugleich in der Mythologie: Der indische Feuergott Agni fährt auf einem Wagen in den Himmel, der griechische Sonnengott Helios zieht täglich über den Himmel, feurige Räder begleiten die Apokalypse. Wohl direkt aus dieser Vorstellungswelt heraus entstanden, findet sich das Rad-, Spiral- oder Kreissymbol als Sonnenmotiv fast regelhaft auf Goldfunden des bronzezeitlichen Alteuropas. Der bronzezeitliche Sonnenwagen von Trundholm (14. Jh. v. Chr., *Abb. 5*) vereinigt alle Vorstellungen, die über die Zeiten hinweg Bestand hatten. Ein goldenes Abbild der Sonne, zur Steigerung geschmückt mit Symbolen ihrer selbst oder anderer Gestirne, wird auf einem Wagen von einem Pferd gezogen. Der zugrundeliegende Mythos lässt sich heute durch einen Vergleich mit der Ikonographie der Bronzezeit entschlüsseln. Fleming Kaul konnte durch eine Analyse der Bilddarstellungen auf Rasiermessern zeigen, dass im Norden Europas ein Mythos über den Lauf der Sonne existierte. Diese wurde am Morgen von einem Fisch aus dem Meer an Bord der Sonnenbarke gebracht. Bis zum Sonnenuntergang fährt diese Barke in Richtung des Sonnenlaufes (also von links recht rechts) über das Meer, zum Teil gezogen von den Sonnenrossen. Am Abend verlässt sie das Schiff und wird von einer Schlange empfangen. Nachts reisen die Schiffe in der Unterwelt zurück zum Punkt des Morgens. Der Wagen von Trundholm ist, wie Fleming Kaul meint, eine Art pädagogisches Modell. Dazu ist auszuführen, dass nur diejenige Seite der Scheibe mit einem Goldblech belegt ist, die man bei einer Bewegung in Richtung des Himmelsverlaufes der Sonne sieht. Das so sich zeigende Tagesgestirn zeichnet sich ganz außen durch einen Strahlenkranz aus. Auf der Rückseite ist die Scheibe zwar ähnlich dekoriert wie auf der Vorderseite, es fehlt jedoch die Gold-

blechverkleidung und der Strahlenkranz. Fährt der Wagen also von rechts nach links, so symbolisiert dies den Weg der verdunkelten Sonne durch die Unterwelt.

Die im Gegensatz zur Jungsteinzeit aufkommende vermehrte Darstellung der Sonne in der Bronzezeit ist vor dem Hintergrund von Änderungen in der Glaubensvorstellung zu sehen. Die Vorstellungen der Zeit über die täglich wiederkehrende Sonne spiegeln sich in Psalm 19, 6: »Doch ihre Botschaft geht in die ganze Welt hinaus, ihre Kunde bis zu den Enden der Erde. Dort hat er [Gott] der Sonne ein Zelt gebaut. Sie tritt aus ihrem Gemach hervor wie ein Bräutigam; sie frohlockt wie ein Held und läuft ihre Bahn. Am Ende des Himmels geht sie auf und läuft bis ans andere Ende.«

Lichtmetaphysik des Mittelalters

Gold ist der Inbegriff eines Stoffes zur Darstellung der Sonne und des Lichtes. Hervorragendes Beispiel ist die symboli-

Abb. 6 | Sonnenmonstranz aus der Aller-
heiligen-Hofkirche München, Gold, um 1600.
(Schatzkammer der Residenz, München).

sche Verwendung von Gold in der mittelalterlichen Kirche als Ausdruck einer umfassenden Lichtmetaphysik: Das Licht ist
das Symbol Gottes, so wie die Sonne das
Symbol Christi ist. Gott selbst ist das Ur-
licht, *lumen de lumine*, und so wie Gott
die *causa prima* für das Sein ist, ist das
Licht die *causa prima* für die materielle
Welt (Bonaventura). Seinen Höhepunkt
erfährt dabei das Licht in der Auferste-
hung: »Verstehe also, dass Gott das Licht
schuf, als Christus auferstand« (Augusti-
nus). Die Stadt der Apokalypse ist folglich
eine Lichtstadt, in der sich die Seligen in
Lichtgestalt in der Klarheit Gottes sätti-
gen. »Die Stadt braucht weder Sonne noch
Mond, die ihr leuchten. Denn die Herrlichkeit Gottes erleuchtet sie und ihre
Leuchte ist das Lamm.« (Offb 21, 23).

Nichts vereint die Darstellung dieses
»Neuen Jerusalem« besser als die gotische
Kathedrale von St. Denis, die quasi als
»Urmodell« der gotischen Kathedrale gilt.
Zeichenhaft trägt diese auf ihrer Westfas-
sade das Sonnensymbol, ein Radfenster.
Die großen Radfenster waren ursprünglich ganz vergoldet oder zumindest in
goldgelber Farbe gefasst. Die Türflügel der
Kirche waren mit purem Gold belegt. Das
Programm des Erbauers, Abt Suger, wird
durch die Inschrift über dem Hauptportal
deutlich, ganz die Lichtmetaphysik der
Zeit aufgreifend: »Nobile claret opus / Sed
opus quod nobile claret / clarificet men-
tes / ut eant per lumine vera / ad verum
lumen, ubi Christus janua vera. / Quale sit
intus in his / determinat aurea porta: /
Mens hebes ad verum per materialia sur-
git / Et demersa prius hac visa luce resur-
git.« Wie auch die symbolischen Akte bei
der Grundsteinlegung bezeugen, wurde
die Kathedrale von St. Denis eindeutig als

Neues Jerusalem erbaut. Über ihrem goldenen Tor erhob sich das riesige Bild der
Sonne, das sich dem Besucher erst ent-
hüllte, wenn er in das Innere des Himmlischen Jerusalem eingegangen ist.

Die Schaffung eines Lichtraumes gibt
es bereits in der frühchristlichen Basilika
mit ihren Goldmosaiken und dem goldenen Dachgebälk. Zur Lichtmetaphysik –
Christus als die »wahre Sonne« – kommt
hier, wie unten noch gezeigt wird, zugleich noch die Tradition antiker Tempel-
ausschmückung. Der im 4. Jahrhundert
bei den Mosaiken entstandene goldene
Bildhintergrund, der in der Buch- und Tafelmalerei und auch bei figürlichen Altar-
retablen bis in das Späte Mittelalter ge-
bräuchlich ist, muss an dieser Stelle als
eindeutiger Teil der mittelalterlichen Lichtmetaphysik genannt werden. Im Bereich
der Ikonenmalerei sind die Goldgründe
bis heute obligatorisch.

Triumph der Sonne

Gold, Sonne und Licht sind eine Einheit,
die stets wiederkehrt. Neben dem mittelalterlichen Radfenster entsteht das zweite große christliche Sonnenzeichen am
Höhepunkt der Barockzeit: Die Sonnenmonstranz und daneben die Sonnenglorie
der barocken Altäre. Es ist die Darstellung
des Mysteriums: Christus in der Hostie und
der unsichtbar am Altar thronende
Christus. Die Sonnenmonstranz ist eine
bildgewaltige Darstellung, in deren Zentrum die Hostie auf der Lunula steht. Das
früheste Beispiel ist die ganz aus Gold gefertigte Sonnenmonstranz der Allerheili-
gen-Hofkirche in München *(Abb. 6)*. Gold
ist als Symbol des barocken, »heliozentri-
schen« Christentums in großem Maß in
der Dekoration der Kirchenräume eingesetzt, wenngleich freilich zumeist nur in
Form dünnster Blätter. Der Glanz der Kirche wird jedoch noch übertroffen durch
das große, profane Sonnenheiligtum der
Neuzeit, Versailles, in dessen Mittelpunkt
der irdische König steht, der selbst die
Sonne ist: der »Roi soleil«, Louis XIV. von
Frankreich. Ganz Versailles, Park und
Schloss, wurde gleich einer archaischen
Sonnenkultstätte konzipiert. Wie Strahlen
erscheinen die radial vom Schloss ausgehenden Alleen. Das Schloss ist im Vergleich
zu gängigen Architekturvorstellungen verkehrt gebaut, nur der Vorschrift der Sonne
entsprechend: wie bei der Apsis einer Kirche liegt das Schlafzimmer des Königs
nicht zur ruhigen Parkseite, sondern nach
Osten zum Hof hin, um dem Sonnenauf-
gang zu begegnen. Versailles ist eine einzige Allegorie, voll von Zitaten der Antike.
Dazu gehört auch die verschwenderische
Verwendung des Sonnenmetalls Gold.

Gold als Sonnenmetall der Alten und Neuen Welt

Wie in Alteuropa, so war auch in Altamerika Gold das Sonnenmetall. In einem überlieferten Erntelied der Inkas hieß es: »Inti qori paran, killa qolqe paran. – Die Sonne regnet Gold, der Mond regnet Silber«. Für die Inkas war die Sonne die höchste Gottheit. Sie wurde von den Herrschern als große Scheibe auf der Brust getragen. Eindrucksvoll ist dies in dem Bildnis des letzten Inka-Herrschers Tupac-Amaru, der erst 1572 zusammen mit seiner Familie aufgegriffen und auf dem Marktplatz von Cuzco hingerichtet wurde.

Die Verwendung von Gold als Symbol der Sonne und Silber als Symbol des Mondes ist besonders in der Moche Kultur Nordperus stark ausgeprägt. In den bereits erwähnten Gräbern von Sipán (Alva 1993; Bonn 2000), die für die Erforschung der südamerikanischen Kulturen einen immensen Wissenszuwachs brachten, ist die duale Verwendung der beiden Metalle systematisch beobachtbar, sei es bei Schmuck, sei es bei Ritualgerät. Die aus stilisierten Erdnüssen gebildete Halskette des »Señor von Sipán« besteht zu Hälfte aus fünf silbernen auf der linken Brusthälfte und fünf goldenen Früchtepaaren auf der rechten Brusthälfte. Diese symbolische Zuordnung zwischen rechts und links kehrt bei dem Goldbarren in der rechten und dem Silberbarren in der linken Hand wieder. Auch bei den silbernen und goldenen Zeremonialmessern (*tumi*) wiederholt sich der Dualismus zwischen Gold und Silber und der entsprechende Körperbezug. Bei einem Steißschutz aus dem Priestergrab finden sich beide Materialien sogar an einem Objekt, und zwar

wieder so zugeordnet, dass der silberne Teil an der linken Körperhälfte getragen wurde. Walter Alva deutet dieses bimetallische Objekt unter Hinweis auf den niedrigeren Rang des Priesters gegenüber des »Señor«.

Die Gegenstände, die die Sonne ausdrücken, sind auch in der Neuen Welt kreisrunde Sonnenscheiben aus Gold, manchmal verziert mit radialen Strahlen. Am Sonnentor von Tiwanaku (Tiahuanaco) ist der dort abgebildete Stabgott mit einem strahlenförmigen Kopfschmuck dargestellt. Im Golddepot 1 des Grabes von Huaca Loro (Nordperu, Mittlere Lambayeque-Kultur, 900–1000 n. Chr.) fanden sich 14 große Schmuckscheiben mit einem

Durchmesser von etwa 30 cm. Deren Verzierung besteht aus je einer zentralen unverzierten Kreisfläche, von der radiale Strahlen ausgehen, unzweifelhaft Sonnensymbole (Sicán 1997). Auch die in der Ausstellung gezeigten Stücke *(Kat. 23)* belegen diese gleichermaßen für die Alte wie die Neue Welt geltende Darstellung der Sonne durch Verbindung von Kreis und Strahlenkranz.

Radsymbole für das Tagesgestirn, wie sie oben aus der Alten Welt vorgestellt wurden, fehlen dagegen in Südamerika völlig. Dies ist durchaus einleuchtend, da das Rad in Amerika bekanntermaßen in vorkolumbischer Zeit noch unbekannt war.

Abb. 7 | Goldschale von Zürich-Altstetten mit Darstellung von Sonne und Mond sowie Tierpaaren *(Kat. 33)*, 9. Jh. v. Chr.

Abb. 8 | Schatzfund mit Goldgefäßen aus dem Nördlinger Ries *(Kat. 24)*, 9. Jh. v. Chr.

Heilige Kraft

Die Vorstellung von der Besonderheit eines Stoffes paart sich zumeist mit dem Glauben an eine besondere von ihm ausgehende Wirksamkeit, eine Stoffheiligkeit. Dieser Gedanke soll bei der Vorstellung goldener Gefäße im Vordergrund stehen. Obwohl man über den ursprünglichen Inhalt der Goldgefäße nichts weiss, liegt es aufgrund der Formen nahe, dass diese in der überwiegenden Mehrheit Flüssigkeiten enthielten. Eine Verwendung zur Präsentation fester Substanzen ist damit natürlich nicht ausgeschlossen. Die Schalen können in zwei Gruppen geteilt werden: Schalen mit einfachen und Schalen mit geknickten Rändern, die letzteren sind nicht zum Trinken geeignet. Man muss also bereits aufgrund der Formen auf eine unterschiedliche rituelle Verwendung schließen: Trink- und Spendeopfer. Durch die

Verwendung von Gold berührt der Inhalt der Gefäße nur das edelste aller Materialien. Im Zentrum des Ritus stand also sicherlich der Inhalt der Gefäße, die ihn bewahrenden Goldgefäße konnten aufgrund ihrer Materialeigenschaften eine besondere Wechselwirkung mit dem Zelebranden eingehen. Dass es sich dabei durchaus um unterschiedliche Riten gehandelt haben muss, zeigt die Auffindung der Stücke, einerseits als Einzelobjekte wie Zürich-Altstetten *(Abb. 7; Kat. 33)*, andererseits als Ensemble mehrerer Gefäße wie der Komplex vom Nördlinger Ries *(Abb. 8; Kat. 24)*. Bei den zwei Funden von Marieminde Mose und Borgbjerg (beide Dänemark) weisen die unterschiedlichen Formen, wie breite Schalen, hohe Becher und Schöpfgefäße mit Henkel, auf vielschichtige Riten hin, bei denen es sich nicht nur um eine einfache Aufnahme eines Getränkes handelt. Damit ist selbst-

verständlich nicht ausgeschlossen, dass Goldgefäße auch eine profane Funktion haben können. Sie waren dann aber stets auch von besonderem Charakter: »Alle Trinkgefäße des Königs Salomo waren golden, und alle Gefäße im Hause vom Wald Libanon waren auch lauter Gold; denn das Silber achtete man zu den Zeiten Salomos für nichts.« (1. Kön 10, 21).

Die Verwendung edelster Materialien beim Kultgerät, vor allem Gold, lässt sich auch in der christlichen Liturgie feststellen (Braun 1932; Elbern 1963). Der Abendmahlskelch ist zusammen mit der Patene das Hauptgerät im Vollzug des christlichen Kultes. Dort verwandeln sich Wein und Brot in das Blut und den Leib Christi. Die Verwendung von Gold oder Silber bei Kelchen und Patenen lag in dem kirchlichen Bestreben, die Ehrfurcht vor dem Sakrament durch die Kostbarkeit des Materials zu steigern. Wenn insbesondere die

Innenseite der Gefäße vergoldet ist, hat dies einerseits den profanen Zweck, dass von der Säure des Weines das Material des Kelches nicht angegriffen wird, andererseits spielt auch die Vorstellung mit, dass dadurch die Zermonialflüssigkeit nur mit dem edelsten aller Stoffe in Berührung kommt.

Magische Macht – Goldornate

Eine logische Folge aus den vorangehenden Erläuterungen über die Symbolkraft des Goldes ist die Schaffung einer Bekleidung aus Gold für zeremonielle Handlungen. Das Anlegen eines goldenen Ornates umfasst zwei Aspekte: Die Darstellung des Wohlstandes der Führungsschicht und die Verwandlung des Trägers in ein sonnenglänzendes Wesen, das die Schwelle vom Diesseits zum Jenseits überschreiten konnte. Letzterer Aspekt steht hier im Mittelpunkt. Anschaulicher Ausgangspunkt sei die Sage von »El Dorado«, dem vergoldeten Mann, die auf einen Brauch der Muisca in Guatavita (Kolumbien) zurückgeht. Bei der Amtseinführung wurde der Herrscher mit Priestern und seinem Gefolge auf einem geschmückten Floß auf den See hinausgefahren. In der Mitte des Sees wurde er mit Goldstaub bedeckt, man brachte die mitgeführten goldenen Votivgaben als Opfer dar und wusch dann den Goldstaub in einem zeremoniellen Bad wieder ab. Das Ritual der Vergoldung des Herrschers stellt einen komplexen rituellen Sachverhalt dar, der Elemente der schamanistischen Verkleidung, eines Initiationsritus und einer Erhöhung der Person zur Lichtgestalt enthält. Während der

Zeit seiner Vergoldung ist er befähigt, gottgleich höchste rituelle Handlungen vorzunehmen. Die Übergangszeit unmittelbar davor und danach ist mit Handlungen ausgefüllt, die jeweils Stufen auf dem Weg in die andere Welt darstellen. Das besondere an »El Dorado« ist, dass der Herrscher das Ritual nur einmal in seinem Leben begeht. In seinen Grundzügen ist das Ritual nur eine Abänderung ritueller Goldverkleidungen, die inzwischen durch mehrere wissenschaftlich ausgegrabene präkolumbische Priester- und Herrschergräber bekannt sind. Gemeinsam ist den Gräbern eine flächige Übersteigerung des goldenen Schmuck- und Kleidungszubehörs, so dass der Träger hinter den Goldblechen kaum noch zu erkennen ist. Die Verwendung von dünnen fragilen Goldblechen belegt dabei eindrücklich, dass es sich nicht um eine Alltagstracht handeln kann. Fast alle in der Ausstellung gezeigten goldenen Schmuckbleche aus Südamerika stammten ursprünglich von Goldornaten. Unklar ist lediglich die genaue Abgrenzung derjenigen Ornate, die eigens für die Bestattungsfeierlichkeiten angefertigt wurden, von denjenigen, die bereits zu Lebzeiten benutzt wurden. In dem Grab von Sipán lassen sich beide Möglichkeiten unterscheiden. So wurden dem alten Herrscher von Sipán drei Garnituren von Trachtbestandteilen mitgegeben, eine vierte war speziell für die Totenfeierlichkeiten angefertigt worden. Wie man aus der Ikonographie der Moche erschließen konnte, besaßen die Herrscher von Sipán eine tragende religiöse Rolle.

Die ursprüngliche Mehrzahl der Goldornate bestätigt sich eindrucksvoll in dem bereits oben erwähnten Grab von Huaca Loro (Sicán 1997). Dort gab es in dem

Grab eine als Golddepot 1 bezeichnete 120 cm lange, 60 cm breite und 30 cm tiefe Kiste mit 60 Goldobjekten. Der Größe nach eingeschichtet, zuunterst die größten Stücke, fanden sich in der Kiste u. a. der Goldbesatz einer Tunika, Kopfbänder, Kopfschmuckelemente in *tumi*-Form oder als Federsätze, Rasseln und fünf zylindrische Kronen. Die Vielfalt des Kopfschmuckes und die Menge der Kronen zeigt deutlich, dass der Inhalt der Kiste zu verschiedenen Ornaten gehört, die je nach Zeremonie ausgewählt wurden. Neben den bereits genannten Bestandteilen gehören zu solchen Ornaten auch Objekte, wie sie direkt bei der Hauptbestattung im Grab von Huaca Loro gefunden wurden: ein mit über 2000 Goldplättchen besetzter Mantel, Körperschmuck wie etwa die Ohrpflöcke und eigentümliche Objekte, die sowohl zu einem Ornat gehören können als auch Zeremonialgerät darstellen, hier an erster Stelle zu nennen ein Paar goldener Handschuhe mit angesetzten Armen, die im Inneren durch schweres Stützgerüst montiert waren.

Es scheint, dass Ornate mit übersteigertem Goldprunk gerade dort auftreten, wo die weltliche Macht durch den religiösen Anspruch gerechtfertigt wird. Damit ist der Goldreichtum der südamerikanischen Fürstengräber sowohl ein prunkvoller Ausdruck besonderen Reichtums oder Wohlstandes als auch ein Zeugnis dafür, dass das Material Gold aufgrund seiner symbolischen Bedeutung verwendet wurde. Die duale Verwendung von Gold als Sonnenmetall und Silber als Metall des Mondes untermauert diese Ansicht. Wenn sich in Südamerika starke Argumente für eine Verwendung des Goldes als Ausdruck der Priesterherrscher finden

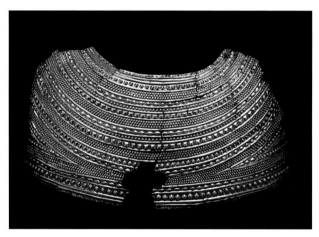

Abb. 9 | Cape von Mold, 9. Jh.v.Chr. (British Museum, London).

lassen, so kann Gleiches für das pharaonische Ägypten, das Zweistromland und das mykenische Griechenland angeführt werden.

An den Funden von Mykene lässt sich noch einmal der Aspekt des Totenrituals verdeutlichen. Sowohl die Goldmasken als auch die Golddiademe aus den Schachtgräbern von Mykene sind in übernatürlicher Größe angefertigt und entfalten im Totenritual eine starke Schauwirkung. Sie sind deutlich unterscheidbar von den persönlichen Beigaben, die sowohl im Diesseits als auch im Jenseits benutzt werden können. Die Toten, schon zu Lebzeiten den Göttern nah, verwandeln sich durch das Anlegen des goldenen Totengewandes während der Bestattungszeremonien in übernatürlich groß erscheinende, goldglänzende Wesen und entrücken damit endgültig ihrer rein weltlichen Funktion.

Die genannten Beispiele sollen eine Vorstellung geben für die möglichen Verwendungen von Goldornaten in der mittel-europäischen Bronzezeit. Deren Kenntnis ist zur Zeit noch gering, da sie zumeist aus Opferfunden stammen und dadurch einem Funktionszusammenhang, wie er bei einem Grabfund vorläge, entzogen sind.

Die goldenen Hüte

In die Kategorie der in ihrer Größe übersteigerten Objekte gehören auch die spätbronzezeitlichen Goldkegel (Kat. 45-47). Nach der derzeit vorherrschenden Meinung waren sie vermutlich zeremonielle Kopfbedeckungen. Der besondere Ornamentkanon der in Zonen gereihten Verzierungen deutet auf eine solare und lunare Zahlenmystik hin (vgl. Beitrag Menghin). Damit erschöpft sich im Wesentlichen unsere Kenntnis dieser Objekte. Festzuhalten bleibt jedoch, dass der Träger oder die Trägerin dieser Hüte mit einer Aureole umgeben dem Irdischen entrückt waren. Da die Kegel immer einzeln gefunden

wurden, ist nicht bekannt, welche anderen Bestandteile noch zu dem Ornat gehört haben. Etwa aus der gleichen Zeit stammt ein Goldcape, das als Einzelstück in Mold gefunden wurde (Abb. 9). An den Körper angelegt, fesselt es regelrecht die Oberarme der Person, die nur noch statisch agieren kann. Sofern diese Objekte tatsächlich von Personen getragen wurden, mussten auch deren Bewegungen dem Betrachter ganz außergewöhnlich vorgekommen sein.

Eines der ganz seltenen Beispiele eines mehrteiligen Ornates stammt vom Bullenheimer Berg (Abb. 10; Kat. 43). Die zwei »diademartigen« Bleche wurden sicher als Brustschmuck getragen. Die sechs Buckel und die Schleifenringe können dagegen gut zu einer Art Haube gehört haben, über deren Aussehen es jedoch keinerlei Anhaltspunkte gibt. Die Goldobjekte waren als Teil eines Schatzes in einem Behälter vergraben worden. Ein näherer Funktionszusammenhang, wie er etwa bei einem Grabfund anzutreffen wäre, fehlt somit abermals.

Ornate für die Götter

Nur einem glücklichen Zufall verdankt der Goldfund von Bernstorf seine Erhaltung (Abb. 11; Kat. 40). Er wurde nach Rodungsarbeiten 1998 im Bereich einer bronzezeitlichen Burg entdeckt. Der Schatz umfasst zahlreiche Goldbleche mit einem Gesamtgewicht von nur 140 Gramm. Das herausragende Stück ist ein kronenartiges Diadem, das begleitet wird von einer Nadel, einem Brustblech mit sieben Anhängern, einem vermutlichen Armband sowie einem Blechgürtel. Zahlreiche feine

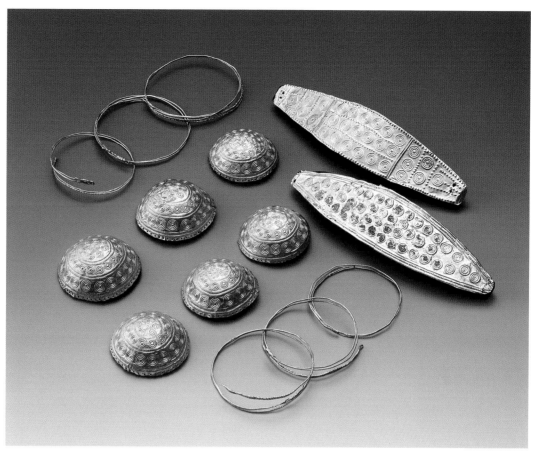

Abb. 10 | Ornat vom Bullenheimer Berg *(Kat. 43)*, 12.–9. Jh. v. Chr.

Befestigungslöcher deuten darauf hin, dass die Objekte einst auf einer Unterlage befestigt waren. Die Fragilität der Goldbleche zwingt zu dem Schluss, dass sie einst auf einem Gewand befestigt waren, das nicht von einem Menschen getragen wurde, sondern entsprechend mediterranen Vorbildern als Bekleidung eines Kultbildes gedient hatte. Von mykenischer bis in die klassische Zeit sind in Griechenland für viele figürliche Kultbilder die Weihungen vornehmer Gewänder bezeugt.

Eine Umsetzung solcher Goldornate in der darstellenden Kunst findet in denjenigen Bereichen statt, in denen Kultbilder Gegenstand realistischer Darstellung werden. Bei griechischen Götterbildern fand die sogenannte Goldelfenbeintechnik (id. »chryselephantine Technik«) Anwendung. Dabei wurde die Haut der Statue aus Elfenbein, Gewand und Haare vorwiegend aus Goldblech gearbeitet. Die Technik war Götterbildern vorbehalten, so dem Kultbild der Hera und der Dioskuren in Argos

sowie den Phidias-Werken des Zeus in Olympia und der Athena Parthenos in Athen. Für die Verkleidung der Athena Parthenos wurde ca. 1 Tonne Gold verwendet, die Platten waren demontierbar angebracht, sicherlich nicht nur zur Kontrolle des Zustandes der Statue, sondern auch, weil das Gold zugleich eine Art Staatsschatz war (Thuk. 2, 13).

Tradition

Der scheinbare immerdauernde Wert und seine Unzerstörbarkeit machen Gold zu einem Material, das als besonders geeignet erscheint, um Traditionen festzuschreiben. Im Vergleich zur eigenen Lebensspanne ist der Begriff »Tradition« relativ. Manchmal erscheinen bereits Dinge nach der zweiten Generation als »traditionell«. Wenn wir heute das Empfinden haben, ein Ehering müsste aus Gold sein, so entspricht dies nicht unbedingt einer alten

Tradition. Wie in so vielen anderen Fällen spiegelt sich hier eine Entwicklung wieder, nach der die Verwendung von Gold vor allem auch an einen gewissen Wohlstand gebunden ist.

Goldene Ringe

Die Gabe eines Ringes als Unterpfand der Treue lässt sich zurückverfolgen bis in römische Zeit. Die Braut erhielt vom zukünftigen Bräutigam zur Verlobung einen Ring. Zu Zeiten des Plinius war dieser »annulus pronubus« noch entgegen den bereits allgemein getragenen Goldringen aus Eisen. Der Goldring setzte sich für dieses Ereignis erst etwa 150 Jahre später durch, wie aus den dagegen polemisierenden Schilderungen Tertullians überliefert ist. Eine feste Tradition entwächst aus diesen frühen Zeugnissen jedoch nicht. Vielmehr gibt es zu verschiedenen Zeiten immer wieder Variationen dieses Vorgan-

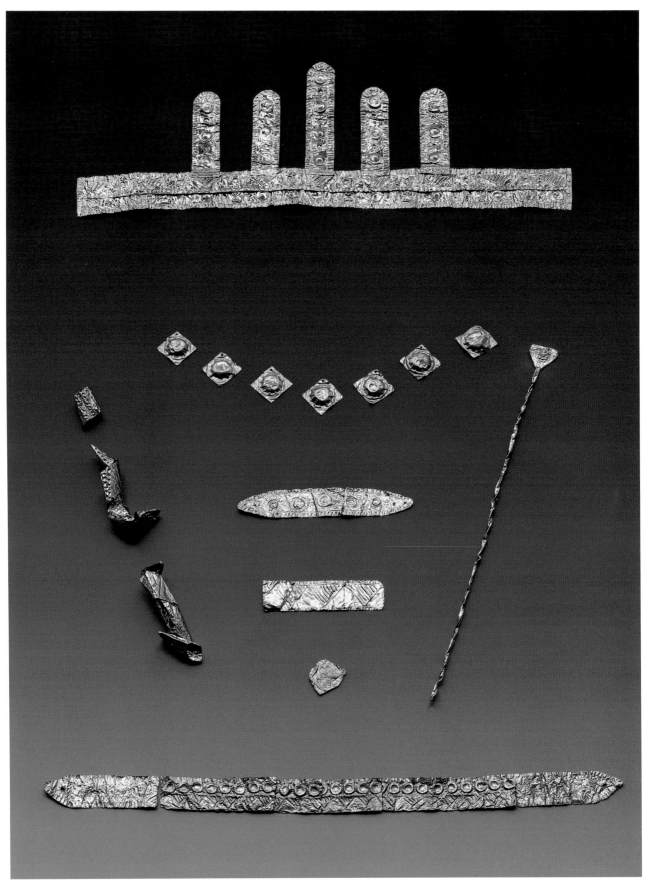

Abb. 11 | Teile des Goldornates von Bernstorf *(Kat. 40)*, 15.–14. Jh.v.Chr.

ges, die man in vielen Fällen als eine Renaissance bezeichnen möchte. Bernward Denecke (1971) hat im Rahmen seines Buches »Hochzeit« die mit dem Ring verbunden Bräuche und Vorstellungen zusammengefasst. Ringgabe und Ringtausch bürgern sich vor allem im Hohen Mittelalter ein. Die Ringe waren vielfach symbolisch geschmückt, beispielsweise mit verschlungenen Händen, die auch heute noch gebräuchliche, schmucklose glatte Form setzt dagegen erst im 17. Jahrhundert ein. Gleichsam war das Material nicht festgelegt, Silber war weit häufiger als Gold und wurde sicher noch ursprünglich von Bronzeringen übertroffen. Die Einführung goldener Trauringe geht in England einher mit mehreren Parlamentsverordnungen, die die Reinheit und Stempelung des Goldes betreffen, darunter eine Verordnung von 1855, die speziell die Stempelpflicht goldener Trauringe umfasst. Damit werden Traditionen im wahrsten Sinn des Wortes festgeschrieben.

Die Festschreibung einer Tradition lässt sich auch bei den Bischofsringen feststellen. Sie bestehen aus Gold und einem ungeschnittenen Stein. Dass dies für alle Bischofsringe gilt, ist zurückzuführen auf das 7. Jahrhundert, als auf der Mailänder Synode für den Amtsring festgelegt wurde, dass er aus reinem Gold bestehen muss mit einem Edelstein, der nicht graviert sein durfte. Der goldene Ring ist neben dem Brustkreuz, dem Bischofsstab und der Mitra fester Bestandteil der liturgisch vorgeschriebenen Amtstracht.

Zeichen – Abzeichen – Auszeichnungen

Profane Gegenstände besonderer Bildfunktion wurden häufig aus Gold ausgeführt, um ihre Besonderheit zu unterstreichen. Höchste Auszeichnungen in Gold auszuführen ist heute selbstverständlich. Die Besten der Welt erhalten im Sport Medaillen aus Gold, Gold ist das bevorzugte Material für Orden. Bereits in der Antike gab es militärische Auszeichnungen, die aus Gold waren. Am purpurnen Mantel, der den höchsten römischen Militärbefehlshabern in der Spätantike verliehen wurde, bestand der Verschluss aus einer goldenen Zwiebelknopffibel (Kat. 69). Eine gleiche Funktion hatten die Treueringe, auf denen das Wort »Treue« und ein »Kaisername« eingraviert waren (Kat. 75).

Die Grenze zwischen Auszeichnung und Abzeichen ist unscharf, kann verwischen. Der Toison d'or, der Orden vom Goldenen Vlies, ist ursprünglich das Abzeichen einer Bruderschaft christlicher Ritter. In späterer Zeit diente der Orden vor allem der Hebung des Ansehens des Hauses Habsburg, dessen Oberhaupt seit Kaiser Maximilian I. bis heute immer auch Chef des Ordens ist. Der Orden nutzte der Sicherung der Dynastie und hatte durch die Versammlung der erlesensten Häupter des katholischen Europas diplomatische und friedenserhaltende Funktionen.

Im Frühen Mittelalter war bei den Franken und Alamannen die Grabbeigabe von Schwertern mit goldenen Griffen weit verbreitet. Diese Goldgriffspathen werden im Allgemeinen als Machtabzeichen betrachtet. Diese Interpretation ist darauf zurückzuführen, dass ein solches Schwert im Grab des Frankenkönigs Childerich sowie in anderen Gräbern der obersten Führungsschicht gefunden wurde. Diese Interpretation ist jedoch nicht zwingend. Geht man von der spätantiken Tradition der militärischen Abzeichen aus, so können solche Schwerter durchaus auch Ehrenabzeichen gewesen sein. Es ist in dieser Ausstellung deshalb der frühmittelalterlichen Waffe zur Veranschaulichung ein Degen der Ehrenlegion (»legion d'honeur«) mit goldenem Griff gegenübergestellt (Kat. 71).

Geradezu der Inbegriff einer Insignie ist die Krone. Sie betont den vornehmsten und wichtigsten Teil des Menschen, den Kopf. Die frühesten Kronen finden sich in Ägypten und Mesopotamien. Nach mesopotamischer Vorstellung wurden die Zeichen der Herrschaft bis zur Erschaffung der Welt vom höchsten Gott aufbewahrt, um dann vom Himmel herab dem auserwählten Herrscher übereignet zu werden. Dies findet sich noch in der Bibel, wenn Gott selbst König David ehrt: »Du setzest eine goldene Krone auf sein Haupt.« (Ps 20 (21), 4).

Attribute der Herrschaft der hellenistischen Könige waren die goldenen Lorbeerkränze. Das Vorbild für die nachfolgenden Zeiten war jedoch das spätrömische Diadem, mit dem sich seit Konstantin alle Kaiser darstellen ließen. Die Krone drückte so prägnant höchste weltliche und geistlich-moralische Autorität aus, dass sie im Laufe der Zeiten geradezu zum Symbol der Herrschaft wurde. Nach und nach wurde sie von den germanischen Königen übernommen, von machthungrigen Herren, die »nach der Krone griffen«, wird das ganze Mittelalter hindurch berichtet. In gleicher Weise kehren juwelengeschmückte Kronen stets in Sagen und Märchen wieder und werden so populär, dass Kinder einen König ganz selbstverständlich mit einer goldenen gezackten Krone auf dem Kopf zeichnen.

Die Verwendung von Gold bei Kronen führt zu einem großen Gewicht. So wiegt die Reichskrone immerhin 3590 g. Diese dem Kaiser Karl den Großen zugeschriebene Krone überragte an Alter und Ansehen alle anderen Reichskleinodien. Nahezu jeder Kaiser seit Otto I. trug sie bei der Krönung. Der Krone, aufs kostbarste mit Gold, Perlen und Edelsteinen ausgestattet, haftet fast eine sakrale Aura an. In ihr vereinigte sich der Glanz des Alten Rom mit der Glorie des mittelalterlichen, papstgekrönten Streiters für das Christentum. Ohne die alte Reichskrone war eine Kaiserkrönung undenkbar. Als für die Krönung des Wittelsbacher Kaisers Karl VII. die Reichskrone nicht zu Verfügung stand – es herrschte Krieg mit den Habsburgern – wurden für die Krönung und die alltägliche Repräsentation des neuen Kaisers Kopien der Reichskrone angefertigt, die aus vergoldetem Silber zumindest die Vollständigkeit des Erscheinungsbildes garantierten. Nur drei Monate nach dem Tod des unglücklichen Kaisers wurden alle Edelsteine für andere Zwecke entfernt. Zwei Karkassen blieben in der Schatzkammer der Residenz erhalten, als Symbol für den kurzen Ruhm des bayerischen Hauses, das alle Rechte auf das Kaisertum schließlich wieder an Habsburg abgeben musste.

Zuletzt sei eine Gattung erwähnt, die nur aufgrund der mit ihr überlieferten Geschichte deutbar ist: die goldenen Papstrosen. Sie seien Objekten wie dem »goldenen Bäumchen« aus der Keltenstadt von Manching gegenübergestellt, das für uns seine ursprüngliche Bedeutung wohl niemals mehr preisgeben wird. Die goldenen Papstrosen gehen auf einen Brauch zurück, der seit dem 11. Jahrhundert bezeugt ist. Bei der feierlichen Stationsprozession des 4. Fastensonntags *Laetare* (»Rosensonntag«) trug der Papst Rosen vom Lateran nach S. Croce. Diese Rosen wurden nach der Prozession hohen Beamten seines Hofes geschenkt. Die erste schriftliche Erwähnung des Brauches findet sich für Papst Leo IX. im Jahr 1049. Wohl nur kurze Zeit später wurden die Rosen durch goldene oder vergoldete Exemplare abgelöst. An ihnen befanden sich Kapseln, die mit duftendem Bisam oder Balsam gefüllt waren. Als Zeichen besonderer päpstlicher Zuneigung und Gnade wurden sie als Orden an Fürsten und Fürstinnen, aber auch an Städte verschenkt. So erhielt Venedig 1177 die erste von insgesamt 6 solcher Tugendrosen. Da diese später allesamt geraubt wurden, schenkte Gregor XVI. als Ersatz die besonders prächtige Rose, die sich heute im Domschatz von San Marco befindet.

Gott und Gold

Keine Periode scheint besser geeignet, das Thema Gold und Tradition darzustellen, als die Zeit der frühchristlichen Kirche. Hier zeigen sich Verflechtungen mit antiken Traditionen, in direkter Nachahmung oder durch Herstellung neuer Bezüge, hier vermischt sich Profanes mit Sakralem. Die ausgiebige Verwendung von Gold in der frühchristlichen Kirche erscheint zunächst paradox. Die Grundfrage lautet, warum Gold eine Rolle im Christentum spielt, wo doch das Christentum selbst auf dem Armutsprinzip beruhte: »Eher geht ein Kamel durch ein Nadelöhr, als dass ein Reicher in das Reich Gottes gelangt« (Mk 10, 25). Warum wurde der christliche Gott symbolisch mit Gold dargestellt, wo doch Gold das traditionelle Material für die weltliche Macht und die heidnischen Götter war? Warum wurden Kirchenschätze angelegt und warum umgab man sich mit dem weltlichen Glanz des Goldes? Die Beantwortung dieser Fragen ist nicht unumstritten, zuletzt hat sich Dominic Janes (1998) ausführlich mit dem Phänomen auseinandergesetzt.

Das frühe Christentum war tief in Traditionen verwurzelt, zum Teil durch den Rückgriff auf das Alte Testament, zum Teil aber auch, weil man eine schnelle Akzeptanz nur durch Benutzung einer bereits eingebürgerten Symbolsprache erreichen konnte. Das Christentum verdankt seine erste große Ausdehnung dem römischen Kaiserhaus: Im ersten Schritt durch das Toleranzedikt von Kaiser Konstantin, im zweiten Schritt durch die offizielle Erhebung zu einer Staatsreligion unter Theodosius (395). Es wundert daher nicht, dass das kulturelle Umfeld des Kaiserhauses neben den alttestamentlichen Traditionen einen entscheidenden Einfluss auf die Ausstattung und Gestaltung der frühen Kirche hatte.

In der Bibel waren Schätze allgegenwärtig. Gold war verbunden mit der Verehrung von Gott im göttlichen Plan. Gott entschied, wer reich und arm war. Gold war der Anzeiger einer Wertschätzung schlechthin. Gold war, hier spiegelt das Alte Testament die Hochkulturen des Vorderen Orients wider, das wahre Metall, um das Göttliche darzustellen: »Das ganze

Haus überzog er vollständig mit Gold...
Auch den Fußboden des Tempels überzog
er mit Gold im inneren und im äußeren
Raum... Und golden waren auch der
Altar, die Becken, Messer, Sprengschalen,
Schüsseln und Feuerbecken sowie sämt-
liche Cherubim-Figuren.« (1. Kön 6, 22; 6,
30; 7, 48–50: Schilderung des Tempels des
Salomon [965–926 v. Chr.]).

Die hier verwirklichten Ideen, zu denen auch die Verwendung des Goldes gehören, stammen dabei nicht von den Menschen. Sie gehen direkt auf die im Buch
Exodus niedergeschriebenen Anweisungen Gottes zurück, das eine exakte Anwei-
sung zum Bau des Heiligtums und der
aufwändigen, vollständig mit Gold ver-
kleideten Bundeslade enthält: »Und sie
sollen mir ein Heiligtum machen, dass ich
unter ihnen wohne. Wie ich dir ein Vorbild der Wohnung und alles ihres Geräts
zeigen werde, so sollt ihr's machen«
(Ex 25, 8–9).

Diese biblische Tradition mischte sich
mit profanen Repräsentationen des Staats-
kultes und der Inszenierung römischer
Religion. Gold und Purpur waren die Eli-
tesymbole schlechthin im Römischen
Reich. Von der Republik bis in die frühe
Kaiserzeit fand durch die Eroberungen in
Spanien, Nordafrika, Gallien, Britannien
und auf dem Balkan eine beträchtliche
Goldmehrung im Römischen Reich statt.
Noch in republikanischer Zeit waren Goldringe die den Rittern vorbehaltenen Stan-
desabzeichen, bereits in der frühen Kaiserzeit verbreitete sich Gold als Schmuck
allgemein in der Bürgerschicht. Vergoldete hölzerne und elfenbeinerne Kassetten-
decken fanden sich nicht nur im berühmten Goldenen Haus (Domus Aurea) des
Kaisers Nero, sondern auch in vorneh-

men Privathäusern. Durch Vergolden der
Statuen konnten nun auch Beamte und
verdiente Privatpersonen geehrt werden.
Massive Goldstatuen und goldenes Geschirr blieben dagegen dem Kaiserhaus
und den Göttern vorbehalten.

Durch die Bekehrung der römischen
Kaiser zum Christentum wurde plötzlich
solch elitärer Glanz auch für die Kirche
verfügbar. Seine Verwendung wurde Ausdruck des Glaubens, die Prestigesymbole
wurden zum Wohl einer wachsenden Kirche eingesetzt. Von größter Bedeutung
waren dabei die Schenkungen Konstantins, der damit eine Ausstattung der Kirchen ganz in der Tradition der Ausstattung
paganer Gotteshäuser einleitete. Die Stif-
tungen Konstantins gingen, wie der Liber
Pontificalis bezeugt, an die christlichen
Gemeinden aller großen Städte im Reich.
Sie umfassten Grundbesitz ebenso wie
Geldmittel und Gebäude mit luxuriöser,
goldglänzender Ausstattung. Von den Kir-
chenausstattungen dieser Zeit ist fast
nichts mehr original erhalten, einen Eindruck vermittelt oft nur noch die Überlieferung. Eine der berühmtesten Kirchen
der Spätantike war das »Goldene Okta-
gon« in Antiochia, benannt nach seinem
goldenen Dach, dessen Bau im Jahre 327
begonnen und 341 geweiht wurde. Das
Gebäude stand nahe des kaiserlichen
Palastes und diente sowohl als Sitz des
Patriarchen als auch für die Auftritte des
Kaisers.

Die Verwendung des Goldglanzes un-
terstrich für alle die Außergewöhnlichkeit
der neuen Religion. Zur Darstellung des
erhabenen Status wurde die antike profane Verwendung des Goldes übernommen.
Zugleich konnte man aber auch den spätantiken Christen erklären, dass diese Din-

ge von Gott kamen und eine ihnen angemessene Verwendung erfahren mussten.
Der Prozess der Übergabe des Goldes an
die Kirche ist direkt eine Replikation der
bürgerlichen römischen Praxis der Schenkung von Schätzen oder Gebäuden. Die
Füllung der Kirchen mit Schätzen geschah
aufgrund einer sehr materiellen Vorstellung der Kommunikation mit Gott, die
sich vermeintlich nach der Höhe der Gabe
bemaß. Über solche Schenkungen gibt es
eine Fülle literarischer Zeugnisse, viele
Kirchen wurden extrem reich und deren
Patrozinium entsprechend bedeutsam.
Der Liber Pontificalis beschreibt das Werk
Konstantins und seiner Nachfolger: allein
die Lateranbasilika hatte an Altären und
Geräten mehr als 6 000 Pfund Silber und
460 Pfund Gold. Die größte Materialmen-
ge machten die Verkleidungen für Altar,
Ciborium, Ambo und Türen aus. Für andere Kirchen, etwa die Hagia Sophia, lässt
sich ausrechnen, dass bei einer Blechdicke
von 1 mm 12 000 Pfund Silber oder bei
einer Dicke von 3 mm 36 000 Pfund Silber
verwendet wurden.

Aber nicht nur die Ausschmückung der
Gotteshäuser war geprägt von antiken Traditionen. Auch die Ikonographie bediente sich der Symbole der klassischen Alten
Welt, etwa der Übernahme des Nimbus.
Die Idee geht auf eine alte Vorstellung zurück, die Licht und Geist in Verbindung
brachte und so durch die Darstellung
eines Lichtes um den Kopf ein Zeichen für
besondere Spiritualität fand. Die Darstellung eines Nimbus war in der Kunst eine
besondere Betonung der Macht einer Person, auch der göttlichen Macht. Der römische Kaiser Gallienus (3. Jh. n. Chr.)
versuchte seinem Haupt dadurch besonderen Glanz zu verleihen, dass er nicht

nur die übliche goldene Strahlenkrone trug, sondern sich auch noch Goldspäne ins Haar streute. Der Nimbus war zunächst traditionell aus Gold. Durch die Verwendung des Goldgrundes war man später zu abweichenden Lösungen gezwungen, bisweilen erschien er dann blau, auch mit goldenen Sternen, silbern oder er setzte sich durch die Struktur ab.

Die Übernahme des Goldes in der christlichen Kirche erschien aufgrund der hier beschriebenen Traditionen fast als Zwangsläufigkeit, obwohl sie dem prinzipiellen Anspruch auf Besitzlosigkeit widersprach. Bereits die Kirchenväter betrachteten die Reichtumsanhäufung der Kirche mit Sorge. Hieronimus sprach davon, dass Christus nackt vor der Tür stirbt, während man die heiligen Texte aufs prächtigste verschönert: »inficitur membrana colore purpureo, aurum liquescit in litteras, gemmis codices uestiuntur et nudes ante fores earum Christus emoritur« (Hieronimus, Epistulae 22, 32). Man unternahm jedoch nicht viel dagegen, vor allem weil zum Unterhalt der Gotteshäuser eine entsprechende finanzielle Ausstattung notwendig war.

In der Folgezeit gab es immer wieder Ansätze, zu einer besitzlosen Urkirche zurückzukehren. Als Beispiel sei nur Franz von Assisi genannt. Einen Bruch mit den spätantiken Traditionen gab es im Grunde genommen erst durch die Reformation mit ihren radikalen Konsequenzen: Holzkelche statt Goldkelche, Zerstörung der Bildwerke. Die Antwort der Gegenreformation bestand in einem noch größeren und aufwendigeren Goldglanz der Gotteshäuser.

Der Wert des Goldes

Eine wirtschaftliche und machtpolitische Bedeutung bekommt Gold durch Thesaurierung und Verwendung als Münzmetall. Diese Thesaurierung fand zunächst in Tempel-, später auch in Staatsschätzen statt. Goldreichtum herrschte zunächst in Ägypten und in den Reichen des Vorderen Orients. Der spätere Reichtum der Mykenischen Kultur in Griechenland war bis zu den Zeiten Homers vergangen. Hellas war bis zu den Perserkriegen arm an Gold. Reiche Goldvorkommen waren fern und nur durch Kauf oder Kriegszüge zu bekommen, beispielhaft genannt sei nur die Sage vom Goldenen Vlies. Als die Spartaner im 6. Jahrhundert v. Chr. das Gesicht der Statue des amyklaiischen Apollon vergolden lassen wollten, war in ganz Griechenland das nötige Gold nicht zu bekommen. Man musste sich an Kroisos wenden. Die Goldmenge stieg erst an, als nach den phokischen Kriegen, bei denen der Tempel von Delphi beraubt wurde, das von dort stammende Gold in Umlauf gelangte. Diodor (XVI, 56) gibt das Gold der Kroisosgeschenke mit 4000 Talenten (ca. 100 Tonnen) an. Noch mehr stieg die Goldmenge nach den Feldzügen Alexanders des Großen an.

Einher mit der Münzprägung geht die herrschaftliche Gewinnung des Goldes. Die bereits in der Frühzeit der Goldprägung beginnende Koppelung zwischen dem Münzwert und der Gesamtgoldmenge ist eine wesentliche Eigenschaft der Münzsysteme, die in der römischen Kaiserzeit durch die Einführung des Aureus seit Caesar für Jahrhunderte festgeschrieben war (vgl. Beiträge Ziegaus und Dieck).

Die Gier nach Gold

Der Wandel des Goldes im Lauf der Zeit zu einem Wertgegenstand führt zu einer neuen Bewertung: Gold wurde der Schlüssel zur Macht.

In der Bibel war Gold zunächst nicht negativ belegt. Gold war ein Metall Gottes – »Aber alles Silber und Gold samt dem ehernen Geräte soll dem HERRN geheiligt sein, dass es zu des HERRN Schatz komme.« (Jos 6, 19) – und sein Besitz war anerkannt: »Abram aber war sehr reich an Vieh, Silber und Gold.« (Gen 13, 2); »Des Goldes aber, das Salomo in einem Jahr bekam, war an Gewicht sechshundertsechsundsechzig Zentner.« (1. Kön 10, 14).

Das Motiv der Goldgier findet sich in allen Kulturen, sobald sein Besitz einen politischen Machtfaktor darstellt. Neben den antiken Hochkulturen kehrt es auch bei den barbarischen Randvölkern wieder, die ihrerseits begannen, Gold als Maß für Macht- und Kaufkraft zu benutzen. Bestes Beispiel sind hierfür die Kelten, die ihr Gold nicht nur aus den Flüssen gewannen. Für die Verschonung Roms erpressten sie 1000 Pfund Gold. Große Mengen erbrachte für sie auch die Plünderung Delphis. In späterer Zeit war für die gallischen Häuptlinge der Besitz von Gold wichtig, denn wie wir aus den Berichten Caesars wissen, benötigten sie dies als Bestechungsgeld für ihre Wahl.

Die etwa zur gleichen Zeit einsetzende Goldgier im römischen Bürgertum führte nach Meinung der römischen Schriftsteller zu einem beklagenswerten moralischen Verfall. In geradezu dramatischen Worten schrieb folglich Plinius: »Oh könnte das Gold doch ganz aus dem Leben entfernt werden« (Plinius, Naturkunde, 33. Buch).

Abb. 12 | Decke der Kirche Santa Maria Maggiore, Rom.

Eroberung einer Neuen Welt

Ähnlichen Moralvorstellungen entsprechend wird bis in die heutige Zeit die Eroberung der Neuen Welt als fragwürdiges Unternehmen gesehen, das als Triebfeder die Gier nach Gold hatte, begleitet von blindwütigem Morden und sinnloser Zerstörung.

1519 eroberte Hernán Cortés ohne Autorisierung der Königin von Spanien die Hauptstadt des Aztekenreiches Tenochtitlán. Angetrieben war er von der Goldgier. Nach seiner Ankunft in Mexiko mit 600 Mann sagte er zu Montezuma: »Ich und meine Gefährten leiden an einer Krankheit des Herzens, die nur mit Gold geheilt werden kann.« Die Geschenke des Montezuma, mit denen dieser glaubte, einen Angriff auf die Hauptstadt zu verhindern, bewirkten genau das Gegenteil. Das zu seiner Rechtfertigung an den Sohn des spanischen Königs Karl V. nach Brüssel geschickte Gold sah Albrecht Dürer am 27.8.1520. Er notierte in sein Tagebuch:

»Auch sah ich die Dinge, die man dem König aus dem neuen Goldland gebracht hat: eine ganz goldene Sonne, eine ganze Klafter breit, desgleichen einen ganzen silbernen Mond, ebenso groß, desgleichen zwei Kammern voll Rüstungen der Leute dort, desgleichen allerlei Wunderliches von ihren Waffen, Harnischen und Geschossen; gar seltsame Kleidung, Bettgewand und allerlei wundersame Gegenstände zu menschlichem Gebrauch, was da viel schöner zu sehen ist als Wunderdinge. Diese Sachen sind alle so kostbar gewesen, dass man sie hunderttausend Gulden wert schätzte. Ich aber habe all' mein Lebtag nichts gesehen, das mein Herz so erfreut hätte, wie diese Dinge. Denn ich sah darunter wunderbare, kunstvolle Sachen und verwundere mich über die subtilen Ingenia der Menschen in fremden Landen. Ja ich kann gar nicht genug erzählen von den Dingen, die ich da vor mir gehabt habe.« (Thausing 1970 [1872]).

Dürer war einer der wenigen Zeitgenossen, die den ästhetischen Wert der Schätze zu würdigen wussten. Die Eroberer der Neuen Welt ließen nach Entfernen der Edelsteine fast das gesamte Gold und Silber einschmelzen. Originale der Zeit, wie der Ring aus Oaxaca *(Kat. 148)* gehören heute zu den größten Raritäten in den Kunstkammern der Fürstenhäuser. Ganz selten ist uns neben der profanen Funktion als gemünztes Metall eine weitere Verwendung des geraubten Goldes bekannt. So soll der Überlieferung nach die prächtige Deckenvergoldung der Kirche Santa Maria Maggiore in Rom *(Abb. 12)* aus dem ersten Gold der Neuen Welt gemacht sein, ein Geschenk der spanischen Könige, die die Schutzherren dieser Kirche waren.

Auf der Jagd nach dem Gold brachten die Europäer nicht nur die Indianer, sondern auch oft gegenseitig sich selbst um. Wenig bekannt ist, dass auch Franken darin verwickelt waren. 1534 wurde Philipp von Hutten, ein Bruder des Bischofs von Eichstätt, Moritz von Hutten, im Auftrag des Handelshauses Welser Gubernator von Venezuela. Zwei große Erkundungsritte führten ihn auf der Suche nach dem Goldland »Eldorado« bis zu den Anden und zum Rio Negro. An Pfingsten 1546 wurde er von dem Spanier Carvesole bei der heutigen Stadt Barquisimeto überfallen, weil dieser bei ihm Gold vermutete. Ein Epitaph von Loy Hering mit der Darstellung des blutigen Ereignisses befindet sich in der Wallfahrtskirche Maria Sondheim (Lkr. Main-Spessart).

Das ganze Gold der Welt

Die Menge des unmittelbar bei der Eroberung der Neuen Welt geraubten Goldes mehrte die bis dahin vorhandene
Goldmenge Europas wohl nicht einmal
um 1 Prozent. Der größte Schatz aller
Konquistatoren, den Franzisco Pizarro mit
nur 180 Soldaten für die angebliche Freilassung des Inkaherrschers Atahualpa
erpresste, betrug »nur« 5,5 Tonnen. Hinzu kamen nach der Eroberung von Cuzco
noch einmal 1,1 Tonnen in Form von Möbel-
und Wandverkleidungen, Waffen, Sonnenscheiben, Geschirr, Kleidungszube-
hör, Tier- und Menschenstatuen. Diese
von Pizarro erbeuteten 6,6 Tonnen Gold
dürften den Großteil des im Inkareich vorhandenen, nicht vergrabenen Goldes dargestellt haben.

Die Weltgoldmenge beträgt heute etwas
über 100 000 Tonnen, das entspricht einem
Würfel von etwa 18 m Kantenlänge. Das
jährlich hinzukommende neu geförderte
Gold beträgt heute etwa 2 000 Tonnen.
Dies entspricht zum Vergleich der Menge
an Erz, die weltweit stündlich zu Eisen
umgeschmolzen wird. Rund 35 000 Tonnen Gold lagern in den Kellern der Noten-
banken. Über 80 Prozent des heute vorhandenen Goldes wurde nach Beginn
des 20. Jahrhunderts gefördert. Im 19. Jahrhundert wurden insgesamt etwa 1 200
Tonnen gefördert, von 1500–1 800 etwa
200 Tonnen.

Von 500 v. Chr. bis 1500 wurden etwa
7 300 Tonnen gefördert, wobei hier vor
allem die römische Goldförderung zu
einem großen Zuwachs führte.

Die Goldausbeute der Römer war in
der Antike einmalig und wurde erst wieder nach der Eroberung Amerikas er-

reicht. Allein die römischen Bergwerke in
Spanien erbrachten jährliche Erträge von
20 000 römischen Pfund, was etwa 6,5
Tonnen entspricht. Seit etwa der Mitte des
1. Jahrtausends vor Christus steht die Gewinnung überwiegend im Zeichen seiner
wirtschaftlichen und politischen Bedeutung. Die primäre Funktion von Gold war
seine Thesaurierung und Verwendung als
Münzmetall. Der Besitz von Gold verlieh
in der Römerzeit dem Staat die Möglichkeit freier Handlung, dem Privatmann Sozialprestige. Dies setzte einen Kreislauf in
Gang, der durch einen ständigen Bedarf
an neuem Gold angetrieben wurde. Die
wichtigsten Mittel zu seiner Deckung
waren Raub, Abgabenforderungen und
die bereits erwähnte intensive Gewinnung.

Der Hunger nach Gold setzt sich bis in
die Jetztzeit fort. Von der Goldgier als
Triebfeder für die Eroberung Amerikas bis
hin als Sujet in Filmen, das im Falle von
James Bond immerhin zugleich noch mythische Erinnerungen weckt: »Das ist
Gold, Mister Bond. Schon mein ganzes
Leben lang habe ich seine Farbe geliebt,
seinen Glanz, seine göttliche Schwere. Mir
ist jedes Unternehmen willkommen, das
meinen Vorrat vergrößert...«. Eine entscheidende Wende hat sich jedoch in der
jüngsten Vergangenheit ereignet, als unter
dem amerikanischen Präsidenten Nixon
1971 die Währung von den Goldreserven
entkoppelt wurde. Wirtschaftlich wird
Gold seit dieser Zeit anders beurteilt. Für
die Menschen, so scheint es, treten damit
wieder die alten Werte in den Vordergrund, freilich geprägt von rationalem
Wissen der Gegenwart. »Der Wert des Goldes ist nicht gleich 36 Dollar für die Unze,
oder wie viel immer, er ist auch nicht iden-

tisch mit der Anzahl von Eseln, mit der er
gleichgesetzt werden kann. Der Wert des
Goldes sitzt in seiner mystischen Gegenwart, besteht im Vergnügen, es in der Hand
zu haben.« (Henry Miller).

Gedanken und Dinge

Bei vielen der in der Ausstellung und Publikation gezeigten Goldobjekte wissen
wir nicht, welche Vorstellungen mit ihnen
verbunden waren, da uns zeitgenössische
Interpretationen nicht überliefert sind.
Aus diesen Gründen wurden hier bewusst
exzeptionelle Werke, wie zum Beispiel die
goldene Tugendrose *(Abb. 13; Kat. 80)*,
integriert, um die Bandbreite möglicher,
für uns heute nicht mehr erschließbarer
Deutungen darzustellen. Da zahlreiche
der präsentierten Werke nicht nur rein
profaner Schmuck sind, sondern mit religiösem Denken verbunden sind, sei dieser Punkt hier noch kurz ausgeführt. Die
Deutung aller religiösen Äußerungen war
Gegenstand einer der großen Wissen-
schaftsdiskussionen im 20. Jahrhundert,
die sich in zwei Hauptströmungen teilen
lässt, dem Funktionalismus und dem Phä-
nomenologismus. Zu erinnern ist hier vor
allem an die 1912 von Émile Durkheim im
Buch »Die elementaren Formen des religiösen Lebens« eingeführte grundsätzliche Trennung der Dinge in zwei Klassen:
das Profane und das Sakrale (Heilige).
Obwohl, wie Edmund Leach (1978) bemerkte, dieser reine Dualismus – das heißt
die Trennung aller Dinge in nur zwei Bereiche ohne Berücksichtigung der vorhandenen Zwischenstufen – eine »scho-
lastische Illusion« ist, so hilft doch diese
Überlegung in vielen Fällen weiter. Dies

Abb. 13 | Papstrose *(Kat. 80),* Mitte 15. Jh.

insbesondere, wenn man hinzufügt, dass es der Mensch ist, der selbst die Objekte in das Sakrale überführt. Dies geschieht in Ritualen. In Ritualen wird das Heilige »aktiviert«, wobei die Dinge ihre profane Bedeutung nicht verlieren müssen. Es kann ein ständiger Wechsel zwischen profan und sakral bestehen.

Im Wesentlichen lassen sich die sakralen Objekte dieser Ausstellung vier Kategorien zuordnen: Amulette, Insignien, Geräte und Bilder. Welche Eigenschaft ein Objekt hat, kann aus dem Objekt selbst heraus nicht erschlossen werden, nur aus seinem Funktionszusammenhang. Auch die Archäologie beobachtet solche Funktionszusammenhänge. Es leuchtet ein, dass deshalb Objekte aus Gräbern und Opferfunden am ehesten interpretierbar sind. Die große Schwierigkeit bei der Rekonstruktion religiöser Äußerungen oder Gedanken besteht jedoch darin, dass diese viele Ausdrucksformen haben können. Zum Beispiel gibt es folgende Ideen des Votivs: eine reale Gabe des Gegenstandes oder seines Abbildes oder gar eines symbolischen Ersatzes; eine Umsetzung in besondere Materialien wie etwa Wachs; auf Zettel geschriebene Äußerungen oder auch nur gesprochene Worte, wobei bei all diesen Ideen noch ein verschiedener Anlass, nämlich der Dank oder die Bitte, hinzukommen kann.

Berücksichtigt man also, welch bescheidenen Raum Objekte als Äußerungen des menschlichen Denkens einnehmen, so erscheint es fast als vermessen, wenn man in einigen Fällen der Interpretationen besondere Schlüsse nur aufgrund der Verwendung eines besonderen Materials wagt. Hier hat jedoch die Volkskunde gezeigt, dass Stoffen ebenso wie den Gestalten immer bestimmte Werte zugeschrieben wurden. Gold ist dabei zweifellos einer der ganz wenigen Stoffe, dessen Auswahl fast immer eine Bedeutung hat. Man geht daher sicher nicht fehl, Gegenstände aus Gold stets als etwas Besonderes anzusehen.

Lit.: Alva 1993. – Braun 1932. – Bonn 2000. – Denecke 1971. – Elbern 1963. – El Dorado 1994. – Haselberghe 1972. – Janes 1998. – Leach 1978. – Nagel 1986 a. – Nagel 1986 b. – Reichel-Dolmatoff 1988. – Sedlmayer 1977. – Sedlmayer 1979. – Sicán 1997. – Thausing 1970 [1872]. – Wurster 1991.

Das Gold in der Natur: seine Lagerstätten und Minerale in Mitteleuropa

Gerhard Lehrberger

Viele Menschen träumen von mächtigen Goldadern oder riesigen Goldklumpen und nicht wenige hat der Traum vom großen Goldrausch bis nach Nordamerika oder Australien gelockt. Tatsächlich aber enthält eine Tonne durchschnittlichen Gesteins der Erdkruste nur 5 mg Gold. Es ist bereits eine große Ausnahme, wenn man überhaupt Gold in Form von Körnchen findet, die dann meist staubfein sind. Dieser Beitrag stellt die wichtigsten Goldminerale vor und erklärt den Bildungsmechanismus verschiedener Lagerstättentypen. Diese werden anhand von Beispielen aus Mitteleuropa veranschaulicht, die auch mit Exponaten in der Ausstellung präsent sind.

Goldminerale: ein edler Stoff wählt seine Bindungspartner aus

Gold bildet mit Silber und den Platingruppen-Elementen (Platin, Palladium, Osmium, Iridium, u. a.) die Gruppe der Edelmetalle. Wegen seines »edlen Charakters« geht es kaum chemische Bindungen mit anderen Elementen ein und tritt deshalb am häufigsten als »gediegenes« Element auf *(Abb. 14a–d)*. Das Mineral »gediegen Gold« enthält über 85 Gewichtsprozente des chemischen Elements Gold (Au), bis zu 15 % Silber (Ag) und seltener Kupfer (Cu) oder Quecksilber (Hg), beide in Bruchteilen von einem Prozent. Das Gold ist wegen seiner Resistenz gegenüber den meisten chemischen Agenzien auch in der Natur sonnengelb, metallisch glänzend und nicht mit anderen Mineralen zu verwechseln. Neben der einzigartigen Farbe sind das sehr hohe spezifische Gewicht

von 16–19 g/cm^3 und die gute Verformbarkeit als die wichtigsten physikalischen Eigenschaften zu nennen.

Relativ häufig kommt neben gediegenem Gold das Mineral Elektrum vor, worunter man eine natürliche Gold-Silber-Legierung mit 15–50 Gewichtsprozenten Silber bezeichnet. Daneben kann Gold noch Verbindungen mit Kupfer *(Auricuprid, Cu_3Au)*, Bismut *(Maldonit, Au_2Bi)*, Antimon *(Aurostibit, $AuSb_2$)*, Tellur *(Calaverit, $AuTe_2$)* oder auch mit Blei *(Nagyagit, $AuPb_5(TeSb)_4S_{5-8}$)* eingehen. Die meisten dieser Verbindungen treten nur in wenigen, exotischen Lagerstätten auf und haben daher für die Goldgewinnung fast keine Bedeutung. Ein besonderes Goldmineral ist das graumetallisch glänzende Gold-Amalgam. Es bildet sich beim Zu-

sammentreffen von Gold und Quecksilber in der Natur und ist von Gold-Quecksilber-Verbindungen, die künstlich bei der Goldgewinnung mithilfe der Amalgamation gebildet werden, nicht zu unterscheiden. Die Identifikation erfolgt lediglich durch die Kenntnis der Lagerstättenverhältnisse.

Goldminerale bilden sich in der Erdkruste ausschließlich durch Kristallisation aus Lösungen. Je nach Platzangebot in Klüften und den Bildungsbedingungen kann Gold frei gewachsene Kristalle, bäumchenförmige Aggregate, Bleche, Drähte, nadelige oder moosartige Filze, aber auch einfache Körnchen und Zwickelfüllungen bilden *(Abb. 14)*. Bei der Umlagerung im Fluss wird es wegen der guten Verformbarkeit gerundet und liegt dann als Flitter oder »Nugget« vor *(Abb. 15 und 16)*.

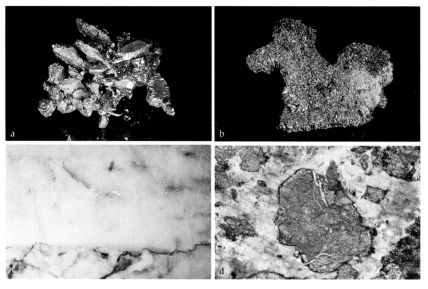

Abb. 14 | Gediegen Gold in seinen verschiedenen Ausbildungsformen: a) Goldkristalle *(Kat. 13q)*; b) moosförmiges Gold *(Kat. 13f)*; c) Goldeinschlüsse in Quarz *(Kat. 8a)*; d) goldführender Arsenopyrit (grau) in Quarz; Mikrofoto einer polierten Oberfläche *(Kat. 8d)*.

Außer »gediegen Gold« und Elektrum spielten sämtliche anderen Goldverbindungen in der langen Geschichte der Goldgewinnung vor dem 19. Jahrhundert keine Rolle, da aus ihnen das Gold technisch nicht gewonnen werden konnte oder man erkannte die entsprechenden Minerale gar nicht als goldführendes Material.

Das wichtigste Begleitmineral von Gold ist der Quarz. Daneben gibt es häufige und typische Vergesellschaftungen mit Sulfiden wie Pyrit, Arsenopyrit *(Abb. 14d)*, Sphalerit oder Chalkopyrit. In den Flussgoldvorkommen treten vor allem andere schwere Minerale wie Granat, Zirkon und Magnetit mit dem Gold auf.

Systematik der Goldlagerstätten: von »Berggold« und »Seifengold«

Das Interesse des Menschen am Gold dürfte durch Zufallsfunde großer goldführender Gesteinsbrocken oder von Quarzgeröllen mit entsprechend grobkörnigen Goldaggregaten geweckt worden sein *(Abb. 15 und 16)*. Wegen der hohen Dichte liegen reine Goldnuggets normalerweise im Sediment an der tiefstmöglichen Stelle und bleiben daher dem Betrachter verborgen. Vermutlich entdeckte man beim Zerkleinern und Auswaschen von Gesteinsbruchstücken den Effekt, dass Gold gegenüber den anderen Sandkörnern sofort in die Tiefe sinkt. Diese Erkenntnis war der erste Schritt zur Goldgewinnung durch Schwerkrafttrennung – dem Goldwaschen – und der gezielten Suche nach Gold in den Sedimenten.

Man kann also zwei grundsätzliche Typen von Goldvorkommen unterscheiden: die primären Goldvorkommen, auch »Berggold«-Vorkommen genannt, die im Inneren der Erde entstehen, und die sekundären Goldvorkommen, auch »Seifengold«-Vorkommen genannt, die sich an der Erdoberfläche durch die Strömung des fließenden Wassers und gravitative Anreicherungsvorgänge bilden.

Schon bald wird man darauf gekommen sein, dass es viel leichter ist, in einem Fluss Gold zu finden, als irgendwo in den Bergen, da der Fluss Material aus einem großen Einzugsgebiet zusammenträgt. Durch eine sorgfältige schrittweise Probenahme kann man dem Gold flussaufwärts bis in das Gebirge folgen und kommt so zu den ursprünglichen Vorkommen des Goldes in den Bergen. Auch heute noch wird diese Prospektionsmethode angewendet.

Im Folgenden werden die charakteristischen Merkmale und die Bildungsmechanismen der beiden Typen von Goldlagerstätten erläutert. In Mitteleuropa finden sich zahlreiche Beispiele für beide Lagerstättentypen. Es sollen hier einige Lokalitäten exemplarisch vorgestellt werden, von denen anzunehmen ist, dass sie wegen der reichen Goldführung bereits in der Antike ausgebeutet wurden.

Trotz der sehr zahlreichen Goldvorkommen in Mitteleuropa sind nur von einigen wenigen Distrikten spektakuläre Freigoldaggregate bekannt. An erster Stelle ist dabei das Siebenbürgische Erzgebirge zu nennen. Von dort kennt man Reicherzzonen mit bis zu mehreren Quadratzentimetern großen Goldblechen, die möglicherweise unbearbeitet zur Dekoration verwendet oder durch Hämmern in eine bestimmte Form gebracht wurden *(vgl. Kat. 13d.k–m)*.

Abb. 15 | Scharfkantige Goldbleche in einer zu Eisenoxid-Mulm verwitterten Sulfid-Quarz-Vererzung. Goldaggregate dieser Art können an der Oberfläche von Lagerstätten gefunden werden *(Kat. 2a)*.

Abb. 16 | Goldnugget, das durch den Flusstransport gerundet, geplättet und verdichtet wurde *(Kat. 2b)*.

Primäre Goldlagerstätten

Primäre Goldvererzungen entstehen in der Erdkruste durch Ausfällung von Gold aus Lösungen unterschiedlicher Temperatur. Da es sich aber meist um heiße Lösungen handelt, spricht man auch von hydrothermalen Lagerstätten. Der Goldgehalt der Lösungen ergibt sich aus Lö-

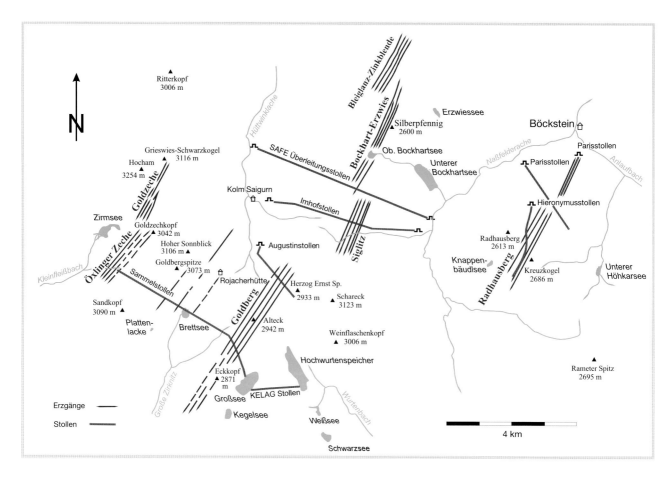

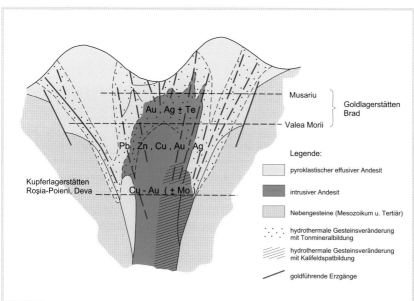

Abb. 17 | Tauerngoldgänge.

Abb. 18 | Schematischer Schnitt durch Lager-
stätten, die an einen andesitischen Vulkan
gebunden sind. Die angegebenen Gold- und
Kupferlagerstätten im Apuseni-Gebirge liegen
in unterschiedlichen Erosionsniveaus im
Lagerstättenmodell (nach Berbeleac 1985).

sungs- und Mobilisierungsprozessen aus gering goldhaltigen Gesteinen während der Gebirgsbildung oder magmatischer Aktivitäten. Neben einer ausreichenden Menge an zirkulierender Lösung ist ein Netzwerk von Klüften, Rissen und Poren im Gestein für die Zirkulation unabdingbar. Bei der Zirkulation der Lösungen kann es einerseits zur Lösung von Gold und anderen Metallen im Nebengestein kommen, andererseits können – insbesondere beim Aufstieg – die Druckentlastung, Abkühlung und die pH-Wert-Änderungen bei der Reaktion der Lösung mit dem Nebengestein zur Ausfällung des Goldes führen.

Diese Prozesse können nun entweder in einigen Kilometern Tiefe in der Erdkruste stattfinden oder unmittelbar unter der Erdoberfläche. Im ersten Fall werden die Lösungen während Gebirgsbildungsprozessen (Metamorphose) oder im Umfeld von erstarrenden Magmen (Plutone) in Zirkulation gebracht. Im zweiten Fall wird die Lösungszirkulation von vulkanischer Aktivität verursacht. In der Tiefe bilden sich aufgrund der mechanischen Eigenschaften des Gesteins häufig eng begrenzte Lagerstätten mit dominierenden Gangstrukturen *(Abb. 17)*. Die häufigste und klassische Form der primären Goldlagerstätten sind goldführende Quarzgänge. In diesen tritt Gold meist als »Freigold«, d. h. nicht verwachsen mit Sulfidmineralen in Quarz auf. Seltener sind Gänge, in denen Calcit das Gold einschließt. Als begleitende Sulfide sind Pyrit, Arsenopyrit und Antimonit häufig.

Hebungs- und Abtragungsvorgänge führen dazu, dass die in der Tiefe gebildeten Lagerstätten mit ihren Nebengesteinen an die Erdoberfläche bzw. in deren Nähe

Abb. 19 | Gold neben Chalkopyrit (Kupferkies) auf Grünschiefer vom Bergbau Waschgang (»Großkirchheim«). Kärnten, Österreich *(Kat. 12a)*.

kommen, um dann vom Menschen im Tagebau oder in Bergwerken gewonnen zu werden. Diese Bergwerke liegen häufig in den Grundgebirgsarealen.

Vererzungen, die mit Vulkanismus in Verbindung stehen, sind durch die Imprägnation riesiger Gesteinsmassen mit relativ geringen Goldgehalten gekennzeichnet. Die Erze treten oft in tieferen Bereichen von Vulkanschloten auf *(Abb. 18)*. Sie sind entweder schon durch die Erosion freigelegt oder werden mittels tiefer Bergwerke erschlossen. Heute spielen diese Lagerstätten wirtschaftlich die wichtigere Rolle, da man mit schweren Geräten in gigantischen Tagebauen Millionen Tonnen Gestein kostengünstiger abbauen kann als die meist relativ kleinen gangförmigen Goldvorkommen in engen Bergwerken.

Die in der Ausstellung gezeigten Exponate von Naturgold aus primären Lagerstätten stammen aus den deutschen Mittelgebirgen, aus Böhmen, den Öster

reichischen Alpen und den Karpaten bzw. aus dem Apuseni-Gebirge in Siebenbürgen. Die auffallende Dominanz der siebenbürgischen Goldvererzungen liegt darin begründet, dass dieses Gebiet seit der Bronzezeit ein bedeutender Goldlieferant war (Wollmann 1999 a). Vor der Entdeckung der reichen Golderze in Amerika und Australien gehörten die siebenbürgischen Goldlagerstätten sicher zu den reichsten der Welt.

Gold der Österreichischen Alpen

Die bedeutendsten Goldvorkommen Österreichs befinden sich im Bereich des Alpenhauptkammes in den Bundesländern Salzburg, Kärnten und Tirol. Am bekanntesten ist das sog. »Tauerngold«, das die Ganglagerstätten in der Umgebung des Gasteiner und Rauriser Tales sowie auf der Südseite des Alpenhauptkammes in

Abb. 20 | Freigoldbleche auf Kluftfläche von Quarzit. Hainzenberg bei Zell am Ziller, Tirol, Österreich *(Kat. 12c)*.

Kärnten umfasst. Die wichtigsten Gruben liegen in der Goldberggruppe und der Kreuzeckgruppe in der geologischen Einheit des »Tauernfensters«, in dem tiefere Einheiten des Gebirgsbaues zum Vorschein kommen. Das Gold tritt in steil stehenden Quarzgängen auf, die bei der Faltung der Alpen gebildet wurden *(Abb. 17)*. Das Gold wird von verschiedenen Eisen-, Kupfer-, Blei- oder Arsensulfiden begleitet *(Abb. 19)*. Diese Goldvorkommen werden als wichtigste Quelle der Goldvorkommen in den Flüssen des Alpenvorlandes betrachtet. Der Transport des Goldes erfolgte nicht nur über die heute ausgebildeten Flussläufe, sondern wegen der Lage im Hochgebirge auch über die Gletscher der letzten Eiszeit.

Viele Lagerstätten weisen eine viele Jahrhunderte lange Bergbaugeschichte auf (Günther/Paar 2000). Bereits der antike Schriftsteller Strabo erwähnt die Goldgewinnung der norischen Taurisker, was häufig in der Literatur auf die Tauerngoldvorkommen bezogen wird. Für einen Bergbau zur Kelten- und Römerzeit gibt es allerdings außer der zu den Bergwerken im Bockharttal führenden Römerstraße und Keramikfunden in der Nähe der Bergwerke keine weiteren Belege.

Andere Goldvererzungen liegen bei Zell am Ziller im Westen und bei Mitterberg im Osten. Am Hainzenberg im Zillertal sind die Goldvererzungen an Quarzgänge gebunden, die überwiegend im Innsbrucker Quarzphyllit auftreten (Schulz/Wenger 1980; *Abb. 20*). Diese Golderze tragen auch zur Goldführung der Innsedimente bei. Im Lagerstättenrevier Mitterberg-Mühlbach (Hochkönig) tritt Gold zwar in geringer Menge, aber mineralogisch hochinteressant in Assoziation mit einer Uranvererzung auf (Paar 1978; *Kat. 12d*).

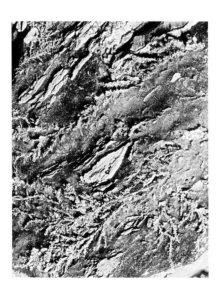

Abb. 21 | Dendritische Goldkristalle. Korbach, Hessen *(Kat. 9d)*.

Deutsche Mittelgebirge

Das Rheinische Schiefergebirge weist zahlreiche Goldvorkommen auf, von denen jedoch nur das vom Eisenberg bei Korbach in Nordhessen wirtschaftliche Bedeutung erlangte (Homann 1989; Kulick et al. 1997). Diese Vererzung weist die Besonderheit auf, dass in nur millimeterdicken Kalkspatgängen großflächig filigran-dendritische Goldaggregate auftreten *(Abb. 21; Kat. 9 d)*. Diese hauchdünnen Reicherzzonen führten dazu, dass man ab dem 12. Jahrhundert einen ausgedehnten Bergbau im Eisenberg auffuhr. Das Gold wurde offensichtlich bei der variskischen Gebirgsbildung aus dem Nebengestein gelöst und bei einer Temperatur von ca. 200 °C abgeschieden. Es dürfte sich damit um die einzig wirklich niedrigtemperierte (epithermale) Lagerstätte in Deutschland handeln. Aus dem Eisenberg bei Korbach stammt eine der größten Goldstufen Europas überhaupt *(Kat. 9a)*. Das Thüringisch-Fränkische Schiefergebirge ist seit vielen Jahrhunderten für seine primären Goldvorkommen bekannt (v. Wichdorff 1914). Das Hauptgebiet der Goldgewinnung liegt in der geologischen Struktur des Schwarzburger Sattels im Einzugsgebiet der Flüsse Schwarza, Loquitz, Werra, Itz und Steinach. Die wichtigsten Bergbaue lagen bei Steinheid, Reichmannsdorf *(Kat. 9e)* und Masserberg. Das Gold dieser Lagerstätten trug zusammen mit anderen goldhaltigen Vererzungen zur Bildung reicher sekundärer Goldvorkommen bei, die weiter unten im Text beschrieben werden (Schade 2001).

Das Grundgebirge der Böhmischen Masse in Nordostbayern ist »reich an armen Goldvorkommen« (Lehrberger 1997).

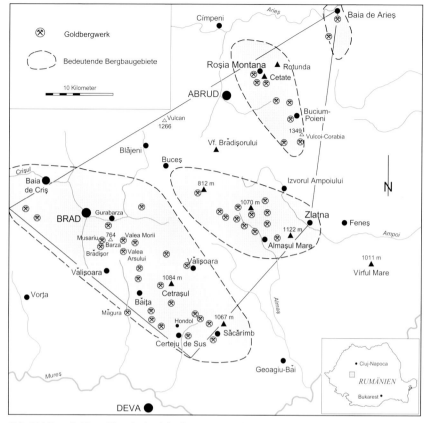

Abb. 23 | Das »Goldene Viereck« in Siebenbürgen, eines der reichsten Goldreviere Europas.

Bei Goldkronach im Fichtelgebirge liegt das wichtigste Goldvorkommen Bayerns, das an Gangstrukturen gebunden ist. In phyllitischen Nebengesteinen paläozoischen Alters treten goldführende Quarz-Karbonat-Gänge mit Arsenopyrit und Antimonit auf (Kat. 9g). Das Gold wurde bis in die erste Hälfte des 20. Jahrhunderts in zahlreichen Stollen und Schächten abgebaut. Deformierte Quarzgänge mit Arsenopyrit-Vererzungen sind typisch für die Vererzungen bei Neualbenreuth in der nördlichen Oberpfalz (Abb. 14d). Im mittleren Oberpfälzer Wald und im Bayeri-

Abb. 22 | Goldkörnchen aus einer verwitterten Lagerstätte am Braunbeergraben bei Oberviechtach, Oberpfalz (Kat. 9h).

schen Wald überwiegt dagegen der Typ einer feinverteilten Goldvererzung in den hochmetamorphen Gneisen (Abb. 22). Typische Begleitelemente des Goldes sind dabei Arsen und Bismut. Der Bergbau war meist schon vor dem Dreißigjährigen Krieg beendet, vereinzelte Versuche wurden bis in das 20. Jahrhundert unternommen.

Böhmen

Böhmen ist eines der alten Goldländer Europas, wovon die Dächer der »goldenen Stadt« Prag zeugen. Diese wurden überwiegend aus dem Gold der Bergwerke im 30 km südlich der Hauptstadt gelegenen Jílové hergestellt. Die dortigen Goldlagerstätten wurden bis in die 1960er Jahre abgebaut und lieferten z.T. hervorragende Freigoldstufen (Kat. 10a). Das Gold kommt konzentriert in Quarzgängen und in feinverteilter Form in proterozoischen Vulkaniten vor; die Goldgehalte konnten über ein Kilogramm pro Tonne Erz erreichen. Unweit von Jílové, am Kontakt des Jílové-Gesteinsgürtels zum Mittelböhmischen Pluton liegt bei Mokrsko an der Moldau die derzeit größte bekannte Goldvererzung der gesamten Böhmischen Masse mit einem Goldinhalt von über 15 t, weitere bedeutende Vorkommen finden sich im Böhmerwald bei Kašperske Hory (Morávek/Lehrberger 1997). Eine Übersicht der über 500 Goldvorkommen in Tschechien findet sich bei Lehrberger et al. 1997.

Slowakisches Erzgebirge

Die Slowakei verfügt über bedeutende primäre Goldvorkommen im sog. Slowakischen Erzgebirge, das am Südrand des westlichen Karpatenbogens liegt. Die bekanntesten Bergbaubezirke liegen bei Kremnica (Kremnitz), Banská Štiavnica (Schemnitz) und Hodruša (Hodritsch), wo sogar heute noch Gold abgebaut wird (Helke 1938, 9; Knésl/Knéslová 1999). Dieser Teil der Karpaten gehörte früher zu Ungarn und die Lokalitäten werden häufig in der Literatur und in Sammlungen noch so zugeordnet.

Geologisch betrachtet liegt das Gebiet an der Grenze der Karpaten zum Pannonischen Becken. Wesentlich für die Bildung der Goldvererzungen sind die dort auftretenden tertiärzeitlichen vulkanischen Gesteine, hauptsächlich Andesite. Darin ist das Gold an hydrothermale Gänge und Imprägnationsvererzungen gebunden. In Kremnica ist eine niedrigtemperierte Vererzung mit Eisen- und Antimonsulfiden in Quarzgängen typisch (Kat.

Abb. 24 | Zungenartig gewachsene Bleche aus den Gruben
von Roşia Montana, Rumänien *(Kat. 13 a).*

11 b). Die Gruben von Kremnica entwickelten sich vor allem im Mittelalter und produzierten insgesamt betrachtet eher geringe Goldmengen von einigen 10 kg pro Jahr (Beyschlag et al. 1912, 38 f.).

»Goldenes Viereck« in Siebenbürgen

Der Bergbau im Apuseni-Gebirge am östlichen Rand von Mitteleuropa gehört zu den ältesten Goldbergbaugebieten in Europa. Sicher ist es das mit Abstand bedeutendste Goldrevier in Mitteleuropa. Die Lagerstätten liegen in einem etwa 50 x 40 km großen Gebiet, das auch als »Goldenes Viereck« bekannt ist. Die Eckpunkte bilden die Bergbaustädte Zlatna, Sâcârîmb, Brad und Baia-de-Arieş *(Abb. 23).* Dieses Gebiet wurde früher auch »Siebenbürgisches Erzgebirge« genannt.

In den besten Zeiten des Bergbaus am Ende des 19. Jahrhunderts wurden in Siebenbürgen jährlich bis zu 3 t Gold gewonnen, davon der weitaus überwiegende Teil in den Bergwerken der Zwölf-Apostel-Gewerkschaft in Brad (Beyschlag et al. 1912, 40). Die anderen bedeutenden Lagerstätten von Sâcârîmb und Roşia Montana lieferten jeweils nur 100–200 kg.

Es ist anzunehmen, dass die Römer nicht nur die umfangreiche Seifengoldgewinnung an der Crişul Alb (Weisse Kreisch) und anderen Flüssen im Apuseni-Gebirge, sondern auch den Untertagebau an vielen Stellen intensiv betrieben. Ihre Spuren sind noch heute an zahlreichen Stellen, vor allem in der Umgebung von Roşia Montana, in Form der exakt gearbeiteten Stollen und Strecken, erhalten *(Abb. 31).* Radiokarbon-Altersbestimmungen an Grubenhölzern konnten eindeutig das entsprechende Alter bestätigen. Von der perfekten Organisation des römischen Goldbergbaus zeugen die in Wachstäfelchen geritzten ersten Arbeitsverträge zwischen Bergarbeitern und der Grubenverwaltung, die in Bergwerken bei Roşia

Montana entdeckt wurden (Wollmann 1999 b, 26). Ebenso finden sich in der Umgebung der Gruben römische Siedlungsspuren und Nekropolen.

Die Besonderheit der rumänischen Goldlagerstätten liegt sowohl in ihrer ungewöhnlichen Größe als auch im Auftreten sehr attraktiver Freigoldaggregate. Bizarre Goldstufen aus dem »Goldenen Viereck« bereichern die Mineraliensammlungen der bedeutendsten Museen auf der ganzen Welt. Dabei handelt es sich fast ausschließlich um Stufen aus der Zeit vor dem Ersten Weltkrieg, da danach unter rumänischer Regierung – und bis in die heutigen Tage – der Handel mit Goldstufen strikt und unter hoher Strafe verboten war und ist. Die Goldproduktion des rumänischen Staates hat Vorrang, und so sind viele gute Goldstufen eingeschmolzen worden, obwohl der Sammlerwert weit über dem reinen Goldwert liegen würde. Aus diesen Gründen ist es besonders bemerkenswert, dass die Firma MINVEST in Deva es erstmals ermöglicht, dass Goldstufen aus ihrem Firmenmuseum in Brad auch in Deutschland gezeigt werden können.

Die wichtigsten Bergbauorte sind heute Brad und Roşia Montana, wo die Goldproduktion noch im Gange ist.

Bergbaurevier Roşia Montana

Die Goldvererzungen von Roşia Montana stehen nach über 2000jähriger Bergbaugeschichte immer noch hoch im Kurs. Ein kanadisch-rumänisches Firmenkonsortium konnte inzwischen 344 Millionen t Erz mit einem Mindestgehalt an Gold von 1,3 g pro Tonne Gestein durch Bohrungen nachweisen. In dem derzeit geplanten größten Tagebau Europas sollen in den kommenden Jahrzehnten 14,3 Millionen Unzen, d. h. ca. 450 t Gold gewonnen werden.

Die Lagerstätte von Roşia Montana liegt in subvulkanisch gebildeten Gesteinen mit relativ hohem Quarzgehalt, sog. Rhyodaziten und in Schlotfüllungen der ehemaligen und inzwischen abgetragenen Vulkankörper. Sie entspricht dem klassischen Schema von Vererzungen des Imprägnationstypus *(vgl. Abb. 18)*.

Während man heute in der bereits weit in die Tiefe vorgedrungenen Grube vor allem die Erze der unverwitterten Zone mit Sulfidmineralen abbaut, konnte man früher wegen einer geologisch bedingten Zonierung und der langsameren und schonenderen bergmännischen Abbauverfahren Goldbleche von ungewöhnlicher Größe finden *(Abb. 24)*.

Goldreviere bei Brad

Die Bergbaustadt Brad gilt als der Hauptort des »Goldenen Vierecks« des Apuseni-Gebirges. Die beeindruckendsten und schönsten Goldstufen stammen aus einem relativ kleinen Lagerstättenkomplex südöstlich der Stadt Brad. Die grundlegenden Erkenntnisse über die Lagerstätten bei Brad gehen auf die Untersuchungen von Schumacher (1912) und Helke (1938) zurück. Neuere Arbeitsergebnisse wurden nur von Berbeleac (1985) publiziert.

Der Bergbau bei Brad begann sicher schon zur Zeit der Römer, wovon ein alter Stollenzugang, die sog. Römertreppe bei Ruda zeugt. Die größte Blütezeit erlebte die Goldproduktion in Brad ab 1884, als

die Gruben schrittweise von den in Gotha ansässigen »Harkortschen Bergwerken und chemischen Fabriken zu Schwelm und Harkorten« übernommen wurden. Die unter dem Namen »Rudaer Zwölf-Apostel-Gewerkschaft« vereinigten Bergwerke entwickelten sich schon bald zu den bedeutendsten Goldbergwerken Europas mit einer Produktion von bis zu 3 Tonnen Gold pro Jahr.

Nach dem ersten Weltkrieg und dem Anschluss Siebenbürgens an Rumänien übernahm die Bergbaugesellschaft MICA den Bergwerksbetrieb. Nach dem zweiten Weltkrieg unterstanden die Bergwerke zunächst der Militärregierung der sowjetischen Besatzungszone, dann dem rumänischen Staat. Seit 1990 gehört der Bergbaubetrieb Barza Mining Enterprise der staatlichen Bergbaufirma MINVEST mit Sitz in Deva.

Die Aufbereitung der Erze erfolgt spätestens seit der Übernahme durch die Harkortschen Werke zentral in Gurabarza im Criş-Tal östlich von Brad. Dazu wurden

die Erze über den Viktor-Stollen (heute 1. Mai-Stollen) an die Oberfläche gefördert und von dort mit einer Seilbahn ins Tal gebracht. Die Gewinnung des Goldes erfolgt noch nach dem traditionellen Amalgamationsverfahren (vgl. den Beitrag über Aufbereitung in diesem Band).

Der Bergbau in der Umgebung von Brad geht in einer ungefähr Ost-West-gestreckten Zone beim Berg Barza um. Wie Schumacher (1912, 22 ff.) berichtet, unterscheidet man seit alters her von Osten nach Westen die Gruben Valea-Morii, Valea-Arsului, Barza, Ruda, Dealu-Feti und Musariu. Nach der geologischen Situation lassen sich vereinfacht die Barza-Gruppe im Osten und die Musariu-Gruppe im Westen unterscheiden.

Die Lagerstätte Barza liegt am Rande eines Andesit-Schlotes, der heute in der 764 m hohen Kuppe des gleichnamigen Berges gipfelt. Die einzelnen Gruben bauen alle auf denselben, nordwest-südost verlaufenden Gangstrukturen ab. Die Grube Barza baut auf den unteren Sohlen

Abb. 25 | Die goldene »Schlange« aus einem Hohlraum in der Grube Musariu, Brad, Rumänien. Länge: 16 cm.

drähte *(Kat. 13p)*, die sog. Schlange *(Abb. 25)* und auch die bis zu 1 cm großen, einzigartigen Goldkristalle *(Kat. 13s)*.

Das Gold-Museum in Brad

Ein Juwel der Stadt Brad stellt das firmeneigene Goldmuseum der Bergbaugesellschaft dar. Aus diesem Museum stammen zahlreiche der in der Ausstellung gezeigten Goldstufen, die erstmals außerhalb Rumäniens der Öffentlichkeit präsentiert werden können. Das Museum zeigt außerdem viele andere, oft einzigartige Stufen, die aber wegen ihres filigran-grazilen Aufbaus nicht zu Ausstellungen transportiert werden können *(Abb. 26)*.

Abb. 26 | Das Prachtstück des Museums in Brad: das filigrane zweiästige Dendritenbäumchen. Grube Musariu, Brad, Rumänien. Länge: 6,5 cm.

und die Grube Ruda auf den oberen Sohlen im Südwestteil des Berges ab. An der Nordost- und Ostseite des Berges baut die Grube Valea-Morii auf den oberen Sohlen und die Grube Valea-Arsului auf den unteren Sohlen ab.

Das Musariu-Revier ist vom Barzamassiv durch den Andesitstock des Hîrnicu-Berges getrennt und liegt selbst an der Grenze von quarzführenden Andesiten zu Melaphyren. Es handelt sich wie bei Barza um mehrere nordwest-südost streichende Gänge. Man unterscheidet die Grubenfelder Musariu und Dealu-Feti, die beide heute nicht mehr abgebaut werden. Die Musariu-Grube liegt im Bereich des Musariutals, die Dealu Feti-Grube baute auf etwas höher gelegenen Sohlen westlich

davon ab und stand mit der Musariu-Grube unterirdisch in Verbindung. Das Musariu-Revier wiederum hatte zur Entwässerung und Förderung Verbindung zum Viktor-Stollen im Barza-Revier.

Musariu gilt als die bedeutendste und goldreichste Lagerstätte im gesamten »Goldenen Viereck«. Von manchen Autoren wurde sie als die goldreichste Lagerstätte der Welt bezeichnet, was vor der Entdeckung spektakulärer Goldvererzungen in Nordamerika bezüglich der Freigoldführung sicher richtig war (Helke 1938, 149). Aus dieser Lagerstätte stammen die meisten der spektakulären rumänischen Goldstufen weltweit wie auch die Beispiele im Goldmuseum Brad: die großen Goldbleche *(Kat. 13g)*, feine Gold-

Die Sammlungen des Museums gehen auf den professionell organisierten Betrieb der Goldbergwerke unter der Regie der »Harkortschen Bergwerke und chemischen Fabriken« seit dem Jahre 1884 zurück. Erste Sammlungsbestände sollen nach Schumacher (1912) aus dem Jahr 1886 stammen. Die ersten Besucher in der Ausstellung von Goldstufen sind im Besucherbuch am 4.7.1912 verzeichnet. Das Museum ist wohl auch in Zusammenhang mit der Dokumentation von F. Schumacher angelegt worden. Durch seine Tätigkeit in Brad gelangten auch sehr gute Stufen in die Sammlungen seiner späteren Wirkungsstätte an der Bergakademie Freiberg (Huber/Huber 1983, 31; *vgl. Kat. 13g*).

Heute umfassen die Sammlungen des Museums etwa 1000 Goldstufen, einige davon wurden auch aus anderen Ländern durch Tausch erworben.

Sekundäre Lagerstätten

Bei der Verwitterung primärer Lagerstätten und ihrer Nebengesteine an der Erdoberfläche bleibt das Gold fast unverändert. Es kann dann durch die Erosion aus dem Gesteinsverband mechanisch gelöst und durch Wasser oder Eis transportiert werden.

Die weichen Goldaggregate werden durch den Flusstransport gerundet und geplättet und kommen dann als Flitter oder Nuggets in die Sedimente. An Stellen mit günstigen Strömungsverhältnissen wie hinter größeren Steinen oder an den Gleithängen und am stromabwärtigen Ende von Sandbänken werden Gold und andere Schwerminerale angereichert. Dieser Vorgang beruht darauf, dass die spezifisch leichteren Sandkörner, die meist aus Quarz bestehen, selektiv weggespült werden, während das schwere Gold nach unten sinkt und liegen bleibt. Man nennt diese Anreicherungen auch »Seifenlagerstätten« und das darin enthaltene Gold entsprechend »Seifengold«. Der Begriff »Seife« leitet sich vom Mittelhochdeutschen »sifen« ab, das »sickern, tröpfeln, waschen« heißt. Es bezieht sich auf die eigentliche Gewinnung des Flussgoldes durch Goldwaschen.

Generell kann man eine Kornverringerung des Goldes im Laufe des Transportes durch die zunehmende mechanische Beanspruchung der Goldflitter beobachten. Selten kann man auch Quarzgerölle beobachten, die aus goldführenden Quarzgängen stammen, und die Gold in Form von Adern aus der ursprünglichen Verwachsung mit sich führen *(Abb. 27)*.

Gold kann aber ebenso in Schotterablagerungen geologisch älterer Zeiten enthalten sein. Man spricht dann auch von fossilen Seifenlagerstätten. Eine davon, am Witwatersrand bei Johannesburg in Südafrika, stellt überhaupt die größte Goldlagerstätte dar. Bei solchen Lagerstätten ist die Herkunft des Goldes oft nicht mehr bestimmbar, da das Einzugsgebiet bereits vollständig abgetragen sein kann.

Beispiele für sekundäre Goldvorkommen finden sich in Mitteleuropa in der Schweiz, am Rhein, in der direkten Umgebung Münchens im Alpenvorland, in Thüringen und in Siebenbürgen.

Napfgebiet in der Schweiz

In der Schweiz wurden erst in den vergangenen 20 Jahren zahlreiche Goldvorkommen bekannt, die von Pfander/Jans (1999, 7–8) zusammengestellt wurden. Ein typisches Gebiet mit Seifengoldvorkommen ist die Napfregion in der Ostschweiz zwischen Bern im Südwesten und Luzern im Osten. In dieser Zone sollen schon die Helvetier das Gold für ihre zahlreich erhaltenen Goldgegenstände ge-

Abb. 27 | Quarzgeröll mit zahlreichen Goldäderchen, Arieş-Fluss, Rumänien *(Kat. 3a)*.

wonnen haben. Das Napfgebiet besteht im Wesentlichen aus tertiärzeitlichen Lockersedimenten der Molassezone. Die primären Lagerstätten zu diesen Seifengoldvorkommen lagen sicher in den Alpen, können jedoch nicht mehr lokalisiert werden, da sie bei der Hebung der Alpen vollkommen abgetragen wurden. Die wichtigsten Flüsse, an denen auch heute noch Gold gefunden wird, sind die Aare und ihre Zuflüsse sowie die Reuss (Müller 1995; Maag 1999, 34). Das Waschgold reichte sogar für die Prägung von einer kleinen Serie von »Ausbeutedukaten« *(Kat. 5d)*. Prähistorische Abbauspuren konnten in der Schweiz bisher nicht identifiziert werden, auch aus späterer Zeit ist noch sehr wenig über die Geländebefunde der Goldgewinnung publiziert.

Vorderrhein und Medelser Rhein/Lukmanierschlucht in der Schweiz

Funde großer Nuggets wurden in den vergangenen Jahren aus dem Medelser Rhein in der Lukmanier-Schlucht bei Disentis bekannt. Diese Goldklumpen gehören mit einem Einzelgewicht von bis zu etwa 125 g zu den spektakulärsten Goldfunden in Mitteleuropa überhaupt (Widmann 1999; *Kat. 5a–b*).

Oberrhein

Die Flussschotter des Oberrheins sind unterhalb von Basel durchgehend goldführend (Spycher 1983, 19–27). Obwohl durch die Flussbaumaßnahmen die Goldanreicherung in Sandbänken weitgehend

Abb. 28a | Goldflitter aus der Salzach, Österreich *(Kat. 4c)*.

Alpenvorland: Donau, Isar, Inn und Salzach

Auch an den größeren Flüssen des bayerischen und österreichischen Alpenvorlandes sind Seifengoldvorkommen bekannt. Wegen des starken Verdünnungseffektes durch nicht goldführende Gebirgsschuttmassen liegt der Goldgehalt in den Ablagerungen durchschnittlich nur bei etwa 10 mg/t. Da dieser Gehalt für eine traditionelle Goldwäscherei viel zu gering ist, ist anzunehmen, dass man früher stattdessen Sandbänke mit einer entsprechend starken Anreicherung des Goldes abgebaut hat. Das Gold tritt jedoch meist feinkörnig (< 0,2 mm) auf, sodass die Gewinnung besonders mühsam war *(Kat. 4g)*.

Die Flüsse beziehen das Gold entweder direkt aus den primären Goldvorkommen der Zentralalpen, oder – im Falle der Donau – auch aus dem Grundgebirge der Böhmischen Masse. So führen sowohl die Salzach als auch manche Flüsse im Bayerischen Wald z.T. recht grobkörniges Gold. Daneben können auch Goldanreicherungen in tertiärzeitlichen Ablagerungen des Molassetroges im Alpenvorland, in eiszeitlichen Ablagerungen innerhalb der Alpen *(Abb. 28a)*, oder auch Rinnenfüllungen innerhalb des Bayerischen Waldes *(Kat. 4a–b)* zur Goldführung der heutigen Flussablagerungen beigetragen haben.

Goldwäscherei wurde an der Donau, der Isar, dem Inn und der Salzach betrieben (Lehrberger 1996, 30 f.). Von allen Flüssen gibt es als Belege Goldprägungen; die neueste Prägung stammt aus dem Gold einer Gewinnungsanlage in einem Kieswerk an der Salzach bei Bischofshofen *(Abb. 28b)*.

unterbunden ist, gibt es an manchen Stellen doch noch gute Fundmöglichkeiten für das Rheingold *(Kat. 5e; Abb. 103)*.

Die Goldgewinnung am Oberrhein soll bereits von den Kelten und Römern betrieben worden sein, ohne dass es dafür reale Belege gibt. Später prägte man Münzen aus dem Rheingold *(Kat. 5f; Abb. 104)*. Oft war das Gold nur das Beiprodukt der Löschsandgewinnung, die mit der Erfindung des Löschpapiers ihr Ende fand und einen direkten Einfluss auf die Goldförderung hatte. Zudem behinderte die Flussbegradigung die Regenerierung der Goldführung in den Sandbänken und es kam außerdem zu einer Eintiefung der Flussrinne. Endgültig lief die Goldgewinnung mit den »Goldern«, den traditionellen Goldwäschern, in den ersten Jahrzehnten des 20. Jahrhunderts aus. Spätere Gewinnungsversuche in den 1930er Jahren mithilfe großer Schwimmbagger nach amerikanischem Vorbild führten nicht zum Erfolg (Störk 2000).

Die Herkunft des Rheingoldes ist nicht eindeutig geklärt, es kommen sowohl die Goldvorkommen am Vorderrhein, im Napfgebiet oder auch diejenigen im Schwarzwald in Frage.

Abb. 28b | Goldklippe aus Waschgold der Salzach, Österreich *(Kat. 4d)*.

Thüringen

Im Thüringischen Schiefergebirge wurden im Umfeld der oben genannten primären Lagerstätten immer wieder mehrere Millimeter große Goldnuggets gefunden (v. Wichdorff 1914). Das Größte davon wurde bereits 1576 in ein ungewöhnliches Schmuckstück eingearbeitet *(Abb. 29)*.

Erst in den vergangenen Jahren konnten Ostthüringen und Teile des sächsischen Vogtlandes wieder als »Goldland« entdeckt werden (Grunewald et al. 2001). An der nördlichen Abdachung des Erzgebirges haben sich Flüsse wie die Weiße Elster, die Göltzsch und die Weida sowie ihre Zuflüsse ins Gebirge eingeschnitten. Vor allem südlich von Gera im Umfeld der Städte Greiz und Plauen konnten zahlreiche alte Abbaustellen entdeckt und in vielen Flüssen meist gut gerundetes und ungewöhnlich grobkörniges Gold gefunden werden *(Kat. 6c)*. Die primären Lagerstätten werden in den gering goldführenden Gesteinen des Bergaer Sattels vermutet. Die Goldgewinnung in Ostthüringen lässt sich bisher historisch nicht fassen, es wird aber eine Hauptaktivität in der frühen Neuzeit vermutet.

Siebenbürgen

In Westrumänien gibt es neben den bereits beschriebenen primären Lagerstätten zahlreiche Seifengoldvorkommen. Einmal führen die Flüsse, die aus dem »Goldenen Viereck« im Apuseni-Gebirge kommen, reichlich Gold, zum anderen gibt es auch andere Seifenlagerstätten in älteren Schotterterrassen. Eines der größten bekannten Seifengoldareale am Fuße

Abb. 29 | Schmuck aus Seifengold: Körbchen mit Nuggets aus der Schwarza, Thüringen *(Kat. 6b)*.

den einzigartigen Nuggets in alten Sammlungen schließen kann *(vgl. Abb. 27 u. Kat. 3b)*. Berichte über die Goldwäscherei und die Seifenhalden geben Zeugnis über die vermutlich jahrtausendelange Goldgewinnung an der Mureş, Crişul Alb und Arieş (Galcenco/Velciov 1992).

Lit.: Berbeleac 1985. – Beyschlag et al. 1912. – Galcenco/Velciov 1992. – Grunewald et al. 2001. – Günther/Paar 2000. – Helke 1938. – Homann 1989. – Huber/Huber 1983. – Knésl/Knéslová 1999. – Kulick et al. 1997. – Lehrberger 1996. – Lehrberger 1997. – Maag 1999. – Morávek/Lehrberger 1997. – Müller 1995. – Paar 1978. – Paar 2000. – Pfander/Jans 1999. – Schade 2001. – Schulz/Wenger 1980. – Schumacher 1912. – Spycher 1983. – Störk 2000. – Widmann 1999. – v. Wichdorff 1914. – Wollmann 1999a.

der Karpaten liegt bei Pianu de Sus nahe Sebeş (Mühlbach). Die Sedimente dieser Lagerstätte sind mit hoher Wahrscheinlichkeit älter als die Lagerstätten der Vulkanberge des »Goldenen Vierecks«. Als primäre Lagerstätten kommen somit nur Gebirgseinheiten des Karpatenbogens in Frage, die heute nicht mehr aufgeschlossen sind. Das Gold kann bis zu cm-Größe erreichen *(Kat. 3d)* und wurde von bis zu 300 Goldwäscherfamilien ausgebeutet.

Man nimmt an, dass bereits in vorrömischer Zeit die Daker das Seifengold in Siebenbürgen gewonnen haben. Reiche Funde dürften den Goldwäschern zu jeder Zeit garantiert gewesen sein, wie man aus

Der Goldbergbau und die Aufbereitung von Golderzen

Gerhard Lehrberger

Gold ist eines der wenigen Metalle, das in gediegener, also reiner Form in der Natur vorkommt und somit grundsätzlich keiner Verhüttung bedarf. Es ist wegen seines unverwechselbaren Sonnenglanzes an der Erdoberfläche gefunden worden und faszinierte die Menschen vermutlich vor allen anderen Metallen. Aufgrund der Tatsache, dass bei der Goldverarbeitung weitgehend keine Überreste in Form von Schlacken etc. bleiben und der Mensch in seiner unersättlichen Goldgier ganze Berge versetzt und damit frühere Abbauspuren zerstört, wissen wir über die Anfänge der Goldgewinnung relativ wenig.

Im Folgenden zeigen wir den Weg des Goldes von seinen Lagerstätten im Gestein bis zum Goldbarren oder Goldobjekt auf. Dabei wird ein besonderes Augenmerk auf die älteren Verfahren gelegt, da sich viele der Techniken seit der Antike fast nicht verändert haben und somit eine aktuelle Vorstellung der Arbeitswelt der Daker, Kelten und Römer liefern können. Moderne Verfahren werden vor allem unter dem Aspekt vorgestellt, die aktuellen (Umwelt)-Probleme mit der Goldgewinnung gerade im östlichen Mitteleuropa besser zu verstehen und beurteilen zu können.

Goldgewinnung im antiken Europa

Für die Technik der Goldgewinnung in Mitteleuropa wurde bisher weitgehend eine lineare Entwicklung von der technisch einfachen Gewinnung von Flussgold bis hin zu technisch anspruchsvolleren Gewinnungsmethoden von Berggold und der damit verknüpften Aufbereitung und Metallurgie angenommen. Dieses Schema würde die ältesten Abbauspuren entlang der Flüsse in den großen Tälern und die jüngeren Spuren in den Bergen im Bereich der primären Lagerstätten erwarten lassen.

Die Auswertung von Literatur und umfangreicher Geländearbeiten in allen mitteleuropäischen Ländern zeigt, dass es zwar zahlreiche Goldvorkommen gab, die auch bereits in der Vergangenheit abgebaut wurden, aber eine prähistorische Goldgewinnung konnte bisher archäologisch nirgendwo eindeutig nachgewiesen werden. Die ältesten bisher datierten Spuren finden sich in Siebenbürgen und zeugen vom Bergbau zur Zeit der römischen Herrschaft. Das häufige Auftreten archäologischer Goldobjekte im bronzezeitlichen Mitteleuropa legt allerdings nahe, dass es

wenigstens in den Gebieten mit sehr reichen Goldvorkommen auch schon Abbaue gegeben haben muss. Siebenbürgen ist hierfür prädestiniert, wie sich bei der Betrachtung der Lagerstätten zeigt (vgl. diesen Band).

Bei der Ausgrabung von keltischen Goldbergwerken in Frankreich – im Vorfeld von Abbaumaßnahmen einer Bergbaufirma – wurde erkennbar, dass sich unter Halden regelrechte archäologische Reservationen erhalten können (Cauuet 1999 a und b). Die Gruben waren mit Holz ausgezimmert und folgten den gangförmigen Lagerstätten einige Zehnermeter in die Tiefe *(Abb. 30)*. Schon in den keltischen Bergwerken finden sich Anlagen für die Wasserlösung im Gebirge. Neben einfachen Wassergerinnen konnte in der Grube Fouilloux sogar ein Wasserlösungs-

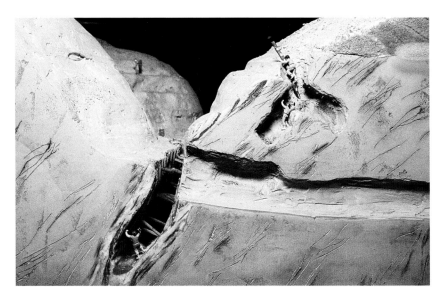

Abb. 30 | Modell eines keltischen Goldbergwerkes in der Grube Fouilloux bei St. Yrieix, Limousin, Frankreich.

Abb. 31 | Römische Untertagestrecke mit trapezförmigem Querschnitt in der Lagerstätte Cirnic bei Roşia Montana, Rumänien.

stollen entdeckt werden. Man nimmt an, dass das Wasser aus den Abbauen über archimedische Schrauben bis auf das Niveau der Stollen gehoben wurde.

Wichtige Erkenntnisse lassen sich möglicherweise auch aus dem römischen Bergbau in Siebenbürgen gewinnen. Sicher folgten die Römer auch den bereits bestehenden Stollen der dakischen Bergleute, um an das im Berg verbliebene Gold zu gelangen. Somit kann die Kenntnis römischer Anlagen eventuell der Schlüssel zu noch älterem Bergbau sein. Die Römer eroberten Dakien im Jahre 106 n. Chr. vor allem aus wirtschaftlichen Gründen, was sich aus der Lage der wichtigen römischen Orte in der Nähe von Goldvorkommen oder Salzlagerstätten ableiten lässt (Wollmann 1996; Slotta/Wollmann 1999). Der Reichtum der Daker lockte die Römer, und sie erbeuteten schon bei der Eroberung den tonnenschweren Goldschatz des Daker-Königs Decebal (86–106). Noch heute sind zahlreiche römische Bergbau-

anlagen, Siedlungs- und Kultstättenfunde in der Umgebung von Roşia Montana (lat. Alburnus Major; ungar. Vöröspatak) zu bewundern *(Abb. 31)*. Im Bereich der Lagerstätten von Roşia Montana befanden sich ebenfalls zahlreiche Abbauspuren, die inzwischen durch den modernen Tagebaubetrieb zerstört sind. Berühmtheit erlangten die zum Teil erhaltenen römischen Wasserräder und vor allem die auf Wachstäfelchen geschriebenen Arbeitsverträge der Römer (Roman et al. 1982, 18; Wollmann 1999 b, 26).

Wie wird Gold abgebaut?

Schon in der Antike baute man selektiv die reichen Erzzonen oder Gänge ab, da die Gebirgslösung und Förderung von taubem Gestein sehr mühsam und aufwändig war. Bei diesem Gangbergbau ließ man häufig Gesteinspartien mit niedrigem Goldgehalt im Berg, die inzwischen

mit modernen Gewinnungs- und vor allem Extraktionsverfahren rentabel zu gewinnen sind. So werden heute oft riesige Tagebaue über dem Areal alter Kleinbergbaue angelegt und dabei die alten Bergwerke regelrecht freipräpariert.

Für den heutigen Bergbau ist vor allem ein möglichst großer Vorrat an verwertbaren Erzen wichtig, damit sich die Investitionen in die z.T. gigantischen Fördermaschinen rentieren. Heute müssen außerdem erhebliche Kosten für Naturschutz und Kulturschutzmaßnahmen sowie für die Renaturierung ehemaliger Abbaustellen eingeplant werden. Relativ kleine Lagerstätten, hohe Arbeitslöhne sowie das hohe Niveau des Umweltbewusstseins machen den Goldbergbau in Mitteleuropa fast unmöglich. Lediglich in Siebenbürgen gibt es derzeit noch in Betrieb befindliche Goldbergwerke und große Projekte für die weitere Erschließung von Bergbaugebieten. Mit der zunehmenden wirtschaftlichen Annäherung Rumäniens an die Europäische Union mit ihren hohen Umweltstandards kann es jedoch auch dort mittelfristig zur Einstellung des Bergbaus kommen.

Seifengoldgewinnung

Tritt das Gold in Flusssedimenten oder in fossilen Flussablagerungen, den sog. Seifenlagerstätten auf, wird es in der Regel im Tagebau gewonnen. Grub man früher einfach die Sandbänke der Flüsse ab, die sich über den Winter immer wieder erneuerten, so musste man bei Terrassensedimenten manchmal ganze Bergrücken durchwühlen, um an die goldreichen Lagen zu kommen. Zur einfacheren Goldgewinnung wurden auch sehr weitläufige Wassergewinnungsanlagen mit Sammelbecken und kilometerlangen Kanälen angelegt.

Ähnliche Gewinnungsverfahren wie bei den Seifenlagerstätten an den Flüssen verwendete man für den Abbau von verwitterten Lagerstätten in den Mittelgebirgen. Von diesem oberflächennahen Bergbau zeugen heute noch an unzähligen Stellen in ganz Mitteleuropa die Haldenzonen. Zur Tiefe hin konnten diese sandgrubenartigen Abbaue durchaus auch in Stollen übergehen, mit denen man der Vererzung in die Tiefe folgte.

Eine Weiterentwicklung dieser Abbauverfahren in Flusstälern oder weiten Ebenen stellt der Einsatz von Schwimmbaggern dar. Von diesen schwimmenden »Fabriken«, die vor allem in der ersten Hälfte des 20. Jahrhunderts weltweit eingesetzt wurden, wurde der goldführende Schotter direkt aus dem Flussbett oder aus einer Flussterrasse gebaggert, an Bord gesiebt, das Gold aus dem Sand extrahiert und der Abfall wieder am hinteren Ende der Anlage abgelagert. Anlagen dieser Art waren auch am Rhein (Störk 2000, 75) und an der Mureş bei Deva in Siebenbürgen im Einsatz. Sie zerstörten große Aueflächen und wären heute aus Gründen des Landschaftsschutzes in Mitteleuropa wohl kaum noch einsetzbar.

Untertägiger Goldbergbau

In den Anfangszeiten der Goldgewinnung grub man von der Oberfläche ausgehende Galerien und Stollen in den Berg, um an die reichsten Partien des Gebirges zu kommen. Im Berg selbst weitete man dann den Hohlraum je nach Vererzungstyp teil-

Abb. 32 | Mittelalterliche oder frühneuzeitliche, handgeschrämte Strecke im Unteren Tiefen Talstollen im Eisenberg bei Korbach (Hessen).

weise zu geräumigen Abbauen auf. Als Technik der Felslösung waren das Feuersetzen und das anschließende Lösen des Gesteins mit schweren steinernen Rillenschlägeln typisch. In Bereichen, die für das Feuersetzen nicht geeignet waren, erfolgte der Vortrieb mit Schlägel und Eisen, d. h. man musste millimeterweise das Gestein aus dem Berg meißeln.

Diese Stollen wurden wegen des hohen Arbeitsaufwandes immer nur so groß aufgefahren, wie es absolut nötig war, und die Arbeit im Schein des Grubenlichtes war eine heutzutage nicht mehr vorstellbare Strapaze. Im Eisenberg bei Korbach sind diese engen Grubenbauten aus der frühen Neuzeit noch ausgezeichnet erhalten (Abb. 32).

Mit der Einführung der Sprengtechnik im Bergbau in der ersten Hälfte des 17. Jahrhunderts wurde die Schlägel-und-Eisen-Technik abgelöst, und es erfolgte damit ein viel schnellerer Vortrieb.

Erst in der zweiten Hälfte des 20. Jahrhunderts, als die Größe der Maschinen zunahm, ging man dazu über, auch große Tagebaue anzulegen. In diesen werden mit entsprechend dimensionierter Bohr- und Sprengtechnik Tonnagen von vielen Tausend Tonnen Erz pro Tag gewonnen. Die großen Mengen machen diese Tagebaubetriebe rentabel, erschöpfen aber die Lagerstätten oft innerhalb weniger Jahre.

Wie gewinnt man das Gold aus dem Gestein?

Bei sekundären Goldlagerstätten liegt das Gold meist in Form freier Körnchen im Sand vor. Es lässt sich deshalb leicht gravitativ abtrennen und kann mit geringem technischen Aufwand weiterverarbeitet werden. Anders verhält es sich bei den primären Erzen, die das Gold in verschiedenen Ausbildungsformen enthalten. Einerseits kann Gold chemisch gelöst in Sulfidmineralen auftreten, häufiger kommt es als winzige Einschlüsse in Sulfidmineralen vor. Aus beiden Formen ist Gold relativ schwierig zu gewinnen, da die Sulfide zuerst zerkleinert und entfernt werden müssen. Die für die weitere Behandlung einfachste Form des Auftretens von Gold ist das meist in Quarz oder Karbonate eingewachsene Freigold. Aber auch hier ist die Zerkleinerung bis zu kleinen Sandkörnern nötig, denn nur bei einer Freisetzung der unterschiedlichen Mineralkörner können die physikalisch-chemischen

Eigenschaften wie das spezifische Gewicht oder die Löslichkeit in Cyanlauge effizient genutzt werden. Verwachsene Minerale würden die Dichte verfälschen oder die lösungsaktive Oberfläche verringern.

Man unterscheidet grundsätzlich a) das »Mahlgold« oder freimahlende Gold, das alleine durch die mechanische Zerkleinerung aus dem umgebenden Gestein – meist Quarz – freigesetzt wird, b) komplexe Golderze, in denen das Gold in enger Verwachsung mit anderen Erzmineralen auftritt und durch Trennungsverfahren wie Flotation getrennt werden muss, und c) goldhaltige Erze unedler Metalle, in denen ein nur geringer Goldgehalt erst bei der Verhüttung der sonstigen Minerale gewinnbar ist (Morteani 1996, 90). Das freimahlende Gold kann verfahrenstechnisch wie Seifengold weiterverarbeitet werden, die anderen Erztypen erfordern weitergehende Aufbereitungsschritte.

des Felsgesteins durch Erhitzung beim sog. Feuersetzen, so achtet man in modernen Bergwerken bereits bei der Planung von Sprengungen auf einen günstigen Zerkleinerungsgrad. Das Erz wird in Stücken von wenigen Millimetern Durchmesser bis Kopfgröße gefördert.

In modernen Bergwerken erfolgt die Grobzerkleinerung durch Backen- oder Kegelbrecher, in denen das goldhaltige Gestein bis auf wenige Millimeter große Körner zerdrückt wird. Dieses Material wird in Kugelmühlen mit Stahlkugeln weiter zerkleinert. Die Wandung der Mühlen ist mit Hartmetallplatten ausgekleidet, um die Abrasion gering zu halten. Die Erzschlämme verbleiben solange in der Mühle, bis sie feinkörnig genug sind (meist feiner als 0,5 mm), um über ein Sieb ausgespült und dann in die Sortieranlagen weitergeleitet zu werden.

Bei der traditionellen Zerkleinerung ist der erste Schritt das Handpochen. Dabei zerklopften meist Frauen (Pochweiber) und Knaben (Pochjungen) die Steinbrocken mit Hämmern und sie sortierten dabei auch gleich das Material nach seiner Qualität *(Abb. 33)*. Die Auswahl des goldhaltigen und das Verwerfen des tauben Materials diente der Minimierung des Aufwands für die weitere Zerkleinerung. Der zweite Schritt der Zerkleinerung erfolgte anschließend entweder durch Zerdrücken unter schweren Steinen oder zwischen zwei Mühlsteinen. Diese Mühlsteine konnten sowohl per Hand oder durch ein Wasserrad angetrieben sein. Man kennt Mühlsteine der Erzmühlen aus den Alpen, aus Böhmen und aus Siebenbürgen. Das charakteristische Merkmal der Erzmühlsteine im Vergleich zu Getreidemühlsteinen sind die konzentrisch

Die »Befreiung« des Goldes durch Zerkleinerung

Am Anfang der Aufbereitung steht immer die Zerkleinerung des Erzes, um das Material auf diejenige Korngröße zu bringen, bei der keine Verwachsung zwischen Gold und anderen Mineralen mehr vorliegt. Das bedeutet, dass aus den Gesteinsbrocken ein feinkörniges Pulver hergestellt werden muss. Oft ist der harte Quarz das Mineral, in dem Gold eingeschlossen ist, und der Aufwand der Zerkleinerung ist dann erheblich.

Die erste Zerkleinerung erfolgt heute wie früher bereits in der Grube durch die »Gebirgslösung«, d. h. beim Abtragen des Gesteins. War es früher die Zermürbung

Abb. 33 | »Pochweib« vor einer bolivianischen Goldmine.
Die Quarzbrocken werden handverlesen und dann mit dem Fäustel zerkleinert, um eine weitere Auslese vorzunehmen. Diese Arbeit ist nicht nur körperlich anstrengend, sondern wegen des dabei anfallenden Quarzstaubes auch gesundheitsschädlich.

Abb. 34 | Hölzernes Pochwerk in Betrieb, 1999.
Der Typ von Pochwerk entspricht genau den Anlagen, wie sie schon in der frühen Neuzeit in Europa eingesetzt wurden. Mina Gualconda, Kolumbien.

Abb. 35 | Goldwäscher mit einer hölzernen Goldwaschpfanne. Mina Cebadillas, Bolivien.

verlaufenden Rillen, die durch die hohe Abrasivität der größeren Quarzkörner verursacht werden.

Eine erste Mechanisierung des Zerkleinerns erfolgte durch die Einführung von Pochwerken, die den Leuten das aufwändige Handpochen und Mahlen weitgehend abnahmen *(Abb. 34)*. In diesen von Wasserkraft angetriebenen Anlagen werden Holzstempel von Zapfenwellen nach oben gehoben und fallen dann frei auf die Gesteinsbrocken in der wassergefüllten Pochwanne. Die Pochstempel wurden aus hartem Eichenholz hergestellt. Die Bewehrung der Pochstempel bestand entweder aus eisernen »Pochschuhen« oder aus wechselbaren Pochköpfen aus druckfesten und zähen Gesteinen. Siebe am Auslauf der Pochwanne lassen nur das ausreichend feinkörnige Material ablaufen, das zu grobkörnige Material verbleibt zur weiteren Zerkleinerung in der Anlage. Alleine in der engeren Umgebung von

Roşia Montana in Siebenbürgen waren bis zu 300 Pochwerke mit insgesamt ca. 6 000 einzelnen Stempeln in Betrieb.

Wie wird das Gold von den Begleitmineralen getrennt?

Nach der Zerkleinerung folgt die Extraktion des Goldes aus dem pulverisierten Gesteinssand. Die grundsätzliche Trennung oder Sortierung des Materials orientiert sich an einigen wesentlichen Eigenschaften des Goldes: a) es hat ein sehr hohes spezifisches Gewicht (Dichte), b) es bildet mit Quecksilber eine Legierung, das Amalgam, und c) es löst sich leicht in verdünnten Cyanlaugen. Diese Eigenschaften macht man sich bei den gravitativen Sortierverfahren, bei der Amalgamierung und bei der hydrometallurgischen Goldgewinnung zu Nutze. Eine klassische Verhüttung wie z. B. bei Eisen- oder Kup-

fererzen kann bei Gold nicht angewendet werden, da es nur sehr selten chemische Verbindungen eingeht.

Die Goldgewinnung durch Schwerkrafttrennung

Das Prinzip der gravimetrischen Goldgewinnung nutzt die unterschiedliche Dichte der Begleitminerale und des Goldes im Erz oder im natürlichen Sediment. Gold liegt mit einem spezifischen Gewicht von bis zu 19 g/cm^3 weit über dem der »normalen« Minerale (2–3 g/cm^3) und auch noch deutlich über dem der sog. Schwerminerale (3,3–6 g/cm^3). Sämtliche gravimetrischen Verfahren beruhen auf der Tatsache, dass Gold in einem in Bewegung befindlichen Wasser-Sand-Gemisch aufgrund der hohen Dichte schnell nach unten sinkt. Die leichteren Bestandteile können mit fließendem Wasser davongetragen

Abb. 36 | Waschrinne (sluice box) mit Geröllen und eisernen Querleisten in einer Goldgewinnungsanlage. Cooperativa Mayaya, Rio Kaka, Bolivien.

werden, während Gold dem Wasserstrom widersteht und auf dem Boden liegen bleibt. Dieser Prozess läuft auch in der Natur in Flüssen und Bächen ab und führt dort zu natürlichen Goldanreicherungen.

Die einfachste technische Anwendung dieses Prinzips ist die Goldwaschpfanne. In dieser werden die Sandkörner durch eine Schüttelbewegung sehr schnell nach ihrer Dichte getrennt. Das Sediment wird nach der Dichte geschichtet und das Gold liegt am Boden der Waschpfanne. Das leichtere Sediment darüber wird aus der Pfanne gespült und das Gold verbleibt bis zum Schluss des Waschvorganges in der Pfanne. Goldwaschpfannen benötigen deshalb immer eine zentrale Vertiefung, in der sich das schwere Gold ansammeln kann. Die sonstige Form variiert in den unterschiedlichen Kulturkreisen erheblich (Abb. 35).

Eine Variation des Prinzips der Waschpfanne ist der Einsatz von Waschherden oder Waschrinnen (engl. sluice box). Sie wird bereits im Jahr 1556 von Agricola ausführlich dargestellt, wurde über Jahrhunderte am Rhein eingesetzt und ist auch heute noch in Gebrauch (Abb. 36). Diese Rinnen haben gegenüber der Waschpfanne den Vorteil des wesentlich höheren Materialdurchsatzes. Auf dem geneigten Holzbrett werden entweder ein Schaffell, ein grobes Gewebe, Gerölle oder Querleisten angebracht, um ein Absetzen des Goldes und dessen Rückhaltung in den Vertiefungen zu erreichen. Diese »Hindernisse« werden mit dem darin aufgefangenen Gold regelmäßig aus der Waschrinne entnommen und ausgewaschen. Das so gewonnene Konzentrat kann dann mit einer Goldwaschpfanne weiterbearbeitet werden.

Auch in modernen Aufbereitungsanlagen werden gravimetrische Verfahren noch zur Gewinnung der gröberen Goldkörner eingesetzt, weil diese sich chemisch zu langsam auflösen würden. Hierzu werden entweder Stoßherde oder Fließbettzentrifugen eingesetzt.

Die Goldanreicherung mit dem Stoßherd funktioniert ähnlich wie in einer Waschrinne, nur dass der beidseitig geneigte Tisch durch stoßartige Bewegungen parallel zu seiner Längsachse »geschüttelt« wird und dadurch aktiv die Sandkörner bewegt. Gleichzeitig läuft ein Wasserstrom quer zur Schüttelrichtung und spült einerseits die leichteren Bestandteile weg und bewirkt andererseits eine Auffächerung des Schwermineralanteils. Das Gold als schwerster Anteil lässt sich weder von der Rüttelbewegung noch von der Wasserströmung weit bewegen und wandert in einem eng begrenzten Streifen über den Tisch. Es kann getrennt von den anderen Mineralen in einem Gefäß am Ende des Tisches aufgefangen werden. Die Rückhaltung der schweren Anteile, vor allem des Goldes, wird teilweise noch durch feine hölzerne Rippen parallel zur Längsachse des Stoßherdes unterstützt.

Die Fließbettzentrifuge stellt ein relativ neu entwickeltes Gerät dar. Dabei wird in einer mit konzentrischen Rippen versehenen Rotationsschale das goldführende Material an der tiefsten Stelle der Schale in die Mitte gebracht. Durch die Zentrifugalkräfte wird der Sand mit dem Gold an die Wandung der Schale gedrückt. In dieser Wandung befinden sich tangential orientierte Wasserdüsen, durch die Wasser in das Innere der Zentrifuge gegen den Widerstand des in den Rippen befindlichen Sandes gepresst wird. Dadurch entsteht in den Vertiefungen wieder ein Wasser-Sand-Gemisch, in dem eine Trennung der Minerale nach ihrer Dichte erfolgt. Auf das Gold wirken starke Zentrifugalkräfte und es sammelt sich an der Wandung in den Vertiefungen, während der leichtere Sand in der Mitte über die Rippen hinweg nach oben und aus der Zentrifuge wandert.

Bei sämtlichen gravitativen Anreicherungsverfahren entstehen Schwermineralkonzentrate mit unterschiedlich hohem Goldgehalt. Gelingt es, die größeren Goldkörner mechanisch aus den Konzentraten zu entnehmen, so lassen sich kleinere Körnchen oder mit anderen Mineralen verwachsene nur durch Lösung oder Amalgamation sammeln und weiterverarbeiten.

Flotation: Trennung durch Aufschwimmen

Bei der Flotation werden die Oberflächen bestimmter Mineralkörner durch Zugabe von Flotationsmitteln wasserabstoßend und sie schwimmen dadurch entgegen dem hohen spezifischen Gewicht bei Anlagerung von Luftbläschen auf. Diese Eigenschaft macht man sich zu Nutze, um goldführende Sulfidminerale oder Telluride von taubem Quarz oder anderen Begleitmineralen zu trennen. In selteneren Fällen kann man auch störende und nichtgoldhaltige Minerale damit abtrennen. In sog. Flotationszellen wird das aufgemahlene Erzpulver in der Flotationsflüssigkeit mit Luft durchströmt, und es bildet sich

an der Oberfläche ein Schaum mit den gewünschten Mineralkörnern, der mechanisch abgeschöpft wird. Die dabei gewonnenen Mineralkonzentrate werden entweder direkt oder nach einer Röstung hydrometallurgisch weiterverarbeitet, um das Gold daraus zu gewinnen.

Das Binden des Goldes mithilfe von Quecksilber (Amalgamation)

Quecksilber schmilzt bei –39 °C und besitzt die einzigartige Fähigkeit, mit Gold eine Verbindung, das Amalgam, einzugehen. Diese Eigenschaft war bereits den Römern bekannt und wurde zur Goldextraktion aus Schwermineralkonzentraten eingesetzt. Das flüssige Quecksilber wird direkt dem Konzentrat zugegeben und mit diesem vermengt. Dies kann direkt in einer Waschpfanne erfolgen oder aber zur besseren Vermengung und »Anquickung« in einem Eisenmörser. Bei der Durchmengung bildet sich sofort bei Berührung zwischen Gold und Quecksilber das Amalgam, das eine pastenartige Konsistenz aufweist. An das Amalgam werden immer mehr Goldkörner gebunden, bis alles Gold in einem einzigen Amalgamklumpen oder -knödel gebunden ist. Dieses Amalgamaggregat lässt sich dann sehr leicht aus der Waschpfanne nehmen. Um das Gold aus dem Amalgam zu gewinnen, wird das überschüssige Quecksilber durch Auspressen in einem Stoff- oder Lederbeutel ausgedrückt. Dann wird der Klumpen über dem Feuer erhitzt und so das Quecksilber aus dem Amalgam ausgetrieben. Es bleibt ein schwammartiges Goldaggregat zurück, das häufig noch die Abdrücke des Beutels hat *(Abb. 37)*.

Das Amalgamationsverfahren wird tatsächlich auch heute noch in Bergbaubetrieben, so etwa in Brad in Rumänien, eingesetzt. Hierbei achtet man natürlich auf die möglichst vollständige Rückgewinnung des Quecksilbers, um einerseits das teure Quecksilber zu erhalten und andererseits die Umweltbeeinträchtigungen zu minimieren. Die Umweltproblematik mit der Amalgamation ist vor allem in den tropischen Gegenden Südamerikas sehr aktuell, wo von einfachen Goldwäschern an den Flüssen amalgamiert wird und große Mengen des giftigen Metalls in die Nahrungskette gelangen. In kühleren Gegenden ist diese Gefahr wegen der geringeren Bioaktivität wesentlich geringer.

Es ist nichts Ungewöhnliches, wenn man im Schwermineralkonzentrat der Bachsedimente in der Umgebung von Goldbergbaugebieten flüssiges Quecksilber findet. Es kann sich im kühlen Umfeld über Jahrhunderte erhalten.

Chemische Lösung des Goldes aus dem Erz (Hydrometallurgie)

Die Goldproduktion steigerte sich gegen Ende des 19. Jahrhunderts vor allem auch deswegen, weil das Cyanlaugeverfahren eingeführt wurde, mit dem auch niedrighaltige Erze und solche mit komplexer Verwachsung des Goldes aufbereitet werden konnten (Schmitz 1986; Morteani 1996, 103; Adams et al. 1999). Bei diesem Prozess werden das gemahlene Material oder auch größere Stücke des Erzes direkt mit Cyanidlösung in Kontakt gebracht. Dabei löst sich Gold sehr gut nach folgender Reaktionsgleichung auf:

$$4\,Au + 8\,KCN + O_2 + 2\,H_2O \leftrightarrow KAuCN_2 + 4\,KOH$$

Es wird also Kaliumcyanid in wässriger Lösung und Anwesenheit von Sauerstoff eingesetzt, um das Gold in Lösung zu bringen. Da Kaliumcyanid nur im alkalischen Milieu stabil ist, muss Kalk zugegeben werden. Der Vorteil des Verfahrens liegt auch im alkalischen Milieu, bei dem keine Korrosionsschäden an Anlagen zu befürchten sind und somit ein relativ sicherer Betrieb möglich ist.

Heute erfolgt die Laugung meist in großen Tanks, in denen ständig Sauerstoff eingeblasen wird, um eine optimale Ausbeute zu erreichen. Eine weitere Lösung ist die sog. Haufenlaugung, bei der die Cyanlösung mit Sprinkleranlagen über die im Freien auf einer undurchlässigen Folie liegenden Erzhalden verteilt wird und dann beim Durchsickern das Gold löst. Nach der berechneten Reaktionszeit von einigen Tagen bis Wochen kann die Lösung vom Laugegut abgetrennt werden, und das Gold wird über Zinkstaub oder Aktivkohle ausgefällt. Auf die Gefährlichkeit dieser weitgehend »offenen« Prozessführung hat Korte (2000) hingewiesen.

Sowohl vom Zinkstaub als auch von der Aktivkohle muss das Gold wieder durch eine Natriumcyanidlösung gelöst werden. Aus dieser Lösung kann es dann durch Elektrolyse erneut ausgefällt werden und steht dann endgültig als »Elektrodenschlamm« zum Einschmelzen zur Verfügung.

Das Cyanlaugeverfahren stellt das heute weltweit wichtigste hydrometallurgische Verfahren der Goldgewinnung dar. Ohne Cyanlaugung wäre die derzeitige Goldproduktion nicht möglich. Dennoch kommt es immer wieder wegen seiner Giftigkeit in Verruf. Bei sorgfältiger Verwendung unterscheiden sich Aufbereitungsanlagen mit Cyanlaugung nicht von anderen, kleineren chemischen Fabriken. Die Haufenlaugung ist allerdings nur in trockenen Klimaten und bei genauer Einhaltung der Sicherheitsbestimmung einzusetzen. Die im ausgelaugten Gesteinssand verbleibenden Cyanide werden sehr schnell an der Luft zersetzt und zerfallen zu Stick-

Abb. 37 | Goldschwamm mit Abdrücken des Stoffbeutels vom Auspressen des Quecksilbers *(Kat. 8 l).*

stoff, Kohlenstoff und Kalium- bzw. Natriumverbindungen.

Besonders aktuell wurde die Thematik der Goldaufbereitung mit Cyanverbindungen in den vergangenen Jahren, als schließlich nach langer Diskussion ein Bergwerk im böhmischen Kašperské Hory verhindert wurde (Štibal 2000), und durch einen Unfall im Norden Rumäniens im Bergbaurevier von Baia Mare, der die Aufmerksamkeit der Öffentlichkeit erregte.

Schmelzen und Raffination des Goldes (Metallurgie)

Nachdem das Gold entweder mechanisch gereinigt wurde – was heute so gut wie keine Rolle spielt – oder nach der Amalgamation oder Elektrolyse als feinkörnige Masse zur Verfügung steht, muss es für den Verkauf in handliche Barrenform (Doré) gebracht werden. Dazu wird das Gold bei Temperaturen von über 1000 °C geschmolzen und die Schmelze in die gewünschte Form gegossen. Diese Form des handelsfähigen Goldes kennt man bereits seit der Römerzeit.

Die Abtrennung von Silber stellt bei der Metallurgie ein wichtiges Problem dar, das schon von den Schmelzmeistern des berühmten Kroisos gelöst worden war. Bei dem als Zementation bezeichneten Verfahren wird das silberhaltige Gold zusammen mit Kochsalz in geschlossene Gefäße gegeben und erhitzt. Dabei bildet Silber mit dem Kochsalz Silberchlorid, und das Gold verbleibt in chemisch reiner Form (Bachmann 1999; Ramage/Craddock 2000) .

Lit.: Adams et al. 1999. – Bachmann 1999. – Cauuet 1999 a. – Cauuet 1999 b. – Korte 2000. – Morteani 1996. – Ramage/Craddock 2000. – Roman et al. 1982. – Schmitz 1986. – Slotta/Wollmann 1999. – Štibal 2000. – Störk 2000. – Wollmann 1996. – Wollmann 1999 b.

Bergbau und Hüttenwesen
Spätmittelalterlich-frühneuzeitliche Edelmetall-
gewinnung in den Hohen Tauern

Brigitte Cech

Die Bergbaureviere im Gasteiner und Rauriser Tal in den Hohen Tauern (Salzburg, Österreich) waren im Spätmittelalter und in der frühen Neuzeit bedeutende europäische Zentren der Edelmetallgewinnung. Erstmals ist der Bergbau auf Gold und Silber im 14. Jahrhundert urkundlich belegt. 1342 verkündete der Salzburger Erzbischof die erste Bergordnung, in der rechtliche Fragen, Regelungen über Abgaben an den Landesherren und Holznutzungsrechte sowie Weide- und Holzrechte festgelegt wurden. In der Folge erlebte der Bergbau einen gewaltigen Aufschwung, der seinen Höhepunkt in den fünfziger Jahren des 16. Jahrhunderts erreichte. 1557 betrug der Jahresertrag beispielsweise 830 kg Gold und 2 723 kg Silber. Ab der zweiten Hälfte des 16. Jahrhunderts gab es allerdings nur mehr sinkende Produktionszahlen. Dieser wirtschaftliche Niedergang, dessen Gründe einerseits im Nachlassen der Erträge in den Gasteiner und Rauriser Revieren und andererseits im

steigenden Goldimport aus der Neuen Welt lagen, führte zunächst zur Verstaatlichung der Betriebe und in weiterer Folge zu ihrer weitgehenden Stillegung im 19. Jahrhundert. Die letzten Bergbauversuche erfolgten während des 2. Weltkrieges durch die Preussische Bergwerks- und Hütten-AG, die 1944 den Betrieb mit hohen Verlusten einstellte.

In den Jahren 1994 bis 2000 waren das Hochrevier des Bockhart *(Abb. 39A)* und das Verhüttungszentrum im Angertal *(Abb. 39F)*, beide im Gasteiner Tal gelegen, Orte interdisziplinärer Untersuchungen zur spätmittelalterlich-frühneuzeitlichen Edelmetallgewinnung. Das auf 2100 m Seehöhe gelegene Bockhartrevier, in dem der Bergbau 1612 eingestellt wurde, bot Gelegenheit, den Weg der Erze vom Bergbau unter Tage bis zur Aufbereitung zu verfolgen. Daneben konnten wichtige Einblicke in das tägliche Leben der Bergknappen und die Arbeit des Bergschmieds gewonnen werden. Bei dem im Bockhartrevier abge-

bauten Erz handelt es sich um Arsenopyrit, in dem Gold und Silber in kleinen Tröpfchen und rissausfüllend in Pyrit vorliegen.

Das Bockhartrevier – Leben und Arbeit der Knappen

Das Bockharttal ist ein Hochtal, das vom Silberpfennigmassiv im Norden und der Seekopf/Kolmkarspitzgruppe im Süden umgeben ist. An seinen steilen Flanken sieht man entlang der Erzgänge eindrucksvolle Haldenzüge, die bis auf über 2400 m Seehöhe reichen *(Abb. 39)*. An zentraler Stelle unter den Relikten des Bergbaus stehen die Berghausgruppe am Oberen Bockhartsee und die 250 m östlich davon gelegene Aufbereitungsanlage.

Die aus den Ruinen dreier Gebäude bestehende Berghausgruppe weist eine chronologische Dreiphasigkeit auf. Die älteste Phase ist ein kleines Haus aus Trockenmauerwerk, von dem ein verbrochener Stollen nach Südosten führt. Anhand des stratigraphischen Befundes kann diese Anlage in die Zeit vor dem 15. Jahrhundert datiert werden. Im Laufe des 16. Jahrhunderts stürzte dieser schon unbekannte älteste Grubenbau im Bereich des Schmiedegebäudes ein. Dabei wurde ein Teil des bereits verfallenen Gebäudes des 15. Jahrhunderts mit der dazugehörenden Schmiede zerstört. Die Einsturzpinge wurde mit einer mächtigen Mauer abgesichert und mit Steinen, Schmiedeschlacken und diversem Abfall verfüllt.

Der Aufschwung des Bergbaus machte es im 15. Jahrhundert notwendig, ein größeres Gebäude zu errichten. Dieses aus einer Kombination von Holzwänden und

Abb. 38 | Bockharttal, Blick nach Osten.

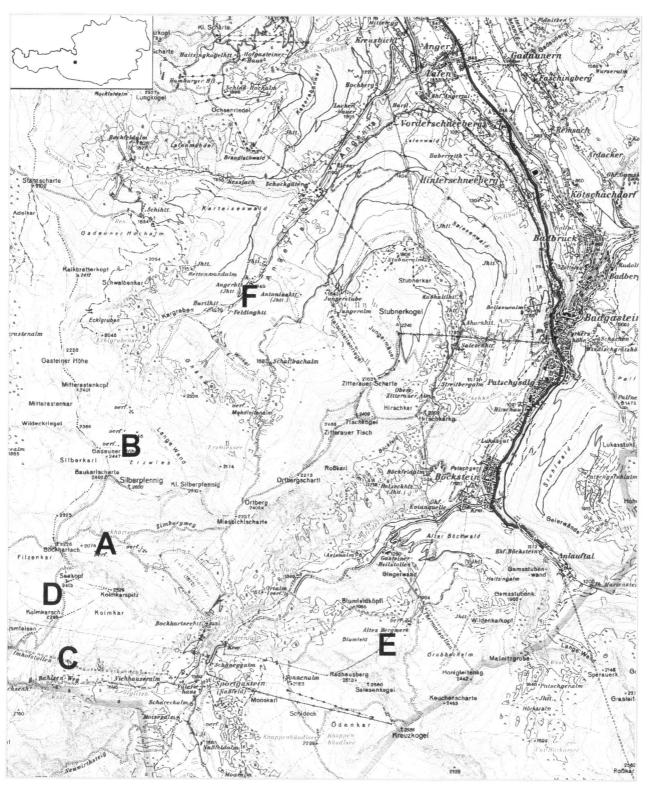

Abb. 39 | Das südliche Gasteiner Tal mit seinen Bergbaurevieren.
    A Bockhartrevier
    B Erzwiesrevier
    C Siglitzrevier
    D Seekopfrevier
    E Radhausbergrevier
    F spätmittelalterlich-frühneuzeitliches
       Verhüttungszentrum im Angertal

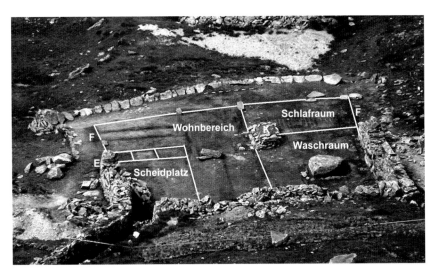

Abb. 40 | Knappenhaus, 16. Jh., Blick nach Norden. E = Eingang; F = Fenster.

Trockenmauerwerk bestehende Haus diente sowohl Wohnzwecken als auch einer technischen Nutzung. Es weist einen getrennten Wohn- und Schlafbereich mit einem Kachelofen auf. In einem weiteren Teil des Hauses wurden die Erze einem ersten Scheideprozess unterzogen und bis zum Abtransport ins Tal gelagert. Der Abtransport der gewonnenen Erze erfolgte im Winter mittels Sackzug. Dabei wurden Säcke aus Schweinefellen mit Erzen gefüllt, aneinandergebunden und über eigens dafür gebaute Wegtrassen ins Tal befördert. Wie die zeitgenössischen Bilddarstellungen zeigen, saß der Sackzieher dabei auf dem vordersten Sack und lenkte den Zug mittels einer Stange. Die leeren Säcke wurden von Hunden wieder bergauf getragen. Am Bockhart gefundene Reste der Erzsäcke sind materielle Zeugnisse dieser gefährlichen Arbeit.

Nachdem das Haus des 15. Jahrhunderts einer Brandkatastrophe zum Opfer gefallen war, wurden im 16. Jahrhundert ein großes Knappenwohnhaus und ein Schmiedegebäude errichtet.

Das Knappenwohnhaus mit seiner Grundfläche von 12,5 x 12,5 m bietet wertvolle Einblicke in das tägliche Leben der Bergknappen. Aus den Schriftquellen geht hervor, dass der Bergbaubetrieb das ganze Jahr über aufrechterhalten wurde. Gearbeitet wurde im Schichtbetrieb bei einer Wochenarbeitszeit von 44 Stunden. An Sonntagen sowie an wichtigen kirchlichen Festtagen gingen die Bergleute ins Tal, wo sie bei Bauern ein Bett beziehungsweise eine Kammer gemietet hatten. Zieht man diese Lebensumstände in Betracht, ist es nicht verwunderlich, dass das Knappenwohnhaus relativ komfortabel ausgestattet war (Abb. 40).

Nahezu das gesamte Haus, dessen Eingang an seiner Westseite liegt, weist einen Holzfußboden auf. Im Eingangsbereich, der vom Rest des Hauses abgeteilt war, weisen Erzkästen und ein Scheidstein auf eine erste Aufbereitung der gewonnenen Erze hin. Der Weg zum Stollen führt über den in der Südwestecke des Gebäudes beginnenden Schneekragen. Dieser überdachte Laufgang, der einen lawinensicheren Zugang zum Stollen gewährleistet, zeugt von der ganzjährigen Tätigkeit in diesem Revier. Der aus dem Schneekragen kommende Bergmann betrat zunächst einen Korridor, in dem Werkzeug und Geleucht gelagert werden konnten. Von hier begab er sich in einen im Ostteil des Hauses liegenden Raum, wo auf einem auffallend großen Stein mit vorgelagertem Stampflehmboden wahrscheinlich ein Zuber zum Waschen stand. Für diese Deutung spricht auch die Tatsache, dass eine Ecke des Kachelofens in diesen Raum hineinreicht – also für die notwendige Heizung gesorgt ist. Pfostenlöcher im Bereich des großen Steins gehörten wahrscheinlich zu einem Gestell zum Aufhängen nasser Arbeitskleidung. Von diesem Raum gelangte man einerseits in den mit einem Fenster aus Butzenscheiben ausgestatteten Schlafraum, der ebenso wie der Waschraum an eine Ecke des Kachelofens anschließt, und andererseits in den eigentlichen Wohnraum, dessen Zentrum der Kachelofen bildet, der nicht nur als Heizung, sondern auch als Herd zum Kochen diente.

Gleichzeitig mit dem Knappenhaus wurde die komplett aus Trockenmauerwerk bestehende zweiräumige Bergschmiede errichtet. Der größere Raum diente als Lager, unter anderem für die Holzkohle des Schmieds. Der Schmiederaum selbst hat eine Grundfläche von 3,8 x 4,4 m *(Abb. 41)*. In der Südostecke befand sich die in Arbeitshöhe erhaltene Esse mit dem Stein, in dem der Amboss verankert war, und dem Wasserfass. Der übrige Raum war mit einer Schicht aus Holzkohle bedeckt, in der mehrere Tausend Werkzeuge und Geräte gefunden wurden. In der Endphase des Bergbaus am Bockhart wurde in diesem Raum ein kleiner Probeschmelzofen zum Testen der Güte der abgebauten Erze errichtet.

Der Bergschmied war einer der wichtigsten Handwerker in einem Bergbaubetrieb. Seine Hauptaufgabe war die Wartung, aber auch die Herstellung diverser Werkzeuge. Da das gesamte vom Schmied benötigte Eisen von Saumtieren vor Ort gebracht werden mußte, bewahrte der Schmied natürlich auch defekte Teile auf,

die einer Sekundärverwendung zugeführt werden konnten.

Die vorliegenden Eisenfunde stellen einen der größten in Europa bekannten Fundkomplexe aus einem Bergbaubetrieb des 16. Jahrhunderts dar. Neben den Bergeisen, Meißeln, Keilen und Stücken, Kratzen und Schaufeln gibt es Bestandteile des Grubenhuntes, Haken und Ketten und ein Grubengeleucht sowie Zimmermannswerkzeug. Dazu kommen Bleche und Bänder, die an Hunten, Erzkübeln sowie an Türen zur Verstärkung angebracht waren, und zahlreiche Nägel. Zu den Gegenständen des täglichen Lebens zählen Messer, Schlüssel, Feuerschläger, Steigeisen und Hufeisen der Saumtiere. Das fast vollständige Fehlen von Schmiedewerkzeug zeugt von der geordneten Aufgabe des Betriebes am Anfang des 17. Jahrhunderts.

Bergtechnik

Die Werkzeugfunde aus der Bergschmiede illustrieren zusammen mit zeitgenössischen Bilddarstellungen und Beschreibungen sowie den Arbeitsspuren unter Tage die Bergtechnik der frühen Neuzeit.

Gewinnungsarbeiten

Unter Gewinnung versteht man das Herauslösen des Lagerstätteninhaltes aus dem Gebirgsverband. Nach dem verwendeten Gezähe bzw. nach dem Verfahren des Loslösens unterscheidet man verschiedene Arbeitstechniken. Die Werkzeugfunde vom Bockhart beinhalten Keilhauen, Bergeisen, Meißel, Keile und Stücke, Kratze und Schaufel.

Wegfüllarbeit

Als Wegfüllarbeit bezeichnet man die Arbeit mit Kratze und Schaufel an nicht zu festem bzw. bereits gelockertem Gestein. Die Kratze, ein sehr wichtiges Werkzeug im mittelalterlichen und frühneuzeitlichen Bergbau, wird im Schwazer Bergbuch wie folgt beschrieben: »Die Kratze ist ganz aus Eisen, oben ungefähr eine Spanne breit und bis zur Spitze etwas mehr als eine Spanne lang. Sie ist dreieckig geformt und an der Spitze etwas gekrümmt. Auf der Außenseite hat sie einen Rücken und oben ein Öhr oder Loch, in das der Stiel gesteckt wird. Diese Kratze wird zum Zusammenscharren und Einfüllen allen Bedarfs gebraucht.« *(Kat. 7 c)*.

Abb. 41 | Der Arbeitsraum des Schmieds, Blick nach Süden.

Abb. 42 | Die Erzaufbereitungsanlage, Blick nach Westen.

Abb. 43 | Spätmittelalterlich-frühneuzeitlicher Schmelzplatz im Angertal, Blick nach Westen.

Keilhauenarbeit

Die Keilhaue, die im mittelalterlichen Bergbau eine große Rolle spielt, wird im Schwazer Bergbuch wie folgt beschrieben: »Eine Keilhaue ist aus Eisen gemacht. Sie ist ungefähr ein und eine halbe Spanne lang und wiegt im allgemeinen zwei Pfund. Sie hat ein Öhr oder Loch, in dem der Stiel befestigt wird, ist annähernd zwei Finger breit, etwas flach und krumm nach hinten geschmiedet. Diese Keilhaue wird bei der Arbeit auf Schiefer und geschneidigem Gebirge und zum Erweitern gebraucht. Ihre Spitze ist verstählt.« *(Kat. 7 b)*.

Schlägel- und Eisenarbeit

Gerd Weisgerber (1998) beschreibt die Schlägel- und Eisenarbeit wie folgt: »Schlägel- und Eisenarbeit ist definiert als die Arbeit am Gestein, bei der ein spitzes Werkzeug aus Metall, das Eisen, nach Art eines Meißels durch harte Schläge mit einem Hammer, dem Schlägel, so ins Gestein getrieben wird, dass von diesem Stücke abgekeilt werden. Bei der geläufigen Arbeitsweise wird das Eisen mit der einen Hand an einem Stiel geführt, während mit dem Schlägel in der anderen Hand auf das hintere Ende des Eisens geschlagen wird.«

Die älteste Bilddarstellung der Schlägel- und Eisenarbeit ist auf einem Fenster des Freiburger Münsters von 1340 zu sehen. Auffallend ist, dass der Bergmann ein zweites Bergeisen als Schlägel benützt. Die Schlägel- und Eisenarbeit gewinnt im Laufe des Spätmittelalters immer mehr an Bedeutung und ist bis in die Neuzeit die häufigst angewendete Gewinnungstechnik. Im 15. Jahrhundert werden Schlägel und Eisen zum Symbol des Bergbaus.

In der Bergschmiede wurden zwanzig vollständig erhaltene Bergeisen und mehrere hundert Spitzen gefunden. Bergeisen waren typische »Verschleißgüter«. Ein Bergmann verbrauchte pro Schicht acht bis zehn Bergeisen. Sie wurden an einem Lederriemen befestigt in die Grube mitgenommen. War ein Eisen stumpf, wurde der Stiel herausgenommen und am nächsten befestigt. Das Schärfen und Härten der Bergeisen bzw. das Anschweißen einer neuen Spitze und das Abschlagen des Bartes an der Schlagbahn war eine der Hauptaufgaben des Bergschmieds. Im Gegensatz zu Bergeisen sind Schlägel keine Verschleißartikel. Sie haben eine relativ lange Lebensdauer, und so ist es nicht verwunderlich, dass am Bockhart kein einziger Schlägel gefunden wurde *(Kat. 7 a.d)*.

Hereintreibearbeit

Die Hereintreibearbeit, d. h. Arbeit mit Keilen und Stücken, wird zum Lösen größerer Gesteinsblöcke angewendet. Die dafür verwendeten Werkzeuge und die Technik selbst werden im Schwazer Bergbuch sehr gut beschrieben: »Ein Stück ist völlig aus Eisen und flach viereckig geschmiedet. Es hat etwa vier bis fünf Pfund Wiener Gewicht. Auch der Keil ist ganz aus Eisen, eine gute Spanne lang oder länger. Der Keil ist zur Hälfte dünner und flach, nahezu eine Querhand breit. Das Oberteil, auf das man schlägt, ist achteckig. Diese Stücke und Keile werden nur in Ritzen in den Gruben gebraucht. Ist also vor einem festen Ort oder Gebirge, das sonst nicht zu bearbeiten ist, ein Ritz gehauen, setzen die Arbeiter in den Schram oder Ritz die eisernen Stücke, immer zu zweien voreinander. Dazwischen setzen sie den Keil. Den treiben sie mit den Fäusteln zwischen die Stücke hinein. Es wird solange daraufgeschlagen, bis das Gebirge hereinfällt.«

Diese Technik ist in den zeitgenössischen Bilddarstellungen oft zu sehen. Unter Tage sind die Spuren der Hereintreibearbeit sehr deutlich zu erkennen. Es geschah relativ häufig, dass es auch mit dieser Technik nicht gelang, das harte Gebirge zu lösen. Die für die Keile und Stücke vorgeschlagenen Ritzen sind ein charakteristisches Merkmal dieser Technik.

Förderung

Zur Förderung gehören alle Tätigkeiten und Geräte, die für den Transport des gewonnenen Erzes und des tauben Nebengesteins erforderlich sind. Das sind vor allem Spurnagelhunt und Kübel und alle zum Betrieb einer Haspel erforderlichen Geräte, wie z. B. Haken und Kettenglieder.

Der Spurnagelhunt oder die Bergtruhe ist das wichtigste Fördergerät. Im Schwazer Bergbuch wird er wie folgt beschrieben: »Eine Bergtruhe ist ein Kasten, un-

gefähr eineinhalb Ellen lang, eine Elle hoch und ein Drittel Elle weit. Unter der Truhe ist der Länge nach ein viereckiges Holz geschlagen, das an jedem Ende eine Querhand übersteht. Darauf setzt man am vorderen Ende das Licht. Die Truhe wird mit Bändern überzogen. Sie wiegt mit Eisen und Holz ungefähr fünfzig Pfund nach Wiener Gewicht. An das viereckige Holz unter der Truhe sind zwei Achsen genagelt. Auf diesen Achsen sitzen vier Räder, die man Walzen nennt. Diese Walzen sind aus ganzen, quergeschnittenen Stämmen gefertigt und mit Eisenringen überzogen. Eiserne Büchsen sind hindurchgeschlagen, womit sie auf eisernen Achsen laufen. Die zwei vorderen Walzen sind niedriger und die hinteren zwei höher, nahezu eine Spanne hoch. Die hinteren höheren Walzen müssen den größten Teil der Truhe tragen. Damit läuft und fördert man den Berg und anderes aus der Grube zutage.«

Am Bockhart wurden zahlreiche Bestandteile des Grubenhuntes gefunden. Es gehören dazu Vorder- und Hinterachsen, die sich dadurch unterscheiden, dass die Vorderachsen in der Mitte eine Öffnung für den Spurnagel aufweisen. Unter den Spurnägeln ist ein interessantes Stück, das aus einem ausgedienten Bergeisen gefertigt wurde und ein gutes Beispiel für die Sekundärverwendung der in der Schmiede gefundenen Geräte ist. Ebenfalls zum Hunt gehört der Laner, das ist ein »kleiner, flacher Eisennagel mit einem einfachen Kopf. Man steckt ihn in die Truhenachse vor die Walzen, damit diese nicht von der Truhe fallen können«. Eine Beilagscheibe vor und hinter den Walzen bewirkt ein leichteres Laufen des Huntes. Ebenfalls zur Gruppe der Hunt-

bestandteile gehören die eiserne Büchsen für die Walzen und verschieden breite Bänder, die den Hunt zusammenhalten.

Auffallend ist das Fehlen einer Entladeklappe bei den frühneuzeitlichen Hunten. Wie den zahlreichen Bildquellen zu entnehmen ist, wurden sie durch Umkippen entleert.

Der Einsatz des Grubenhuntes geht Hand in Hand mit einer Änderung der Grubenarchitektur. Ein mittelalterlicher Grubenbau, der im wesentlichen den Erzvorkommen folgt, macht einen sehr ungeordneten Eindruck. Der Übergang von der Förderung mit Säcken und Kübeln zum wesentlich effizienteren Hunt als Fördergerät erforderte eine systematische Aufschließung der Lagerstätte und Ausrichtung des Grubengebäudes und damit das Anlegen gerader Förderstollen mit ebener Sohle und geringer Neigung.

Der Grubenhunt konnte in gefülltem Zustand von einem Mann geschoben werden. Auf der Stollensohle liegen die Gestänge, zwischen denen der Leitnagel läuft und das Herabfallen des Huntes vom Gestänge verhindert. Ohne Leitnagel ist der Grubenhunt unbrauchbar.

Die Aufbereitungsanlage

Um die Menge der abzutransportierenden Erze zu verringern, wurde ein Teil bereits im Revier einem Aufbereitungsprozess unterzogen. Die aus einem Pocher und einem Mahlwerk bestehende Aufbereitungsanlage liegt auf einer künstlich eingeebneten Fläche (Abb. 42). Der vom Oberen Bockhartsee kommende Bach wurde für den Betrieb des Wasserrades umgeleitet. Eine detaillierte Untersuchung der hier gefundenen Erze ermöglicht es, in Zusammenhang mit dem Grabungsbefund, den Aufbereitungsprozess nachzuvollziehen. Die aus der Grube kommenden Erze wurden zunächst händisch geschieden, das heißt, dass das taube Gestein weitgehend vom Erz getrennt wurde. Als nächstes wurden die Erze mit dem Pocher auf die Aufgabegröße für das Mahlwerk zerkleinert. Dabei fand eine weitere Aufkonzentration statt. Die nun sehr kleinen (um 5 cm³), aber reichen Erzstücke wurden in der Mühle zu Schlich gemahlen. Ob dieser Schlich auch am Bockhart gewaschen wurde, lässt sich archäologisch nicht feststellen.

Die Erzmühle wurde während des Betriebes im 16. Jahrhundert umgebaut. Die Pfosten der älteren Anlage wurden abgehackt und darüber das neue Mahlwerk errichtet. Wahrscheinlich waren technologische Neuerungen der Grund für diese Maßnahme. Vom Wasserrad, das in einem gemauerten Kanal lief, sind lediglich der Fluder und die Verankerungspfosten erhalten. Das Rad selbst wurde nach der Stillegung des Betriebes abtransportiert.

Die Verhüttung

Das Angertal, ein Seitental des Gasteiner Haupttales, war vom ausgehenden 14. bis zur Mitte des 16. Jahrhunderts ein Zentrum der Edelmetallverhüttung. Bei Geländebegehungen konnten 8 Hüttenplätze und ein kompliziertes Gerinnesystem für den Antrieb der Blasebälge mit Wasserkraft dokumentiert werden. Der besterhaltene Hüttenplatz wurde archäologisch untersucht *(Abb. 43)*. Er besteht aus einem in einer Höhe von 1,5 m erhaltenen

Schachtofen, einem Herd mit dem dazugehörigen Vorherd und einem weiteren Ofen, von dem nur mehr die unterste Steinlage erhalten ist. Holzkonstruktionen und ein massives Pfostenloch im Süden der Öfen gehören zu den Blasebälgen. Gegen Osten war das Hüttenwerk von einer Steinmauer begrenzt, die es vor der Zerstörung durch Muren und Steinschlag schützte. Der Fund von Ofenkacheln weist auf eine Unterkunft für die Hüttenleute in der Nähe hin.

Aufgrund der massiven Schlägerungen und dem damit verbundenen Holzmangel wurden die Standorte im Angertal am Ende des 16. Jahrhunderts aufgegeben und neue Hüttenwerke im Gasteiner Haupttal und später in Lend im Salzachtal errichtet.

Die Ergebnisse der Forschungen im Gasteiner Tal illustrieren nicht nur die Berg- und Hüttentechnik des Spätmittelalters und der frühen Neuzeit, sondern sie zeugen zusammen mit den zahlreichen im Gasteiner und Rauriser Tal noch heute sichtbaren Spuren im Gelände (Ruinen, Abraumhalden, etc.) von der großen wirtschaftlichen Bedeutung dieses Bergbaureviers.

Lit.: Cech 1996. – Cech 2000. – Cech/Paar 1997. – Cech/Walach 1999. – Cech/Walach 2000. – Günther/Paar 2000. – Ludwig/Gruber 1987. – Weisgerber 1998. – Schwazer Bergbuch, Faksimile des Codex Vindobonensis 1561 (Essen, Graz 1988).

Der »Berliner Goldhut«

Wilfried Menghin

Der als »Berliner Goldhut« bezeichnete Bodenfund wurde 1996 aus dem Kunsthandel erworben. Es handelt sich um einen reich ornamentierten, zuckerhutförmigen Hohlkörper mit schmaler Krempe aus papierdünn ausgetriebenem Gold *(Abb. 44–45)*.

Wie seine wenigen Vergleichsstücke – so der »Goldene Hut von Schifferstadt«, der »Cône d'Avanton« und der »Goldkegel von Ezelsdorf« – gehört auch der »Berliner Goldhut« zur Kategorie der sogenannten Hortfunde. Goldenes liturgisches Gerät und priesterlicher Ornat wurden aus uns unbekannten Intentionen an einem geheimen oder heiligen Ort den chthonischen Mächten übergeben, nachdem sie möglicherweise über Generationen hinweg im Kult Verwendung gefunden hatten.

Funktion

Seit der Entdeckung des »Goldenen Hutes von Schifferstadt« im Jahre 1835 wurde die Funktion der vor 1996 drei bekannten »Goldblechkegel« kontrovers diskutiert. Schließlich plädierte S. Gerloff (1995) mit guten Gründen für eine Deutung derartiger Objekte als zeremonielle Kopfbedeckungen.

Diese Interpretation wird durch die Autopsie des »Berliner Goldhutes« bestätigt. Die Öffnung der Kalotte mit dem eingebördelten Bronzereif ist mit 20,3 x 17,5 cm lichter Weite oval und entspricht, ein ursprüngliches Futter aus organischem Material eingeschlossen, der Hutgröße eines erwachsenen Mannes. Zudem sind die Ziermuster auf der Krempe von unten im Positiv sichtbar, so als ob sich sein Träger von erhabener Warte aus gezeigt hätte.

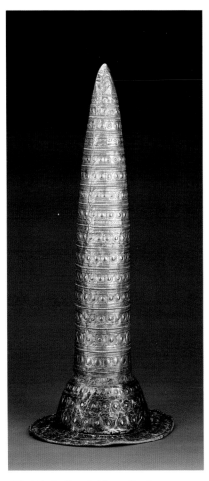

Abb. 44 | »Berliner Goldhut«, Fundort unbekannt, vermutlich Süddeutschland *(Kat. 47).*

Abb. 45 | »Berliner Goldhut«, Detail der Krempe mit Bronzeband im Kegelfuß und randlich eingebördeltem tordiertem Bronzedraht, Verzierung in der Aufsicht negativ *(Kat. 47).*

Eine Krempe, wie bei den Beispielen von Schifferstadt und Berlin vorhanden, fehlt zwar bei den Goldkegeln von Avanton und Ezelsdorf, doch konnte sie zumindest für letzteren neuerdings eindeutig als einstmals vorhanden nachgewiesen werden.

Aufgrund des Materials, der hybriden Form und der Verzierung kann davon ausgegangen werden, dass alle vier Vergleichsstücke als zeremonielle Hüte bzw. Kopfbekrönungen dienten, egal ob für ein menschliches Wesen oder ein göttliches Idol.

Komposition

Reihungen von Buckeln und Kreismustern auf prähistorischen Objekten, wie sie vor allem auf Bronze- und Goldgerätschaften der Bronzezeit häufig vorkommen, werden im Allgemeinen als flächendeckende Ornamente aufgefasst. Dass hinter manchen der ornamentalen Kompositionen mehr stecken könnte als bloßes Schmuckbedürfnis, wird seit den Anfängen prähistorischer Forschung zwar immer wieder vermutet, Deutungsversuche sind jedoch selten.

Beim »Berliner Goldhut« belegen formale Kriterien, ornamentale Auffälligkeiten und merkmaltypische Zusammenhänge sowie die nummerisch-rhythmischen Sequenzen im Auftreten identischer Stempelmuster eine durchdachte Gesamtkomposition *(Abb. 46–48)*.

Der exzeptionelle bronzezeitliche Zeremonialhut weist ohne die Spitze (Zone 1–2) 19 horizontale Ornamentzonen auf, von denen 18 mit Scheibensymbolen verziert sind.

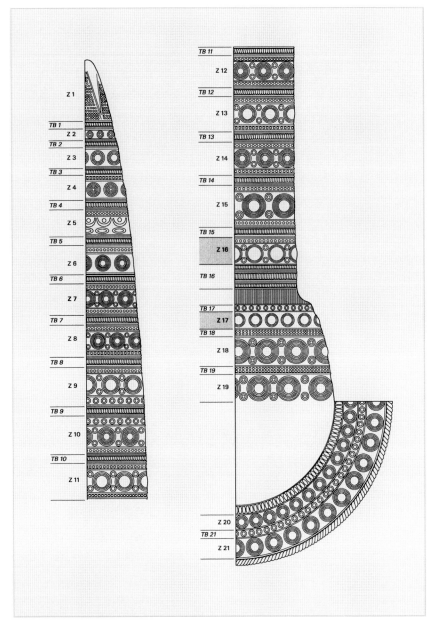

Abb. 46 | Der »Berliner Goldhut« in formaler und ornamentaler Gliederung:
Spitze mit achtstrahligem Stern vor gepunktetem Grund und Zone (Z) 2; Schaft mit Trennwülsten (TB)
2–16 und Zierzonen (Z) 3–16; Kalotte mit Trennbändern (TB) 17–19 und Zierzonen 17–19; Krempe
mit Zierzonen (Z) 20–21 und Trennband (TB) 20. »Schaltzonen« gerastert.

Die 14 Zierbänder auf dem Schaft von Zone 3 bis 16 werden durch die Begrenzung mit Perlpunktbändern (Nr. 4) zusammengefasst. In diesem Abschnitt finden sich in Zone 5 die beiden Sondermuster Nr. 16 und Nr. 17 sowie die nur jeweils einmal in Zone 7 bzw. 16 vorkommenden, ebenfalls 19-mal abgedruckten Stempel Nr. 11 und 13. Die Halbierung des Schaftes wird durch die jeweils 19-mal in Zone 9 bzw. 10 abgedruckten Stempel Nr. 12 und Nr. 14 sowie die hier einmalig auftretenden Bänder mit Ringkreisen (Nr. 7) markiert.

Dreizehn Zonen des Schaftes sind mit Scheibensymbolen verziert. Die Abfolge der Muster kann durch die Negierung der Zone 5 mit den Sonderzeichen sowie dem

alternativen Freistellen einer der aus dem Rahmen fallenden »Schaltzonen«, d. h. die Bänder mit den nur einmal in der Ornamentsequenz vorkommenden, jeweils 19-mal auftretenden Symbolen Nr. 11 oder 13, auf 12 »reguläre« Zonen reduziert werden *(Abb. 47-48)*.

Der obere Teil des Schaftes zeigt in der Merkmaltypologie einen engen Zusammenhang der sechs Zonen 4 bis 9, während die neun Zonen 6 bis 14 oben von den Sondermustern in Zone 5 und unten von der Zone 15 mit den hier erstmals auftretenden Scheiben mit sechs konzentrischen Kreisen begrenzt werden.

Der Schaftfuß ab Zone 15, die Kalotte und die Krempe bilden eine gesonderte Systemeinheit. Nach den Mustermerkmalen, seien es die identischen Stempel in den Zonen 3 und 20, zwischen denen, ohne die Sonderzone 5 und die Schaltzonen 7, 16 und 17, zwölf Zierbänder stehen, oder die identischen Muster in den Zonen 10, 12, 14 und 21, ist sie mit derjenigen auf dem Schaft eng verknüpft.

Im unteren Teil des Goldhutes dominieren die Buckel mit sechs Kreisen in den Zonen 15, 18 und 19, wohingegen in den Zonen 16 und 17 die nur einmalig vorkommenden Stempel Nr. 9 und 13 auftreten, welche im Kompositionsschema als Schaltzonen offenbar eine Scharnierfunktion zwischen Schaft und Kalotte haben *(Abb. 47– 48)*.

Insgesamt spiegelt sich im Ornamentkanon eine Zahlensymbolik, die auf der Primzahl 19 beruht. Sie scheint in den 19 Zonen des Systems sowie in den jeweils 19 Symbolen der Zonen 5, 7, 9, 10 und 16 auf. Aus der Gliederung der 19 Zonen durch das ein-, zwei- und dreimalige Vorkommen identischer Stempel in ihrer

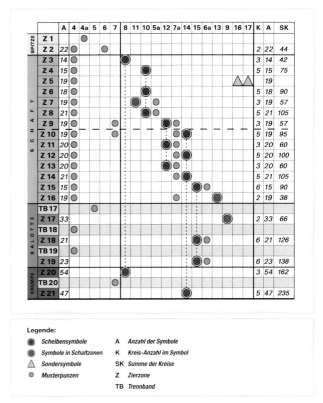

Legende:

● Scheibensymbole		A	Anzahl der Symbole
● Symbole in Schaltzonen		K	Kreis-Anzahl im Symbol
△ Sondersymbole		SK	Summe der Kreise
● Musterpunzen		Z	Zierzone
		TB	Trennband

Abb. 48 | »Berliner Goldhut«. Ornamentkanon in graphischer Darstellung nach der Zonenabfolge in Kombination mit der Verteilung identischer Stempelmuster. Zur Nummerierung der Ornament- und Musterpunzen sowie der Sondermuster vgl. Abb. 46–47.

merkmaltypischen Verknüpfung ist zudem eine auf der Sequenz 3 – 6 – 9 aufbauende Zahlenrhythmik erschließbar.

Das System

Für die Interpretation des Musterkanons ist die Beobachtung wesentlich, dass die Musterpunze Nr. 12 mit drei konzentrischen Kreisen in den Zonen 9, 11 und 13 insgesamt 59-mal abgedrückt ist, was in der Summierung 177 Kreise ergibt. In den Zonen 15, 18 und 19 tritt der Stempel Nr. 15 mit sechs konzentrischen Kreisen ebenfalls 59-mal auf. Die Summe der Ringe ist 354. Diese Zahlen entsprechen den Tagen von sechs (absolut 177,5) bzw. 12 (absolut 354) synodischen Monaten.

Dass diese kalendarischen Bezüge kein Zufall, sondern dem System immanent sind, zeigen die Musterpunzen Nr. 8 und

Nr. 10. Die Menge der Ringe der Musterpunze Nr. 10 aus den Zonen 4, 6 und 8 ist 270. Werden die 57 bzw. 38 konzentrischen Kreise aus den Schaltzonen 7 und 16 hinzugezählt, ergibt sich 365. Schließlich müssen zur Zahl der Ringe beim Musterstempel Nr. 8, der nur in den Zonen 3 und 20 auftritt, die Inhalte von allen drei Schaltzonen (Zone 7, 16, 17) addiert werden, um auf 365 und damit auf die Anzahl der Tage von 12 solaren Monaten zu kommen *(Abb. 49)*.

Nummerische Ungenauigkeiten im System ergeben sich bei der Betrachtung des Stempels Nr. 14 mit fünf Ringen, der auf dem unteren Teil des Schaftes in den Zonen 10, 12 und 14 sechzig mal sowie in Zone 21 auf der Krempe 47 mal abgedrückt ist. Die Summe der Ringe von 535 weicht um 4 bzw. 3,5 von der absoluten Zahl von 531,5 Tagen für 18 synodische Monate ab. Diese Fehlerquote von 4/3 gegenüber den absoluten kalendarischen Werten beeinflußt partiell die Gesamtnumerik des Systems.

Insgesamt können diese Beobachtungen am »Berliner Goldhut« aber dahingehend interpretiert werden, dass jeweils 1 Ring aus den Scheibensymbolen für 1 Tag steht und die Ornamentik als Ganzes ein komplexes Zahlenwerk darstellt.

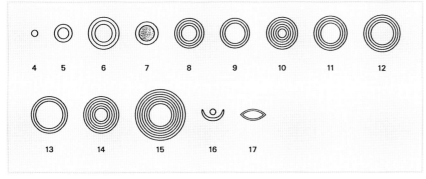

Abb. 47 | Die Stempelmuster und ihre Punzen.
Ornamentpunzen: (4) Perlpunkt; (5) Kreispunkt; (6) Doppelkreispunkt; (7) Ringkreis. M 2:1.
Musterpunzen, Buckelscheiben mit konzentrischen Kreisen: (8) 3 Kreise; (9) 2 Kreise; (10) 5 Kreise; (11) 3 Kreise; (12) 3 Kreise; (13) 2 Kreise; (14) 5 Kreise; (15) 6 Kreise. M 1:1.
Sondermuster: (16) liegende Mondsichel mit zentralem Punkt; (17) Mandelaugenmuster. M 1:1.

Nr. 15 K6			Nr. 12 K3		
Z	A	SK	Z	A	SK
Z 15	15	90	Z 9	19	57
Z 18	21	126	Z 11	20	60
Z 19	23	138	Z 13	20	60
	59	**354**		59	**177**
12 synodische Monate			6 synodische Monate		

Nr.10 K5/ K3/2			Nr.8 K5/ K2		
Z	A	SK	Z	A	SK
Z 4	15	75	Z 3	14	42
Z 6	18	90	Z 20	54	162
Z 8	21	105			
	54	270		68	204
+ SZ 7	19	57	+ SZ 7	19	57
+ SZ 16	19	38	+ SZ 16	19	38
			+ SZ 17	33	66
	92	**365**		139	**365**
12 solare Monate			12 solare Monate		

Legende
Nr. Symbol-Nummer
Z Zone
A Anzahl der Symbole
K Kreise im Symbol
SK Summe der Kreise pro Zone

Abb. 49 | »Berliner Goldhut«. Darstellung von lunaren und solaren Zeitzyklen mittels Addition der stempelgleichen Scheibensymbole und ihre Ergänzung durch die einmalig in den Schaltzonen vorkommenden Musterpunzen. Zur Nummerierung und Nomenklatur vgl. Abb. 47–48.

Der Mondzyklus

Seit der klassischen Antike ist bekannt, dass übereinstimmende Erscheinungen im Lauf von Sonne und Mond nach 19 Jahren mit 228 Monaten von durchschnittlich 30,473 Tagen bzw. 235 Lunationen (synodische Monate) mit 29,531 Tagen auftreten. Dieser »Mondzyklus« umfasst einen Zeitraum von 6940 (absolut 6939,636) Tagen.

Der »Berliner Goldhut« ist in 18 Zonen mit 418 Scheibensymbolen verziert, die insgesamt 1701 konzentrische Ringe beinhalten (Abb. 47, 8–15). Hinzu kommt die Zone 5 mit den zweimal 19 (38) Sondersymbolen, so dass die Menge der Zeichen in den 19 Zonen 1739 beträgt. Wenn diese als Chiffren für die Tageszählung gewertet werden, beschreiben sie, mit der oben genannten Fehlerquote von 3-4 Tagen, einen Zeitraum von 57 Monaten (absolut 1735 Tage).

Auffällig ist, dass 57 die Zahl 19 dreimal enthält. 57 Monate entsprechen $4^3/_4$ Jah-

ren, ein Zeitraum, der sinnvoll mit 4 vervielfacht 19 Jahre ergibt. Die 19 steckt wiederum 12 mal in den 228 Monaten des 19-jährigen Mondzyklus, was im gegebenen Kontext kaum anders als im Sinn der oben angedeuteten Zahlenmagie verstanden werden kann.

Auf den »Berliner Goldhut« und sein vermutetes lunisolares Kalenderwerk bezogen heißt das, dass die 1739 Zeichen 57 Monate bedeuten und in der Vervierfachung die 19 Jahre des Mondzyklus mit 6956 Tagen darstellen. Die überzähligen 16 Tage auf die astronomische Zahl 6940 sind entweder aus der fehlerhaften Numerik im System des Goldhutes oder aber auch aus der unvollkommenen Tages-, Monats- und Jahreszählung seiner bronzezeitlichen Schöpfer abzuleiten.

Rechnet man nämlich mit einem durchschnittlichen Monatswert von 30/31 Tagen (30,5), so ergeben sich auf dieser Grundlage für 57 Monate 1738,5 Tage, womit die Numerik des Goldhutes eine minimale Differenz von 0,5 und, den gleichartig errechneten 19-jährigen Mondzyklus mit 6954 Tagen betreffend, um nur 2 Tage aufweist.

Der Unterschied zwischen dem Sonnen- und Mondjahr beträgt ca. $11^1/_3$ Tage, auf den Sonnenmonat bezogen nicht ganz 1 Tag. Werden von den 1738 Zeichen des »Berliner Goldhutes« die 57 Ringe aus der Schaltzone 7 abgezogen, bleiben für 57 synodische Monate 1682 Zeichen, entsprechend 1683,5 Tagen des astronomischen Wertes. Wird dagegen, wie im solaren Bereich, mit dem Mittelwert 29/30 (29,5) gezählt, ist das Ergebnis mit 1681,5 den Werten des Goldhutes stärker angenähert.

Die für den Mondzyklus geltenden 235 Lunationen errechnen sich aus den Wer-

ten des »Berliner Goldhutes« wie folgt: 57 synodische Monate mit 1682 Tagen mal 4 entspricht 228 synodischen Monaten mit 6728 Tagen. Die Differenz auf die 6956 Zähler der 228 solaren Monate des Goldhutes beträgt 228 Tage. Die 228 Tage ergeben 7 Lunationen und 21,5 Tage und in der Summe mit 228 die 235 Lunationen des Mondzyklus mit einem Überschuss von mehr als 21 Tagen. Dieser Überschuss vermindert sich jedoch beträchtlich, wenn die lunare Zählung auf die absoluten solaren Werte des Mondzyklus bezogen werden. Die Differenz von 228 synodischen Monaten auf 6940 beträgt dann 212, entsprechend $(212:29,5 = 7,186)$ 7 Monaten und $5^1/_2$ Tagen.

Das Kalenderwerk

In der klassischen Antike wurde der Mondzyklus erstmals durch Meton von Athen im Jahr 432 v.Chr. astronomisch errechnet. Anhand dieses »Meton'schen Zyklus« können die lunaren und solaren Zyklen synchronisiert und beispielsweise die beweglichen Feiertage und Feste, die von den Erscheinungen des Mondes abhängig sind, im Jahresablauf verlässlich terminiert werden.

Umso erstaunlicher und von kulturgeschichtlicher Tragweite ist, dass mit dem »Berliner Goldhut« das Wissen um den Mondzyklus und seine Bedeutung im Kalenderwesen für Mitteleuropa offenbar schon für die Zeit um 1000 v.Chr. nachgewiesen werden kann.

Allerdings taugt der »Berliner Goldhut« nicht unbedingt als praktisches Kalenderwerk, obwohl in seiner Systematik lunisolare Zeitzyklen von 57 Tagen bis neun

Monaten zu erfassen sind. So sind beispielsweise aus den 18 Zonen mit 1701 Scheibensymbolen 3–21 *(vgl. Abb. 48)* abzüglich der 57 Ringe aus Schaltzone 7, 54 solare Monate oder $4\,^1/_2$ Jahre mit 1644 Tagen (absolut 1643,5) zu errechnen. Dieselbe Monatszahl ergibt sich im lunaren Bereich, wenn von den 18 Zonen mit Scheibensymbolen 3–21 die Inhalte der Schaltzonen 16 und 17 abgezogen werden. Allerdings tritt hier mit 1597 eine kaum tolerierbare Differenz zum absoluten Wert von 1594,5 auf.

Eindeutige Werte im solaren Bereich ergeben sich wiederum für 48 Monate oder 4 Jahre aus den 16 Zonen 6 bis 21. Ohne den Inhalt der Schaltzonen 7 und 17 entsprechen die 1461 Ringe exakt den astronomischen Vorgaben. Die Werte für 48 synodische Monate sind ähnlich ungenau wie für die 54 Monate, während verwertbare lunare Daten aus den 12 Zonen 3–18 mit 1062 für 36 synodische Monate zu errechnen sind.

Die Abweichungen in der Darstellung der lunisolaren Zyklen von den astronomischen Vorgaben resultieren entweder aus Zählfehlern beim Abdrücken der vom Auftraggeber errechneten Numerik der Musterstempel durch den ausführenden Goldschmied, oder aber, was wahrscheinlicher ist, die digitale Synchronisierung der solaren und lunaren Zeitabschnitte konnte mangels ausreichender mathematischer Kenntnisse im vorgegebenen Musterkanon nicht systematisch umgesetzt werden. In diesem Zusammenhang ist auf die Analyse der Ornamentik des »Goldkegels von Ezelsdorf« zu verweisen, wo mit dem gleichen Prinzip, aber mit einem anderen System und einer anderen Zahlenrhythmik auch der Mondzyklus darge

Abb. 50 | Umzeichnung vorderasiatischer Rollsiegel:
Thronende Gottheit mit Baldachin und spitzbodigem Libationsgefäß. Mondsymbol mit Scheibe in liegender Sichel, Syrien, 18. Jh. v.Chr. Kultszene mit astralen Emblemen, darunter Sonnendarstellung als achtzackiger Stern und liegender Halbmond über thronender Figur, Babylon, 7. Jh. v.Chr.

stellt wird. Auch in diesem Fall konnte kein in sich durchgehend stimmiges Kalendarium erstellt werden (Menghin 2000). Die Fehlerquote ist mit der des »Berliner Goldhutes« beinahe identisch.

Wahrscheinlich kam es bei diesen hochrangigen sakralen Gegenständen jedoch gar nicht unbedingt darauf an, dass das Zahlenwerk digital als Kalender nutzbar war. Vielmehr dürften die überdimensionierten goldenen Spitzhüte mit ihren magischen Zeichen das gesammelte astro

nomische Wissen der Zeit für ihre Träger und die zugehörige Kultgemeinde symbolisiert haben. Die Wissenden wussten um die Bedeutung der Zahl 19 und deren kalendarischen Bezug zum Mondzyklus.

Sonne, Mond und Sterne

Was die Augenmuster, die liegenden Mondsicheln mit zentralem Punkt oder der achtstrahlige Stern an der Spitze des »Berliner Goldhutes« als »Sondermuster« für das oben vermutete Kalendarium im Einzelnen bedeuten, bleibt vorläufig ebenso offen wie die Bestimmung der Buckelscheiben mit konzentrischen Ringen als Sonnen- und/oder Mondsymbole, bzw. die des mehrstrahligen Sternes an der Spitze als Stern- oder Sonnendarstellung *(Abb. 50)*.

Stern- und Augenmuster, weniger die Scheibensymbole, liegende Mondsicheln und Scheiben bzw. ein Punkt in der Mondsichel, wie sie den »Berliner Goldhut« zieren, sind im Ornamentschatz der europäischen Bronzezeit relativ selten. Werden die Muster jedoch als astrale Zeichen aufgefasst, so finden sie ihre bildlichen Vergleiche in der Glyptik und den Darstellungen auf den Rollsiegeln der bronze- und früheisenzeitlichen Kulturen Vorderasiens *(Abb. 50)*.

Über den szenischen Darstellungen finden sich in beinahe stereotyper Anordnung ein Stern, ein liegender Halbmond und eine Scheibe mit Innenzeichnung, die als Attribute bestimmter Gottheiten gedeutet werden. Stern und Scheibe stehen für verschiedene Erscheinungen des Sonnengottes, die Mondsichel und die Scheibe für die unterschiedlichen Gestalten des

Mondgottes. Dieser wird in seinem monatlichen Wandel durch die liegende Sichel und die Scheibe des vollen Mondes dargestellt. Das seltener vorkommende Augenmuster symbolisiert die Venus, neben Sonne und Mond das hellste Gestirn am Firmament.

Die »Sonderzeichen« bzw. Ideogramme auf dem »Berliner Goldhut« signalisieren als Embleme den astralen oder göttlichen Bezug im Lauf der Gestirne, der in zeitlicher Ordnung mit den Scheibensymbolen, die gleichermaßen Mond oder Sonne – d. h. Tag und Nacht – bedeuten, dargestellt ist *(Abb. 51)*.

Der Kult

Der »Berliner Goldhut« mit seinen magischen Zeichen und mit ihm die Zeremonialhüte von Schifferstadt, Avanton und Ezelsdorf sind im Rahmen eines Kultes zu sehen, der seine Wurzeln vermutlich im Vorderen Orient hat. Dort finden sich die Vorbilder für die extremen Formen der Kopfbekrönung und die astralen Embleme.

Wie in den Hochkulturen des Nahen Ostens spielte die Astrologie anscheinend auch in den Religionen der europäischen Bronzezeit eine wichtige Rolle. Dabei ist vorauszusetzen, dass die grundlegenden Kenntnisse der Zeitrechnung nicht aus diesen Räumen übernommen worden sind, sondern auf einheimischen Traditionen beruhen, die bis in das Neolithikum zurückreichen. Allerdings ist infolge der epochalen Umwälzungen im östlichen Mittelmeerraum und in Vorderasien seit dem 14. vorchristlichen Jahrhundert auch in Europa ein Kulturwandel festzustellen,

der viele Bereiche des geistigen und wirtschaftlichen Lebens erfasste und zu tiefgreifenden gesellschaftlichen Umschichtungen führte.

In diesem Konnex ist auch das Aufkommen bzw. die Übernahme neuer Kulte zu sehen, die ursprünglich in weit entfernten Regionen entstanden, in den Räumen am Rande der damaligen Welt adaptiert, transformiert und in einer eigenen Religion kanonisiert wurden. Dieser Prozess bestimmte das sakrale Geschehen in Mitteleuropa über Jahrhunderte, wofür unter anderem der »Kult mit den Goldhüten« steht, der vom 14. bis zum 9. Jahrhundert v. Chr. integraler Bestandteil bronze- bzw. urnenfelderzeitlicher Religionsausübung war.

Das Kultgeschehen und seine religiösen Inhalte sind nur zu erahnen. Der Priester oder Priesterkönig als Inkarnation oder Vertreter astraler Gottheiten und zentrale Figur einer kultischen und politischen Gemeinschaft feierte zu bestimmten Anlässen im Tempel oder an naturheiligem Platz die im Ritus festgelegten Feste. Auf erhabenem Platz thronend und mit dem Goldhut bekrönt, brachte er im Kreise seiner Kultgenossen den Göttern die Opfer dar.

Das Ordnende und zugleich Magische im Kult verkörperte dabei die goldene »Tiara« in besonderer Weise. Für den Wissenden manifestierte sich im Kanon der Muster mehr als nur die Reihung kosmischer Zeichen und göttlicher Embleme. Es war Darstellung und Abbild eines Kalenderwerkes, das den Lauf von Sonne und Mond vereinte. Nicht mit dem Bild, aber dem dahinter verborgenen Wissen konnten die Feste und das Leben im sakralen Jahresablauf verbindlich geregelt

werden. In einer für den Gläubigen orakelhaft-geheimnisvollen Weise machte es der goldene Hut dem Priester oder dem Kultherrn möglich, den richtigen Zeitpunkt für Aussaat, Pflanzung und Ernte zu bestimmen sowie zukünftige Ereignisse vorauszusagen. Wer mit dem goldenen Hut bekrönt war und den Bedeutungsinhalt seiner Zeichen verstand und auslegte, kommunizierte mit den überirdischen Mächten. Er war Herr der Zeit und herrschte als Magier über die Gemeinschaft.

Lit.: Gerloff 1995. – Menghin 1997. – Menghin 2000. – Menghin/Schauer 1977. – Schauer 1986.

Abb. 51 | Oberteil des »Berliner Goldhutes« mit dem Stern in Zone 1 und den Sondersymbolen aus liegenden
Mondsicheln mit zentralem Punkt (Nr. 16) und Augenmustern (Nr. 17) in Zone 5. Die Zonen 6 und 7 mit Scheibenbuckeln
aus 3 bzw. 5 konzentrischen Kreisen.

Vom Fürstengold zum Alltagsschmuck

Gisela Zahlhaas

Mit Beginn der Metallverarbeitung beginnt in den Kulturen des Vorderen Orients und des Mittelmeergebietes auch die systematische Nutzung des edlen Materials Gold, auch wenn mit seiner Verwendung eigentlich kein praktischer Nutzen und keine technische Verbesserung wie bei der Einführung anderer Metalle verbunden war. Gold hatte in früheren Zeiten andere Qualitäten.

Gold zu Schmuck verarbeitet begegnet in archäologischen Funden als Beigaben in Gräbern, in Tempeln als Weihegaben, in Verwahrfunden und in Siedlungen. Man gewinnt durch sein Vorkommen Einblick in wirtschaftliche Gegebenheiten, Handelsbeziehungen, religiöse Vorstellungen, stilgeschichtliche Entwicklungen einer Kultur oder in Technologien und deren Beherrschung. Da Schmuckstücke sehr individuelle persönliche Gegenstände sind, liefern sie viele Informationen über den Träger. Grabfunde sind dabei in erster Linie geeignet, Auskunft über dessen kulturelles Umfeld, soziale Stellung oder ethnische Zugehörigkeit zu vermitteln. Hortfunde liefern zwar oftmals reiche Schmuckbeispiele (z.B. die Schatzfunde von Troja), lassen sich aber nicht nur einer Person oder einem Personenkreis zuordnen und können daher nur allgemeinere Aussagen über Formenreichtum oder vorhandene Goldmenge etc. bieten.

Schon lange bevor es Goldschmuck gab, trug der Mensch seit den frühesten Zeiten Schmuckstücke aus organischen Materialien oder aus Stein. In erster Linie dienten sie als Amulette und sollten den Träger vor Unheil schützen und ihm Hilfe angedeihen lassen. Dazu waren sowohl die Form wie das Material ausschlaggebend. Dabei war das Tragen von Schmuck nicht geschlechtsspezifisch, denn Schutz benötigten Männer wie Frauen, Kinder wie auch die Haustiere. Mit den Metallzeiten beginnt eine neue Möglichkeit in der Differenzierung des Schmuckes. Bronze, Silber und Gold – für die gleiche Schmuckgattung verwendet – lässt eine Rangordnung vermuten. Der Goldschmuck erweist sich hier als am aussagekräftigsten.

In den frühen Kulturen tritt Goldschmuck immer in besonders herausragenden Gräbern auf. Nennen wir nur die berühmtesten: die Gräber von Varna, die Königsgräber von Ur, die 13 Königsgräber von Alaca Hüyük, die Grüfte von Assur und Nimrud oder die Schachtgräber von Mykene. Bei all diesen Beispielen entspricht auch die übrige außergewöhnliche Ausstattung der Intention, den Bestatteten durch zahlreiche Zeichen seines Ranges und seiner Macht besonders hervorzuheben. In den Gräbern von Varna finden sich unterschiedlich reich ausgestattete Tote, wobei jene mit den meisten und vielfältigsten Beigaben auch reiche Goldfunde bergen, selbst die Keramik war dort mit Blattgold verziert. Bei den Königsgräbern von Ur folgte dem Toten ein Teil seines Hofstaates in den Tod. In Alaca Hüyük belegen Zugtiere mit aufwändiger Ausstattung und Eisengegenstände (mit die frühesten Belege für Eisenverarbeitung) den hohen Rang der Verstorbenen, in Assur baute man die entsprechenden Gräber in besonderer Bauweise an prominenter Stelle, ebenso zeigen die Gräber im Gräberrund A und B in Mykene durch ihre Beigaben eine soziale Schichtung an, wobei die Angehörigen der höchsten Stufe durch reichlich Gold, aber auch durch bestimmte Beigabenkombinationen und durch die große Anzahl der Objekte hervorgehoben sind. Die Verwendung von Gold für viele andere Gegenstände (z.B. Gefäße), nicht nur für Schmuck, kommt bei diesen Beispielen hinzu. Denn diesem Material wurden magische Kräfte zugeschrieben: sein Leuchten glich dem der Sonne und stellte die Verbindung zu den Göttern her. Es sollte Tote vor Verwesung schützen, genau wie es selbst über lange Zeit seine ursprüngliche Schönheit bewahrte und sich nicht veränderte und somit selbst Unvergänglichkeit und Unsterblichkeit verkörpert.

Wir haben keine schriftliche Überlieferung einer Vorschrift, dass das Material Gold den frühen Herrschern und ihrem engsten Umkreis vorbehalten gewesen wäre. Die Funde legen dies allerdings nahe, denn in keinem Grab eines »einfachen« Mannes ist es zu finden. Vermutlich war es das Material des Zeremonialschmucks, auch hier mit apotropäischen und übernatürlichen Kräften ausgestattet. Darauf weisen auch die der Erhöhung dienenden Formen: z.B. Goldhelm, Diadem, überdimensionierter Kopfputz, Waffen aus Gold, Halskragen etc. *(Abb. 52; Kat. 88)*. Ob der in den Gräbern gefundene Goldschmuck von dem Bestatteten schon zu Lebzeiten getragen oder ob er speziell für die Bestattung gefertigt wurde, ist in diesem Zusammenhang unerheblich.

Wenn in den frühen schriftlichen Quellen Mesopotamiens Gold und Goldschmuck genannt werden, dann immer im Zusammenhang mit Göttern und Herrschern, so dass davon ausgegangen werden muss, dass es sich vorwiegend in den Händen der Tempelverwaltung und der Fürsten befand. Von hier ergingen die Aufträge an die Schmiede und Goldschmiede,

Abb. 52 | Bestandteile einer Zeremonialtracht. Anatolisch-iranisches Grenzgebiet. 2. Jt. v. Chr. *(Kat. 88).*

um Schmuck, Statuen von Göttern und Königen, Kultobjekte (u. a. Verzierungen von Möbeln, Musikinstrumente), Embleme und Würdezeichen herzustellen.

Eine Ausnahme bildet die Kassitenzeit (2. Hälfte 15./14. Jahrhundert v. Chr.) in Mesopotamien, wo zum ersten Mal Gold als Grundlage der Warenverrechnung genannt wird, während sonst Silber das normale Zahlungsmittel war. Eine Änderung trat in der darauffolgenden assyrischen Zeit ein, wo wieder Silber als Verrechnungsgrundlage diente und Gold nur im Zusammenhang mit den Herrschern genannt wird. Von Assurbanipal wird z. B. eine goldene Halskette als seine Königsinsignie erwähnt. Auch wird in schriftlichen Quellen berichtet, dass er seinen Vasallen goldene Ringe an den Finger steckte.

Die politischen Systeme im Vorderen Orient waren lange dieselben: ein Herr-

scher und oberster Priester, von den Göttern eingesetzt und mit ihnen in Kontakt stehend, beherrschte das Volk. Der Goldbestand des Staates wurde vom Tempel als der zentralen Verwaltung verwahrt und verwaltet. Es ist auch über lange Zeit keine Änderung dieser frühen Gepflogenheit nachzuweisen, dass nur die Herrscher sich des Goldes bedienten. Später gibt es einen Hinweis bei Xenophon (Cyropedia VIII, II 8) über das Persische Reich und seine Herrscher: Es geht um goldene Armspangen, Halsketten und Zaumzeug als Geschenke des Königs, denn niemandem ist dort zu Lande etwas derartiges in Gold zu besitzen erlaubt, dem es nicht der König geschenkt hat.

Ägypten bietet ein ähnliches Bild. Aus Gold war der Schmuck der Götter und Pharaonen, aus Gold war der leuchtende unvergängliche Sonnengott und alle anderen Götter, die von ihm abstammten.

Die Göttin Hathor war die Verkörperung des Goldes, und der Pharao trug den Titel »Gold-Horus«. Das Gold war göttliches Metall und hatte deshalb die Kraft, göttliches Leben, d. h. Unsterblichkeit zu verleihen. Da im damaligen Ägypten die natürlichen Goldvorkommen ungeheuer groß waren, konnte es nicht ausbleiben, dass das Metall zur Handelsware, zum Zahlungsmittel und zum bevorzugten diplomatischen Geschenk wurde.

Für die mykenische Zeit in Griechenland können wir aus den Schilderungen von Homer viele Informationen über Schmuck und Gerät aus Gold gewinnen. Vor allem der Schmuck der Göttinnen aus diesem Edelmetall wird besungen. Aphrodites Gürtel, reich mit Zierat versehen, sollte jedoch nicht nur schmücken, er hatte magische Kräfte, verlieh Schönheit und steigerte die Verführungskunst. War doch der Goldschmied, der ihn schuf, der

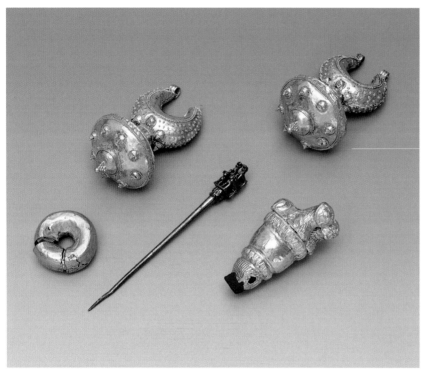

Abb. 53 | Schmuck aus Urartu. 8./7. Jh. v. Chr. *(Kat. 90).*

Schmiedegott Hephaistos selbst, dem noch mehrere berühmte Schmuckstücke zugeschrieben wurden. Goldschmiede scheinen immer hohes Ansehen genossen zu haben, wenn wir z. B. den Tontafeln von Pylos mit Linear B-Schrift glauben. Aber nicht nur die Götter erfreuten sich am Goldschmuck, auch die mykenischen Herrscher demonstrierten durch prestigeträchtige Gegenstände aus Gold ihre Macht. Nicht nur das Epos bringt dies eindrucksvoll zum Ausdruck, auch die archäologischen Funde, z. B. jene aus den Schachtgräbern von Mykene.

In der demokratischen Polis von Athen hören wir nichts von Trachtvorschriften oder von Privilegien, die das Tragen von Goldschmuck nur einem bestimmten Personenkreis gestatten würden. So wie die Einteilung der freien Bürgerschaft in Athen durch Solon (ab 594 v. Chr. als Gesetzgeber tätig) nach dem Einkommen erfolgte, so wird wohl auch jedem freien Bürger, wenn er vermögend genug war, Goldschmuck erlaubt gewesen sein. Nicht so in Sparta: Dort waren zeitweise sogar Silber- und Goldmünzen verboten, jeder Luxus wurde unterbunden.

Allerdings war in Griechenland der Bestand an Gold gering, und in klassischer Zeit blieb das Edelmetall in der Regel den Weihegaben für die Götter vorbehalten und kam weniger bei der Anfertigung von Dingen des persönlichen Lebens zur Verwendung. Die eindrucksvollen goldenen Schmuckstücke der griechischen Klassik, wahre Kunstwerke in Kleinformat, wurden bemerkenswerterweise häufiger bei den »Barbaren« – bei den skythischen Stämmen in Südrussland, bei den Thrakern – oder im orientalisch beeinflussten Zypern gefunden. Dort hatten die Toreuten und Goldschmiede Griechenlands ihre Absatzmärkte und Abnehmer und arbeiteten wohl oftmals selbst am Ort.

Dies änderte sich in den letzten Jahrzehnten des 4. Jahrhunderts v. Chr. grundlegend, und es setzten die reichen Grabausstattungen mit kostbarem Goldschmuck ein, vor allem in Großgriechenland (z. B. Tarent) oder im ionischen Ostgriechenland. Möglicherweise war der Grund dafür, dass nun größere Mengen des edlen Materials zur Verfügung standen, sowohl durch die Ausbeutung der thrakischen Goldminen durch die makedonischen Könige als auch durch den Zustrom von Gold aus dem Orient infolge des Eroberungszuges durch Alexander den Großen. Der zunehmende Luxus im Hellenismus, der sich an orientalischen Vorbildern orientierte, die man beispielsweise bei der Eroberung der achämenidischen Paläste kennengelernt hatte, zeigte sich auch in der Vorliebe für aufwändigen Goldschmuck. Beispielgebend waren natürlich die hellenistischen Fürstenhöfe, welche die aus dem Reich Alexanders des Großen entstandenen Diadochenreiche als absolute Herrscher regierten. Aber auch in den

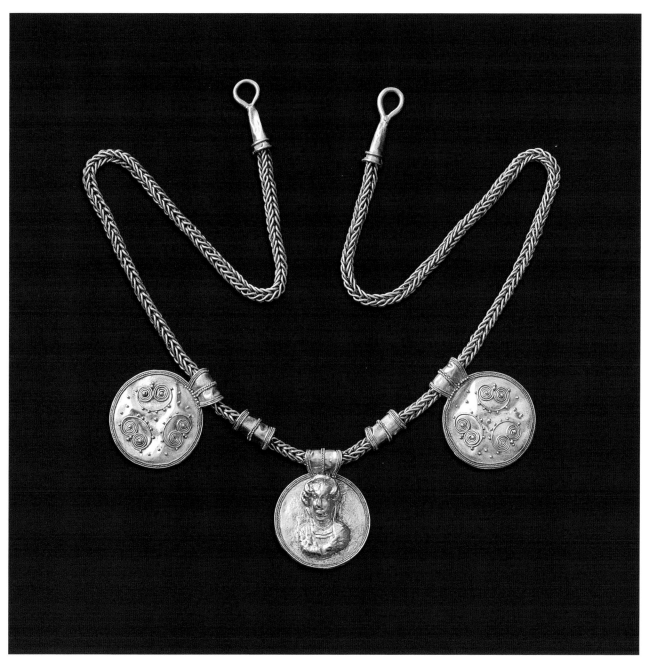

Abb. 54 | Fuchsschwanzkette mit Medaillons. Östlicher Mittelmeerraum. 2. Jh. v.Chr. *(Kat. 100).*

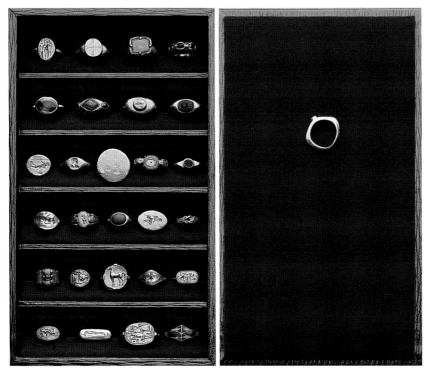

Abb. 55 | »Schmuckschatulle« der Slg. Ollivier: Fingerringe aus verschiedenen Epochen.

oligarchisch regierten Stadtstaaten hatten der Adel und die Kaufleute, die zu enormem Reichtum gelangt waren, Goldschmuck in ihrem Besitz, um zu Lebzeiten und bei der Bestattungszeremonie Reichtum und wirtschaftliche Potenz, aus denen politische Macht und hohes Sozialprestige resultierten, allen so demonstrativ wie möglich vor Augen zu führen.

Ein Aspekt des Prestigedenkens der hellenistischen Zeit war es auch, dass zum ersten Mal in größerem Umfang besondere Schmuckstücke als Kunstwerke in Auftrag gegeben und als solche gesam-melt wurden. Der Goldschmied wurde zunehmend zum namentlich bekannten Künstler. Damit erfolgte eine wesentliche Änderung im Verständnis des Schmuckes allgemein – und damit auch des Goldschmucks. Um ein Machtsymbol oder ein Amulett fertigen zu lassen, bedurfte es bisher eines technisch versierten und geschickten Kunsthandwerkers, der das Stück in der notwendigen vorgegebenen Gestalt herzustellen vermochte. Nun konnte der Künstler frei nach ästhetischen Gesichtspunkten kostbaren Schmuck gestalten *(Abb. 54; Kat. 100)*.

In Italien finden wir bis zum späten 8. Jahrhundert v. Chr. nur sehr spärlich Gegenstände aus Gold. Dann aber treten vor allem bei den Etruskern in zunehmendem Maße Gold wie auch fremdartig anmutende Motive in der Schmuckgestaltung auf, was zeigt, dass dieses Volk im Zuge seiner Verbindungen mit dem Orient von dort sowohl das edle Material wie auch bestimmte Schmuckformen und Techniken übernahm. Die adelige reiche Oberschicht, welche diese auswärtigen Beziehungen pflegte, entwickelte eine große Vorliebe für Goldschmuck, und ihre Kunsthandwerker schufen wahre Meisterwerke. Vor allem die Granulation, übernommen aus dem Orient, wurde zur äußersten Perfektion vervollkommnet. Auch hier zeigte sich nur die adelige Oberschicht mit kostbarem Goldschmuck, und die reichen Funde stammen aus deren luxuriösen Gräbern, die sich wiederum durch besonders aufwändige Konstruktion und Ausstattung wie Bemalung, Möblierung und Beigaben auszeichnen.

Die Römer hatten in den frühen Jahrhunderten nur begrenzt Gold zur Verfügung. Die Einstellung in der Republik zu luxuriösen Dingen war eher ablehnend. Von einzelnen Schmuckgattungen, z. B. von den goldenen Fingerringen, wissen wir, dass ihr Besitz den Rittern und Senatoren vorbehalten war. Trotzdem scheint auch hier die Oberschicht der Faszination des Goldschmucks erlegen zu sein. Denn seit dem 5. Jahrhundert v. Chr. wurden in der Römischen Republik immer wieder Gesetze erlassen, welche den Luxus, besonders die Menge an Gold als Grabbeigaben, begrenzen sollten. In der *lex Oppia* (215 v. Chr.) wurde die Goldmenge für Frauenschmuck bei der Bestattung auf $^1/_2$

Abb. 56 | Goldene Armreifen mit Achat. Kleinasien. 5.–6. Jh. n. Chr. *(Kat. 119).*

Unze (= 13,64 g) festgelegt (ausgenommen waren die Goldklammern, die zur Befestigung falscher Zähne verwendet wurden!). M. Porcius Cato ließ als Censor 184 v. Chr. den Schmuck besonders hoch besteuern. Die häufige Erneuerung solcher Vorschriften (*leges sumptuariae*) spricht dafür, dass sie nur unzureichend eingehalten wurden. In der Kaiserzeit schließlich pflegte jeder nach Vermögen Goldschmuck zu tragen, und die Menge an Gold war lediglich eine Frage des Geldes und des Geschmacks. Lukian bemerkt, dass sich eine züchtige Frau mit wenigem Schmuck begnügt, während Hetären sich über und über mit Gold und Juwelen behängen. Der Luxus trieb merkwürdige Blüten, so dass z. B. Augustus seiner Frau Livia verbieten musste, den Fischen im Wasserbecken ihres Hauses täglich andere goldene Ohrringe anzuhängen. Die Satiriker fanden in der Beschreibung von Personen, besonders natürlich von Frauen, die sich üppig mit Schmuck behängten, ein dankbares Sujet. Und so schildert auch Petronius den aufwändigen Haushalt des Trimalchio, der selbst als ein Freigelassener, der zu ungeheurem Reichtum gelangt war, jede Menge Goldschmuck in Besitz hatte, bei dem aber auch die Sklaven goldene Ringe trugen *(Abb. 55).*

Die Gegenposition zu Prunksucht und weltlicher Eitelkeit erfolgte im frühen Christentum, wo die Kirchenväter vor allem die Frauen und das entsprechende Tragen von aufwändigem Goldschmuck immer wieder verurteilten. Aber auch dadurch wurde das seit den Anfängen der Menschheit bestehende Bedürfnis, Schmuck zu tragen, nicht nachhaltig unterbunden. Zumal die Adels- und Patrizierschicht, aber auch alle anderen Ge-

bildeten der Spätantike die Traditionen der heidnischen Antike weiterhin als ganz selbstverständlich pflegten. Die heidnischen Schutzsymbole, die ja häufig in den Schmuck integriert waren (auch wenn an ihre Wirkung nicht mehr ganz so ernsthaft geglaubt wurde), wurden allmählich durch christliche ersetzt, hauptsächlich durch das Kreuzeszeichen.

Auf Darstellungen und durch Funde ab der frühbyzantinischen Zeit des 5. Jahrhunderts n. Chr. können wir feststellen, dass beim Schmuck sein hoher Repräsentationscharakter, aber anscheinend auch sein Amulettcharakter wieder zunahm *(Abb. 56; Kat. 119).* Werden doch nahezu alle Schmuckgattungen mit dem Kreuz ausgestattet, verwendet als Schutz und Heilszeichen. Dadurch konnte man auch das Tragen von reichem Schmuck rechtfertigen, das Kreuz war sozusagen das Alibi für die eitle Putzsucht. Denn wer wollte das Tragen des Kreuzes verbieten?

Dass religiöse Vorschriften die Verwendung von Goldschmuck regeln, sehen wir im Islam. Gold gehört zu den Freuden des Paradieses, die den Gläubigen versprochen werden, und nicht schon in diese Welt. Aber auch hier hielt man sich immer nur begrenzt an diese Empfehlungen,

allerdings kennt man aus dem islamischen Bereich sehr viel mehr Silber- als Goldschmuck.

Bei der Betrachtung der antiken Kulturen zeigt sich, dass das Tragen von Goldschmuck in der Frühzeit vorwiegend durch magische und religiöse Vorstellungen bedingt war. Allmählich wurden diese Vorstellungen abgelöst und durch eine sozial gegliederte Hierarchie ersetzt. In der Römerzeit erleben wir eine Profanierung, die jedem, der die finanziellen Möglichkeiten hatte, erlaubte, Goldschmuck zu tragen. Bedingt durch den wirtschaftlichen Niedergang in der Spätantike, wo Edelmetalle nur der Oberschicht verfügbar waren, trat ab der byzantinischen Zeit wieder der Repräsentationscharakter in den Vordergrund. Trachtvorschriften und die Regelung des Tragens von Gold- oder Silberschmuck bestanden in Mitteleuropa dann bis in das 19. Jahrhundert.

Lit.: Kilian-Dirlmeier 1986. – Maxwell-Hyslop 1971. – Musche 1992. – Reallexikon der Assyriologie und Vorderasiatischen Archäologie (Berlin 1957–1971) s. v. Gold § 6. – Renfrew 1986. – Williams/Ogden 1994. – Wooley 1934.

Gold in Alt-Peru

Helmut Schindler

Das Inkareich

Die Geschichte wird immer wieder erzählt: Im November 1532 nahm der Konquistador Franzisco Pizarro mit seinen Truppen im heutigen Nordperu den Inkaherrscher Atahualpa gefangen, und zwar bei einem todesmutigen Überraschungsangriff, der auf der Schreckenswirkung seiner Pferde aufbaute. Daraufhin bot der bis dahin mächtige Herr über eines der größten Reiche jener Zeit im Gegenzug für seine Freilassung an, sein Gefängnis, das Zimmer eines Raumes, bis in die Höhe seiner ausgestreckten Hand mit Gegenständen aus Gold und Silber zu füllen. Der Spanier ging auf das Angebot ein, und der Inkaherrscher erfüllte seinen Teil der Abmachung. Der gläubige Christ Pizarro ersann jedoch einen Vorwand, um sein Versprechen zu brechen. Er klagte Atahualpa eines schweren Verbrechens an und verurteilte ihn zum Tode. Um nicht das angedrohte Ende auf dem Scheiterhaufen zu erleiden, um seinen Körper für seine Familie zu retten, ließ sich der Inkaherrscher taufen und wurde erdrosselt.

Die aus weiten Teilen des Reiches herbeigeschafften Wertgegenstände setzten sich aus Wandverkleidungen von Heiligtümern zusammen, aus religiösen Figuren und aus Kultgeräten, darunter vielen Arten von Gefäßen. Insgesamt handelte es sich um 11 800 kg Silber und 10 400 kg vorwiegend niederkarätiges Gold, aus dem 5 500 kg hochwertiges Gold erschmolzen wurden (Lothrop 1964).

Die Herrschaft der Inka über ein Großreich war nur von kurzer Dauer, nach Auskunft der Ethnohistoriker an die hundert Jahre, ähnlich wie das Aztekenreich in Mexiko. Archäologen vertreten jedoch die

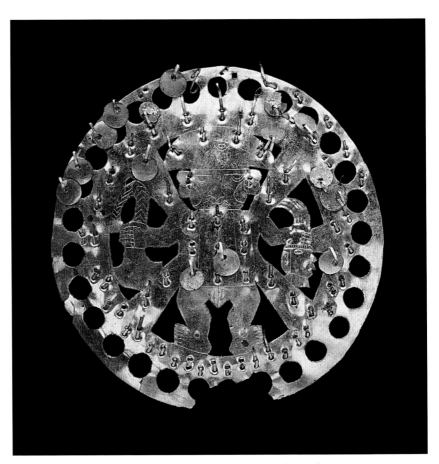

Abb. 57 | Der »Decapitator«. Moche-Kultur, Peru. 2.–8. Jh. n. Chr. *(Kat. 58)*.

Meinung, dass zumindest im Kerngebiet der Inkastil bereits an die hundert Jahre zuvor entwickelt wurde (Bauer 1999). Da es die Inka waren, die sich ab 1532 den Europäern und ihren indianischen Hilfstruppen entgegenstellten, wird leicht übersehen, dass vor der Inkakultur zahlreiche andere Kulturen existierten, auf deren Kenntnissen und Erfahrungen die Inka aufbauten.

Wenn in dieser Arbeit von den Zentralanden bzw. dem zentralen Andenraum die Rede ist, so versteht man darunter nicht nur die gebirgigen Landstriche vom Äquator bis nach Südbolivien, sondern auch den vorgelagerten Wüstenstreifen entlang der Pazifikküste, der von zahlreichen Flussläufen durchzogen ist. Überdies ist nicht zufällig durchwegs von Indianern die Rede, da das heute im Deutschen häufig benützte Wort Indio in ganz Lateinamerika ein übles Schimpfwort ist, weshalb es in der Ethnologie nicht gebraucht wird.

Zur Kulturgeschichte Alt-Perus

Über die Kulturen der Zentralanden sind in den letzten Jahren auch in Deutsch eine Reihe von Publikationen erschienen, die sich an eine breitere Öffentlichkeit wenden. Daher sollen hier nur einige der wichtigen Daten gemäß der heute gängigen Systematik der Archäologen erwähnt werden, um einen Rahmen für den folgenden Text und die Objektbeschreibungen des Katalogs zu bieten.

Archaikum und Formativum

Die Einwanderung der Vorfahren der Indianer über die Beringstraße nach Nordamerika und dann weiter nach Südamerika erfolgte vor mehr als 15 000 Jahren. Jahrtausende lang lebten die Volksgruppen fast ausschließlich von der Jagd, dem Fischfang und der Sammelwirtschaft. Dieser lange Zeitraum wird als *Archaikum* bezeichnet.

Ab etwa 1800 v. Chr. wird das *Formativum* angesetzt, in dem die *Initialperiode* vom *Frühen Horizont* unterschieden werden kann. Der *Frühe Horizont* beginnt um 900 oder 800 v. Chr., und das gesamte *Formativum* endet gegen 200 v. Chr. Im *Formativum* verbreiteten sich eine Reihe von Neuerungen unter den Indianern der Zentralanden, die starke Veränderungen in wirtschaftlicher, technischer, sozialer, po-

litischer und kultisch-religiöser Hinsicht nach sich zogen. Zu den wichtigsten Neuerungen des *Formativums* zählt die Ausbreitung des intensiven Bodenbaus (u. a. Kürbisarten, Bohnen, Baumwolle, Mais, Kartoffel, Yuka bzw. Maniok) und der Tierhaltung (Lama, Alpaka, Meerschweinchen). Damals bildeten sich die ersten geschichteten Gesellschaften aus, und es entstanden die ersten Großbauten für den religiösen Kult und die Eliten.

Während des *Formativums* und insbesondere in dessen zweiter Hälfte, dem *Frühen Horizont*, blühte im heutigen Nordperu die Chavin- und Cupisnique-Kultur, die zahlreiche andere Lokalkulturen beeinflusste, bis hin zu der bedeutenden Paracas-Kultur an der Südküste, deren Ende gegen 200 n. Chr. schon in die *Frühe Zwischenperiode* fällt. Während des *Frühen Horizonts* breiteten sich die Kenntnisse der Goldbearbeitung im zentralen Andenraum zunehmend weiter aus.

Frühe Zwischenperiode

Den Beginn der *Frühen Zwischenperiode* setzt man um 200 v. Chr. an. Die beiden bekanntesten Kulturen jenes Zeitabschnitts sind die Moche-Kultur (100 v. – 800 n. Chr.) an der Nordküste und die Nasca-Kultur an der Südküste Perus. Beide sind durch ihre Keramikkunst berühmt, ihre Stile unterscheiden sich jedoch stark voneinander: Die für die Oberschicht hergestellten Tongefäße der Moche-Kultur bestechen durch ihre plastischen Darstellungen und durch ihre Strichzeichnungen, die zum Teil ganze Szenen vor Augen stellen (Bonn 2000; Donnan/ McClelland 1999).

Die Töpfer Amerikas waren nicht nur gute Handwerker, die besten von ihnen muss man als wahre Künstler einstufen. Dies ist im Abendland schwer zu vermitteln, da hier der unentwegte Einsatz der Töpferscheibe dazu führte, dass Töpferei allzu leicht in den Verruf gerät, nichts weiter als ein einfaches Handwerk sein. Die kulturhistorische Bedeutung des Fehlens der Töpferscheibe in der Neuen Welt wird in ihrer wahren Bedeutung für die dortige Kunstentwicklung nur selten richtig eingeschätzt.

Die meisten Metallobjekte im Mochestil sind in Kupfer, Gold und Silber ausgeführt *(Abb. 57; Kat. 58)*. Die Höhe der Schmiedekunst führten in den letzten beiden Jahrzehnten insbesondere die sensationellen Funde der Herrschergräber von Sipán vor Augen, die seit Ende der 80er Jahre ans Tageslicht kommen. Die Schmiede jener Zeit verstanden es bereits, vollplastische Darstellungen anzufertigen. Dies erfolgte wohl mittels des offenen Schalengusses oder mittels des Gusses in der verlorenen Form, der auch Wachsausschmelzverfahren genannt wird.

Die Schmiede der Mochezeit fertigten Metallschmuck mit Einlagen von Türkis, Quarz, Pyrit, Kieselkupfer, rotem Hämatit bzw. Blutstein, Sodalit und nicht zuletzt Perlmutt und der roten Schale der Dornauster. Zu den künstlerisch großartigsten Leistungen dieser Art zählen die meißelförmigen Kultmesser bzw. Zepter mit religiösen Szenen auf der Oberseite des Griffes. Die Bearbeitung von Silber setzte an der Küste Perus spätestens um die Zeitenwende ein, im Hochland hingegen erst nach 500 *(Abb. 58; Kat. 59)*.

Die Nasca-Kultur (200 v. – 600 n. Chr.), historisch eng verzahnt mit der Paracas-

Detail aus Abb. 58.

Abb. 58 | Zeremonialmesser. Moche-Kultur,
Peru. 200–500 n. Chr (Kat. 59).

Kultur, ist für ihre vielfarbige Schlicker-
malerei berühmt. Darauf bildeten die Töpfer häufig ihre Götter und Dämonen in
prunkvollen Gewändern und mit reichem
Körperschmuck versehen ab. Ein Großteil dieses gemalten Geschmeides zeigt
Goldschmuck, der jedoch aufgrund der
Seltenheit dieses Edelmetalls im Leben
der Nasca-Bevölkerung nur in wenigen
Exemplaren die Zeiten überdauert hat.

Mittlerer Horizont

Als *Mittleren Horizont* bezeichnen die Archäologen die Zeitspanne von etwa 600 -
1000 n. Chr. Zwei ikonographisch-sti-
listisch und damit unzweifelhaft auch reli-
giös-ideologisch eng verwandte Kulturen
übten damals einen weitreichenden Einfluss aus, die Zentren beider lagen in Ge-
birgsregionen. Am Südwestufer des Titicacasees im heutigen Bolivien auf fast
4000 m Höhe stand die Stadt Tiwanaku,
deren Einflussgebiet die Völker im Umkreis des Titicacasees einschloss und
westlich bis in die pazifischen Küstentä-
ler, östlich in das fruchtbare Cochabamba-
Tal und im Süden bis in das heutige Nord-
chile und Nordwest-Argentinien reichte.

In dem südperuanischen Departamen-
to Ayacucho stand auf 1 200 m Höhe die
Stadt Wari, deren Einflusssphäre die süd-
liche und mittlere Küste Perus einschloss
und bis in die Gebirgstäler und Küstentä-
ler Nordperus reichte. Die Beziehungen
zwischen Tiwanaku und Wari und damit
auch die wirtschaftliche und politische
Stellung beider Städte im Lauf der Jahrhunderte werden in Fachkreisen kontrovers diskutiert. Die Tiwanaku-Kultur
(350–1100) wird in zwei oder drei Phasen
unterteilt, die Blütezeit Waris von 550 bis
850 angesetzt (Albarracin-Jordan 1999 a;
Isbell/ McEwan 1991).

Im äußersten Norden des peruanischen
Küstengebiets entwickelte sich während
des *Mittleren Horizonts* die nach einem
Flusstal benannte Lambayeque-Kultur,
auch als Sicán-Kultur bekannt, deren kul-
tureller Höhepunkt zwischen 900 und
1100 lag und deren Beginn und Ende jeweils etwa zwei Jahrhunderte früher bzw.
später angesetzt wird. Der Herrschaftsbe-

reich der Lambayeque-Kultur lag in einem Raum mit einer alten Schmiedetradition, und dies ermöglichte es der Elite, zahlreiche Werke in Gold, Silber und Bronze für sich anfertigen zu lassen (Lavalle 1989; Rickenbach 1997).

Späte Zwischenperiode

Diese Kultur reichte also in die *Späte Zwischenperiode* hinein, deren Beginn mit 1000 n. Chr. angesetzt wird. Sie ist der letzte Zeitabschnitt vor der Inkaperiode. Zu den bekanntesten Kulturen der *Späten Zwischenperiode* zählt die Chimú-Kultur an der Nordküste, die Chancay-Kultur an der mittleren Pazifikküste in den Flusstälern unmittelbar nördlich der heutigen Hauptstadt Lima und die beiden eng verwandten Kulturen Ica und Chincha in den gleichnamigen Flusstälern weiter südlich, in denen früher die Bevölkerung der Paracas-Kultur ansässig war (Lavalle 1991; Lavalle/Lang 1990; Lavallée/Lumbreras 1986).

In diesem Abriss der altperuanischen Geschichte sind so manche Kulturen, die heute bekannt sind, nicht erwähnt worden, um die Schilderung nicht zu komplizieren.

Beginn der Metall-bearbeitung

In der Alten Welt waren Gold und Kupfer die ersten Metalle, die bereits im 4. Jahrtausend einer Bearbeitung unterzogen wurden. Gegen 2600 v. Chr. erkannten Schmiede in Mesopotamien, dass eine Beimischung von etwas Zinn oder Arsen einen härteren Werkstoff ergab als reines Kupfer. So entstand Bronze, eine Legierung, die einer ganzen kulturgeschichtlichen Periode ihren Namen gab. In der europäischen Bronzezeit, ab etwa 2200 v. Chr., verbreiteten sich nicht nur die Kenntnisse der Metallbearbeitung, sondern auch zahlreiche andere Neuerungen. In Amerika dürfte die Nutzung des Kupfers und des leichter zu bearbeitenden Goldes durch kaltes Hämmern etwa zur gleichen Zeit begonnen haben, nämlich in der Initialperiode. Dies ist zumindest der gegenwärtige Wissensstand, der jedoch angesichts des raschen Fortschrittes in der Archäologie des zentralen Andenraumes bald wieder überholt sein könnte (Bray 1991; Fecht 2000; Griffin/Shimada 1997; Mayer 1992; Rauscher 1996).

Die bislang ältesten Funde von bearbeitetem Gold kommen aus den Zentralanden, und zwar aus Waywaka im Gebiet von Andahuaylas zwischen Ayacucho und Cuzco. Es handelt sich um hauchdünn gehämmerte Streifen von Goldblech sowie um Steingeräte zur Goldbearbeitung: einem Gefäß mit drei zylindrischen Hämmern und einem Amboss. Sie werden auf etwa 1500 v. Chr. datiert. Aus der Zeit von etwa 1200 v. fanden sich in den 90er Jahren im Lurintal 25 km südlich der heutigen Hauptstadt Lima kalt gehämmerte Kupfer- und Goldfolien mit einer Dicke von 4μm und mehr (Burger/Gordon 1998).

Die meisten heute bekannten Goldarbeiten Alt-Perus stammen aus einem eng begrenzten Landstrich im Norden, nämlich aus dem Gebiet des Rio Lambayeque sowie seiner Zuflüsse und Nachbarflüsse. Schätzungen zufolge wurden 90 Prozent aller Goldobjekte in diesem Bereich gefunden.

Methoden der Metall-bearbeitung

Goldbleche verfertigten die Schmiede mit Ambossen und Hämmern aus Stein. Dabei wurde schon im Frühen Horizont das Metall immer wieder auf eine bestimmte Temperatur erhitzt, damit es sich leichter und besser formen lässt. Ist die Hitze zu hoch oder zu niedrig, bleibt das Gold entweder spröde oder beginnt zu schmelzen. Schließlich besaß das Goldblech eine Stärke von etwa 0,1 mm oder weniger.

Bereits im Frühen Horizont verstanden es die Handwerker, Legierungen herzustellen, mit Hilfe von Meißeln Bleche in Form zu schneiden und diese nicht nur mechanisch zu verbinden, sondern auch Lötarbeiten durchzuführen, durch Treiben Reliefs und plastische Figuren anzufertigen, und zwar sowohl durch Hämmern als auch durch Punzen, während Details durch Ziselieren hinzugefügt wurden. Auf diese Weise fertigten sie Ornamente und Figuren in einem zum Teil barock wirkenden Stil.

Meißel und andere Werkzeuge zum Schneiden, Ziselieren, Punzen und Treiben waren aus Stein, Holz, Horn oder Knochen.

Erst um die Wende zum 2. nachchristlichen Jahrtausend begannen die Schmiede, Meißel aus Metallegierungen zu verwenden.

Zu ihrer großen Enttäuschung mussten die Konquistadoren rasch erkennen, dass viele Luxusartikel der Indianer nicht aus reinem Gold gefertigt waren, sondern aus einer goldhaltigen Kupferlegierung oder aus Kupfer mit einem hauchdünnen Goldüberzug. In Alt-Peru kamen vor allem zwei Verfahren zur Anwendung:

1. Die Schmiede trugen auf die Oberfläche ihres Kunstwerkes aus Metall zartes Goldblech auf, wandten also das Verfahren der Blattvergoldung an. Durch erneutes Erhitzen konnte eine Legierung der beiden Oberflächen erfolgen.

2. Die zweite Methode der Oberflächenveredelung könnte man statt Vergolden als Entkupfern bezeichnen; im Fachjargon nennt es sich Abreicherungsvergoldung oder *mise-en-couleur-Vergoldung.* Dafür fertigten die Schmiede eine Legierung von Gold und Kupfer an, wobei der Kupferanteil 50 % oder mehr betrug. Diese Metallverbindungen bezeichnet man mit dem malaiischen Wort *Tumbaga* oder auch mit dem Wort *Guanin*, das einer Indianersprache Panamas entlehnt ist. Im heutigen Peru wurde Tumbaga nur an der Küste gefertigt, nicht aber im Hochland.

Diese Metall-Legierung erhitzten die Künstler und tauchten sie dann in ein kochendes Säurebad, das an der Oberfläche das Kupfer zur Gänze oder teilweise fortätzte. Ob diese Beizen entweder aus Mineralsalzen der Wüste, so z. B. Eisen- bzw. Kupfersulfat, oder aus Pflanzensäften gewonnen wurden, etwa denen von Rhabarber oder Sauerklee, ist nicht geklärt.

Bei Tumbaga mit einem Kupferanteil von etwa 90 % führte das Abbeizen zu einer Oberfläche, die zu 60 % aus Gold, zu 20 % aus Silber und zu 20 % aus Kupfer bestand. Dies ergibt einen Goldton mit schwachem Rot- oder Grünstich. Für eine goldgelbe Oberfläche darf der Kupferanteil des Werkstoffes höchstens 50 % betragen. Ob man diesen unterschiedlichen Tönungen bestimmte kosmologische Vorstellungen zuordnete oder ob sie allein aus ästhetischen Gründen angestrebt wur-

den, ist unserer Kenntnis entzogen. Zum Abschluss wurde die Schauseite der Gegenstände poliert, um den Glanz zu erhöhen.

Die Analyse eines vergoldeten Schmuckstücks ergab, dass die Oberfläche aus 94 % Gold und 6 % Verunreinigung durch Silber besteht, der Kupferanteil jedoch bereits in einer Tiefe von einem Siebtel Millimeter unter der Oberfläche auf 74 % ansteigt. Die untersuchte Goldscheibe stammt allerdings nicht aus dem zentralen Andenraum, von dem hier ansonsten die Rede ist, sondern aus der Quimbaya-Kultur (ab 500 n. Chr.) in den Nordanden (Demortier/Ruvalcaba 2000). Wenn das Kupfer an solchen Objekten mit hohem Kupferanteil auszublühen beginnt, überdeckt die Korrosion das Gold, um erst beim Restaurieren wieder zum Vorschein zu kommen.

Zur Symbolik des Goldes in Alt-Peru

In der Inka-Zeit galt Gold als Sinnbild der Sonne und des männlichen Prinzips, Silber hingegen als das des Mondes und des weiblichen Prinzips. Gold war deshalb dem Herrscher und Silber seiner wichtigsten Gattin zugeordnet. Diese Einteilung klingt so naheliegend, dass man vermuten möchte, dass solche Metaphern auch schon früheren Kulturen Alt-Perus geläufig waren. Doch kommen wir über Mutmaßungen nicht hinaus, da schriftliche Quellen fehlen. In den Mochegräbern von Sipán befinden sich Goldobjekte auf der rechten und Silberobjekte auf der linken Seite der Personen, was sich sowohl im Grab des Herrschers selbst als auch im

Grab des Priesters zeigt (vgl. Beitrag R. Gebhard in diesem Buch).

Besaß Gold für die Völker Alt-Perus die gleiche Bedeutung, den gleichen Wert wie für uns? Wie so viele Fragen lässt sich dies mit einem Ja und einem Nein beantworten. Ja: ohne Zweifel waren auch dort die Menschen von den Eigenschaften des Goldes beeindruckt, von seiner Ausstrahlung ebenso wie von seiner Formbarkeit, auch dort war Gold nur in beschränktem Umfang vorhanden; infolgedessen war es den Reichen und Mächtigen vorbehalten. Auch wusste man es zu schätzen, dass dieses Metall nicht wie Silber oder Kupfer oxidiert. Insofern besaß also Gold eine ähnliche Bedeutung wie in der Alten Welt.

Doch ebenso gewichtige Gründe sprechen für ein Nein: die Einschätzung dieser Metalle bei den Indianern unterschied sich grundsätzlich von der Haltung der Europäer. Gold besaß offensichtlich keinen allgemein verbindlichen Tauschwert, ebenso wie im Europa des 18. Jahrhunderts weder Pelze noch Porzellan noch Seide die Funktion von Geld übernahmen, obgleich diese Stoffe den Mächtigen und Reichen vorbehalten waren. Gold wurde nicht in Rohform gehortet, man entdeckte bislang keine Ansammlung von Goldbarren; wohl aber fanden sich aus der Zeit der Lambayeque-Kultur Barren aus Arsenbronze, bei denen die Archäologen darüber rätseln, ob es sich um eine Art von Kupfergeld im weitesten Sinne des Wortes handelt.

Offenbar wurde in vielen Kulturen Alt-Perus an Gold vor allem die äußere, also die visuelle Wirkung geschätzt. Wichtig war also vor allem deren Glanz und nicht so sehr die Menge und damit die Reinheit des Goldes. Daher waren die politischen und religiösen Eliten durchaus bereit, Kunstwerke mit hohem Kupferanteil zu benützen, sofern nur die Oberfläche glänzte.

Bei uns werden Objekte aus Edelmetallen an die Nachfahren vererbt und häufig dem Geschmack der Zeit gemäß umgearbeitet. In der Neuen Welt wurden Objekte aus Gold und Silber wie auch anderer Besitz den Verstorbenen mit ins Grab gegeben, offenbar verstand man solche Gegenstände als unveräußerlichen Teil der Persönlichkeit. Es ist schwieriger als man denkt, schwieriger, als manche Sonntagsreden vermuten lassen, die Wertvorstellungen fremder Völker nachzuvollziehen. Man versuche doch in einer scheinbar einfachen Angelegenheit wie der unterschiedlichen Bewertung von Rohstoffen, die Einstellung anderer wirklich zu verstehen, was zwangsläufig heißt, sie auch gefühlsmäßig zu erleben.

In mehreren Hauptstädten Südamerikas stehen Goldmuseen, so in Bogotá, Quito und Lima. Die zahlreichen Besucher dort sind immer wieder beeindruckt von den ausgestellten Kunstwerken, und zweifellos wäre mancher sogar bereit, von einer Art heiligem Schauer zu sprechen, der ihm beim Gang durch die Säle mit goldenen oder vergoldeten Kostbarkeiten erfasst. Die Maya in Guatemala und in den angrenzenden Ländern, ebenso wie andere Völker Mesoamerikas, hielten jedoch grüne Steine wie Jadeit für den wertvollsten Werkstoff; ihre Einstellung zu solchen Steinen war also in etwa unserer Einstellung zu Gold vergleichbar (Wagner 2000). Infolgedessen gibt es im Nationalmuseum in Guatemala City einen Saal mit gedämpfter, weihevoller Beleuchtung, in dem auserlesene Arbeiten aus Ja-

Abb. 59 | Mumienmaske. Peru *(Kat. 136)*.

deit etc. ausgestellt sind. Doch selbst gut informierten Besuchern dürfte es schwer fallen, beim Betreten dieses Raumes das Gleiche zu empfinden wie beim Gang durch ein Goldmuseum.

Ein anderes Beispiel zeigt, wie stark wir uns bei Gold von Masse beeindrucken lassen. In der Alt-Peru-Ausstellung des Museums für Völkerkunde in München steht eine Vitrine mit mehreren verhältnismäßig großen Beispielen von Goldobjekten. Dort erlebt man immer wieder, welche Aufmerksamkeit diese Werke er-

regen. Die dort versammelten Goldobjekte gehören zwar zu den größten der Ausstellung, zumeist aber nicht zu den künstlerisch bedeutendsten. Die besten Beispiele andiner Goldschmiedekunst sind vielmehr in anderen Vitrinen des gleichen Raumes zu finden, zwischen Kunstwerken aus Kupfer, Keramik, Muschelschalen, Holz etc., also Stoffen, die uns weniger wichtig anmuten. Da diese Goldobjekte kleiner sind und nicht geballt vorgeführt werden, ernten sie jedoch häufig weniger Beachtung.

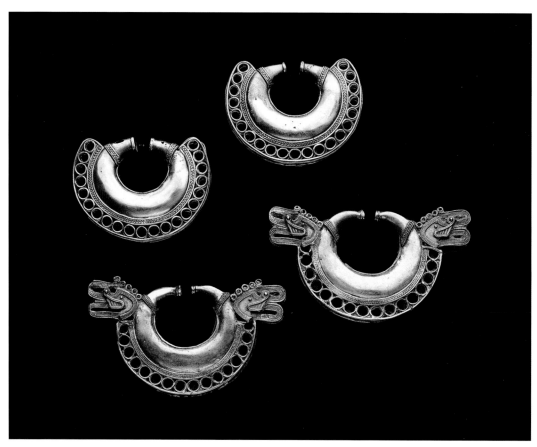

Abb. 60 | Ohrringe. Tairona-Kultur, Kolumbien. 9.–16. Jh. n.Chr. *(Kat. 143)*.

Goldmasken, Mumien und Scheinköpfe

In Alt-Peru wurden die Körper mancher Verstorbener mumifiziert und dann meist mit Beigaben versehen in Hockerstellung in Stoffbündeln begraben. Manche der Toten bekamen eine Maske aus Gold auf das Gesicht gelegt *(Abb. 59; Kat. 136)*. Andere Mumienbündel erhielten zusätzlich einen falschen Kopf, d.h. einen Aufsatz, der einen Kopf vortäuscht und der von den Archäologen auch als »Scheinkopf« bezeichnet wird. Mit der Mumifizierung, also der Erhaltung des Körpers, sollte den Toten offenbar die Fähigkeit erhalten werden, weiter zu Gunsten ihrer Nachfahren zu wirken.

Im Abendland würde es kaum jemandem einfallen, ein Kunstwerk aus Gold teilweise wieder zu übermalen. Der hohe Wert, den wir diesem Metall zumessen, führt höchstens zu einer Kombination mit anderen hochgeschätzten Materialien, wie z.B. Edelsteinen. Für die Indianer Perus war jedoch im Toten- und Ahnenkult das Rot von hoher Bedeutung. Deshalb wurden manche Goldobjekte, so z.B. Masken oder Scheinköpfe, die als Grabbeigaben dienten, teilweise mit einer

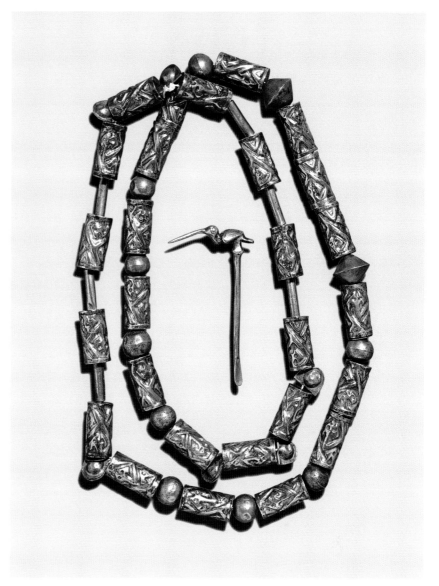

Abb. 61 | Kalklöffel. Südamerika. 11.–15. Jh. n.Chr. *(Kat. 60 b).* Perlenkette. Lambayeque, Peru. 0–300 n.Chr.

Schicht hochgiftigen Zinnobers überzogen. Man darf vermuten, dass dies ein Hinweis auf die Farbe des Blutes, die Farbe des Lebens ist.

Drachen und Himmels- drachen

Auf einigen der Gegenstände sind Drachen oder Himmelsdrachen abgebildet *(Abb. 60; Kat. 143).* Es sind Wesen mit einem länglichen Körper und meist zwei Köpfen, weshalb sie häufig als Himmelsschlangen bezeichnet werden. In der überwiegenden Zahl der Fälle haben diese Wesen jedoch keine Schlangenköpfe, sondern Köpfe von Phantasietieren, so z.B. mit Kämmen auf den Scheiteln oder mit mehreren spitzen Zähnen, manche verfügen auch noch über klauenbewehrte Pranken. Solche Drachen treten häufig in Szenen auf, die sich eindeutig in den Himmelshöhen abspielen. Drachen mit einer Art Horn auf der Nase sind wiederholt zusammen mit einer Mondsichel abgebildet, deshalb spricht man von Monddrachen. Die Symbolik all dieser länglichen Wesen mag selbstverständlich von Ort zu Ort und von Periode zu Periode einen Bedeutungswandel erfahren haben. Die einzelnen Himmelsdrachen mögen eine Verkörperung der Milchstraße, der Himmelskuppel, des Regenbogens, des Wetters, der Wolken, eines Gestirns, der Bahn von Gestirnen oder auch noch anderer Phänomene darstellen, in einigen Fällen auch der Erdscheibe.

Coca und Kalk

Die gefährliche Droge Kokain wird zwar aus Cocablättern gewonnen, doch darf man daraus keine falschen Schlüsse ziehen. Man benötigt große Mengen an Blättern, um mittels chemischer Prozesse eine Prise Kokain zu gewinnen.

Das sogenannte Kauen getrockneter Cocablätter durch Indianer lässt sich in seiner Wirkung am ehesten noch mit dem Trinken von Tee oder Kaffee vergleichen. Die Indianer der Anden nehmen einige Cocablätter in den Mund und fügen eine Spur Kalk hinzu, um die stimulierenden

Alcaloide besser aufzuschließen; dann bleibt die Mischung in der Backe wie ein Tabakpfriem. Dies kann wie das Einnehmen von Kaffee und Tee bei verschiedensten Gelegenheiten erfolgen, in kleineren oder größeren Runden, aber auch allein zur Entspannung oder bei anstrengenden Arbeiten. Doch ist noch keineswegs geklärt, ob der Verzehr von Cocablättern in welcher Form und in welcher Menge auch immer überhaupt Kokain im Körper freisetzt.

Überdies ist Coca eine wichtige rituelle Pflanze und wird daher in fachlichen und populären Darstellungen gerne als sakrale oder heilige Pflanze bezeichnet. Die Indianer benützen die Blätter unter anderem bei ihren religiösen Zeremonien als wertvolle Opfergabe an die höheren Mächte. Coca hat eine lokal betäubende und damit schmerzlindernde Wirkung, welche die indianischen Heiler ebenfalls einsetzten. Der erste bislang bekannte Nachweis von Cocagebrauch fand sich bei Ausgrabungen in Valdivia an der Küste des heutigen Ecuadors gegen 3 000 v. Chr., also zu einer Zeit, als der Bodenbau und die Keramikkunst noch wenig verbreitet waren.

Der Cocastrauch wächst nur in Lagen mit ausreichend Wärme und Feuchtigkeit, ist also in vielen Gebieten der Anden nur durch Tauschhandel zu erwerben. Dies stellte mit einen Grund für den Wert der Blätter in vorkolumbischer Zeit dar. Die größten Anbaugebiete liegen heute im Andenvorland und im westlichen Amazonasgebiet. Eine umfangreiche Literatur orientiert über den Coca-Gebrauch von den Anfängen bis in die heutige Zeit (Rätsch 1998).

Die Beimengung von Kalk erfolgt im Andenraum vorwiegend durch zerriebene Muschel- oder Schneckenschalen, im Amazonasgebiet meist mittels der kalkhaltigen Blätter einer Pflanze. In Alt-Peru besaßen manche Mitglieder der Oberschicht kleine Löffel aus Kupfer, Bronze, Silber oder Gold, um den Cocablättern beim Genuss eine Prise Kalk beizufügen, sowie kunstvoll gearbeitete Büchsen zum Aufbewahren des Kalkes *(Abb. 61; Kat. 60 b)*. Die meisten Personen jener Zeit begnügten sich jedoch weiterhin mit Kürbisgefäßen für den Kalk sowie einem Stab aus Holz oder Knochen zur Entnahme.

Magie

Der Titel der Ausstellung und Publikation spricht von der Magie des Goldes und meint damit die Bezauberung, die der Glanz dieses Metalls über die Jahrtausende hinweg auf Menschen ausgeübt hat. Das Wort Magie hat aber in unserer Sprache noch eine weitere Bedeutung, im Sinne von Aberglaube. Aus diesem Grund wird der Begriff in der modernen Ethnologie kaum mehr eingesetzt, diente er doch allzu häufig dem Zweck, die Religionen fremder Völker mit einer abwertenden Bedeutung zu versehen. Vereinfachend lässt sich sagen, dass das Wort Magie als Bezeichnung für religiöse Phänomene unserer Zeitgenossen rund um die Welt oder auch für die unserer und deren Vorfahren von aufgeklärten Ethnologen heute nicht mehr benützt wird.

Lit.: Albarracin-Jordan 1992. – Albarracin-Jordan 1999 a. – Albarracin-Jordan 1999 b. – Baudouin 2000. – Bauer 1999. – Bonn 2000. – Bray 1991. – Burger/Gordon 1998. – Demortier/Ruvalcaba-Sil 2000. – Donnan/McClelland 1999. – Dürr 1996. – Fecht 2000. – Griffin/Shimada 1997. – Isbell/McEwan 1991. – Grün 1996. – Lavalle 1989. – Lavalle 1991. – Lavalle/Lang 1990. – Lavallée/Lumbreras 1986. – Longhena/ Alva 1999. – Lothrop 1964. – Mayer 1992. – Rätsch 1998. – Rauscher 1996. – Rickenbach 1997. – Schindler 2000. – Wagner 2000.

Antikes Münzgold
Vom frühen Elektron zum merowingischen Triens

Bernward Ziegaus

Die Erfindung der Münze im späten 7. Jahrhundert v. Chr. gehört zweifellos zu den bedeutendsten Errungenschaften der antiken Wirtschaftsgeschichte. Obwohl schon vor ihrer Einführung vorgeldliche Zahlungsmittel in Form von Schmuck, Gerätegeld (Ring- und Spangenbarren, Äxte), Barren aus Gold oder Silber und Gusskuchen unterschiedlicher Form und Größe Verwendung fanden, garantierte bestenfalls der individuelle Tauschpartner, jedoch keine übergeordnete Autorität für den tatsächlichen Wert des vorliegenden Materials. Die Münze leitete das Ende des Zeitalters eines schwerfälligen Tauschhandels und der Naturalwirtschaft ein und erleichterte überregionale Warentransaktionen in entscheidendem Maße, indem eine im Gebrauchswert neutrale Bezugsgröße geschaffen wurde. Aristoteles, der etwa dreihundert Jahre später in seiner *Athenaion Politeia* (I 1257a, 32–41) auf die Einführung dieses neuen Zahlungsmittels zu sprechen kommt, erklärt die Entstehung dieser Neuerung so: »Denn da man zur Abhilfe (des unausgeglichenen Warenangebotes) durch Einfuhr von Waren, die man benötigte, und Ausfuhr derer, woran man überreichlich besaß, in immer weitere Ferne vorstieß, wurde notwendigerweise der Gebrauch des Münzgeldes eingeführt; denn nicht alle von Natur notwendigen Güter waren leicht (über so weite Strecken) zu transportieren. Deswegen trafen sie untereinander die Übereinkunft, zur Erleichterung des Handels einen Gegenstand herauszugeben, und entgegenzunehmen, der selbst zu den für das Leben nützlichen Objekten gehört und eine vielfältig brauchbare Verwendung im täglichen Leben erlaubte, ich meine Eisen, Silber und anderes, sofern es diese Eigen-

schaften besitzt. (Sein Wert) wurde zunächst einfach nach Größe und Gewicht festgelegt, schließlich schlugen sie ein Prägezeichen ein, damit dies das Wiegen überflüssig mache. Denn der Prägestempel wurde als Zeichen der Gewichtsmenge aufgeprägt«.

Welche Person oder Institution hinter der Erfindung der Münze ursprünglich stand, bleibt unklar. Die Annahme antiker Historiker, dass es sich bei der Münze um die Idee einer einzelnen Person handele, klingt einleuchtend, allerdings entsprach deren Meinung, dass hierfür die mythischen Helden und Könige verantwortlich waren, dem antiken Topos für alles Althergebrachte. Der Schritt vom ungeformten Klumpen zum genormten und geprägten Metallstück war die entscheidende Neuerung, die die Grundlage für eine Münzprägung darstellte. Neben gleichbleibender Größe, konstantem Gewicht und charakteristischem Bildmotiv waren es Herrscherpersönlichkeiten oder Stadtstaaten, die nicht nur über die entsprechenden Metalle verfügten, sondern auch mit ihren Namen für dieses Zahlungsmittel bürgten. Materialgrundlage für die ersten Prägungen waren die Metalle Gold und Silber, so dass zum Zeitpunkt ihrer Einführung weniger die Bezahlung alltäglicher Gegenstände als vielmehr die Schaffung eines Ersatzes für wertvolle Produkte im Vordergrund stand. Erst durch die Einführung der Münze bestand die Möglichkeit, genaue Preisangaben zu ganz unterschiedlichen Waren festzulegen, Berechnungen zum Umfang von Ausgaben des Staatshaushaltes, wie auch privater Ersparnisse durchzuführen, finanzielle Forderungen gegenüber Käufern, Verkäufern oder Schuldnern exakt zu benennen, Kosten

eines Kriegszuges zu ermitteln und eventuelle Kriegserlöse oder Verluste zu beziffern. Das Phänomen *Münze* beeinflusste die Geschichte aller Völker. Durch ihre Handlichkeit und Zählbarkeit übernahm sie in der Antike die führende Rolle als Geldform und hat trotz der Entwicklung alternativer Zahlungsverfahren in den letzten zweieinhalbtausend Jahren – vom Münzgeld über das Papiergeld und die Kreditkarte bis zum Homebanking – auch am Beginn des dritten Jahrtausends nichts an ihrer Attraktivität eingebüßt.

Beim Versuch, die Geschichte des Münzgoldes über einen Zeitraum von mehr als 1200 Jahren zu charakterisieren, können bestenfalls grobe Entwicklungslinien aufgezeigt und dementsprechend auch nur einzelne Aspekte angesprochen werden. Die antiken Schriftquellen, aber auch das erhaltene Material, lassen kaum erahnen, wie der Besitz von Goldmünzen das Leben des einzelnen Menschen beeinflusste und bestimmte. Persönliche Empfindungen und Schicksale wie beispielsweise ein Prestigegewinn beim Anhäufen eines Goldschatzes, die vergebliche Suche nach dem verlorenen Goldstück, der Wunsch, einmal in seinem ganzen Leben ein solches zu besitzen oder die Gefahr, der man sich durch den Besitz von Gold aussetzte, sind nur einige Beispiele, die die Bandbreite zwischen Macht und Glücksgefühl, Sehnsucht und Fluch des Münzgoldes andeuten.

Die frühe Goldprägung

Die Heimat der Münze lag im Westen von Kleinasien. Die Edelmetalle Gold und Silber erfreuten sich besonderer Wertschät-

Abb. 62 | Der Tempelbezirk von Sardis in der Westtürkei.

Abb. 63 | Kleinasien und Makedonien vom 7. bis 4. Jh. v. Chr.

zung aufgrund ihres glänzenden Erscheinungsbildes, ihrer Seltenheit, weitgehenden Unzerstörbarkeit und Formbarkeit. Erst später kamen unedle Münzmetalle wie etwa Bronze, Messing oder Blei hinzu. Der im 6. Jahrhundert v. Chr. lebende Schriftsteller Herodot (I 94, 1) berichtet, dass die Lyder die ersten waren, welche aus Gold und Silber Münzen herstellten. Noch in der römischen Kaiserzeit berichten Plinius d. Ältere (Nat. hist. XXXIII 66, 126) oder Strabo (XIII 1, 23 u. XIV 5, 28), dass im Westen von Kleinasien Gold gewonnen wurde. Namentlich genannt werden von ihnen die Bergwerke des Tmolos-Gebirges (heute Boz Dağlari in der Westtürkei, ca. 90 km östlich von Izmir) und Sipylos (südlich von Magnesia ad Sipylum, dem heutigen Manisa), aber auch die Goldgewinnung an den antiken Flüssen Hermos (Gediz) und Paktolos (Sart Cay).

Spätestens seit der Mitte des 7. Jahrhunderts v. Chr. wurde in der lydischen Stadt Sardis (Sart), durch die der Paktolos fließt, Gold gewonnen. Auch bei Ausgrabungen in Sardis (Ramage/Craddock 2000) entdeckte man im Bereich der Tempelanlagen Zeugnisse der Goldverarbeitung *(Abb. 62)*. Bei dem gewonnenen Paktolos-Waschgold handelt es sich allerdings um ein Metall mit einem natürlichen Silberanteil von 17–24 %. Eine metallurgische Untersuchung an frühen Münzen aus Sardis zeigte, dass eine hohe Reinheit der Goldmünzen, wie man dies zunächst vielleicht vermuten würde, gar nicht angestrebt wurde; vielmehr setzte man dem vorliegenden Metall noch weiteres Silber zu, bis die im natürlichen Paktolos-Gold vorhandenen Schwankungen ausgeglichen waren und eine gleichförmige Legie-

rung vorlag (Cowell et al. 1998). Die Münzen besaßen schließlich im Durchschnitt etwa 50 % Gold, 45 % Silber und geringe Anteile Kupfer, Eisen und Blei. Der Vorgang des Legierens von Gold, wie ihn später Plinius (Nat. hist. XXXIII 80) beschrieb, war also schon bei den Lydern bekannt und wurde bereits bald nach Einführung der Münze praktiziert. Die systematische Ausbeutung der primären und sekundären Lagerstätten in und um Sardis führte übrigens dazu, dass schon an der Wende vom 6. zum 5. Jahrhundert v. Chr. kaum noch größere Mengen Gold gewonnen wurden (Strabo XIII 4, 5).

Silberhaltige Goldmünzen, die in der Antike den Namen *élektron* trugen, besa-

ßen Gewichte zwischen 14 und 16,5 g und wurden als Statere bezeichnet. Zu den herausragendsten Zeugnissen der frühen Münzprägung gehört der sog. »Phanes-Stater« mit einem Gewicht von 14,2 g *(Abb. 64 a–b; Kat. 151)*. Er zeigt auf der einen Seite einen äsenden Hirsch mit der griechischen Legende »ΦΑΝΟΣ ΕΜΙ ΣΗΜΑ – Ich bin das Zeichen (Wappen) des Phanes« und auf der anderen Seite drei eingetiefte Quadrate *(quadrata incusa)*. Diese Münze ist bisher nur durch wenige Exemplare bezeugt und datiert in die letzten Jahrzehnte des 7. Jahrhunderts v. Chr. Das Motiv mit dem Hirsch verweist aller Wahrscheinlichkeit nach auf das Artemision in Ephesos, weshalb dort auch die

Abb. 64 | Frühe Goldprägungen:
  a–b Elektronstater des Phanes *(Kat. 151)*.
  c–d Dareike Dareios I.
  e–f Goldstater Philipps II. *(Kat. 155)*.
  g–h Goldstater Alexander des Großen *(Kat. 157)*.

Prägung dieses Stückes vermutet wird. Verantwortlich dafür zeichnete eine Person namens Phanes, bei der es sich um den Münzherrn oder Beauftragten der Emission handelte. Eine Metallanalyse des Phanes-Staters ergab, dass ein »natürliches« und kein künstlich hergestelltes Elektron Verwendung fand, welches möglicherweise aus den Lagerstätten des Tmolos- oder Sipylosgebirges stammte.

Zeugnisse einer Verwendung von Münzgold im frühen 6. Jahrhundert fanden sich auch von archäologischer Seite durch Funde in den ältesten Bauschichten des Artemistempels von Ephesos. Von großer Bedeutung für die frühe Münzprägung war ein vorwiegend aus Schmuckstücken bestehender Schatz, der neben Silberklumpen auch mit Bildmotiven versehene, beprägte Rohlinge enthielt, die als Vor-

läufer der ersten Münzen angesehen wurden. Die Verbergung dieses Schatzes datierte Karwiese (1995, 118 ff.) in die Zeit um 575 v. Chr., wobei die ältesten Prägungen wohl noch den letzten Jahrzehnten des 7. Jahrhunderts v. Chr. angehören sollen.

Eine bedeutende und weitreichende Veränderung erfolgte unter dem letzten lydischen König Kroisos (561–546 v. Chr.), der bereits kurz nach seinem Regierungsantritt ein bimetallisches System einführte. Die Elektronprägungen seiner Vorgänger wurden zugunsten reiner Gold- und Silbermünzen aufgegeben. Die Goldmünze wurde nach seinem Namen als *kroíseios statèr* bezeichnet, besaß ein Gewicht von etwa 8,1 g und entsprach 20 silbernen *sígloi* zu je 5,1 g. Die Münzen dieser Zeit zeigen als Motive eine Löwen- und Stier-

protome auf der einen und zwei unterschiedlich große, eingetiefte Quadrate *(quadrata incusa)* auf der anderen Seite *(Kat. 153)*. Das lydische Währungssystem wurde auch nach dem Sieg des persischen Königs Kyros II. (559/558–529 v. Chr.) im Jahre 547/6 v. Chr. über Kroisos in der Schlacht am Halys noch längere Zeit beibehalten, so dass bis um 515 v. Chr. goldene *kroíseioi* geprägt wurden.

Neben den hochwertigen Goldmünzen des Königs Kroisos prägten zu dieser Zeit die ionischen Städte Milet, Phokaia, Smyrna und Mytilene auf Lesbos weiterhin Elektronmünzen. Im Laufe des 6. Jahrhunderts folgten die am Hellespont und der Schwarzmeerküste gelegenen Städte Lampsakos, Parion und Kyzikos mit einer Goldprägung *(Abb. 63)*. Neben Stateren gab es auch Sechstelstücke mit etwa 2,7 g Gewicht (Hekten) und weitere Teilstücke. Sie stellten eine Ergänzung zu den silbernen Drachmen und Stateren dar.

Unter Dareios I. wurde eine neue Goldmünze, der *dareikós*, mit einem Gewicht von 8,4 g eingeführt *(Abb. 64 c–d)*. Er zeigt auf der einen Seite den bekrönten persischen Großkönig mit Bogen, Lanze und einem Köcher, die andere Seite blieb bildlos und trägt nur die unregelmäßigen Vertiefungen einer Punze. Sowohl der Name des neuen Münzmetalls als auch das Bild des Königs wurden unter den nachfolgenden persischen Herrschern Xerxes, Artaxerxes und Dareios III. (bis 330 v. Chr.) beibehalten.

Erst um 325 v. Chr. lösten die Goldstatere Alexanders des Großen die Dareiken ab. Neben den geprägten Münzen hortete man die Edelmetalle Gold und Silber wie auch schon früher in Barrenform.

Das Gold Philipps II. und Alexanders des Großen

Mit dem Regierungsantritt Philipps II. (359–336 v. Chr.) in Makedonien kam es zu entscheidenden machtpolitischen Veränderungen in der griechischen Welt. Philipp baute die Vorrangstellung Makedoniens durch Eroberungsfeldzüge systematisch aus und erhielt dadurch Zugang zu Regionen, die reich an Edelmetallen waren (Strabo VII 331 frg. 34). Dazu zählten einerseits die Insel Thasos, insbesondere aber die reichen Gold- und Silberreviere des Pangeion, die seit der Eroberung der Stadt Krenides (später *Philíppoi*) im Jahr 357 v. Chr. systematisch ausgebeutet wurden. Das Gold wurde jedoch nicht nur in den Bergwerken, sondern auch durch Waschen am durch Makedonien fließenden Strymon *(Strimón)* gewonnen. Es bildete die Grundlage für Philipps umfangreiche Münzprägung in Pella, dem makedonischen Verwaltungszentrum und Amphipolis, als größerem Ort bei den Lagerstätten des Pangeion. In jüngster Zeit hat man Amphipolis als Münzstätte in Frage gestellt (Le Rider 1996, 49ff.), jedoch dürfte Philipp wahrscheinlich mehr als eine Münzstätte unterhalten haben.

Die Goldmünzen Philipps II. *(Abb. 64 e–f; Kat. 155)*, die *Philíppeioi*, zeigen auf der Vorderseite den Kopf des Gottes Apollo bekränzt mit einem Lorbeer und auf der Rückseite ein Zweigespann mit Wagenlenker in Erinnerung an den ersten Sieg Philipps beim Wagenrennen in Olympia im Jahr 352 v. Chr. *(Kat. 155)*. Unterhalb des Pferdemotives befindet sich die Legende »ΦΙΛΙΠΠΟΥ – Münze des Philipp«, die ihn als Münzherrn ausweist. Die *Philíppeioi* waren sehr beliebt und wurden auch noch nach seinem Tod unter Alexander dem Großen (336–323 v. Chr.) geprägt und benutzt, so dass eine Differenzierung zwischen Prägungen, die zu Lebzeiten oder posthum erfolgten, nur schwer möglich ist.

Von besonderem Interesse sind Erkenntnisse zur Ergiebigkeit und Fördermengen der antiken Gold- und Silberlagerstätten Makedoniens. Alle Gewichtsangaben der antiken Autoren zu den jährlichen Erträgen wurden, wenn nicht ausdrücklich anders vermerkt, in Silbertalenten angegeben. Herodot (V 17; VI 46; VII 112) berichtet von einer jährlichen Fördermenge in den Bergwerken des Pangeion von etwa 200–300 Talenten Silber, welche unter makedonischer Herrschaft auf bis zu 1000 Talente anwuchs. Bei einem Gold-Silber-Wertverhältnis von $1:13\frac{1}{2}$ entsprach dies im ersten Fall einem Gewicht von etwa 400–600 kg Gold pro Jahr bei einer zeitweiligen Steigerung auf bis zu 2000 kg. Ausgehend vom Gewicht eines Goldstaters mit 8,6 g konnten theoretisch demnach mindestens 45000, jedoch höchstens 225000 Philipperstatere pro Jahr geprägt werden. Trotz der ergiebigen Lagerstätten im Pangeion und der Steigerung der Erträge hinterließ Philipp II. nach seinem Tod 336 v. Chr. seinem Sohn Alexander erhebliche Schulden, die der spätantike Schriftsteller Arrian (VII 9, 6) auf 500 Talente bezifferte. Um diese Schulden zu tilgen, entschloss sich Alexander bereits kurz nach seinem Regierungsantritt im Jahr 335 v. Chr. zu militärischen Expeditionen nach Thrakien, Illyrien und Theben. Diese Feldzüge verliefen so erfolgreich, dass abzüglich der Ausgaben für das Militär die Schuldenlast im Jahre 334 v. Chr. auf etwa 200 Talente gesunken war,

was umgerechnet immer noch mehr als 50000 Goldstateren entsprach. Der Entschluss, im Jahr 334 v. Chr. einen Feldzug nach Kleinasien anzutreten, mag wohl nicht ausschließlich das Ziel verfolgt haben, die an der kleinasiatischen Küste siedelnden Griechen von der permanenten Bedrohung durch die Perser zu befreien, sondern stand sicherlich auch unter dem Gesichtspunkt eines Beutefeldzuges und der Festigung seiner militärischen Position im griechisch-kleinasiatischen Raum. Der Zug Alexanders durch Kleinasien nach Ägypten und Persien bis nach Indien in den Jahren 333–324 v. Chr. erweckte schon bei den Schriftstellern des Altertums große Bewunderung. Der Sieg über das persische Königreich bescherte ihm reiche Beute und die überlieferten Summen könnten zunächst Zweifel aufkommen lassen, ob diese tatsächlich korrekt sind. Andererseits werden von verschiedenen antiken Autoren, deren Informationen auf unterschiedlichen Quellen basierten, stets immense Summen genannt. In den persischen Schatzhäusern hatte man Gold und Silber seit Jahrhunderten eingelagert und dem Wirtschaftskreislauf entzogen – dies fiel nun Alexander in die Hände.

Diodor (XVII 64, 3) berichtet, dass Alexander nach der Schlacht von Gaugamela im Jahr 331 v. Chr. im medischen Arbela mindestens 3000 Talente Silber und eine weitere, nicht näher bezifferte große Summe nach dem Fall von Babylon erbeutete. Selbst heute schwer vorstellbar ist hingegen die Summe des erbeuteten persischen Staatsschatzes von Susa in Höhe von 50000 Talenten, die sich aus etwa 40000 Talenten ungemünztem Gold und Silber in Barrenform sowie aus 9000

Talenten, ausgemünzt in Dareiken (ca. 26,3 Mio. Stück) zusammensetzte (Diodor XVII 66, 1). Diese Goldmünzen und anderes Beutegut bildeten für Alexander die Basis zur Prägung seiner *Alexándreioi*. In Persepolis wurden nach Diodor (XVII 71, 1) weitere 120 000 Talente (Silber) erbeutet. Allein aus 1000 persischen Talenten Gold zu jeweils 26,2 kg ließen sich somit bei einem Durchschnittsgewicht von 8,6 g pro Stater über drei Millionen Goldmünzen prägen. Aber selbst von diesen ungeheuren Summen verblieben anscheinend immer noch so große Überschüsse, dass anlässlich der sog. Massenhochzeit von Susa im Jahr 324 v. Chr. 9000 Goldbecher hergestellt werden konnten (Plutarch, Alexander LXX 2). Die Besetzung der alten persischen Satrapien mit Gefolgsleuten Alexanders, die jährlich Abgaben zu entrichten hatten, garantierte auch weiterhin einen dauerhaften Goldzustrom aus den eroberten Gebieten nach Makedonien.

Etwa 180 000 Talente (Gold und Silber) aus dem Feldzug wurden im medischen Ecbatana deponiert, eine weitere größere Summe nach Makedonien transportiert. Ein nicht unbeträchtlicher Teil der Beute musste allerdings schon für den Feldzug aufgewendet werden, da sowohl eine Bezahlung als auch Verproviantierung der Soldaten notwendig war. Nach modernen Berechnungen beliefen sich die Kosten des Feldzuges auf nicht weniger als 20 Talente pro Tag (Price 1991, 25 f.). Zum regulären Truppensold kamen ferner Sonderzahlungen an die Soldaten in Gold und Silber. In den Jahren des Feldzuges wurden zahlreiche Münzstätten im vorderasiatischen Raum eingerichtet, die im Auftrag von Alexander Münzen prägten. Der

bei weitem häufigste Münztyp in Gold war derjenige mit einer Athene-Nike-Darstellung *(Abb. 64 g–h)*. Auf der Vorderseite befindet sich der Kopf der Göttin Athene mit korinthischem Helm, die Rückseite zeigt die Siegesgöttin Nike mit Lorbeerkranz und der Münzlegende »ΑΛΕΧΑΝΔΡΟΥ – Münze des Alexander« sowie verschiedene Beizeichen (z. B. Kantharos, Dreizack, Blitzbündel, Capricorn, Biene, Adler), Symbole die wahrscheinlich für die verschiedenen Emissionen in den Münzstätten standen. Auch nach dem Tod Alexanders wurden diese Goldmünzen, ähnlich wie schon nach dem Tod Philipps, noch längere Zeit geprägt.

Frühe Goldmünzen der Kelten

Das Heer Alexanders des Großen rekrutierte sich nicht nur aus makedonischen Soldaten, sondern auch aus zahlreichen Söldnern, die teilweise unter eigenen Heerführern dienten und sich in der Regel ihre Dienste mit Gold- und Silbermünzen bezahlen ließen. Darunter befanden sich auch Kelten, die besonders für ihren Wagemut, ihre Ausdauer und Tapferkeit bekannt waren. Für die Anwesenheit von Kelten im Donau- und Balkanraum sowie in Galatien (Livius XXXIII 18, 3; 21, 3) sprechen auch archäologische Funde. Nach Abschluss des Alexander-Feldzuges am Ende des 4. Jahrhunderts bis in die Mitte des 2. Jahrhunderts v. Chr. hören wir immer wieder davon, dass sich keltische Söldner in den Dienst makedonischer, ptolemäischer und seleukidischer Herrscher begaben. Bedeutende Städte wie beispielsweise Massalia oder Kartha-

go warben von Fall zu Fall Söldner an (Polybios I 67, 7; III 41, 9), da die eigenen Streitkräfte und die militärischen Fähigkeiten im Kampf gegen ihre Feinde oftmals nicht ausreichten. Schlaglichthaft verdeutlicht dies möglicherweise auch der Fund eines aus Süddeutschland stammenden keltischen $^1/_{24}$-Staters aus dem Gräberfeld von Butera (Sizilien), der wohl von einem keltischen Söldner an der Wende vom 3. zum 2. Jahrhundert v. Chr. verloren wurde (Boehringer 1991).

Die Nachrichten über die Höhe und Art der Bezahlung der Söldner sind leider ungenau. Der Historiker Polyaen (IV 6,17) berichtet, dass keltische Söldner im Dienst des makedonischen Königs Antigonos Gonatas (283/277– 239 v. Chr.) gegen Antipater mit einem Stater entlohnt wurden, eine auch nach anderen Quellen zu dieser Zeit übliche Summe. Nach Abschluss der Kampfhandlungen erhielten die Gallier 30 Talente Gold (ca. 90 000 Statere). Nachdem es sich in der Regel um qualifizierte und gut gerüstete Krieger handelte, die Leib und Leben einsetzten, scheint ein Stater als Tagessold und nicht als Monatssold, wie dies auch schon angenommen wurde, wahrscheinlich.

Aufgrund der bisher nur unzureichend untersuchten Schriftquellen zum Beginn der keltischen Goldprägung glaubte man an einen direkten Zusammenhang zum keltischen Söldnerwesen des späten 4. und frühen 3. Jahrhunderts v. Chr. Keltische Söldner sollen mit griechischen Goldmünzen entlohnt worden sein, die sie nach Ende eines Feldzuges als Sold mit in die Heimat nahmen und dadurch keltische Fürsten und Adelige erstmals mit griechischen Münzen in Berührung brachten. Durch Soldzahlungen dürften demnach größere Mengen von griechischen Goldmünzen nach Mitteleuropa gelangt sein. Gleichwohl sind sie als Fundstücke sowohl im heutigen Frankreich, der Schweiz als auch in Süddeutschland selten, denn ihre hochwertige Ausführung führte sicherlich früher oder später dazu, dass man sie einschmolz und als keltische Prägung mit niedrigerem Gewicht und in schlechterer Legierung neu ausgab. So zählt der makedonische Philipper-Stater von Stollhofen-Lichtenau aus dem Badischen *(Kat. 155)* zweifellos zu den großen Raritäten und ist wahrscheinlich in Zusammenhang mit einem Verlust noch vor oder kurz nach dem Beginn der keltischen Goldmünzenherstellung zu sehen. Die bisweilen vorgenommene Qualitätsprüfung, wie man sie beispielsweise am Stück von Stollhofen-Lichtenau findet, zeigt, dass sie bei den Kelten im Zweifelsfall mehr wog, als das Vertrauen in die Autorität eines nur dem Namen nach bekannten oder bereits verstorbenen Münzherrn. Zugleich sind diese Prüfhiebe auch ein indirekter Beleg für gefütterte Goldstatere mit Bronzekernen. In jedem Fall war durch die Kenntnis des griechischen Münzgoldes für die Kelten der Anreiz geschaffen, selbst Münzen herzustellen und, da sie durch die Söldner hinreichend bekannt und aufgrund des hohen Qualitätsstandards geschätzt waren, versah man die eigenen Prägungen mit den gleichen Bildmotiven. Eine kleine Gruppe von Philipper-Imitationen entspricht in Gewicht und Feingehalt den griechischen Vorbildern so sehr, dass in ihnen die frühesten keltischen Goldprägungen zu sehen sind *(Kat. 156 a–b, f)*. Der hohe Goldgehalt der frühen Imitationen und der sich stetig verringernde von keltischen Nachahmungen im 2. und 1.

Jahrhundert v. Chr. deutet jedoch darauf hin, dass höherwertiges Gold eingeschmolzen und durch Zugabe von Silber und Kupfer in niedrigerem Gehalt ausgegeben wurde. Als Zahlungsmittel spielten die makedonischen Statere in der Zeit der wirtschaftlichen Blüte der Oppida im 2. und 1. Jahrhundert v. Chr. sicherlich keine Rolle mehr.

Vor allem in der Frühzeit der keltischen Goldprägung erfolgte eine enge Anlehnung an das Vorbild, indem man viele Details fast sklavisch nachahmte. Dazu gehört die Imitation der Philippou-Legende, welche in Form von Punkten und Strichen oder durch falsch gedeutete Beizeichen wiedergegeben wurde. Bemerkenswert ist die Tatsache, dass man in der Gallischen Münzprägung makedonische Vorbilder mit nur ganz bestimmten Beizeichen imitierte, z. B. den Kantharos, den Dreizack, den Kopf des Helios oder das Kornährenmotiv *(Kat. 156 f)*, so dass man davon ausgehen muss, dass hauptsächlich sie als Kopiervorlagen den keltischen Münzmeistern vorgelegen hatten. Im Laufe der Zeit entfernte man sich immer weiter von den Vorlagen, und die Münzen erhielten ein zunehmend keltisches Erscheinungsbild. Der Apollokopf wurde stärker stilisiert, mitunter zusätzlich verziert, bestimmte Bildelemente betont und andere vernachlässigt. Ähnlich verhielt es sich auch mit dem Zweigespann *(biga)*, das auf ein – mitunter menschenköpfiges – Pferd reduziert und mit keltischen Symbolen durch Kreise, Rosetten, Dreiwirbel *(triskeles)*, Blumen- oder Lyramotive ausgeschmückt wurde *(Kat. 156 c–e)*. Die metallurgische Zusammensetzung und das Gewicht verschlechterten sich zunehmend, so dass die Goldgehalte von 90

auf 40 Prozent und die Gewichte von 8,3 auf rund 6 g absanken.

Historische Schriftquellen zur keltischen Goldprägung sind kaum bekannt. So berichten Diodor (V 27, 1) und Plinius (Nat. hist. XXXIII 14) zwar vom Goldreichtum der Gallier, sprechen aber in erster Linie vom Goldschmuck, der in den Tempeln deponiert lag. Als römische Truppen im Jahre 106 v. Chr. den Staatsschatz der *Volcae Tectosages* in Südgallien aus mehreren Tempeln raubten, soll es sich nach Strabo (IV 1, 13) um 15000 Talente in Gold und Silber gehandelt haben. Obwohl archäologische Hinweise auf keltische Goldlagerstätten in Gallien bis heute eher selten sind, wird man aufgrund der umfangreichen gallischen Goldprägung nicht nur mit dem Einschmelzen von griechischen Stateren, sondern auch mit einer erfolgreichen Ausbeutung der Flüsse rechnen dürfen.

Keltische Goldschätze in Bayern und Böhmen

Eine besondere Entwicklung in der keltischen Münzprägung ist im süddeutschen Raum zu beobachten. Neben einigen auf römischen Vorbildern beruhenden Kleingoldmünzen gab es eine ungewöhnlich reiche und eigenständige Goldprägung, die ohne Vorbilder auskam. Gemeint sind die Regenbogenschüsselchen, die durch ihr konvex-konkaves Erscheinungsbild und ihre schwer deutbaren Bildmotive wie beispielsweise Sterne, Blattkränze oder Vogelköpfe auffallen und als Statere mit Gewichten von 7,5 bis 8 g und Viertelstatere mit 1,5 bis 2 g ausgegeben wurden.

Abb. 65 | Geldbörse mit keltischen Kleingoldmünzen aus dem Oppidum von Manching *(Kat. 170 a)*.

Als Schlüsselfund für die Zeit der frühen Goldprägung darf man eine Börse aus Manching ansehen, die fünf Kleinmünzen und ein Regenbogenschüsselchen enthielt *(Abb. 65)*. Eine Untersuchung dieser, sowie aller anderen bisher bekannten Kleingoldmünzen ergab, dass erstere in den letzten Jahrzehnten des 3. Jahrhunderts v. Chr. entstanden waren. Die Stücke aus dem Fund mit nur wenig mehr als 0,3 g zeigen auf der Vorderseite einen Lockenkopf und auf der Rückseite ein menschenköpfiges Pferd *(Kat. 168)*. Etwa zur gleichen Zeit, oder sogar noch etwas früher, liefen auch Münzen mit einem Januskopf-/Pferdemotiv um *(Kat. 169)*. Die Fundverbreitung dieser Kleingoldmünzen im südbayerisch-schwäbischen Raum weist darauf hin, dass sie hier beheimatet waren, wenngleich wir bis heute die Prägeorte nicht benennen können. Sie scheinen wohl nur am Beginn der Münzprägung in Bayern bedeutend gewesen zu sein und wurden sehr bald von einer außerordentlich reichen Regenbogenschüsselchen- und Quinarprägung verdrängt. Die Fundvergesellschaftung der Kleingoldmünzen mit einem Regenbogenschüsselchen-Viertelstater in der Geldbörse unterrichtet uns darüber, dass letztere bereits an der Wende vom 3. zum 2. Jahrhundert v. Chr. existierten. Dementsprechend wurden wohl auch schon Regenbogenschüsselchen-Ganzstücke mit Gewichten von etwa 8 g zu dieser Zeit hergestellt, wenngleich sie über einen archäologisch gesicherten Grabungsbefund bisher nicht datiert sind.

Etwas anders verhält es sich mit der über die Maßen reichen Goldprägung der Kelten in Böhmen. Hier finden als Bildvorlagen zunächst Goldmünzen Alexan-

ders des Großen und Philipps V. (221–179 v. Chr.) Verwendung. Die frühe boische Münzprägung der Zeit des 3. Jahrhunderts v. Chr. erlaubt aufgrund der Bildvorlagen die Annahme, dass den Münzmeistern die makedonischen Statere gut vertraut waren. Viele von ihnen zeigen jedoch nur noch in rudimentärer Form auf den Vorderseiten die Athene mit korinthischem Helm und auf der Rückseite die Nike mit Siegeskranz und Beizeichen. Reste der ΑΛΕΧΑΝΔΡΟΥ-Legende sind bisweilen auch noch erkennbar *(Kat. 159 a–b)*. Die Vorbilder mit diesen beiden Beizeichen wurden allerdings auch noch geraume Zeit nach dem Tod Alexanders in den makedonischen Münzstätten Aegeae, Pella, Amphipolis und der Münzstätte Tarsus (Kilikien) geprägt (Price 1991 Pl. I f., X). Auffälligerweise findet man bei den frühen Imitationen, ähnlich wie bei den gallischen Imitationen, nur ganz bestimmte Beizeichen, z. B. das Blitzbündel und den Dreizack. Abgesehen davon, dass die frühen boischen Imitationen vom Athene/ Nike-Typus bisher eher selten und hauptsächlich von mährischen Fundorten nachgewiesen sind, zeigt sich, dass man sich im sog. Prägeabschnitt A der Älteren Goldprägung in der Folgezeit bemühte, sowohl das Gewicht als auch den Feingehalt der boischen Statere auf dem Niveau der makedonischen Statere zu halten, ob-

wohl die Bildmotive oftmals nur noch einen entfernten Bezug zu den Vorbildern erkennen lassen *(Kat. 160)*. Ein zweites, gern verwendetes Rückseitenmotiv zeigt Athene-Alkidamos mit Speer und Schild. In großer Zahl wurden auch die sog. Muschelstatere gefertigt, die auf der einen Seite meist einen unförmigen Buckel und auf der anderen eine Vertiefung aufweisen und die mit einem Strahlenmuster verziert wurden, das im Motiv einer Muschel ähnelt. Obwohl die Stücke ihrem Aussehen nach eher an einen unförmigen, geprägelosen Goldklumpen erinnern, hat man beide Seiten gestempelt und sie nach einem festgelegten Gewichtsstandard in höchster Goldqualität gefertigt, so dass man ohne Zweifel von Münzgeld sprechen kann *(Kat. 161)*. Im Gegensatz zu den nur in zwei Größen vorliegenden Regenbogenschüsselchen-Prägungen in Südbayern (Statere, Viertelstatere) befanden sich in Böhmen vier unterschiedliche Nominale im Gebrauch (Statere, Drittel-, Achtel- und Vierundzwanzigstelstatere). Die sehr hochwertigen boischen Münzen mit über 95 % Anteilen Gold unterscheiden sich von den Regenbogenschüsselchen deutlich, deren Zusammensetzung üblicherweise bei 70 % Gold, 25 % Silber und 5 % Kupfer liegt.

Für die Zeit des 2. bis Mitte des 1. Jahrhunderts v. Chr. sind aus dem bayerischen und böhmischen Raum umfangreiche Goldschätze bezeugt. Hierzu zählen die bereits im 18. und 19. Jahrhundert in Oberbayern entdeckten Münzfunde von Gaggers, Irsching und Saulgrub sowie Podmokly in Böhmen. Weitere, in den letzten beiden Jahrzehnten teils durch Zufall, teils aber auch durch den unerlaubten Einsatz von Metallsonden entdeckte Goldschätze haben das Fundbild der keltischen Goldprägung in Süddeutschland in erheblichem Maß verändert (Kellner 1990). Schatzfunde mit jeweils mehr als 300 Goldmünzen, wie etwa Großbissendorf *(Kat. 172)*, Wallersdorf *(Kat. 173)* oder Sontheim *(Kat. 174)*, verdeutlichen den Reichtum und die Wirtschaftskraft der keltischen Oberschicht in der Spätlatènezeit. Auch der 1999 in Manching bei Ausgrabungen entdeckte Goldschatz *(Abb. 66)* gehört vermutlich in diese Kategorie. Bemerkenswerterweise stammt er als erster aus einer befestigten Siedlung, während das archäologische Umfeld der anderen bisher kaum Aufschlüsse über die Bedeutung der Siedlung oder ihres Umfeldes erlaubte. Obwohl bei den Schatzfunden aus neuerer Zeit archäologische Nachuntersuchungen durchgeführt wurden, blieben die Ursachen, die zur Verbergung dieser Schätze führten, vorläufig unklar.

Alle diese Münzfunde sind nicht nur Zeugnis einer reichen Goldprägung, sondern zugleich auch ein Spiegelbild überregionaler Kontakte. Mischfunde wie jene von Gaggers, Großbissendorf oder Wallersdorf enthielten nicht nur südbayerische Regenbogenschüsselchen, sondern auch Prägungen aus dem böhmischen Raum. Von besonderem Interesse ist der neue Schatzfund von Manching, der aus

Abb. 66 | Keltischer Schatzfund aus dem Oppidum von Manching *(Kat. 170 b)*.

boischen Goldstateren besteht und weder Teilstücke noch Regenbogenschüsselchen enthielt, die man in einer Region, in denen sie bevorzugt umliefen, eigentlich erwarten würde.

Ungewöhnlich und für die Datierung von Regenbogenschüsselchen zugleich aufschlussreich ist auch die Deponierung von Goldstateren in einer römischen Bronzekanne (Typ Kelheim), welche 1998 im Raitenbucher Forst (Mittelfranken) gefunden wurde. Die Weinkanne stammt aus einer Werkstatt in Mittelitalien und kam als Importstück über die Alpen. Belege aus Manching, aber auch von anderen Orten in Süddeutschland und Böhmen zeigen, dass diese Gefäße sehr beliebt waren. In zweiter Verwendung wurde sie mit Regenbogenschüsselchen gefüllt und

anschließend aus derzeit noch unbekanntem Grund verborgen. Der Kannenhenkel ist in zwei Teile zerbrochen, die Standfüße abgefallen und der Kannenkörper so stark deformiert, dass das Gefäß nicht mehr verwendet werden konnte.

Angaben zum Wert oder zur Kaufkraft von keltischen Goldmünzen sind schwierig und nur insofern möglich, als man die Variationsbreite der in den Oppida und Siedlungen gefundenen Gold-, Silber- und Bronzenominale betrachtet. Neben den verschiedenen Goldstückelungen gab es silberne Quinare mit dazugehörigen Viertelstücken sowie gegossenes Bronzegeld. Das Fundverhältnis von Gold zu Silber und Bronze liegt bei etwa 1:10 und deutet aufgrund der Seltenheit des Goldes seinen ungefähren Wert an. Könige, Adelige, Fürsten oder reiche Händler verfügten sicherlich über größere Mengen von Goldmünzen. Vor allem Stammesfürsten setzten sie wahrscheinlich im Rahmen von Soldzahlungen, als Bestechungsgeld oder Mitgift ein und versicherten sich hierdurch der Gefolgschaft ihrer Klienten. Letzteres findet seine Bestätigung durch eine Notiz bei Strabo (IV 2, 3), der vom Arvernerfürst Luernios berichtet, dass er unter seiner Gefolgschaft Gold- und Silbermünzen ausstreuen ließ, wodurch er einerseits seine Großzügigkeit und seinen Reichtum unter Beweis stellen wollte und andererseits die Beschenkten an sich band. Auch der Haeduer Dumnorix, der sich durch sein Vermögen Freunde zu schaffen wusste, verfügte über reiche Mittel für Schenkungen (Caesar, bell. Gall. I 18, 3 f.).

Werkzeuge und Geräte zur keltischen Goldprägung

Die zahlreichen Formen von Tüpfelplatten aus dem Oppidum von Manching belegen, dass zur Herstellung von Goldmünzen die muldenförmigen Vertiefungen mit Gold, Silber und Kupfer befüllt und in Öfen erschmolzen wurden. Kleine Goldtröpfchen *(reguli)*, die als Reste in den Vertiefungen oder am Rand beim Schmelzen hängenblieben, sind gelegentlich schon mit bloßem Auge erkennbar und liefern den Nachweis, dass mit einer solchen Platte Gold erschmolzen wurde *(Abb. 67)*. Die entstandenen Goldklümpchen wurden durch Plätten und mehrfaches Glühen in die gewünschte Form gebracht. Für den eigentlichen Prägevorgang benötigte man neben den Münzstempeln weitere Werkzeuge wie beispielsweise Punzen, Feilen,

einen Meißel, Zangen und einen Hammer. Zur Herstellung der Goldmünzen kamen Bronzestempel (teilweise in Eisen gefasst) und Eisenstempel zum Einsatz. Sie konnten sehr unterschiedliche Formen (konisch, quader- oder plattenförmig, zylindrisch) aufweisen und sind heute nicht immer auf Anhieb als Stempel erkennbar, insbesondere dann, wenn nur noch Reste des Bildmotives vorhanden sind. Die Zahl der heute bekannten Stempel zur Herstellung von Goldmünzen ist klein. Neben den bekannten Stempeln aus Avenches in der Schweiz, dem Oberelsass, Staré Hradisko in Mähren und dem Staffelberg in Oberfranken, liegt seit 1998 auch ein Stempel für Regenbogenschüsselchen aus Karlstein (Lkr. Berchtesgadener Land) vor. Alle Erwartungen übertraf jedoch ein Münzstempeldepot zur Herstellung von Regenbogenschüsselchen, das im Jahr 2000 im Nördlinger Ries nahe Harburg in Schwaben entdeckt wurde *(Abb. 68)*. Er besteht aus zylindrischen und quaderför-

migen Stempeln, mit denen mehrere Metalle, Nominale und Typen gleichzeitig gefertigt werden konnten. Sicher identifizierbar sind Vorder- und Rückseitenstempel für die sog. Rolltier- und Vogelkopfstatere und je ein Stempel für einen Vogelkopf- und einen Blattkranz-Viertelstater. Fast alle Stempel hatten sich teilweise länger im Einsatz befunden und wiesen deutliche Abnutzungsspuren auf.

Zur Herkunft des keltischen Münzgoldes

Die hohe Zahl an Goldmünzen – allein beim 1771 entdeckten Fund von Podmokly (südwestl. von Prag) soll es sich um mindestens 30 kg gemünztes Gold gehandelt haben – führt zwangsläufig zu der Frage, woher das keltische Gold stammte und wie es gewonnen wurde. Schon früher vertrat man die Meinung, dass als Materialbasis für die keltischen Prägungen

Abb. 67 | Schrötlingsplatte mit Goldtröpfchen aus Manching *(Kat. 139)*.

Abb. 68 | Keltische Münzstempel für Regenbogenschüsselchen aus Bayerisch-Schwaben *(Kat. 190).*

Alexander-Statere verwandt wurden, und zwar nicht nur wegen der deutlichen Übereinstimmungen in den Bildmotiven, sondern auch aufgrund der gleichartigen metallurgischen Zusammensetzungen zwischen den Goldmünzen Philipps II. und Alexanders des Großen und den frühen west- und mittelkeltischen Nachprägungen. Zur Lösung dieser Frage konnten inzwischen auflicht- und rasterelektronenmikroskopische Untersuchungen an keltischen Goldmünzen beitragen. Eine Analyse der Münzoberflächen zeigt bisweilen sehr kleine, glänzende Metalleinschlüsse, bei denen es sich um Platinoide (Osmium, Iridium, Ruthenium) handelt. Dies sind Metalle, die eine höhere Dichte und einen deutlich höheren Schmelzpunkt als Gold aufweisen und die sich beim Schmelzvorgang an einer Seite des

Münzrohlings sammeln. Solche Platinoide wurden auch schon an kleinasiatischen, makedonischen und römischen Münzen beobachtet.

Da in ganz Mitteleuropa nur vereinzelt natürliche Vorkommen von Platingruppenelementen (PGE) bekannt sind, muss das Gold mit solchen Einschlüssen, wie es vor allem auf antiken Objekten der hellenistischen Zeit nachweisbar ist, von weit entfernten Lagerstätten stammen. Durch eine Untersuchung platinhaltiger Goldobjekte und goldführender Flüsse aus dem vorderasiatischen Raum ließ sich zeigen – wenn auch noch nicht durch Reihenuntersuchungen bestätigt – dass dort platinoidhaltiges Gold vorliegt, das irgendwann nach Mitteleuropa gelangt war. Der oben beschriebene Weg über die aus dem mitteleuropäischen Raum angeworbenen

keltischen Söldner, die das Gold nach Westen importierten, ließe sich damit nicht nur von der historischen, sondern auch von naturwissenschaftlicher Seite untermauern. Untersuchungen an antiken Goldmünzen verschiedenster Epochen belegen nämlich, dass das zu allen Zeiten hoch geschätzte Material Gold immer wieder eingeschmolzen wurde und sich dementsprechend auch in Münzen unterschiedlichster Zeitstellung Platineinschlüsse befinden (Zwicker 1998). Andererseits ist bemerkenswert, dass anlässlich der Untersuchung einer ganzen Reihe von Münzen Philipps II. erst in einem Fall Platinoideinschlüsse nachgewiesen wurden. So handelt es sich bei diesen wohl um Prägungen, die größtenteils aus heimischmakedonischem Gold gefertigt wurden, das arm an Platin war.

Welche Erkenntnisse lassen sich nun durch diese Untersuchungsmethode für die süddeutschen Keltenmünzen gewinnen: Eine erste Analyse an dem 1987 entdeckten Regenbogenschüsselchen-Goldschatz von Wallersdorf *(Abb. 69)* hat für etwa ein Drittel der untersuchten Goldmünzen Platinoideinschlüsse erbracht (Lehrberger et al. 1997, 74–78; Steffgen et al. 1998). Da es sich bei den süddeutschen Regenbogenschüsselchen um eine eigenständige Münzprägung ohne griechische Vorbilder handelt, scheint es gut denkbar, dass wenigstens für einen Teil der Prägungen auf hellenistisches Münzgold zurückgegriffen wurde. Diesem wurde in Süddeutschland im Durchschnitt etwa 20 % Silber und 5 % Kupfer beigemischt, so dass die Goldmenge um rund ein Viertel gestreckt wurde.

Abb. 69 | Platineinschlüsse auf einem Regenbogenschüsselchen aus dem Schatzfund von Wallersdorf *(vgl. Kat. 173).*

Das Ende der keltischen Goldprägung in Süddeutschland

Mit dem Niedergang der keltischen Wirtschafts- und Handelszentren um die Mitte des 1. Jahrhunderts v.Chr. ging auch das Ende der Münzprägung einher. Zu den späten Regenbogenschüsselchen-Prägungen, die wohl auch noch nach der Mitte des 1. Jahrhunderts v.Chr. umliefen, gehören stark silberhaltige Stücke mit einem Vogelkopfmotiv und die Dreiwirbelstatere *(Kat. 163–164).* Ihre Goldgehalte mit wenig über 50 % sind deutlich geringer als bei den Vorgängerprägungen und nähern sich in der Zusammensetzung dem Elektron. Beide Münztypen sind im südbayerischen Raum eher selten und finden sich bevorzugt in Hessen und im Rhein-

land. Der Verfall der Goldprägung dokumentiert sich besonders deutlich an den Dreiwirbelstateren, welche uns in Gold, Silber, Billon (Kupfersilberlegierung) und Bronze vorliegen. Als Kleingeld findet man letztere noch häufiger in den römischen Legionslagern, während keltische Goldstatere als Zahlungsmittel nicht mehr bezeugt sind.

Goldmünzen der Römischen Republik

Im Vergleich zur reichen Goldprägung Philipps II. und der Beute Alexanders des Großen waren die Goldvorräte in den Tempeln Roms vergleichsweise bescheiden. In der Zeit der Römischen Republik wurden Goldmünzen nur in kleinen Emissionen zu besonderen Anlässen geprägt (v. Bahrfeldt 1923). Die ersten römischen

Goldmünzen datieren um das Jahr 215 v.Chr. Es ist dies die Zeit des Zweiten Punischen Krieges, in der Rom zur Finanzierung auch die letzten und kostbarsten Staatsreserven benötigte und nach Aussage von Livius (XXVII 10, 11 f.) lediglich 4000 Pfund Gold in Barrenform vorlagen. Zur Ausprägung gelangten zunächst Statere zu ca. 6,8 g sowie Halbstücke, die aufgrund der Darstellung einer *coniuratio* (Vereidigungsszene) auch als Eidszenengold in die Literatur Eingang gefunden haben. Nur wenig später, und wohl in Verbindung mit der Einführung des Denars um 211 v.Chr., wurden auch Kleingoldmünzen in drei unterschiedlichen Größen mit Gewichten von ein bis drei *scripula* (à 1,13 g) und entsprechenden Wertvermerken von 20, 40 und 60 Asses geprägt *(Abb. 70 a–b).* Sie zeigen den Gott Mars mit korinthischem Helm und einen Adler auf einem Blitzbündel sitzend. Die Stückzahlen dieser Goldserie waren im Vergleich zu den ausgegebenen Silbermünzen gering und hatten, außer in diesem speziellen Fall als Sonderzahlungen an das Heer, im regulären Zahlungsverkehr praktisch keine Bedeutung. Auch die Goldmünzen des römischen Feldherrn T. Quinctius Flamininus, welche nach dem Sieg über Philipp V. von Makedonien in der Schlacht von Kynoskephalai (Thessalien) 197 v. Chr. geprägt wurden, blieben eine Ausnahmeerscheinung. Die Münzen wurden aus erbeutetem Gold nicht in Rom, sondern in Makedonien nach attischem Münzfuß geprägt und trugen – für römische Verhältnisse außergewöhnlich – das Porträt des Flamininus, welches ihn zusammen mit der Rückseitendarstellung der Nike mit Palmzweig und Siegeskranz als siegreichen Feldherrn feiert. Nicht zuletzt wegen der Seltenheit der Stücke hat man wohl auch hier nur mit einer kleinen Emission zu rechnen. Eine vergleichbare Intention lag auch bei den Münzen des L. Cornelius Sulla in den Jahren 84-81 v. Chr. vor, die mit der Legende »IMPER(ATOR) ITERVM – siegreicher Feldherr zum zweiten Mal« versehen und in Zusammenhang mit seinem Sieg bei Chaironeia (Boiotien) über Mithridates VI. 86 v. Chr. entstanden waren. Die Rückseiten zeigen Sulla in einer Triumphalquadriga und das vergoldete Reiterstandbild des Diktators, welches der römische Senat in Rom neben der Rostra hatte errichten lassen. Die Einzelgewichte solcher Goldmünzen lagen bei etwa 10,6 g, so dass 30 von ihnen auf ein römisches Pfund (327,45 g) entfielen.

Die seltenen Zeugnisse für die Goldmünzprägung in der Zeit des 3. bis Mitte des 1. Jahrhunderts v. Chr. mögen somit eventuell den Eindruck erwecken, dass

Abb. 70 | Römische Goldmünzen:
    a–b Mars/Adler-Serie *(Kat. 175 a)*.
    c–d Aureus des Augustus *(Kat. 176 a)*.
    e–f Aureus des Septimius Severus *(Kat. 176 d)*.
    g–h Solidus des Magnentius *(Kat. 177 a)*.

der römische Staat kaum über Goldreserven verfügte. Dies änderte sich mit der Eroberung der Iberischen Halbinsel und der Annexion Makedoniens, denn Livius und Plinius (Nat. hist. XXXIII 77 f.) berichten von einer umfangreichen Bergbautätigkeit im Nordwesten Spaniens und den Ländern des Balkan (Gnädinger 1975, 22 f.). Die Haupterträge bestanden aus Silber, das Eingang in die Münzprägung fand, während Gold in Barren angelegt wurde. Ein interessantes Zeugnis zum Abbau von Gold im Gebiet der Taurisker im heutigen Kärnten findet sich bei Polybios (XXXIV 10), der von reichen, goldführenden Schichten berichtet, die nur wenig unter der Erdoberfläche anstanden. Goldnuggets bis zur Größe einer Saubohne und hoher Reinheit führten zu einer systematischen und intensiven Ausbeutung, die

seit dem Ende des 2. Jahrhunderts v. Chr. und besonders nach der Eingliederung des *regnum Noricum* in das Römische Reich durch römische Verwaltungsbeamte überwacht und organisiert wurde. Wegen der enormen Erträge sank der Goldpreis in Rom kurzfristig um ein Drittel (Polybios b. Strabo IV 6, 12). Obwohl bei Polybios und Strabo (V 1, 8) konkrete Ortsangaben fehlen, darf man doch nicht zuletzt aufgrund neuerer Untersuchungen Goldvorkommen der Taurisker in der Region der Hohen Tauern, dem Drau- und Lavanttal vermuten. Verwunderlich dabei ist allerdings, dass die Taurisker vor der römischen Eroberung ganz offensichtlich keine Gold-, sondern nur Silbermünzen prägten. Ein beredtes Zeugnis für die Goldverarbeitung stellen die 1993 auf dem Magdalensberg in Kärnten entdeckten Formen für die

Herstellung von Barren dar (vgl. unten), die auf einen ertragreichen Abbau noch in der frühen Kaiserzeit schließen lassen.

Eine erste regelhafte und relativ umfangreiche Prägung des *denarius aureus* in Rom und Gallien erfolgte unter C. Iulius Caesar um das Jahr 50 v.Chr. nach Beendigung des Gallischen Krieges, wodurch Gold in großen Mengen nach Rom gelangt war. Th. Mommsen (1860, 408) vermutete, dass Caesar anlässlich des Triumphzuges im Jahr 46 in Rom die 20 000 Sesterzen, die er jedem seiner Soldaten zahlte, in Form von 200 Aurei ausgab. Das Gewicht der Caesarischen Goldmünze betrug 8,19 g und entsprach damit $^1/_{40}$ des römischen Pfundes, der Feingehalt der Stücke lag bei etwa 98 %. Neben Bildern der Venus, Victoria und von Trophäen, die als Hinweis auf seine göttliche Herkunft und militärischen Erfolge in Gallien zu verstehen sind, wurden ab dem Jahr 44 v.Chr. auch Münzen mit dem Porträt Caesars geprägt. Nach seiner Ermordung setzte sein Adoptivsohn C. Iulius divi filius Caesar (Octavian) ab dem Jahr 42 v.Chr. diese Serie mit Bildmotiven fort, die auf die engen familiären Beziehungen zu Caesar hinwiesen: das Porträt des ermordeten Diktators, der Tempel des vergöttlichten Iulius und die Münzlegende »*divi Iuli f(ilus)* – Sohn des Göttlichen Iulius«. Ein Kollegium, bestehend aus vier Personen, die *IIIIviri auro publico feriundo*, zeichneten nach der Ermordung Caesars für die Goldprägungen des M. Aemilus Lepidus, M. Antonius und des Octavian verantwortlich. In den Folgejahren bis zur Neuorganisation des Münzwesens unter Kaiser Augustus wurden für die späteren Triumviri in Rom und im Osten durch verschiedene Münzmeister Goldmünzen ge-

prägt. Eher eine Randerscheinung – ganz im Gegensatz zur reichen Silber- und Bronzeprägung auf Sizilien und in Spanien – stellt die Goldprägung des Sextus Pompeius dar, von der nur wenige Exemplare auf uns gekommen sind.

Aurei und Solidi der römischen Kaiser

Mit der Schlacht von Actium 31 v.Chr. und dem Untergang der Römischen Republik begann unter dem Kaiser Augustus (27 v.–14 n.Chr.) die Neuordnung des Staatswesens, der sich zunächst als »*princeps inter pares* – als Erster unter Gleichen« bezeichnete, faktisch aber erster Mann im Staat wurde, die Richtlinien der Politik bestimmte und auch das Finanzwesen kontrollierte. Zuständig für die gesamte Münzprägung war ein jährlich wechselndes Kollegium bestehend aus jungen, meist angehenden Senatoren, die als *III viri aere argento auro flando feriundo* die Münzprägung in allen drei Metallen überwachten. Die technische Leitung oblag dem *optio et exactor auri argenti et aeris* mit seinem Mitarbeiterstab. Neu hingegen war, dass allein der Kaiser die Ausgabenhöhe der Gold- und Silbermünzen kontrollierte und die Bildpolitik bestimmte, während die Prägung von Bronze- und Messingmünzen auch weiterhin dem Senat anvertraut blieb. Als Folge eines ersten Aufenthaltes des Augustus in Gallien im Jahr 16/15 v.Chr. wurde eine Münzstätte in *Lugdunum* (Lyon) gegründet, in der ab 15 v.Chr. Gold-, Silber- und Bronzemünzen geschlagen wurden. Hintergrund war einerseits die Entlastung der Hauptmünze Rom, andererseits sollten

weite Transportwege verhindert und eine schnellere Versorgung der gallischen Provinzen und der Militärlager am Rhein gewährleistet werden.

Augustus übernahm im Wesentlichen die schon zur Zeit der Republik geltenden und bewährten Wertverhältnisse zwischen den Münzmetallen Gold, Silber und Bronze. Der Aureus entsprach 25 silbernen Denaren, 100 Sesterzen (Messing) oder 400 Asses (Bronze). Abgesehen von einigen kurzen Unterbrechungen am Ende der Regierungszeit des Augustus wurden unter den Folgekaisern kontinuierlich Goldmünzen geprägt, eine Maßnahme, die nicht zuletzt durch die Beibehaltung eines Berufsheeres notwendig wurde. Der Aureus erfuhr unter Augustus eine leichte Abwertung *(Abb. 70 c–d)*, da er nun – im Gegensatz zu den spätrepublikanischen Aurei – $^1/_{41}$ des römischen Pfundes entsprach und über ein Gewicht von rechnerisch sieben *scripula* (= 7,96 g) verfügte. Unter Berücksichtigung sich allmählich verringernder Gewichte und anhand der heute vorliegenden Stücke der Kaiser Augustus, Tiberius, Caius und Claudius sowie der Äußerung des Plinius (Nat. hist. XXXIII 47), dass der Aureus durch eine Münzreform des Kaisers Nero im Jahr 64 n.Chr. auf ein $^1/_{45}$ des römischen Pfundes festgeschrieben wurde, wird man in dieser Maßnahme wohl eher ein Gesetz gegen eine schleichende Gewichtsreduzierung als eine verordnete Abwertung sehen müssen.

In den seltensten Fällen entsprechen die uns heute vorliegenden Aurei den überlieferten, antiken Gewichtsstandards. Abgesehen von einer sicherlich geringen Abnutzung der Stücke durch Gebrauch oder eventuellen Manipulation wie beispielsweise dem Befeilen des Randes, scheint man die Aurei immer knapp unterhalb des Standards ausgebracht zu haben, was wahrscheinlich in Zusammenhang mit der Deckung der Kosten für die Herstellung der Münzen zu sehen ist (sog. Schlagschatz). Für die Neutarifierung unter Nero wurden mehrere Gründe genannt, ein finanzieller Notstand durch die Kriegszüge in Britannien, Armenien und Iudaea, Engpässe bei der Abfindung von Veteranen und das Neu- und Wiederaufbauprogramm Roms nach dem Stadtbrand 64 n. Chr. Die älteren Goldmünzen wurden nach der Reform zum größten Teil eingezogen, eingeschmolzen und als ca. 7,3 g schwere neue Goldmünzen ausgegeben. Die leichtere Goldmünze des Nero verdrängte so die schweren, wertvolleren Stücke und gleichzeitig wurde das Ausgabevolumen an neuen Goldmünzen erhöht. In Schatzfunden des 2. Jahrhunderts n. Chr. sind Goldmünzen vor der Zeit Neros, sofern es sich nicht um durch Zirkulation oder Befeilen untergewichtige Exemplare handelt, selten. Die Aurei wurden bis in das späte 2. Jahrhundert in gleichbleibenden Gewichten geprägt, erst unter den Kaisern Marc Aurel und Commodus und den Herrschern des severischen Kaiserhauses erfolgte eine schrittweise Verringerung in den Gewichten und erstmals auch im Feingehalt *(Abb. 70 e-f)*. Trotz der schwierigen Situation im Römischen Reich des 3. Jahrhunderts und im Gegensatz zu den starken Schwankungen bei den silbernen Antoninianen wurden die Goldmünzen von fast allen Kaisern in vergleichsweise hoher Qualität ausgegeben. Gewichtsschwankungen oder untergewichtige Stücke, wie sie unter Kaiser Gallienus gelegentlich zu beobachten sind

(Kat. 176 e), waren im Zweifelsfall durch Feinwaagen schnell ermittelt und ein Wertausgleich unter Zuhilfenahme von Silbermünzen durchführbar.

Die Einführung eines Vierkaiserkollegiums im Jahr 293 n. Chr. unter Kaiser Diocletian mit zwei Augusti und zwei Caesares an der Spitze war die Folge einer Fülle von Aufgaben, die nicht mehr von einer Person bewältigt werden konnte. Die durch unablässige Auseinandersetzungen an den römischen Reichsgrenzen angespannte Lage in der zweiten Hälfte des 3. Jahrhunderts, der häufige Wechsel nur kurz regierender Soldatenkaiser, die sich mit Hilfe der Militärs an die Macht geputscht hatten, sowie stetig steigende Forderungen des Heers führten das Reich an den Rand seiner Existenz. Mit einer umfassenden Reform und einem Höchstpreisedikt versuchte man der prekären Finanzsituation beizukommen, indem man ein neues Münznominal, den *follis,* als versilberte Bronzemünze einführte und zugleich den Antoninian abschaffte, der faktisch nur noch eine Bronzemünze war. Im Rahmen dieser Neugestaltung wurde auch einer weiteren Verschlechterung des Aureus durch die Münzreform des Diocletian im Jahr 294 n. Chr. Einhalt geboten und das Gewicht auf $^1/_{60}$ des römischen Pfundes festgeschrieben. Dies entsprach einem Gewicht von 5,46 g pro Münze. Bisweilen befindet sich mit dem griechischen Buchstaben Θ (für 60) ein entsprechender Zahlenvermerk auf den Goldmünzen. Ferner wurden als kleinere Einheiten Halb- und Drittelstücke *(semis, triens* oder *tremissis)* eingeführt. Das Wertverhältnis zwischen Silber und Gold betrug am Ende des 3. Jahrhunderts 15 : 1.

Die Bemühungen Kaiser Diocletians im

Jahre 301, die Währung per Verordnung durch feste Preisvorgaben für Dienstleistungen und Waren durch ein *edictum de maximis pretiis rerum venalium* zu stabilisieren, zeigten nicht die längerfristig gewünschten Erfolge, denn schon bald nach dem Regierungsantritt des Kaisers Constantin I. folgte im Jahr 309 n. Chr. eine weitere Münzreform. Das Gewicht des *aureus solidus* (oder seit dieser Zeit häufig auch nur noch als *solidus* bezeichnet) wurde nun auf $^1/_{72}$ des römischen Pfundes festgesetzt, was einem Gewicht von 4,55 g bei höchstem Feingehalt entsprach. Zunächst wurden Solidi dieses Gewichtes nur im Westen des Reiches und hier hauptsächlich in Trier geprägt, während im Osten des Reiches Goldmünzen nach dem alten Gewichtsstandard von $^1/_{60}$ des Pfundes weiter gefertigt wurden. Demnach entsprachen eine Zeit lang sechs constantinische Solidi fünf Aurei aus Münzstätten des Ostens. Nach dem Sieg Constantins über Licinus I. im Jahr 324 n. Chr. wurde diese Parallelprägung jedoch eingestellt und als Zahlungsmittel gültig waren von nun an allein die etwas leichteren Solidi des Constantin. Dennoch kam es vor, dass im oströmischen Reich noch bis ins 6. Jahrhundert Festprägungen im Gewicht der alten Aurei zu 5,4 g ausgegeben wurden, sie hatten jedoch im regulären Münzumlauf nur geringe Bedeutung. Ähnlich wie bei den Aurei des Diocletian findet sich bisweilen das Wert- und Zahlzeichen LXXII oder griechisch OB in Zusammenhang mit der Münzstättenangabe auf Münzen des Constantin und seiner Söhne. In der Zeit des 5. Jahrhunderts steht die Sigel OB für *óbryzos* (griech. rein) als Annex zur Münzstättenangabe (z. B. CONOB für: geprägt in

Constantinopolis aus Feingold). Im Codex Theodosianus (XII 6, 12; 6, 13; 7, 3; 13, 4) zu den Jahren 366, 367 und 379 n. Chr. ist verschiedentlich davon die Rede, dass sowohl eine Reduzierung des Feingehalts als auch des Gewichts unter Androhung von hoher Strafe geahndet werden soll. Der Begriff des Solidus (bisweilen auch *nómisma*) wurde noch in byzantinischer Zeit bis ins 12. Jahrhundert verwandt. Das Gewicht orientierte sich in den Folgejahrhunderten im Wesentlichen am constantinischen Gewichtsstandard.

Schatzfunde und Festprägungen

Aurei und Solidi sind uns heute als Verlustfunde aus den römischen Städten, Siedlungen und Landgütern nur selten überliefert und waren als Zahlungsmittel im alltäglichen Münzumlauf von geringer Bedeutung. Hingegen sind sie in Schatzfunden, allein oder zusammen mit Silbermünzen, weit häufiger. Im heutigen Deutschland sind aus neuerer Zeit die Schatzfunde von Augsburg mit 52 Aurei aus dem Jahr 1978 *(Kat. 178)*, Regensburg-Kumpfmühl mit 25 Aurei, 610 Silber- und drei Bronzemünzen sowie Schmuck aus dem Jahr 1989 und der Fund von Trier mit 2570 Aurei mit einem Gesamtgewicht von 18,5 kg aus dem Jahr 1993 zu nennen. In allen drei Fällen scheint die Verbergung durch den Eigentümer in unsicheren Zeiten erfolgt zu sein, die eine spätere Hebung des Schatzes nicht mehr ermöglichte, sei es, dass der Besitzer vertrieben, in Gefangenschaft geraten oder ums Leben gekommen war. Die jüngsten Münzen, die in einem Schatzfund üblicherweise die

geringsten Zirkulationsspuren aufweisen, geben in besonderem Maße Aufschluss über den Zeitpunkt der Verbergung. Bürgerkriegsähnliche Zustände, wie dies für den Schatzfund von Trier vermutet wurde, oder eine Bedrohung durch die Markomannen, die wahrscheinlich zur Verbergung des Schatzfundes von Regensburg führte, zeigt die Notlage, der sich die römische Bevölkerung – oftmals ohne größere Vorwarnung – gegenüber sah. Obwohl sich sicherlich nicht alle aus Gold- und/oder Silbermünzen bestehenden Schatzfunde mit einem »Katastrophenhorizont« verbinden lassen, ist ein Anstieg der Verbergung in Krisenzeiten spätestens seit Marcus Aurelius und vor allem im 3. Jahrhundert zu beobachten.
Funde vereinzelter Solidi in spätantiken Befestigungsanlagen und Höhensiedlungen werden gerne mit Soldzahlungen an hohe, in römischen Reichsdiensten stehende Offiziere oder als Tribute an Germanen interpretiert, die im Gegenzug die unzureichend geschützte Reichsgrenze vor feindlichen Überfällen sicherten *(Abb. 70 g–h)*. Ein aus 25 Solidi bestehender Schatzfund in einer zylindrischen Bronzebüchse, der 1933 in Ellerbeck (Kr. Osnabrück) jenseits der römischen Reichsgrenze in den Boden gelangt war, ließ sich, da er Prägungen der Kaiser Constantius II. bis Valens umfasste, am ehesten als Zahlung an einen germanischen Söldner deuten. Weit schwieriger in der Interpretation ist ein aus 35 Solidi bestehender Fund aus dem Ostallgäu *(Kat. 179)*, dessen Fundumstände bisher noch nicht geklärt werden konnten. Die Münzreihe umfasst Prägungen west- und oströmischer Kaiser. Vertreten sind Honorius (393–423), Constantinus III. (407–411),

Valentinianus III. (425–455), Libius Severus (461–465) und Anthemius (467–472) sowie Kaiser Leo I. (457–474). Den Hauptanteil stellen 27 Stücke des Valentinianus III. Die drei spätesten, nahezu prägefrischen Münzen des Anthemius (467–472) geben einen Hinweis darauf, dass der Schatz wohl in den 70er Jahren des 5. Jahrhunderts n. Chr. verborgen wurde. Die meisten Solidi stammen aus der Münzstätte Ravenna, vereinzelte Stücke aus Lyon, Rom, Mailand und Thessaloniki. Abgesehen von zwei leicht untergewichtigen Prägungen mit 4,1 und 4,28 g liegen die Gewichte im für Solidi üblichen Bereich von 4,4 g. Die Vorderseiten- und Rückseitenbildmotive zeigen teilweise leichte Barbarisierungen. Einige Stücke sind sekundär verbogen. Ein in der Zusammensetzung am ehesten vergleichbarer Fund liegt aus Monasterolo di Brembio (Italien) vor.

Von der Mitte des 2. bis ins 4. Jahrhundert ließen die Kaiser zu besonderen Anlässen wie z. B. Festen oder Regierungsjubiläen, zur Ankunft des Kaisers in einer Provinz oder zum Abschluss eines erfolgreichen Feldzuges Gedenkprägungen in Form von Goldmedaillons schlagen, die einem Teil oder dem vielfachen Wert eines Aureus entsprachen. So gab es den Halbaureus *(denarius aureus)*, den doppelten, vierfachen und den achtfachen Aureus *(binio, quaternio, octonio)* sowie weitere Multipla. Sie wurden in der Spätantike vom Kaiser als Geschenke an hohe Beamte und Militärs vom *comes sacrarum largitionum* ausgegeben und sicherten ihm die Loyalität seiner Heerführer und Reichsbeamten. Im Geldumlauf selbst spielten sie keine große Rolle, wurden jedoch als Zahlungsmittel anerkannt.

Wert und Kaufkraft römischer Goldmünzen

Goldmünzen waren zu keiner Zeit gängiges Zahlungsmittel, sondern dienten dazu, wertvolle Gegenstände oder umfangreiche Warentransaktionen abzuwickeln. Sie wurden eingesetzt als Soldzahlungen, Geschenke *(donativa)* oder Bestechungsgelder an hohe Militärs oder Beamte. Im Sparstrumpf fand man sie bei Besserverdienenden, die erfolgreich gewirtschaftet hatten und für die Zukunft Rücklagen bilden wollten. Für die meisten Waren, Gehälter, Steuern, öffentlichen und privaten Bauten wurden die Preise und Löhne in Sesterzen angegeben. Für einen Tagelöhner, der etwa fünf Asse (= 2 Sesterze) am Tag verdiente, war dieses Münznominal kaum interessant, wenn man sich die oben genannten Wertverhältnissen zwischen Gold-, Silber- und Bronzemünzen vergegenwärtigt (1 Aureus = 25 Denare = 100 Sesterzen = 400 Asse). Um eine Vorstellung zu erhalten, wie im 1. und 2. Jahrhundert n. Chr. Preise und Löhne im Verhältnis zueinander standen und welchen Stellenwert dabei die Goldmünzen einnahmen, wird dies am deutlichsten am Jahressold eines Legionars, der in Messing- und Silbermünzen bezahlt wurde und in der Regel 900 bis 1 200 Sesterzen (= 225 bis 300 Denare) erhielt, was etwa 9 bis 12 Aurei entsprach. Ein Centurio erhielt mit 13 500 bis 18 000 Sesterzen (= 135 bis 180 Aurei) das mehrfache Jahresgehalt eines einfachen Soldaten. Nach Ablauf des aktiven Militärdienstes wurden Soldaten mit einem Stück Land und/oder Bargeld abgefunden. Eine Auszahlung erfolgte in Form von Denaren und vielleicht auch von Aurei, wenn der Sol-

dat einen entsprechenden Dienstrang bekleidet hatte. Die Kosten für ein Pferd beliefen sich im 2. Jahrhundert n. Chr. auf etwa 1 600 Sesterzen, für einen Sklaven betrugen sie je nach Qualifikation zwischen mehreren hundert und einigen tausend Denaren, was umgerechnet einigen Dutzend Aurei entsprach. Ein Landgut mittlerer Größe kostete mindestens 130 000 Sesterzen (= 1 300 Aurei), der Bau eines Tempels in der ersten Hälfte des 2. Jahrhunderts erforderte je nach Ausstattung einen Einsatz zwischen 300 000 und 600 000 Sesterzen (= 3 000 bis 6 000 Aurei).

Prägen, Gießen und Wiegen

Die Zahl der heute bekannten römischen Münzstempel ist unter Berücksichtigung der hohen Emissionszahlen vergleichsweise klein. Aus augusteisch-tiberischer Zeit sind derzeit etwa zwei Dutzend bekannt (Malkmus 1993). Da Gold- und Silbermünzen oftmals sogar aus den gleichen Stempeln hergestellt wurden, kann man kaum entscheiden, welche Münzsorte mit ihnen geschlagen wurde. Auch die Fundorte der Stempel lassen viele Fragen offen, denn sie stammen keineswegs immer von den Orten, die uns als offizielle Reichsmünzstätten überliefert sind. So kennen wir beispielsweise aus der Münzstätte Rom, in der über Jahrhunderte geprägt wurde, bis heute kein einziges Exemplar. Neben mobilen Münzstätten in der späten Republik unter Caesar und Octavian/Augustus dürfte es sich bei Stempeln von entlegenen Orten um verschleppte, gestohlene oder auch bereits in der Antike gefälschte Exemplare handeln.

Für die Zeit des 2. bis 4. Jahrhunderts sind Stempel zur Herstellung von Goldmünzen (gleiches gilt auch für Silbermünzen) aus den Reichsmünzstätten nicht bezeugt. Dies widerspricht scheinbar unserem Bild der bis heute aufgefundenen, zahlreichen Münzen. Man wird daher davon ausgehen müssen, dass die Stempel in den Münzstätten sicher verwahrt und, sofern unbrauchbar, in der Regel zerstört wurden. Die meisten Münzstempel stammen von Orten in Gallien, Spanien und dem Donau-Balkanraum, für die entweder nur eine zeitweilige Prägung oder keine offizielle Münzstätte anzunehmen ist.

Eine besondere Erscheinung sind die Goldbarren, welche, ähnlich wie auch die Münzen, mit schriftlichen Vermerken und Bildstempeln versehen waren. Genannt werden in abgekürzter Form der Herstellungsort, der unmittelbar für die Herstellung Verantwortliche und der Kaiser, unter dem er angefertigt wurde. In Formen gegossen, garantierte ein Kontrolleur für die Reinheit des Goldes. Je nach Einfüllhöhe in die Formen ergaben sich Barren mit unterschiedlichen Gewichten.

Zu den neueren herausragenden Funden der frühen Kaiserzeit zählen zwei Marmorplatten mit rechteckigen Vertiefungen vom Magdalensberg (Kärnten), in denen Goldbarren gegossen wurden *(Kat. 185)*. Sie tragen die Inschrift des Caius Caesar (Caligula 37–41 n. Chr.) und kennzeichnen durch die Verwendung des Genitivs die aus den Formen gefertigten Barren als Eigentum des Kaisers. Das Gewicht der hieraus zu fertigenden Barren lag je nach Füllhöhe der Form bei maximal 5,6 und 14,5 kg. Antike Belegstücke fehlen jedoch bislang. Die Zahl der heute bekannten spätantiken Goldbarren ist gut überschaubar. Bedeutende Goldbarrenfunde stammen aus Czófalva *(Kat. 186)* und Feldioara (Overbeck 1985). Beide Orte liegen etwa 150 km nördlich von Bukarest und damit jenseits der damaligen römischen Reichsgrenze. Als Herstellungsorte werden in abgekürzter Form die Namen Sirmium (Sremskro Mitrovica), Naissus (Niš) und Thessalonica (Thessaloniki) vermerkt, was uns darüber in Kenntnis setzt, dass Barren nicht nur in offiziellen Münzstätten hergestellt wurden, sondern auch an Orten, an denen sich der Kaiser oder kaiserliche Beamte nur zeitweilig aufhielten.

Feinwaagen setzte man nicht nur zum Abwiegen von Goldmünzen, sondern auch von anderen kostbaren Materialien ein. Die spätantiken runden (oströmisches Reich) oder quadratischen (weströmisches Reich) bronzenen Eichgewichte wurden als Exagien (lat. *exigere* wiegen, prüfen) bezeichnet und von den Wägemeistern (lat. *zygostates*) verwahrt. Sie zeigen üblicherweise das Bild des Kaisers und der Göttin Moneta (oder Aequitas) mit Waage und Füllhorn, wiegen zwischen 4,2 und 4,4 g und bewegen sich somit knapp unter der vorgesehenen Maßeinheit für einen Solidus. Die Einführung von Exagien unter Kaiser Iulian im Jahr 363 (Cod. Theod. XII 7, 2) und Gesetzeserlasse unter Theodosius II. und Valentinianus III. des Jahres 445 (Cod. Theod. leg. nov. Valent. XVI 2) beruhte auf der zunehmenden Gefahr von Fälschungen und dem Reduzieren in Gewicht und Feingehalt der Solidi im 4. und 5. Jahrhundert. Beide Vorgehen waren bereits unter Constantin I. durch ein Gesetz aus dem Jahr 326 mit dem Einzug des

Vermögens und der Todesstrafe belegt (Cod. Theod. IX 21, 3.5). Für die Herstellung und Ausgabe der Exagien zuständig waren zunächst der *comes sacrarum largitionum*, ab Mitte des 5. Jahrhunderts der *praefectus urbi* bzw. der *praefectus praetorio* in Rom. Eine sichere Verwahrung der Eichgewichte wurde im Codex Iustinianus angemahnt, um Missbrauch oder Manipulation vorzubeugen. Aus Trier kennen wir eine Reihe solcher Gewichte, die das Bild des Kaisers Honorius und die Aufschrift *exagium solidi* tragen. Exagien, welche man in Trier an unterschiedlichen Stellen der Stadt fand, gaben jüngst Anlass zu der Vermutung, dass diese vielleicht auch im privatwirtschaftlichen Handel oder bei Geldwechslern eingesetzt wurden (Gilles 1996, 42).

An der Wende von der Spätantike zum Frühen Mittelalter

Spätestens ab der Mitte des 5. Jahrhunderts n. Chr. endet der kontinuierliche Zufluss an Münzen aus den römischen Münzstätten in das Gebiet nördlich der Alpen. Die Schließung von Münzstätten im Westen des Reiches wie Lyon, Arles und Trier (um 480) erschwerte die Geldversorgung in den Provinzen zusätzlich. Deutlich wird dies an einer Episode in der 511 verfassten Vita des Hl. Severin (Kap. XX) in der berichtet wird, dass in der Provinz *Noricum ripense* Soldaten nach Italien geschickt wurden, da die regulären Soldzahlungen ausblieben. Die Erwähnung, dass ein Beutel mit Münzen geholt werden sollte, lässt an Gold- und Silbermünzen und wohl weniger an Bronze-

prägungen mit erheblichem Gewicht denken, die nur schwer zu transportieren und vergleichsweise wertlos waren. Vor Ort wurden dann die Goldmünzen durch den Empfänger bei Geldwechslern in Geld für die alltäglichen Bedürfnisse umgetauscht. Andererseits wissen wir, dass bestimmte Steuern in Gold zu entrichten waren und dadurch ein Umtausch von Bronze in Gold erforderlich wurde. Ältere Gepräge verblieben zweifellos noch längere Zeit im Umlauf und bestimmten noch mehrere Jahrzehnte nach Schließung der Münzstätten in Gallien den teuren Warenverkehr, bevor die Solidi am Beginn des 6. Jahrhunderts allmählich von Solidi- und Trientenimitationen, den *monnaies pseudo-impériales* verdrängt wurden. Diese pseudo-imperialen Goldmünzen, die vornehmlich auf Geprägen der oströmischen Kaiser Anastasius (491–518), Iustinus I. (518–527) und Iustinianus I. (527–565) und ihrer Nachfolger basierten und in Münzstätten des Merowingerreiches hergestellt wurden, zeichneten sich durch im Verhältnis zu den spätantiken Solidi niedrigere Gewichte und Feingehalte, sowie durch mehr oder weniger stark barbarisierte Münzbilder und -legenden aus. Abgesehen von Trier, das als Prägeort auf einigen wenigen solcher Münzen überliefert scheint, sind bisher keine weiteren Münzstätten namentlich bekannt. Parallel zu diesen zahlreichen Imitationen setzte ab der Mitte des 6. Jahrhunderts die Prägung der sog. Königsmünzen ein, welche als Trienten (Drittelstücke des Solidus) ausgegeben wurden. Unter den austrasischen Königen, beginnend mit Theudebert I. (533–548), werden sie bis Chlodwig II. (638–656) um die Mitte des 7. Jahrhunderts geprägt. Die Zahl der heute bekann-

Abb. 71 | Zwei Halsketten mit Solidusabschlägen aus baiuwarischen Gräbern von München-Aubing *(Kat. 183 b)*.

ten Königsmünzen ist im Vergleich zu den spätrömischen Solidi eher klein und außer den inschriftlich bezeugten Orten Köln und Metz sind keine sicheren Münzstättenzuweisungen möglich. Von erheblich größerer Bedeutung waren die sog. Monetarmünzen, die Münzmeister im Auftrag des Königs für ihn, die Kirche oder reiche Privatpersonen herstellten. Die Monetare bürgten für die Qualität und das Gewicht der Münzen mit ihren Namen. Die mehr als 2000 namentlich bekannten Monetare belegen eindrücklich, dass es sich nicht, wie bis in die Spätantike hinein üblich, um ein kaiserliches Regal handelte, sondern um einen bestimmten Personenkreis, der mit entsprechenden Eigen- oder Fremdmitteln ausgestattet, das Privileg besaß, eine eigene Münzprägung zu betreiben. Die Verdienst- aber auch Betrugsmöglichkeiten bei der Herstellung dieser Münzen waren anscheinend einigermaßen lukrativ, was von dem im 6. Jahrhundert lebenden Schriftsteller Cassiodor (Variae V 39, 3) angeprangert wurde. Gleichwohl war die Qualität der Prägungen mittels Eichgewichte, Feinwaagen und dem Probierstein stets überprüfbar, so dass minderwertige Münzen im Geldumlauf nur geringen Zuspruch gefunden haben dürften. Schon seit der Mitte des 6., vor allem aber im 7. Jahrhundert kursierten Goldmünzen hauptsächlich als Trienten, die mit einem reduzierten Gewicht von etwa 1,3 gegenüber dem spätantiken Triens mit 1,5 g und einer Zulegierung von Silber eine allmähliche Wertminderung erfuhren. Mit der Erhebung Pippins 751/52 zum König der Franken und der Münzreform 781/82 unter Karl dem Großen ergaben sich weitere bedeutsame Änderungen im Münzwesen. Die Münzprä-

gung befand sich nun wieder in der alleinigen Hand des Königs, der eine reine Silberwährung in Form von Denaren (*denarii argentei*) bevorzugte. Obwohl noch im frühen 8. Jahrhundert in der *lex Alamannorum* die Bußgelder regelmäßig in Solidi beziffert wurden, befanden sich diese Münzen tatsächlich nicht mehr im Umlauf und wurden über entsprechende Ersatzleistungen in Form von Silber oder Sachgütern verrechnet. Der Solidus (Schilling) als Rechnungseinheit entsprach nun 12 Denaren (Pfennigen), wobei 240 Pfennige (= 20 Schillinge) auf das Pfund entfielen. Die Goldprägung ruhte nun für mehrere Jahrhunderte und erfuhr erst um die Mitte des 13. Jahrhunderts durch das Aufblühen aufstrebender Handelsrepubliken wie Venedig, Genua und Florenz entscheidende Impulse. Gulden und Zechinen kursierten seit dieser Zeit nicht nur in Italien und Westeuropa, sondern im gesamten Mittelmeerraum und gaben nur wenig später den Anstoß zu einer umfangreichen Goldprägung in Frankreich und England.

Die spätesten Zeugnisse für römische Solidi stammen aus frühmittelalterlichen Reihengräbern. Sie unterstreichen neben anderen wertvollen Beigaben (Schmuck, Bewaffnung) den sozialen Status des Verstorbenen, der in der Regel der reichen Oberschicht angehörte. Obwohl Goldmünzen aufgrund ihres hohen Wertes meist einer weit geringeren Beanspruchung ausgesetzt waren als Silber- oder Bronzemünzen, und der Geldverkehr im 6. und 7. Jahrhundert insgesamt deutlich eingeschränkt war, finden sich unter ihnen eine ganze Reihe mit deutlichen Benutzungsspuren. Die Solidi und Trienten erfuhren aber auch eine Funktionserwei-

terung, indem sie nicht mehr nur als Zahlungsmittel, sondern auch zu Schmuckstücken umgearbeitet wurden. So finden sich z.B. gelochte, gehenkelte oder in einem Perldraht gefasste Exemplare. Man trug sie in den Perlenketten integriert als Kollier am Hals (Werner 1935; *Kat. 183 b*). Bereits im 5., vor allem aber im 6. und 7. Jahrhundert mit Schwerpunkt um 600 werden Münzen zu Schmuckstücken umgearbeitet.

Am einfachsten ist die Lochung, für die man lediglich einen Durchschlag benötigte. Sie hatte jedoch den Nachteil, dass die Münze, an einer Kette befestigt, stets etwas schief hing und einen Faden oder Draht leicht durchscheuerte. Arbeitsaufwändiger und kostspieliger war das Anbringen einer Öse oder eines umlaufenden Perldrahtes. Damit war die Münze nicht nur deutlich besser gesichert als durch eine einfache Lochung, sondern erfuhr durch die Öse eine zusätzliche Aufwertung und besonderen Schmuckcharakter.

Eine Sonderform stellen die Abschläge spätantiker Solidi dar. Benötigt wurde eine Münze als Vorlage, die das Motiv mittels Hammerschlag auf einem dünnen Goldblech abdrückte. Das Goldblech hatte einerseits den Vorteil, dass man der Münze nicht verlustig ging, Material sparte und andererseits für den Betrachter der Eindruck entstand, es handle sich um einen vollwertigen Solidus. Erwähnenswert in diesem Zusammenhang sind fünf Goldabschläge von Münzen des Iustinian, welche mit einem Anhänger versehen waren und sich in zwei Gräbern des baiuwarischen Reihengräberfeldes von München-Aubing fanden (*Abb. 71*). Drei Abschläge aus dem einen Grab, der vierte aus dem anderen Grab, stammen von derselben

Münze, das fünfte Stück beruht auf einem anderen Vorbild.

Eine nur für das 7. Jahrhundert auffällige Erscheinung sind Goldmünzen, die zu Fingerringen umgearbeitet wurden. Verwendung fanden hier besonders Solidi der oströmischen Kaiser Phocas (602–610), Heraclius und Constantinus (610–641) und Constans II. (642–668), die bisweilen durch einen Kerbdraht gefasst, mit einer rundstabigen Ringschiene versehen und auf der Rückseite befestigt in zwei Y-förmigen Enden verlötet waren. Am Übergang zwischen Platte und Schiene befanden sich als zusätzliche Dekorationselemente Granulationskügelchen. Aus Bayern kennen wir zwei Neufunde von Münzfingerringen des Kaisers Heraclius. Das eine Exemplar stammt aus dem baiuwarischen Adelsgrab 42 von Hausen, Lkr. München (*Kat. 183 a*), das zweite Stück fand man beim Ackern in Großmehring, Lkr. Eichstätt. Beide Solidi zeigen leichte Abnutzungsspuren, müssen sich jedoch noch eine Weile im Umlauf befunden haben, bevor sie zu Fingerringen umgearbeitet wurden. Obwohl die Fundumstände des Fingerrings von Großmehring unbekannt sind, dürfte es sich nicht um einen Verlustfund, sondern, wie im Fall von Hausen, um eine Grabbeigabe handeln. Der Grabplatz selbst ließ sich nicht mehr ermitteln. Münzfingerringe treten häufig in reichen Männergräbern auf, sind aber auch aus Frauengräbern bezeugt. Formal gleichen sie den Siegel- oder Monogrammringen, die ebenfalls eine Perl- oder Kerbdrahtfassung und Granulationkügelchen an den Schulterecken aufweisen, so dass sie den Charakter eines Herrschaftszeichens besaßen. Die *lex Baiuvariorum* (II 13) belegt den Ring bzw. das Siegel des Herzogs als Zeichen der herzoglichen Gewalt. Der Verbreitungsschwerpunkt der Ringe liegt im ostfränkischen und im alamannischen Siedlungsgebiet, allerdings fasste diese Sitte auch vereinzelt bei den Bajuwaren, Langobarden, in Böhmen und Oberösterreich Fuß.

Die Mitgabe eines Fährgeldes ins Reich der Toten ist für die gesamte Antike bezeugt. In römischen Gräbern finden sich als Grabbeigabe hauptsächlich Kupfer- oder Silbermünzen, die man im Kopf-, Hand- oder Beckenbereich des Toten ablegte. Goldmünzen sind hingegen nur selten bezeugt, wobei es sich keineswegs um hochwertige, sondern auch gefütterte Exemplare handeln konnte. Anders verhielt es sich bei den Verstorbenen germanischer oder fränkischer Abstammung, denen guthaltige Aurei, Solidi oder Trienten als Totenobole und Schmuck mit ins Grab gegeben wurden. Dieser Brauch ist bereits für reiche germanische Gräber seit der zweiten Hälfte des 3. Jahrhunderts bezeugt. Die Goldstücke wurden meist unter der Zunge des Toten abgelegt. Die unterschiedlichen Orte der Deponierung und Verwendung von Münznominalen werden daher gerne als Kriterium zur Differenzierung romanischer und germanischer Bevölkerungselemente herangezogen.

Die Goldmünzen hatten somit an der Wende von der Spätantike zum Frühen Mittelalter eine Veränderung in ihrem Erscheinungsbild und ihrer Funktion erfahren, die durch einen Wechsel in den Bevölkerungsverhältnissen beeinflusst war. Als hochwertige Zahlungsmittel besaßen die Goldmünzen bei weitem nicht mehr ihren ursprünglichen Stellenwert und dienten nun eher als Schmuckstücke, Herrschaftszeichen, Grabbeigaben oder auch als Materialbasis für die Herstellung von Goldschmuck. Der Besitz von geprägtem Gold spiegelte jedoch auch weiterhin den sozialen Status des Besitzers wider und war Zeichen der Anerkennung, des Prestiges und des Bewusstseins, zu den Vornehmen und Mächtigen einer Gesellschaft zu gehören, auch über den Tod hinaus.

Lit.: Bahrfeldt 1923. – Boehringer 1991. – Cowell et al. 1998. – Gilles 1996. – Gnädinger 1975. – Karwiese 1995. – Kellner 1990. – Le Rider 1996. – Lehrberger et al. 1997. – Malkmus 1993. – Mommsen 1860. – Moesta/Franke 1995. – Price 1991. – Overbeck 1985. – Ramage/Craddock 2000. – Steffgen et al. 1998. – Steuer 1997. – Werner 1935. – Zwicker 1998.

Ein Schatzfund keltischer Kleingoldmünzen aus dem Hofoldinger Forst?

Zur Entwicklung der frühen Goldprägung in Bayern

Ludwig Wamser

»PROXIMUM SCELUS FUIT EIUS, QUI PRIMUS EX AURO DENARIUM SIGNAVIT...
SED A NUMMO PRIMA ORIGO AVARITIAE:
EXARSIT RABIE QUADAM NON IAM AVARITIA, SED FAMES AURI«
(C. PLINII SECUNDI NATURALIS HISTORIAE – LIBER XXXIII)

Die ungeheure, im Rahmen der Sonderausstellung »Magie, Mythos, Macht – Gold der Alten und Neuen Welt« thematisierte Wirkung, die von jenem faszinierendsten aller Edelmetalle seit jeher ausgeht, ist für einen passionierten Museumsleiter mit langjähriger Berufserfahrung auf dem Sektor der archäologischen Denkmalpflege Bayerns Anlass genug, den »verfluchten« – in der Ausstellung mit dem Begriff »AURI SACRA FAMES« umschriebenen – Hunger nach Gold, der sich auf der ganzen Welt, quer durch alle Zeiten, findet, am konkreten, aktuellen Beispiel eines Goldschatzes archäologischer Wilderer aufzuzeigen, um so auch einmal die zweifelhafte, in der Öffentlichkeit zu wenig bekannte Problematik archäologischer Goldfunde als Objekten wissenschaftlicher und kommerzieller Spekulation dezidiert aus der museumsfachlichen Sicht seines Berufslebens zu verdeutlichen.

Fragestellung

Gezielte, im Frühjahr 2001 angestellte Nachforschungen der Archäologischen Staatssammlung München über Herkunft und Fundumstände verstreuter Teile eines schon vor Jahren in den in- und ausländischen Münzhandel gelangten Ensembles jüngerlatènezeitlicher Kleingoldmünzen *(Auswahl Abb. 73)*, die einer vielbeachteten, von Hans-Jörg Kellner bereits 1961 herausgestellten Gruppe süddeutscher »Vierundzwanzigstelstatere mit Januskopf und Pferd« anzugliedern sind, geben daher Anlass, 120 Jahre nach der ersten exemplarischen Vorlage dieser Münzsorte durch Johann Nepomuk von Raiser *(Abb. 72, 9–11)* das Ergebnis dieser Re-

cherchen im Nachfolgenden mitzuteilen und zu erörtern. Kommt doch dieser in mehreren Varianten bzw. Stempelpaaren auftretenden, von Kellner in die Anfangszeit keltischer Goldprägung in Süddeutschland datierten Nominalgruppe – nebst einer Reihe weiterer, im fraglichen Raum etwa zur gleichen Zeit umlaufender Kleingoldmünzen verschiedener Typen und Stempelvarianten *(Abb. 72, 2–8)* – innerhalb der Gesamtheit süddeutscher Münzprägungen in mehrfacher Hinsicht eine besondere Rolle zu.

Dies haben zuletzt Ute Steffgen und Bernward Ziegaus – auf der Basis eines mittlerweile fast verdreifachten Fundbestandes jener Nominalgruppe goldener Kleinprägungen – in einer 1994 veröffentlichten Spezialstudie über diese (im Vergleich zu Stateren und Viertelstateren relativ seltenen, innerhalb eines Typs meist stempelgekoppelten) Goldmünzchen bestätigt und präzisiert. Hierbei wurden insbesondere deren erweitertes Typenspektrum und zeitliche – über den archäologischen Kontext entsprechender Münzen in mittellatènezeitlichen Gräbern

mögliche – Verankerung in der »2. Hälfte des 3. Jahrhunderts v. Chr.« eingehend behandelt wie auch die Entstehung und relativ kleinräumige Verbreitung dieser Gepräge im südbayerisch-schwäbischen Raum betont. Des weiteren wurden ihre möglichen Vorbilder im Bereich der mediterranen Hochkulturen und die spezifische – im Kupfer- bzw. Silbergehalt vom Gros der süddeutschen »Regenbogenschüsselchen« und boischen $^1/_{24}$-Statere abweichende – Materialzusammensetzung besagter Kleinmünzen diskutiert.

Eine ganz andere Sicht der Dinge vertritt dagegen neuerdings Hans Joachim Hildebrandt in einer 2001 abgeschlossenen »historisch-metrologisch-chronologischen Studie« über die – seines Erachtens parallel zur Geschichte der Münzverschlechterung verlaufene – Entwicklung des latènezeitlichen, mithilfe ermittelter Devaluationsketten der Standardgewichte von Münzsorten rekonstruierten Münzsystems der Etrusker, Römer und Kelten. Im Gegensatz zur herrschenden Lehrmeinung hält er die von archäologisch-numismatischer Seite seiner Ansicht nach »in

Abb. 72 | Münzschrötling (1) und Typenspektrum spätkeltischer Kleingoldmünzen (2–8) aus Süddeutschland (M 3:1), dazu Vergleichsstücke in natürlicher Größe aus Lechhausen (9, 10) und Binswangen (11).

1 Münzschrötling für einen $^1/_{24}$-Stater (Stöffling; *Kat. 187 c*).
2 $^1/_{48}$-Stater, Typ Stilisierter Kopf (Stöffling).
3 $^1/_{24}$-Stater, Typ Stilisierter Kopf (Stöffling).
4 Typ Janus I (Stöffling; *Kat. 169*).
5 Typ Janus II (Giengen).
6 Typ Androkephales Pferd I (Stöffling; *Kat. 168*).
7 Typ Androkephales Pferd II (Manching).
8 Typ Dreikopf (Stöffling; *Kat. 167*).

1   2   3

Abb. 73 | Auswahl goldener Kleinmünzen ($^1/_{24}$-Statere) aus dem »Schatzfund Hofoldinger Forst« *(Kat. 171).*

falscher Analogie zum böhmischen Klein-gold« bisher verwendeten Nominalanga-ben zur Bezeichnung der oben genannten, bei Steffgen/Ziegaus 1994 zusammenge-stellten Vierundzwanzigstelstatere (der Typen Janus I und II sowie Androkepha-les Pferd I und II; *Abb. 72, 4–7)* für ver-fehlt, da das metrologische Vorbild für diese Sorten von Kleinmünzen, nämlich die 217 v. Chr. mit Stateren und Halbsta-teren einsetzenden Emissionen der römi-schen Goldmünzprägung, bis jetzt nicht erkannt worden sei. In Wirklichkeit han-dele es sich bei jenen vermeintlich im süd-bayerisch-schwäbischen Raum entstan-denen Kleinstnominalen um in Italien nach 209 v. Chr. geprägte Zwanzigstelsta-tere cispadaner, devaluiert nach römi-schem Vorbild münzender Boier, die aus-weislich der Münzen – analog zu einer anderen, stärker etruskisch orientierten Stammesgruppe cispadaner Boier, die »zu ihnen verwandten Kelten in den Böhmi-schen Raum« gezogen sei – nach dem 2. Punischen Krieg eine Rückkehr »in ihre Urheimat Süddeutschland« vorgezogen hätten.

Da »beider Boier-Gruppen mitgeführte Münzen nach der Vertreibung aus Italien und der Ansiedlung in Böhmen bzw. nach Ausweis der Münzen etwas später in Süd-deutschland« weiter umgelaufen seien, er-klärten sich »u. a. auch die fehlenden Funde dieser Münzen, die nur einen klei-nen Ausstoß in engerem Umlaufbereich hatten, in der Emilia Romagna«. Durch Devaluierung der in den neuen Sied-lungsräumen kontinuierlich fortgesetzten Goldprägung seien dann ca. 183 v. Chr. in Böhmen die »Podmokler Goldknollen« als Vorläufer der »Muschelstatere« und ca. 185 v. Chr. die ersten »Regenbogenschüs-selchen« in Süddeutschland entstanden. Dabei entspreche ein »Regenbogenschüs-selchen« 25 keltischen Zwanzigstelstate-ren römischen Münzfußes, so dass letzte-re auch als Fünfundzwanzigstelstatere der »Regenbogenschüsselchen«, keineswegs aber wie bisher als Vierundzwanzigstel von Stateren der böhmischen Boier be-zeichnet werden könnten. Zur Vermei-dung terminologischer Irritationen wird im Nachfolgenden jedoch vorläufig an der bisherigen Bezeichnung »Vierundzwan-zigstelstatere« festgehalten.

In Anwendung der von ihm »inaugu-rierten Methodik«, deren Beweisführung indessen viele Fragen offen lässt, definiert und datiert der Autor die vorbezeichne-ten, bisher publizierten Typenvarianten wie folgt: Typ Janus I *(wie Abb. 72, 4)* = »Boier, Cispadana, ab 211/208 v. Chr.: $^1/_{20}$-Stater ... StGew. 0,335 g«, Typ Janus II *(wie Abb. 72, 5)* = »Boier, Cispadana, ca. 197 v. Chr.: $^1/_{20}$ Stater .... StGew. 0,327 g«,

Abb. 74 | Das spätkeltische Oppidum Fentbachschanze bei Miesbach (unteres Bilddrittel) mit Blick auf die Alpenkette. Über mögliche Zusammenhänge zwischen dieser landschaftsbeherrschenden befestigten Höhensiedlung (bzw. ihres unmittelbaren Umfeldes) und der überlieferten Herkunft des »Hofoldinger« Münzschatzes vgl. die Ausführungen im nachfolgenden Kapitel (S. 103-105).

die Typen Androkephales Pferd I und II *(wie Abb. 72, 6–7)* – als deren Vorbild er etwas kühn die Motive eines römischen Triens mit weiblichem Kopf und Herkules, einen Kentaur bekämpfend, anführt – = »Boier, Cispadana, ca. 197 v.Chr.: $^1/_{20}$-Stater … StGew. 0,327 g«.

Als »den ersten in Bayern geprägten« –

von ihm unter der Bezeichnung »Boier, Bayern, ca. 185 v.Chr.: $^1/_{20}$ Stater … StGew. 0,317 g« geführten – »Zwanzigstelstater«, dessen 25-faches Standardgewicht dem der schwersten und ältesten Sorte der »Regenbogenschüsselchen« entspreche, betrachtet Hildebrandt die überwiegend aus Stöffling bekannten, erst

teilweise (von M. Egger 1993 und U. Steffgen/B. Ziegaus 1994) veröffentlichten Kleingoldprägungen des Typs Stilisierter Kopf, deren Anzahl sich nach Ausweis einschlägiger Neufunde mittlerweile auf zehn Exemplare erhöht hat *(wie Abb. 72, 3)*. Zusammen mit den zuvor erwähnten »Regenbogenschüsselchen« sieht Hildebrandt in den letzteren »vergleichsweise sehr einfachen, aber ähnlichen« Geprägen »von ca. 185 v.Chr. die ersten Versuche im süddeutschen Siedlungsraum, mit der für die Boier unverzichtbar gewordenen Fabrikation von Goldmünzen unter anfangs erschwerten Bedingungen weiterzumachen«.

Lediglich bei einer – von Hildebrandt dezidiert als »Nachahmung eigener Vorbilder aus der Cispadana« deklarierten – Münzsorte sei das schon besser gelungen: nämlich der durch einen »Schatzfund« im »Raum München – Hofoldinger Forst« repräsentierten »jüngsten Sorte von Zwanzigstelstateren«, von denen er auch ein Belegstück aus den Beständen der Staatlichen Münzsammlung München mit der erläuternden Bezeichnung »Boier, Bayern, ca. 177 v.Chr.: $^1/_{20}$-Stater … StGew. 0,309 g« abbildet. Diese jüngste Münzsorte, zu der es als »Halbstück« einen (einzigen, seines Erachtens bisher fälschlich als $^1/_{48}$-Stater angesprochenen) »Vierzigstelstater« mit »Standardgewicht 0,155 g« aus Stöffling gebe, sei aus der ersten, eingangs erwähnten Sorte der von Kellner bereits 1961 unter der Bezeichnung »I« behandelten Typengruppe ganz ähnlicher »Vierundzwanzigstelstatere mit Januskopf und Pferd« *(wie Abb. 72, 4)* »durch zweimalige Devaluation um je $^1/_{25}$« hervorgegangen. Daneben trete das »Standardgewicht 0,309 g« in Beziehung zum keltischen Fuß von 0,309 m Länge und dokumentiere so »völlig neu für die keltische Kultur die Existenz übergreifender Maßeinheiten für Gewicht und Länge, die bekanntlich durch das spezifische Gewicht verbunden sind«.

Zu einer Klärung der vielen – damit verbundenen – offenen Fragen zur Entwicklung des frühen keltischen Münzwesens in Süddeutschland bedarf es daher nicht zuletzt weiterer archäologischer Funde, die nicht nur genau lokalisierbar, sondern auch in Bezug auf ihre Befundsituation sorgfältig dokumentiert sind. Nachdem auch der in der numismatischen Fachliteratur unter der vorbezeichneten Fundortangabe bereits eingeführte Münzschatz anscheinend das Schicksal fast aller Goldfunde – nicht bei regulären Grabungen geborgen, sondern dem Boden unsachgemäß entrissen und verstreut zu werden – teilt, ja sogar seine Echtheit angezweifelt wird, liegt es auf der Hand, dass sich jeder einschlägige, noch so unscheinbar wirkende Einzelfund bei ordnungsgemäßer Fundmeldung als wichtiger Mosaikstein für die Rekonstruktion des Entwicklungsgangs der einheimisch-keltischen Münzprägung erweisen kann. So erscheint auch der hier vorzustellende, in der amtlichen Fundchronik bisher unerwähnt gebliebene Fundkomplex keltischer Kleingoldmünzen trotz extremer Lückenhaftigkeit der Befund- und Fundüberlieferung und seiner ihm innewohnenden übrigen Problematik durchaus als geeignet, unseren Blick für die Identifizierung authentischen numismatischen Quellenguts zur Erforschung der Kultur und Zivilisation jener weitverbreiteten Völkergruppe und ihres komplexen Stammesgefüges auf dem Boden Bayerns in mehr als nur statistischer Hinsicht zu erweitern.

Anstelle einer Fundgeschichte: Mutmaßungen über die mögliche Herkunft des Münzschatzes

Nach übereinstimmenden, derzeit jedoch nicht überprüfbaren Aussagen mehrerer glaubwürdiger, voneinander unabhängig befragter Gewährsleute sei – unter der Voraussetzung der Verifizierbarkeit der Angaben ihrer Informanten – im Nachfolgenden bis auf weiteres davon ausgegangen, dass um 1996 ein (mittlerweile untergetauchter) Metallsucher im Südostbereich des Hofoldinger Forstes einen 178 Kleingoldmünzen umfassenden Münzschatz fand. Konkrete Angaben über die vermeintliche Auffindungssituation, genaue Lage und topographische Beschaffenheit der ca. 3–4 km westlich des Mangfall-Knies, im Übergangsbereich von Altmoränen und Terrassenschotter – auf sanft nach Nordosten abfallendem Gelände – gelegenen »Fundstelle« ließen sich nur noch insoweit ermitteln, als die kleinen, bei ihrer Auffindung angeblich noch in situ angetroffenen Goldmünzen, bei denen es sich im Wesentlichen um Vierundzwanzigstelstatere der beiden in *Abb. 73, 75–77* und *80, 2–4* dokumentierten Ausprägungen gehandelt zu haben scheint, in der Höhlung eines hohlwulst- oder hohlbuckelartig (nach Art mittelatènezeitlicher Armringe des Typs München-Moosach?) gestalteten Bronzearmrings gelegen haben sollen, der demnach zumindest zeitweilig als Münzbehälter oder -börse gedient hätte.

Das bezeichnete, augenscheinlich ganz in der Nähe quellen- bzw. wasserführender Feuchtstellen gelegene »Fundareal« scheint demnach trotz unzureichender

Detailgenauigkeit der ermittelten Angaben am ehesten die Vermutung an einen beabsichtigten topographischen Bezug dieses Depositums zu einem besonderen, möglicherweise als Weiheort »mythischen« Charakters ausersehenen Platz der Verwahrung bzw. materiellen Entäußerung nahezulegen, wenngleich damit die Möglichkeit eines unmittelbaren Siedlungszusammenhanges natürlich nicht ausgeschlossen werden kann. Erwägenswert, wenn auch nicht beweisbar, erscheint ferner ein möglicher Zusammenhang zwischen dem angegebenen »Auffindungsplatz« dieses »Hortes« (bzw. der hinter seiner Verbergung stehenden Einzelperson oder Gruppe) und den einstigen Inhabern der nahegelegenen, von Paul Reinecke bereits 1930 als keltisches Oppidum angesprochenen Abschnittsbefestigung »Fentbachschanze«, deren landschaftsbeherrschendes, von den Taleinschnitten der Mangfall und des Moosbaches eingefasstes Plateau sich nur ca. 5-6 km südöstlich des vorerwähnten Fundplatzes erstreckt (*Abb. 74*).

Angesichts dieser topographischen Gegebenheiten, aber auch des beklagenswerten Umstandes, dass von der Hochfläche dieses noch unerforschten, durch fach- und populärwissenschaftliche Publikationen jedoch weithin bekannten Oppidums – dessen Areal von illegalen Sondengängern seit Jahrzehnten systematisch abgesucht wird – zahlreiche spätkeltische, zumeist undokumentiert in dunkle Kanäle abgewanderten Münzfunde (sowohl Einzelfunde als auch der Überrest mindestens eines Schatzfundes goldener »Regenbogenschüsselchen«-Statere) stammen, wundert es daher nicht, dass ein Teil der zum Verkauf angebotenen »Hofoldinger«

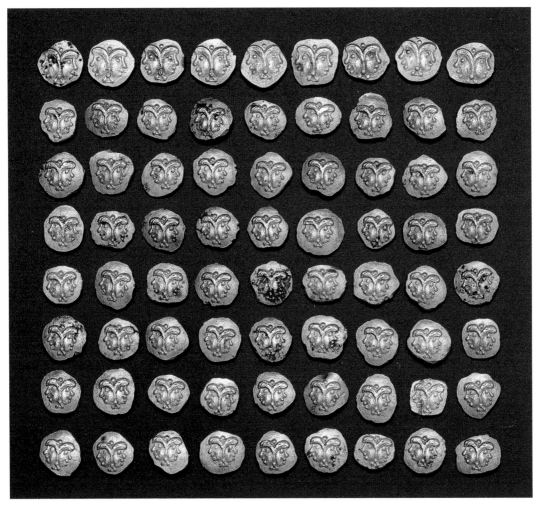

Abb. 75 | Averse eines Ensembles goldener Kleinmünzen ($^1/_{24}$-Statere) aus dem »Schatzfund Hofoldinger Forst« *(Kat. 171).*
Obere Reihe: Typenvariante A. Reihen 2–8: Typenvariante B *(dazu Abb. 73, 76–77 u. 80, 2–4).* M 2:1.

Kleingoldmünzen verschiedentlich auch – zu Recht oder zu Unrecht – unter der Fundortbezeichnung »Fentbachschanze« kursierten. Nachdem mittlerweile jedoch auch ruchbar wurde, dass dieser Münzschatz weder im Hofoldinger Forst noch im unmittelbaren Bereich der Fentbachschanze, sondern auf dem benachbarten, nur ca. 3,5 km südlich dieser Anlage sich erstreckenden – ansonsten angeblich fundlosen, mit Sicherheit jedoch nicht als archäologische Schutzzone ausgewiesenen – »Fentberg« bei Weyarn gefunden worden sei, ist freilich ebenso ernsthaft mit der Möglichkeit einer unbeabsichtigten Verwechslung als auch einer bewussten Vertauschung der beiden ganz ähnlich klingenden Bergnamen zur Vermeidung möglicher strafrechtlicher Konsequenzen

zu rechnen. Sind doch derartige Fundstellenverschleierungen hinreichend als probates Mittel archäologischer Wilderer bekannt, um einerseits ihre Verstöße gegen die einschlägigen Bestimmungen von Artikel 8 des Bayerischen Denkmalschutzgesetzes zu vertuschen, andererseits jedoch auch für ihre Aufkäufer die Möglichkeit eines »gutgläubigen« Erwerbs von unterschlagenem staatlichem oder nichtstaatlichem Bruchteilseigentum zum Nachteil der betroffenen Grundeigentümer vorzutäuschen.

Eine den heutigen Anforderungen entsprechende archäologisch-numismatische Auswertung dieses bislang umfangreichsten »Schatzfundes keltischer Vierundzwanzigstelstatere«, von denen die Staatliche Münzsammlung München bereits

1997 zehn Gepräge und verschiedene private Münzsammler im Laufe der vergangenen Jahre eine begrenzte Anzahl von mindestens 32 weiteren Exemplaren als Belegstücke erwarben, erfährt indes nicht nur durch die – infolge gesetzwidriger Unterlassung der vorgeschriebenen Fundmeldung – vereitelte Möglichkeit einer wissenschaftlichen Nachuntersuchung der behaupteten Fundstellen und des in Umlauf gebrachten Gesamtmünzbestandes eine erhebliche Beeinträchtigung, sondern auch dadurch, dass besagter Sondengänger einen Teil der in Rede stehenden Kleingoldmünzen zur Herstellung zweier Fingerringe angeblich einschmelzen ließ und den verbliebenen, mehr als 114 Einzelstücke umfassenden »Rest« des Münzschatzes mitsamt dem bronzenen –

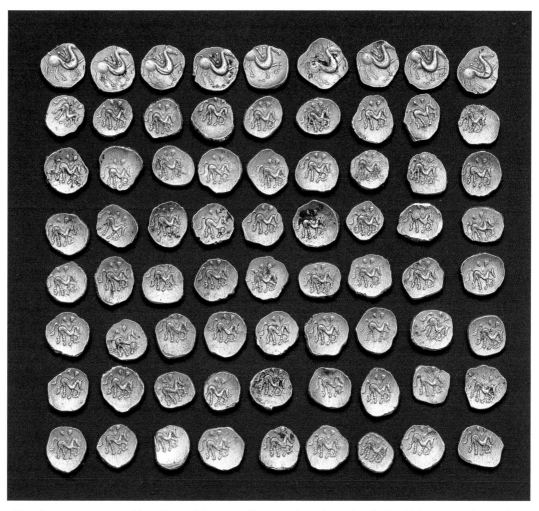

Abb. 76 | Reverse eines Ensembles goldener Kleinmünzen ($^1/_{24}$-Statere) aus dem »Schatzfund Hofoldinger Forst« *(Kat. 171)*. Obere Reihe: Typenvariante A. Reihen 2–8: Typenvariante B *(dazu Abb. 73, 75, 77 u. 80, 2–4)*. M 2:1.

für seine chronologische und kulturelle Einordnung bedeutsamen – »Börsenarmband« veräußerte. In der Ausstellung kann daher lediglich von einem im Handel angebotenen Teilkomplex von ursprünglich 92 Vierundzwanzigstelstateren als zahlenmäßig umfänglichstem Überrest dieses – von numismatischer Seite »unter Berücksichtigung der Fundsituation« bereits zu den wichtigen Schlüsselfunden »metrologisch fundierter Münzchronologie« (H. J. Hildebrandt) gerechneten – »Schatzfundes« eine repräsentative Auswahl von 72 Einzelstücken *(Abb. 75–76)* sowie elf weitere, aus Privatbesitz stammende Stücke besagten Ensembles *(Abb. 77 und 80, 2–4)* dank des Entgegenkommens der Münchener Münz-Fachhandlung Numismatik Lanz in Abbildungen gezeigt und

für eine erste wissenschaftliche Beurteilung im Rahmen des vorliegenden Katalogbeitrags herangezogen werden.

Bestandsrekonstruktion, typologisch-stempel-genealogische Einordnung und Fundvergleich

Bei der hier vorzustellenden Auswahl von 72 Kleingoldprägungen – soweit derzeit beurteilbar, auch bei den übrigen der 114 bisher nachgewiesenen, vorwiegend über den Münzhandel veräußerten Stücken – dieses in vielerlei Hinsicht bemerkenswert homogen erscheinenden Ensembles handelt es sich ausnahmslos um vorzüglich erhaltene, qualitativ weitgehend

übereinstimmende Prägungen des Typs »Janus I«. Die Stücke der vorliegenden Auswahl stammen indessen nicht aus einem, sondern zwei Stempelpaaren. Angesichts der bemerkenswert großen seriellen – formalen, herstellungstechnischen und motivischen – Übereinstimmung der beiden verschieden großen, nachfolgend als »A« bzw. »B« bezeichneten Varianten *(Abb. 75–77; 80, 2–4)* lag daher zunächst die Vermutung nahe, dass auch der heute verschollene bzw. umgeschmolzene Münzanteil, der für eine wissenschaftliche Bearbeitung derzeit leider nicht bzw. nicht mehr zur Verfügung steht, hinsichtlich der Anzahl seines Bestands unterschiedlicher Münzsorten ursprünglich eine identische, wenn auch quotiell differierende Zusammensetzung aufwies wie die in Rede ste-

105

Abb. 77 | Beispiele weiterer, in Privatbesitz befindlicher Kleingoldmünzen aus dem »Schatzfund Hofoldinger Forst«. Obere Reihe: Typenvariante A. Untere Reihe: Typenvariante B. M 3:1.

Bildmotive, Abmessungen, fertigungstechnische Besonderheiten, Gewichtseinheiten und Nominale

Das Grundmotiv der mit mindestens sieben (möglicherweise acht) unterschiedlichen Stempelpaaren geprägten Gruppe des von H.-J. Kellner erstmals behandelten Typs »Janus I« besteht auf den Aversen *(Abb. 75)* aus einem bartlosen Doppelkopf (Janus) mit einem Punkt zwischen den beiden Hinterköpfen und einem stehenden Dreieck feiner Linien mit markanten Punktecken im Halsbereich. In Kombination mit diesem Prägebild findet sich auf den Reversen dieses Münztyps *(Abb. 76)* regelhaft ein nach rechts gewandtes Pferd, über dem sich ein V-förmiges Punktdreieck mit feinen Linienverbindungen befindet. Betrachtet man nun die beiden Varianten A und B des »Hofoldinger« Münzschatzes mit den von H.-J. Kellner (1961) bzw. U. Steffgen und B. Ziegaus (1994) zusammengestellten Exemplaren dieser als Typ »Janus I« bezeichneten Gruppe ähnlicher Gepräge, so wird rasch deutlich, dass erstere nicht nur das bisher erschließbare Spektrum an Prägestempeln dieser $^1/_{24}$-Statere um zwei (resp. drei) weitere Stempelpaare erweitern, sondern auch aufgrund einer ganzen Reihe gemeinsamer Merkmale in Prägebild, Ausführung und Stil als eine besonders eng zusammengehörige Gruppe anzusprechen sind. Dieser ist wohl auch das einzige überlieferte Exemplar der Typenvariante C zuzuordnen, das hinsichtlich seines Grundmotivs – bei etwas stärker nach vorne geneigter Kopfhaltung des Pferdes auf dem Revers – demjenigen der Varianten A und B entsprochen haben soll.

hende Auswahl. Immerhin lässt sich heute aufgrund der erteilten Auskünfte noch rekonstruieren, dass der ursprüngliche Anteil an größeren – in der Auswahl *Abb. 75–76* (obere Reihen) mit nur neun Exemplaren repräsentierten – Geprägen der Variante A um einiges höher veranschlagt werden muss: so beläuft sich bei den 114 bisher nachgewiesenen, datenmäßig größtenteils erfassten Münzen dieses Ensembles der Anteil letzterer Gepräge auf mindestens 23 Stück. Auf der anderen Seite ist jedoch zuverlässig überliefert, dass sich der Typenschatz der 91 übrigen Münzen auf 90 Stücke der kleineren Variante B und ein singuläres weiteres, nach-

folgend als »Variante C« bezeichnetes Exemplar des Typs Janus I verteilt. Zwar ist Letzteres derzeit nicht zugänglich, zuverlässigen Aussagen zufolge soll es auf seiner Vorder- und Rückseite jedoch eine noch kleinere – mit einem weiteren Stempelpaar geprägte – Bildstempelzone aufweisen als diejenige von Variante B. Zur weiteren Klärung typologisch-genealogisch-chronologischer Fragen sei jedoch zunächst auf die Bildmotive, Abmessungen, fertigungstechnischen Besonderheiten, metallurgische Zusammensetzung, Gewichtseinheiten und Stempelstellungen sowie den Herstellungsvorgang und das Nominalsystem näher eingegangen.

Was die stilistische Ausprägung der jeweils stempelgleichen – in den Bildstempelgrößen jedoch um ca. 20 Prozent differierenden – Aversmotive (Doppelköpfe) der beiden Varianten A und B (und vermutlich auch C) anbelangt, so stimmen letztere in dieser Beziehung derart weitgehend überein, dass es bei der Isoliertheit dieser Stempelvarianten berechtigt erscheint, ihre kennzeichnenden Hauptmerkmale zusammen zu betrachten (Abb. 75). Als typische Unterscheidungsmerkmale für die Köpfe auf den Aversen können gelten: eine gewülstete, achsialsymmetrisch zur Bildstempelzone angeordnete Figuration ähnlich einem Y mit bogenförmig ausschwingenden, keulenartig anschwellenden Hasten zur Darstellung der zurückgekämmten – im Vergleich zu den übrigen Stempelvarianten dieses Münztyps mehr stilisiert bzw. parallellaufend ausgebildeten – Haarsträhnen sowie gurkenähnlich gerundete, leicht verdickt endende Reliefnasen, Kugelaugen und Punktlippen (vgl. auch Abb. 77). Der genealogische – in den übereinstimmenden herstellungstechnisch-stilistischen Besonderheiten der individuellen »Handschrift« ihres Verfertigers zum Ausdruck kommende – Zusammenhang der beiden Avers-Stempelvarianten ist derart evident, dass die Zuweisung besagter Vorderseitenstempel an einen einzigen Stempelschneider zwingend erscheint.

Im Vergleich zu den Köpfen auf den Aversen weisen die Darstellungen des Pferdemotivs auf den Reversen (Abb. 76) größere Unterschiede auf. Dies gilt zum einen in Bezug auf die deutlich stärker – nämlich um fast 30 Prozent – voneinander abweichenden Bildstempelgrößen: So hinterließen die Stempel der kleineren Typenvariante B auf den beprägten Schrötlingsflächen der vorliegenden Fundauswahl im Bereich der äußeren Prägezone stets eine mehr oder minder große Freifläche, wohingegen die Reversstempel der größeren Variante A in aller Regel so groß gerieten, dass beim Prägevorgang aufgrund nicht exakter Positionierung des Oberstempels oder zu knapp bemessener Größe bzw. Umrissform der Schrötlinge eine Wiedergabe des vollständigen Bildmotivs nicht mehr möglich war.

Aber auch bezüglich der Gestaltung des Pferdemotivs ist zwischen den beiden vorliegenden Münzvarianten ein deutlicher Unterschied festzustellen. Während bei der größeren Variante A Kopf und Ohr des Pferdes als separate Stempelschnitte ausgeführt wurden, erfolgte dies bei der viel zierlicheren Variante B in Form eines einzigen, bogenartig geführten Gravurschnitts. Zudem zeigt das stilisierte – in der elegant geschwungenen, halbbogenförmig bis kugeligen Ausgestaltung seines Körpers an ähnliche Darstellungen auf ost- und westkeltischen Geprägen erinnernde – Pferd im Unterschied zu dem mehr linear gehaltenen Korpus seines erheblich kleineren Gegenstücks der Münzvariante B eine etwas andere, detailreichere Wiedergabe der Oberschenkel, distalen Gliedmaßen wie auch des mehrsträhnig endenden Schweifs. Ebenso weicht das V-förmige, durch feine Linien verbundene Punktdreieck der Variante A hinsichtlich Orientierung und Proportionierung geringfügig von seinem Pendant der Stempelvariante B ab. Trotz dieser unverkennbaren Divergenz in der Ausführung, die primär herstellungstechnisch bedingt (d.h. auf technische Schwierigkeiten bei der Umsetzung des feingliedri-

gen, knapp 3 x 4 mm großen Pferdemotivs der Variante B zurückzuführen) sein dürfte, zeigt das Grundmotiv der beiden Pferdedarstellungen gleichwohl noch so viele typische Merkmale an übereinstimmenden Gemeinsamkeiten ihrer Gestaltungsprinzipien, dass eine Zuweisung der betreffenden Revers-Stempel an verschiedene Stempelschneider oder gar Werkstätten keinesfalls zwingend, sondern – nach der Diagnose des Bildmotivs auf den Aversen zu schließen – eher unwahrscheinlich ist.

Die schon herausgestellte Größenabweichung bei den jeweiligen Bildstempelbereichen beider Varianten findet gewissermaßen ihre Entsprechung in deren unterschiedlicher Münzgröße, deren Durchmesser sich bei den neun zur Beurteilung vorliegenden Exemplaren der Variante A durchschnittlich um 6,5 mm, bei den 63 Geprägen der Fundauswahl von Variante B dagegen um 5,7 mm bewegen. Der Gedanke erschien daher zunächst naheliegend, dass der geschlossene – hinsichtlich Zusammensetzung, Prägequalität und Fehlens eindeutiger Spuren eines längeren Umlaufs so homogen wirkende – Teilkomplex von 72 Einzelstücken dieses ehedem 178 goldene Kleinstmünzen enthaltenden Ensembles ursprünglich womöglich aus zwei (resp. drei) verschiedenen Nominalen bestanden habe. Gegen eine solche Interpretation spricht im vorliegenden Falle jedoch die bereits überschaubare, auf der Materialbasis von genau 40 Prozent des (angegebenen) ursprünglichen Münzbestands ermittelte Gewichtsverteilung der beiden verfügbaren Typenvarianten, deren numismatische Gesamtanalyse unter Einbeziehung der noch zugänglichen übrigen, größtenteils

Nom.	Gew.	StP	StGr I	MüGr I	StGr II	MüGr II	Anmerkungen
Janus I							(13 + 1 + 1 + [23 + x] + [90 + x] + [1 + x] + 1 + 1 + 1 =196 Exemplare)
1/24	[0,336]:10 (0,335):11	1 (a)	●	●			wie Abb. 72,4
	0,326	1 (b)	●				
	0,317	2	●	●			wie Abb. 77,5
	0,309	3 (VA)	●	●			wie Abb. 77,2
	0,309	4 (VB)		●	●		wie Abb. 77,3
	?	5 (VC)			(●)	(●)	
	0,35	6			●	●	
1/48					(●)	(●)	
1/72					●	●	
Janus II							(4 + 1 + 1 + 1 = 7 Exemplare)
1/24	[0,318]:3	1 (a)	●	$\bullet_2$ $\bullet_2$			wie Abb. 72,5
	?	1 (b)	●	●			
	0,320	2	●	●			
1/60					●	●	
Androkephales Pferd I							(4 + 1 + 5 + 4 + 1 = 14 Exemplare)
1/24	[0,323]:3	1 A R	●	●			wie Abb. 72,6
	0,325	2 A R	●	●			
	[0,325]:5	3 A R	●	$\bullet_2$ $\bullet_1$	●		
	[0,322]:4	4 A R	●	●			
1/48		A R	●		●		
Androkephales Pferd II							(9 Exemplare)
1/24	[0,327]:5	1	●	●			wie Abb. 72,7
Dreikopf							(1 Exemplar)
1/24	0,336	1	●	●			Abb. 72,8
Stilisierter Kopf							(8 + 2 = 10 Exemplare)
1/24	[0,326]:5	1			●	●	wie Abb. 72,3
1/48	0,156 0,16				●	●	Abb. 72,2

Abb. 78 | Korrelationstabelle signifikanter Typenmerkmale südbayerisch-schwäbischer Kleingoldmünzen, gegliedert nach Nominalen (Nom), Gewichtsangaben in Gramm (Gew), Stempelpaaren (StP), Stempelgrößen (StG I bzw. II) und Münzgrößen (MüGr I bzw. II).

Die Größenangabe »I« bezeichnet stets die größere, dem Durchschnittswert der $^1/_{24}$-Statere, die Größenangabe »II« dagegen die jeweils kleinere, dem Durchschnittswert der $^1/_{48}$-Statere entsprechende Kategorie der Abmessungen des betreffenden Münztyps (bei von der Norm abweichenden, größeren Werten wurde das Markierungszeichen innerhalb der betreffenden Spalte stärker nach links, bei kleineren dagegen entsprechend nach rechts gerückt). Senkrechte, rubrikübergreifende Verbindungslinien markieren jeweils stempelidentische Prägebilder. A = Avers, R = Revers; VA = Typenvariante A, VB = Typenvariante B, VC = Typenvariante C der Gepräge des »Schatzfund Hofoldinger Forst« (durch stärkere Umrandung hervorgehoben).

in Privatbesitz verstreuten Gepräge freilich ein Desiderat bleibt; handelt es sich bei letzteren doch um mindestens 42 weitere Vierundzwanzigstelstatere besagter Variante, die knapp 24 Prozent der angegebenen einstigen Gesamtanzahl ausmachen.

So ergab die Berechnung des durchschnittlichen Rauhgewichts der neun in *Abb. 75–76* (obere Reihen) wiedergegebenen Münzen der größeren Typenvariante A einen Mittelwert von 0,306.33 g bei einer maximalen Differenz von nur 0,066 g zwischen dem (mit 0,326 g) schwersten und dem (mit 0,260 g) leichtesten Stück. Dagegen liegt der entsprechende Mittelwert der 63 verfügbaren kleineren Exemplare von Variante B (*Abb. 75–76, Reihen 2–8*) bei einem Schwankungsbereich von 0,147 g zwischen dem schwersten und dem leichtesten Exemplar (mit 0,376 g bzw. 0,229 g) sogar noch etwas darüber, nämlich bei 0,309.51 g (vgl. hierzu ergänzend die Korrelationstabelle *Abb. 78*). Hieraus ergibt sich für die vorliegenden 72 Münzen beider Varianten ein Durchschnittsgewicht von 0,309 g.

Um bei der Beurteilung der Gewichtsverteilung zu möglichst repräsentativen Aussagen zu gelangen, seien im Nachfolgenden – zur weitestmöglichen Vermeidung statistischer Fehler, die vor allem die Gewichtsanalysen der (nur in relativ geringer Stückzahl repräsentierten) Kleinmünzen von Variante A beeinträchtigen könnten – noch die erfassten Gewichtsangaben von 15 weiteren, meist in Privatbesitz befindlichen Fundmünzen des hier behandelten Ensembles – nämlich von sieben der Variante A und acht der Variante B – in die Betrachtung miteinbezogen. Nach diesem hier mitberücksichtigten Datenmaterial der beiden Münzsorten, dessen Messwerte sich im Wesentlichen innerhalb der oben umrissenen Grenzbereiche bewegen, liegt der derart »bereinigte« Durchschnittswert von Variante A entsprechend dem von H. J. Hildebrandt angegebenen nunmehr bei 0,309 g (0,308.56 g bei maximaler Abweichung einzelner Münzen vom errechneten Mittelwert zwischen ± 0,028 g und ± 0,050 g), derjenige von Variante B indessen weiterhin bei 0,309 g (0,309.20 g bei Mittelwertabweichungen zwischen ± 0,067 g und ± 0,080 g).

Selbst wenn man die Möglichkeit einer Präzisierung dieser – durch weitere Münzerfassungen zwar immer noch verbesserungsfähigen, hinsichtlich ihrer statistischen Repräsentanz jedoch bereits hinlänglich aussagefähigen – Werte bei der noch ausstehenden Gesamtvorlage des weitverstreuten Münzschatzes in Rechnung stellt, wird man aus der unverkennbaren, schon zum gegenwärtigen Zeitpunkt deutlich hervortretenden Gewichtsübereinstimmung beider Varianten eine erste Schlussfolgerung ziehen dürfen:

So kann man bereits mit einiger Sicherheit davon ausgehen, dass es im vorliegenden Falle bei der Fertigung dieser winzigen Goldprägungen nicht auf die Schaffung oder Etablierung eines metrologisch in sich abgestuften Nominalsystems unterschiedlicher Kleinstmünzen zur Darstellung bzw. Klassifizierung gestückelter Gewichtseinheiten ankam, sondern allein auf die Umsetzung eines variabel anwendbaren Münzherstellungsverfahrens zur Erreichung einer größtmöglichen Gewichtskonstanz mit angestrebter vollständiger Wiedergabe der Bildmotive bei alternativer Verwendungsmöglichkeit unterschiedlich beschaffener Stempelpaare und Schrötlinge. Augenscheinlich lag der Hauptvorteil dieses Herstellungsverfahrens in der Kombinationsmöglichkeit einer wahlweisen Verwendung mehrerer spezieller, zur Fertigung bestimmter Typenvarianten (eines festgelegten »Standardgewichts«) geeigneter Stempelpaare beim Beprägen der winzigen Schrötlinge, die vermutlich vorsortiert – d. h. nach Prägegruppen aufgeteilt – waren, untereinander jedoch in Umrissform, Durchmesser, Stärke (bzw. Dicke) und Gewicht geringfügig variierten.

Möchte man daher die Verschiedenheit der beiden gewichtsgleichen, hinsichtlich ihrer Abmessungen und verwendeten Stempelpaare jedoch divergierenden Ty-

penvarianten am ehesten als Zeichen dafür werten, dass die Verfertiger dieser Gepräge mit der oben beschriebenen, variabel ausübbaren Herstellungsmethode besagter Kleinstnominale sozusagen eine probate Lösung gefunden hatten, auftretende Probleme bei der Herstellung oder Beschaffung gleichbemessener – auch bezüglich der Materialzusammensetzung gleichschwerer – Goldschrötlinge zu meistern, so ist damit die Frage der Verwendungsmöglichkeiten jener Münzstempelpaare jedoch noch keineswegs erschöpfend behandelt. Gerade vor dem Hintergrund des unverkennbaren Bedürfnisses nach extremer Stückelung der vielfachen – dem approximativ ermittelten Standardgewicht ihrer metallenen »Abkömmlinge« offenbar zu Grunde liegenden – Gewichtseinheit des einheimischen, analog zum makedonischen (nach Hildebrandt römischen) Goldstater verwendeten »Rechnungsstaters« kommt nämlich noch einer ganzen Reihe weiterer, z.T. neuentdeckter Gepräge besondere Bedeutung zu: denn diese lassen – in Fortführung einer entsprechenden, bereits 1990 anlässlich der Veröffentlichung eines nur 0,118 g schweren Manchinger Teilstücks vom Typ Janus I geäußerten Vermutung H.-J. Kellners – eine weitere Teilung der in Rede stehenden Kleinstnominale nach dem Vierundzwanzigstel-System (bzw. Zwanzigstelsystem im Sinne Hildebrandts) begründet erscheinen.

Zwar muss diese im Jahr 1990 – von Kellner analog zu den Geprägen des böhmischen Stückelungssystems ($^1/_3$, $^1/_8$ und $^1/_{24}$) als einzige denkbare Möglichkeit apostrophierte – Vermutung eines $^1/_{72}$-Staters, die Frage der Nominalbezeichnung also, weiterhin »einstweilen offen bleiben

... solange nicht weitere Gepräge gleich geringen Gewichts auftauchen«; die Wahrscheinlichkeit, dass es sich bei letzterem »Leichtgewicht« um ein »gänzlich misslungenes Stück des Vierundzwanzigstels« handelt, verringert sich jedoch immer mehr angesichts der unlängst gelungenen, dem Verfasser erst wenige Tage vor Drucklegung dieses Beitrags bekanntgewordenen Auffindung des bereits oben erwähnten »Halbstücks« des Typs Janus I von 0,155 g Gewicht aus Stöffling, das H. J. Hildebrandt dezidiert als (»bisher fälschlich als $^1/_{48}$-Stater« deklarierten) »Vierzigstelstater« der heute in der Staatlichen Münzsammlung unter der Fundortangabe »Raum München – Schatzfund Hofoldinger Forst« aufbewahrten Belegexemplare bezeichnet (von denen er auf S. 24 seiner jüngsten Studie ein Stück unserer oben näher beschriebenen Typenvariante B exemplarisch abbildet).

Wenngleich detaillierte Angaben über Münzdurchmesser und Stempelgröße dieses wichtigen Vergleichsstückes bisher fehlen, so sprechen doch die bereits von H.-J. Kellner betonten, im Vergleich zu allen übrigen $^1/_{24}$-Stateren deutlich geringeren Stempel- (und Münz)abmessungen des mutmaßlichen $^1/_{72}$-Staters aus Manching – die in ähnlich abgestufter Form noch bei zwei (unpublizierten) neuentdeckten, 0,17 g bzw. 0,133 g schweren Teilstücken der Typen Androkephales Pferd I (Stöffling) und Janus II (Großraum München) sowie zwei weiteren, 0,156 g bzw. 0,16 g schweren Stöfflinger »Achtundvierzigstelstateren« des merklich dickeren, bezüglich seiner Bildmotive bereits metamorph anmutenden Münztyps Stilisierter Kopf wiederkehren (vgl. *Abb. 72, 2*; das 2. Exemplar noch unveröffentlicht)

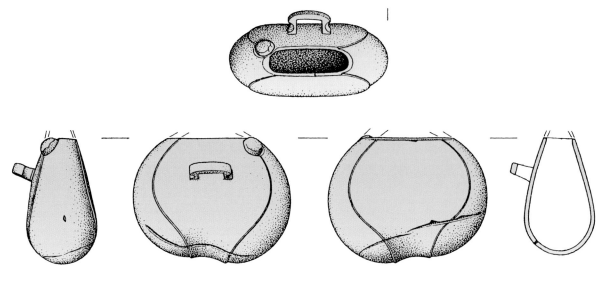

Abb. 79 | Spätkeltische Geldbörse von Manching, in der sich bei ihrer Auffindung im Jahre 1972 noch sechs kleine Goldmünzen befanden *(vgl. Abb. 65; Kat. 170 a)*. Für große Nominale wie »Regenbogenschüsselchen«-Statere oder größere Silbermünzen war das Behältnis ungeeignet. Als Verschluss für die Börse, deren Aufnahmevermögen bei maximal 190 bis 200 $^1/_{24}$-Stateren lag, diente vermutlich ein kleiner, geringfügig ins Börseninnere eingreifender Falzdeckel aus organischem (?) Material, weshalb die Aufnahmekapazität des

bocksbeutelähnlichen Behälters bei etwa 180 $^1/_{24}$-Stateren gelegen haben dürfte. Bei dem gemünzten, angeblich 178 $^1/_{24}$-Statere umfassenden Gold des »Schatzfundes Hofoldinger Forst« scheint es daher gut möglich, dass es sich hierbei um das deponierte Barvermögen einer einzigen Person gehandelt hat. Natürliche Größe.
Links: Rezente beutelförmige Leder-Geldbörse ungarischer Hirten (maximale Breite: 10,5 cm) als formales Vergleichsstück zur Manchinger Geldbörse.

– übereinstimmend für eine beabsichtigte Stückelung der $^1/_{24}$-Statere nach einem bestimmten, von numismatischer Seite in einem statistischen Prüfverfahren noch näher zu verifizierenden Teilungssystem. (Im Nachfolgenden wird der Bedeutungsinhalt der Begriffe »$^1/_{48}$-« und »$^1/_{72}$-Stater« daher im Sinne einer Aushilfsbezeichnung weiterverwendet). Für die prinzipielle Richtigkeit einer solchen Annahme dürfte im Übrigen auch der Umstand sprechen, dass auf dem vorerwähnten, noch unveröffentlichten Stöfflinger $^1/_{48}$-Stater des Typs Androkephales Pferd I der nach rechts gerichtete, auf dem Avers in recht guter Bildqualität dargestellte Kopf mit

kugelartigen Haarlocken nicht nur eine bislang unbekannte, sondern auch deutlich kleinere Stempelvariante der $^1/_{24}$-Version besagten Münztyps repräsentiert, wohingegen das ebenfalls markant ausgeprägte Reversmotiv eines nach rechts orientierten Pferdes mit rückwärts gewandtem Menschenkopf eindeutig dem merklich größeren, von Steffgen/Ziegaus 1994 beschriebenen Stempelpaar 4 der betreffenden $^1/_{24}$-Münzserie zugeordnet werden kann. Wegen der zu geringen Prägefläche des kleineren Schrötlings gelangte letztere Fabelwesen-Darstellung jedoch nur im Zentralbereich des vorbezeichneten Bildmotivs zur Ausprägung.

Besondere Beachtung verdient in diesem Zusammenhang aber auch der Umstand, dass das 60fache des oben erwähnten – 0,133 g schweren – Neufundes vom Typ Janus II aus dem Großraum München (7,980 g) auffallend genau dem Rechnungsstater-Gewicht des archäologisch in die Stufe Latène C 1 datierten, nahezu prägefrisch erhaltenen Vierundzwanzigstelstaters aus Frauengrab 13 von Giengen an der Brenz entspricht (0,332 g x 24 = 7,968 g). Da auch die entsprechenden – auf dem von H. J. Hildebrand angegebenen »Standardgewicht« dieses seltenen Münztyps (0,325 g) basierenden – Vergleichswerte (7,848 g bzw. 0,131 g) nach diesem hypothetisch einmal zu Grunde gelegten Rechensystem maximale Differenzen von lediglich 0,132 g bzw. 0,002 g aufweisen, erschiene sogar die – hier zur Diskussion gestellte – Möglichkeit einer Modifizierung bzw. weiterer Untergliederung des bisher in Betracht gezogenen metrischen Systems durch die vorläufige, durch weitere Neufunde freilich zu verifizierende Annahme der Emittierung eines bisher unbekannten $1/_{60}$-Nominals im Sinne eines zwischen die $1/_{72}$- und $1/_{48}$-Statere geschalteten »Halbstücks« nicht unbegründet.

Im Zusammenhang mit solchen Darlegungen gewinnt schließlich noch der Nachweis der beiden kleineren, bereits besprochenen Typenvarianten B und C des hier zu behandelnden »Hofoldinger« Münzschatzes eine weitere Bedeutung insofern, als nach dem Gesagten durchaus mit der Möglichkeit einer Verwendung der dazugehörigen Stempelpaare auch für das Prägen von $1/_{48}$- und $1/_{72}$-Stateren gerechnet werden muss, obgleich der archäologische Nachweis solcher »Winzlinge« wegen ihres äußerst geringen Volumens andernorts bisher nur in ganz wenigen Einzelfällen gelungen ist. Angesichts der minimalen Abmessungen dieser ohnedies nur schwierig zu handhabenden Kleinstnominale wäre in diesem Zusammenhang – ihre Echtheit vorausgesetzt – bis zum Beweis des Gegenteils durch Neufunde freilich auch zu fragen, ob $1/_{72}$-Statere mit einem geringeren Durchmesser als dem der $1/_{48}$- bzw. $1/_{60}$-Statere im Umlaufgebiet besagter Kleingoldmünzen überhaupt je geprägt wurden. Wie im Vorstehenden bereits ausgeführt wurde, kam es bei der Münzherstellung ja in erster Linie auf das Erreichen einer größtmöglichen Gewichts-

konstanz an, wohingegen die verfügbaren, zur Prägung benötigten Münzmetall-Schrötlinge hinsichtlich Form, Gewicht und Abmessungen bisweilen merkliche Unterschiede aufweisen.

Angesichts der allgemeinen, hinlänglich bekannten Erscheinung, dass der innere und äußere Wert des keltischen Münzgeldes im Laufe der Zeit bestimmten Schwankungen unterworfen war, nimmt es daher nicht wunder, dass es gerade in jener hier zur Diskussion stehenden Frühzeit imitativer Münzprägung zuvörderst einer flexibel handhabaren, den obengenannten Gesichtspunkten Rechnung tragenden Verfahrensweise bei der Münzherstellung bedurfte. Auf der anderen Seite sind jedoch wiederum bei deren technischer Realisierung eine Reihe verschiedener, zum Teil nur durch Kompromisslösungen überwindbare Schwierigkeiten bezüglich der Ausbildung eines »festumrissenen«, hinsichtlich seiner äußeren Beschaffenheit und Nominalwerte einheitlichen »Währungssystems« (mit definierter, besonders vom Münzgewicht und der zeitlichen Abfolge seiner Devaluationen bestimmten Wertrelation) ins Kalkül zu ziehen. Mit solchen technischen Schwierigkeiten ließe sich beispielsweise auch der aus dem Rahmen des Üblichen fallende Umstand erklären, dass unter den 13 bei Steffgen/Ziegaus abgebildeten Vierundzwanzigstelstateren des Typs Janus I als singuläres Stück auch eine 0,35 g schwere Kleingoldmünze aus Augsburg-Lechhausen begegnet, die hinsichtlich ihres Durchmessers und ihrer Stempelgröße in etwa mit den ganz ähnlich bemessenen Vergleichswerten des $1/_{72}$-Staters aus Manching übereinstimmt (vgl. hierzu auch die Korrelationstabelle *Abb. 78*, in

welcher die verschiedenen Typenmerkmale dieser südbayerisch-schwäbischen Fundgruppe nach übergeordneten Gesichtspunkten in Kategorien eingeteilt sind). Entsprechendes gilt wohl auch für die jeweiligen Gewichtsdifferenzen zwischen dem schwersten und leichtesten Stück einer Typenvariante.

Hingegen werden für die beträchtlichen, einander korrespondierenden Unterschiede, die bei den Stempelpaaren 1–2 bzw. 3 der Typenvariante Androkephales Pferd I der Einteilung von Steffgen/Ziegaus sowohl bezüglich der Bild- und Stempelqualität als auch bezüglich der Abmessungen (Durchmesser, Dicke) besagter Kleingoldmünzen festzustellen sind, noch andere Ursachen – z. B. eine degenerative (zeitparallel zu den qualitätvolleren Geprägen einsetzende?) Entwicklung – mitverantwortlich gewesen sein. Damit erfährt vielleicht auch die Entstehung der bislang nur von zwei südostbayerischen Siedlungsplätzen (in 10 Exemplaren) bekannten $1/_{24}$-Statere des Typs Stilisierter Kopf, die sich mit ihrem ca. 2 mm dicken, fast kugeligen Durchmesser von allen übrigen von Steffgen/Ziegaus erfassten – durchgängig flacheren und um ein Drittel größeren – Nominalen deutlich unterscheiden, eine plausible Erklärung. Das derzeit nur über die Fundkombination der Manchinger Börse *(Abb. 65 u. 79; Kat. 170 a)* direkt erschließbare Spektrum gleichzeitig umlaufender Goldprägungen der Frühzeit, bestehend aus Kleingoldprägungen der Typen Androkephales Pferd I und II, einzelnen boischen Vierundzwanzigstelstateren vom Athena-Alkis-Typ und frühen glatten »Regenbogenschüsselchen«-Viertelstateren, ist möglicherweise noch durch einen bislang singulären, 0,944 g schweren Achtelstater aus Stöffling zu ergänzen, der 1993 von M. Egger im Katalog der Rosenheimer Landesausstellung »Das Keltische Jahrtausend« (S. 366 f., Abb. Nr. 520 c) mitgeteilt wurde: In der Materialzusammensetzung den meisten süddeutschen Vierundzwanzigstelstateren wie auch dem Viertelstater der Manchinger Börse (nebst einigen anzuschließenden weiteren Viertelstateren bayerischer Provenienz) ähnelnd, zeigt dieser auf der Vorderseite einen lockigen Kopf nach rechts, auf der Rückseite indessen eine stark stilisierte vogelartige (?) Gestalt. Ganz ähnlich zu beurteilen sind wohl auch bestimmte – später zu besprechende – Prägungen glatter »Regenbogenschüsselchen«-Statere des Typs V A aus Wallersdorf, die möglicherweise jedoch erst im frühen 2. Jahrhundert v. Chr. einsetzen.

Schrötlingsherstellung und Münzprägung

Um wieder auf die variabel handhabbare – wohl hauptsächlich auf dem »Musterkofferinhalt« eines regelrechten Satzes von mindestens drei korrespondierenden Paaren unterschiedlich beschaffener Prägewerkzeuge basierenden – Herstellungsmethode der »Hofoldinger« Kleingoldmünzen zurückzukommen, so treten die Vorteile dieser effektiven Verfahrensweise am deutlichsten zutage, wenn man die einzelnen – anhand der vorhandenen, fertigungstechnisch bedingten Merkmale rekonstruierbaren – Arbeitsschritte nicht nur in die laufende Erörterung der Fragen nach dem Grund der Verwendung mehrerer Stempelvarianten miteinbezieht, son-

dern auch als Beitrag zur besseren Beurteilung verschiedener Einzelaspekte ansieht, die in der bisherigen Fachliteratur aus einem anderen Blickwinkel betrachtet wurden.

So erscheint ein näheres Eingehen auf die Herstellungstechnik dieser Goldmünzen schon deshalb angebracht, als von archäologisch-numismatischer Seite aufgrund der bisherigen Befundlage pauschalisierend angenommen wird, »süddeutsche $1/24$-Statere« gehörten »strenggenommen nicht zu den Regenbogenschüsselchen, da die Münzen nicht gewölbt« seien (Steffgen 1997). Ebenso ließen »die Größe und Form der Schrötlinge, mit denen die Münztypen Janus, Androkephales Pferd und Dreikopf geprägt wurden«, bisher vermuten, »dass sie nicht in Tüpfelplatten hergestellt, sondern aus einem Goldblech ausgeschnitten oder ausgestanzt und anschließend zugefeilt wurden« (Steffgen/ Ziegaus 1994). Des weiteren wurde das vermeintliche Fehlen »einer Werkstattkontinuität zu den Regenbogenschüsselchen« angesichts »der relativen Seltenheit dieser frühen ... Gelegenheitsprägungen von Werkstätten, die nicht nur Münzateliers waren, sondern ganz generell Metall verarbeiteten«, als gegeben betrachtet und deshalb als nicht weiter verwunderlich bezeichnet (Overbeck 1996). Ein in diesem Zusammenhang – vor dem Hintergrund der »völlig isoliert stehenden Münzbilder der süddeutschen $1/24$-Statere« – vorsichtig erwogener »Traditionsbruch in der Stempelschneidetechnik«(!) wurde hierbei nachgerade als ein natürlicher, nicht näher erklärungsbedürftiger Vorgang dargestellt (Overbeck 1996 mit Bezug auf Steffgen/Ziegaus 1994: »Es würde eher erstaunen, wenn dem nicht so wäre«).

Wie »gut sortiert« der nahezu komplett überlieferte Bestand an einschlägigen Münz- und Feinschmiedewerkzeugsätzen keltischer Stempelschneider bzw. Münzhersteller bereits während des (ganz oder teilweise später einsetzenden) Umlaufs süddeutscher Rolltier-, Vogelkopf- und Blattkranz-Statere wie auch bestimmter Quinar-Prägungen war, erhellen nicht zuletzt die Ergebnisse eigener Recherchen zu zwei Münzstempeldepots (Auswahl Abb. 68; Kat. 190), die in den Jahren 1995 und 2000 im Nördlinger Ries nahe Harburg von Sondengängern aufgespürt und nach ihrem Bekanntwerden durch Mitarbeiter der Archäologischen Staatssammlung im Rahmen gezielter Nachuntersuchungen verifiziert und dokumentiert werden konnten (Publikation durch B. Ziegaus in Vorbereitung).

Nach einer ersten, gemeinsam mit Rupert Gebhard – unter Beiziehung eines Goldschmieds (Daniel Muck) – durchgeführten Begutachtung der vorliegenden Fundauswahl in den Restaurierungsateliers der Archäologischen Staatssammlung München erlauben zahlreiche, unter dem Binokular leicht erkennbare Dendriten mit ihrem charakteristischen, von Kristallwachstum gekennzeichneten Gefüge an der Oberfläche der Münzen zuverlässige Rückschlüsse auf das Abkühlen geschmolzenen Münzmetalls. In Verbindung mit weiteren vorhandenen fertigungstechnischen Merkmalen, einer durchgeführten Materialanalyse und der Beobachtung, dass kleinteilige – zu Chargen von jeweils einem (dem durchschnittlichen Schrötlingsgewicht entsprechenden) Drittel Gramm aufgeteilte – Münzmetall-Portionen aufgrund der spezifischen Metalleigenschaften des Goldes beim Einschmelzen eine kugelige, durch die entstehende Oberflächenspannung bedingte Tropfenform annehmen und überdies dazu tendieren, bei der geringsten Bewegung zu »springen«, ist davon auszugehen, dass beim Herstellungsverfahren zunächst kleine – mit gleicharmigen Feinwaagen unter Verwendung (nachgewiesener) bronzener Münzgewichte eingewogene – Mengen einer bestimmten Legierung an Münzmetall in tönernen Schrötlingsformen, den sog. Tüpfelplatten, geschmolzen wurden. Danach lässt sich der weitere Herstellungsprozess wie folgt rekonstruieren:

Zunächst wurden die kugeligen Schmelztropfen durch Flachklopfen bzw. Breithämmern des abgekühlten Schmelzkörpers zur Erzeugung eines Schrötlings kalt geplättet. Nach einer ersten Gewichtskontrolle durch Nachwiegen, bei welcher »untergewichtige« Schrötlinge zum Recyceln ausgeschieden, »übergewichtige« dagegen durch randlichen Meißel-Beschnitt auf das benötigte Materialvolumen reduziert werden konnten, erfolgte sodann – im Unterschied zu den bisher bekannten, bei Steffgen/Ziegaus 1994 zusammengestellten Kleingoldmünzen – lediglich eine Grobkorrektur der unregelmäßigen, beim Plätten entstandenen Umrissform der Münzrohlinge durch Hämmern bzw. Stauchen des Randes mit einem Feinhammer. Ein weiteres Ausrunden der Umrissform durch sorgfältiges Nacharbeiten mit Feinwerkzeugen (Meißel, Hammer) oder gar Befeilen entlang der Rundung unterblieben jedoch.

Möglicherweise erst nach erfolgtem Weichglühen der flachgehämmerten Schrötlinge (zur Erzielung einer besseren Prägbarkeit) begann der eigentliche, mit dem Schlaghammer ausgeführte Prägevorgang. Durch dieses Prägeverfahren erhielten die Münzrohlinge ihre heutige, leicht konkav-konvexe Grundform nach Art der »Regenbogenschüsselchen« – ein weiteres Charakteristikum, das sie von allen vor 2001 publizierten, durchweg plattigen Vierundzwanzigstel-Geprägen aus keltischen Siedlungsarealen – die dieses Merkmal nicht oder nur kaum merklich ausgeprägt aufweisen – mehr oder weniger deutlich unterscheidet. Ausgeführt wurde diese Hammerprägung vermutlich mit einem – andernorts hinreichend bezeugten – langstieligen, frei geführten Oberstempel (Reversstempel) mit kreisrund-konvexem Prägerelief, das zum Prägen der konkaven Münzrückseite diente, und einem meist quaderförmigen, an der Oberseite mit einer reliefierten Mulde (zur Aufnahme des Schrötlings) versehenen Unterseitenstempel zum Prägen der konvexen Münzvorderseite (Aversstempel), der in einen Unterlageblock eingelassen war.

In einem weiteren, abschließenden Arbeitsschritt wurden die kleinen Gepräge schließlich in einem zweiten Prüfverfahren durch partielles Anschleifen oder Anfeilen der Münzoberfläche, das bisweilen auch auf das Stempelbild übergriff, nachjustiert. Ganz ähnliche Prüfspuren ließen sich im übrigen auch an der Oberfläche einzelner Kleingoldmünzen aus Stöffling nachweisen.

Stempelstellungen

Als recht aufschlussreich erwies sich auch eine vergleichende Betrachtung der einzelnen – nach dem Zifferblatt-Einteilungssystem von Uhren bestimmten – Stempelstellungen (= Orientierungsabweichung der Stempelpositionen von Vorder- und Rückseite):

Während sich bei den zur Beurteilung vorliegenden Münzen der »Hofoldinger« Variante A die Stempelposition durchgängig zwischen 1^h und 3^h bewegt (wovon jeweils ca. 45% auf 1^h bzw. $1-2^h$ und ca. 10% auf 2^h-3^h entfallen), liegt bei ca. 95% der bestimmten Gepräge von Typenvariante B der Toleranzbereich zwischen 11^h und 1.30^h (wovon allein ca. 60% der Gesamtmenge auf 0^h und jeweils ca. 12% auf 11^h, 0.30^h und 1.30^h entfallen). Lediglich ca. 4% der Stempelstellungen weisen merklich deutlichere Abweichungen (bis zu 210°) auf. Analog zu ähnlichen, bei Ziegaus 1995 analysierten Vergleichsdaten verschiedener Münzgruppen spätkeltischer Schatzfunde wird man daher in Bezug auf den »Hofoldinger« Münzkomplex vorsichtig formulieren dürfen: »Die engen Toleranzbereiche bei den Stempelstellungen stützen die stempelgenealogische Zusammengehörigkeit der Münzen zu einer bestimmten Gruppe, denn man kann gerade bei Münzen, die sich in ihren Bildmotiven kaum unterscheiden und so gut wie keine Veränderungen im Stempelbild erkennen lassen, davon ausgehen, dass die zeitliche Differenz zwischen der Ausprägung der einzelnen Münzen wahrscheinlich so gering ausfiel, dass derjenige, der den Reversstempel in der Hand hielt, stets an der gleichen Stelle stand bzw. saß und dabei den Stempel so lange nicht aus der Hand nahm, bis die Serie komplett geprägt vorlag« (Ziegaus 1995). Die besonders enge Zusammengehörigkeit der beiden »Hofoldinger« Typenvarianten lässt sich somit auch von daher untermauern.

Abb. 80 | Gegenüberstellung verschiedener Varianten goldener Vierundzwanzigstelstatere des Typs Janus I. M 3:1.

1   Stöffling
2–4 »Hofoldinger Forst«
5   Herkunft unbekannt (Falsifikat ?)

Metallurgische Zusammensetzung des Münzmetalls

Gestützt und ergänzt werden jene aus den schon angesprochenen fertigungstechnischen bzw. formalen Besonderheiten resultierenden Hinweise auf eine Eigenstellung der beiden verwandten Münzsorten noch durch zwei weitere auffällige Merkmale: So wurde bereits beim ersten Betrachten deutlich, dass sich die beiden Typenvarianten hinsichtlich ihrer – vom Mischungsverhältnis der Münzmetalle abhängigen – Oberflächenfarbe nicht nur im Ganzen von den jeweiligen Farbtönen der im Abschnitt »Fragestellung« aufgeführten übrigen Münztypen metrologisch vergleichbarer Gruppen *(wie Abb. 72, 4–8)* unterscheiden, sondern sich hierin auch untereinander in zwei verschiedene Gruppen aufgliedern lassen. Sämtliche Exemplare der größeren Münzvariante A, aber auch etwa ein Drittel ihrer ähnlichen Gegenstücke der kleineren Variante B, weisen nämlich eine insgesamt stärker ins Fahlgrau bis Grünliche spielende Oberflächenfarbe auf, die nach den Ergebnissen der metallkundlichen, im Rahmen des interdisziplinären Forschungsprojektes »Das prähistorische Gold in Bayern, Böhmen und Mähren – Metallurgie und Herkunft« (Lehrberger et al. 1997) auf eine Gold-Silber-Legierung mit erhöhtem Silbergehalt hindeutet. Im Unterschied zu diesen Stücken sind die verbleibenden restlichen zwei Drittel an Exemplaren von Variante B, die ohne Frage mit demselben Stempelpaar wie ihre mehr fahlgrau-grünlichen Artverwandten geprägt wurden, hingegen durch einen merklich goldgelberen Farbton gekennzeichnet, der einen höheren Goldgehalt anzeigt.

Ließen also diese mit bloßem Auge gut erkennbaren Merkmale bereits zwei unterschiedliche Ausgangsmaterialien oder Schmelzkörper und damit eine von der entsprechenden Kategorie vergleichbarer Kleingoldmünzen des südbayerisch-schwäbischen Raumes zumindest partiell abweichende Zusammensetzung der verwendeten Münzmetalle bzw. Legierungen erschließen, so lassen sich diese Unterschiede anhand der korrigierten – nach der völlig zerstörungsfreien Methode wellenlängendispersiver Röntgenfluoreszenz (RFA) im Rahmen des oben genannten Forschungsprojekts durchgeführten – Metallanalysen sämtlicher $1/_{24}$-Statere der Archäologischen Staatssammlung und einer Reihe weiterer Stücke aus Privatbesitz und anderen Museen noch verdeutlichen. Zeigt doch das verwendete, eine relativ geschlossene Materialgruppe bildende Metall dieser analysierten süddeutschen Kleingoldprägungen besagter »Gewichtsklasse« in der Regel einen im Vergleich zu anderen süddeutschen Prägungen ungewöhnlich hohen Goldgehalt (Lehrberger et. al. 1997). Letzterer unterscheidet sich einerseits von dem der »aus sehr reinem, teilweise wohl auch geläutertem Gold« bestehenden boischen Vierundzwanzigstelstateren, setzt sich andererseits jedoch »auch klar von dem für Regenbogenschüsselchen üblichen (Material) ab, das regelhaft Kupfergehalte zwischen 5% und 10% aufweist« (Steffgen/Ziegaus 1994; Steffgen 1997).

Hingegen erbrachte die einzige bisher vorliegende – 1997 im Garchinger Physik-Department E 15 der Technischen Universität München durchgeführte – RFA-Metallanalyse eines $1/_{24}$-Staters aus dem hier zu behandelnden Ensemble, eines

0,304 g schweren, in Privatbesitz befindlichen Exemplars der mehr hellgrau-grünlichen Spielart von Typenvariante B *(Abb. 80,4)*, nach freundlicher Mitteilung von B. Ziegaus folgendes Resultat: Gold: 77,64%, Ag 20,71%, Cu 1,65%. – Gemessene Dichte: 16,10 g/cm^3; Kalkulierte Dichte: 16,18 g/cm^3; Dichtedifferenz: – 0,08 g/cm^3. Versucht man vor dem Hintergrund der vorstehend resümierten Resultate metallkundlicher Untersuchungen zur Zusammensetzung und Verarbeitung jüngerlatènezeitlichen Münzmetalls den relativ hohen Silbergehalt der analysierten Kleingoldprägung einzuordnen, so scheint besagte Münze auch im Hinblick auf ihren aus dem Rahmen des Üblichen fallenden Silbergehalt von 20,71%, der deutlich außerhalb der bei den süddeutschen $^1/_{24}$-Stateren festgestellten Werte liegt, in der Tat völlig isoliert zu stehen. Dies wird um so mehr augenfällig, wenn man bedenkt, dass dieser Wert geradezu charakteristisch für eine andere, sich in der Regel zwischen 15 und 25% Silbergehalt bewegende Klassifikationsgruppe von Münzen der sogenannten Materialgruppe 2 ist, wie sie am ehesten durch den publizierten Streuungsbereich bestimmter »Regenbogenschüsselchen«-Statere des 1973 entdeckten, jedoch erst 1986 in seiner Bedeutung erkannten keltischen Münzschatzes von Wallersdorf, Landkreis Landau a.d. Isar/Niederbayern, repräsentiert wird (Kellner, 1989; *Abb. 81*). Dessen Gepräge sind chronologisch zwar eng an die Umlaufzeit der durch Grabfunde frühdatierten Typenvarianten der $^1/_{24}$-Statere zu rücken, insgesamt oder größtenteils jedoch offenbar etwas später als letztere anzusetzen (Ziegaus 1995; Steffgen 1997).

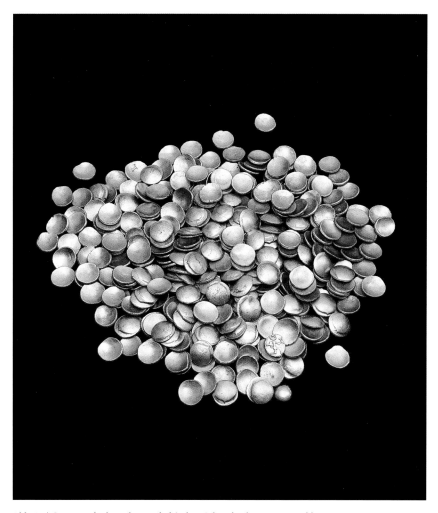

Abb. 81 | Gesamtaufnahme des spätkeltischen Schatzfundes von 366 Goldmünzen aus Wallersdorf *(Kat. 173)*.

Fragen zur Echtheit, Datierung und historischen Einordnung des Münzschatzes und seiner Stellung im Rahmen der Entwicklung der frühen Goldprägung in Bayern

Angesichts der unklaren Herkunft der »Hofoldinger« Kleingoldmünzen und der herausgestellten, von der bisherigen »Norm« der süddeutschen Vierundzwanzigstelstatere mehr oder minder abweichenden Besonderheiten (hinsichtlich Schüsselform, unregelmäßigem Umriss, stilistischer Ausführung, Durchschnittsgewicht, Oberflächenfärbung und Materialunterschieden) erscheinen daher gewisse Zweifel an der Richtigkeit der bisherigen Zuschreibung nicht unberech-

tigt. Wie sehr jedoch äußerste Vorsicht geboten ist, die vorbezeichneten Besonderheiten voreilig in Bausch und Bogen zu verurteilen, um den gesamten Münzkomplex schlichtweg als Fälschung zu erklären, gebieten nicht nur das eingangs genannte – von H. J. Hildebrandt im Zusammenhang mit dem von ihm abgebildeten »$^1/_{20}$-Stater« (seiner Terminologie) aus dem »Schatzfund Hofoldinger Forst« beschriebene und letzterem typologisch zugeordnete – 0,155 g schwere, vom »Fundort Stöffling« stammende »Halbstück« der hier zu Diskussion stehenden Münzorte(n), sondern auch die nachfolgenden Überlegungen:

Überprüft man innerhalb des von Steffgen/Ziegaus 1994 behandelten Spektrums süddeutscher Kleingoldprägungen die Fundgruppe der insgesamt 13 erfassten

Abb. 82 | Spätkeltische Potin-Münze aus der Île de France mit Darstellungen eines reduzierten Januskopfes in Form eines Y sowie eines stilisierten Pferdes mit zurückgewandtem Kopf. Natürliche Größe.

Münzen vom Typ Janus I auf ihre Materialzusammensetzung hin, so zeigt sich, dass von den sieben analysierten Stücken lediglich vier den von beiden Autoren betonten »extrem hohen Goldgehalt« (bei einem Silbergehalt von 4,2–6,8 %) aufweisen, die z.T. erforderliche, aus der Differenz zwischen errechneten und gemessenen Dichtewerten resultierende leichte Korrektur nach unten nicht mitberücksichtigt. Dagegen schwankt der Silbergehalt der übrigen drei Münzen zwischen 11,3 und 21,5 %, liegt also deutlich höher, wobei die von H. J. Kellner als mutmaßlichen $^1/_{72}$-Stater bezeichnete, nur 0,118 g schwere Kleinmünze aus Manching hinsichtlich ihrer Materialzusammensetzung (Gold: 77,4 %, Ag 21,5 %, Cu 1,0 %. – Gemessene Dichte: 16,10 g/cm³; Kalkulierte Dichte: 16,18 g/cm³; Dichtedifferenz: -0,59 gm/cm³) mit den oben genannten Werten des 1997 analysierten »Hofoldinger« Vergleichsstücks von Variante B sogar weitgehend übereinstimmt.

Die beiden hinsichtlich ihrer Gold-, Silber- und Kupfergehalte einander sehr ähnlichen Kleinmünzen können in dieser Beziehung aber auch den Analysewerten einiger glatter »Regenbogenschüsselchen«-Statere des Typs V A der (tendenziell spä-

ter anzusetzenden) Materialgruppe 2 von Wallersdorf zur Seite gestellt werden. Da die Vorderseite der Manchinger Kleinmünze zudem ein recht grobes, derivatives Prägebild aufweist, könnte man daher die in der Materialzusammensetzung zum Ausdruck kommenden Zusammenhänge angesichts des Nachweises verschiedener – eher für eine längere Prägedauer sprechender – Stempelpaare zur Herstellung des Typs Janus I und des relativ hohen, um ca. 7 % liegenden Kupfergehalts, der für das Gros der Materialgruppe 2 von Wallersdorf charakteristisch ist, durchaus als Hinweis auf eine mehr als »nur wenige Jahre« umfassende Prägezeit (Steffgen 1997), aber auch als Indiz für die Existenz mehrerer Werkstätten, d.h. nicht nur »einer Werkstatt« (Steffgen/Ziegaus 1994), ansehen. Hierbei wäre ein jüngerer Abschnitt der (hier als länger dauernd – bis weit in die Stufe Latène C 2, d.h. etwa ins zweite Drittel des 2. Jhdts. v. Chr., hineinreichend – angenommenen) Prägezeit besagten Münztyps einerseits durch eine vermehrte Zulegierung an Silber gekennzeichnet, könnte andererseits jedoch noch teilweise vor jener Blütezeit von Materialgruppe 2 gelegen haben, in welcher von den keltischen Goldschmieden zur farblichen Korrektur der fahlgrau-grünlichen Silberlegierung bei der Mischung der Münzmetalle in verstärktem Maße rotfärbendes Kupfer zur Intensivierung des goldenen Farbeindrucks hinzugefügt wurde (vgl. hierzu Lehrberger/Raub/Morteani 1997). Auch die ungewöhnliche Schüsselform der beiden »Hofoldinger« Typenvarianten ließe sich so problemlos als zeittypischer Ausdruck des hinlänglich bekannten, sich mehr und mehr durchsetzenden Gebrauchs konvex-konkaver

Prägestempel zur Herstellung goldener »Regenbogenschüsselchen« erklären. Für einen eher jüngeren Zeitansatz der »Hofoldinger« Münzvarianten spricht vielleicht auch der Umstand, dass ihr charakteristisches Hauptmerkmal, die gewülstete, Y-förmige Figuration mit bogenförmig ausschwingenden, keulenartig anschwellenden Hasten zur Darstellung der zurückgekämmten Haarsträhnen, typologisch zwischen den »entsprechenden« Darstellungsdetails der »klassischen«, frühen Gepräge des von H.-J. Kellner bzw. U. Steffgen/B. Ziegaus behandelten Typs Janus I und späten gegossenen Potin-Münzen Galliens mit stark reduziertem Januskopf (und stilisiertem, nach links orientiertem Pferd mit zurückgewandtem Kopf auf dem Revers; vgl. *Abb. 82*) steht.

Noch zwei weitere Gesichtspunkte bedürfen in diesem Zusammenhang einer kurzen Erörterung: Unterstellt man einmal hypothetisch, der »Hofoldinger« Münzkomplex sei tatsächlich gefälscht, so stellt sich in diesem Falle natürlich die Frage, wie es dazu kommen konnte, dass ein offenbar beachtlicher Teil dieser vermeintlich gefälschten Münzen ausgerechnet aus jener Legierung hergestellt wurde, die innerhalb des Gesamtspektrums an bisher publizierten Analysen verschiedenster Typen von Vierundzwanzigstelstateren ausgesprochen selten vertreten ist. Diesen Umstand jedoch einseitig als Indiz für mangelhaftes Fachwissen angeblicher Fälscher zu interpretieren, wäre schon angesichts des bereits oben angeklungenen Zweifels an der Übertragbarkeit der oben resümierten, an nur vier Beispielen gewonnenen Erkenntnisse auf alle Varianten jenes analysierten Korrektivs gesicherter Fundmünzen des Typs Janus I nicht statt-

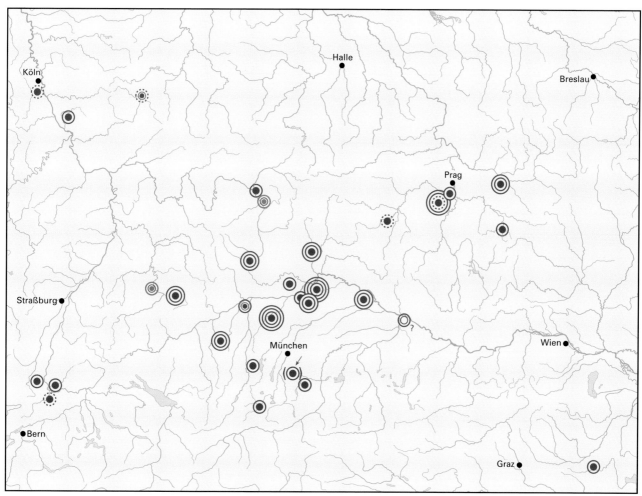

Abb. 83 | Schatzfunde spätkeltischer Goldmünzen in Mitteleuropa (rote Punktsignaturen). Die angebliche Fundregion des »Hofoldinger Münzschatzes«
ist durch einen Pfeil markiert (Nachweise Wamser 2001).
Rote Punkte mit Kreis = weniger als 300 Münzen
Rote Punkte mit zwei Kreisen = mehr als 300 Münzen
Rote Punkte mit drei Kreisen = mehr als 1000 Münzen
Rot umrandeter blauer Punkt in rotem Kreis =
    Goldmünzschatz mit wenigen Silbermünzen

Rot umrandete blaue Punkte in blauem Kreis = Silbermünzschätze
    mit wenigen Goldmünzen
Punktierte Kreise = Münzschätze mit Schmuckobjekten aus Gold

haft. Auch die Tatsache, dass Fälschungen metallanalytisch untersuchter Original-objekte heutzutage beinahe an der Tages-ordnung sind, und der Umstand, dass die über die Fachliteratur zugänglichen Er-gebnisse analytischer und metallographi-scher Materialuntersuchungen an spät-keltischen Goldmünzen in der Regel ganz andere Kombinationen von Silber- und Kupfergehalten zeitigen, gemahnen hier zu äußerster Vorsicht bezüglich einer möglichen Negativbewertung der »Hofol-dinger« Gepräge.

Für die Echtheit der »Hofoldinger« Goldmünzen scheinen zudem auch ihre – im Vergleich zu den übrigen, durchweg

gerundeteren Kleinprägungen gesicherter Provenienz – auffallend unregelmäßigen Umrissformen zu sprechen, deren Bildung wegen der damit verbundenen qualitäts-mindernden Beeinträchtigung ihres äuße-ren Erscheinungsbildes sonst nicht recht verständlich wäre. Es erscheint daher be-zeichnend, dass eine unlängst im Münz-handel aufgetauchte weitere, 0,317 g schwere Variante des Typs Janus I *(Abb. 80, 5)* – die wegen ihrer gänzlich abwei-chenden Goldfarbe, der augenscheinlichen stilistischen Abhängigkeit ihres Avers-Motivs von den entsprechenden (ähnlich parallellaufende, jedoch unsorgfältiger ausgeführte Haarsträhnen aufweisenden)

Stempelbildern der »Hofoldinger« Geprä-ge und der abweichenden anatomischen Details ihrer rückseitigen Pferdedarstel-lung am ehesten als Falsifikat in Frage kommt – eine ganz ähnlich gerundete Umrissform aufweist wie die zweifels-freien, publizierten Stücke dieses Typs. Wegen des Fehlens eindeutiger Spuren längeren Gebrauchs – aber auch wegen der im Befund der Stempelstellungen zum Ausdruck kommenden stempelgenealogi-schen Zusammengehörigkeit und kurzen Prägezeit der einzelnen Münzen – ist jedenfalls davon auszugehen, dass die »Hofoldinger« Typenvarianten weder eine Zeitlang kursierten noch allmählich »zu einer runden Summe« von angeblich 178 jeweils typen- und stempelgleichen Exemplaren weniger Prägeserien »zusammengespart« wurden.

Analog zu einer ganzen Reihe analysierter Münzschätze aus anderen Regionen, die ebenfalls Anhäufungen stempel- bzw. typengleicher Gepräge aufweisen, wird man daher einerseits in Betracht ziehen müssen, dass diese Stücke im Rahmen eines einmaligen Vorgangs geprägt und kurz darauf geschlossen an den Ort ihrer Verwahrung verbracht wurden (analoge Beispiele bei Ziegaus 1995). Auf der anderen Seite wird man jedoch auch die Möglichkeit einkalkulieren müssen, dass diese Emissionen – vergleichbar den Goldmünzen- und Goldbarren-Einschlüssen deponierter Gold-Hohlringe der jüngeren Latènezeit (Guggisberg 1997) – gar nicht für den praktischen Gebrauch im Münzumlauf vorgesehen waren, sondern allein in ihrer Eigenschaft als standardisierte, unmittelbar material- und gewichtsbezogene Metalleinheiten (mit sozusagen »stempelzertifizierter« Wertangabe) zum Zwecke ihrer Entäußerung – etwa als Weihe- oder Opfergaben – geprägt wurden. Damit fänden nicht zuletzt auch die unregelmäßigen Umrissformen dieses Goldensembles – das hinsichtlich Materialzusammensetzung, -struktur, Umfang, Erhaltungszustand und (mitgeteilter) Fundkategorie ohnedies eine Sonderstellung einnimmt – eine plausible Erklärung. Besagter Münzkomplex ließe sich so auch problemlos in den größeren Rahmen spätkeltischer Gold-Münzschätze (Abb. 83) einordnen, zu deren frühesten Vertretern er dann gehörte.

An dieser Stelle sei noch ein kleiner Exkurs zur möglichen Mengen-Wertbe-

messung des ursprünglichen Münzbestandes gestattet. Angesichts des unstreitigen Faktums, dass die verschiedenen Typen keltischer Kleingoldprägungen generell nach bestimmten Gewichtsvorgaben gefertigt wurden, letzten Endes also »Vielfache einer bestimmten ponderalen Grundeinheit« im Sinne analoger, 1997 angestellter Erwägungen Martin Guggisbergs sind, wird man vor dem Hintergrund der zentralen Rolle, die das Gewicht in seiner Eigenschaft als standardisierter Metalleinheit bei jeder einzelnen Münze spielte, daher auch bei der Bildung des »Hofoldinger« Münzschatzes von ganz konkreten Gewichtsvorstellungen ausgehen dürfen.

Die Richtigkeit der mitgeteilten Zahlangabe vorausgesetzt, entspräche der ursprüngliche Münzbestand einem errechneten Gesamtgewicht von ziemlich genau 178 x 0,309 g = 55,002 g gemünzten Goldes, was schon insofern bemerkenswert erscheint, als diese überlieferte Münzmenge in etwa dem (empirisch ermittelten) Fassungsvermögen der bekannten – im Bronzegussverfahren, d. h. nach einer bestimmten Größenvorgabe, gefertigten – Kleinmünzenbörse aus Manching (Abb. 79) entspricht, deren Hohlraum bei nicht ganz »randvoller« Füllung etwa 180 (maximal 190 bis 200) Vierundzwanzigstelstatere aufzunehmen vermag. Da eine seitliche, schräg ansetzende kleine Protuberanz dicht unterhalb des Öffnungsrands der Börse, in der sich bei ihrer Auffindung noch sechs kleine Goldmünzen *in situ* befanden, nicht als Zapfen zur Aufnahme eines drehbar befestigten Deckels gedient haben kann und sonstige Arretierungsspuren einer möglichen Schließvorrichtung fehlen, wird man am ehesten einen

kleinen, geringfügig ins Börseninnere eingreifenden Falzdeckel aus organischem (?) Material und damit begründbar ein ursprüngliches Aufnahmevermögen von etwas weniger als 190–200 Kleinstnominalen voraussetzen dürfen. Von daher könnte man sogar vorsichtig erwägen, ob dieses kleine, bocksbeutelartige Behältnis nicht zugleich auch (nach Art eines »Hohlmaßes«) zur Bemessung eines bestimmten Kontingents spätkeltischer Kleingoldmünzen konzipiert gewesen sein kann.

Die so bemessene Münzmenge verdient aber auch deshalb besondere Beachtung, weil das dem errechneten Gesamtgewicht von 55,002 g entsprechende Vielfache der diesem Wert zugrunde liegenden »Grundeinheit« (= 24 x 0,309 g) überraschend genau auf demjenigen Rechnungsfaktor von der Größenordnung des maßgebenden Rechnungsstaters von 7,416 g fußt, der als Multiplikant zur Erreichung des zuvor erwähnten, augenscheinlich angestrebten Gesamtgewichts von 55 g benötigt wird und durch ein einfaches Rechenverfahren bestimmt werden kann (nach unserem metrischen Maßsystem: 7,416 x 7,416 g = 54,997 g).

Da diese auffälligen Gegebenheiten schwerlich als Spiel des Zufalls abgetan werden können, wird man daher wohl kaum fehlgehen, wenn man annimmt, dass die Festlegung bzw. Wertbemessung des anfänglichen Münzbestandes durch Multiplikation einer bestimmten, gewichtsbezogenen Maßzahl vom Nominalwert eines 7,416 g schweren – aus dem »Standardgewicht« von 0,309 g erschließbaren – Rechnungsstaters mit einem Rechnungsfaktor gleicher Größenordnung erfolgte – ein Denkmodell, welches auf das eingangs zitierte Rechensystem H. J. Hildebrandts indessen nicht anwendbar ist. Methodisch nicht unproblematisch erscheinen vor diesem Hintergrund freilich auch gängige Theorien, denenzufolge die allgemeine, (von der allmählichen – stetig voranschreitenden – Verschlechterung des Münzmaterials ganz wesentlich bestimmte) Entwicklung der keltischen Goldprägung über die Bestimmung der Münzgewichte als alleiniges Beurteilungskriterium uneingeschränkt Rückschlüsse auf feinchronologische Aussagen gestatten soll.

Wie sehr im südbayerisch-schwäbischen Raum jedoch verstärkt auch mit Sonderentwicklungen bzw. einem regional unterschiedlichen Entwicklungsgang keltischer Goldprägung, d.h. mit einem zeitweiligen Nebeneinander verschiedener Erscheinungsformen, gerechnet werden muss, zeigt auch ein Vergleich der schon besprochenen – mit den gängigen Vorstellungen der Umlauf- und Prägezeit spätkeltischer Goldmünzen indes nicht in Einklang stehenden – Gewichte und Feingehalte der im Durchschnitt nur 0,309 g schweren »Hofoldinger« Typenvarianten mit den entsprechenden Werten anderer Kleingoldmünzen. Dass die genannten Werte der betreffenden Gepräge des Typs Janus I indessen nicht gänzlich isoliert stehen, wurde bereits bei der Besprechung des mutmaßlichen (möglicherweise erst in einer jüngeren Phase der Gesamtumlaufzeit dieser Münzen geprägten) $1/72$-Staters betont. War bereits beim ersten Betrachten der fraglos mit ein und demselben Stempelpaar geprägten Serie von Typenvariante B das Vorhandensein unterschiedlicher Ausgangsmaterialien bzw. Schmelzkörper aufgrund der divergierenden Oberflächenfärbung erkennbar,

so lässt sich ein vergleichbarer Materialunterschied auch am Kupfergehalt der glatten »Regenbogenschüsselchen«-Statere des Typs V A des ebenfalls sehr homogen anmutenden Schatzfundes (von ursprünglich mehr als 370 Goldmünzen) aus Wallersdorf aufzeigen, dessen Feingehalte – bezogen auf alle glatten Statere – einen prozentualen Anteil von durchschnittlich ca. 70% Gold, 23% Silber und 7% Kupfer bei einem Durchschnittsgewicht von 7,9 g ergaben.

Zeigte sich bei der metallurgischen Untersuchung des Schatzfundes einerseits, dass die glatten Statere insgesamt zwar etwas schwerer als andere »Regenbogenschüsselchen« sind, so unterscheiden sie sich doch vom Gros der $1/24$-Statere durch einen deutlich stärkeren – den analysierten Werten der »Hofoldinger« Typenvariante B vergleichbaren – Silbergehalt der Goldlegierung. Sortiert man nun aus der Gesamtheit der 364 untersuchten Wallersdorfer Statere die einzigen fünf Exemplare (= lfd. Nrn. B 592, 659, 711, 846 und 887) aus, die sowohl hinsichtlich ihres (zwischen 10,4 und 24,3% schwankenden) Silbergehalts als auch hinsichtlich ihres (sich zwischen 1,0 und 1,9% bewegenden) Kupfergehalts den »Hofoldinger« Vergleichsstücken zur Seite gestellt werden können, so wird deutlich, dass diese kleine Münzgruppe des vorbezeichneten Legierungstyps auch eine eigene Gewichtsgruppe für sich bildet. Mit einem errechneten durchschnittlichen Rauhgewicht von 7,596 g steht letztere indessen der dritten, Münzen zwischen 7,3 und 7,6 g umfassenden Gewichtsgruppe (nach der Einteilung von B. Ziegaus 1995) nahe, welcher auch der aus den »Hofoldinger« $1/24$-Stateren ermittelte Rech-

nungsstater von 7,416 g zuzuordnen ist. Trotz unverkennbarer Differenzen zwischen gemessener und kalkulierter Dichte ist damit die bisher aufgestellte These, der Fund von Wallersdorf setze sich nur aus Münzen der (alle Münzen über 7,7 g umfassenden) Gewichtsgruppe I zusammen, entsprechend einzuschränken.

Dies alles spricht dafür, dass während der relativ kurzen Zeitspanne zwischen Herstellung und Deponierung des Wallersdorfer Münzschatzes verschiedene Festlegungen über Rauhgewicht und Feingewicht bzw. Feingehalt der Statere wirksam (geblieben) waren oder gerade wirksam wurden. Hierbei legt der bei knapp 80 Prozent – d.h. deutlich über dem Durchschnittsgewicht anderer Stater-Typen – liegende Goldgehalt jener leichtgewichtigeren Wallersdorfer Münzgruppe wegen ihrer Affinität mit den ebenfalls sehr niedrigen Kupferwerten und dem noch höheren Goldgehalt der analysierten $1/24$-Stare einen innerhalb der Wallersdorfer Prägeserie frühen Zeitansatz nahe. Eine weitere Wallersdorfer Münze mit weit unter dem Durchschnitt liegendem Kupferwert – ein glatter »Regenbogenschüsselchen«-Stater des Typs V A (lfd. Nr. B 819) – fällt sowohl hinsichtlich ihres Rauhgewichts (7,988 g) als auch hinsichtlich ihrer Materialzusammensetzung (Gold: 94,0%, Ag 5,2%, Cu 0,8% – Gemessene Dichte: 17,21 g/cm³; Kalkulierte Dichte: 18,32 g/cm³; Dichtedifferenz: -1,11 g/cm³) so sehr aus dem Rahmen des Üblichen, dass sie aufgrund ihrer Material- und Gewichtseigenschaften – und besonders ihrer frappanten Übereinstimmung mit den entsprechenden Vergleichswerten der analysierten $1/24$-Stare des Typs Janus I, die den höchsten

Goldgehalt aufweisen – dieser frühen metrologischen Gruppe süddeutscher Nominale theoretisch sogar als »regulärer« Vollstater zugeordnet werden könnte.

Um wieder auf die zuvor angestellten Überlegungen nach der Existenz einer Art von (regionaler?) Wertstufe zurückzukommen, deren Rechnungsstater sich im Bereich der Gewichtsgruppe 3 bewegt, so würde eine solche Annahme auch durch den archäologischen Nachweis eines dem gleichen metrischen System zugehörigen, 0,155 g schweren $^1/_{48}$- (nach Hildebrand $^1/_{40}$-) Staters des Typs Janus I aus Stöffling gestützt, der einen fiktiven Stater von 7,44 g ergibt. Entsprechendes dürfte sinngemäß auch für den Fund eines 0,944 g schweren »Achtelstaters« aus Stöffling gelten, der hinsichtlich Gewicht und Materialzusammensetzung ebenfalls gute Vergleichsmöglichkeiten mit den zuvor behandelten Münzsorten der Gewichtsgruppe 3 bietet: Gold: 79,6 %, Ag 18,3 g, Cu 2,1 g – Gemessene Dichte: 16,38 g/cm³; Kalkulierte Dichte: 16,39 g/cm³; Dichtedifferenz: 0,00 g/cm³ (B 145). Auch bei diesem Stück lässt sich im Vergleich zu den Münzen der Gewichtsgruppe 1 eine – nach böhmischem Muster erfolgte? – Reduzierung des aus dem Achtelstück ermittelten Sollgewichts (7,552 g) konstatieren.

Zur Beurteilung der Frage nach der Herkunft und Prägeregion der »Hofoldinger« Kleingoldmünzen lässt sich derzeit nur soviel aussagen, dass alle drei angegebenen, zum engeren Umfeld des Mangfallknies gehörigen »Fundorte« inmitten jenes »vindelikisch«-südbayerischen, von H.-J. Kellner bereits 1961 herausgestellten Kerngebiets der Verbreitung dieser Teilstücke liegen – ein Umstand, der angesichts der außerordentlich einheitlichen Struktur des Münzensembles durchaus für eine Herkunft und Entstehung in besagter Region spräche. Da nahezu der gesamte Komplex aus lediglich zwei Stempelpaaren gefertigt wurde, wird man für den Fall seiner tatsächlichen Auffindung an einem der genannten Plätze immerhin annehmen dürfen, dass dieser in jener Region auch geprägt wurde. Denn wie im Falle des Fundes von Wallersdorf wäre die geringe Zahl verwendeter Stempel nach Kellner ein Indiz dafür, »dass der Fund nur wenig von der Prägestätte abgewandert sein kann und nicht in den Münzumlauf gekommen ist; denn je weiter Münzen von der Prägestätte umgelaufen sind, desto mehr haben sie sich mit Stücken von anderen Münzstätten vermischt«. Nachdem derzeit jedoch keine befriedigende Antwort über die Herkunft der Münzen zu erhalten ist, muss diese wichtige Frage vorerst leider ungeklärt bleiben.

Was die zahlreichen, erst kurz vor Drucklegung dieses Katalogbeitrags veröffentlichten Thesen H. J. Hildebrandts zu den von ihm behandelten Einzelfragen seiner gedankenreichen, in mehrfacher Hinsicht sicherlich auch richtungsweisenden Studie über das latènezeitliche Münzsystem anbelangt, so kann hier natürlich nur ein erster Kommentar zu einzelnen Aspekten abgegeben werden, soweit diese das Thema des vorliegenden Beitrags unmittelbar berühren.

Herausgegriffen seien drei Punkte. Der eine betrifft die hier in *Abb. 72, 4* wiedergegebene Typenvariante der $^1/_{24}$-Statere mit Doppelkopf und Pferd, die Hildebrandt – im Gegensatz zu Kellner, der in diesen Geprägen die ältesten in Süddeutschland geprägten Münzen erkannte – nunmehr als »Boier, Cispadana, ab 211/208 v. Chr.: $^1/_{20}$-Stater« reklamiert und zusammen mit den Münztypen Janus II sowie Androkephales Pferd I und II *(Abb. 72, 5–7)*, deren Prägezeit (»ca. 197 v. Chr.«) er jedoch etwas später ansetzt, zu den »in Italien geprägten keltischen Goldmünzen« zählt, »deren Hauptfundgebiet jedoch Süddeutschland ist«. So berechtigt und beachtenswert seine Arbeitsmethode, relativ-chronologische Abfolgen antiker Münzsorten an historische Zeitmarken als absolutchronologische Fixpunkte zu reihen, auch sein mag, seine knappe, nur im allgemeinen Textzusammenhang gegebene Begründung für seine Stammes-, Prägeort-, Zeit- und Nominalzuweisungen der einzelnen Münzsorten, die – für sich genommen – durchaus logisch und nachvollziehbar erscheint, lässt jedoch nach wie vor so viele Fragen offen, dass ihr oftmals nur der Charakter einer Erklärungsmöglichkeit, nicht jedoch der einer zwingenden Beweisführung zuerkannt werden kann. Getreu seinem Philolaos entlehnten Motto »Nichts ist erkennbar ohne Zahl« verengt sich sein metrologisch-numismatischer Blickwinkel bei der Bewertung archäologisch-historischer Sachverhalte bisweilen so sehr, dass alternative Erklärungsmöglichkeiten erst gar nicht in Betracht gezogen, geschweige denn diskutiert werden.

So hätte er beispielsweise den glücklichen Umstand, dass vom überwiegenden Teil der bei Steffgen/Ziegaus 1994 erfassten $^1/_{24}$-Statere der Fundort überliefert ist, im Sinne eines bereits 1817 von Goethe ausgesprochenen Postulats (vgl. S. 162) nutzen und das klar umrissene Verbreitungsgebiet dieser südbayerisch-schwäbischen Fundgruppe anhand des

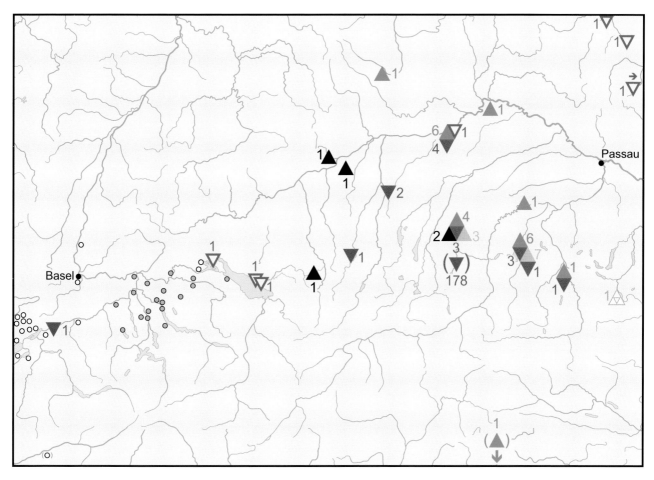

Abb. 84 |Regionale Goldprägung, verdeutlicht am Verbreitungsbild spätkeltischer Kleinstnominale (Dreiecksignaturen: $^1/_{24}$-, $^1/_{28}$-, $^1/_{60}$- und $^1/_{72}$-Statere), der Viertelstatere des Typs Horgen-Unterentfelden (violette Punkte; nach Kellner) und der schriftlosen Statere vom »Freiburger Typus« (offene Kreise; nach Castelin).
Gefüllte Dreiecke: rot = Typ Janus I; schwarz = Typ Janus II; grün = Typen Androkephales Pferd I und II;
                         grau = Typ Stilisierter Kopf; siena = Typ Dreikopf.
Offene violette Dreiecke = böhmische $^1/_{24}$-Statere vom Typ Athena-Alkis.
Helles Dreieck mit Binnenstruktur = $^1/_{24}$-Stater unbekannten Typs.

von beiden Autoren vorgelegten Katalogs nach dem Aussagewert der mitpublizierten Fundkarte hinterfragen können. Hierbei hätte er auch eine Antwort auf die von Steffgen/Ziegaus – unter ausdrücklichem Hinweis auf die eng begrenzte Verbreitung der Latène C-zeitlichen Viertelstatere des Typs Horgen-Unterentfelden – zwar aufgeworfene, jedoch als derzeit unerklärbar bezeichnete Frage nach den Gründen, weshalb die kartierten Kleinmünzen auf einen relativ engen Raum beschränkt bleiben, finden und in seiner Argumentation berücksichtigen können. Kartiert man nämlich die von Steffgen/ Ziegaus zusammengestellten Gepräge nach Münztypen und ergänzt das so gewonnene differenzierte Verbreitungsbild

noch durch einige mittlerweile bekanntgewordene Neufunde *(Abb. 84)*, so wird deutlich, dass es im fraglichen Raum bereits während der Umlaufzeit besagter Münzsorten zur Herausbildung ausgesprochen kleinräumiger regionaler Strukturen und Eigenentwicklungen gekommen sein muss, deren charakteristischer archäologischer Niederschlag schwerlich mit den »anfangs erschwerten Bedingungen« zur Zeit der historisch bekannten, von Hildebrandt herangezogenen »Wanderbewegungen cispadanischer Boier« in unmittelbaren ursächlichen Zusammenhang gebracht werden kann.

Wie differenziert – sowohl in metrologischer Hinsicht als auch in Bezug auf die räumliche Infrastruktur – der mittellatè-

nezeitliche Münzverkehr in dem nur etwa 240 x 130 km großen südbayerischschwäbischen Hauptverbreitungsgebiet der keltischen (wohl kaum nur als Gelegenheitsprägungen metallverarbeitender Werkstätten entstandenen) Kleingoldmünzen bereits ausgeprägt und organisiert war, zeigt nicht nur die aus Neufunden erschließbare Teilung von mindestens vier – z. T. in mehreren Varianten gefertigten – Typen miniaturhafter $^1/_{24}$-Gepräge in $^1/_{72}$-, $^1/_{60}$- bzw. $^1/_{48}$-Teilstücke *(vgl. Abb. 78)*, sondern auch deren unterschiedliche, sich großenteils ausschließenden Verbreitungsschwerpunkte. Auch ist es wohl kaum ein purer Zufall, dass der spektakuläre Neufund eines spätkeltischen Kultkessels mit reicher Treibverzierung, auf

Abb. 85 | Römische Litra, geprägt zwischen 225 und 212 v. Chr. Mögliches Vorbild für die »Vindelikischen« $^1/_{24}$-Statere des Typs Janus I.

dessen Innenwandung sich u. a. die großformatige Darstellung eines Mischwesens mit Pferdeleib und Menschenkopf befindet, in ebenjenem »traditionellen«, auf der Karte *Abb. 84* mit grünen Dreiecksignaturen gekennzeichneten östlichen Teilraum des Gesamtverbreitungsgebietes süddeutscher Vierundzwanzigstelstatere zutage kam, der zugleich als Umlaufgebiet der Münztypen Androkephales Pferd I und II ausgewiesen ist. Die weite, sich bis zum Bodensee erstreckende Fundstreuung der böhmischen $^1/_{24}$-Statere vom Athena-Alkis-Typ, die – wie auch das Verbreitungsbild der keltischen Goldmünzschätze *(Abb. 83)* zeigt – zu den zahlreichen Belegen vielfältiger Handelskontakte zwischen Süddeutschland und Böhmen zählt, besagt in diesem Zusammenhang jedenfalls ebensowenig wie die beiden »Ausreißer«: eine Kleingoldmünze des Typs Janus I aus einem Frauengrab der Stufe Latène C 1 von Biel (Kanton Bern; Polenz 1982), das bemerkenswerterweise eine Fibel östlicher Provenienz enthielt, sowie ein weiterer $^1/_{24}$-Stater des Typs Androke-

phales Pferd I aus dem hellenistischen Gräberfeld von Butera (Sizilien), die entweder durch keltische Söldner (Boehringer 1991) oder im größeren Rahmen anderweitiger Kontakte – wie sie durch das in tarentinischer Technik vergoldete Goldbäumchen von Manching *(Kat. 79)* evident werden – dorthin gelangte. Vor diesem archäologisch-historisch gut bezeugten Hintergrund vielfältiger wechselseitiger Kontakte und der damit einhergehenden Translation zivilisatorisch-technischer Neuerungen, auf denen bekanntlich auch die Herausbildung und Struktur der keltischen Oppidakultur basieren, erklärt sich auch die von H.-J. Kellner 1961 und D. Mannsperger 1984 bereits erwogene Ableitung der »vindelikischen«, im Dreieck zwischen Wertach, Chiemgau und Manching verbreiteten Kleingoldprägungen vom Typ Janus I und seiner Teilstücke von mediterranen Vorbildern (römischen, in Süditalien zwischen 220 und 205 v. Chr. geprägten Didrachmen und vergleichbaren, im Auftrag Hannibals zwischen 216 und 211 v. Chr. geprägten Goldmünzen

und Pseudo-Quadrigaten); von all jenen in Frage kommenden Vorbildern weist eine römische, zwischen 225 und 212 v. Chr. geprägte Litra mit ihrem Doppelkopf- und Pferdemotiv *(Abb. 85)* nach Steffgen/Ziegaus 1994 im Münzbild die bisher beste Übereinstimmung mit den entsprechenden Prägebildern ihrer keltischen Ableitungen auf. Unabhängig hiervon lassen freilich auch bestimmte formale Merkmale des Typs Janus I (wie das stehende Dreieck feiner Linien und Punktecken, die strähnig nach hinten gekämmten Haare oder der Punkt zwischen den beiden keulenartig anschwellenden Hasten der Y-förmigen Haarfiguration auf den Aversen, aber auch die Pferdedarstellung auf den Reversen mit darüber angeordnetem Punkt-Linien-Dreieck), die wie unbeholfene Reduktionen vergleichbarer Details auf den Prägebildern früher ostkeltischer, auf griechische Vorbilder zurückgehender Doppelkopf-Tetradrachmen wirken (und auf den Reversen das Motiv eines Reiters aufweisen, dessen stilisierter Oberkörper nach Art eines V-förmigen Liniendreiecks mit Punktabschlüssen gestaltet ist; M. Kostial 1997, Nrn. 540–543), auch die Möglichkeit eines – direkten oder indirekten – Zusammenhangs mit griechischen Motiv-Vorbildern erwägenswert erscheinen. So berechtigt die Suche nach den dinglichen Hinterlassenschaften cispadaner Boier im nordalpin-süddeutschen Raum auch ist: der untrügliche numismatische Beweis hierfür steht noch aus.

Nachdem die historisch-metrologisch-chronologische Studie Hildebrandts »methodisch auf der Berechnung exakter Standardgewichte antiker Münzsorten basiert«, kommt natürlich auch dem (nach

Hildebrandt) »ersten in Bayern geprägten Zwanzigstelstater«, d. h. den von ihm als »Boier, Bayern, ca. 185 v.Chr.: $^1/_{20}$-Stater ... StGw. 0,317 g« bezeichneten Kleingoldmünzen des Typs Stilisierter Kopf *(wie Abb. 72, 2–3)*, besondere Aufmerksamkeit zu; dies auch deshalb, weil »das 25fache des Standardgewichts dieser Münzsorte ... dem der schwersten und ältesten Sorte der Regenbogenschüsselchen« entspreche. Bemerkenswert ist in diesem Zusammenhang sein Hinweis im 1995 erschienenen Teil 2 seiner Studie, dass seine nummerischen – im Falle des Typs Stilisierter Kopf auf der Basis von lediglich drei (bei Steffgen/Ziegaus 1994 unter lfd. Nrn. 38–40 aufgeführten) Fundmünzen aus Stöffling ermittelten – Angaben »infolge Materialerweiterung zwischen Manuskriptabgabe und Drucklegung ... vereinzelt zu präzisieren waren«, ohne dass dabei prinzipielle Änderungen aufgetreten seien. Überprüft man nun das »Standardgewicht« der letzteren Münzsorte unter Einbeziehung zweier weiterer – in der Zwischenzeit vorgelegter – Neufunde aus Stöffling, so ergibt sich bereits hieraus ein neues Durchschnittsgewicht von 0,324 g und damit nicht 7,925 g, sondern 8,1 g für einen fiktiven Stater (des 25fachen Werts im Sinne des Hildebrandtschen Rechnungssystems). Man darf also gespannt sein, ob die in Kürze zu erwartende Vorlage »weiterer Neufunde von boischen Goldkleinmünzen mit bereits vorhersagbaren Standardgewichten« die in sie gesetzten Erwartungen H. J. Hildebrandts enttäuscht, erfüllt oder übertrifft!

Bei allen Verdiensten des Autors, dessen breit angelegte Datensammlung keltischer Fundmünzen bei richtiger historisch-metrologisch-chronologischer Betrachtung im Kontext überregionaler Geldwirtschaft in der Tat wichtige Erkenntnisse zu vermitteln verspricht, so bedürfen seine methodisch sehr beachtenswerten Forschungsansätze m. E. aber noch weiterer Überprüfung auf verbesserter statistischer Basis zur Erweiterung der Grundlagen für unsere Kenntnis der Ordnung des keltischen Münzwesens in Süddeutschland. Bedenkt man zudem, welche »Folgerungen aus Devaluationsketten und Zeittafel unter Berücksichtigung der Fundsituation« H. J. Hildebrandt aus der Bewertung der seines Erachtens jüngsten, durch den »Schatzfund Hofoldinger Forst« repräsentierten Sorte von Zwanzigstelstatern (»Boier, Bayern, ca. 177 v.Chr., ... StGw. 0,309 g«) zieht, so versteht man vielleicht den Zweck vorstehender Zeilen besser, vornehmlich auf das von ihm 1995 selbst postulierte Erfordernis subtiler Fund- und Befundanalyse dezidiert aufmerksam zu machen. Es bleibt daher zu hoffen, dass durch neu bekannt werdendes Fundmaterial eines Tages die noch offene Frage, ob jene »jüngsten Zwanzigstelstatere« unserer »Hofoldinger« Typenvarianten aus der in *Abb. 72, 4* dieses Beitrags exemplarisch wiedergegebenen Sorte entsprechender Motivwahl tatsächlich »durch zweimalige Devaluation um je $^1/_{25}$« hervorgegangen sind oder nicht, durch konstruktive Kritik ebenso verifiziert werden kann wie die Hildebrandtsche These, dass »daneben das Standardgewicht 0,309 g in Beziehung zum keltischen Fuß von 3,09 m Länge (tritt) und so völlig neu für die keltische Kultur die Existenz übergreifender Maßeinheiten für Gewicht und Länge« dokumentiert, da diese ja »bekanntlich durch das spezifische Gewicht verbunden« seien.

Lit.: Allen III 1995. - Boehringer 1991. – Castelin 1985. – Das Keltische Jahrtausend. – Guggisberg 1997. – Guggisberg 2000. – Hildebrandt 1998/99. – Kellner 1961. – Kellner 1968. – Kellner 1989. – Kellner 1990. – Kostial 1997. – Lehrberger et al. 1997. – Lehrberger/Raub/Morteani 1997. – Mannsperger 1984. – Overbeck 1987. – Overbeck 1996. – Polenz 1982. – Raiser 1841. – Reinecke 1930. – Steffgen 1997. – Steffgen/Ziegaus 1994. – Wamser 2001. – Ziegaus 1995.

Gold und Silber
Währungsgeschichte in Deutschland
von 800 bis zur Gegenwart

Walter Dieck

Vorbemerkung

»Mythos« war es für die alten Griechen, wenn sich eine Gottheit auf geheimnisvolle Weise offenbarte – sei es als strafender, heilender oder weissagender Gott. Priester pflegten dann die Erinnerung an ein solches und vielleicht nachfolgendes Ereignis. Ein Mythos war etwas Göttlich-Geheimnisvolles. Aus dem Mythos entwickelte sich die Mythologie, das Wissen um die Götter eines bestimmten religiösen Kulturkreises. So sprechen wir heute z. B. von der griechischen Mythologie, wenn wir die Bewohner des griechischen Götterhimmels meinen.

Heute ist der Begriff »Mythos« vieldeutig geworden. Er kann Legende, Erzählung, ja sogar Zeitgeist bedeuten. Von einem »Mythos Gold« im Zusammenhang mit der deutschen Währungsgeschichte kann keine Rede sein, denn in dem Gebiet, das heute die Bundesrepublik Deutschland bedeckt, war meistens Silber das vorherrschende Währungsmetall, nur selten und teilweise und nur einmal für das ganze Gebiet hatte Gold diese Funktion. Außerdem ging es in den zu betrachtenden zwölf Jahrhunderten nie mythisch, sondern stets handfest materialistisch bei der Prägung von Münzen zu.

Als die mediterrane Welt um 800 v. Chr. vom Tauschhandel zum Handel Ware gegen ein allseits begehrtes Metall überging, kamen griechische Städte auf den Gedanken, Metallstücke gleichen Gewichts und gleicher Reinheit mit einer hoheitlichen Prägung zu versehen, um dem Handel das mühsame Abwägen zu ersparen. Das war die Geburtsstunde der Münze: Ihr materieller Wert als ein Stück Halb- oder Edelmetall entsprach ihrem aufgeprägten Wert. Wurde eine Gold- oder Silbermünze eingeschmolzen, so sollte der entstehende Metallklumpen den gleichen Wert haben, der vorher aufgeprägt war. Diesen Idealzustand eines Währungssystems nennt man Kurantgeld: Materialwert = Wert als Münze. Im Gegensatz dazu steht die Scheidemünze: Der ihr hoheitlich aufgeprägte Wert ist viel höher als ihr Materialwert. Mythos und Geld sind nur in einem System des Kurantgeldes denkbar.

Es ist ein notwendigerweise bruchstückhaftes Unterfangen, durch die deutsche Währungsgeschichte nur im Hinblick auf Gold als Währungsmetall zu streifen. Ähnlich wie die deutsche Geschichte aus der Geschichte fast unzähliger Teilstaaten und Duodezherrschaften besteht, setzt sich die Geldgeschichte aus einer ähnlichen Zahl von Teilgeschichten zusammen, die sich noch vervielfältigt um die sich mehr oder weniger rasch ablösenden Währungsverhältnisse eines jeden Teilstaates. Nachstehender Aufsatz kann also nur ein sehr kursorischer Überblick sein, der zudem zum Verständnis manchen Blick über die heutigen Grenzen Deutschlands werfen muss.

Das Reich Karls des Großen

Einige germanische Stämme der Völkerwanderung waren mit dem römischen Geldwesen in Berührung gekommen und prägten in zahlreichen Münzstätten Geld, so die Ost- und Westgoten, Vandalen, Langobarden, Franken und Burgunder (Abb. 86; Kat. 181 c–g; 195). Im Frankenreich stieg der gelernte Goldschmied Eligius zum Bischof von Noyon und zum Verwalter der zahlreichen königlichen Münzstätten auf. Es gab einige hundert Münzberechtigte in dem Reich, über das sich allmählich die Karolinger als Herrscher aufschwangen. Alsbald begannen sie, die unzähligen Münzstätten zurückzudrängen und das Münzprägerecht nur noch den Höchsten des Reiches zuzugestehen. Karl der Große schaffte es ab 778, das Münzrecht als königliches Regal durchzusetzen. Die zahlreichen Münzstätten wurden geschlossen. Es gab fortan nur noch 34 königliche Münzstätten im ganzen Reich (drei davon im heutigen Deutschland, in Köln, Trier und Mainz). Karl hatte damit seit dem Römischen Reich erstmals ein einheitliches »europäisches Münzsystem« geschaffen. Sein Reich umfasste in etwa das heutige »Euroland« Es gelang ihm, als einzige und einheitliche Währung in seinem Reich den *Denar* (eine Silbermünze von 1,8 g) durchzusetzen, der im ganzen Reich in gleicher Güte geprägt wurde. Außer den Denaren, bald auch *Pfennige* genannt, wurden in kleiner Stückzahl *Hälblinge* (*oboli*) und noch seltener *Viertelpfennige* (*quadrantes*) geprägt. 12 Denare wurden als reine Rechengröße *Schilling*, 20 Schillinge *Pfund* genannt. Diese Währungseinteilung hielt sich in Frankreich bis zur Revolution 1789, in England bis 1971. Bei uns wurde der Pfennig häufig mit einem kleinen »d« abgekürzt – eine Erinnerung an den Denar.

Es war eine schier unglaubliche Leistung, in dem riesigen Reich, das praktisch von einem Wanderkönig aus dem Sattel heraus regiert wurde, eine einheitliche Währung einzuführen, deren Geld in gleicher Güte aus 34 Münzstätten kam. Dies hat wohl den Zusammenhalt des Reiches Karls des Großen gefestigt.

Abb. 86 | Goldmünzen germanischer König-
reiche *(Kat. 180; 181 c, g; 182)*.

Das königliche Münzregal verfällt

Aber schon der Sohn Karls des Großen, Ludwig der Fromme, unterband nicht die Münzprägungen weiterer Stätten. Die Teilung des Reiches durch den Vertrag von Verdun 843 ließ verschiedene Reiche entstehen. Die Macht, die Karl der Große noch innehatte, zersplitterte. Kirchliche Körperschaften maßten sich das Münzrecht an (z. B. Kloster Corvey schon 833). Lothar II. verlieh 861 dem Kloster Prüm in der Eifel das Münzrecht. Der Bischof von Straßburg erhielt es alsbald. Wurden zunächst Münzen im Aussehen wie die königlichen geprägt, so traten bald Bildnisse der jeweiligen Münzherren auf dem Gepräge auf.

Die voranschreitende Ostkolonisation brachte das Bedürfnis nach neuen Münzstätten in den neu erworbenen Gebieten. So erhielt das Bistum Magdeburg 965 das Münzrecht. Dem kam zugute, dass um 968 Silbervorkommen im Rammelsberg bei Goslar entdeckt wurden.

Münzrechtsverleihungen durch den König wurden immer zahlreicher. Zunächst überließ der König dem Berechtigten nur den sog. Schlagschatz, also den Nutzen aus der Prägung, der sich zwischen 0,5 und 2,5 % des Werts des vermünzten Edelmetalls bewegt. Später wurde dem Münzberechtigten erlaubt, Münzen mit eigenem Gepräge herzustellen, aber doch noch mit dem gleichen »Schrot und Korn«, also dem gleichen Rohgewicht und dem gleichen Edelmetallgehalt wie die königlichen Münzen; schließlich ging das Münzrecht so weit, dass sich der Münzherr ein eigenes Münzsystem, eine eigene Währung gestalten durfte.

Die Entscheidung Ottos I. (936–973), wichtige Reichsämter den Bischöfen oder anderen kirchlichen Stellen als den damaligen Bildungsträgern zu übertragen, brachte zahlreiche Münzrechtsverleihungen an Bischöfe und Äbte mit sich. Es liegt auf der Hand, dass die Vielzahl von Münzstätten und das Gewinnstreben der Münzherren der Güte der Münzen nicht förderlich war. Hatte der Denar Karls des Großen einen Silbergehalt von 1,8 g, so sank dieser Gehalt unter Heinrich II. auf 0,9 g. Es gab Silberpfennige aller möglichen Münzherren mit unterschiedlichem Gepräge, die wegen ihres ungleichen Gewichtes gewogen, nicht gezählt wurden. In dem geringen Fernhandel oberdeutscher mit oberitalienischen Städten musste mit Silberbarren bezahlt werden. In den unruhigen, bürgerkriegsähnlichen Zeiten der Kämpfe zwischen Welfen und Hohenstaufen um die Mitte des 12. Jahrhunderts galten Pfennige nur noch im Umkreis ihrer Münzstätte.

Dem Stauferkaiser Friedrich Barbarossa (1152–1190) gelang es, die Zahl der Reichsmünzen wieder zu vermehren. In seine Regierungszeit fiel die Entdeckung reicher Silberfunde in Freiberg in Sachsen, die dazu führten, dass Sachsen in der vordersten Reihe münzprägender Stände steht.

In die staufische Zeit, von 1138 bis 1254, fällt die Blütezeit der Hohlpfennige oder Dünnpfennige, die erst Jahrhunderte später den wissenschaftlichen Namen *Brakteaten* erhielten. Silberblech wurde zunächst immer dünner ausgewalzt und beidseitig geprägt, so dass ein Münzbild das rückseitige unkenntlich machte (sog. Halbbrakteaten). Alsbald verzichtete man auf beidseitige Prägung, walzte das Silberblech noch dünner aus (ca. 0,3 g pro Münze) und prägte auf weicher Unterlage nur noch einseitig, was graphisch schöne Münzbilder ermöglichte. Die lokale Macht einzelner Münzherren war inzwischen so stark, dass sie den Umlauf fremder Münzen unterbinden konnten (»Wechselzwang«) und bald die Macht entdeckten, ihre eigenen Münzen zu verrufen und gegen ihre neuen Gepräge umzutauschen (»Bann«). Dabei versäumte man nicht, kräftig in die eigene Tasche zu wirtschaften und z. B. gegen Einlieferung 10 alter nur noch 9 neue Pfennige auszugeben. Es gab Fälle, wo Münzherren dreimal jährlich ihre eigenen Prägungen verriefen und damit ihren Untertanen das Geld aus der Tasche zogen.

Solche Praktiken waren nicht geeignet, den Handel zu fördern. Die aufstrebenden Städte mit arbeitsteiliger Wirtschaftsordnung und eigenen Handelsinteressen bemühten sich um ein eigenes Münzrecht. So wurde ab 1295 in Konstanz ein *Ewiger Pfennig* geschlagen. Die ständigen Münzverschlechterungen veranlassten einen norddeutschen Städteverein, bestehend aus den Städten Goslar, Braunschweig, Hildesheim, Einbeck und Hannover, zur Einführung einer »Ersatzwährung« in Form von Silberbarren. Diese hatten ein einheitliches Gewicht von 12 $^3/_4$ *Lot* (1 Lot = 14,616 g; Barrengewicht also 186,354 g) und die gleiche Feinheit von 797/000. Sie erhielten die Bestätigung ihrer Echtheit durch eine *marca argenti*.

Handelsstädte benötigen gutes Geld

Um 1200 erhielt die reiche Salzstadt Schwäbisch Hall eine Reichsmünzstätte mit der Berechtigung, *Häller* zu prägen, von denen 600 Stück aus einer Mark Silber (= 233,856 g) geprägt werden durften. Die Stadt hatte Interesse an gleichbleibend guter Münze und konnte ihr Ansehen nicht durch häufige Verrufung und nachfolgende Verschlechterung ihrer Münze aufs Spiel setzen. Der Heller blieb lange Zeit gleichwertig und verbreitete sich rasch in Süddeutschland. Mehrere Städte prägten ihn nach.

Im Donauraum war Regensburg die führende Handelsstadt. Durch einen Vertrag mit dem bayerischen Herzog im Jahre 1200 hatte der Bischof von Regensburg das Recht erhalten, *Regensburger Pfennige* zu schlagen. Was für Schwäbisch Hall

Abb. 87 | Florenz. Fiorino d'oro. 1321.

galt, wurde auch von Regensburg beachtet: Die Regensburger Pfennige wurden zwei Jahrhunderte lang, von 1200 bis 1400, in gleicher Güte geprägt und waren in dieser Zeit die wichtigste bayerische Münze.

Geistliche und weltliche Herrschaften missbrauchen ihr Münzrecht

Ein schlimmer Schritt zur Zersplitterung des Münzwesens im Deutschen Reich war ein Entgegenkommen, das Kaiser Friedrich II. im Jahre 1220 den geistlichen und 1232 den weltlichen Fürsten erwies: Er verlieh ihnen die Stellung eines *dominus terrae*, eines Landesherren innerhalb ihres Gebietes. Das bedeutete volle Hoheit innerhalb ihres Herrschaftsbereiches, also auch über das Münzrecht. Es gab weder Auflagen hinsichtlich des Münzmetalls noch in Bezug auf Schrot und Korn. Der Kaiser verzichtete sogar darauf, Reichsmünzstätten in den Gebieten der neuen Landesherren zu errichten. Das konnte in Zukunft nur noch in den unmittelbar

unter dem Kaiser stehenden freien Reichsstädten geschehen. Da es im Reichsgebiet kein ergiebiges Goldvorkommen gab, aber mehrere Silberbergwerke bestanden, wurde Silber das Münzmetall der zahlreichen Münzherren.

Die Münzrechtsverleihungen gingen stillschweigend davon aus, dass nur Silbermünzen geprägt werden durften. Nicht nur, dass Gold nicht ausreichend vorhanden war – es war stillschweigende Übereinkunft, dass die Prägung von Goldmünzen Sache des Kaisers sei. Nur er konnte das Recht verleihen, Goldmünzen zu prägen.

Goldmünzen waren nie unbekannt

Goldmünzen waren im Reichsgebiet nicht unbekannt. Immer noch blühte ja Byzanz, Ostrom, das seit den Tagen Konstantins des Großen am *solidus* festgehalten hatte, einer 4,5 g schweren Goldmünze, die den im Wert geschwundenen *aureus* des weströmischen Kaisers Augustus im vierten

Jahrhundert abgelöst hatte. Durch den Fernhandel der oberitalienischen Städte und durch die Kreuzzüge gelangten *solidi* bis ins Reich, wobei hier nur darauf hingewiesen werden kann, dass um 1200 bei dieser Goldmünze bereits starke Verminderungen des Goldgehalts durch Beimischung des billigeren Silbers eingetreten waren. Keine größere Bedeutung erlangten die *tarentini*, eine von der süditalienischen Hafenstadt Tarent eine Zeit lang geprägte Goldmünze.

Seit 1252 prägte die damals schon blühende, reiche Handelsstadt Florenz eine Goldmünze, die *Florene (Abb. 87)*, mit einem Rauh- und Feingewicht von 3,537 g aus 24-karätigem Gold (1000/1000 Feinheit). Als Handelsstadt achtete Florenz auf gleichbleibende Güte seines Geldes. Die Florene oder der *Gulden*, wie er in Deutschland wegen seines Materials hieß, verbreitete sich durch den aufkommenden Handel und durch die Kreuzzüge rasch in Italien, in Süddeutschland und im Mittelmeerraum. Der Gulden wurde zur wichtigsten Handelsmünze des Mittelalters, das heißt zu der Währung, in der Kaufleute ihre Verträge abschlossen, auch wenn keiner der Partner florentinischer Kaufmann war (ähnlich wie heute alle Mineralölverträge in US-$ abgeschlossen werden, auch wenn kein Partner Amerikaner ist). In allen Verträgen und Handelsbüchern wurde der Gulden nach seinem italienischen Namen mit »fl.« abgekürzt, eine Abkürzung, die Jahrhunderte später auch für den bayerischen Gulden (eine Silbermünze) verwendet wurde und die in süddeutschen Verträgen und Urkunden bis 1873, bis zur Einführung der Mark, gebräuchlich war.

Gleichbleibende Güte und hohe Präge-

zahlen (300–400 000 Neuprägungen pro Jahr) machten den Florentiner Gulden für die kommenden Jahrhunderte zur wichtigsten Münze und damit zur führenden Handelswährung.

Bald suchten andere Münzherren, mit dem erfolgreichen Gulden auch ihr eigenes Geschäft zu machen, so Papst Johannes XXII. in Avignon 1324 oder Johann von Luxemburg 1325 und andere. Aber alle Münzherren konnten der Versuchung nicht widerstehen, ihren Profit durch Verschlechterung des Feingehalts aufzubessern. Der kaufmännische Verkehr bemerkte dies bald und strafte die deutschen Prägungen mit einem Kursabschlag. Von anfangs 24 Karat ging es über 23 Karat 1386, 22 1/2 Karat 1399 herunter auf 19 Karat um 1433 und entsprechend waren die Kursabschläge für deutsche Prägungen gegenüber dem Original aus Florenz.

Der Erfolg des *fiorino d'oro* ließ die reiche und stolze Konkurrenz in Venedig nicht ruhen. Schon bald nach dem Erscheinen des Florentiner Guldens 1252 prägte Venedig ab 1284 eine Goldmünze, die 3,5 g wog und einen Goldgehalt von 986/000 hatte. Sie enthielt also bei einem Rauhgewicht von 3,49 g ein Feingewicht von 3,44 g Gold. Das waren 23 Karat und 8 *Grän* (Grän von engl. grain: Korn, das Gewicht eines Weizenkorns = 0,065 g). Nach ihrer Münzstätte in Venedig La Zecca (von arab. Sikkat = Münzstätte) wurde die Münze ursprünglich *Zecchine* genannt. Alsbald aber wurde diese venezianische Münze populär unter dem Namen *Dukat*, denn sie trug ein Christusbild in der Mandorla mit der Umschrift SIT TIBI CHRISTI DATUS; QUEM TU REGIS ISTE DUCATUS (Sie sei dir, Christus, gegeben, der du diese Herrschaft re-

gierst). Dieser Dukat sollte die langlebigste und insofern erfolgreichste Goldmünze des Abendlandes werden. Sie wurde von 1284 bis zum Ende der venezianischen Republik zur Napoleonzeit 1797 in gleicher Güte, wenn auch mit wechselnden Münzbildern geprägt, unter der österreichischen Herrschaft über Venedig in den 30er Jahren des 19. Jahrhunderts sogar noch einmal neu aufgelegt. Noch heute nennt man Gold in einer Feinheit von 23 2/3 Karat = 986 1/9 /000 »Dukatengold«. Ausländische Goldmünzen, der fiorino d'oro und der venezianische Dukat, erhielten also jahrhundertelang das Wissen um gute Goldmünzen am Leben.

Der Siegeszug zweier italienischer Goldmünzen könnte die Hansestadt Lübeck veranlasst haben, von Kaiser Ludwig dem Bayern 1340 das Recht, ihrerseits Goldmünzen zu prägen, zu erbitten. Lübeck hatte aus seinem Handel mit den Ostseestaaten offenbar genug Goldvorräte, um für seine Zwecke Goldmünzen zu prägen. Ludwig der Bayer erteilte das gewünschte Recht mit der Auflage, Gewicht und Wert des Florentiner Guldens einzuhalten – ein Beweis für das hohe Ansehen dieses Goldstücks in Deutschland!

Das Ansehen, der »Mythos« der Goldmünzen veranlasste die Erzbischöfe und zugleich Kurfürsten von Trier und Köln 1346, den von Mainz 1354 und den Pfalzgraf bei Rhein, um das gleiche Privileg nachzusuchen. Sie alle wollten eine dem Florentiner Gulden gleichwertige Münze prägen. Die bedeutende Handelsstadt Köln trat 1420 diesem Münzbund bei und prägte ebenfalls Rheinische Gulden. Aber wieder siegte alsbald die Versuchung, höheren Münzgewinn zu erzielen, und der Rheinische Gulden hatte bald nur noch

$^3/_4$ des Goldgehalts des originalen Florentiner Guldens.

Manchen goldprägenden Münzherren gelang es, in ihrem Herrschaftsbereich einen Zwangskurs zwischen Gold- und Silbermünzen einzuführen. War dies erfolgreich, dann konnte der Goldgehalt der Goldmünzen verschlechtert werden, bis es der kaufmännische Verkehr bemerkte. Ebenso war es aber auch möglich, dass der Münzherr der Silbermünzen deren Silbergehalt so verschlechterte, dass er wiederum dem verschlechterten Goldgehalt entsprach.

In diese Zeit fällt das »Reichsgrundgesetz« der Goldenen Bulle, das von Kaiser Karl IV. (1347–1378) vorgeschlagen und von den Reichstagen von Nürnberg und Mainz 1356 angenommen wurde. Es war das wichtigste Verfassungsgesetz des Heiligen Römischen Reiches deutscher Nation, das bis 1806 galt. Für unsere Betrachtung wichtig ist, dass es die Privilegien der sieben Kurfürsten regelte, unter anderem ihr uneingeschränktes Münzrecht für Münzen aus jedwedem Metall.

Erste Versuche eines reichseinheitlichen Münzwesens

Wir hatten also in Deutschland seit dem 14. Jahrhundert ein Nebeneinander guter Florentiner Gulden und venezianischer Dukaten, von allmählich schlechter werdenden Goldmünzen deutscher Prägungen und einer unübersehbaren Fülle von Silbermünzen. Jeder Münzherr prägte und verrief seine Münzen nach Belieben, aber wohl stets in der Absicht größtmöglicher eigener Bereicherung. Das Reich als schwache Zentralgewalt verabschiedete

erstmals auf dem Reichstag von Esslingen am 10.11.1524 eine sog. *Esslinger Reichsmünzordnung*, die von einer auf dem vorhergehenden Nürnberger Reichstag eingesetzten Kommission vorbereitet worden war. In 58 Paragraphen wurden fast nur Vorschriften über Aussehen, Schrot und Korn der Silbermünzen erlassen. Aus den wenigen Vorschriften über Goldmünzen ergibt sich ein Wertverhältnis von Gold zu Silber wie 1:11$^1/_3$. Es war seit Karl dem Großen der erste Versuch eines einheitlichen Münzwesens für das Reich – aber kein Mensch befolgte diese Vorschriften, am wenigsten die zahlreichen Münzherren des Reiches.

Schon nach 27 Jahren, am 28.7.1551, folgte eine neue *Erste Augsburger Münzordnung*, die auf ihre schon vergessene Vorgängerin mit keinem Wort einging. Umständlich und übergenau wollte sie das Münzwesen regeln und setzte als Ausgangsgewicht für alle Münzgewichtungen die *Kölnische Mark* (233,856 g) fest. Die zahlreichen Münzarten des Reiches wurden untereinander in bestimmte Wertverhältnisse gesetzt. Mehrere ausländische Münzen wurden verrufen. Die Erste Augsburger Münzordnung teilte das Schicksal ihrer Vorgängerin: Kein Mensch beachtete sie.

So kam es schon nach acht Jahren zur *Zweiten Augsburger Münzordnung* vom 29.8.1559. Sie sah eine Reichs-Grundmünze in Form einer großen Silbermünze vor, die, obwohl aus Silber, *Reichsgildener* genannt werden sollte. Es sollten 9 $^1/_2$ Stück aus einer *rauhen Mark* (= 930,55/000 Silbergehalt) geprägt werden. Der *Reichsgildener* hatte somit ein Rauhgewicht von 24,61 g und ein Feingewicht von 22,91 g. Goldklauseln in Verträgen wurden aus-

drücklich zugelassen, insbesondere auch, dass die Bezahlung einer Schuld in einer bestimmten (Gold- oder Silber-) Münzsorte möglich sein sollte. Das zeigt, dass man Schwankungen im Wertverhältnis zwischen Gold und Silber erkannt hatte und diesem Umstand gerecht werden wollte. Erstmals erwähnte diese Münzordnung den *Taler*, die große Silbermünze aus St. Joachimsthal im Erzgebirge. Unser eigentliches Thema »Goldmünzen« wurde nur nebensächlich geregelt: Ein Goldgulden sollte 72 Kreuzer gelten, aber er durfte für bis zu 75 Kreuzer genommen werden. Die Goldgulden verschwanden allmählich; die einzige Goldmünze von Bedeutung war der Dukat. Ihn definierte die Münzordnung mit 67 aus der Mark zu 986,11/000 Feinheit (also aus dem Dukatengold). Er sollte 102 bis 104 Kreuzer wert sein. Damit ging man von einem Wertverhältnis Gold zu Silber wie 1 zu 11,44 bis 11,53 aus. Auch dieser dritte Versuch einer reichseinheitlichen Münzordnung fand nur geringe Beachtung. Ihr Erfolg war eigentlich nur die Definition des Dukaten. Er wurde die wichtigste Handelsmünze der kommenden Jahrzehnte. Nach der Norm von 1559 wird er noch heute von der Wiener Münze geprägt.

Ein Augsburger Reichstagsabschied von 1566 ergänzte die vorangegangenen Münzordnungen in Anlehnung an die Wirklichkeit dahingehend, dass er den Taler ausdrücklich zuließ. Er sollte ein Rauhgewicht von 29,23 g und ein Feingewicht von 25,97 g haben und 68 Kreuzer oder 17 Batzen wert sein. Damit wurde der Silbertaler für zweieinhalb Jahrhunderte die wichtigste Silbermünze des Reiches.

Die zahlreichen Münzherren und münzberechtigten weltlichen und geistlichen

Stände haben in den Jahrhunderten bis 1870 mehrmals Goldmünzen geprägt, die von großer Schönheit und hohem Sammlerwert sind. Bei ihnen kann am ehesten vom Mythos Gold gesprochen werden, denn sie waren durchwegs nicht für den Geldverkehr bestimmt, sondern dienten meist als Ehren- oder Erinnerungsgeschenke. Aus ihrer Fülle seien nur wenige erwähnt: Die Grafen Schlick, die Herren des Silberbergbaus in St. Joachimsthal, ließen von ihren Silbertalern Abschläge in Gold herstellen. Die Freie Reichsstadt Kempten prägte ab 1511 Goldgulden nach dem Vorbild der Florentiner Gulden (*Abb. 88*), das benachbarte Stift Kempten prägte Golddukaten. Anlässlich der Vermählung von Kurfürst Ferdinand Maria mit Maria Adelaide von Savoyen wurde 1652 ein Dreifacher Dukat geschlagen. Der bayerische Herzog Albrecht IV. ließ um 1506 in der Münze zu Straubing Goldgulden prägen. Zweihundert Jahre später, 1715, ließ Max II. Emanuel von Bayern in München einen *Max d'or* prägen, dem unter seinem Nachfolger Karl Albrecht ein *Karl d'or* oder *Karolin* und unter Max II. Joseph ein Golddukat folgte.

Wegen ihrer Seltenheit und Kostbarkeit seien noch die »Flussgolddukaten« erwähnt. Sie wurden aus den mühsam gewonnenen Goldflitterchen bayerischer Flüsse geprägt. Von diesen Goldpartikeln gehen 20 000 bis 200 000 auf ein Gramm. Entsprechend mühsam ist ihre Auswaschung aus dem Sand der Flüsse. Die ersten »Flussgolddukaten« wurden unter Kurfürst Max III. Joseph 1756 gewonnen. Sie zeigen auf der einen Seite das Bild des Herrschers, auf der anderen den Flussgott mit der Inschrift EX AURO ISARAE. Sie wurden unter allen nachfolgenden Herr-

Abb. 88 | Kempten. Goldgulden. 1511.

schern bis zu König Max II. Joseph geprägt und ausschließlich vom Herrscher selbst zu Geschenkzwecken verwendet.

Sonderstellung der Hansestadt Bremen

Während im ganzen Reich grundsätzlich Silber als Währungsmetall diente, gab es in Bremen seit Mitte des 18. Jahrhunderts eine Goldwährung. Und das kam so: In der portugiesischen Kolonie Brasilien wurden 1693 in der Provinz Minas Gerais, 1716 in Mato Grosso und 1725 in Goiás ergiebige Goldlager gefunden. Deren Ausbeute wurde nach Portugal ausgeführt und diente dort nicht als Geld, sondern als Tauschmittel, um begehrte Waren anderer Länder einzuführen. Der wichtigste Partner hierfür war England, so dass das brasilianische Gold über Portugal dorthin abfloss. Dieser Zustand wurde durch den sog. *Methuen-Vertrag* vom 27.12.1703 (benannt nach dem englischen Unterhändler) gefestigt: Er öffnete den Markt Portugals und seiner Kolonien zollfrei den

englischen Wollerzeugnissen, wofür England die Einfuhr portugiesischen Weines zu einem Zollsatz zuließ, der stets um ein Drittel unter dem für französischen Wein (dem damals einzigen Konkurrenten) lag. So wurde der Portwein zum englischen Nationalgetränk, und Portugal geriet in völlige Abhängigkeit von der englischen Industrie, da es seine stets passive Handelsbilanz mit Goldzahlungen ausgleichen musste. Großbritannien konnte so als einziges europäisches Land schon im 18. Jahrhundert zur Goldwährung übergehen und führt diese 1816 förmlich ein.

Ähnlich lagen die Handelsverhältnisse zwischen Spanien und Frankreich: Die Goldschätze der Inkas flossen in gemünzter Form in hohem Maße in das industriell fortgeschrittenere Frankreich, deren *Louis d'or* bald den Rang einer Handelsmünze über die französischen Grenzen hinaus erlangte.

In der regen Handelsstadt Bremen sammelten sich sowohl englische wie französische Goldmünzen, so dass die Stadt, ohne selbst Münzen zu prägen, die fremden Goldmünzen durch eigene Verordnungen in bestimmte Wertverhältnisse zu anderen umlaufenden Münzen setzen konnte.

Die Münchner Münzkonvention von 1837

Durch die Gründung des Deutschen Zollvereins 1834 war zunächst eine allmähliche wirtschaftliche Einigung Deutschlands in Gang gekommen, was aber noch keine Einigung des Geldwesens bedeutete. Auf Einladung König Ludwigs I. traten in München 1837 Abgesandte der Königreiche Bayern und Württemberg, der Großherzogtümer Baden und Hessen, des Herzogtums Nassau und der freien Stadt Frankfurt, also der süddeutschen Mitglieder des Deutschen Zollvereins, zusammen, um wenigstens für diese Gebiete einen einheitlichen Münzfuß zu vereinbaren: Er wurde mit 24 $^1/_2$ Gulden auf die feine Mark Silber (233,855 Gramm) vereinbart. Erstmals in diesem Vertrag wird das in Deutschland bis dahin nicht benützte »Gramm« genannt. Es sollten also in allen Vertragsstaaten aus einer feinen Mark 24 $^1/_2$ Gulden mit einer Feinheit von 900/000 geprägt werden, unterteilt in 60 Kreuzer. Von Gold als Münzmetall ist in diesem ersten »internationalen« Währungsabkommen nicht die Rede. Die norddeutschen Staaten des deutschen Zollvereins kamen zu einer ähnlichen Konferenz 1838 in Dresden zusammen; auch ihre Übereinkunft behandelte nur die Silbermünzen. Die Gebiete, in denen es Goldmünzen gab (Bremen, Hannover und Braunschweig), gehörten nicht zum Deutschen Zollverein und nahmen an den Verhandlungen in Dresden nicht teil.

So kann zusammenfassend festgestellt werden: Die Länder des Deutschen Zollvereins hatten sich ab 1838 einheitlich zur Silberwährung bekannt. Österreich hatte sowohl Gold- wie Silbermünzen. Durch die Bismarck'sche Politik, den Preußisch-Österreichischen Krieg von 1866 und den Frieden von Prag vom 23.8.1866 war der Deutsche Bund von 1815 endgültig aufgelöst und Österreich aus dem Kampf um die Hegemonie in Deutschland ausgeschieden.

Die Reichsgoldwährung

Die Verfassung des Norddeutschen Bundes vom 26.7.1867, die am 1.1.1871 zur Reichsverfassung wurde, sah schon vor, dass das Geldwesen der Gesetzgebung des Reiches unterliegen sollte:

»Der Gesetzgebung des Reichstags unterliegen
....
3. die Ordnung des Maß-, Münz- und Gewichtswesens nebst Feststellung der Grundsätze über die Emission von fundiertem und unfundiertem Papiergeld
4. die allgemeinen Bestimmungen über das Bankwesen
....«

Das war auch nötig: 1867 gab es in Deutschland, das doch schon weitgehend von Eisenbahnen durchdrungen war, nicht weniger als acht Währungssysteme: Den preußischen Taler, den preußischen Taler in der Teilung Sachsens, den preußischen Taler in der Teilung Mecklenburgs, die Hamburg-Lübecker Kurantmark, den süddeutschen Gulden, den bremischen Taler

Gold, ab 1871 in Elsass-Lothringen den französischen Franc und die münzlose Hamburger Bankmark.

Eine Vereinheitlichung dieses Zustands war notwendig. Immerhin war mit dem Beitritt der letzten süddeutschen Königreiche Bayern und Württemberg im November 1870 aus dem Norddeutschen Bund das Deutsche Reich entstanden. Was so spektakulär im Spiegelsaal von Versailles am 18.1.1871 stattfand, war nur noch die Ausrufung des preußischen Königs Wilhelm zum deutschen Kaiser Wilhelm I.

Bereits am 23.1.1871 wurden Wahlen zum Deutschen Reichstag ausgeschrieben, der am 21.3.1871 erstmals zusammentrat. Schon am 4.12.1871 erließ er ein »Gesetz betr. die Ausprägung von Reichsgoldmünzen«.

Wieso der Umschwung von der einheitlichen Silberwährung in allen Reichsteilen 1838 zur Goldwährung? Der deutschfranzösische Krieg 1870/71 war durch den Sieg Deutschlands entschieden worden. Im »Versailler Vorfrieden« vom 26.2.1871, Art. 2, und im Friedensvertrag von Frankfurt vom 10.5.1871, Art. 7, musste sich Frankreich zu einer Kriegsentschädigung in der ungeheuren Höhe von 5 Milliarden Goldfranken, zahlbar in 3 Jahren, verpflichten. Die letzte Rate war am 2.3.1874 fällig. Die Summe von schließlich 4990 Millionen Mark musste wie folgt erbracht werden: 617 Millionen bar in Goldmünzen, 125 Millionen in guten Handelswechseln, die auf Goldzahlung lauten mussten, und 4248 Millionen in Handelswechseln, die auf Goldzahlung lauten mussten.

Diese französische Kriegsentschädigung war es also, die das junge Kaiserreich in Stand setzte, zur Goldwährung überzugehen, ohne das dafür benötigte Gold gegen Hingabe des Silbers kaufen zu müssen. Verständlich, dass diese Entschädigung entsprechende Hassgefühle in Frankreich auslöste, die sich dann im sogenannten »Schanddiktat« von Versailles 1919 entladen sollten.

Nun wusste man schon damals, dass der Umlauf an Silbermünzen im Reichs-

Das war mit ein Anlass für das Sinken des Silberpreises, der vom Ausland allein der deutschen Geldpolitik angelastet wurde. Es war aber mehr noch die steigende Silberproduktion und der Übergang anderer Länder zur Goldwährung, die den Wertverfall des Silbers beschleunigten. 1871 war das Wertverhältnis noch 1:15,5. Es sank kontinuierlich bis 1894 auf 1:32,60!

(Abb. 89). Das Mischungsverhältnis sollte stets 900 Tausendteile Gold und 100 Tausendteile Kupfer sein. Das in der Folgezeit bedeutendere 20-Mark-Stück hatte ein Rohgewicht (Schrot) von 7,96495 g und ein Feingewicht (Korn) von 7,16846 g.

Mit diesen Bestimmungen war endgültig das Dezimalsystem im deutschen Währungswesen eingeführt. Der Begriff »Pfund« wurde im heutigen Sinn von 500 g gebraucht. Das Gesetz bestimmte, dass jede Zahlung, die in einer bisher im Reichsgebiet gültigen Währung zu leisten war, auch in Reichsgoldmünzen geleistet werden konnte. Die neuen Reichsgoldmünzen wurden also zum gesetzlichen Zahlungsmittel erklärt, d. h. mit Annahmezwang für jeden Gläubiger einer Geldschuld ausgestattet. Das Umrechnungsverhältnis war in Norddeutschland bequemer als in Süddeutschland: 1 Taler = 3 Mark, 1 Gulden = 1,71 Mark.

Abb. 89 | Bayern. Ludwig II. 20 Reichsmark, 1874. Münzstätte München.

gebiet einem Metallwert von 1 530 Millionen Mark entsprach. Es war vorauszusehen, dass die in Umlauf kommenden, pro Gewichtseinheit 15,5 mal wertvolleren Goldmünzen den Einzug von Silbermünzen nach sich ziehen würde und infolgedessen der Silberpreis sinken werde. Als nach dem Ende des deutsch-französischen Krieges eine Kriegsentschädigung erwartet wurde, floss viel Edelmetall, insbesondere Silber, nach Deutschland. Die Berliner Münze hatte bis dahin Silber zum Münzwert abzüglich der Prägekosten angekauft. Nun senkte sie zuerst den Ankaufspreis (Juni 1871) und stellte am 3.7.1871 den Silberankauf gänzlich ein.

In gleichem Maßstab wurden die Silbermünzen von vollwertigem Geld, also Kurantgeld, zu Scheidemünzen, deren Metallwert nicht mehr dem aufgeprägten Wert entsprach.

Zurück zum Gesetz betr. die Ausprägung von Reichsgoldmünzen. Es führte für das deutsche Kaiserreich zusätzlich zu den bereits vorhandenen Geldzeichen eine Reichsgoldmünze ein, »...von welcher aus Einem Pfunde feinen Goldes $139\frac{1}{2}$ Stück ausgebracht werden«. Der zehnte Teil dieser Goldmünze wird Mark genannt und in hundert Pfennige eingeteilt. Es sollten außerdem Reichsgoldmünzen zu 20 Mark ausgeprägt werden

Die Gedankenwelt des Gesetzes war noch voll von der Vorstellung des Kurantgeldes beherrscht: Banknoten wurden noch nicht einmal erwähnt, sie waren immer noch Privatsache der ausgebenden Bank. Ein ergänzendes Münzgesetz vom 9.7.1873 ließ die »freie Prägung für private Rechnung« zu, d. h. die Münzstätten durften dem privaten Einlieferer von Gold Reichsgoldmünzen ausprägen, wobei für ein Pfund Feingold eine Prägegebühr von 3 Mark erhoben wurde.

Am 18.3.1875 erließ der Reichstag ein Bankgesetz, das erstmals eine Reichsbank einführte. Sie erhielt in § 16 des Gesetzes das Recht, »nach Bedürfnis ihres Verkehrs Anweisungen auf sich selbst als ein eigenes Geldzeichen unter der Bezeichnung Banknote auszugeben«. Getreu dem Grundsatz des Kurantgeldes wurden die

Abb. 90 | »Die letzte Mark« *(Kat. 199)*.

materiell wertlosen Banknoten nicht als »richtiges Geld« betrachtet. Das war auf jeder Banknote ablesbar: »100 Mark zahlt die Reichsbankhauptkasse zu Berlin ohne Legitimationsprüfung dem Einlieferer dieser Banknote.«

Es wurden Banknoten über 100, 200, 500 und 1000 Mark zugelassen. Wegen ihrer materiellen Wertlosigkeit waren konsequenterweise die Banknoten im Gegensatz zu den Reichsgoldmünzen kein gesetzliches Zahlungsmittel: »Eine Verpflichtung zur Annahme von Banknoten bei Zahlungen, welche gesetzlich in Geld zu leisten sind, findet nicht statt und kann auch für Staatskassen durch Landesgesetz nicht begründet werden«.

Der »Mythos Gold« beherrschte also noch vollständig die Vorstellungswelt des Kaiserreichs und seines Reichstags. Im erstarkenden Handel und Wandel der Gründerjahre erwiesen sich die gewichtslosen Banknoten aber bald als praktischer, zumal sie jederzeit bei einer Bankstelle der Reichsbank in Gold eingelöst werden konnten. Mit der Zulassung von Bankno-

ten über 20 und 50 Mark durch Gesetz vom 20.9.1906 standen dem Geschäftsverkehr nunmehr auch Banknoten über geringere Beträge zu Verfügung. Das führte zu der vom Gesetzgeber gewünschten Folge, dass die Goldmünzen in immer stärkerem Maß zur Reichsbank zurückflossen und im Falle eines Krieges dem Staate zur Verfügung stünden.

Mit Gesetz vom 1.6.1909 wurden die Reichsbanknoten zum gesetzlichen Zahlungsmittel erklärt. Damit war erstmals Papiergeld mit unbeschränktem Annahmezwang ausgestattet. Es blieb dem Annehmenden wenigstens noch der Weg, sein Papiergeld in Reichsgoldmünzen umzutauschen. Im Vertrauen auf diese Möglichkeit flossen immer mehr Goldmünzen zur Reichsbank zurück. Als sich dann zwischen dem 28.7. und 4.8.1914 die europäischen Staaten untereinander den Krieg erklärten, wurde am 4.8.1914 ein von langer Hand vorbereitetes *Gesetz betr. Änderung des Münzgesetzes* verkündet, das es den Reichs- und Landeskassen bei Einlieferung von Banknoten und Schei-

demünzen erlaubte, Reichskassenscheine und Reichsbanknoten »zu verabfolgen«. Die Reichsbank verfügte an diesem Tage über einen Goldbestand von 1477,5 Millionen Mark. Damit endete der Mythos Gold im deutschen Währungswesen.

Ein Blick auf den so lange »goldgedeckten« US-Dollar

Mit einem Gesetz vom 2.4.1792 hatten die jungen Vereinigten Staaten einen Dollar (Verballhornung des Wortes Taler) im Wert $24\,^{12}/_{16}$ Grän Gold eingeführt, zugleich aber ein festes Wertverhältnis von 1:15 zu Silber bestimmt, da in jenen Zeiten in den Staaten viel spanisches Silbergeld aus Südamerika in Umlauf war. Weil bei diesem Wertverhältnis das Gold unterbewertet war, liefen praktisch nur Silbermünzen um. Erst ab 1878 war der Dollar Goldwährung, wogegen sich aber eine Silberpartei vehement wehrte. Ab 1896 wurde der Gold-Dollar zu $25\,^{8}/_{10}$ Grän aus 900/000 feinem Gold definiert. Die Dollar-Banknoten der Federal Reserve Bank waren jederzeit in Gold einlösbar. Erst als die Einlösungswünsche in Folge des Wertverfalls des Dollars in den Währungsturbulenzen der 1960er Jahre übermächtig wurden, hob Präsident Nixon am 15.8.1971 die Einlösungspflicht des Greenbacks in Gold auf. Damit endete bei der letzten noch an das Gold gebundenen Währung der Mythos Gold im Währungswesen. Die letzte Goldmark vor der Umstellung auf den Euro wurde 2001 geprägt *(Abb. 90; Kat. 199)*. Gold ist seitdem ein wertvoller Rohstoff mit schwankendem Marktpreis.

Lit.: Grasser 1980. – Haertle 1993. – Kluge 1991. – Kroha 1997. – Rittmann 1975.

»Über den Stoff noch siegte die Kunst«

Christof Metzger

Gold als künstlerischer Werkstoff

Gold ist fraglos einer der erlesensten Werkstoffe, der für die bildende Kunst zur Verfügung steht. Müßig erscheint es, die ganze Bandbreite seiner Anwendung in Malerei, Plastik, Architektur und Kunstgewerbe aufzuzählen. Die beträchtliche Variationsbreite des edelsten der Metalle ist hinreichend bekannt. Der Vorrang des Goldes vor allen anderen Materialien gilt über Epochen und Kulturkreise hinweg. Wegen seiner Kostbarkeit ist es überwiegend dem geistlichen und weltlichen Herrschertum vorbehalten. Erst im späten Mittelalter weitet sich der Vertriebskreis in den privaten und den Profanbereich. Als künstlerischer Grundstoff erfüllt es drei einander vielfältig überschneidende Funktionen: Gold begegnet als Nachweis sozialen Ranges, als Träger politischen Anspruchs und als Zeugnis moralischer Autorität – es wird verwendet im persönlichen Schmuck, in herrscherlichen Insignien oder im sakralen Gerät.

Gold ist zunächst nichts anderes als bloßes Material. Es dient Malern, Bildhauern, Goldschmieden, Webern, Waffenmachern u. s. f. als materielle Grundlage künstlerischen Gestaltens. Diese Funktion kann von nahezu jeder kostbaren wie wertlosen Materie ausgefüllt werden, solange sie nur für den jeweiligen Zweck geeignet erscheint. So entzieht sich Gold durch seinen Wert und seine Seltenheit jeder Monumentalisierung und Öffentlichkeit und damit weitgehend der Emanzipation zum eigenständigen Kunstwerk. Hierin sind ihm andere, billigere Materialien überlegen. Selten dient es für einfache Gegenstände des täglichen Gebrauchs.

Die Erlesenheit des Materials verlangt geradezu nach höchster Vollendung in seiner Verarbeitung.

Ein berühmtes Beispiel für diesen Wettstreit zwischen Material und Kunstfertigkeit liefern Ovids *Metamorphosen*, wo im 2. Buch der Tempel des Sol beschrieben wird:
»Stattlich erhöht stand da Sols Burg
auf ragenden Säulen
hell von blinkendem Gold und von
flammengleichem Pyropus.
Glänzendes Elfenbein war oben
die Zierde des Giebels;
strahlend prangten die zwei Torflügel
im Lichte des Silbers …«.
So unvergleichlich kostbar und vollendet erschien alles, dass kaum zu entscheiden war, was höher einzuschätzen sei: das Material oder die darin angewandte Kunstfertigkeit. Nur knapp konnte ein Urteil gefällt werden: »Über den Stoff noch siegte die Kunst«.

»Es ist nicht alles Gold was glänzt!«

Die technischen Anwendungsmöglichkeiten des Goldes sind begrenzt. Seine wichtigste Verwendung ist die als geprägtes Münzmetall. Im sogenannten Kunsthandwerk kommt es hauptsächlich gegossen oder getrieben vor. Die Geschmeidigkeit des reinen Metalls und eine Verminderung der Kosten erzwingen freilich allzu oft, ein formstabileres und preisgünstigeres Trägermaterial lediglich zu vergolden. Vielfältiger sind die Verzierungstechniken: als Durchbrucharbeit, Filigran, Granulation, oder mit Gravierung, Tauschierung, Email und vieles andere mehr. Meist

tritt das Gold in Materialgemeinschaft mit anderen edlen Metallen, Edelsteinen oder Elfenbein auf. Fein ausgezogen und zu dünnen Fäden gesponnen veredelt es kostbare Textilien. In Malerei und Plastik dient es als Farbmittel und wird, zu Blattgold geschlagen, auf den Bildträger oder die Skulptur appliziert. Wir kennen es aus der spätantiken, der byzantinischen und der mittelalterlichen Kunst als Nimbus, als flächigen Goldgrund oder als kostbare Gewandauflage. Wirtschaftliche Zwänge erfordern hier oft den Einsatz billigerer Ersatzstoffe wie dünn ausgeschlagenem Messing.

Das begrenzte Angebot, der hohe materielle Wert und die eingeschränkten technischen Möglichkeiten des Goldes erlauben nur in Ausnahmefällen seinen Einsatz in der Architektur. Möglich ist die Vergoldung kleinerer Details, aber auch der edelmetallene Überzug ganzer Bauteile oder Räume. Berühmte Beispiele sind die *Goldene Pforte* des Freiberger Doms oder Neros *Domus Aurea*. Vergoldete Wand- und Deckenverkleidungen sind auch in gehobenen römischen Privathäusern belegt. Das Bekenntnis der römischen Kaiser zum Christentum machte die immensen Goldschätze für die Kirche verfügbar: In frühchristlicher Zeit waren die Decke der Grabeskirche in Jerusalem und die der Apostelkirche zu Konstantinopel auf Geheiß des Kaisers vergoldet worden. In der Neuzeit ist der Typus des *Goldenen Saals* verbreitet, der seinen Namen von einer mehr oder weniger ausgedehnten Vergoldung seines ornamentalen Dekors ableitet. *Goldene Säle* sind im Augsburger Rathaus (1618/20), in Schloss Ludwigslust (1772/76), im Gebäude des Wiener Musikvereins (1870) und schließlich auch

auf dem Nürnberger Reichsparteitagsge-
lände (1937) eingerichtet worden. Höchste Popularität erlangte schließlich das
Innsbrucker *Goldene Dachl*, das 1494/96
auf Geheiß König Maximilians (später als
Kaiser »der I.«) aufgerichtet wurde. Dem
Vernehmen nach soll es in unseren Tagen
mit der Neueindeckung der Rathaustürme
der Goldschlägerstadt Schwabach noch
übertroffen werden.

Die bisher genannten Anwendungen
des Goldes halten immer am Materiell-
Gegenständlichen fest. Künstler und Auftraggeber bedienen sich dabei des Metalls
als Werkstoff und Farbe. Daneben begegnet Gold in der bildenden Kunst auf einer
metaphorischen Ebene; hier kommt das
Gold weniger stofflich zum Einsatz, sondern setzt gedankliche Vorstellungen ins
Bild um. Als ein »Attribut« erschließt Gold
in diesem Fall größere Sinnzusammen-
hänge. Hierher gehören allegorische Darstellungen des *Goldenen Zeitalters*, Bilder
aus dem Gedankenkreis um die *Goldenen
Äpfel der Hesperiden* oder tiefgründige,
assoziative Ausdeutungen in der Barockemblematik.

»Reden ist Silber, Schweigen ist Gold« – Die symbolische Bedeutung des Goldes

Im künstlerischen Prozess geht der technischen Ausführung die bewusste Entscheidung für das Material voraus. Die
begrenzte Verfügbarkeit des Goldes und
sein beträchtlicher materieller Wert zeigen, dass immer mindestens respektvolles
Interesse hinter seinem Gebrauch steht.
Unberührt davon bleibt die Frage nach

jenen imaginären Qualitäten, die das Gold
an die aus ihm geschaffenen Werke »wei-
tergibt«. Hier kann, wie bei anderen Materialien auch, von mehr oder weniger
großen Schwankungen und Wandlungen
ausgegangen werden. Das heißt, dass beim
Gold Zeiten hoher inhaltlicher Einschätzung mit solchen kritischer Distanz wech-
seln können. Dem Diktat schwankender
inhaltlicher Auslegung ausgesetzt, kann
also selbst Gold (als ein Träger bestimmter Eigenschaften oder Bedeutungen) besonders geschätzt oder kategorisch abgelehnt werden.

Das Material des Kunstwerks und seine
künstlerische und inhaltliche Idee sollten
immer als ein Ganzes betrachtet werden.
Dennoch wird die Untersuchung des Goldes als Werkstoff im Folgenden weniger
als technisches und ästhetisches Problem
dargestellt. Die vielen Anwendungsfelder
des Goldes wurden hier bereits kurz ge-
streift; auch das (Un-) Vermögen des Künstlers, der das Material beherrschen und
entsprechend den inhaltlichen Vorgaben
in Form bringen muss, steht hier nur am
Rande zur Diskussion. – Uns interessiert
vor allem die Einstellung der Künstler und
Auftraggeber zu ihrem Werkstoff.

Natürliche Eigenschaften des Goldes

Jede inhaltliche Bewertung des Goldes
geht zunächst von dessen natürlichen
Qualitäten aus: Seine Dauerhaftigkeit und
seine Reinheit sind es, die es über alle anderen Metalle stellen. Plinius, sonst ein
Verächter des Goldes, zählt zu den her-
vorragendsten Eigenschaften des Goldes
seine Reinheit, seine Beständigkeit gegen
Feuer, Rost und Abnutzung; gleichgültig

bleibt er aber bloßen Äußerlichkeiten –
seinem Glanz und seiner Farbe – gegenüber.

Die Seltenheit und Kostbarkeit erheben
Gold zum Material der Herrschenden. In
vielen Zusammenhängen erscheint Gold
als Symbol und Synonym für Reichtum
und Glück; durch seine Unveränderlich-
keit, Reinheit und Leuchtkraft wird es
Gegenstand magisch-religiöser Vorstellungen und philosophisch-theologischer
Metaphorik. Schon die antike Literatur
verwendet »Gold« metaphorisch. Seine
Sinnbedeutung bezieht es immer aus den
hervorragenden Eigenschaften: seiner
Reinheit, seinem Vermögen zur Läuterung, seiner Schönheit und seinen Gestal-
tungsmöglichkeiten. Unter allen Metallen
nimmt es deswegen die erste Stelle ein.
Die beiden Extrempunkte bilden Gold und
Eisen: *Tertium Comparationis* bilden der
materielle Wert und die unterschiedlichen
Korrosionseigenschaften.

Material- und Farbhierarchien

Die darin anklingende Hierarchie ist hinsichtlich der Bewertung und Bedeutung
der Materialien in der bildenden Kunst
von höchstem Interesse. Antike Autoren
kleideten sie in den Gedanken der vier
(gelegentlich auch fünf) Weltalter. Hesiod
und Ovid bezeichneten das älteste Men-
schengeschlecht als »golden«; im »Goldenen Zeitalter« lebten die Menschen frei
von Krankheiten und Sorge, sie mussten
nicht für ihre Ernährung arbeiten, denn
die Erde ließ alles von selbst wachsen
(Abb. 91). Das goldene Weltalter ist der
Sonne unterstellt – somit symbolisiert
Gold als das »sonnenhafte« Metall die

Abb. 91 | Lucas Cranach d. Ä. Das Goldene Zeitalter, um 1530.

oberste Kulturstufe. Die Vorstellung vom Gold als »Sonnenmetall« behielt bis ins absolutistische Zeitalter Gültigkeit, wo der Sonnenkönig Ludwig XIV. in Versailles seine Vorstellung des »Goldenen Zeitalters« architektonisch verwirklichte. Es folgt das »Silberne Zeitalter«, das, moralisch minderwertiger als das goldene, keine Götterverehrung und Sittenreinheit kennt und von Zeus vertilgt wird. Das daraufhin von Zeus geschaffene »eherne Geschlecht« sieht seine Aufgabe im Kriegführen; es geht durch eigene Hand zugrunde. Das »Eiserne Zeitalter« wird in einem Zustand völliger Rechtlosigkeit bestehen, wenn das Schamgefühl die Menschen verlassen hat.

Zur antiken Weltalterlehre bietet das im alttestamentarischen Buch Daniel (2, 31 ff.) besprochene Traumgesicht Nebukadnezars eine bemerkenswerte Variante: Dem König war in überwältigender Vision ein gewaltiges Standbild erschienen, groß, von außerordentlichem Glanz, doch furchtbar anzusehen. Das Haupt war aus reinem Gold, Brust und Arme aus Silber, Körper und Hüften aus Bronze, Beine aus Eisen und die Füße teils eisern, teils tönern. Der Prophet und Traumdeuter Daniel sah darin ein Sinnbild bestehender und künftiger Herrschaften. Nebukadnezar sei, als goldenes Haupt, der König der Könige; das nächste, das silberne Reich sei geringer, das dritte, von Bronze, wird die

Erde beherrschen; das vierte aus Eisen wird alles zerschmettern, das fünfte aber, aus Eisen und Ton, wird geteilt sein; als letztes wird Gott sein Reich errichten, das niemals untergehen wird. In christlicher Zeit wurde daraus die Vorstellung entwickelt, dass die Lebensform der Griechen die eherne sei, die der Juden die silberne, die der Christen aber die goldene. Für unseren Zusammenhang ist der biblische Beleg vor allem deswegen von Interesse, als er die sinnbildliche Weltalterlehre anhand eines durchaus konkreten, eines künstlerischen Bildes erklärt. Die philosophische Betrachtung der Menschengeschlechter hat so für den künstlerischen Bereich die Materialhierarchie unverrückbar festgelegt. In der Tat scheinen hinter dem Traumgesicht Nebukadnezars Standbilder aus wechselnden Materialien zu stehen, wie sie in der Antike nicht unbekannt waren: Chryselephantine, bei denen die nackten Körperteile aus Elfenbein, Gewand und Haare aber aus Gold gearbeitet waren. Die berühmtesten Beispiele der in keinem Fall erhaltenen Technik waren die Athena Parthenos und der olympische Zeus des Phidias. Materialhierarchien sind aber auch in unserer Zeit noch geläufig, etwa bei Jubiläen oder sportlichen Auszeichnungen.

Platon relativierte die Weltalterlehre dahingehend, als er den Metallen die einzelnen Stände des Staatswesens zuordnete: das Gold sei der Klasse der Herrschenden beigemischt u. s. w. Damit ist Gold zunächst als *das* Material der Macht im Bewusstsein verankert. Die lineare Abfolge der Weltzeitalter ist bei Platon aber durch das Nebeneinander der verschiedenen Geschlechter ersetzt. Dabei besteht auch die Möglichkeit von Übergängen: ein

Abb. 92 | Barbarossaleuchter, um 1165/70. Aachen, Münster.

dem Silber verwandter Mensch kann »Goldkinder« zeugen. Die grundlegende Bedeutung von Platons Gedanken für das christliche Weltbild ist hinreichend bekannt. Für uns ist besonders interessant zu sehen, wie Platons philosophische Ausführungen in christliches Gewand gekleidet werden, um wiederum als Erklärungsmodell für ein konkretes Werk der bildenden Kunst zu dienen: Honorius Augustodunensis bediente sich bei seiner vielschichtigen Beschreibung und Interpretation eines romanischen Radleuchters, wie er im Aachener Münster (Abb. 92) oder auf der Großcomburg bei Schwäbisch Hall erhalten ist, Platons Gedankengängen: das Gold des Leuchters stehe für die durch Weisheit Leuchtenden, das Silber für die durch Beredsamkeit Glänzenden, das Erz versinnbildliche die durch himmlische Belehrung süß Klingenden und das Eisen die ihre Leidenschaft Beherrschenden; auf einer weiteren Ebene der Auslegung symbolisiere für Honorius das Gold die Märtyrer, das Silber die Jungfrauen, das Erz die Enthaltsamen und das Eisen die der Ehe Dienenden. Nach erster

Lesart ist die Metallhierarchie somit durch eine intellektuelle Reihe ersetzt, nach zweiter durch unterschiedliche Möglichkeiten christlicher Lebensführung, deren einzelne Glieder aber einander nahezu ebenbürtig sind. Bis in den heutigen Sprachgebrauch ist Honorius' Ausdeutung in der Redensart »Reden ist Silber, Schweigen ist Gold« gegenwärtig geblieben.

Lehrreich ist auch ein Blick auf Farbhierarchien, die sich aus ganz ähnlichen Vorstellungen entwickelten. Gold, als dem Licht am ähnlichsten, gilt als die höchstrangige, nämlich die Gottheit selbst symbolisierende Farbe. Im alttestamentarischen Priestergewand wird es als Zeichen der Weisheit des Priesters gedeutet (man vergleiche Honorius' Auslegung des romanischen Leuchters). Seit der Spätantike gilt der Kanon der Machtfarben Blau und Rot (aus Purpur) sowie Gold und Weiß. Rot, Blau und Gold kennzeichneten z. B. auch den Palast des Theoderich auf einem Mosaik in S. Apollinare Nuovo in Ravenna. Der hochmittelalterlichen Kunst ist außerdem eine auf die Schöpfungstage bezogene Farbsymbolik geläufig. An-

schaulich dargestellt werden konnte das für den Buchdeckel des *Codex aureus epternacensis*, des Goldenen Evangelienbuchs aus Echternach (Nürnberg, Germanisches Nationalmuseum): Das Gold symbolisiere das Licht des ersten Schöpfungstages, das Blau der Steine und Email die Teilung von Wasser und Firmament am zweiten Tag, Rot zeige die Erschaffung des Menschen am sechsten Schöpfungstag an. Gold steht hier zweifellos für die Sonne als die vornehmste Erscheinungsform des Lichts, ferner für Mond und Sterne, in denen, wie es Hugo von Sankt Viktor schilderte, alle Farben enthalten sind. Die übrigen Farben werden in der Farbhierarchie eher gleichrangig behandelt, ein gewisser Vorzug wird noch dem Rot zugebilligt.

Das Gold der Götter

Die Bibel enthält zahlreiche weitere Stellen, wo die konkrete Verwendung von Gold erwähnt wird. Immer ist es aber – als vornehmstes und kostbarstes Metall – mit

Abb. 93 | Stephan Lochner. Darbringung Christi im Tempel, 1447.

Gott verbunden. Wie selbstverständlich nimmt es unter den Materialien und Farben die erste Stelle ein. Sehr instruktiv sind die Ausführungen über die Errichtung des Bundeszeltes und der Bundeslade sowie des Kleides Aarons und der Priester überhaupt (Ex 35 ff.): Alle kamen auf Geheiß des Mose zusammen, um Gold für den Herrn zu bringen. Pläne wurden entworfen, um das Heiligtum in Gold, Silber und Kupfer auszuführen. Alle Holzarbeiten sollten mit Gold überzogen werden. An der Lade waren Cherubine aus getriebenem Gold befestigt und alles Tempelgerät war aus reinem Gold. Das Gewand des Hohenpriesters war aus Purpur und Karmesin und reich mit Gold eingefasst und besetzt. Die unmittelbar auf göttlichen Befehl zurückgehenden Anweisungen zu der kostbaren Ausgestaltung des Heiligtums begründeten eine bis

heute wirkende Tradition höchsten Ausstattungsluxus' in der Ausschmückung von Gotteshäusern. Legendär sind etwa die unermesslichen Goldaltäre und liturgischen Gerätschaften, die von Konstantin an römische Basiliken gestiftet wurden.

In allegorischer biblischer Ausdeutung ist das Gold ein Zeichen der Weisheit, des unvergänglichen Logos, das dem »Rost der Vergänglichkeit« nicht ausgesetzt ist. In der Erscheinungsform des Goldes wird die Epiphanie des Göttlichen in besonderer Weise gegenwärtig. Die Kirchenväter folgten der Bezugnahme des Goldes auf den unvergänglichen Logos (Clemens von Alexandria), sahen darin aber auch ein Symbol für die tückisch funkelnde Lehre heidnischer Philosophen. Für Rupert von Deutz ist Gold das Licht der Gottheit und die Substanz des Fleisch gewordenen Wortes; Auserwählte Gottes werden mit »Ge-

fäßen aus Gold« verglichen. Besonders Altarausstattungen (Retabel, Antependium, Kreuz u. a.) erfahren, fußend auf solchen Vorstellungen und den Anweisungen zur Ausstattung der Bundeshütte, höchste materielle und gestalterische Ausstattung mit tiefgründiger metaphorischer Ausdeutung. Im Hochmittelalter wurden für die erhobenen Heiligenleiber kostbare Schreine geschaffen, als bedeutendster der Kölner Dreikönigsschrein. Seit dem 10. Jahrhundert entstanden für Reliquien mit Gold und Edelstein geschmückte Figuren, um als Vorgriff auf die endzeitliche Verherrlichung schon im Diesseits die künftige Glorie zum Ausdruck zu bringen. Dem Stifter versprach die Schenkung kostbarer Weihegaben aus Gold aber Buße und himmlischen Lohn.

Goldgleißend wird schließlich das »Neue Jerusalem« der Apokalypse beschrieben (Offb 21): »Ihre Mauer ist aus Jaspis gebaut, und die Stadt ist aus reinem Gold, wie aus reinem Glas. ... Die zwölf Tore sind zwölf Perlen; jedes der Tore besteht aus einer einzigen Perle. Die Straße der Stadt ist aus reinem Gold, wie aus klarem Glas.« Die Vorstellung der neuen Gottesstadt fand ihre real existierende Umsetzung in den goldglänzenden frühchristlichen Basiliken oder den hochmittelalterlichen Kathedralen. Abt Suger, spiritus rector des Prototyps der gotischen Kathedrale, der von Saint-Denis, sah edle Steine und glänzendes Edelmetall als »Vorschein« des Himmels, und zweifellos hatte er dabei die biblische Vision des »Neuen Jerusalem« vor Augen.

In den Bereich solcher lichtmetaphysischer Ausdeutung des Goldes gehört seine Verwendung als Farbe für Nimbus und Goldgrund. Beide sind im frühchristlichbyzantinischen Bereich entstanden und wurden von der hochmittelalterlichen Malerei dankbar aufgenommen. Zugrunde liegt die oben angesprochene Deutung des Goldes als Farbe der dem Logos nahe stehenden himmlischen Wesen. Der Nimbus (Wolke) wird, den schon mehrfach angesprochenen Eigenschaften des Goldes entsprechend, als Lichtschein aufgefasst. Er hebt hervor bzw. entzieht die mit ihm Ausgezeichneten der profanen Welt und kennzeichnet deren geistige Stärke. Von der materiellen Qualität her ist der Nimbus metallischen Charakters, ist also eigentlich Darstellung eines Gegenstandes: er kann punziert, plastisch erhaben oder mit Edelsteinen besetzt sein, und er kann auch perspektivisch verkürzt werden.

Der Goldgrund hat sich aus der Mosaiktechnik entwickelt *(Abb. 93)*. Dort ist er flächig hinter die einzelnen Bildelemente gelegt; in der spätmittelalterlichen Malerei ersetzt er lediglich den Himmel in einer sonst mehr oder weniger real wiedergegebenen Bildkomposition. Immer signalisiert er aber: hier ist überirdischer Bereich. Goldgrund hebt die Dargestellten aus der Vergänglichkeit des Erdendaseins heraus oder kennzeichnet das Bild als Vision. In der Endzeit des Goldgrundes, die im 15. und frühen 16. Jahrhundert liegt (auch von Albrecht Dürer gibt es noch Goldgründe), wird er aufwändig punziert und mit kunstvollen Ornamenten überzogen. Solche Goldgründe wirken dinglicher, eher wie eine kostbare, das Bild hinterfangende golddurchwirkte Textilie. Im Falle des Aufeinandertreffens von Nimbus und Goldgrund ist dann freilich eine deutliche Abgrenzung nötig, die nur durch immer prunkvollere Ausführung des Nim-

bus erzielt werden kann. Die kostbare ornamentale Gestaltung von Nimbus und Goldgrund rücken das Bild so oft in einen Grenzbereich zwischen Goldschmiedekunst und Malerei.

Im 15. Jahrhundert mehren sich Stimmen, die von der Verwendung reinen Goldes in der Malerei abraten. Leon Battista Alberti hielt es in seinem 1436 verfassten Malereitraktat *De pictura* für verdienstvoller, mit anderen Farben das Gold darzustellen, als es aufzuprägen. Diese Sichtweise hängt einerseits zusammen mit der sich um diese Zeit verbreitenden Ölmalerei, die eine realistische Darstellung der gesehenen Wirklichkeit erst ermöglichte. Nach Alberti erzwinge der Verzicht auf Gold und dessen Ersatz durch virtuosen Einsatz der neuen Maltechnik geradezu einen Zuwachs an Kunst. Dann kommt darin die in der Renaissance erstmals definierte Virtuosität des Künstlers trefflich zum Ausdruck: Nicht das Gold solle das Kunstwerk aufwerten. Edle *und* unedle Materialien werden durch die Verarbeitung durch den Künstler erst geadelt oder sogar noch wertvoller.

Das Gold der Herrscher

Als kostbarstes Edelmetall gebührt das Gold neben den Göttern vor allem dem Herrscher, der durch Goldreichtum erhoben und beglückt werden kann. Unter den Gaben der drei Magier steht an erster Stelle Gold als Zeichen der Königswürde Christi. Die Krönung der mittelalterlichen Könige wurde traditionell in der Gegenwart goldener Reliquiare vollzogen.

Außer in der Insignie zeigt sich Gold vor allem in der Architektur als das Ele-

ment der Herrschenden. Inbegriff »goldener« Architektur ist Neros *Domus Aurea*, die sich der Kaiser nach dem infernalischen Brand seiner Hauptstadt errichten ließ. Dem Selbstverständnis des Pontifex maximus und Abkömmlings der Götter entsprechend erklärt sich der Goldluxus aus der Bedeutung des Materials als sonnenhaftes Metall; das Leuchten des Goldglanzes in der mit Gold ausgelegten zentralen Rotunde der *Domus Aurea* ist zu verstehen als der strahlende Glanz der göttlichen Glorie. Übertroffen wurde die verschwenderische Ausstattung nur noch durch die *Domus Flavia* auf dem Palatin: Zeitgenössische Besucher berichteten staunend, man glaube, der Erbauer habe als zweiter Midas durch seine Berührung alles in Gold verwandelt.

In der Anspielung auf den unglücklichen König Midas klingt an, dass der Boden für die Ausdeutung des Goldes als Herrschaftssymbol philosophisch-literarisch bereitet wurde. Damit konnte der theologischen Auslegung ein Äquivalent entgegengesetzt werden. Neben der Lehre der vier Weltalter ist einer der Ausgangspunkte der Mythos von den goldenen Äpfeln der Hesperiden. Herkules war deren Raub als elfte Aufgabe von zwölf gestellt worden *(Abb. 94)*. Gepflegt von den Hesperiden, den Töchtern des Atlas und der Nacht, und streng bewacht von dem doppelköpfigen Ungeheuer Ladon, wuchsen sie im Garten der Götter. Mit einiger List gelang es Herkules, die begehrten Früchte zu entwenden. Für Herkules wurden sie zum Attribut, für den Fürsten, der dem Vorbild des tugendhaften Helden nacheiferte, zum Symbol seines herrscherlichen Selbstverständnisses. Selbst König Midas sollte in einem glücklichen Moment die

Transmutation goldener Äpfel gelingen. Im Absolutismus ging die allegorische Ausdeutung so weit, den Besitz von Zitruspflanzen, die man den Äpfeln der Hesperiden gleichsetzen wollte, und deren Kultivierung in einer Orangerie als Erneuerung der herkulischen Tat zu feiern.

»Heillos Eisen bereits und Gold, heilloser als Eisen« – Gold in der Kritik

Die Anziehungskraft des glänzenden Edelmetalls weicht oft einer größeren Skepsis gegenüber dem Gold. Den vielfältigen positiven Bewertungen steht schon bei antiken Philosophen und Theologen eine eher fragwürdige Beurteilung gegenüber. Begründet liegt diese in erster Linie in der leichten Verführbarkeit des Menschen, die in Prunksucht und Habgier gipfele. Der Wunsch des Midas, alles, was er berühre, zu Gold werden zu lassen, erwies sich für ihn selbst bald als Fluch. Ovid, der in seinen Metamorphosen vom Schicksal des unglücklichen Königs berichtet, bezeichnet das Gold, das die Menschen des »eisernen Geschlechts« von bösen Gelüsten gelockt zu Tage zu fördern trachteten, als »heillos«. Ähnlich urteilte Horaz, der sich wünschte, das Gold möge eher in der Erde bleiben, als durch Habsucht ans Licht gezogen werden.

Zum eisernsten Vertreter der Anklage gegen das Gold wurde Plinius Secundus d. Ä., der in seiner Naturkunde (bes. Buch 33) nicht damit spart, die Verwerflichkeit des Goldes zu belegen. Die erste Prägung einer Goldmünze galt ihm als ein Verbrechen *(scelus)*, denn mit dem Geld und dem damit verbundenen Wucher seien

die Habsucht und geradezu ein Hunger nach Gold entstanden; das schlimmste Vergehen gegen die Menschheit habe aber der begangen, der zuerst Gold an die Finger steckte. Plinius lobt sogar den Spartacus, weil dieser den Besitz von Gold in seinem Lager verboten habe. Gold, so urteilt er abschließend, sei eine Geißel für die Menschheit. Höhepunkt der Zügellosigkeit war ihm der Triumvir Antonius, der seine Notdurft in goldene Gefäße verrichtet habe.

Solchen und ähnlichen Ausschweifungen wurde immer wieder versucht, durch Luxusgesetze zu begegnen: So erließ Tiberius ein Verbot des privaten Gebrauchs von Goldgeschirr; im Zwölftafelgesetz waren ausdrücklich goldene Grabbeigaben untersagt – ausgenommen waren die Goldbefestigungen der Zähne. Vor allem richteten sich die Bedenken der römischen Philosophen gegen den Ausstattungsluxus in privaten Villen. Moralisierende Schriftsteller tadelten hier die Goldverwendung in der Architektur (Golddecken statt Strohdächer) und bei Gegenständen des täglichen Gebrauchs (Nachtgeschirre, Fliegenwedel).

Als Segen wie als Scheinwert sieht das Alte Testament das Gold: es dient einerseits der Ausstattung der Bundeslade, andererseits aber der Herstellung des Goldenen Kalbes. Die ambivalente Stellung des Goldes betont auch das Neue Testament: am Tag des Gerichts wird sich seine Wertlosigkeit erweisen, wenn es gleichermaßen als Symbol der Hure Babylon erscheint, die in goldgleißende Gewänder gehüllt sein wird, andererseits soll die ewige Gottesstadt der Apokalypse im lichten Goldglanz erstrahlen. Die Kirchenväter folgten der biblischen Bezugnahme

des Goldes auf den unvergänglichen Logos, sahen im Gold aber auch ein Symbol für die tückisch funkelnde Lehre heidnischer Philosophen. Isidor von Sevilla bemühte sich sogar, das Wort *avarus* (habgierig) von *aurum* (Gold) abzuleiten.

Spätestens mit solchen Gedankengängen war die Verwerflichkeit des Reichtums an Gold zu einem Gemeinplatz der populären Moralphilosophie geworden. Für den Bereich der kirchlichen Kunst hatte das freilich kaum Konsequenzen, außer dass die prunkende Ausstattung von Kirchen und Altären gelegentlich als widersinnig angesehen und abgelehnt wurde. Das ravennatische Reiterstandbild des Theoderich, das Karl der Große nach seiner Kaiserkrönung nach Aachen überführen ließ, war vor allem deswegen Zielscheibe kirchlicher Kritik, weil das Gold des Reiters anderen Statuen vorenthalten worden sei. Eine Quelle weist den Gebrauch goldener Gefäße bei der Kommunion anstelle der Hand mit der fadenscheinigen Begründung zurück, dass leblose Materie nicht der nach dem Bild Gottes geschaffenen Hand vorzuziehen sei. Nicht zuletzt wurden solche religiösen Bedenken durch die Vorstellung einer Läuterung durch kostbare Weihegaben gemindert. Schon nach populärer antiker Vorstellung galt immer noch der am meisten unter den Göttern, der in seinen Tempeln das meiste Gold angehäuft hatte.

Schließlich halten sich auch in der stark belehrend-moralisierend ausgerichteten Barockemblematik positive und negative Konnotationen die Waage. Gold steht hier zwar für die Last des Reichtums und die verderbliche Habgier, aber auch für die Treue, die Läuterung und die Selbstprüfung.

Aus Bedenken gegen eine allzu starke Sicht auf den bloßen Materialwert wurde schon in der Antike der Vorzug der Kunstfertigkeit, der Mühen des Künstlers bzw. des Verdienstes des Stifters postuliert. Diese sehr idealistische Sicht führte sogar dazu, die hohe Wertschätzung und die wunderbaren Eigenschaften des Materials auf diejenigen zu übertragen, die es verstanden, damit umzugehen. Peter C. Claussen (1978) konnte das anhand der gehobenen Stellung mittelalterlicher Goldschmiede nachweisen. Der Vorrang der Idee oder der künstlerischen Fertigkeit *vor* dem Material ist ein alter Topos. »Opus superabat materiam – Über den Stoff noch siegte die Kunst«. So wurde eingangs Ovids Darstellung des Tempels des Sol zitiert. Moralische Bedenken gegen das Gold, auf das nur ungern verzichtet würde, werden so in Forderungen an die Künstler gekleidet, der materiellen Kostbarkeit seine kunstvolle Arbeit entgegenzusetzen.

Plinius' feindliche Einstellung dem Gold gegenüber wurde schon erwähnt. Bei Werken der »hohen Kunst« lehnte er das Gold konsequent als kunstfeindlich ab. So berichtet er von einer Alexanderstatue des Lysipp, die man auf Geheiß des Nero vergoldet hatte. So abträglich war das Gold der künstlerischen Wirkung, dass man es später wieder entfernt hat, ungeachtet zurückbleibender Narben und Risse. Zu neuerlicher Hochblüte gelangt das Gold in der mittelalterlichen Kunst; theologisch-moralische Skepsis wird auch hier in die längst zum Gemeinplatz gewordene stereotype Floskel der »Mühen des Werks« gekleidet, die jegliche Reserviertheit gegenüber dem Material überblenden. Erst in der Renaissance wurden erneut künstlerische Bedenken formu-

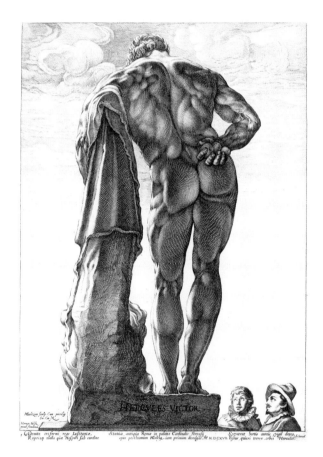

Abb. 94 | Hendrik Goltzius. Herkules Farnese mit den goldenen Äpfeln der Hesperiden, 1617.

liert. Entschiedener Gegner war Leon Battista Alberti, der die Verwendung von Gold kategorisch ablehnte (oben wurde das schon für die Tafelmalerei erläutert). Nach Alberti sollte nicht das Gold die Kunst aufwerten, sondern im Gegenteil die Kunst danach streben, unedle Materialien durch vollendete Verarbeitung aufzuwerten.

Diese materialfeindliche Haltung machte kostbare Materialien zwar zur Zielscheibe jeder Kunstkritik, andererseits etablierte sie andere edle, der Kunst angemessene Materialien. Thomas Raff (1994) formuliert das überspitzt: »Das Material eines ›wahren‹ Kunstwerks sollte [...] nicht wertloser als Marmor und nicht kostbarer als Bronze sein.« Die kanonische

Hierarchie der Materialien war damit nicht direkt umgekehrt, aber doch erheblich eingeschränkt. Schon nach antiker Auffassung war ja die absteigende Abfolge der Weltalter bei genauer Betrachtung eine Negativliste. Wenn auch das »Goldene Zeitalter« noch am günstigsten bewertet wird, gilt doch keines als wirklich positiv: »Heillos Eisen bereits und Gold, heilloser als Eisen«, resümiert Ovid bekanntlich die Abfolge der Menschengeschlechter.

»Das Gold als Zentralorgan« – Ausflug in die Moderne

Yves Kleins »Le monochrome«

Geprägt durch die Kunsttheorie der Neuzeit sind wir heute geneigt, Kunst- und Materialwert gegenseitig auszuschließen und Verstöße gegen dieses Gebot als Kitsch zu verpönen; bei Extravaganzen eines Dali oder Hundertwasser halten sich Zustimmung und Ablehnung sicherlich die Waage. Erst Künstler des 20. Jahrhunderts bemühten sich, das als künstlerischen Werkstoff diskreditierte Material Gold mit neuem Bedeutungsinhalt zu füllen. Yves Klein lernte 1949 in London die Technik der Blattvergoldung kennen und war sofort von der kostbaren und schwer zu verarbeitenden Materie fasziniert. Besonders beeindruckte ihn die fragile Materialität der hauchdünnen Goldfolien, »des kostbaren zarten Goldes, dessen Blätter beim leichtesten Windhauch davonflogen«. Damals war Klein aber finanziell außerstande, mit dem teuren Material arbeiten zu können. Erst in Bildern der 60er Jahre setzte er seine Erfahrungen in einem

Abb. 95 | Joseph Beuys. Friedenshase und Sonnenkugel aus der documenta 7-Aktion »Wandlung«, 1982.

Höchstmaß technischer Perfektion ein. Nach wie vor unter wirtschaftlichem Druck entwickelte er das künstlerische Konzept eines »Tauschwertsystems«. Dem lag die Idee zugrunde, dass nicht nur im eigenen Interesse gehandelt wird, sondern dass komplizierte gesellschaftliche Verflechtungen miteinbezogen werden sollen. Die Umsetzung sah so aus: In einer festgelegten Zeremonie konnten immaterielle Schecks im Gegenwert von Gold gekauft werden. Um den Wert wieder in den »mystischen Kreislauf der Dinge« einzugliedern, gab Klein eine Hälfte des Wertes auf unterschiedliche Weise an die Natur zurück, die andere Hälfte sollte auf dem

Wege der Kunst an die Menschen weitergegeben werden. Am 10.2.1962 warf Klein eine Hälfte des Goldes bei Paris in die Seine. Die andere Hälfte wurde in Blattgold für die goldenen Bildtafeln umgesetzt. In einer speziellen Technik brachte Yves Klein das Blattgold so an, dass es nur zum Teil mit dem Malgrund verbunden ist. Schon beim kleinsten Luftzug gerät es in Bewegung. Durch den Verkauf der Schecks sollten Kleins »rituelle Regeln für die Überlassung malerischer immaterieller Sensibilitätszonen« in den Blattgoldbildern wiederum deutlich werden.

Joseph Beuys' »Friedenshase«

Im Rahmen der »documenta 7« fand 1982 in Kassel Joseph Beuys' Aktion »Wandlung« statt: Er schmolz eine materialgetreue Kopie der Zarenkrone Iwans des Schrecklichen ein und goss einen »Friedenshasen mit Sonnenkugel«. Die Zarenkrone hatte 1961 der Besitzer des Düsseldorfer Nobelrestaurants »Datscha« mit Sondergenehmigung Nikita Chruschtschows anfertigen lassen. Für ausgewählte Gäste wurde sie, mit Krimsekt gefüllt, als Trinkgefäß gereicht. Während der Aktion, die vom Protest von Goldschmieden, Juwelieren und Freunden des Kunsthandwerks begleitet war, rief Beuys die Namen großer Alchemisten und präsentierte den Zuschauern den Hasen mit den Worten: »Ein neues aktuelles Friedenssymbol! Wir werden den Hasen zum Friedenssymbol machen.« Das kleine Objekt und das dazugehörige Sonnenemblem waren während der »documenta 7« hinter Panzerglas gesichert zu sehen (Abb. 95). Die reich mit Edelsteinen besetzte Herrschaftsinsignie erfuhr durch diese Transmutation eine Wandlung in ein Lebewesen und Friedenszeichen. Beuys wählte für die Aktion nicht zum ersten Mal und nicht zufällig die Form des Hasen. Für Beuys steht der Hase symbolisch für Fruchtbarkeit und als das soziale Wesen an sich. Die Transmutation der Goldkrone in den Friedenshasen fasst Beuys als einen alchemistischen Prozess auf, der direkt, aber auch metaphorisch als Umwandlung eines Macht- in ein Friedenssymbol eingesetzt wird. Die Kronenschmelze ist Teil eines großen natürlichen Kreislaufs. Das Material steht nach Beuys' eigener Aussage für das »Gold als Zentralorgan zur Harmoni-sierung der menschlichen Verhältnisse« oder das »Gold im Inneren […] das Herzorgan […] die Sonne auf die Erde zu holen, das ist die Grundidee«.

Zusammenfassung

Dass Gold einer der wichtigsten Werkstoffe der bildenden Kunst war und ist, musste hier nicht erst umständlich belegt werden. Seine Anwendungsbereiche sind vielfältig und bekannt. Uns interessierte die Frage nach der Einstellung von Künstlern und Auftraggebern zu dem für die künstlerische Verarbeitung ausersehenen Werkstoff. Der dabei zugrunde gelegte Dualismus aus Inhalt und Material, die unter der Hand des Künstlers im wörtlichen Sinne Gestalt annehmen, zieht zwei gedankliche Konzepte nach sich: Eine eher idealistische Sicht, die den Werkstoff der Idee und dem Vermögen des Künstlers unterordnet, und eine materialistische, die ein Auswiegen zwischen künstlerischer Form, Inhalt und Material verlangt. Beide Konzepte erfordern, sich intensiv mit der ideellen Bedeutung des Werkstoffs auseinanderzusetzen, die mit der inhaltlichen und künstlerischen Konzeption des Kunstwerks konfrontiert wird. Die materialistische Auffassung spielt für das Gold kaum eine Rolle, da das kostbare Material immer nach virtuosester künstlerischer Umsetzung strebt; der Umgang mit ihm fordert geradezu heraus, die durch das Material gestellten Grenzen zu überwinden. Die idealistische Sichtweise provoziert dagegen eine eher ablehnende Haltung dem Gold gegenüber. Der höchste materielle Wert des Goldes ist nicht anfechtbar und Ausgangspunkt für eine ne-gative inhaltliche Auslegung, als Symbol von Neid, Missgunst und Habgier. Besonders in Zeiten und Kulturen hohen moralischen Anspruchs mehren sich Stimmen gegen die Verwendung des Goldes, doch zieht sich eine gewisse Ambiguität in seiner Bewertung als Gemeinplatz durch alle westlichen Kulturen. Dessen ungeachtet: Ist die Vorliebe bzw. Ablehnung von anderen Werkstoffen (z. B. Blei- oder Zinkguss) teils extremen Schwankungen ausgesetzt, zeichnet sich die hohe ästhetische Einschätzung des Materials Gold durch beispiellose Konstanz aus. Es gibt keine Epoche, die auf das Material verzichtet. Wertvolle Materialien erhalten immer Vorzug vor wertloseren; eigentlich bricht zwischen dem Kunstwerk an sich, oft ein religiöses Objekt, und dem Materialwert nie ein regelrechter Konflikt aus. Bei allen moralischen Bedenken gegen das Material bleibt doch eigentlich immer der materielle Wert des Goldes das Wichtigste.

Ein Heuchler, meine ich, der sich der selbstgefälligen Notiz Goethes vor einem holländischen Stilleben mit goldenen und silbernen Gefäßen anschließen möchte: »Bey mir wenigstens ists keine Frage, wenn ich die goldnen Gefäße oder das Bild zu wählen hätte, dass ich das Bild wählen würde.«

Lit.: Braunfels 1950. – Claussen 1978. – Gröschel 1999. – Henkel/Schöne 1967. – Horn 1981. – Loers/Witzmann 1993. – Plouin 1978. – Raff 1994.

»...noch mê des rôten goldes...«
Vom Schatz der Nibelungen

Brigitte Haas-Gebhard

Kein anderer Goldschatz der Vergangenheit bewegte und bewegt die Phantasie der Menschen so wie der legendäre Schatz der Nibelungen. Zahlreiche Heimatforscher und Hobby-Archäologen sind bis heute auf der Suche nach ihm und es vergeht kaum ein Jahr, in dem nicht auch die zuständigen Wissenschaftler in Bayern mit der angeblich endlich lokalisierten Fundstelle konfrontiert werden.

Nibelungenlied – Nibelungensage

Die heutzutage sicherlich bekannteste Quelle zum Nibelungenschatz ist das Nibelungenlied, ein Heldenepos, dessen Inhalt in groben Zügen auch heute noch weitgehend bekannt sein dürfte. Die Angaben im Nibelungenlied zu dem Schatz seien trotzdem hier in aller Kürze zusammengefasst:

Als der Held Siegfried das erste Mal am Hofe der burgundischen Könige Gunther, Gernot und Giselher in Worms auftaucht, erfahren wir aus dem Munde Hagens, eines Gefolgsmannes der Könige, eine kurze Zusammenfassung der Jugendabenteuer Siegfrieds: Auf einem einsamen Ausritt traf Siegfried eines Tages vor einem Berg zahlreiche Krieger um den ungeheuren Nibelungenhort versammelt. Den Schatz, der hauptsächlich aus Gold, aber auch aus Edelsteinen bestand, hatte man aus einem hohlen Berg ins Freie getragen, mit der Absicht, ihn dort zwischen den Söhnen des Königs Nibelung, Schilbung und Nibelung aufzuteilen.

»Er sach sô vil gesteines sô wir hoeren
    sagen
hundert kanzwägene ez möhten niht
    getragen;
noch mê des rôten goldes von Nibelunge
    lant.
Daz sold' in allez teilen des küenen
    Sîvrides hant.«
(Vers 92).

Siegfried wird als unparteiischer Schiedsrichter mit der Aufgabe der Schatzteilung betraut und als Dank dafür mit dem Schwert Balmung beschenkt. Mit diesem Schwert erschlägt Siegfried sodann die Bewacher des Nibelungenschatzes und bringt diesen, nachdem er auch noch dem Zwerg Alberich die Tarnkappe geraubt hat, damit in seine Gewalt, lässt ihn jedoch in den Berg zurückbringen.

Nach der Ermordung Siegfrieds durch Hagen muss Alberich den Schatz an Kriemhild, Witwe Siegfrieds und Schwester der Burgunderkönige, herausgeben, die ihn als Morgengabe für sich beansprucht. Er wird nach Worms gebracht und füllt dort die Schatzkammern und Türme. Da Kriemhild mit dem Schatz freigebig umgeht, befürchten die Burgunderkönige, dass sie mit ihren Geschenken Rächer für Siegfrieds Ermordung anheuern möchte. Hagen bemächtigt sich der Schlüssel zu den Schatzkammern und Gernot schlägt schließlich vor, ihn im Rhein zu versenken, um nicht dauernd Unannehmlichkeiten zu haben. Der Ausführende ist schließlich wieder Hagen, der den Hort im Rhein versenkt.

Der Schatz wird im Laufe der weiteren Ereignisse des Nibelungenliedes nicht mehr gehoben. Nach einiger Zeit vermählt Kriemhild sich ein zweites Mal, diesmal mit Etzel, dem König im Hunnenland. Jahre später folgen ihre Brüder einer Ein-

ladung an den Hof der Hunnen, wo sie und ihre Getreuen alsbald der Rache Kriemhildes zum Opfer fallen. Als nur noch Gunther und Hagen am Leben sind, fordert Kriemhild von Hagen die Herausgabe des Schatzes.

»Dô gie diu küeginne dâ si Hagenen
    sach.
Wie rechte fîentlîche si zuo dem helde
    sprach:
welt ir mir geben widere daz ir mir habt
    genomen,
sô muget ir noch wol lebende heim zen
    Burgonden komen.«
(Vers 2367).

Als Hagen entgegnet, den Schatz niemandem zu zeigen, solange noch einer seiner Herren am Leben ist, findet das Epos sein grausames Finale.

»den schaz den weiz nu niemen wan got
    unde mîn:
der sol dich, vâlandinne, immer wol
    verholn sîn.«
(Vers 2371, 3-4).

Kriemhild lässt ihren eigenen Bruder Gunther töten, Hagen verweigert die Herausgabe des Schatzes trotzdem und wird von Kriemhild eigenhändig enthauptet, die daraufhin selbst von Hildebrand, dem Waffenmeister Dietrichs von Bern, unter fürchterlichem Geschrei erschlagen wird.

Das mittelhochdeutsche Nibelungenlied wurde von einem anonymen Dichter um 1200 im bayerisch-österreichischen Donauraum, vielleicht am Hofe des Passauer Bischofs Wolfger verfasst. Erhalten sind heute 10 vollständige und 22 unvollständige Handschriften aus dem 13. bis

16. Jahrhundert, welche insgesamt 39 Aventiuren in der komplizierten Nibelungenstrophe (vier paarweise sich reimende Langzeilen) erzählen. Im Nibelungenlied wurden zwei verschiedene germanische Sagenkomplexe, die Burgundensage und die Siegfriedsage miteinander verknüpft. Beide Sagenkomplexe gehen wahrscheinlich auf nicht erhaltene, im 5./6. Jahrhundert entstandene burgundisch-fränkische Heldenlieder zurück. Auf die Problematik dieser Heldenlieder und ihrer Verbindung zur Heldensage, die die wissenschaftliche Forschung seit der Arbeit von A. Heusler intensiv beschäftigt, kann und soll in diesem Zusammenhang nicht näher eingegangen werden. Vom 8. bis 11. Jahrhundert wanderten diese burgundisch-fränkischen Lieder aus dem rheinischen in den bayerisch-österreichischen Raum, wurden dort zu größeren Liedern ausgeweitet und umgestaltet, was in einigen Fällen auch zu einer Veränderung der Charaktere der handelnden Personen führte.

Diesen Urfassungen des Nibelungenstoffes, die wir heute nur noch rekonstruieren können, stehen nordische Fassungen des gleichen Stoffes, der früh von Deutschland nach Skandinavien gewandert zu sein scheint, wahrscheinlich am nächsten. Im alten Atlilied, das in der Liedersammlung der sog. Lieder-Edda aus der Zeit um 1270 überliefert ist, fassen wir wahrscheinlich die älteste erhaltene Version des Nibelungenstoffes. Sie dürfte noch in die 2. Hälfte des 9. Jahrhunderts gehören. Gunther (= Gunnar) und Hagen (= Högni) sind im alten Atlilied Brüder, die trotz einer Warnung ihrer Schwester Kriemhild (= Gudrun) an den Hof ihres Schwagers, des Hunnenkönigs Atli (= Etzel) reisen. Etzel ist es hier, der den

Schatz der Nibelungen in seinen Händen halten will und auch hier kommt es zum blutigen Untergang der Burgunderkönige. Am Höhepunkt des Geschehens, der sog. »Hortverweigerungsszene«, sind die Rollen allerdings vertauscht. Gunther ist der letzte Überlebende, der auch nach der Hinrichtung Hagens nicht den Verbleib des Hortes verrät. Er stirbt in der Schlangengrube (Abb. 96), Kriemhild rächt schließlich ihre Brüder an ihrem Ehemann. Weitere in der Poetischen Edda überlieferte Lieder, die auch in Snorris »Prosa-Edda« (um 1220) und den Prosaerzählungen Völsungasaga und Thidrekssaga aus der Mitte des 13. Jahrhunderts paraphrasiert werden, geben über das Nibelungenlied hinaus Informationen darüber, wie Siegfried oder Sigurd, wie er hier zumeist genannt wird, an den Hort gelangte: Der Hort wurde von Odin, Loki und Hönir aus dem Göttergeschlecht der Asen einem in einem Wasserfall hausenden hechtgestaltigen Zwerg gewaltsam entwendet. Bei dieser Aktion töteten die Götter den ot-

Abb. 96 | Gunther in der Schlangengrube. Umzeichnung nach einer in Holz geschnitzten Darstellung am Portal der Stabkirche von Hylestad, Norwegen, um 1200.

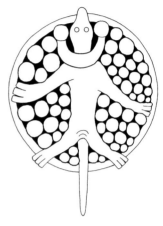

Abb. 97 | Der Otterbalg mit Goldstücken und dem Ring Andvaranautr aus dem Nibelungenschatz. Umzeichnung nach einer in Holz geschnitzten Darstellung am Kirchenportal von Lardal, Norwegen, 13. Jahrhundert.

tergestaltigen Otr, einen Bruder der beiden Zwerge Regin und Fafnir. Der dem toten Otr abgezogene Otterbalg muss von den Göttern als Buße mit Gold bedeckt werden. Das letzte freie Schnauzhaar des Otters wird mit dem Ring Andvaranautr bedeckt (Abb. 97), den der Zwerg zuvor mit einem Fluch belegt hatte und der seitdem an dem Schatz haften sollte. Im weiteren Lauf der Sage wechselt dieser Ring zusammen mit dem Schatz dann noch fünf Mal den Besitzer, von denen jeder eines gewaltsamen Todes sterben wird. Die Brüder Otrs geraten sofort in Streit über den Schatz, Fafnir verwandelt sich in einen Drachen und bewacht diesen vor seinem Bruder Regin. Bei eben diesem Regin geht nun Siegfried in die Schmiedelehre und wird von diesem angestachelt, seinen Bruder Fafnir zu erschlagen. Siegfried durchschaut jedoch Regins Hinterlist, der vorhatte, auch ihn zu töten, entledigt sich beider Brüder und zieht mit dem Schatz von dannen.

Abb. 98 | Spektakulär dargestellt ist die Drachentötung Siegfrieds auf der etwa 5 m breiten Felsenzeichnung am Ramsundberg in Jäder in der Nähe von Eskilstuna (Mittelschweden) aus der 1. Hälfte des 11. Jahrhunderts.

Der Horterwerb Siegfrieds mit den Details wie Siegfrieds Bad im Drachenblut und seiner daraus resultierenden Unverwundbarkeit sowie dem Verzehr des Drachenherzens und dem daraus folgenden Verstehen der Vogelstimmen ist eines der beliebtesten Bildmotive in der spätwikingerzeitlichen und mittelalterlichen Kunst Skandinaviens. Diese Themen werden in Stein wie in Holz gleichermaßen ausgeführt, z.T. sind die erhaltenen Darstellungen sogar noch älter als die überlieferten Lieder *(Abb. 98)*.

Historischer Hintergrund des Sagenstoffes

Stellt man nun die Frage nach dem historischen Hintergrund des Sagenstoffes, entkleidet von seinen märchenhaften und mythischen Elementen wie Göttern und Drachentötung, gelangt man schnell in die Zeit der germanischen Völkerwanderungen und des Frühen Mittelalters, also in das 4. bis 7. Jahrhundert: So waren die Burgunder ein ostgermanischer Volksstamm, der im 4. Jahrhundert am Main und am Rhein erscheint. Sie wurden, zunächst als Verbündete des noch existierenden spätrömischen Reiches unter Kaiser Honorius v. a. in dem Gebiet um Worms, Straßburg, Mainz und Speyer angesiedelt. Im Jahre 413 erfolgte auch im westlichen Rheingebiet eine Landnahme. Gerade 20 Jahre später fielen die Burgunder jedoch unter einem König Gundohar, dem Gunther des Epos, wieder in die römische Provinz *Belgica I* ein, wurden jedoch von einem römischen Heer geschlagen. Bereits ein Jahr später wurden sie erneut, diesmal von einem hunnischen Heer, das wohl im Auftrage Roms handelte, besiegt, wobei Gundohar und angeblich weitere 20 000 Burgunder den Tod fanden. Danach werden die Burgunder auf römi-

schen Befehl in die heutige westschweizerische Landschaft Savoyen umgesiedelt. Dies ist der historische Kern der Burgundensage. Historisch ungenau ist die Verbindung zwischen dem Untergang und dem Hunnenkönig Etzel (= Attila), der an der Untergangsschlacht offenbar nicht persönlich beteiligt war und der erst im Jahr 453 stirbt. Die Gestalt des Dietrich von Bern, dessen Getreuer Hildebrand dem Treiben Kriemhilds im Nibelungenlied ein Ende bereitet, verkörpert den Ostgotenkönig Theoderich, der allerdings erst etwa 20 Jahre nach diesen Ereignissen geboren wird (Theoderich 455–526). Gegen 550 gibt der gotische Geschichtsschreiber Jordanes zu Attilas Tod die Information, dass er in der Hochzeitsnacht mit einer Germanin namens Hildico (= Hilde = Kriemhild ?) einem Blutsturz erlag. Diese gemeinsame Projektion zeitlich auseinander liegender Ereignisse auf eine nicht mehr differenzierte Vergangenheitsebene wurde als ein geradezu typisches Element der Heldensage erkannt.

Das Lied vom Burgundenuntergang ist wahrscheinlich an den westschweizerischen Wohnorten der Burgunder entstanden und dort offenbar bereits früh mit dem ebenso eindrucksvollen fränkischen Siegfriedsagenkomplex verknüpft worden. Burgund war seit 534 Bestandteil des Fränkischen Reiches. Ein entscheidendes Element in der Siegfriedsage ist der Streit zwischen den beiden Königinnen Brunhilde und Kriemhild. Nach dem Nibelungenlied stellt er sich folgendermaßen dar: Siegfried warb am Hofe der Burgunderkönige zu Worms um die Hand deren Schwester Kriemhild, die er aber erst erhielt, nachdem er Gunther zur Hochzeit mit Brunhilde verholfen hatte. Brunhilde war die Königin von Island, die Siegfried mit Hilfe einer Tarnkappe an der Stelle Gunthers in Kampfspielen besiegt und für ihn zur Frau gewonnen hatte. Siegfried plauderte dieses Geheimnis an seine Frau Kriemhild aus. Als Brunhilde in einem Streit mit Kriemhild davon erfuhr, veranlasste sie Hagen von Tronje dazu, Siegfried auf der Jagd hinterhältig zu ermorden. Dies gelang Hagen nur, nachdem Kriemhild unbedachterweise die einzige verwundbare Stelle Siegfrieds – zwischen den Schulterblättern – an ihn verraten hatte. Der mögliche historische Hintergrund für diese Sage führt uns nun direkt an den Hof des fränkischen Königsgeschlechtes der Merowinger im 6. Jahrhundert: 567 heiratete der fränkische König Sigibert I. in Reims eine Tochter des Westgotenkönigs Athanagild mit Namen Brunhilde. Sein Bruder Chilperich war von der offenbar sehr schönen und klugen Gotenprinzessin derart angetan, dass er sogleich um die Hand ihrer Schwester anhielt. Doch hören wir dazu einen Augenzeugen, den Historiographen und Bischof von Tours, Gregor: »...Da dies König Chilperich sah, freite er, obschon er bereits mehrere Weiber hatte, um Galsvintha, Brunhildens Schwester, indem er durch seinen Gesandten zugleich versprach, er wolle die andern Weiber verlassen, nur möge man ihn für würdig erachten, ein ihm ebenbürtiges Königskind zur Ehe zu empfangen. Der Vater glaubte diesen Versprechungen und übersandte ihm seine Tochter, die in gleicher Weise, wie die frühere, reichlich ausgestattet wurde... Aber des Königs Liebe zu Fredegunde, die er schon früher zum Weibe gehabt hatte, brachte großes Ärgernis in das Haus. Denn Galsvintha beklagte sich unablässig beim

König, ihr geschähe Unrecht, und sie habe keine ihrer würdige Stellung neben ihm; er möge, sagte sie, die Schätze behalten, welche sie mit sich gebracht habe, nur solle er sie frei in ihr Vaterland heimziehen lassen. Der König aber wusste sie durch mannigfache Ausreden hinzuhalten und durch sanfte Worte zu begütigen. Endlich aber ließ er sie durch einen Diener erdrosseln, und man fand sie tot in ihrem Bette... Der König aber nahm, nachdem er die Tote nur wenige Tage beweint hatte, abermals Fredegunde zu seinem Gemahl. Da dies geschah, wurden seine Brüder inne, dass auf sein Geheiß Galsvintha getötet war, und sie vertrieben ihn aus seinem Reiche...« (Fränkische Geschichte IV, 28).

Chilperich gab sich damit aber nicht geschlagen, sondern ließ seinen Bruder Sigibert durch zwei gedungene Meuchelmörder umbringen und die schöne Brunhilde gefangensetzen. Sie konnte jedoch alsbald aus dem Kerker entfliehen und führte in Reims die Regentschaft für ihren unmündigen Sohn. Chilperich selbst wurde 584 ebenfalls ermordet, wobei nicht unwahrscheinlich ist, dass dabei Brunhilde ihre Hände im Spiel hatte. Obwohl nun die beiden männlichen Protagonisten dieser Auseinandersetzung – Sigibert und Chilperich – ums Leben gekommen waren, wurde der Krieg mit z.T. unmenschlicher Grausamkeit weitergeführt, immer wieder angestachelt von Brunhilde und der zur Königin avancierten Fredegunde. Nach dem Tode Fredegundes führte deren Sohn Chlothar (584–629) den Kampf im Sinne seiner Mutter fort, ihm gelang es schließlich, Brunhilde gefangenzusetzen, die mittlerweile die Regentschaft für ihren unmündigen Urenkel geführt hatte. Chlo-

thar kannte kein Erbarmen, das Ende der mittlerweile siebzigjährigen Brunhilde im Jahre 613 war nach den schriftlichen Quellen grauenhaft: »...Wie Brunhild vor Chlothar, der sie tödlich hasste, erschien, rechnete er ihr vor, wie zehn Frankenkönige von ihr ermordet worden seien, nämlich Sigibert, Merowech, sein eigener Vater Chilperich, Theudebert und dessen Sohn, Chlothar, ebenso Merovech, Chlothars Sohn, endlich Theuderich und seine drei Söhne, die soeben umgebracht worden waren. Dann ließ er sie drei Tage lang auf verschiedene Weise martern, zuerst auf ein Kamel setzen und so durch das gesamte Heer führen, hierauf mit dem Haupthaar, einem Arm und Fuß an den Schwanz des wildesten Pferdes binden, und so ward sie von den Hufen des davon sprengenden Thieres zerschlagen, bis ihr Glied für Glied abfiel...« (Fredegar IV, 42).

Reduzieren wir einmal die poetische Ausgestaltung der Siegfriedsage auf die nüchternen Fakten, so werden dort die durch eheliche Verbindungen entstandenen Spannungen in einer Königsfamilie beschrieben, die in der Tötung eines Schwagers auf Anraten der Schwägerin erstmals kulminieren. Eine besondere Rolle spielte dabei ein großer Schatz auf Seiten der Frau des Getöteten. In den Grundzügen haben wir damit die historische Situation des Beginns des Streites der beiden fränkischen Königinnen Fredegunde und Brunhilde erfasst. Das grausame Ende der historischen Brunhilde fand vielleicht seinen Nachklang im nicht weniger grauenhaften Tod der Kriemhilde in der Sage. Die Siegfried-Gestalt gehört dagegen wahrscheinlich einer noch älteren historischen Schicht an; erinnert sei nur daran, dass der Siegfried der Sage aus

Xanten stammen soll, der römischen *Colonia Ulpia Traiana*, wo seit spätrömischer Zeit der Hl. Viktor verehrt wurde, der als Name ja die lateinische Fassung (Victor = Sieger) des deutschen »Siegfried« trägt. Unzweifelhaft sind in die Gestalt des Siegfried jedoch auch Züge des fränkischen Königs Sigibert eingeflossen, der 575 im Auftrag von Chilperich und Fredegunde ermordet wurde.

Die beiden Überlieferungen der Siegfriedsage und der Sage vom Burgundenuntergang bilden gemeinsam die Basis für die erfolgreichste Sage des Mittelalters, nämlich die Nibelungensage.

Schon früh gelangte dieser Sagenstoff in den Norden nach Skandinavien und wurde dort von Dichtern aus- und auch umgeformt. In der deutschen Überlieferung fand die Nibelungensage im Verfasser des Nibelungenliedes eine Dichterpersönlichkeit von hohem Rang, der die Welt des Frühen Mittelalters in seine Welt – die höfische Welt des Hohen Mittelalters – transferierte und dabei ein Kunstwerk schuf, das immense Auswirkungen haben sollte.

Abb. 99 | Eine Germanenhorde bewacht den Nibelungenschatz. Szenenfoto aus der Uraufführung des »Rings der Nibelungen« in Bayreuth, 1876. Kostüme C. Doepler.

Rezeption des Nibelungenstoffes

Das seit dem 16. Jahrhundert in Vergessenheit geratene Nibelungenlied wurde 1755 von dem Lindauer Arzt Jacob Hermann Obereit wiederentdeckt und bereits zwei Jahre später von Johann Jacob Bodmer auszugsweise und 1782 durch Christoph Heinrich Müller vollständig publiziert. Noch in der Zeit des aufgeklärten Absolutismus konnte man mit dem Epos nicht sehr viel anfangen. Charakteristisch für diese Zeit und diese Geisteshaltung ist die Meinung Friedrichs des Großen, der in einem Brief vom 22. 2. 1784 mitteilt: »...Meiner Einsicht nach sind solche nicht einen Schuss Pulver werth; und verdienen nicht, aus dem Staub der Vergangenheit gezogen zu werden. In meiner Büchersammlung wenigstens werde ich dergleichen elendes Zeug nicht dulden, sondern herausschmeißen...«. Schon kurze Zeit später wurde das Nibelungenlied jedoch von den deutschen Romantikern enthusiastisch aufgenommen. Einen entscheidenden Einfluss hatten dabei offenbar die Berliner Vorlesungen August Wilhelm Schlegels (1767–1845) in den Jahren 1803–1804, der das Nibelungenlied erstmals ästhetisch würdigte und es gar auf eine Ebene mit den homerischen Epen Ilias und Odyssee stellte. Die Ursachen für diesen Meinungsumschwung sind in den Änderungen der allgemeinen Geisteshaltung zu suchen, die in einem engen Zusammenhang mit der politischen Geschichte des beginnenden 19. Jahrhunderts in Deutschland stehen. Der politische Zusammenbruch Preußens und der Einmarsch der napoleonischen Truppen bedeutete, zunächst für die intellektuelle Schicht, später auch für breitere Bevölkerungsschichten, eine neu einsetzende Auseinandersetzung mit »nationalen« Themen, wobei sich das Nibelungenlied als Quelle geradezu anbot. So verwundert es

Abb. 100 | Filmszene aus Fritz Lang »Die Nibelungen«, 1923/24.

nicht, dass mit Schlegels Vorlesungen auch eine produktive Rezeption des Nibelungenstoffes begann. Unter den Hörern Schlegels befand sich Friedrich de la Motte-Fouqué – aus einer französischen Hugenottenfamilie stammend –, der sich beim Verfassen seiner Trilogie *Der Held des Nordens* (1808–1810) allerdings eng an die nordische Sagentradition anlehnte. Mit Fouqués Lesedrama begann die lange Reihe der Um- und Nachdichtungen des Nibelungenstoffes. Neben F. Hebbels dramatischer Trilogie *Die Nibelungen* (1855–1860) ist heute die weltweit sicher bekannteste Fassung das Musikdrama *Der Ring der Nibelungen* von Richard Wagner (Bühnenfestspiel für drei Tage und einen Vorabend: Rheingold 1851–1854, Walküre 1851–1856, Siegfried 1851–1871, Götterdämmerung 1848–1874), der sich eng an Fouqué anlehnte und wie dieser hauptsächlich die nordischen Quellen benutzte. In einer handschriftlichen Notiz verrät Richard Wagner selbst, welche Quellen er für den Ring der Nibelungen benutzte. Neben dem Nibelungenlied und Werken von Karl Lachmann, den Brüdern Grimm und Franz Josef Mone erwähnt er ausdrücklich die Edda, die Völsungasaga, die Wilkina und Niflunga Saga sowie die Heimskringla. Die inneren Widersprüche der Handlung, die durch die Benutzung von unterschiedlichen Quellen entstanden, werden bei Richard Wagner freilich nicht aufgelöst und überhaupt bekommt man im Wagnerschen Ring keine festen Bezugspunkte zur Nibelungensage. Dies lag mit Sicherheit auch gar nicht im Sinne des Verfassers, dem es eher auf die symbolische Bedeutung einzelner Bilder als auf einen handlungsmäßigen Zusammenhang ankam. Eine Interpretation des Wag-

nerschen Gesamtkunstwerkes kann und soll an dieser Stelle nicht erfolgen. Festzuhalten bleibt in diesem Zusammenhang nur die Tatsache, dass Richard Wagner den Goldschatz in den Mittelpunkt seines *Ringes der Nibelungen* rückte. Die menschliche Habgier nach dem Gold stürzt im »Ring« schließlich eine ganze Welt in die Götterdämmerung *(Abb. 99)*. Die symbolische Bedeutung des Rings Andvaranautr, der den Reichtum seines Besitzers mehrt und an dem der Fluch haftet, ist bei Wagner die gleiche wie in den nordischen Sagenüberlieferungen. Das gleiche Motiv findet sich übrigens auch wieder bei J. R. R. Tolkien, *Der Herr der Ringe* (1954/55), der hier stark von Wagners Nibelungendrama beeinflusst erscheint.

Auch die darstellende Kunst befasste sich bald nach dem Wieder-Bekanntwerden des Nibelungenliedes mit dem Stoff. Im späten 18. Jahrhundert stand die darstellende Kunst noch unter der starken Prägung der griechischen Antike. Infolge

der oben skizzierten politischen Entwicklung wurden jedoch auch hier patriotisch erscheinende Motive neu aufgenommen, was quasi zu einer Erneuerung der christlichen Kunst der mittelalterlichen Welt führte. Unter den zahlreichen Darstellungen des Nibelungenstoffes scheinen besonders die zwischen 1805 und 1820 entstandenen Entwürfe und Gemälde des Schweizers Johann Heinrich Füssli erwähnenswert, der ansonsten kaum beachtete psychologische Momente des Nibelungenliedes zu Papier brachte. Schon kurz nach seinem Regierungsantritt 1825 verpflichtete König Ludwig I. von Bayern Julius Schnorr von Carolsfeld (1794–1872) als Direktor der Königlichen Akademie der bildenden Künste zu München. 1826 wurde von Carolsfeld damit beauftragt, fünf Säle in dem von Leo von Klenze neu erbauten Westflügel der Münchner Residenz mit Nibelungenliedszenen auszumalen, eine Arbeit, die erst 1867 vollendet werden konnte. Die Gemälde fanden großen Anklang, und der Königshof beauftragte auch Bildhauer, Silberschmiede und Porzellanmaler, ähnliche Motive darzustellen. In den 20er und 30er Jahren unseres Jahrhunderts erlebten Nibelungenszenen in der bildenden Kunst noch einmal eine letzte Welle der Popularität. Beispielhaft dafür ist das 1923/24 von dem Regisseur Fritz Lang geschaffene Filmwerk *Die Nibelungen*, der in seinen Bildern auf die Illustrationen Carl Otto Czeschkas im Stile der Wiener Secession zurückgreift *(Abb. 100)*. Nicht zuletzt aufgrund dieses Films erhielt Fritz Lang von J. Goebbels das Angebot, eine Art »Reichs-Filmintendant« zu werden. Lang zog es jedoch vor, 1933 in die USA zu emigrieren. Nach dem Zweiten Weltkrieg wurde das Nibelungenlied nur noch selten und ohne größere künstlerische Ansprüche in eine bildhafte Sprache umgesetzt. Neben der Aufnahme des Stoffes in diverse Comic-Serien dürfte einer breiteren Öffentlichkeit v. a. der 1967 unter der Regie von Harald Reinl entstandene zweiteilige Nibelungenfilm »Siegfried von Xanten« und »Kriemhilds Rache« mit Uwe Beyer in der Rolle des Siegfried bekannt sein.

Die Verklärung des Mittelalters seit dem frühen 19. Jahrhundert hatte neben den eben skizzierten Auswirkungen in den bildenden Künsten jedoch auch politische Folgen. Das Nibelungenlied wurde bald mit gesellschaftspolitischen und sozialen Kriterien verknüpft und dann auch und vor allem zur politischen Propaganda benutzt. In einer ideologisierenden nationalistischen Deutung galt es als das »deutsche Nationalepos« und wurde bis in die nationalsozialistische Zeit hinein dazu vereinnahmt, angeblich germanische Wertbegriffe wie »Rache«, »Schicksal« und »Treue« zu illustrieren. So beschrieb der Reichskanzler Bernhard Fürst von Bülow das Verhältnis des Deutschen Reiches zu Österreich-Ungarn nach der bosnischen Annexionskrise im Deutschen Reichstag am 19.3.1909 mit folgenden Worten: »...Meine Herren, ich habe irgendwo ein höhnisches Wort gelesen über unsere Vasallenschaft gegenüber Österreich-Ungarn. Das Wort ist einfältig! Es gibt hier keinen Streit um den Vortritt, wie zwischen den beiden Königinnen im Nibelungenlied; aber die Nibelungentreue wollen wir aus unserem Verhältnis zu Österreich-Ungarn nicht ausschließen, die wollen wir gegenseitig wahren...«. In einem Appell an das deutsche Volk zum Kriegsausbruch 1914 hören wir von dem preußischen Abgeordneten Franz von Liszt Folgendes: »...diese Treue zu halten, dem Freunde Freund zu sein bis zum äußersten, dem Feinde Feind sein bis zum äußersten: das ist deutsche Art, das ist Nibelungentreue...« Seine größte Perversion erreichte diese nationalistische Interpretation des Nibelungenliedes im nationalsozialistischen Dritten Reich. An Zynismus kaum zu überbieten ist der Vergleich des Unterganges der 6. Armee in Stalingrad mit dem Nibelungenkampf gegen die Hunnen, den Hermann Göring in seiner »Nibelungenrede« 1943 im Berliner Sportpalast zog. Von der Verknüpfung des Nibelungenliedes mit nationalistischer Anschauung hat man sich nach dem Zweiten Weltkrieg vollständig gelöst, heute steht die wissenschaftliche Auseinandersetzung im Vordergrund.

Die Goldschätze des Frühen Mittelalters

Wie oben dargestellt wurde, greifen die in der Nibelungensage geschilderten Begebenheiten z.T. auf reale Ereignisse des Frühen Mittelalters zurück. Fragen wir nun nach Goldschätzen aus dieser Zeit, so belegen die schriftlichen Quellen eindeutig, dass es solche bei nahezu allen germanischen Reichen gegeben hat. Im Besitz des Königs scheinen Schätze neben anderen Elementen wie Stamm, König und Land nahezu ein konstitutiver Punkt der frühmittelalterlichen Reichsbildungen gewesen zu sein. Neben Schätzen des Königs sind auch solche im Besitz einzelner Mitglieder der Königsfamilie, Adeliger und der Kirche eindeutig nachweisbar. Sogar im Besitz von kleinen Kindern aus der Königsfamilie sind Schätze belegt: »...Die Königin nahm den Schatz ihres kleinen Sohnes und verbrannte die Kleider und anderen Schmucksachen, die seidenen sowohl wie die von anderen Stoffen, welche sie fand; vier Karren brauchte man, sie fortzuschaffen. Das Gold und Silber aber ließ sie umschmelzen und legte es bei Seite, damit Nichts in seiner alten Gestalt bliebe, was ihr die Trauer um ihren Sohn wieder in den Sinn brächte...« (Gregor v. Tours, Fränkische Geschichte VI, 35). Die Schätze haben offenbar einen beträchtlichen Umfang, an Bestandteilen werden von Gregor von Tours – neben Steuerkatastern, Briefen und Testamenten – an Wertsachen kostbare Stoffe und Gewänder, wertvolle Waffen und Wehrgehänge, Tafelgeschirr, wertvolle Steine, Schmuckstücke und allgemeine Kostbarkeiten (= «*species*») erwähnt. Und immer wieder ist es das Gold, das als wichtigster Be-

Abb. 101 | Die Henne mit den sieben Küken. Monza, Domschatz.

standteil eines Schatzes genannt wird. Gold in jeglicher Form: Als Barren, Münzen, verarbeitet zu Essgeschirr und Schmuck jeglicher Form. Von besonderem Interesse hinsichtlich der Darstellung in der Nibelungensage scheint es, dass gerade Ringe häufig ausdrücklich als Bestandteil eines Schatzes erwähnt werden. Die Zusammensetzung der Schätze war sehr heterogen und zudem einem schnellen Wechsel unterworfen, mussten doch in der frühmittelalterlichen Gesellschaft häufig Schenkungen an Kirchen und an Getreue gemacht werden. Auch dies erinnert wieder eindrücklich an das Nibelungenlied: Hagen befürchtet, Kriemhild könnte mit dem Schatz der Nibelungen Rächer für Siegfried anwerben. Ein Schatz im Frühen Mittelalter war nun freilich nicht durch einen märchenhaften Drachenkampf zu gewinnen: Eher selten wurden Gegenstände zum Zweck der Thesaurierung angekauft oder angefertigt. Neben Mitgiften, worunter die einiger westgotischer Prinzessinnen, die an den fränkischen Hof heirateten, besonders eindrucksvoll gewesen sein müssen (s.o.), gelangten die Gegenstände v. a. durch Zahlungen anderer Staaten, Steuern, Strafgelder, Konfiskationen aber auch Geschenke und v. a. als Beutegut in die Schätze. So sollen sich im königlichen Schatz der Westgoten angeblich Gegenstände aus dem jüdischen Tempelschatz von Jerusalem befunden haben. Dieser war unter dem römischen Kaiser Titus 78/79 n. Chr. nach Rom gelangt und 410 bei der Eroberung Roms den Westgoten unter ihrem König Alarich in die Hände gefallen. Zu einem vollständigen Verlust eines Schatzes kam es nach den Schriftquellen nur bei feindlichen Auseinandersetzungen,

wobei hier immer nur die Übernahme des Schatzes durch den Sieger belegt ist. Häufig wurden auch größere Bestandteile eines königlichen Schatzes an die Kirche geschenkt. Schönstes Zeugnis dafür sind die Objekte aus dem Besitz der langobardischen Königin Theodolinde, die sie der Kirche übertrug und die sich heute im Domschatz von Monza befinden (Abb. 101).

Archäologische Funde können aber nun eindeutig belegen, dass man im Frühen Mittelalter auch Schätze versteckt hat, um sie einem feindlichen Zugriff zu entziehen und in späteren, ruhigeren Zeiten wieder zu heben, wozu es freilich dann nicht mehr gekommen ist. Man möchte ja auch dem Hagen des Nibelungenliedes unterstellen, dass er den Nibelungenschatz nicht auf ewige Zeiten dem Rhein anvertrauen, sondern ihn irgendwann wieder an sich nehmen wollte.

Diese germanischen Schatz- oder Versteckfunde sind bislang ausschließlich aus ostgermanischen Fundzusammenhängen bekannt geworden. 1797 und 1889 wurden im damals noch ungarischen Szilágy-Somlyó (heute Şimleul Silvaniei, Rumänien) im Nordwesten Siebenbürgens

zwei große Goldschätze auf demselben Feld gefunden, die ursprünglich wahrscheinlich zusammengehörten. Der erste Fund wurde 1797 gemacht, die Fundobjekte, Goldmedaillons mit sekundär verwendeten römischen Münzen, Ehrenketten und Schmuckgegenstände befinden sich heute im Kunsthistorischen Museum Wien. Der zweite Fund von 1889 befindet sich im Nationalmuseum Budapest und besteht aus drei Goldschalen, einem Goldring, einer großen Goldfibel mit Steineinlage (L. 24,6 cm), einer sagenhaft schönen Onyxfibel sowie zehn Paar weiteren Goldfibeln und Fibelbruchstücken. Alle diese Fundstücke können an das Ende des 4. Jahrhunderts n. Chr. datiert werden. Möglicherweise wurden die beiden Schätze in Zusammenhang mit den Hunneneinfällen der Erde anvertraut.

Unter den gleichen Umständen wurde wahrscheinlich der Schatz von Pietroasa (heute Pietroasele, Jud. Buzău), ebenfalls im heutigen Rumänien gelegen, verborgen. 1837 entdeckten Steinbrucharbeiter zu Füßen des Berges Istriţa unter einem kleinen Steinhaufen 22 Goldobjekte, wie in Szilágy-Somlyó Tafelgefäße und Trachtbestandteile (Abb. 102). Von diesen sind

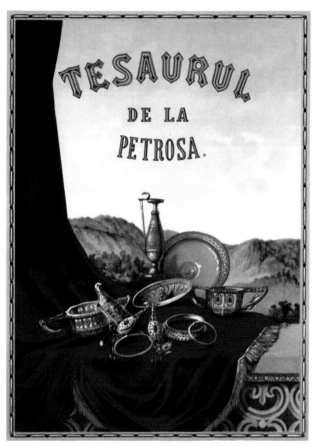

Abb. 102 | Der Schatz von Pietroasa.

des Schatzes von Pietroasa hin, die diesen Ende des 4. oder in der 1. Hälfte des 5. Jahrhunderts vor einem feindlichen Zugriff versteckten.

Der Schatzfund von Cluj-Someşeni, ebenfalls in Rumänien, wurde am 4.9.1963 bei landwirtschaftlichen Arbeiten entdeckt. Die Arbeiter teilten die ausschließlich aus Gold bestehenden Fundobjekte zunächst untereinander auf, wobei manche Teile zerschnitten wurden. Das Gold wurde an verschiedene Privatpersonen verkauft, die es zu modernem Schmuck umarbeiten ließen. Von den ursprünglich zusammen etwa ein Kilogramm schweren Goldfunden sind deshalb heute nur noch 617,82 g Gold im Historischen Museum Cluj erhalten. Alle Gegenstände – es handelte sich um den Trachtschmuck einer vornehmen Frau mit Brust-, Gürtel- und Armschmuck – waren ursprünglich in einem Tongefäß versteckt und vergraben worden. Sie wurden im 3. Viertel des 5. Jahrhunderts von einer Ostgermanin, einer gotischen oder gepidischen Kriemhild, wahrscheinlich in Folge kriegerischer Auseinandersetzungen, verborgen.

Wo liegt der Nibelungenschatz?

Einen ganz festen Bestandteil bildet in allen Fassungen der Nibelungensage das Versenken des Schatzes im Rhein. Das Nibelungenlied gibt dazu sogar eine eindeutige Ortsangabe:

»die wîle hete Hagene den schatz vil gar genomen.
er sanct' in dâ ze Lôche allen in den Rîn.«
(Vers 1137 2–4).

noch zwölf Stück erhalten geblieben, die sich heute im Nationalmuseum Bukarest befinden. Das Gesamtgewicht dieser zwölf Objekte beläuft sich auf stolze 18,8 kg; dabei sind eine Platte, eine Kanne, eine Schale, ein Halsreif und zwei Halsringfragmente aus massivem Gold. Cloisonniert, d. h. aus Gold und mit Edelsteinen verziert – man fühlt sich hier an die Beschreibung des Schatzes im Nibelungenlied erinnert – sind zwei Henkelgefäße, ein kragenartiger Halsschmuck und vier große Fibeln in Vogelform. Der Fund von Pietroasa wurde 1867 auf der Weltausstellung in Paris gezeigt und erregte dort bereits großes Aufsehen. Die außergewöhnlich qualitätvollen Arbeiten stehen in spätrömischer Tradition. Sie stammen vielleicht aus byzantinischen Werkstätten und gelangten als politische Geschenke an verbündete Barbarenfürsten. Eine in ihrer Bedeutung umstrittene Runeninschrift (Gutani Iowi hailag) weist dabei ganz eindeutig auf Goten als ehemalige Besitzer

Bei dem »Rîn« handelt es sich zweifels-ohne um den Rhein, mit »Lôche« ist wahr-scheinlich der Ort Lochheim in der großen Rheinschleife bei Gernsheim, etwa 15 km nördlich von Worms gemeint, der aller-dings bereits Anfang des 13. Jahrhunderts einer Überschwemmung zum Opfer fiel und unterging. Und tatsächlich unter-nahm man in den siebziger Jahren auf Initiative des damaligen Mainzer Bürger-meisters Dr. H. Jacobi Anstrengungen, den Schatz dort zu finden, allerdings ohne jedes Ergebnis. Da das Nibelungenlied je-doch erst gut 700 bis 800 Jahre nach dem Versenken des Nibelungeschatzes nieder-geschrieben wurde, kann man in seinen Angaben kaum einen »Leitfaden« zur Lo-kalisierung der Deponierungsstelle anse-hen.

Das Versenken eines Schatzes im Was-ser ist für das Frühe Mittelalter bislang durch archäologische Quellen nicht nach-gewiesen. Die schriftlichen Quellen schwei-gen ebenfalls zu diesem Thema, sie be-richten uns lediglich von einer Grabanlage des 5. Jahrhunderts, die gewissermaßen unter Wasser angelegt wurde. Für die

Abb. 103 | Goldflitter aus dem Rhein bei Idstein *(Kat. 5 e)*.

Bestattung des Westgotenkönigs Alarich († 410 n. Chr.) hatten seine Getreuen das Bachbett des Busento bei Cosenza in Süd-italien zunächst abgeleitet, um es nach erfolgter Bestattung wieder über die Grab-lege zurückzuführen. Bei dieser Graban-lage muss es sich um eine eindrucksvolle Begebenheit gehandelt haben, die mögli-cherweise unter oben bereits skizzierten Umständen – der gemeinsamen Projek-tion von zeitlich und räumlich unter-schiedlichen Begebenheiten auf eine Zeit-ebene – ihren Weg in die Nibelungensage gefunden hat.

Siegfried als ein König des Frühen Mit-telalters, der historisch zwar nicht exakt greifbar ist, hat mit Sicherheit über einen Schatz verfügt, der nach seinem Tod an seine Witwe übergegangen ist. Die Be-schreibung des Schatzes im Nibelungen-lied erinnert an reale Schätze des Frühen Mittelalters, die wir bislang hauptsäch-lich aus dem ostgermanischen Siedlungs-gebiet kennen. Das Nibelungenlied spricht von einem Hort aus Edelsteinen und Gold. Aus eben diesen Materialien bestehen auch die frühmittelalterlichen Horte, die wir als Bodenfunde oder aus Kirchen-schätzen kennen. Die Erinnerung an frühmittelalterliche Königsschätze war of-fenbar noch bis zur Niederschrift des Nibe-lungenliedes im 12. Jahrhundert lebendig geblieben.

Möglich und sogar wahrscheinlich ist es, dass die burgundische Königsfamilie ihres Schatzes in Zusammenhang mit der Niederlage gegen die Hunnen verlustig ging. Ob er in die Hände der Hunnen ge-langte oder aber tatsächlich irgendwo ver-steckt wurde, wo er heute noch seiner Entdeckung harrt, lässt sich heute nicht mehr oder noch nicht entscheiden.

Abb. 104 | Dukat aus Rheingold *(Kat. 5 f)*.

Im Versenken des Nibelungengoldes im Rhein mag sich die Erinnerung an eine Goldgewinnung aus Rheinsanden (*Abb. 103–104; Kat. 5 e–f*) oder an die Bestat-tung des Westgotenkönigs Alarich im Bu-sento bewahrt haben. Vielleicht ist im un-ermesslichen Nibelungenhort aber auch eine Erinnerung an die Schätze bewahrt, welche die beiden westgotischen Prin-zessinnen Brunhilde und Galsvintha an den fränkischen Hof brachten.

Der »Schatz der Nibelungen« ist ein Element der Sage und Dichtung. Sein Vor-bild wird in der Realität in irgendeiner Weise existiert haben, sei es als natürli-ches Gold in den Rheinsanden, als Grab-beigaben des Königs Alarich, als burgun-discher Königshort oder als die Mitgift gotischer Prinzessinnen. Entsprechend vielfältig sind auch die Möglichkeiten, wo er heute noch zu lokalisieren wäre.

Lit.: Heusler 1921. – v. See 1971. – v. See 1978. – Deutsche Nachdichtung des Alten Atlilied in: Thule. Altnordische Dichtung und Prosa (Düs-seldorf 1963 ff.) Bd. 1, 39-52. – Snorris Prosa-Edda in: Thule. Altnordische Dichtung und Prosa (Düsseldorf 1963 ff.) Bd. 20-22. – Krist-jánsson 1994. – Nibelungenlied 1979. – Härd 1996. – Schulte-Wülwer 1980. – v. Storch 1987. – Ehrismann 1975. – Claude 1973. – Hardt 1998. – Szilágy-Somlyó: Hampel 1905. – Pietroasa: Dunareanu-Vulpe 1967.

Magisches Heidengold – vom Papst geweiht

Die spätkeltischen Regenbogenschüsselchen
in Volksglaube, Brauchtum und Poesie

Ludwig Wamser

»Wo der Regenbogen steht, steht ein golden Schüsselein...«

Friedrich Rückert (1788–1866), Gedicht »Der Regenbogen«

»Über die zwar nicht seltenen, doch immer geschätzten problematischen Goldmünzen, unter dem Namen Regenbogenschüsselchen bekannt«
(J. W. von Goethe, 1817)

Unter dem numismatischen Quellengut jenes metrologisch abgestuften Systems verschiedenartiger Metallgepräge – des ersten in Bayern geprägten Geldes –, mit deren Hilfe die wirtschaftliche und gesellschaftliche Struktur, Stammes- und Kulturgeschichte der Kelten erforscht wird, kommt den sogenannten Regenbogenschüsselchen, einer variantenreichen Gruppe goldener, vom späten dritten bis etwa zur Mitte des ersten Jahrhunderts v. Chr. geprägter Nominale von merkwürdiger Schüsselform und rätselhaftem Symbolcharakter ihrer Bildmotive, als auffälligster Fundgattung zweifelsohne erhöhte Bedeutung zu. Ihre ungewöhnliche Bezeichnung rührt von der im Volksmund

Abb. 105 | Regenbogenschüsselchen-Stater des Typs Blattkranz (Variante A, Gruppe III 1 der Einteilung von B. Ziegaus 1995) aus dem Münzschatz von Großbissendorf, Lkr. Neumarkt/Oberpfalz, mit gut ausgeprägtem Revers-Stempel: »Torques« mit sechs Kugeln, Gewicht 7,784 g, Durchmesser 16,8 mm.

weitverbreiteten Vorstellung her, dass solche Goldstücke den Endpunkt eines Regenbogens gebildet hätten bzw. jeweils dort zu finden seien, wo ein Regenbogen den Boden berührt. Da der antike Name dieser schüsselförmigen – in ihrem Hauptumlaufgebiet Süddeutschland und den umliegenden Kontaktregionen mittlerweile von rund 300 Fundorten bekannten – Gepräge (mit konvexer Vorder- und konkaver Rückseite) nicht überliefert ist, werden sie von der archäologisch-numismatischen Forschung in approximativer Anlehnung an die griechische Währungs- und Gewichtseinheit des Goldstaters, eines geringfügig schwereren Nominals vom Gewicht zweier Drachmen (8,1–8,6 g), als »Regenbogenschüsselchen-Stater« apostrophiert.

Soweit bisher bekannt, wurden diese schüsselförmigen Goldmünzen in Süddeutschland fast nur in zwei Größen bzw. Gewichtseinheiten – als Statere (von rund 8 g Gewicht mit Abweichungen nach oben und unten) bzw. Viertelstatere (von ca. 1,6–1,9 g Gewicht) – gefertigt. Innerhalb der Gruppe dieser Statere und ihrer Unterteilungen nehmen bestimmte Varianten südbayerisch-schwäbischer – zu den Münzsorten der sogenannten Vierundzwanzigstelstatere (von durchschnittlich 0,31 g bzw. 0,33 g Gewicht) und ihrer Teilstücke (vom Halb- bis zum $^1/_{72}$-Stater) zählender – Kleingoldmünzen insofern eine gewisse Sonderstellung ein, als sich deren (meist flachgeprägte) Frühformen – die am Beginn der bereits während des 3. Jahrhunderts v. Chr. kontinuierlich einsetzenden Goldprägung in Süddeutschland zu stehen scheinen – hinsichtlich Nominalgewicht, Details der Herstellungsweise und Materialzusammensetzung

von den »klassischen«, die Kleinstnominale à la longue verdrängenden Regenbogenschüsselchen klar absetzen (vgl. hierzu auch S. 100–123). Letzteres gilt sinngemäß auch für eine Anzahl blass-silbriger, vornehmlich im Rheinland sowie in Hessen und Mainfranken vorkommender Regenbogenschüsselchen (vor allem des Typs Forrer 400) aus Silber und Billon.

Verschiedene – zum Teil wohl als Beutegut oder als Bestandteile von Geldzahlungen an (zeitweilig in hellenistischen Diensten stehende, zurückgekehrte) keltische Söldner in das Gebiet nördlich der Alpen verbrachte – Ausprägungen jener mediterranen Emissionen, mit denen keltische Stammesgruppen zuvor bei ihren raumgreifenden, bereits im vierten Jahrhundert v. Chr. einsetzenden Wanderungsbewegungen in Kontakt gekommen waren, dienten den keltischen Stempelschneidern anfänglich als Vorlage für die Gestaltung ihrer eigenen Münzbilder. Die betreffenden, als »Kopiervorlagen« dienenden Statere sind daher – neben Geprägen der makedonischen Silbereinheit *TETRADRACHMON*, deren $^1/_4$- bzw. $^1/_{24}$-Teilstücke *DRACHME* und *OBOLOS* wie auch verschiedenen Frühformen römisch-republikanischer Denare – als Prototypen formal nahestehender Münzsorten der Kelten (genauer gesagt: mehr oder minder stilisierter Nachahmungen oder Umbildungen jener Vorbilder) zu betrachten. Letztere mediterranen Vorbilder stehen daher am Beginn der keltischen Münzentwicklung mit all den damit einhergehenden Barbarisierungs- und Degenerierungserscheinungen, Abstrahierungsformen gegenständlicher Vorgaben, Weiterentwicklungen und Neuschöpfungen: den kennzeichnenden Ausdrucksfor-

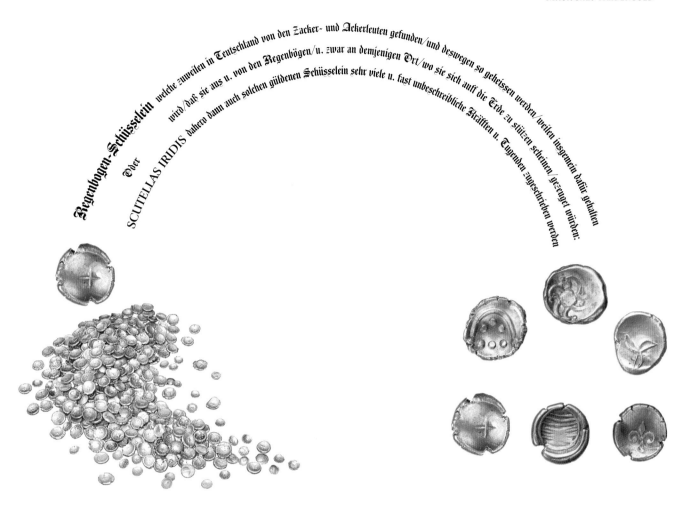

Abb. 106 | Schatzfund spätkeltischer Gold-
münzen (Regenbogenschüsselchen-Statere) von
Großbissendorf *(Kat. 172)*.

Abb. 107 | Aus einem Traktat über Regenbogen-
schüsselchen (nach M. B. Valentini, Museum
Museorum, Frankfurt a. M. 1704).

Abb.108 | Auswahl spätkeltischer Regenbogen-
schüsselchen aus dem Schatzfund von Großbissendorf *(vgl. Abb. 106 u. Kat. 172)*.

men einer sich immer deutlicher artiku-
lierenden Bewusstseinsbildung eigen-
ständig-keltischer, vom Bildverständnis
der Mittelmeerwelt differierenden Gestal-
tungs- und Umgestaltungswillens bzw.
»Kunstwollens«. Ihnen sind nicht zuletzt
auch die süddeutschen, von der klassischen Norm deutlich abweichenden
Regenbogenschüsselchen mit ihren eigen-
tümlichen Kreuzstern-, Wirbel-, Kugel-
gruppen-, Bogen-, Zickzack-, Schnörkel-,
Rolltier-, Blattkranz-, Vogelkopf- und Lo-
ckenkopfmotiven zur Seite zu stellen:
alles authentische Zeugnisse keltischer
Zivilisation, aber auch amulettartige Curiosa nachrömisch-heidnischen Toten-
brauchs, beredte Ausdrucksformen christlicher Volksfrömmigkeit und des Aberglaubens sowie ergiebiger Stoff der Posie.

Die goldenen Regenbogen-
schüsselchen im Wandel ihrer
vielfältigen Bedeutung

Bereits während der Römischen Kaiserzeit, in welcher – neben römischen Münzen – zunächst noch keltische Gepräge
umliefen, begann das Wissen um die
einstige keltische Münzprägung nach dem
Zeugnis der archäologischen Quellen
allmählich zu versiegen. Schon in der
darauffolgenden Völkerwanderungszeit,
aber auch im Frühen Mittelalter, begegnet
dann nicht selten eine größere Anzahl keltischer wie römischer Münzen als (nicht
selten abgegriffene oder durchlochte)
Curiosa amulettwertigen Charakters vornehmlich in alamannischen, bairischen
und fränkischen Gräbern. Im Laufe des

Mittelalters, als die Kenntnisse über jene
geheimnisumwitterten Gepräge schließlich ganz verloren gingen, »rückte das alte
Keltengold vollends ganz in die Sphäre
des Märchens und der Magie. Nicht selten
fand man es nach einem Gewitterregen
auf dem frischgepflügten Acker in der
Sonne blitzend unter dem Regenbogen.
Die Sterne und Punktgruppen, Zickzack-
und Kreisbogen-, Dreiwirbel- und Pal-
mettenmotive, die man auf diesen Goldstücken bestaunte, gaben der Phantasie
reiche Nahrung. So entstand der Mythos
vom Regenbogenschüsselchen, wie wir
ihm in der Dichtung des 19. Jahrhunderts
immer wieder begegnen.« (Mannsperger
1981).

In Band 30 seiner nach ihm benannten 64-bändigen Enzyklopädie (»Großes vollständiges Universal-Lexicon aller Wissenschaften und Künste«) gibt der aufgeklärte, von Freiburg i. Br. nach Leipzig übergewechselte Verleger Johann Heinrich Zedler 1741 unter dem Stichwort *Regenbogenschüsselgen, SCUTELLAE IRIDIS* eine entsprechende Passage aus dem 1704 erschienenen Traktat *MUSEUM MUSEORUM* des Frankfurter Gelehrten Michael Bernhard Valentini *(Abb. 107)* fast wörtlich wieder: »Mit diesem Namen wird dasjenige Gold beleget, welches nach dem gemeinen Wahne in der Luft soll gezeuget werden und wegen der Rarität sehr hoch und theuer geschätzet wird. Dergleichen Schüsselgen werden zuweilen in Deutschland von der Zacker- und Ackerleuten gefunden, um deswegen so genennet: weil insgeheim dafür gehalten wird, dass sie aus und in den Regenbögen und zwar an demjenigen Orte, wo sie sich auf die Erde zu stützen scheinen, gezeuget würden; daher denn auch solchen goldenen Schüsselgen sehr viele und fast unbeschreibliche Kräfte und Tugenden zugeschrieben werden...man solche hin und wieder in den curiösen Cabinetten und Kunstkammern siehet...«. Und er fährt fort: »Dass sie aber... ihren Ursprung von dem Regenbogen haben sollen, ist gantz falsch und unerfindlich, indem der Regenbogen nichts anders als ein Widerschein der Sonnenstrahlen in den Wolcken ist, nach deren ungleicher Dicke, nicht anders, wie im dreyeckigt geschliffenen Glase oder Prismate, so viel Farben entstehen, wie Cartesius vor andern in seinem *TRACTATVS DE METEORIS* stattlich und gründlich lehret, wie solte nun ein bloßer Schein ein dergleichen kostbares und schweres Me-

tall zeugen können? Und da der Regenbogen in der gantzen Welt zu sehen ist, warum finden sich solche Schüsselgen nur in Europa, und meistens in Deutschland, nicht aber in andern auswärtigen Landen? Wolte jemand sagen, dass die Materie dieses Goldes in den Wolcken verborgen liege, nachdem etwan der Goldsaame oder Zeugungssafft, durch der Sonnen Hitze und Strahlen aus der Erde in die Lufft getrieben sey, welcher nachmahls allda ausgebrütet und gebildet würde? ...Weswegen denn... diese so genannten Regenbogenschüsselgen kein Werk der Natur, sondern der Kunst seyn...Weswegen denn anderer Meynung der Wahrheit viel ähnlicher kommt, welche davor halten, dass diese...alte Müntzen der Gothen gewesen... Da denn der gemeine Mann, (welcher etwan solche an dem Orte, wo ein Regenbogen gestanden und wohin sie etwan von einem Sturmwinde und Gewitter getrieben worden, befunden) in die sothane Meinung verfallen, dass, wie der Regenbogen von Gott, zum Gnadenzeichen gesetzet worden, auch diese Schüsselgen davon herrühreten, und nichts denn Glück und Stern mit sich brächten; weswegen sie dieselben auch gegen das Fieber, und die Geburth zu befördern, in das ordentliche Geträncke legen« (Zedler 1741).

Aber auch in der vom Geistesklima des Humanismus geprägten Epoche der Renaissance, in der sich das wieder erwachende Interesse am Kulturerbe der Antike gerade auch im Sammeln und Beschreiben antiker – fast ausnahmslos jedoch klassischer, d.h. griechischer und römischer – Münzen und der damit einhergehenden Einrichtung von Münzkabinetten im größeren Rahmen der neugegründeten herr-

schaftlichen Kunstkammern und Antikensammlungen manifestierte, fanden jene im Volksglauben vor allem des alemannisch-schwäbischen Raumes verwurzelten, von aufgeklärten Geistlichen und Ärzten hernach als »pöbelhaftes und lächerliches Mährlein« (Voigt 1771a) angeprangerten Vorstellungen höchst gelehrte Verfechter der Wissenschaft (Wielandt 1951; Mannsperger 1981; *vgl. auch Abb. 109).* So mokiert sich Adauctus Voigt, Prior des Ordens der frommen Schulen von Prag, 1771 in seinem »Schreiben an einen Freund« darüber, dass selbst »Gelehrte... wie der sonst münzerfahrene Tilleman Friese in seinem 1592 zu Frankfurt gedruckten Münzspiegel... in ganzen Ernste (vortrügen) und gar nichts ungereimtes daran« fänden, wenn sie wie Friese schrieben: »Es sagen etliche erfahrene Leut, dass ehemals Pfennige vom Himmel im Regen, da das Regenzeichen überaus helle gestanden, und seinen Glantz von sich in die Tropfen des Regens geworfen, herunter gefallen seyn sollen, den alten Römischen Pfennigen... gleich, außerhalb dass sie geringe und spitzige Zacken wie Sterne hatten; Dahero sie *Sternschoß, ASTERISCI, GUTTAE APOLLINIS,* und *IRIDIS FLORES* von etlichen genannt worden seynd. Ob nun wohl deren mir nicht mehr als einer fürkommen, der mich angesehen, als wäre er *FICTITIUS,* also von Menschen zugerichtet und gefeylet; so könnte es nun wohl nicht weniger geschehen seyn, als ein *METEORON* und *Wunderzeichen,* deren Plinius gedenkt, Sintemal Gottes unaussprechliche Kraft wunderbarlich wirket« (Voigt 1771 a/b).

Sogar auf Paracelsus (1493–1541) – den berühmten Arzt, Naturforscher und Philosophen schwäbischer Abkunft, der zur Ge-

CUPELLAE IRIDIS (angebl. Zeit d. Humanismus, Meyers Enzyklopäd. Lexikon)

AMULETTAE, Amulette: s.u. unter
SCUTELLAE IRIDIS

FIGURA TALISMANICA, Talisman: s.u.
unter SCUTELLAE IRIDIS

PERIAPTA [PERIAPTON]: s.u. unter
SCUTELLAE IRIDIS

PHYLAKTERIA [PHYLAKTERION]: s.u.
unter SCUTELLAE IRIDIS

GUTTAE SOLIS (L. Thurneisser, Basel-Ber-
lin,1531–1596)

GUTTAE APOLLINIS (L. Thurneisser, Basel-
Berlin 1531–1596; : J. Reichelt, Straßburg
1677, mit Bezug auf Paracelsus 1530)

SPERMATA IRIDIS (L. Thurneisser, Basel-
Berlin 1531–1553; J. Reichelt, Straßburg
1677, mit Bezug auf Paracelsus 1530)

SPERMATA SOLIS (L. Thurneisser, Basel-
Berlin 1531–1596; J. Reichelt, Straßburg
1677, mit Bezug auf Paracelsus 1530)

FLORES IRIDIS (T. Friese, Frankfurt a. M.
1592)

ASTERISCI, Asterisken (T. Friese, Frankfurt a. M.
1592; J. N. von Raiser, Augsburg 1841)

METEORON, METEORA (T. Friese, Frankfurt
a. M. 1592)

Wunderzeichen (T. Friese, Frankfurt a. M. 1592)

SCUTELLAE [IRIDIS] = Schildlein:
im deutschen Sprachraum des 16. u.
17. Jhdts. synonym verwendet für
AMULETTAE, Amulette, Artztney, FIGURA
TALISMANICA, PERIAPTA [PERIAPTON],
PHYLAKTERIA [PHYLAKTERION] und Talis-
man (L. Hansmann & L. Kriss-Rettenbeck,
München 1977, unter Bezugnahme auf
Georg Phaedrus)

Schildlein: s.o. unter SCUTELLAE [IRIDIS]

Amulette: s.o. unter SCUTELLAE [IRIDIS]

Artztney: s.o. unter SCUTELLAE [IRIDIS]

Sternschoss, Sternschoß (T. Friese, Frankfurt a. M. 1592; E.U. Keller, Frankfurt a. M. –
Leipzig 1777–86)

Pfennige vom Himmel im Regen (T. Friese,
Frankfurt a. M. 1592)

Regenbogen-schüsselin (Ulm 1610, Slg. Ehin-
ger Stettin: Ph. Hainhofer, Wien 1896)

Regenbogen-Schüsselchen, Regenbogenschüs-
selchen (Protokollbuch Ingolstadt 1610:
M. Grinzinger, Ingolstadt 1956; Ph. W. Fladt,
Heidelberg 1747; F. Streber, München 1860;
Jetztzeit)

Regenbogen Schissele (Mindelheim/Weißen-
horn, 1653: vgl. S. 165–168 mit Abb.
115–116)

AMULETTA COELITUS DEMISSA (J. Reichelt,
Straßburg 1677)

AMULETAE, Amulett, Talisman, getragen zwischen zwei Stückchen Leinwand oder in Taft eingewickelt am
Halse, an der „Fraiskette" als „Charivari" oder an den Armen als Arm-

bänder/sog. PRAESERVATIV-Armbänder
(J. D. Schneider, Dresden 1696;
F. Streber, München 1860; L. Hansmann &
L. Kriss-Rettenbeck, München 1977)

SPERMATA SOLIS & IRIDIS (J. Reichelt,
Straßburg 1677)

Güldenes Regenbogenschüsselein (J. M. Rebstock, Ennabeuren 1696)

Regenbogenschüßlein (H. Tenzel, o.O.,1689;
J. C. Hedler, Berlin 1730)

Regenbogenschüsselgen (D. Ch. Mentzel,
Berlin 1694–96 und 1718; J. H. Zedler;
Halle-Leipzig 1741)

SCUTELLAE IRIDIS (D. Ch. Mentzel, Berlin
1694–96; J. H. Zedler, Halle-Leipzig 1741:
A. Voigt, Prag 1771)

Gnadenzeichen (M. B. Valentini, Frankfurt
a. M. 1704; J. H. Zedler, Halle-Leipzig
1741)

Regenbogen-Schüsselein (M. B. Valentini, Fran-
furt a. M. 1704; J. A. Döderlein, Weißenburg-Sulzbach 1739)

PATELLAE IRIDIS (D. M. Ringmacher, Ulm 1710:
J. A. Döderlein, Weißenburg-Sulzbach 1739)

GUTTULAE IRIDIS (D. M. Ringmacher, Ulm 1710)

Himmelrings-Schüsselein (D. M. Ringmacher,
Ulm 1710)

SCUTELLAE EX IRIDE SOLARI (L. Schröck,
Augsburg vor 1739)

DONA IRIDIS (J. A. Döderlein, Weißenburg-
Sulzbach 1739)

Seltsames Goldstück (Grunertshofen 1763;
Ortsakten Bayer. Landesamt f. Denkmalpflege München)

Regenbogenschüßeln zu Gaggers (J. E. Obermayer,
München 1763; A. Voigt, Prag 1771 a)

SCUTELLAE AUREAE (E.U. Keller, Frankfurt a.M.;
Leipzig 1777–86)

Himmelsring (Gundremmingen, 1787: Streber,
München 1860; badisches Oberland,
19. Jhdt.: E. H. Meyer, Straßburg 1900)

Sterntaler - … fielen auf einmal die Sterne
vom Himmel und waren lauter harte, blanke,
Taler (Grimms Märchen, „Die Sternthaler";
Jacob u. Wilhelm Grimm, Kinder- und Haus-
märchen, Göttingen 1812–15, 2 Bde.)

Hohlmünzen, Regenbogen-Schüsselchen genannt
(J. W. von Goethe/Weimar, Münzkunde
der deutschen Mittelzeit [1817]: Löhneysen/
Hrsg., Stuttgart 1962)

Gottesschüssele (Württemberg 19. Jhdt.:
O. Paret, Stuttgart 1921)

Himmelsschüsselchen (Ober-Neufnach, vor 1840;
F. Streber, München 1860)

Wo der Regenbogen steht, steht ein golden
Schüsselein (F. Rückert/Erlangen-Neuses,
1788–1866, Gedicht „Der Regenbogen"; vgl.
u. a. C. Beyer, Leipzig 1900)

Ein gülden Schüsselein [von] Engeln dem Regenbogen unter[ge]halten (J. V. von Scheffel/
Bodensee-St. Gallen, Roman, „Ekkehard"
1925, 1826–1886)

Das helle Gold des Regenbogens in dem Schoß
von Justine. Justine: Der Regenbogen, gebet
acht! Hat mit den seltnen Schatz gebracht
(E. Mörike, Cleversulzbach, Libretto zu
J. Lachners Oper „Die Regenbrüder" , 1839;
Erstveröffentlichung in „Iris" 1839)

Altes Heidengold (E. Mörike, Stuttgart
„Novelle" Das Stuttgarter Hutzelmännchen
1853; Reclam & Hendel, Leipzig, 1855

Was sie selbst für Hauptsachen in einer kleinen
Truhe besitze: zwei goldene Regenbogen-
schüsselchen, [etc.]; G. Keller, Erzählung
„Dietegen" in „Die Leute von Seldwyla"
(Braunschweig 1856).

Rechebochschüssele (Niklashausen a. d. Tauber,
19. Jhdt.; E. M. Meyer, Straßburg 1900)

Iriden (Westerhofen, 1858; J. Schuster, München
1909)

Regenbogenschüsselchen-Amulette von „der Dig-
nität der Penaten" bzw. als „glückbringende
Heiligtümer der Familie" (Jagst-, Kocher-,
Nagold-, Tauber-Region, Südbayern 18./
19. Jhdt.; E. M. Meyer, Straßburg 1900;
F. Streber, München 1860; Ortsakten Bayer.
Landesamt f. Denkmalpflege München)

Duhovky (= tsch. volkstüml. Bezeichnung des
18. [?]– 20. Jhdts. für Regenbogenschüsselchen, n. tsch. duhov? = Regenbogen; die
R. werden in der Literatur häufig mit den
boischen „Muschelstateren" verwech-
selt; J. Filip, Prag 1960)

Regenbogenschüssele (Württemberg 19./20. Jhdt.;
F. Fischer, Tübingen 1920)

Regenbogenschüsselchen-Stater (dt. numismatischer Terminus seit 2. H. 20. Jhdt.)

Abb. 109 | Der »Mythos vom Regenbogenschüsselchen« im Spiegel authentischer Überlieferungen
(Nachweise im Literaturverzeichnis am Ende des Beitrags).

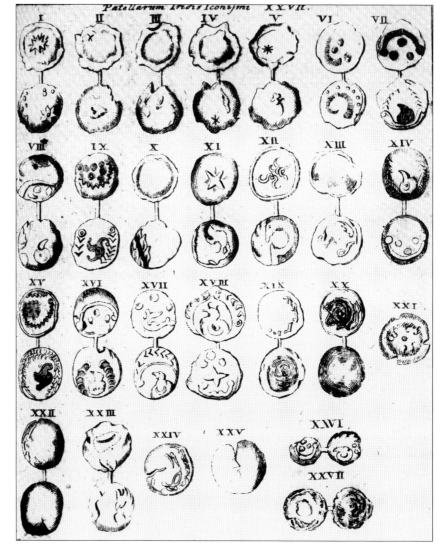

Abb. 110 | Regenbogenschüsselchen aus dem Weißenburger Land und ihre Erforschung.
Oben rechts: Schatzfund spätkeltischer Goldmünzen aus dem Raitenbucher Forst (Auswahl). In einer deformierten römischen Bronzekanne vom Typ Kappel-Kelheim lagen insgesamt 433, mit nur wenigen Stempelpaaren geprägte Vollstatere mit Vogelkopf-«Torques»-Motiv, Anfang 1. Jhdt. v.Chr.
Linke Spalte oben: Magister Johann Alexander Döderlein (1675–1745), Rektor des Weißenburger Lyzeums.
Linke Spalte, unten: Titelblatt J. A. Döderleins »DISSERTATIO EPISTOLARIS ... VVLGO REGENBOGEN-SCHVSSELEIN«, seiner ersten Abhandlung über die schüsselförmigen Iriden, die im Volksmund Regenbogenschüsselchen genannt werden und in der Umgebung von Weißenburg öfter vorkommen (IN NOSTRIS VICINISQUE TERRIS DIVULGATOS DISPERSOSQUE). Sulzbach 1739.
Doppelspalte rechts: Tafel aus J. A. Döderleins »DISSERTATIO EPISTOLARIS« (1739) mit Darstellungen von 27 Regenbogen-schüsselchen.

stalt der deutschen Volksdichtung wurde – führte man die Theorien über die »Apollons- oder Sonnentropfen, Sonnen- oder Regenbogensamen« zurück, wie sie der aus Basel stammende Leibarzt des brandenburgischen Kurfürsten Johann Georg, der Astrologe, Alchimist, Goldschmied, Bergwerkstechniker, Minenbesitzer und Buchdrucker Leonhard Thurneisser (1531–1596) überliefert hat: »...dass diese Schüsselchen von Kraft der Sonne durch Wirkung influentischer, natürlicher und elementischer Kraft, wenn die Sonne den Regenbogen bescheinet, *IN PUNCTO* der Zusammenkunft der Sonnenstralen und des Regenbogens gehling erschaffen und also geformiret werden, und hernach herabfallen« (zitiert bei Keller 1777).

Durch die auf das Wirken der Humanisten zurückgehende neue Phase intensiver Auseinandersetzung mit den Werten und dinglichen Hinterlassenschaften der klassischen Antike wurde zwar die Beschäftigung mit den griechischen und römischen Münzen zu einem wichtigen Anliegen wissenschaftlichen Interesses. Für die Kenntnis der keltischen Gepräge – die trotz des allmählich erwachenden Interesses an den unmittelbaren Zeugnissen der heimischen Geschichte ein insgesamt kümmerliches Schattendasein führten (Brandt 2001) – wurde damals jedoch noch kein nennenswerter Fortschritt erzielt.

Zur aktuellen Forschungssituation

War das Wissen um die hier zu behandelnden Goldstücke während des 16. und 17. Jahrhunderts somit noch weitestgehend von dem schon angesprochenen Wissensstand jener Zeit geprägt (wobei differenzierte Betrachtungen zur Problematik jener Münzgruppe natürlich nur gemäß dem stark divergierenden Bildungsniveau der verschiedenen Bevölkerungsschichten angestellt werden konnten), so änderte sich jener anfänglich noch sehr schüttere Kenntnis- und Forschungsstand nicht nur mit dem allmählichen Anwachsen der Materialgrundlage in den neugegründeten landesherrlichen Sammlungen, sondern auch durch das in Deutschland erst während des 18. Jahrhunderts rezipierte Denken der Aufklärung und die dadurch bedingte innere Bereitschaft zu kritischer Auseinandersetzung mit den bis dahin als gesichert betrachteten Erkenntnissen über das »Himmelsgold« insofern, als sich während dieser Epoche unter gebildeten Kreisen mehr und mehr die Ansicht durchsetzte, dass es sich bei den Regenbogenschüsselchen unstreitig um alte Goldmünzen handeln müsse.

Angesichts der fließenden Grenzen zwischen Glaube und Aberglaube, religiösem Brauch und Volksmedizin und der hieraus abgeleiteten magischen Wirkungskräfte der Regenbogenschüsselchen nimmt es daher nicht wunder, dass in dieser Zeit der allgemeinen Ausbreitung aufklärerischen Gedankenguts und des damit verbundenen Neuaufstiegs der numismatischen Wissenschaft neben den »auf dem Lande hausirenden Hebräer(n)...«, die den »ehrlichen Leuten bald aus dem Traume halfen« (Voigt 1771b), vor allem aufgeklärte Pfarrer und Ärzte an der Entlarvung dieses faulen Zaubers interessiert sein mussten. So berichtet Johann Martin Rebstock, Pfarrer in Ennabeuren, in seiner »Kurtze Beschreibung des ...Landes Württemberg«: » Erst vor zwey Jahren Anno 1696 ist ein uhraltes Goldstück auff der Alb gefunden worden, so sich im Werth über 3 Ducaten belauffen möchte, welches zwar die Leute selbigen Orts vor ein güldenes Regenbogenschüsselein halten wollen. Ich und andere aber, die es gesehen, ein altes Gelt halten...«. Der Ulmer Pfarrer Daniel Ringmacher, dem eine alte Bauersfrau ihr »Himmelrings-Schüsselein« gezeigt hatte, versah 1710 seine historisch-politische Münzabhandlung (*DISS. DE NUMMIS, CUM USU VALENTIBUS, TUM MEMORABILIBUS, UTI & DE VULGO SIC DICTIS GUTTULIS SIVE PATELLIS IRIDIS. ULMAE 1710*) mit einem Exkurs »Von den fälschlich sogenannten Regenbogen-Schüsselein«. Zudem hatte schon der Augsburger Stadtphysikus Lukas Schroeck den ganzen Aberglauben auf die missdeuteten Sternsymbole solcher nach Regen und Regenbogen aufgetretenen Fundstücke zurückgeführt. Ihm widmete dann 1739 der Rektor des Weißenburger Lyzeums, Magister Johann Alexander Döderlein (1675–1745; *Abb. 110*), die erste seiner beiden in Briefform gedruckten Abhandlungen über die *PATELLAE IRIDIS* (Mannsperger 1981).

Gegen den Aberglauben, der »auch den schönfarbigten Regenbogen beschmutzt und ihm die Erzeugung und Ausstoßung eines güldenen Geschirres zuschreibt, welches doch nur aus der Erde seinen Ursprung und unstreitig von Menschenhänden seine Gestalt hat«, wettert 1777 vor allem Ernst Urban Keller in seiner vierbändigen Schrift *Das Grab des Aberglaubens*: »Die Menschen haben überdis eine rasende Begierde zum Wunderbaren, und den meisten fehlt es, den wahren Zusammenhang der Ursachen und Wirkungen zu finden: was wunder, wenn sie den

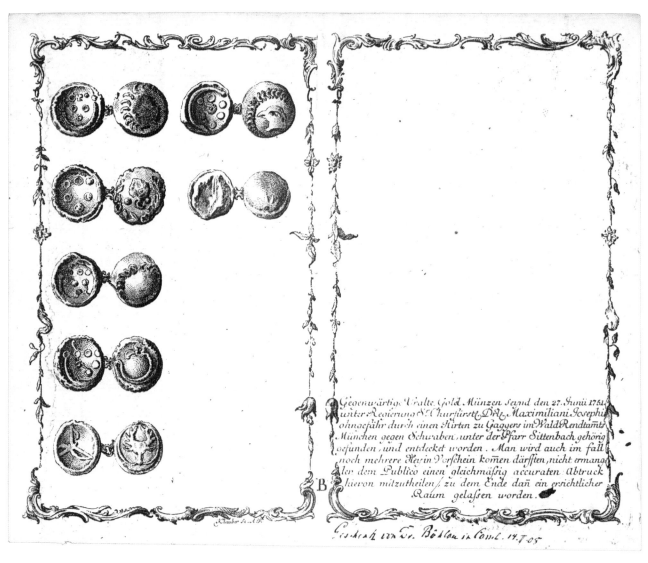

Abb. 111 | Ausgewählte Münzen aus dem Fund von Gaggers an der Glonn (Lkr. Dachau/Oberbayern). Von den Gebrüdern J. S. und J. G. Klauber, Augsburg, in Kupfer gestochenes Flugblatt (ca. 1751). Staatliche Münzsammlung, München.

Abb. 112 | Grau lavierte Federzeichnung (links) mit Nachzeichnung (rechts) eines spätkeltischen Regenbogenschüsselchen-Staters aus dem Besitz des münsterischen Fürstbischofs und Kölner Kurfürsten Clemens August von Bayern (1700–1761) mit den Motiven eines Vogelkopfes zwischen 2 Kugeln im Blattkranz nach links (auf dem Avers: C) und eines »Torques« mit 6 Kugeln (auf dem Revers: A-B). Es handelt sich hierbei um die frühesten datierten Darstellungen von Münzen aus dem ältesten überlieferten, ursprünglich an die 1400 goldene Regenbogenschüsselchen enthaltenden Schatzfund von Gaggers (*vgl. auch Abb. 111*), angefertigt am 15. September 1751, d. h. nur 2¹/₂ Monate nach Entdeckung dieses aufsehenerregenden Schatzfundes (am 27. Juni 1751), im Auftrag des münsterischen Grafen von Merveldt für dessen Korrespondenz mit dem Vredener Geistlichen Nünning. Westfälisches Archivamt Haus Ruhr, NC 30. ▶

Regenbogen eine außerordentliche Kraft zuschreiben, und in die Luft hinein eine Werkstätte dichten, worinnen dergleichen seltne Geschirre geschmidet werden sollen?... Der Aberglaube aber hat sie auf einen unglaublichen Preiß erhöht. Der Preiß würde nicht überspannt seyn, wenn es diejenigen Tugenden hätte, welche der Aberglaube ihm beylegt... Nun lasse man dem vornehmen und gemeinen Pöbel seine Kappe, und begehre sie ihm nicht abzureissen!... Leere Töne, Gewebe ohne Eintrag, Dunkel durch Dunkel, altmodische Zufriedenheit über flimmernden Goldblättchen – Wenn jeder Regenbogen ein Schüsselchen verzettelte: so müssten ihrer mehr seyn, als Steine auf der Erde; denn jedes Auge siehet nach seinem Standort den Bogen in einer andern Richtung. Diese Goldstücke mögen nun meinetwe-

gen gothische Bracteaten oder zu Zierathen gebraucht worden seyn; Regenbogenschüsselchen sind es nicht; sie können weder in der Luft von der Natur hervorgebracht, noch von ihr mit mancherley Figuren gestämpelt werden, sondern der Fleiß der Menschen hat das Gold aus den Eingeweiden der Berge heraus gewühlt, die Kunst hat es gebildet, und der Aberglaube mit wunderbaren Kräften versehen.«

Über die Frage, »welchem Volke man dieselben (Regenbogenschüsselchen) zueignen soll«, waren sich allerdings »die Gelehrten nicht einig« (Voigt 1771a). Vielmehr entspann sich hierbei über die damals noch offenen Fragen ihres möglichen Alters und ihrer Herkunft bzw. Zuordnungsmöglichkeit zu bestimmten Völkern oder Volksstämmen eine kontrovers diskutierte Debatte (vgl. etwa Zedler 1741;

Voigt 1771a/b; Streber 1860). Rund 200 Jahre nach Errichtung des berühmten Antiquariums der Münchener Residenz, das seine Entstehung und Herausbildung zum Grundstock der späteren staatlichen Sammlungen Bayerns der breitgefächerten Sammelleidenschaft und den historisch-antiquarischen Interessen der Herrscher aus dem Hause Wittelsbach (insbesondere Herzogs Albrecht V., 1550–1579) verdankt, wurden im nachmaligen Münzkabinett der 1759 gegründeten Bayerischen Akademie der Wissenschaften daher noch im späten 18. Jahrhundert die spärlichen Zugänge an keltischen Fundmünzen gemäß der damals weitverbreiteten »Meynung, dass diese so genannte Regenbogenschüsselgen alte Müntzen der Gothen gewesen« (Zedler 1741), als »gothisch« klassifiziert (Heß et al. 1982).

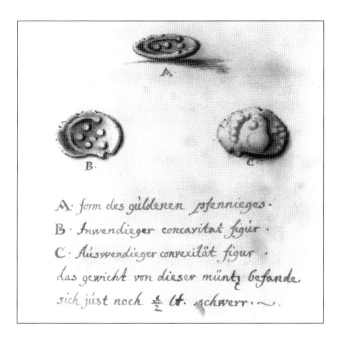

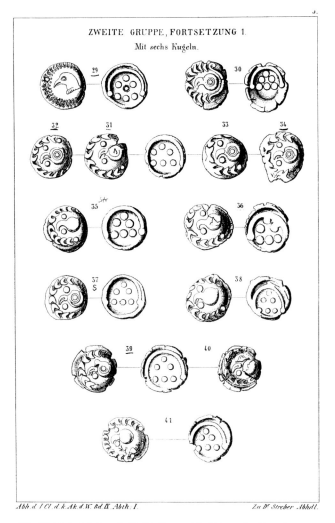

Abb. 113 | Beispiel einer Stahlstich-Typentafel süddeutscher Regenbogen-schüsselchen-Statere aus Franz Strebers Standardwerk »Über die sogenannten Regenbogenschüsselchen«, Teil I, München 1860.

Veröffentlichung in Form eines in Kupfer gestochenen, illustrierten Flugblattes der Augsburger Brüder J. S. und J. B. Klauber (mit typenmäßiger Abbildung und kurzer Beschreibung der Fundumstände jener »Gegenwärtigen Uralten Gold-Münzen«; *vgl. Abb. 111*) erhebliche Bedeutung. Nach Joseph Eucharius Obermayers *Historischer Nachricht in bayerischen Münzen...* (1763) enthielt dieser (am 27. Juni 1751 entdeckte, ursprünglich in einem Bronzekessel verwahrte) bedeutende Münzfund, von welchem leider kein zeitgenössischer Hinweis bezüglich seiner Zuweisung und historischen Einordnung überliefert ist, an die 1400 goldene Regenbogenschüsselchen. Von diesen sind heute im Altbestand der Staatlichen Münzsammlung München nur noch wenige, höchstwahrscheinlich aus der kurfürstlichen Sammlung stammende Exemplare mit Sicherheit nachweisbar, da ein großer Teil der Münzen in der kurfürstlichen Prägestätte eingeschmolzen und umgemünzt wurde (Das Keltische Jahrtausend).

Da um die Mitte des 18. Jahrhunderts von einem heutigen Maßstäben wissenschaftlicher Fundauswertung entsprechenden Bewusstsein des besonderen Aussagewertes geschlossener Schatzfunde natürlich nicht die Rede sein konnte und sich das Sammelinteresse des herzoglich-kurfürstlichen Münzkabinetts »vorrangig auf die exemplarische Aussage« der erworbenen, zugewiesenen oder (gegen minder gute Stücke) ausgetauschten Münzen (Heß et al. 1982) bezog, wird man angesichts des beträchtlichen Goldwerts, den der in Rede stehende – nur bestimmte, einander größtenteils entsprechende oder verwandte Typen enthaltende – Münzschatz als »glänzende Anlageform« be-

Noch im Jahre 1817 hatte der wohl bekannteste Dichter Deutschlands, der Weimarer Geheime Rat und passionierte Münzsammler Johann Wolfgang von Goethe (1749–1832), in seiner *Münzkunde der deutschen Mittelzeit* eingestehen müssen: »Über die zwar nicht seltenen, doch immer geschätzten problematischen Goldmünzen, unter dem Namen Regenbogenschüsselchen bekannt, wüsste ich nichts zu entscheiden, wohl aber folgende Meinung zu eröffnen: Sie stammen von einem Volke, welches zwar in Absicht auf Kunst barbarisch zu nennen ist, das sich aber einer wohlersonnenen Technik bei einem rohen Münzwesen bediente«. Immerhin gab Goethe bereits damals den für die spä-

tere Forschung methodisch weiterführenden Hinweis: »Wollte man sorgfältig die Orte verzeichnen, wo dergleichen Münzen gefunden wurden, so gäbe sich vielleicht ein Aufschluss.«

Für die Kenntnis der spätkeltischen Goldprägungen in Süddeutschland erlangten gewiss auch die Entdeckung des spektakulären – mit ca. 1300–1400 süddeutschen Regenbogenschüsselchen und beigemischten boischen Muschelstateren bisher umfangreichsten und ältesten überlieferten – Goldmünzschatzes auf bayerischem Boden bei Gaggers an der Glonn (Gemeinde Odelzhausen, Landkreis Dachau, Oberbayern) vor genau 250 Jahren und ihre sogleich erfolgte exemplarische

reits im 18. Jahrhundert darstellte, freilich kaum undifferenziert, wie gelegentlich zu lesen ist, von einem puren Missbrauch durch die Obrigkeit zur alleinigen Sicherung einer willkommenen »Goldquelle« sprechen dürfen. War doch der damals regierende, philosophisch geschulte Kurfürst Max III. Josef (1745–1777), der von seinen Untertanen wegen seines persönlichen Bemühens um das öffentliche Wohl als der »Gütige« und »Vielgeliebte« verehrt wurde, nicht nur auf die Mehrung des eigenen »Churbayerischen Münzkabinetts« bedacht, sondern gab 1760 auch wertvolle Teile der wittelsbachischen Sammlung an die mit seiner maßgeblichen Förderung gegründete »Churfürstlich-baierische Akademie der Wissenschaften« ab.

Im Falle des Schatzfundes von Gaggers lässt sich zudem für einzelne weitere Angehörige der bayerischen Kurlinie wie den Münsterischen Fürstbischof und Kölner Kurfürsten Clemens August (1700–1761), einen Bruder des vormaligen Kurfürsten Karl Albrecht (und Kaisers Karl VII.), der Nachweis erbringen, dass dieser aufsehenerregende Neufund eines »großen Schatzes von alten goldenen und anderen (!) Müntzen in Bayeren« wegen seines unstreitigen Charakters als »Antiquität« nicht nur Stoff für eine einschlägige Erörterung mit dem Vredener Geistlichen Jobst Hermann Nünning (1675–1753) und dem Grafen Ferdinand Dietrich von Merveldt (1681–1765) – die mit ihrem Landesherrn das Interesse an der Geschichte ihrer Heimat und an Münzen als historischen Denkmälern teilten – geliefert hatte, sondern auch dazu geführt hatte, dass ein goldenes, in zwei zeitgenössischen Abbildungen überliefertes Regenbogenschüsselchen *(Abb. 112)* in den persönlichen

Besitz Clemens Augusts (offenbar als Belegstück für dessen Münzsammlung) gelangt war (Dethlefs 1988). Dieses Interesse Clemens Augusts an den historischen Zeugnissen seiner bayerischen Heimat resultiert aus einem Brief des Grafen Merveldt vom 27. Juni 1751, der Clemens August bei dessen Anwesenheit im Hochstift Münster als Obristmarschall diente und über den Inhalt der Unterredung am 15. September 1751 an Nünning aus dem Jagdschloss Clemenswerth im Münsterland berichtet hatte (letztere Anlage war baukonzeptionell seinem – von Joseph Effner 1733 im Auftrag des Münchner »Familienchefs« Karl Albrecht errichteten – Vorbild im ehemaligen Hirschparkjagd Forstenried verpflichtet: einem oktogonalen Zentralbau mit kreuzförmigen Seitenflügeln inmitten eines Wegesterns mit acht Pavillons in den Zwickeln, der vordem ein beliebter Aufenthaltsort der Wittelsbacher Jagdgesellschaft war, zu der wiederholt auch der jagdbegeisterte Kölner Kurfürst gehörte [Loibl 1980]).

Im Unterschied zu solchen Zeugnissen historischen Interesses gebildeter Kreise wird man hingegen die Auffindung eines »seltsamen Goldstücks... am 15. Juni 1763, am heiligen Veitstag« durch den »Schweinehüter Mathias Mayr von Grunertshofen zwischen dem Sommer- und dem Brachfeld in der Fahrgassen« – eines Regenbogenschüsselchens, das der Finder sogleich an den damaligen Posthalter von Bruck, Franz Jakob Weiß (in dessen Familienbesitz die Münze bis heute erhalten geblieben ist) verkaufte – schwerlich als »einen der frühesten Belege für vorgeschichtliches Interesse im Landkreis Fürstenfeldbruck« (Ortsakten Bayer. Landesamt für Denkmalpflege München) werten

dürfen; stattdessen möchte man die überlieferte Geschichte dieses Fundes eher in den größeren Rahmen vergleichbarer weiterer – jedoch anders motivierter – Vorgänge einordnen, die in den folgenden Kapiteln dieses Beitrags noch ausführlicher zur Sprache kommen werden.

Den entscheidenden Anstoß zur systematischen Erforschung jener kleinen, für Süddeutschland so charakteristischen goldenen Näpfchen, deren Zeitstellung, Herkunft, historische Zuordnung und Deutung als Münzen lange Zeit umstritten war, gab die Auffindung des ursprünglich mehr als 1000 Exemplare umfassenden Schatzfundes von Irsching (Landkreis Pfaffenhofen an der Ilm, Oberbayern) im Jahr 1858 – etwa ein Jahrhundert nach Entdeckung des spektakulären Keltenmünzschatzes bei Gaggers an der Glonn im Jahre 1751. Die umfassende Untersuchung der Irschinger Keltengepräge durch vergleichende Analytik der Stempelbilder, ihre detailgetreue zeichnerische Dokumentation und anschließende Veröffentlichung durch den damaligen, 1840 zum ordentlichen Professor für Archäologie an der Universität München ernannten Direktor des Königlich-Bayerischen Münzkabinetts in München, Franz Streber (1806–1864), im Rahmen einer zweibändigen, 1860–1862 erschienenen Abhandlung der Bayerischen Akademie der Wissenschaften *(Ueber die sogenannten Regenbogen-Schüsselchen, vgl. auch Abb. 113)* dürfen heute mit Fug und Recht als eine bahnbrechende Pioniertat gelten.

Diese wegbereitende, für die Erforschung der keltischen Goldprägungen in Süddeutschland, ja sogar des keltischen Münzwesens im ganzen deutschsprachigen Raum, entscheidend wichtige Leistung, die ein großes wissenschaftliches Echo fand (Brandt 2001), kann freilich den unersetzlichen Verlust der schon bald nach ihrer Entdeckung in der kurfürstlichen bzw. Kgl.-Bayerischen Prägestätte größtenteils eingeschmolzenen oder zerstreuten – für eine den heutigen Anforderungen genügende wissenschaftliche Untersuchung mit Materialanalysen und Auswertung daher längst nicht mehr zur Verfügung stehenden – Münzschätze von Gaggers und Irsching nicht aufwiegen. Umso höher ist daher Strebers Verdienst zu bewerten, in seiner Abhandlung nicht nur die damals bekannten Fundorte von Regenbogenschüsselchen zusammengefasst und den Versuch einer ersten systematischen Ordnung bzw. Unterteilung in Gruppen nach genau definierten Typen und »Gewichtsklassen« unternommen zu haben. Er war es auch, der als Erster nachwies, dass es sich bei diesen schüsselförmigen Goldstücken um Münzen der Kelten handeln müsse; sein richtungweisender Vorschlag einer Zuschreibung der von ihm behandelten »Varietäten« an die im Fundgebiet »sesshaft gewesenen Volksstämme der Vindeliker, Helvetier, Boier und Tectosagen« ist auch heute noch ein zentrales Anliegen einschlägiger wissenschaftlicher Erörterungen.

In der Folgezeit erhielt die keltische Numismatik des süddeutschen Raumes vor allem durch die Gründung zahlreicher Altertumsvereine während der zweiten Hälfte des 19. Jahrhunderts, verschiedene Publikationen französischer und belgischer Forscher (Brand 2001) und die Zusammenstellungen antiker Fundmünzen aus Baden-Württemberg (Sixt 1898; Nestle 1898; Hertlein 1904) sowie die Entdeckung des ehedem zwei Gold- und ca. 20

Silbermünzen enthaltenden Schatzfundes von Schönaich nahe Stuttgart (Paulus 1904) neue Impulse. Einen wichtigen Markstein für unseren Kenntnisstand der spätkeltischen Goldprägungen setzte sodann der Straßburger Forscher Robert Forrer mit seinem 1908 erschienenen – dem Andenken an Franz Streber gewidmeten – umfassenden Standardwerk »Keltische Numismatik der Rhein- und Donaulande«, das die Forschung bis zum heutigen Tage beeinflusst (Forrer 1908).

Einen weiteren, für die wissenschaftliche Erforschung der spätkeltischen »Regenbogenstatere« Süddeutschlands besonders markanten Fortschritt bedeuteten zum einen die 1990 erfolgte Gesamtvorlage und darin enthaltene – alle älteren Quellen kritisch auswertende – Neueinteilung der Münzfunde aus dem 380 Hektar großen Oppidum Manching (Landkreis Pfaffenhofen an der Ilm, Oberbayern) wie auch der keltischen Fundmünzen aus Südbayern durch den früheren Direktor der Prähistorischen (heute Archäologischen) Staatssammlung in München, Hans-Jörg Kellner (Wamser 2000). Der vorläufig letzte, für die Erweiterung unserer Kenntnis der schüsselförmigen Goldprägungen in Süddeutschland besonders hervorzuhebende Umstand liegt in dem beträchtlichen – während der 80er Jahre einsetzenden, bis heute anhaltenden – Materialzuwachs an z.T. unbekannten Typen und Varianten durch die Entdeckung bzw. gezielte Aufspürung eines knappen Dutzends signifikanter, meist »Regenbogengold« gleicher oder verschiedener Sorten beinhaltender Münzschätze (*Auswahl Abb. 66, 106, 110 oben rechts und 114*), einiger weniger Einzel- und Depotfunde von Münzwerkzeugen

zur Prägung süddeutscher Regenbogenschüsselchen und Kleinsilbermünzen (Quinare) wie auch umfangreicher Serien an Fundmünzen aus den Arealen keltischer Siedlungen vornehmlich der schwäbisch-bayerischen Donauregion und ihrer Zuflüsse (vgl. auch die Verbreitungskarte auf S. 117, *Abb. 83;* Nachweise bei Wamser 2001).

Eine archäologische Befunddokumentation dieser meist mit einem Metallsuchgerät georteten Funde war allerdings nur in einigen wenigen Fällen möglich, weshalb wesentliche Informationen, die man bei fachmännischer Bergung durch einen Archäologen hätte erhalten können, unwiederbringlich verloren gegangen sind. Gleichwohl ist bereits heute – nach der wissenschaftlichen Auswertung und Vorlage eines Großteils jener Neuentdeckungen durch den Fachreferenten für Fundnumismatik der Archäologischen Staatssammlung in München, Bernward Ziegaus, sowie weitere Autoren aus dem Kollegium dieser musealen Forschungsstelle, der Staatlichen Münzsammlung München und anderer Institutionen (vgl. Literaturauswahl am Ende dieses Bandes) – erstmals konkret die Möglichkeit vorgezeichnet, durch eine konsequent weiterbetriebene, den archäologischen Gesamtbefund angemessen mitbewertende Material- und Befundvorlage nebst den hierfür erforderlichen numismatischen und naturwissenschaftlichen Analysen vermehrt Aufschlüsse nicht allein über Typenzusammensetzung, Laufzeit und geographische Verbreitung der einzelnen Gepräge oder die jeweilige Struktur der Fundspektren keltischer Siedlungsplätze und Münzschätze zu erhalten, sondern auch über weitere damit zusammenhängende Fragen: z.B. die Herkunft der Rohstoffe (einheimisches Waschgold, Beutegold, umgeschmolzene Soldzahlungen?), erschließbare Handelskontakte, Fertigungstechniken, Schmelz- und Legierungsprozesse, Prägeabläufe und -abfolgen (insbesondere bei Münzschätzen), die Prägewerkstätten und Umlaufgebiete, die Ursachen und Motive für die Entstehung, Bildung und Verbergung von Münzdepots oder die Modalitäten der Prägetätigkeit von Münzmeistern.

turamts und der Städtischen Museen, Herrn Christian Schedler M. A., darüber informiert, dass nur wenige Tage zuvor, am 1. Februar des gegenwärtigen Jahres, vom ehrenamtlichen Museumsleiter und Kreisheimatpfleger Erwin Holzbaur im Beisein von M. Generaloberin Rita Briechle OSF bei der Durchsicht eines alten, aus dem frühen 18. Jahrhundert stammenden Archivschranks im örtlichen Franziskanerinnenkloster Hl. Kreuz anlässlich der

Erstellung eines Kurzinventars ein goldenes Regenbogenschüsselchen gefunden worden sei. Das Fundstück *(Abb. 115, 6–7; Kat. 197)* war in einen 10,7 x 8,5 cm großen Papierzettel mit einem handschriftlichen Erbschaftseintrag des Jahres 1653 eingefaltet und lag zusammen mit weiteren Archivalien in einer der 43 Schrankschubladen. Besagte Archivschublade ist am Außengriff mit einem Papieretikett versehen, das wiederum den

Eine spätkeltische Münz-«Reliquie» aus Weißenhorn im Franziskanerinnenkloster Hl. Kreuz zu Mindelheim und der »Mythos vom Regenbogenschüsselchen«

Um wieder auf das schon im Untertitel artikulierte Hauptanliegen dieses Beitrags, das Aufzeigen der vielschichtigen Bedeutung der spätkeltischen Regenbogenschüsselchen in den verschiedensten Lebensbereichen, zurückzukommen, sei daher zunächst etwas näher auf die zuverlässig überlieferte, gut dokumentierte Fundgeschichte solch einer »problematischen« – erst kürzlich, dreieinhalb Jahrhunderte nach ihrer Auffindung, wiederentdeckten – Goldmünze eingegangen, um so erst einmal einen authentischen Maßstab für die Beurteilung der oben umrissenen Thematik zu erhalten.

Bereits in der sechsten Kalenderwoche des laufenden Jahres 2001 wurde die Archäologische Staatssammlung München – die seit 1994 im ehemaligen Jesuitenkolleg der Stadt Mindelheim eines ihrer 11 (von derzeit 14 geplanten) Zweigmuseen unterhält – vom Leiter des dortigen Kul-

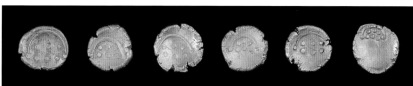

Abb. 114 | Schatzfund von ursprünglich wohl weit mehr als 350 Regenbogenschüsselchen aus Sontheim (Lkr. Unterallgäu/Schwaben). Darunter Auswahl von Revers-Stempelbildern mit dem »Torques«-Motiv. 2. Jhdt. v. Chr. *(Kat. 174).*

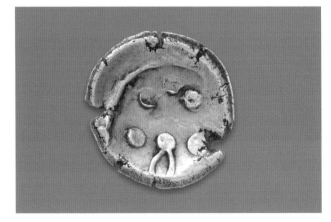

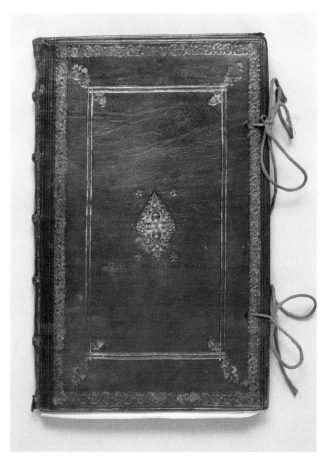
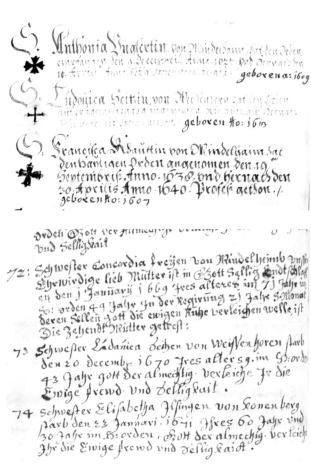

Abb. 116 | In Leder gebundene Handschrift des Mindelheimer Stadtschreibers Laurentius Heyland (links) mit Eintragungen des Ordenseintritts (6.12.1627; rechts oben) sowie des Sterbedatums (20.12.1670; rechts unten) der 1611 in Weißenhorn geborenen, 59-jährig verstorbenen Franziskanerin Ludovica Seitzin, der Erbin des »Regenbogen Schissele« *Abb. 115*, unten. Klosterarchiv Hl. Kreuz Mindelheim.

◀ Abb. 115 | Einer der frühesten datierten authentischen Belege für die Bezeichnung »Regenbogenschüsselchen« – hier überliefert in der mundartlich-schwäbischen Sprachform »Regenbogen Schissele« – fand sich in einem Erbschaftseintrag des Jahres 1653, der im Frühjahr 2001 im Franziskanerinnen-kloster Hl. Kreuz zu Mindelheim entdeckt wurde. In einer etikettierten Archivschublade mit der Aufschrift »Reliquien, Seligsprechungen etc.« steckte in einem eingefalteten handbeschriebenen Zettel eine spätkeltische Goldmünze mit »Torques«- und Vogelkopf-Motiv *(Kat. 197)*, die »Anno 1653, den 3. december« die Mindelheimer Klosterschwester Ludovica Seitzin (1611–1670) von ihrer in Weißenhorn lebenden Mutter, der Vorbesitzerin und möglichen Finderin der Münze, »geörbt« hatte.

handschriftlichen Inhaltsvermerk »Reliquien, Seligsprechungen, Kapellen-Urkunde, Gruftkapelle, Kirchensachen« trägt *(vgl. Abb. 115, 1–7).*

Der kleine »Fundzettel« *(Abb. 115, 4–5),* in welchen das 7,466 g schwere Regenbogenschüsselchen – ein Vollstater mit den Motiven eines stilisierten, nach rechts orientierten Vogelkopfs im Blattkranz mit Endkugeln (auf dem Avers) und eines »Torques« mit 6 pyramidal angeordneten Kugeln nebst dem Rest eines Spitzovals (auf dem Revers) – eingefaltet war, trägt den folgenden Vermerk:

»Anno 1653. den 3. december haben wür das Regenbogen Schissele geörbt, von unser Schwester Ludovica Muettern selb:[iges]. Gott vergeltet.«

Über die Herkunft und Lebensdaten von Schwester Ludovica, deren Mutter die Münze an sie vererbt hat, geben zwei weitere handschriftliche Vermerke Aufschluss. Sie finden sich in einem in Leder gebundenen Kompendium mit vergoldeter Einbandprägung und fuggerischen Lilien, das der Mindelheimer Stadtschreiber Laurentius Heyland angelegt hat und im Kloster verwahrt wird *(Abb. 116, links).*

Der ältere, dreizeilige Eintrag *(Abb. 116, rechts oben: mittlerer Vermerk),* der den Ordenseintritt von Sr. Ludovica dokumentiert, lautet wie folgt:
»S. Ludovica Seitzin von Weissenhorn
   hat den Orden
auf erstgemelten tag angenommen wie
   auch auff hernach
bestimete Zeit Profeß getan: geboren
   Ao: 1611.«

Bei dem späteren, vierzeiligen Vermerk *(Abb. 116, rechts unten: Vermerk Nr. 73)* handelt es sich um den Sterbeeintrag für Schwester Ludovica:
»73   Schwester Lúdavica Seitzen von
         Weissenhoren starb
      den 20 december 1670 Ires alter
         59. im H: orden
      43 jahr gott der almechtig
         verleihe Ir die
      Ewige Frewd und Selligkait.«

Zusammenfassend ergibt sich somit folgender Sachverhalt: Gemäß der Ordensregel der Franziskanerinnen ging am 3. Dezember des Jahres 1653 in den Besitz der Mindelheimer Klostergemeinschaft ein goldenes, 7,466 g schweres Regenbogenschüsselchen über, das die 26 Jahre zuvor in den Orden eingetretene Schwester Ludovica Seitz aus Weißenhorn (1611–1670) von ihrer dort lebenden Mutter geerbt hatte. Da die erhaltenen, im Diözesanarchiv Augsburg lagernden Archivalien zu Weißenhorn (Kirchenbücher etc.) erst ab ca. 1660 datieren, lässt sich die Frage, ob die bereits 1653 verstorbene Mutter der Schwester, die Vorbesitzerin und mögliche Finderin der Münze also, eine Angehörige der in Weißenhorn ansässigen, regelmäßig Feldarbeit verrichtenden Ackerbürgerfamilien war, zwar nicht mehr definitiv verifizieren, erscheint jedoch angesichts der dort zahlreich überlieferten Stadtbürger gleichen Familiennamens durchaus naheliegend.

Abgesehen davon, dass es sich bei diesem Archivfund um einen der ganz seltenen und frühesten datierten authentischen Belege für die – hier in der historischen, mundartlich-schwäbischen Sprachform »Regenbogen Schissele« überkommenen –

Bezeichnung »Regenbogenschüsselchen« handelt, verdient der vorgestellte Befund gleich in mehrfacher Hinsicht besondere Beachtung. Zum einen deshalb, weil die 7,466 g schwere Münze – zu der im Übrigen mindestens ein stempelgleiches Gegenstück aus dem bekannten, 1858 entdeckten Schatzfund von Irsching vorliegt – nach ihrer Auffindung nicht einfach veräußert, sondern im Familienbesitz sorgsam verwahrt und von der Mutter auf die Tochter weitervererbt wurde. Zum andern ist aber auch hervorzuheben, dass dieses Erbstück in dem bereits 1456 gegründeten Kloster offenbar als eine Art von Reliquie betrachtet und als einziges nichtpapierenes Objekt (zusammen mit einschlägigen Schriftdokumenten religiös-kirchlichen Inhalts) zumindest seit dem frühen 18. Jahrhundert, der Fertigungszeit des Archivschranks, in einer hierfür bestimmten, entsprechend etikettierten Archivschublade mit der Aufschrift »Reliquien, Seligsprechungen etc.« aufbewahrt wurde. Analoges dürfte auch für den davorliegenden Zeitraum zwischen dem Eintritt des Erbfalls (1653) und der Anschaffung des Archivschranks (um 1700) gelten, da zu jener Zeit das Gedankengut der Aufklärung noch keine allgemeine Verbreitung in Süddeutschland gefunden hatte.

Die goldenen Regenbogenschüsselchen im Volksglauben und Brauchtum

Dass der Name »Regenbogenschüsselchen« zum einen die Form dieser Goldstücke, zum andern die volkstümliche Erklärung ihrer Auffindung widerspiegelt, kam bereits eingangs zur Sprache. Waren diese doch am ehesten dann zu finden, wenn sie nach starken Regengüssen aus dem umgebenden Erdreich freigespült – oftmals noch mit Wassertropfen »gefüllt« – am Ende des Regenbogens in der Sonne glänzten, weshalb sie nach Goethe (1817) »niemals tief in der Erde gelegen zu haben scheinen«. Man glaubte, der Regenbogen lasse dort, wo er den Boden berührt, eine Goldspur in Form dieser schüsselförmigen Goldmünzen zurück oder nahm an, der Regenbogen bediene sich ihrer, um nicht schmutzig zu werden, wenn er auf der Erde aufstehe. Daneben hatte die Phantasie des Landvolkes in Süddeutschland zur Vorstellung geführt, es handele sich um in den Wolken bzw. in der Luft erzeugtes, mit dem Regen herabgefallenes Gold vom Regenbogen, der seinen Glanz in die Tropfen des Regens gebannt habe. Neben der »Erzeugung und Ausstoßung eines güldenen Geschirres« (d. h. eines Regenbogenschüsselchens; Keller 1777) schreibt der Volksglaube dem Regenbogen gelegentlich aber auch einen ganzen Topf voll Gold bzw. Goldmünzen zu, der angeblich am Fuße des Regenbogens vergraben liegt und nur durch Sonntagskinder – »Glückskinder« – gefunden werden kann. Ähnlich wie die als »Donnerkeile« oder »Blitzsteine« bezeichneten Belemniten und Steinäxte galten auch die Regenbogenschüsselchen als vom Himmel gefallen bzw. herabgetropft. So formulierte beispielsweise der schon erwähnte »münzerfahrene« Tilleman Friese (1592) in der ihm eigenen Gelehrsamkeit, dass das aus den »Eingeweiden der Erde« stammende »Gold von der Sonne in die Höhe gezogen, dort geschmelzet, und durch den Regenbogen wieder auf die Erde gebracht werden könne« (Voigt 1771 b; weitere einschlägi-

ge Belege oben in den Kapiteln 2 u. 3). Nach einer anderen Version des Volksglaubens wurden die Regenbogenschüsselchen sogar als »Überrest des Regenbogens« selbst apostrophiert (Fischer 1925).

In J. A. Döderleins *DISSERTATIO EPISTOLARIS* (1739) sind ferner Vorstellungen eines *EXCELLENTISSIMUS FRIDERICIANE CANCELLARIUS Ludevvigius* überliefert, der sich dagegen wendet, dass »selbige (Regenbogen-Schüsslein) durch die Sonne, oder einen starcken Wind in die Lufft gezogen, und den Leuten auf die Köpffe regnen möchten« – eine »auch noch heutigen Tages unter dem gemeinen Volke im Schwange gehende alberne Meynung« (Voigt 1771 a), wie sie in vergleichbaren Passagen ferner auch bei Friese (1592), Valentini (1704) oder Zedler (1741) aufscheint. Vor dem Hintergrund der machtvollen Bedeutung von Gold als des reinsten, unvergänglichsten und glänzendsten Edelmetalls, dem man wegen seiner herausragenden, bereits in der Frühzeit menschlicher Geschichte fassbaren »Stoffheiligkeit« als Symbol der Sonne (bzw. Spenderin des Lichts, des Lebens und der Fruchtbarkeit, als Weiserin der Wege und der Zeit) nicht nur himmlischen Ursprung, sondern auch magische – heilende, schützende und abwehrende – Wirkungskräfte zuschrieb, die man später auf das gemünzte Edelmetall übertrug, nimmt es daher nicht wunder, dass sich das Motiv des Goldregens nicht nur in der antiken Mythologie und zahlreichen darauf fußenden Darstellungen der Bildenden Kunst, Literatur und Musik (Hunger 1953; vgl. das Schlusskapitel dieses Beitrags) findet, sondern auch in Verbindung mit entsprechenden Vorstellungen über die Entstehung und Herkunft der spät-

keltischen Regenbogenschüsselchen als »Pfennigen vom Himmel im Regen ... heruntergefallen« (Friese 1592).

Wie schon das antike mythologische Thema vom höchsten griechischen – im Olymp thronenden, über Wind und Wetter gebietenden – Gott Zeus, der sich der schönen Danae in Gestalt eines goldenen Regens nähert, exemplarisch dessen segenspendende Funktion als Regenbringer und Fruchtbarkeitsgott erhellt – im Griechischen hieß »es regnet« = *ZEUS HYEI* (eigentlich: Zeus regnet, lässt regnen) –, so wurden auch den Regenbogenschüsselchen in ihrer vermeintlichen Eigenschaft als *AMULETTA COELITVS DEMISSA, ASTERISCI, Sternschoße, DONA, SCVTELLAE, FLORES, PATELLAE, GVTTVLAE* oder *SPERMATA SOLIS & IRIDIS* bzw. *APOLLINIS* (*vgl. auch Abb. 109*) geheimnisvolle, übernatürliche und zauberische Heilkräfte beigemessen. So »legte man denselben eine große Kraft gegen alle unglückliche Zufälle bey, und schätzte denjenigen glücklich, der ein solches Regenbogenschüsselchen gefunden hätte, oder auch nur bey sich trüge« (Voigt 1771 b).

Als Glücks- und Gesundheitsbringer gegen allerlei Gebrechen wurden diese Goldstücke nicht nur an die »Fraiskette« gehängt, als Uhrkettenanhängsel verwendet oder zu einem *PRAESERVATIV-Armband* verarbeitet, sondern auch am Halse, an irgendeiner anderen Körperstelle oder in den Kleidern als Amulette getragen; werdende und stillende Mütter etwa trugen Regenbogenschüsselchen zum Wohle ihres Nachwuchses auf der Brust (Pörtner 1961; Schneider 1696; Schuster 1908; Hansmann/Kriss-Rettenbeck 1977). Wegen der ihnen zugeschriebenen apotropäischen Kraft fanden sie – als vermeintliche

Erzeugnisse übernatürlicher Kräfte und Mächte bzw. in Analogie zu der Vorstellung, sie seien vom Himmel herabgefallen – bevorzugt als Heilmittel gegen Fallsucht, als Gegenmittel bei krampfartigen Kinderkrankheiten oder als wirksame Amulette gegen den bösen Blick sowie »das Fieber und die Geburth zu befördern« Verwendung. Man dachte, »es vertreibe die schwerste Krankheiten, zutheuerst auch die Epilepsie und die hartnäckigsten Fieber, wenn man (das Regenbogenschüsselen) in das Getränke des Febricitanten werfe. Ja es muss sogar auch einen Einfluss auf den moralischen Zustand eines Menschen haben. Es mache den Menschenfeind, wenn er es bey sich trägt, zu einem geselligen Geschöpfe und bey jedermann beliebt; es bringe Ansehen u.s.w. Gelehrte Leute haben solche Kräfte und Tugenden in diesen Schüsseln wahrgenommen, und sie zu solchem Ansehen gebracht« (Keller 1977). Über die weitverbreitete Verwendung der Regenbogenschüsselchen namentlich bei Fiebern und die damit verbundene Sitte des »Einlegen(s) derselben in das zu genießende Getränk«, die aus Schriftquellen des späten 17. und frühen 18. Jahrhunderts erschließbar sei, berichtet auch Franz Streber (1860). Ebenso verordneten Kräuterweiber und Schäfer gegen Fieber ein Wässerchen, in dem ein oder mehrere Regenbogenschüsselchen gekocht waren.

Die auffällige Schüsselform der Goldstücke ließ indessen noch eine besondere Anwendungsart zu. In ihrer »Aushöhlung« brachte man – wie aus Schwaben und Franken überliefert ist – einige Tropfen Muttermilch oder Zuckerwasser ein, um sie Kindern zur Lösung von Krampfzuständen zu verabreichen (Kühn 1982).

In Württemberg träufelte man kranken Kindern soviel Wasser auf die Zunge, als das »Gottesschüssele« fasst. Auch durch Abschaben gewonnener Goldstaub, wie er in vielen Hausapotheken aufbewahrt wurde, glaubte man ein Heilmittel zu bekommen (Paret 1921; Pörtner 1961).

Die heilende und glückbringende Kraft, die man diesen Goldmünzen nachsagte, fand ihren sinnfälligen Ausdruck nicht allein in den verschiedenartigsten volksmedizinischen Anwendungsformen oder ihrer Verwendung als Talisman, sondern auch darin, dass »solche Goldnäpfchen auf dem Lande von abergläubischen Leuten da und dort noch heute als teurer Schatz, der vor Blitzschlag und Seuche schützt, aufbewahrt werden« (Paret 1921). Nach Ernst Urban Keller (1777) soll ein Regenbogenschüsselchen »Glück und Segen in ein Haus bringen, worin dasselbe aufbewahret wird« und bereits Johann Heinrich Zedler (1741) wiederholt in diesem Zusammenhang fast wörtlich die entsprechenden Ausführungen Valentinis von 1704, denenzufolge »diese Müntzen von dem abergläubischen Pöbel vor Regenbogenschüsselgen gehalten werden, ... weil insgemein in deren Höhle ein Sternlein oder Creutze gesehen wird« und daher »der gemeine Mann... in die sothane Meynung verfallen, dass, wie der Regenbogen von Gott zum Gnadenzeichen gesetzt worden, auch diese Schüsselgen davon herrühreten, und nichts denn Glück und Stern mit sich brächten«.

Im einleitenden Teil seiner ersten Veröffentlichung »Über die sogenannten Regenbogen-Schüsselchen« (1860) zitiert Franz Streber außerdem eine Passage aus dem Begleitschreiben eines Mitglieds der Münchener Akademie der Wissenschaf-

ten, Dr. von Barth aus Calw an der Nagold, der dem Kgl. Münzkabinett zwei »Heil und Glück bringende« Regenbogenschüsselchen geschenkt hatte. Darin heißt es, dass »diese ,Amulette' unter dem Volke so hohe Achtung hätten«, dass er (Dr. v. B.) sich »lange vergeblich bemüht« habe, ein solches Exemplar, »das die Dignität der Penaten besitzt«, zu erwerben. In der Tat erscheint ein solcher Vergleich mit jenen römischen Göttern des Hausinneren – den Einheit und Bestand der Familie gewährleistenden Schutzgeistern, die am häuslichen Herd verehrt wurden – keineswegs unpassend, wenn man sich die vielen überlieferten Berichte über jene glückbringenden, sorgsam in der Familie gehüteten und von Generation zu Generation weitervererbten »Heiligtümer« (Keller 1777; Raiser 1841; Streber 1860; Meyer 1900; Paret 1921; Großengießer 1978) vor Augen hält. Den gleichen Grundgedanken verdeutlicht auch eine Textstelle in Zedlers Universallexikon (1741) über die »sehr viele(n) und unbeschreibliche(n) Kräfte und Tugenden (solcher) goldenen Schüsselgen«, wonach »auch ein gewisser Medicus, welcher eines bey sich getragen, vorgegeben, dass, wer es von sich kommen und anderen überließe, dessen gantzes Geschlechte nicht bestehen könne, sondern vergehen müsste: weswegen es auch um 400 und mehr Gülden, welche andere darauf sollen gebothen haben, nicht feil gewesen«. Hierzu passt auch der nachfolgende, von Hans Marzell 1953 mitgeteilte Vorgang, wie er in der Korrespondenz eines ansbachischen Stadtmedicus verzeichnet ist: Im Jahre 1733 hatte man einem Mädchen, das in *CONVULSIONI-BUS* lag, drei Tropfen Zuckerwasser aus einem Regenbogenschüsselchen eingegeben, doch hatte das Kind dabei »das Schüsselchen hinabgeschlucket«. Das Regenbogenschüsselchen war zudem vom Hafner geliehen, der sein Schüsselchen nicht um 200 Reichstaler missen wollte. Der Fall braucht hier nicht weiter geschildert zu werden, da das Beispiel genügend über die Bedeutung aussagt, die diese Schüsselchen einst im Denken und Glauben der Leute hatten. Vor diesem Hintergrund erklären sich nicht nur der – im Briefprotokollbuch der Stadt Ingolstadt überlieferte – Wirbel um den Besitz eines »anno 1616 verschwundenen Regenbogenschüsselchens«, der damals Anlass zu einem Zivilstreit gab (Grinzinger 1956), sondern auch die langatmigen Ausführungen Ernst Urban Kellers über den vom »Aberglaube (erhöheten) unglaublichen Preiß« solcher »güldenen Geschirre«, der »nicht überspannt seyn würde, wenn (diese) diejenigen Tugenden hätten, welche der Aberglaube (ihnen) beylegt« (Ders. 1777).

Gefördert wurde solche Legendenbildung nicht nur durch das Unvermögen, die Herkunft jener geheimnisvollen, aus ortsfremder Materie bestehenden Goldnäpfchen (deren profane Interpretation als »Zierathe und Buckel an den Pferdezäumen oder anderen Geschirren« bzw. »messingene Knöpfe« schon frühzeitig als Irrtum erkannt wurde) erklären zu können, sondern auch durch den weithin bekannten Umstand, dass der glänzende Naturstoff des »Sonnenmetalls Gold« zum einen schon seit unvordenklichen Zeiten geradezu als Inbegriff des Reinsten, Höchsten, Kostbarsten, ewig Beständigen und Überirdischen galt, andererseits aber auch als schicksalbeinflussendes, glückverheißendes Symbol sowie – seit dem

Erstarken des Christentums – als irdisches Abbild für das Reich Gottes im Himmel und *SIGNUM SANCTITATIS* höchster weltlicher Macht »von Gottes Gnaden« betrachtet wurde. Ganz gewiss trug auch die Gegebenheit, dass jene rätselhaften, »mit Sternen, Dreyecken, Strahlen und allerhand anderen unbekannten Figuren« (Voigt 1771 a) »bezeichneten« Goldstücke sich bei ihrer Auffindung in einer merkwürdigen Schüsselform ohne Schrift und ohne näher deutbare Bilder präsentierten, zur Entstehung der obenerwähnten Theorien ihrer vermeintlich »außerirdischen« Abkunft bei. Die authentischen, vielfältig überlieferten Bezeichnungen wie *ASTERISCI, METEORAE, SPERMATA SOLIS & IRIDIS, GUTTAE APOLLINIS, Sternschoße, Himmelrings-* und *Regenbogen-Schüsselchen etc. (vgl. Abb. 109)*, die sich ohne Frage auf jene regelhaft an erster Stelle genannten »Sternlein oder Creutze« (Zedler 1741), *STELLAE* (Döderlein 1739) oder die »sehr vielen Darstellungen des gestirnten Himmels... mit einer Anzahl Sterne in einem Ringe« (Raiser 1841) innerhalb des breiten, »größtentheils ganz unbekannten, und oft schwer zu enträtselnden« Motivspektrums (Raiser 1841) besagter »wunderbarlichen Figuren und Bildnüsse« (Thurneisser 1531–96) – bisweilen aber auch auf die (prägetechnisch bedingte) unregelmäßige Umrissform jener »Pfennige vom Himmel im Regen«, die gelegentlich »geringe und spitzige Zacken wie Sterne« aufweisen (Fries 1592) – beziehen, unterstreichen dies zur Genüge. Die auf den »Regenbogen-Schüsselein ... befindlichen *CHARACTERES*« wurden bei diesen Deutungsversuchen bisweilen auch »so wunderlich sie auch fallen, aus den *Run-Stäben*, oder *RUD-*

BECKII EXPLICATIONEN, erläutert« (Tentzel 1689, zitiert nach Döderlein 1739). Die »rasende Begierde der Menschen zum Wunderbaren« (Keller 1777), die nicht zuletzt auf jene »Unbekanntschaft mit der Darstellung« (Raiser 1841) des hinsichtlich »seiner Bestimmung noch unentdeckten (güldenen) Geschirres« (Keller 1977) zurückzuführen ist, wurde bereits in Kapitel 3 herausgestellt.

Welche Anziehungskraft bestimmte Objekte – zumal goldene bzw. solche mit geheimnisvollen Symbolen, denen magische Kräfte eigen zu sein scheinen – auf das irrationale, nicht aufgeklärte Denken und Handeln vergangener Jahrhunderte ausgeübt hat, mag exemplarisch nachfolgende Textstelle aus dem um 1200 niedergeschriebenen *REGISTRVM VETVS EPISCOPATVS GLASGVENSIS* erhellen. Dort heißt es: »Gegen den Bauchschmerz: Schreib *THEBAL GUTH GUTHANI* auf einen goldenen Ring und trage diesen ständig am Finger!«. Obgleich die ursprüngliche Bedeutung dieser auch archäologisch gut dokumentierten Worte seit langem gänzlich unbekannt ist, hat sich ihre Verwendung als Zauberformel gegen verschiedene Krankheiten (wie Fallsucht, Gicht oder Magenschmerzen) jedoch durch zahlreiche medizinische Handschriften überliefert. So wurden derartige Fingerringe mit *THEBAL*-Inschriften von Ärzten regelrecht verschrieben und waren während des Mittelalters in ganz Mittel- und Nordeuropa verbreitet. Träger solcher *THEBAL*-Ringe, die wegen ihres besonderen Edelmetallwertes offenbar wohlhabenden Schichten vorbehalten waren, sind sogar für höchste kirchliche und weltliche Würdenträger wie den Bischof von Angers oder Kaiser Lothar III. überliefert, da diese sich mit diesen Ringen bestatten ließen. Die vielfältigen Anwendungsmöglichkeiten und Wirkungsweisen von Gold als Heilmittel werden u. a. bereits von Plinius d. Ä. (23/24–79 n. Chr.) ausführlich beschrieben (*NATURALIS HISTORIAE L. XXXIII*).

An dieser Stelle sei in einem kleinen Exkurs noch etwas näher auf das wohl am häufigsten vorkommende Bild-Motiv auf der Reversseite süddeutscher Regenbogenschüsselchen, den sogenannten »Torques« mit mehreren oft pyramidenähnlich angeordneten (Halb-)Kugeln im Inneren, eingegangen, da derartige »Torques«-Dar-

stellungen von archäologisch-numismatischer Seite (z. B. Overbeck 1980; Rieckhoff 1990) – mit jeweils ausdrücklichem Verweis, es handele sich bei jenen »Torques« um eine beabsichtigte Wiedergabe offener Halsringe mit kugeligen Enden, wie sie als Trachtzubehör keltischer Personen bzw. Attribute keltischer Göttergestalten hinreichend bezeugt sind – bereits wiederholt als Hauptmotiv dieser näpfchenförmigen Goldmünzen (sowie als Beizeichen auf anderen Münztypen) herausgestellt wurden, ohne sich jedoch mit der Frage der Berechtigung einer solchen Annahme ernsthaft auseinanderzusetzen.

So fällt zunächst auf, dass von den charakteristischen, in recht großer Zahl erhaltenen keltischen Goldtorques jener Grundform mit verdickten Enden, wie sie von mehreren gallischen Götterstatuen (Euffigneix, Haute Marne; Champ du Saint-Symphorien, Côtes d'Armour; Limoges) oder von der als Cernunnos gedeuteten Göttergestalt auf dem Kessel von Gundestrup überliefert sind, kaum ein einziger den vorerwähnten »Torques«-Darstellungen auf süddeutschen Regenbogenschüsselchen formal entspricht, obgleich unmittelbar vergleichbare Motive unzweifelhafter Torques-Darstellungen auf anderen Münzsorten des west- und ostkeltischen Raumes durchaus geläufig sind (z. B. auf hessisch-rheinländischen Quinaren des [sog. Vogelmännchen-]Typs Bad Nauheim, auf gallischen Potinmünzen der Catalauni bzw. Remi, auf boischen Achtel-Stateren oder auf norischen Tetradrachmen). Ebenso mutet es merkwürdig an, dass ausgerechnet im Hauptverbreitungsraum der süddeutschen Regenbogenschüsselchen, der ohne Frage außerhalb jenes weiträumigen, vornehmlich westmittel- und westeuropäischen Verbreitungsgebietes spätkeltischer Goldhalsringe (Müller-Wille 1999) liegt, eine derart fragwürdige, real nirgends verifizierbare Halsringform als vielfach variiertes Hauptmotiv süddeutscher Gold-Münzprägung ausgewählt worden sein soll. Insbesondere aber stellt sich die Frage, weshalb die spätkeltischen Stempelschneider auf eine einigermaßen naturgetreue, schon aufgrund der vorgegebenen Rundform besagter Münzen sich anbietende Wiedergabe eines »Torques« – dessen kennzeichnende Grundform bekanntlich auf zahlreichen Darstellungen

Abb. 117 | Auswahl südbayerischer Silberprägungen (verschiedene Varianten von Büschelquinaren und Kleinsilbermünzen des Typs Manching) mit »Torques«-Beizeichen (nach Ziegaus 2000; Darstellungen schematisiert). Verschiedene Maßstäbe.

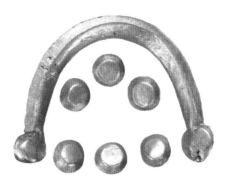

Abb. 118 | Stark vergrößertes Revers-Stempel-
bild des Regenbogenschüsselchen-Staters
Abb. 105 von Großbissendorf.

des gesamten keltischen Raumes wiederkehrt – verzichtet und zugunsten eines extrem weitgeöffneten, »funktionsuntüchti-
gen Halsrings« von mehr oder weniger
halbkreis- bzw. U-förmiger Umrissform
mit z.T. gerade auslaufenden Enden ab-
gewandelt haben sollen *(vgl. v. a. Abb. 114
u. 118)* – ein Umstand, der Johann Wolfgang von Goethe bereits 1817 zu einer
zwar falschen – noch zu besprechenden
– Gesamtbeurteilung dieses Darstellungs-
motivs veranlasste, wobei dieser jedoch
bezüglich seines angestellten Formver-
gleichs mit der »Gestalt« eines Hufeisens
sicherlich richtiger lag. (Analoges dürfte
auch für die formal vergleichbaren »Torques«-Beizeichen auf der variantenreichen, ebenfalls im Verbreitungsgebiet der
besprochenen Schüsselchen-Typen vorkommenden Gruppe von Büschelquinaren und Kleinsilbermünzen des Typs Manching gelten [Motivauswahl *Abb. 117*]).

Unter solchen Gesichtspunkten erscheint die 1860 von Franz Streber publi-
zierte – auf älteren Erwägungen von Heinrich Schreiber und Johann Nepomuk von
Raiser fußende, unter Bezugnahme auf
den erschlossenen »Zusammenhang zwischen den (inneren) Kugeln und dem über
ihnen ausgespannten... an beiden Enden
selbst wieder mit einer Kugel gezierten
und hiedurch an der symbolischen Gestalt der Zeichen participirenden... Halbkreisbogen« vorgeschlagene – Deutung,
»die Kugeln (seien) ein Symbol der himmlischen Mächte und unsterblichen Kräfte,
die am Sternenhimmel verehrt wurden,
der Bogen über diesen (beziehe) sich auf
das Himmelsgewölbe, unter welchen den
Sternen ihre Bahn angewiesen (sei)«,
zwar ebenfalls nicht beweisbar, bezüglich
der Plausibilität ihrer Grundaussage je-

doch fast eher erwägenswert als eine be-
denkenlose, nicht näher begründete Festschreibung besagter Darstellung als »Torques mit Kugeln«. Denkbar wäre indessen
auch eine synkretistische Vermischung
verschiedener Motive bzw. Bedeutungs-
inhalte. Wie dem auch sei: Für das un-
aufgeklärte Landvolk »von bäuerischer
Einfalt« (Döderlein 1739), das den Regenbogen nachweislich als »Wunder-«
bzw. »Gnadenzeichen« Gottes verstand
(Friese 1592; Valentini 1704; Zedler 1741;
Keller 1777), dürfte das in Rede stehende,
am häufigsten wiederkehrende Darstel-
lungsthema der konkaven Reversseite
jener Goldnäpfchen am ehesten als Sinn-
oder Abbild des das Firmament symboli-
sierenden (bzw. »reflektierenden«) Regenbogens und seiner goldenen »Tropfen«
begreifbar erschienen sein.

Bezüglich der bereits angesprochenen
Vermutung Goethes, der »sichelförmige«,
die »halbkugelförmigen Erhöhungen« um-
gebende Halbkreisbogen der »hohlen
Seite« dieser »schüsselförmigen Münzen«
stelle »unzweifelhaft ein Hufeisen vor«,
ein Motiv, welches »immer auf ein berit-
tenes kriegerisches Volk hindeuten möchte«, sei noch kurz angemerkt, dass eine
solche, Goethe »original« scheinende
»Vorstellung« bzw. Motiv-Deutung schon
deshalb nicht zutreffend sein kann, weil
Hufeisen im fraglichen Verbreitungsgebiet
der Regenbogenschüsselchen erst im Laufe
des fortgeschrittenen Frühmittelalters in
Gebrauch kamen. Gleichwohl könnte die

im Volksglauben als Spezifikum beachtete Form des Hufeisens, deren rezente Verwendung als glückbringende, unheilab-
wehrende Amulette und Votive mit
(offenbar nicht näher bekannten) älteren
mythisch-magischen Vorstellungen zusammenhängen soll (Hansmann/Kriss-
Rettenbeck 1977) und an bestimmte Vorschriften ihrer Befestigungsweise (in der
Regel »mit der Öffnung nach unten«!) gebunden ist, womöglich sogar einen inneren Zusammenhang mit dem ganz ähnlichen, »hufeisenförmigen« Hauptmotiv
des auf jeder Seite mit einer Kugel endenden Halbkreisbogens auf der Reversseite
der betreffenden Typenvarianten goldener Regenbogenschüsselchen andeuten.
Gut vorstellbar wäre jedenfalls, dass bei
dieser Amulettkategorie – wie in vielen
anderen Bereichen des keltischen Volksglaubens (Pauli 1975) – die äußere, sinn-
fällige Form und richtige Orientierung der
Hufeisen bei deren Anbringung an Türen
und Toren des profanen wie kirchlichen
Bereichs ausreichten, um einen gewissen
Sinngehalt zu assoziieren.

Um wieder auf die im vorstehenden
Kapitel mitgeteilte spätkeltische Münz-
»Reliquie« im Franziskanerinnenkloster
Hl. Kreuz zu Mindelheim zurückzukommen, so lässt sich auch dieser aus Weißenhorn stammende »Neufund« problemlos
in den größeren Rahmen vergleichbarer
Vorstellungen und Verhaltensmuster christlicher Volksfrömmigkeit einordnen. Welche landläufigen Meinungen in der nähe-
ren Umgebung Weißenhorns noch ein
halbes Jahrhundert nach Eintritt des mitgeteilten Erbfalls (1653) – als die Aufklärung in Süddeutschland bereits im Begriff
war, wirksam zu werden – herrschten,
verdeutlicht der folgende, kurz vor 1710

Abb. 119 | Jan Gossert, gen. Mabuse (um 1478–1532). Danae (1527). Eichenholz, 113,5 x 95 cm.
München, Bayerische Staatsgemäldesammlungen, Alte Pinakothek.

niedergeschriebene Bericht des Ulmer Pfarrers Daniel Ringmacher, dem jene einfache, bereits in Kapitel 3 erwähnte alte Bauersfrau aus der Ulmer Gegend auf dem Totenbett geoffenbart hatte, »sie habe in ihrer Jugend von Gott das Glück erbeten, einmal ein solches ‚Himmelrings-Schüsselein' zu finden, in der festen Überzeugung, dank göttlichen Segens werde ihr dann alles im Leben günstig ablaufen, und noch im gleichen Herbst habe sie auf dem Acker ihres Vaters ein glänzendes Goldschüsselchen gefunden« (Mannsperger 1981).

Trotz der Bemühungen aufgeklärter Pfarrer und Ärzte, solchen Aberglauben als falschen Zauber zu entlarven, blieb die atmosphärische Lichterscheinung des Regenbogens – der in der Vorstellungswelt vieler Länder und Völker schon seit alters als Brücke für die Götter auf deren Weg zur Erde galt und in der klassischen Antike als göttliches, menschenfreundliches Wesen aufgefasst wurde – im Denken jener Zeit jedoch weiterhin das im Alten Testament geoffenbarte Symbol des Bundes Jahwes mit der Erde (Bayer 1959; Bollinger/Aichinger 1972), in anderen Worten: ein leuchtendes, auch in der Apokalypse des Evangelisten Johannes beschriebenes Symbol des »Himmlischen Jerusalem« (Fuchs 1996). Von daher nimmt es auch keineswegs wunder, dass um bzw. vor 1653, als das aufklärerische Gedankengut in Süddeutschland noch nicht verbreitet war, das weitervererbte Mindelheimer »Regenbogen Schissele« sowohl von der zuvor in Weißenhorn lebenden Mutter der (1627 in den Orden der Franziskanerinnen eingetretenen) Schwester Ludovica Seitz (1611–1670) als auch von den Mindelheimer Ordensschwestern

Abb. 120 | Ludwig Richter (1803–1844). Die Sterntaler (1853).
Illustration zum gleichnamigen Märchen der Gebrüder Grimm (1812–15).

selbst mit jener ehrfurchtsvollen Wertschätzung betrachtet und sorgsam als eine Art von »Reliquie« im Sinne eines sichtbaren, »amulettwertigen« Zeichens der Fortdauer göttlichen Wirkens gehütet wurde, wie es einem »Gnadenzeichen Gottes« gebührt.

Dass sich derartige Vorstellungen gelegentlich sogar bis in die heutige Zeit hinein gehalten haben, dokumentiert die Geschichte eines anderen Regenbogenschüsselchens aus dem Besitz einer niederbayerischen Bauersfamilie, das der Forschung erst vor wenig mehr als einem Jahrzehnt zur Kenntnis gelangte. Zwar wurde erlaubt, das Goldstück zu fotografieren, aber hergeben wollten es die Besitzer nicht. Als Grund gaben sie an, dass man es dringend benötige, um Krankheiten von der Familie fernzuhalten. Dieses spezielle Regenbogenschüsselchen galt sogar als besonders heilkräftig, denn es war anlässlich einer Pilgerfahrt nach Rom vom Papst geweiht worden (Fischer 1988).

Der »Mythos vom Regenbogenschüsselchen« als Darstellungsthema der bildenden Kunst und Poesie

Bei der weiten Verbreitung, die jene Vorstellungen über die Regenbogenschüsselchen und die besondere Rolle des Regenbogens als göttliches Symbol hatten, wundert es natürlich nicht, dass dieses Thema nicht nur von einer ganzen Reihe namhafter Dichter und Maler aufgegriffen wurde, sondern auch im ursprünglich mündlich überlieferten Erzählgut deutscher Volksmärchen einen festen Platz eingenommen hat. So erscheint das durch die 1812–1815 erschienene Sammlung der

Gebrüder Grimm, aber auch durch die volkstümlich biedermeierlichen Illustrationen Ludwig Richters populär gewordene Märchen »Die Sterntaler« (Abb. 120) vor dem Hintergrund der obigen Ausführungen geradezu als ein Musterbeispiel dafür, dass Märchen durchaus einen (historisch-volkskundlichen) Realitätsbezug haben können und in mancher Hinsicht als kultur- und sozialgeschichtliche Quelle zu werten sind, die im vorliegenden Falle ihren modernen »literarischen« Niederschlag sogar in mehreren, inhaltlich variierenden Ausgaben der 1938 von Walt Disney ins Leben gerufenen Comic-Serie über die Abenteuer des Enterichs Donald Duck gefunden haben (Barks 1960).

Gewissermaßen als klassisch-antikes Pendant des im Volksmärchen »Die Sterntaler« behandelten Themas vom frommen Mädchen, dem in dunkler Nacht als Belohnung dafür, dass es einem armen frierenden Kind sein letztes Hemdlein hingab, auf einmal die Sterne in Form »lauter harter blanker Taler« vom Himmel fielen, könnte man beispielsweise die von mehreren antiken Schriftstellern überlieferte Geschichte der Danae, jener bereits erwähnten Gestalt der griechischen Mythologie, auffassen, in deren »ehernes Gemach« der verliebte Zeus in Gestalt eines goldenen Regens eindrang: ein in zahlreichen künstlerischen Variationen gestaltetes Thema, von dem hier exemplarisch

Abb. 121 | Tizian (um 1477-1576). Danae (1554). Öl auf Leinwand, 129 x 180 cm. Madrid, Museo del Prado.

zwei Beispiele aus der Malerei vorgestellt seien.

So unterscheidet sich die in *Abbildung 119* wiedergegebene Darstellung des in der Alten Pinakothek München ausgestellten, 1527 geschaffenen Gemäldes von Jan Gossaert (gen. Mabuse), des frühesten Vertreters der niederländischen Romanisten, grundlegend von den für die Folgezeit verbindlichen, später entstandenen Gestaltungen des Themas in der europäischen Malerei des 16.–20. Jahrhunderts, bei denen in der Regel der sinnliche Aspekt des Vorgangs betont und Danae nackt und in zurückgebeugter oder liegender Haltung wiedergegeben ist. Vorbild für Gossaert waren vermutlich mittel-

alterliche Versionen, die das Thema in moralisierender Weise deuteten und Danae – stehend oder sitzend und bekleidet – als Allegorie der *PUDICITIA* (Keuschheit) interpretierten, die in Gefahr ist, durch das Gold besiegt zu werden (Friedländer 1930).

Ganz anders zeigt dagegen das 1554 entstandene, im Museo del Prado zu Madrid ausgestellte poetische Gemälde Tizians, der herausragenden Malerpersönlichkeit im Venedig des Cinquecento, den Augenblick, in dem der göttliche, sich in Goldstücke verwandelnde Goldregen in das Gemach eindringt und den Leib der Danae befruchtet *(Abb. 121)*. Danae, in lässiger Haltung unter roten Vorhängen

auf einem grau-silbernen Lager, zeigt eigentlich nur durch den hingebungsvollsinnlichen Ausdruck ihres Gesichtes, den verschleierten Blick und den halbgeöffneten sehnenden Mund, dass sie an dem Vorgang teilnimmt. Umso eifriger ist jedoch ihre dunkelhäutige Dienerin rechts darum bemüht, in ihre Schürze aus dem Segen Jupiters so viele Goldstücke zu sammeln, wie sie einfangen kann; eine Darstellung, die sich angesichts der Eindeutigkeit des Aktes, in der sich der Gott Danae offenbart, wie ein sublimer Witz ausnimmt (Tüngel 1964).

Zu den Belegen dafür, wie sehr im stark biedermeierlich-romantisch geprägten 19. Jahrhundert – in welchem man durch die Hinwendung zur (nicht selten idealisiert dargestellten) heimatlich-vaterländischen Geschichte eine Erneuerung des Geisteslebens suchte – die dichterische Phantasie den »Mythos vom Regenbogenschüsselchen« gerade auch in das poetische Schaffen des süddeutsch-schweizerischen Raumes einbezog, gehört etwa Friedrich Rückerts (1788–1866) Gedicht »Der Regenbogen«, in dem es heißt: »Wo der Regenbogen steht, steht ein golden Schüsselein...« (Stein 1868). – Josef Victor von Scheffel (1826–1886), der – »durch geschichtliche Studien mannigfach mit den Überresten keltischer Vergangenheit beschäftigt« (Ernst 1959) – aus dem Goldschatz von Irsching drei Regenbogenschüsselchen erworben hatte, ließ im 8. Kapitel seines historischen Romans »Ekkehard« (1855) den Hirtenknaben Audifax auf dem Felde beim Hohentwiel »nach dem Gewitter« ein »Stücklein« finden, »rund wie eine mäßige Münze, aber gewölbt wie eine Schale, und waren etliche unverständliche verwischte Zeichen darauf, es gleißte und glänzte und war wirklich Gold... Wenn der Regenbogen mit seinem Farbenglanz sich zu uns niederwölbt, dann kommen zwei Engel; wo seine Enden sich auf die Erde senken, halten sie ihm ein gülden Schüsselein unter, dass er nicht auf dem verregneten rauhen Boden aufstehen muss – und wenn er ausgeglänzt hat, dann lassen sie die Schüsselein im Felde stehen; zweimal dürfen sie's nicht gebrauchen, das würde der Regenbogen übelnehmen... « (von Scheffel 1855). – In Gottfried Kellers 1856 erschienener Erzählung »Dietegen« seiner Novellensammlung »Die Leute von Seldwyla« (Band 2) zählt Küngoltchen Dietegen auf, »was alles für gute Dinge und schöne Sachen im Hause seien, was sie selbst für Hauptsachen in einer kleinen Truhe besitze, zwei goldene Regenbogenschüsselchen, ein Halsband von Bernstein, ein Legendenbüchlein mit bunten Heiligen...« (Keller 1856).

Ebensowenig ist man überrascht, auch im Werk Eduard Mörikes (1804–1875) – das 1978 Erich Gropengießer bezüglich der Regenbogenschüsselchen eingehend befragte – auf diese keltischen Goldmünzen zu stoßen (nachfolgende Ausführungen nach Gropengießer 1978, mit Ergänzungen):

»Die Münzlein aber, Herr, nicht wahr ?
Form und Gepräge zwar –
Ist alt und sonderbar.«

Mörike, im Alter zwischen Rückert und Scheffel stehend, vollendete als Pfarrer in Cleversulzbach das Libretto zu der zweiaktigen Oper Ignaz Lachners »Die Regenbrüder«, die 1839 in Stuttgart uraufgeführt wurde. Nach dreiunddreißig Tagen der

Dürre wandelten die drei Regenbrüder in grauen Regenmänteln durchs Ackerfeld. Regen ist in Strömen herniedergerauscht. Ein Regenbogen wird sichtbar; »er scheint über die Galerie hinweg in die Stube hereinzubeugen und gegen die Stelle gekehrt, wo Justine sitzt. Plötzlich erschrickt sie mit Lachen und blickt verwundert in ihren Schoß«. Der Müller Steffen ruft aus:

»Was ist das ? o Wunder !
Kommt doch nur schnelle !
Sie hat hier das helle
Gold in dem Schoß.«

Justine:
»Der Regenbogen, gebet acht !
hat mir den seltnen Schatz gebracht.«

Und noch an einer anderen Stelle, im »Stuttgarter Hutzelmännlein« (1853), dürfte Mörike bei der Abfassung Regenbogenschüsselchen im Auge gehabt haben. »Ein sauberes Bürgermädchen, Vrone Kiderlen«, wollte Himbeeren lesen im Bupsinger Wald; sie fand dabei die Wunderschuhe, in denen sie viel Unheil erlebte, »obschon der Segen nicht ganz mangelte«. Sie fiel hin, »so lang sie war, hub aber sicher einen Fund vom Boden auf: nicht allemal ein Stücklein altes Heidengold... «

Allein aus dem Text wird sich kaum jemals ergründen lassen, ob Mörike mit dem Ausdruck »altes Heidengold« wirklich keltische Goldmünzen gemeint hat; die Annahme ist jedoch nach dem Vorkommen der Regenbogenschüsselchen in den »Regenbrüdern« mehr als wahrscheinlich. Römische Münzen wären für Mörike leicht benennbar gewesen; aus der Verlegenheit einer Zuschreibung der Regenbogenschüsselchen – noch waren da-

mals Franz Strebers klärende Untersuchungen nicht erschienen – befreite ihn der Ausdruck »altes Heidengold«. Mörike hätte schwerlich einen poetischeren finden können!

Lit.: Barks 1960. – Bollinger/Aichinger 1972. – Brandt 2001. – Boyer 1959. – Das keltische Jahrtausend. – Dethlefs 1988. – Doederlein 1739. – Ernst 1959. – Fischer 1920. – Fischer 1988. – Fladt 1747. – Forrer 1908. – Friedländer 1930. – Friese 1592. – Goethe 1817. – Grinzinger 1956. – Gropengießer 1978. – Hainhofer 1896. – Hansmann/Kriss-Rettenbeck 1977. – Hedler 1730. – Hertlein 1904. – Heß et al. 1982. – Keller 1777. – Keller 1856. – Loibl 1980. – Mannsperger 1981. – Meyer 1900. – Müller-Wille 1999. – Nestle 1898. – Overbeck 1980. – Paret 1921. – Pauli 1975. – Paulus 1854. – Pörtner 1961. – Raiser 1841. – Reichelt 1676. – Rieckhoff 1990. – Sixt 1898. – Stein 1868. – Scheffel 1855. – Tentzel 1689. – Thurneysser 1574. – Tüngel 1964. – Valentini 1704. – Voigt 1771 a. – Voigt 1771 b. – Wamser 2000. – Wamser 2001. – Wielandt 1951. – Zedler 1741.

Ein Alchemistenlaboratorium aus dem 16. Jahrhundert.
Das Inventar von Oberstockstall (Kirchberg am Wagram)

Sigrid von Osten

13. ...

VOLGENDTS ... VOR 2. JARS

SEY ER VON DEME, ZUE HERZOG FERDINANDEN

MIT EIN ... MATTHIAS LAITINGER

KHOMEN, UND EIN GANZ JAR LABORIERT.

14.

DZ AUGMENT HABE ER UND ABRAHAM
    SCHWAB

BORTENMACHER ZUE MÜNCHEN, SO VON
    KORBACH

BUERTIG, ERFUNDEN.

15.

SEY LETZSMAL LENGER ALS EIN JAR BEIM

HERZOGEN GEWESEN.

16.

VOLGENTS WIEDER GEN AUGSPURG BEI JOHAN

CHRISTIAN HALB JAR JN DER HERBERG

GELEGEN.

17.

VON DEME SEY ER MIT DEM LEITINGER

12 MEIL HINDER SALZBURKH GEZOGEN.

ALLDORTEN

ER LABORIERT, BEI EINEM RITTER HANß VEYT

MOSER AM HOUE GENANT KASTEIN.

18.

SEY ER GEHN KOSTENDROFF DREY

MEIL VOR SALZBURG ZU SEIN BRUDER SO EIN

MEßNER GEWESEN GEZOGEN

19.

SEY ER GEHN KIRCHBERG 7. MEIL OBER

WIEN ZU FUGGER DASELBSTEN WOHNEND

GEZOGEN 3/4 JAR BEY IME GEWESEN, UND

GEKUNSTLET. SIGMUND FRIDERICH FUGGER

THUMBHERR ZUE SALZB.

(Auszug aus dem Verhörprotokoll des Michael
Polheimer in Weikersheim/Tauber am 23.6.1595)

Abb. 122 | Schloß Oberstockstall mit Kapelle, 14. Jh.

Der Fundkomplex von Oberstockstall ist der umfangreichste seiner Art, der bis jetzt bei einer archäologischen Ausgrabung zutage gefördert wurde. Es handelt sich um das nahezu komplette Inventar eines Alchemistenlaboratoriums aus dem späten 16. Jahrhundert. Das Inventar ist deswegen so bedeutend, weil es sich um einen »geschlossenen Fund« handelt. Das heißt, das gesamte Inventar wurde zu einem bestimmten Zeitpunkt an dieser Stelle deponiert. Das Inventar ist auch für die chemiegeschichtliche Forschung von außerordentlichem Interesse: Da alle Objekte, so wie sie in Verwendung gewesen waren, mit allen Rückständen und sonstigen Spuren, »entsorgt« wurden, erlaubt es einen Einblick in den Arbeitsalltag eines Alchemisten der Renaissancezeit.

Fundgeschichte und Inventar

Die Entdeckung dieses einmaligen Fundkomplexes ist dem Eigentümer von Schloss Oberstockstall, Fritz Salomon, und dessen damals zehnjährigem Sohn zu verdanken. Dieser war im Juli 1980 einmal mehr in dem alten Gemäuer auf Schatzsuche gegangen (Abb. 122). Dabei stellte er fest, dass sich in dem von der Schlosskapelle aus zugänglichen Raum, der sogenannten Sakristei, einige Fußbodenziegel gesenkt hatten. Nach Entfernen dieser Ziegel stieß man auf einen Hohlraum, der angefüllt war mit Bauschutt, Sand, Mörtel, Asche, Holzkohlebrocken und sehr großen Mengen von Keramik- und Glasbruchstücken, aber auch ganzen oder nur wenig beschädigten Gefäßen.

Abb. 123 | Die Sakristei von Oberstockstall.

Bei der dann im Spätherbst 1980 von der Verfasserin durchgeführten archäologischen Ausgrabung erwies sich der Hohlraum als eine Vorratsgrube (wahrscheinlich mittelalterlich, an der Sohle fanden sich Keramikbruchstücke des 14. Jahrhunderts), die birnenförmig in den anstehenden Löss eingetieft worden war. Die Sohle lag bei 3,30 m unter dem heutigen Fußbodenniveau, die größte lichte Weite betrug 2,20 m *(Abb. 123)*.

Die archäologischen Befunde lassen darauf schließen, dass diese Grube in einem Zug verfüllt wurde. Der Laborbetrieb dürfte sehr wahrscheinlich ein plötzliches Ende gefunden haben. Dafür sprechen allein schon die großen Mengen von Schmelztiegeln (etwa 300), Probierscherben und Kupellen aus Keramik (zusammen mehr als 50) und die große Anzahl von Aschkupellen (etwa 100). Denn es war üblich, wie aus der zeitgenössischen Fachliteratur bekannt ist, dass die Schmelzgefäße aufbereitet wurden, um die in die Wandungen infundierten Edelmetalle zurückzugewinnen und um das Bleioxid, das bei einem bestimmten, *Kupellation* genannten Verfahren von den Aschkupellen aufgenommen wurde, zu reduzieren, um das Blei erneut einsetzen zu können.

Welchen unschätzbaren Wert für die Wissenschaft dieser 1980 im Schloss Oberstockstall entdeckte und damals eher unansehnliche »Schatz« wirklich hat, stellte sich dann während der Bearbeitung des Fundmaterials heraus.

Die Restaurierung der Keramik und des Glases erbrachte eine Reihe von technischen Sonderformen, die bis dahin noch nirgends archäologisch nachgewiesen worden waren, wie zum Beispiel der *Alembik* (Destillierhelm) für Sublimation *(Kat. 83*

a1), die *Ampulla caudata (Kat. 83 a2)*, die Glockenhelme *(Kat. 83 a5)*, die Bodenkolonne *(Kat. 83 a6)*, die Schüsseln mit Innenstegen *(Kat. 83 a8)* sowie die *Aludeln (Kat. 83 a10)*.

Selbst in der zeitgenössischen Fachliteratur, wie zum Beispiel bei Agricola (1556), Biringuccio (1540), Ercker (1574) und Libavius (1597), sucht man einige dieser Gerätschaften vergebens. Sie dürften für einen Spezialisten auf Bestellung angefertigt worden sein, sehr wahrscheinlich in Obernzell bei Passau, wo auch die Schmelztiegel und Probierscherben hergestellt wurden, wie auch die großen Töpfe, die mit Randstempeln versehen sind, wie sie Obernzeller Töpfer im 16. Jahrhundert gebrauchten. Obernzell war schon im 16. Jahrhundert bekannt für seine Produktion von Schmelztiegeln, die hauptsächlich in der Metallurgie eingesetzt wurden.

Der ebenfalls zum Inventar zählende Siegburger Trichterbecher aus Steinzeug ist ein Import aus dem Rheinland. Er dürfte als Transportbehältnis für Quecksilber gedient haben. Die Kupellen aus Keramik stammen unter Umständen aus Großalmerode in Hessen.

Die technischen Formen beim Glas, wie der *Alembik*, die Destillierkolben und Phiolen, sind allgemein bekannt. Sie sind aus Waldglas, entweder aus der Umgebung (Waldviertel) oder aus dem Bayerischen Wald, wo das Bistum Passau eigene Glashütten besaß. Die Flaschen aus farbigem Glas, die als Aufbewahrungsgefäße gedient haben dürften, sind böhmischer Provenienz. Ein Unikat im Fundgut stellt eine venezianische Flasche dar, die in Fragmenten erhalten blieb.

Bei dem Fundkomplex aus Oberstock-

stall handelt es sich um die nahezu komplette Ausstattung eines alchemisch-metallurgischen und wohl auch pharmazeutischen Laboratoriums. Dazu muss angemerkt werden, dass viele der Objekte erst bei der Deponierung in der Grube zerbrochen sind. Der mittlerweile in einer Monographie vorgelegte Fundkomplex von Oberstockstall (von Osten 1998) umfasst insgesamt mehr als 1000 Objekte aus Keramik, Glas, Metall, Knochen und Bein sowie aus Holz und anderen Materialien und die Überreste von Schmelz- und Destillieröfen. Dazu kommen noch an die 100 Aschkupellen, eine größere Anzahl von Mineralien und Erzstufen sowie Erd- und Materialproben.

Nach Aussage dieser Funde kann man davon ausgehen, dass es in diesem Laboratorium mindestens zwei Destillieröfen gegeben hat. Es gibt zwei durchnummerierte Sätze von Vorschiebern bzw. Verschlussziegeln für Destillieröfen in der Art des Bequemlichkeitsofens oder *Faulen Heintzen (Abb. 124)*. Die hauptsächlich in zwei Größen vorliegenden *Muffeln (Kat. 83 a17)* lassen darauf schließen, dass ebenfalls zwei Schmelzöfen in der Art des bei Agricola abgebildeten Silberfeinbrennofens *(Abb. 125)* vorhanden waren. Möglicherweise haben auch zwei große Blattkacheln zu diesen Öfen gehört. Sie tragen

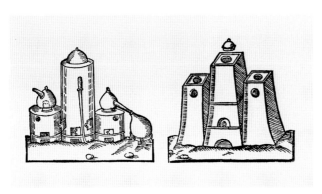

Abb. 124 | Bequemlichkeitsöfen oder *Faule Heintzen* (nach Libavius 1597).

als Dekor ein Architekturmotiv, das durch alchemistische Symbolik auf den randlichen Pfeilern ergänzt wird. Darin aufgenommen sind die vier Elemente, deren Repräsentanten für Erde und Wasser, die Erdkröte und der Triton, in den unteren Ecken zu erkennen sind.

Was dieses Inventar für die naturwissenschaftliche und speziell für die alchemisch-historische Forschung so interessant macht, ist der Umstand, dass so gut wie alle Objekte Rückstände enthalten und die Spuren von chemischen Prozessen aufweisen. Viele der Destillierkolben aus Keramik und auch aus Glas sind mit Lutum umkleidet, einer Masse aus feingeschlämmtem Ton mit organischen Beimengungen (*Lutum sapientiae* = Lehm der Weisheit), zum Schutz gegen starke Hitze oder gegen Beschädigung. Die Schmelztiegel tragen zum Teil auf der Außenwandung noch Ansätze eines Verschlusses aus Lutum, der bei einigen in gebrannter Form vollständig erhalten ist. Möglicherweise wurden sie so bei einem bestimmten Verfahren zur Goldreinigung

verwendet, der *Zementation*, das unter Luftabschluss (= »hermetisch« verschlossen) ausgeführt werden musste. Mit Lutum wurden auch die Verbindungsstellen abgedichtet, wenn Kolben und Helme zu Apparaturen zusammengesetzt wurden, zum Beispiel für die Destillations- und Sublimationsprozesse, wie ein Destillierkolben (*Abb. 126*) mit Resten der Mineralsäureherstellung zeigt.

Besonders auf dem Gebiet der verschiedenen Verfahren der Destillation und Sublimation scheint hier experimentiert worden zu sein. Davon zeugen die dafür notwendigen Helme unterschiedlichster Form und aus verschiedenen Materialien, wie zum Beispiel *Alembiks (Kat. 83 c1)* aus Glas, *Aludeln* in hoher konischer Form mit kurzem Tubus oder mit trichterförmigem Helm und hohem Tubus aus Keramik (*Kat. 83 a10*), unglasiert, mit fein geglätteter Innenoberfläche, oder ein *Alembik* aus Keramik (*Kat. 83 a1*), innen grün glasiert, mit schräg aufsteigendem kurzen Tubus, oder verschiedene glockenförmige Helme mit exzentrischer Lochung

(*Kat. 83 a5*) aus Keramik, innen grün glasiert, oder trichterförmige Helme, ebenfalls aus Keramik (*Kat. 83 a9*), und innen gelbbraun oder grün glasiert. Man kannte also im 16. Jahrhundert schon sehr genau die Wirkung der unterschiedlichen Kontaktoberflächen bei den verschiedenen Reaktionen. Das zeigt auch eine Retorte (*Kat. 83 a11.1*), deren Oberfläche durch starke Riefung vergrößert und zusätzlich mit Quarzmehl beschichtet wurde.

Als Grundherren oblag es den Pfarrherren von Kirchberg auch, für ihre Untertanen einen Vorrat an Arzneien zu halten und bereitzustellen. In diesem Rahmen wurden mit Sicherheit auch Arzneimittel in diesem Laboratorium hergestellt. Ob darüber hinaus auf diesem Gebiet geforscht und produziert wurde und ob die Erkenntnisse, die in die Passauer Apothekenordnung von 1586 eingeflossen sind (erlassen unter Bischof Urban von Trenbach), auf Forschungsergebnissen dieses Laboratoriums beruhen, muss letzten Endes solange hypothetisch bleiben, wie

Abb. 125 | Windofen oder Probierofen (nach Agricola 1556).

Abb. 126 | Cucurbit mit
Resten der Lutumdichtung
(Kat. 83 a13.3).

Abb. 127 | Schmelztiegel *(Kat. 83 d2)*.

keine schriftlichen Dokumente gefunden
werden, die dieses bestätigen.

Aber nicht nur an Destillationsverfahren, sondern auch an der Optimierung
metallurgischer Verfahren scheint hier gearbeitet worden zu sein, wie archäometrische Untersuchungen an den Aschkupellen zeigen.

Alles in allem handelt es sich in Oberstockstall um das Inventar eines hervorragend eingerichteten Forschungslaboratoriums auf der Schwelle zur neuzeitlichen Chemie, dem Übergang von der
chymischen Kunst zur Naturwissenschaft.

Dass in diesem Laboratorium auch
nach dem *Elixier* oder nach dem *Stein der
Weisen* geforscht wurde und auch alchemistische Transmutationen versucht wurden, das heißt die Umwandlung unedler
in edle Stoffe, und da vornehmlich von
Blei und Quecksilber in Silber und Gold,
lässt sich am archäologischen Material
und an den chemischen Rückständen
nicht ablesen, darf aber wohl angenommen werden. Nach dem Materieverständnis des 16. Jahrhunderts, dem die Vier-Elemente-Lehre des Aristoteles zu Grunde lag, waren Transmutationen denkbar,
wenn auch mit den damals zur Verfügung
stehenden Methoden nicht machbar.
Gleichwohl konnte man sich in diesem Laboratorium den Traum vom Gold erfüllen,
mit solider Arbeit auf metallurgischem
Wege, wie die Untersuchungen der Rückstände in Schmelztiegeln *(Abb. 127; Kat.
83 d2)* und Aschkupellen ergeben haben.

Historischer Hintergrund

Natürlich stellt sich die Frage, warum es
gerade in dem doch heute etwas abseits
gelegenen Oberstockstall ein derart großes
und hervorragend ausgerüstetes Laboratorium gegeben hat. Ganz so unbedeutend war Oberstockstall im 16. Jahrhundert nicht. Die Urpfarre St. Stephan ob
Wachrain (Kirchberg) gehörte dem Domkapitel Passau. Schloss Oberstockstall war
Pfarrhof zu Kirchberg am Wagram und
Sitz der meist adligen Domherren aus Passau, außerdem der Sitz der Grundherrschaft des Domkapitels, das im Wagramland in Niederösterreich umfangreiche
Besitzungen hatte. Der Inhaber der Pfarre Kirchberg war gleichzeitig Oberkellerer,
das heißt der oberste für den Weinbau
Verantwortliche des Bistums Passau in
Österreich.

Im 16. Jahrhundert sind die bedeutendsten Pfarrherren von Kirchberg die
Herren von Trenbach. Die Trenbacher hatten ihren Stammsitz in St. Martin im Innkreis. Zahlreiche Mitglieder dieser Familie
finden sich als geistliche Würdenträger
und in Hofämtern am Bayerischen Hof in
Burghausen. Christoph von Trenbach hatte
die Pfarre von 1538 bis zu seinem frühen
Tod 1552 inne. Auch nachdem er vom
Domkapitel in Passau zum Domprobst gewählt worden war, blieb er in Kirchberg.
Er starb unter etwas mysteriösen Umständen in seinem Pfarrhof Oberstockstall, angeblich an der Pest, aber wahrscheinlicher
an einem Arzneimittel dagegen. Er hinterließ beträchtliche Schulden in der Höhe
von 22000 Gulden, davon allein 4000 fl.
bei dem Kremser Apotheker Dr. Wolfgang
Kappler, Inhaber der Mohren-Apotheke
und »in Alchemistenkreisen kein Unbekannter«. Aus Kapplers Besitz stammt
eine umfangreiche medizinische Rezeptsammlung, die eine Reihe von Hinweisen
auf alchemistische Ärzte enthält (Wien,
Österreichische Nationalbibliothek, Codex 11410).

Bislang fehlen alle historischen Hinweise auf das Laboratorium in Oberstockstall, bis auf diese eine Nennung an der
zunächst etwas abgelegen scheinenden

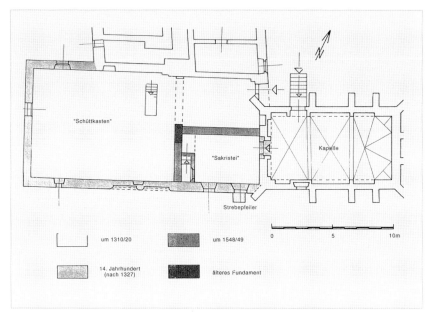

Abb. 128 | Oberstockstall: Baualtersplan der Kapelle und des sog. Schüttkastens.

Stelle, die jedoch beweist, dass es sehr bekannt gewesen sein muss. Wenn der kleine alchemistische Betrüger Michael Polhaimer 1595 bei seinem Verhör in Weikersheim an der Tauber aussagte, dass er in »Kirchberg, 7 meil ober Wien« bei dem Domherrn Sigmund Friedrich Fugger ein dreiviertel Jahr »gekunstelt« habe, dann darf er annehmen, dass dieses dem Grafen Wolfgang II. von Hohenlohe bekannt war. Und dann muss zu der Zeit dort noch ein Laboratorium betrieben worden sein. Darauf deuten auch die Funde der Nachgrabungen in Oberstockstall in den Jahren 1993 und 1994.

Für Oberstockstall darf eine jahrzehntelange alchemisch-alchemistische Tradition angenommen werden, die damit weit

in die Zeit Rudolfs II. reicht. Dann käme als Auftraggeber für dieses Probierlabor, in dem Untersuchungen von Erzen, Legierungen und Münzen durchgeführt wurden – denn um ein solches handelte es sich nach den archäometrischen Befunden vornehmlich – auch der jüngere der Trenbach-Brüder, Urban von Trenbach, Nachfolger Christophs als Pfarrherr von Kirchberg seit 1552 und Bischof von Passau von 1561 bis 1598, in Frage. Nach Auskunft der Trenbach-Chronik waren die Beziehungen der Trenbacher sowohl zu Alchemie- als auch Bergbautreibenden weitreichend, so zu den Thurzo in Neusohl (Nóve Zámky, Slowakei), zu Wilhelm von Rosenberg in Böhmen, zum Bayerischen Hof, dort besonders zu Herzog

Ernst (1500–1560), aber auch nach Freiberg in Sachsen. Auftraggeber für dieses Laboratorium waren auch die Brüder Fugger: Viktor August war Pfarrherr in Kirchberg seit 1572, wo er 1586 im 39. Lebensjahr starb, kurz nachdem er zum Abt des Stiftes Zwettl gewählt worden war. Dass er großes Interesse an der Alchemie hatte, zeigt, dass ihm Michael Toxites seine *Onomastica* gewidmet hat (Straßburg 1574. Kremsmünster, Stiftsbibliothek). Ihm folgte als Pfarrherr bis 1595 sein Bruder Sigmund Friedrich (Bischof von Regensburg 1598–1600), bei dem der Polhaimer angeblich gearbeitet hat. (»Angeblich« deswegen, weil Polheimer seiner Biographie nach wohl eher des guten Weines wegen in Oberstockstall war, weniger wegen seiner Fähigkeiten als Alchemist.)

Im Rahmen eines vom Fonds zur Förderung der wissenschaftlichen Forschung in Österreich finanzierten zweiten Forschungsprojektes konnten 1993 und 1994 in Oberstockstall Nachgrabungen durchgeführt werden. Dadurch sollte nach Möglichkeit der Standort des Laboratoriums festgestellt werden. Nach Aussage der Trenbach-Chronik ließ Christoph das Schloss Oberstockstall 1548 neu erbauen. Die sogenannte Sakristei und der darüber liegende, ebenfalls ursprünglich tonnengewölbte Raum, der durch eine gemauerte Treppe von dieser aus zugänglich ist, dürften im Zuge dieser Bautätigkeit als feuer- und explosionssicheres Laboratorium in den Gebäudeteil, der wie die Kapelle aus dem 14. Jahrhundert stammt, eingebaut worden sein. Nach den Befunden ist dieses mehr als wahrscheinlich, obwohl letzte Beweise noch ausstehen, wie sie die Untersuchungen des Mauerwerks und des Gewölbes auf besondere

Anreicherung mit Stoffen und Verbindungen, die bei metallurgischen Versuchen in größeren Mengen freigesetzt werden, wie Blei, Arsen, Schwefel, Quecksilber, und der Boden- und Materialproben möglicherweise erbringen könnten. Im oberen Raum befindet sich noch ein Türstock in situ, der nach der Jahrringdatierung aus dem Jahr 1549 stammt.

Vor der nördlichen Mauer der sogenannten Sakristei wurde ein Befund freigelegt, der als Ofenfundament gedeutet werden kann *(Abb. 128)*. Angenommen, man arbeitet hier an einem Ofen, so kann man von diesem Platz aus durch ein waagrechtes Schlitzfenster in der Westwand der Kapelle auf den Altar blicken. Es ergibt sich eine ähnliche Situation wie sie im *Oratorium und Laboratorium des Alchemisten* dargestellt ist *(Abb. 129)*.

Eine zweite Grube, die freigelegt wurde, scheint Abfall aus der laufenden Labortätigkeit aufgenommen zu haben, aber erst in einer späteren Phase. Zunächst diente sie als Zugang zur großen Grube, die in den Laborbetrieb integriert gewesen zu sein scheint, möglicherweise als »Kühlraum«.

Beide Gruben und die dazu gehörenden »älteren Alchemistenbefunde« wurden von einer durchgehenden Rollschotterschicht überdeckt. Auf dieser lag eine Füllschicht aus feinem Sand, die über den beiden Gruben durch eine bis zu 30 cm mächtige Schicht aus Lehm ersetzt war. Auf dieser Abdichtung zeichneten sich Abdrücke einer älteren Ziegelpflasterung ab. Auf dieser Lehmschicht lag ein Kärntner Pfennig von 1595. In der Sandschicht wurden zwei Fragmente einer Butzenscheibe mit Ritzinschrift: »Paulus Schnur ein Glasergesell von Wien 1577« gefunden.

Abb. 129 | Oratorium und Laboratorium des Alchemisten.

Zunächst stützte sich die Datierung des Inventars auf die archäologischen Funde aus Grube I, wie zum Beispiel eine Modelschüssel mit der Jahreszahl 1549, den Fragmenten zweier Kacheln (Architekturmotiv, um 1560) und einen niederösterreichischen Raitpfennig aus der Zeit Rudolfs II. (nach 1576). Die Laborkeramik selbst kann zur Datierung nicht herangezogen werden. Es handelt sich um funktionale Formen, zum Beispiel die Schmelztiegel mit dreieckiger Mündung, wie sie seit der Spätantike (Nachweis durch Justine Bayley für englische Fundstellen) bis heute in Gebrauch sind (Firma Atlantic, Großalmerode, Katalog 1992). Ähnliches gilt für die Aschkupellen.

Erst die dendrochronologischen Untersuchungen am Fundmaterial und im Schloss Oberstockstall (durch Otto Cichocki, Wien) erbrachten exakte Daten: Für die große Grube Holzkohlen bis 1586,

und für die Balkendecke über dem oberen Laboratoriumsraum Daten von 1590 bis 1596.

Damit käme für den Zeitpunkt der Deponierung des Laboratoriumsinventars unter Umständen das Neulengbacher Beben vom September 1590 in Betracht, mit einer Bebenstärke im 25 km entfernten Epizentrum von 8 bis 9 nach Mercalli-Sieberg, oder sie hängt mit dem Tode des Viktor August Fugger 1586 zusammen. Die Deponierung bedeutet aber keineswegs die Auflassung des Laboratoriums.

Lit.: v. Osten 1998. – Weyer 1992. – Agricola 1556 [1994]. – Biringuccio 1540 [1977]. – Ercker 1574. – Libavius 1597 [1964]. – ungedruckte Quellen: Kriminalakte Michael Polhaimer 1595-1598, Nr. 36/1–3. Hohenlohe-Zentralarchiv Neuenstein: Archiv Weikersheim BI/56/76. – Trenbach-Chronik. Ms. Niederösterreichisches Landesarchiv St. Pölten, Hs. 327.

Nachrichten aus dem Leben des Goldmachers Don Dominico Emanuele Caetano Graf Ruggiero und dessen gekrönten Opfern

Otto Krätz

Aufbruch

Wir wissen nicht, was den Goldmacher Don Dominico Emanuele Caetano im Frühjahr 1695 veranlasst haben könnte, seine Heimat zu verlassen, um in einer vierzehn Jahre währenden Reise seinem Ende entgegen zu gehen. Vermuten lässt sich nur, dass ihm in seiner Heimatstadt Neapel der Boden zu heiß geworden war. Die Nachrichten über seine frühen Jahre sind spärlich und stammen ausschließlich aus mehr oder weniger trüben Quellen: Protokolle von Spießgesellen, die ihn verpfiffen hatten, Mitteilungen seines Beichtvaters, den die Räte des bayerischen Kurfürsten zum Schwätzen brachten – wie heutzutage auch, haben miese Affären meist miese Zeugen. Alle Nachrichten – ob im Detail richtig oder nicht – vermitteln uns das Bild eines früh zum Ganoven gereiften jungen Mannes.

Der Beichtvater der Familie, Don Giovani Leonardo Davino, sandte am 9.7.1699 an den bayerischen Kurfürsten seinen Bericht, der sich zusammen mit den Gerichtsakten im Hauptstaatsarchiv in München erhalten hat: »Ich, getreuer Unterzeichner dieses Briefes an Eure Hoheit, angespornt von großem Mitleid und Barmherzigkeit wegen der schlechten Handlung des Emanuele Caetano, der hier als vorgeblicher Graf Ruggiero wohnt, da es schon immer seine Gewohnheit war, seinen Namen zu verstellen – mal als Graf, mal als Herzog, mal als Markgraf, mal als Prinz von Salerno aufzutreten – ich sage aufgrund einer echten Beichte aus, dass der besagte Emanuele der Sohn von Barbiero ist, dass der Vater ein Knecht des Herzogs von Laurenzano war und im Gefängnis der Vicaria unter der Anklage

der Falschmünzerei starb, weswegen auch der genannte Emanuele angeklagt wurde. Das heißt, er wurde gleichfalls hier in dieser Stadt wegen der Herstellung von Falschgeld und vieler anderer Betrügereien verurteilt, die er unter dem Vorwand, Gold und Silber herstellen zu können, machte.«

Aus dem Protokoll eines Fluchthelfers aus der Haft auf Schloss Grünwald bei München erfahren wir noch: »Der Vater von ihm war Engländer. Seit seiner Jugend war dieser Ruggierus Diener bei einem Franziskaner, der gewohnt war, Gold zu machen, und bei ihm hat er alles gelernt.«

Dieser Hinweis auf den unbekannten Franziskanermönch könnte die Lateinkenntnisse Caetanos, seine Bibelfestigkeit und seine noch im preußischen Todesurteil aktenkundig werdende Frömmigkeit erklären. Träfe es zu, dass der Vater Engländer war, es blieben damals häufiger britische Matrosen in Neapel hängen, so wäre auch Caetano nicht der richtige Name der Familie, über die der Fluchthelfer noch einiges zu berichten wusste: »Der Bruder nämlich dieses Ruggieri ist Barbier im oberen Teil von Neapel, seine Schwester ist Botin, sein Schwager dient als Soldat der Gemeinde. Sein Oheim ist Küster zu St. Paul bei der Kongregation der Edelleute.« Die letzte Angabe könnte uns vielleicht einen Hinweis auf den Namen geben. Betrachtet man nämlich den Stadtplan von Neapel, wird man überrascht feststellen, dass die Kirche San Paolo Maggiore an der Piazza San Caetano gelegen ist, an der auch eines der berühmtesten Franziskanerklöster Italiens steht. Da man den Vater eingelocht hatte, hauste vielleicht die gesamte Familie bei dem reputierlichsten Mitglied, das einer Ritterkon-

gregation diente, und nannte sich schlicht nach ihrer Adresse »Caetano«. Auch wäre es hier nicht schwergefallen, sich mit einem Franziskaner anzufreunden. Insgesamt muss die Familie aber eher arm gewesen sein, denn Don Giovanni schrieb etwas verächtlich: »Hier in Neapel hat er Schwestern, Neffen, Schwäger, Schwägerinnen und andere, die von Almosen leben; und der besagte Emanuele stellt sich krank, tut verwirrt, um zu flüchten.«

Ein anonymer Untersuchungsbeamter ergänzte diese Berichte aufgrund ihm damals noch vorliegender Akten: »Er sei aus Petrabianca ohnweit Neapolis gebürtig, der Sohn eines Bauern, habe die Goldschmiedeprofession erlernt, sei darauf ein Taschenspieler geworden und auch geraume Zeit ein Charlatan oder Marktschreier gewesen. Von einem anderen Betrüger habe er die Kunst erlernt, Gold in Pulver zu verwandeln, welches anima auri genannt würde... Diese Pulver haben die Kraft und die Tugend, unedle Metalle zu Gold zu machen.«

Wenn die Gerichtsakten in etwa die Wahrheit sagen, so muss er zwischen 1667 und 1670 geboren sein. Demnach war er noch jung, als man seinen Steckbrief durch ganz Italien versandte. Die Liste der Adressaten, die uns Don Giovanni überliefert hat, liest sich sehr eindrucksvoll: »Wie es von Neapel aus bekannt gegeben wurde: dem Prinzen von Tribiscaccia, dem Herzog von Torre Maggiore, dem Herzog von Andria, dem Bischof von Carinola, dem Prinzen von Montesarchio, dem Herzog von Madaloni, dem Herzog von Martino und verschiedenen Calabresen und Goldschmieden dieses Reiches, wie auch dem Markgrafen von Sveles – damals Vizekönig in diesem Reich, dem Domino

Emanuele Bustam, Sekretär des genannten Vizekönigs, dem Prinzen von Piombino, der Frau Königin von Schweden, dem Bankier des Papstes Innozenz XI..., wie auch den Herzögen von Modena und Mantua, in Venedig vielen Juden und Herzögen der Republik, in Florenz dem Großherzog, der Zecca (Münze) von Mailand, der Zecca von Livorno, dem heiligen Haus von Loreto, verschiedenen Goldschmieden in Palermo und Messina, der Prinzessin von Palitio in Mesina und vielen anderen.«

Diese Liste vereint wahrscheinlich die bedeutendsten Alchemisten und Finanzleute jener Epoche. Die Erwähnung des Heiligen Hauses von Loreto weist auf ein kulturhistorisches Phänomen hin, das uns im Folgenden noch oft beschäftigen wird. Besonders anfällig für die Betrügereien Caetanos waren stets fürstliche oder geistliche Bauherren, die zwar als große Mäzene barocker Architektur in die Geschichte eingingen, die zu ihrer Zeit aber eher als Schuldenmacher bekannt waren. Zwar gilt das Heilige Haus von Loreto als eine Perle barocker Architektur, aber es ist aus Geldmangel bis heute nicht vollendet worden. Sicherlich war es ebenso vernünftig wie weitsichtig, die hoch verschuldeten Kleriker vor Caetano zu warnen.

Don Giovanni hat uns leider nicht verraten, wann der Steckbrief verfasst wurde, doch liefert die Liste selbst einige Daten: Am 12.8.1689 verschied Papst Innozenz XI., am 19.4. des gleichen Jahres war ihm die Königin Christine von Schweden, eine begeisterte Alchemistin, vorausgegangen. Bereits am 21.9.1688 war der Marchese Horazio Bourbon del Monte gestorben, ein von Christine besonders geschätzter Hochstapler, dessen Aufgabe es war, Räu-

ber-, Schmuggler- und Hurenbanden zu beaufsichtigen und zur Spionage anzuhalten, welche die »Lista«, das exterritoriale Gebiet der Königin, die als »persönlicher Souverän« in Rom lebte, bevölkerten. Daher ist es vernünftig anzunehmen, dass die Steckbriefe wohl vor dem Winter 1688/89 verschickt wurden. Was in den folgenden sechs Jahren geschah, wissen wir nicht. Erst aus dem Jahr 1695 wird uns Weiteres berichtet.

Als Mörder in Venedig?

Der Fluchthelfer berichtet: »Im Jahre 1695 war Emanuele Dominicus Ruggieri, der sich fälschlich einen Grafen nennt, Bote bei dem angesehensten und vortrefflichsten Herrn Markgraf Carraceli in Neapel und wurde wegen eines verübten Diebstahls aus dem Hause verbannt... Danach ging er nach Venedig, wo er den vortrefflichsten Herrn Anthonium Bragadinum, einen Edelmann..., zusammen mit einem Kaufmann namens Franzisco Micone um tausend und fünfhundert Dukaten betrog; er versprach, sie das Goldmachen zu lehren und floh dann.« Offensichtlich hatte es nichts genutzt, dass man einige Jahre zuvor Steckbriefe nach Venedig geschickt hatte. Die Familie Bragadin zeigte stets ein waches Interesse an Alchemie. Ein späteres Mitglied dieser Sippe sollte als lebenslanger treuer Gönner und alchemistischer Freund Casanovas in die Weltliteratur eingehen.

Um Caetanos Aufenthalt in Venedig rankte sich später eine Legende. Da zumindest kleinere seiner Goldansätze scheinbar tatsächlich zum gewünschten Ziele führten, galt er seinen Zeitgenossen viel-

fach als einer der wenigen echten Goldmacher. Ob seines wenig tugendsamen Lebenswandels kolportierte sein Gegner Johann Conrad Dippel, er habe sich seine Tinktur durch Raub und Mord verschafft. Dieses Gerücht wurde später durch die öffentlich geäußerte Reue Caetanos während seiner Hinrichtung genährt. Die Quelle dieses Gerüchtes scheint eine Erzählung zu sein, die aus dem Umfeld des Arztes und Alchemisten Otto Tachenius stammt und die dieser angeblich von Gabriel Clauder erfahren haben will. Dieser alchemistische Horror-Thriller spielt in einem nicht näher bezeichneten italienischen Kloster. Von dem nicht beim Namen genannten Alchemisten erzählte Tachenius: »Dieser damals noch ein Mönch merket, dass einer seiner Brüder viel Zeit auf geheime chymische Arbeiten verwendet. Er suchet daher, seine genaueste Freundschaft zu erhalten, und lässt endlich nicht ab, ihn mit Klagen, Fragen und Bitte zu ermüden, bis er ihm gesteht, dass er diesen unschätzbaren Schatz besitze, und Quecksilber in großer Menge in wahrhaftiges Gold verwandle, auch mit ganz wenigem Pulver fast unheilbare Krankheiten hebe. Eine kleine Zeitlang sind sie noch die besten vertraulichsten Freunde und Brüder. Bald aber bringt der ungetreue Bruder seinen getreuesten Freund außerhalb dem Kloster ums Leben, und nimmt ihn, um des scheußlichsten Gewinst willen, dieses höchst verborgene Geheimnis. Der Verbrecher wirft darauf seine Mönchskleidung ab und geht nach Venedig, wo er den Namen eines Grafen annimmt und prächtig lebt, aber gar kein Hehl hat, dass er diesen königlichen Schatz besitze, sondern sich öffentlich desselben berühmet.«

Abb. 130 | Burg Grünwald bei München.

Als 1773 F. J. v. Schröder Clauders Betrachtungen neu herausgab, ergänzte er diese Passage durch ein Fußnote: »Ob dieser der nachmals genug berühmt gewordene Graf Cajetani sey, überlasse ich meinem Leser zur Beurteilung.« Diese Beurteilung vorzunehmen, ist gar nicht so leicht. Zwar ist durchaus nicht auszuschließen, dass Caetano seinen unbekannten franziskanischen Lehrmeister ins Jenseits befördert hat, doch sprechen zwei Umstände gegen seine Täterschaft. Da sind einmal die Daten: Clauder starb bereits 1691 und dessen Gewährsmann Tachenius soll – wiewohl das genaue Datum unbekannt ist – um 1670 in Venedig verschieden sein. So kann sich diese Geschichte kaum auf Caetano bezogen haben.

Wichtiger aber ist das zweite Argument: Durch die oben schon erwähnten Auslassungen Don Giovannis wissen wir auch, wie in etwa Caetanos Tricks ausgesehen haben. Offenbar waren sie ebenso primitiv wie sicher. Seine neapolitanische Verwandtschaft diente ihm dabei – selbst in der Fremde – als logistische Basis: »und vor Monaten schrieb er einer seiner Schwestern, dass sie ihm einige Pulver schicken soll, damit er Gold machen

könne, und sie sandte ihm die üblichen Sachen, wie Kalk und Asche gut zerstoßen, so wie Pulver aus Mandelschalen; er zieht durch die Welt mit zwei Krügen, wo er unter die Kohle mit Geschicklichkeit Gold oder Silber mischt, und so zeigt er seine Beweise.« Ob man für diesen hier angedeuteten, überaus schlichten Trick wirklich jemanden umbringen muss, erscheint doch wohl sehr fraglich.

Der Papst und die Herberge Alba Crucis zu Genua

Folgen wir weiter dem Bericht des Fluchthelfers: »Er kam nach Verona und ging zu dem Hause des Herrn Francisci Nerici, einem Adeligen dieser Stadt. Da gab er vor, dass er Gold machen könne, und betrog ihn um 200 Dublonen. Mit seiner Goldmacherei betrog er nicht weniger als die anderen, Herrn Lyronium aus Mailand um 1400 Thaler und floh, kam nach Genua, übernachtete in der Herberge Alba Crucis, doch wurden Briefboten geschickt, und so wurde er eingekerkert. Dux St. Petri (Anm.: Gemeint ist wohl der Papst) befreite ihn nochmals, und er stellte sich

zu einer neuen Mission, wegen der er nach Barcelona kam.« Diese Stelle wird uns weiter unten noch einmal beschäftigen, denn sie erweckt fraglos den Eindruck, als sei hier Caetano als politischer Agent gebraucht worden. Diese Vermutung wird sich später erhärten.

Caetano selbst scheint seiner Familie etwas anderes berichtet zu haben, wobei zu bedenken ist, dass er stets zu einer Dramatisierung seiner Erlebnisse neigte. Auch seine spätere Befreiung aus der Burg Grünwald (Abb. 130) wird er sich selbst zuschreiben und nicht dem politischen Zusammenbruch der bayerischen Behörden. Der Beichtvater Don Giovanni teilte mit: »Doch hat er einen Brief an seinen Bruder hier geschrieben; dass er wegen ähnlicher Gründe (Anm.: unbefugtes Tragen aristokratischer Titel und Goldmacherei) vom Präsidium von Genua verurteilt worden sei, wohin er mit Leuten gekommen war und behauptete, Ritter zu sein, und wie er sie mit seinen Vorrichtungen zur Flucht getrieben hätte, und in der Tat sind sie auch abgefahren, und dass er zwanzigtausend Scudi versteckt hätte, wie er noch einem leiblichen Onkel nach hier schreibt, der Giovanni Caetano heißt und zur Zeit als Sbirro (Wachsoldat) von Wein arbeitet.«

Von Genua über Augsburg nach Barcelona, Madrid, London und schließlich nach Brüssel

»Da Italien nichts mehr für ihn übrig hatte, nahm er den Abschied und ging weg, um unbekannte Länder zu suchen, wo seine Betrügereien mehr Erfolg haben würden. In Augsburg fiel der Abt von St. Ulrich in seine Hände, den er um 1000 bis 2000 Gulden betrog (Anm.: In diesem Kloster hatte man zuvor einen Reichstag veranstaltet, und der Kaiser war die Unkosten schuldig geblieben), und ein Goldschmied, den er um 600 erleichterte... Er ist nach Spanien gegangen, wo er in eine Stadt kam, wo das Regiment Tattenbach lag (Anm.: kämpfte vorher in Ungarn und war von dort in die Niederlande marschiert, um nach Barcelona verschifft zu werden – eine bayerische militärische Unterstützung für Spanien gegen Frankreich im Zusammenhang mit den Problemen der spanischen Erbfolge). Er freundete sich mit einem Leutnant dieses Corps an, der so einfältig war, seinen Diener abzugeben, und nachdem er ihn teilweise in seine Wissenschaft eingeweiht hatte, führte er ihn beim Herrn Baron von Baumgarten ein, unserem Gesandten in Madrid, der nach einigen in seiner Anwesenheit abgelegten Beweisen nicht zögerte, ihn zu seiner Churfürstlichen Durchlaucht unter dem Schutze des gleichen Leutnants zu schicken. Er trug Sorge, dass es ihm auf der Reise an nichts fehlte. Er wurde in England wie ein Edelmann von dem Minister meines Herren empfangen. Er machte die Überfahrt (Anm.: von England nach den Spanischen Niederlanden) in Begleitung des Gesandten und auf Kosten der Börse seiner Churfürstlichen Durchlaucht.«

Diese lapidare Beschreibung der nächsten Lebensstationen Caetanos verdanken wir der Feder eines der getreuesten Mitarbeiter Max Emanuels, dem Kammerdiener, kurfürstlichen Rat und Großzollner und savoyardischen Edelmann Peter von Dulac. Während Caetanos Aufenthalt in Brüssel und München war Dulac jener Be-

Abb. 131 | Maximilian II. Emanuel, Kurfürst v. Bayern, 1662–1726. Kupferstich.

amte, dessen unmittelbarer Beaufsichtigung Caetano unterstellt war.

Wahrscheinlich auf Caetano selbst dürfte die folgende, sehr viel edler klingende Begründung der Spanienreise zurückgehen, die uns der anonyme Chronist hinterlassen hat: »Und begab sich darauf im 28. Jahr seines Alters nach Spanien, um daselbst Titel und Ordenskreuze seines Vaters Bruder, der als Obrister in spanischem Dienste verstorben, zu erhalten. In Madrid hielt er sich 3 Monate auf.«

Der anonyme Fluchthelfer gab später noch eine dritte Variante zu Protokoll, nach der Caetano auch diese Reise weidlich zu Betrügereien genutzt haben soll. Dies ist immerhin soweit glaubhaft, als

später der König von Spanien Ansprüche auf Caetano erheben sollte. Offenbar gehörte auch er selbst zu Caetanos Opfern: »Als er die Reise nach Madrid richtete, im Hause des Freiherrn von Baumgarten war, und fragte ihn, ob er Merkur (Anm.: Quecksilber) hätte, welches er bräuchte, um Gold zu machen, betrog er ihn um 1200 Gulden, floh und ging nach London. Hier wohnte er für einige Zeit beim Freiherrn Scarlat, dem bayerischen Gesandten, betrog ihn um 400 Thaler und ging nach Belgien zum Durchlauchtigsten Bayerischen Churfürsten, als dieser die Spanischen Niederlande regierte, und gab vor, Gold machen zu können.«

Der große Knall und ein leerer Tiegel zu Brüssel

Auch für Caetanos Aufenthalt am Hofe des bayerischen Kurfürsten und Generalstatthalters der Spanischen Niederlande gibt es mehrere Versionen, die sich aber recht bemerkenswert ergänzen. Folgen wir zunächst unserem unbekannten Chronisten: »In Brüssel ward er dem Churfürsten durch den Abt Scarlati vorgestellet und machte demselben mehrere Proben... und brachte eine ziemlich große Quantität Gold zum Vorschein. Da es nun überhaupt die Gewohnheit des Caetano war, Geld zu ziehen, um seine angebliche Kunst ins Große zu betreiben, und wenn er solches erhalten, die Flucht zu nehmen, so betrog er den Churfürsten ... um 600 000 Gulden. Zu Brüssel war sein ihm zugeordneter Gehülfe ein gewisser Bombardo. Beide arbeiteten in einem in der Behausung der Gräfin Arco angefertigten Laboratorium. Der Churfürst war oft bey den angestellten Versuchen gegenwärtig und sahe mit heißem Verlangen einer baldigen reichen Goldernte entgegen.«

Max II. Emanuel (*Abb. 131*) hätte das Gold dringend gebraucht. Wie immer befand er sich in Schwierigkeiten. Zwar war es ihm 1695 gelungen, die Belagerung Brüssels durch den französischen Marschall Villeroy abzuschlagen, doch hatten dessen Kanonen die Stadt in Schutt und Asche gelegt. 3830 Häuser waren zerstört worden. Max Emanuel war nicht nur ein Held des Degens und ein großer Liebhaber der Frauen, er konnte auch selbst zupacken. So erleben wir ihn im Laboratorium Caetanos. Allerdings kamen selbst wohlwollende Biographen nicht zu einer besonders günstigen Beurteilung seiner Persönlichkeit, so fand z. B. Hubert Glaser, »dass die Unbedenklichkeit bei der Beschaffung, die Sorglosigkeit bei der Verwaltung und der Leichtsinn bei der Verwendung der Geldmittel sich die Waage hielten« und »politische, künstlerische, erotische Gelegenheit erfüllt sich in Aktion, gleichviel, was daraus werden mag.« Als verwegener Kriegsheld hatte er in den Türkenkriegen europäischen Schlachtenruhm gewonnen, den er entweder in die spanische Königskrone für seinen Sohn oder doch wenigstens in die Krone eines Teils des Königreiches Neapel für sich umzumünzen trachtete. Seinen Beamten und Soldaten blieb er jahrelang die Besoldung schuldig, was zu phantastisch korrupten Verhältnissen führte.

Offenbar hielt man es für diplomatisch, Caetanos Laboratorium nicht im Palast des Kurfürsten, sondern im Palais seiner Maitresse Agnes Françoise Lelouchier einzurichten, die kurz vor dem Eintreffen Caetanos ihren »Titulargatten«, Ferdinand

Philipp Graf Arco, »aggregierten Oberst zu Pferd« im Stabe des Kurfürsten und dessen Freund, geheiratet hatte, um bald darauf Max Emanuel einen Sohn zu gebären, den dieser als einzigen seiner zahlreichen unehelichen Nachkommen legitimierte und als »Comte de Bavière« adelte. So waren die Kosten hoch, und der Hofmusikus (Flötist), Operndirektor, Finanzier, Hauptschatzmeister – eine für die Epoche Max Emanuels nicht untypische Ämterkombination – Giovanni Paolo Bombarda, der allerdings 1711 bankrott machen sollte, wie alle Bankiers im Dienste dieses Herrschers, hatte wohl ein großes Interesse, Gold zu sehen.

Dulac beschrieb Caetanos Eintreffen: »Als er in Brüssel angekommen und in mein Zimmer geführt worden war, hatte ich die Ehre ihn Monseigneur (Max Emanuel) vorzustellen, der ihm ein Zusammentreffen in den Nachmittagsstunden gewährte. Als er ihn empfangen hatte, fixierte er (Caetano) zum ersten Mal drei oder vier Unzen Quecksilber mit einigen Gran eines weißen Pulvers, das er hineinwarf. Ich erhielt sofort den Befehl, mich um ihn zu kümmern und ihm eine Wohnung zu besorgen (Anm.: keine Kleinigkeit im völlig zerstörten Brüssel!), wo er jedwede geforderte Freiheit hätte und Geld genug, um sich eine Equipage zu leisten, um so die Würde und den Rang eines Grafen aufrechtzuerhalten. Beim zweiten Mal versprach er, eine Manipulation oder Goldvermehrung mit Pulvern im Aufguss zu machen. Er nahm zunächst dreißig Golddukaten, die er zusammen mit Antimon in einen gut gefüllten Schmelztiegel brachte, und schmolz sie durch die Kraft des Feuers und durch Blasen zusammen, nachdem das Ganze gut ge-

mischt und vereint war, zerstampfte er es in einem Mörser und warf es dann mit einigen anderen roten und weißen Pulvern in Essig, wo es zu meinem Erstaunen neun oder fünfzehn Stunden blieb.« Diese Passage scheint zu belegen, dass auch Dulac über alchemistische Kenntnisse verfügt haben muss! »Nach diesem zog er diese Materie ab und mischte sie drei oder viermal mit stärkstem Branntwein auf mäßigem Feuer. Daraus zog er mit viel Arbeit ein graues Pulver. Sofort warf er es in Quecksilber, das er in einen Schmelztiegel gegeben hatte – und so überzeugte er uns, dass er auf diese Weise jenes Pulver dargestellt habe, mit dem er sein Quecksilber fixierte.«

Max Emanuel versucht sich selbst als Alchemist

Zum Verständnis der folgenden Sätze muss man sich vor Augen halten, dass Dulac, immer wenn er über Max Emanuel schrieb, das Kürzel »S.A.E.« für das italienische »Sua Altessa Electoriale« und mithin ein Femininum verwendete. Infolgedessen geht der im Original auf Französisch abgefasste Text mit »Elle« – mit einem großgeschriebenen »E«, d. h. mit »Sie« weiter. Damit beweist diese Stelle aber, dass der Kurfürst tatsächlich selbst beim Goldmachen mitgearbeitet hat. »Nach diesem neuen Beweis und einigen anderen, die uns in Erstaunen versetzten, übergab er *Ihr* ein Schreiben zur Goldvermehrung, auf das *Sie* äußerst heftig arbeitete, um die Wahrheit dieses Mannes und die Kraft seines Pulvers zu erhellen. Als *Sie* zur Fixation des Quecksilbers kam, wurden wir in unserem Erstaunen wütend, da wir es mit einem großen Knall kochen hörten und es (d. h. die Masse) mit der größten Wucht in die Luft flog und den Tiegel sauberer zurückließ, als ich (Anm.: also arbeitete Dulac mit!) auf das Feuer gesetzt hatte. Da man leicht glaubt, was man wünscht, meinte man, irgendetwas falsch gemacht zu haben. In aller Eile und mit allen denkbaren Vorsichtsmaßregeln wurde mit neuer Frische der Ansatz wiederholt, aber man war auch beim zweiten Mal nicht erfolgreicher als beim ersten Mal, währenddessen sich dieser Schelm Ruggiero mit seiner eigenen Karosse groß aufführte, und noch mit einer weiteren für seine Leute – so trieben sie sich in allen vier Ecken der Stadt in prächtigen Kleidern herum, die ich bezahlt hatte.«

Der stets bankrotte Kurfürst hatte die Verhaltensstrategie entwickelt, unmittelbar anstehende Ausgaben von seinen Untergebenen vorstrecken zu lassen. Nicht immer wurden diese Verluste von Bombarda voll ersetzt. Man darf vermuten, dass Caetano, um das von ihm selbst ja zu erwartende Scheitern seiner Goldversuche gegenüber seinem Auftraggeber dramatisch zu bemänteln, der letzten Schmelze jeweils Schießpulver zugemischt haben dürfte.

Schwierigkeiten und Flucht

Caetano schlug nun als großen Prüfstein seines Könnens vor, tausend Golddukaten einzuschmelzen und diese auf das Vierfache zu »multiplizieren«. Doch bald ergaben sich experimentelle Probleme, die Dulac Verdacht schöpfen ließen. Auch beobachtete er, dass Caetano mit seinem langjährigen Reisebegleiter, einem nea-

politanischen Geistlichen, heimlich durch die Zähne geflüsterte Worte wechselte. Caetanos Massen kamen ihm ebenfalls nicht recht gülden vor. Tatsächlich bereitete Caetano mit einer ihm »wohlbekannten« Engländerin seine Flucht vor. Er ließ sich heimlich von Anvers eine Postkutsche nach Brüssel zuführen, die um sechs Uhr abends am Uferkai zu warten hatte. Er selbst nahm vom Palais der Lelouchier zum Kai seine vom Kurfürsten gestellte Karosse. Wie man sieht, ist die Fluchttechnik mit Fahrzeugwechsel auch keine neue Erfindung.

In Anvers sattelten Caetano und seine Begleiter dann Postpferde, um die weitere Strecke beschleunigt reiten zu können, und erreichten Ruremonde. Doch Dulac zeigte sich seinem Schützling gewachsen. Schon vorher hatte er Caetanos Kutscher bestochen, so war ihm die ungefähre Fluchtrichtung bereits zwei Stunden später bekannt. Auf zwei verschiedenen Poststraßen ließ er umgehend zwei Kuriere losreiten, und tatsächlich gelang es dem einen, Caetano in Ruremonde zu einer Uhrzeit aufzustöbern, wo dieser seine Verfolger noch in Brüssel in ihren Betten wähnte. Dies setzte ihn dermaßen in Erstaunen, dass Dulac noch sieben Jahre später voll Schadenfreude schreiben konnte, man habe ihn »ohne Farbe und ohne Worte« gefunden.

Man brachte Caetano nach Brüssel zurück. Er musste nun eine Bewachung seiner Zimmer und ständige Zeugen bei seinen Laboratoriumsarbeiten hinnehmen. Drei Wochen später beschloss man, ihn von Brüssel nach München übersiedeln zu lassen, da in den Spanischen Niederlanden die Gefahr bestand, der spanische König könnte ihn ergreifen lassen. Cae-

tano scheint diese Entwicklung nicht sonderlich gefallen zu haben, denn er unternahm einen zweiten Fluchtversuch, dessen zeitweiliges Gelingen Dulac ziemlich unverhohlen der grenzenlosen Güte des Kurfürsten zuschrieb, der Caetano statt sicherer Räume, die sich nur zu einem Innenhof hin öffneten, solche an der Vorderfront habe zuweisen lassen. Caetano entwischte mithilfe eines seiner neapolitanischen Knechte. Trotz eines Steckbriefes und Durchsuchung verdächtiger Örtlichkeiten in Brüssel fand man ihn erst nach zwei Tagen bei einem Barbier eines Klosters.

Auch in München kein Gold

Man einigte sich ziemlich großzügig dahingehend, dass Caetano nach seiner Übersiedlung nach München im Hause von Dulac, Residenzstraße 24, in voller Freiheit arbeiten könne. Als Gegenleistung versprach er immense Summen Gold zu liefern. Um ihn vor der Verfolgung durch andere Fürsten zu schützen – offenbar fürchtete man noch immer die Häscher des spanischen Königs – und um ihm ein standesgemäßes Einkommen zu verschaffen, durchlief Caetano so etwas wie eine militärische Laufbahn. Am 14.11.1696 ernannte Max Emanuel seinen Goldmacher zum Obristen zu Fuß und am 29.4.1697 zum Generalfeldzeugmeister und Obristlandzeugmeister mit der Zusage der Verleihung eines neu zu errichtenden kurfürstlichen Regimentes zu Fuß. Zwar kam es nicht zur Aufstellung dieser Einheit, doch haben sich zwei von Caetano gezeichnete Quittungen seiner Obristengage erhalten.

Aus den von Caetano versprochenen sechs Wochen wurden sechs Monate, obwohl kriegsgefangene Türken Tag und Nacht für ihn in einem Türmchen im Garten Dulacs arbeiten mussten. Immer gerade dann, wenn die versprochenen goldenen Berge erscheinen sollten, barsten die Gefäße im Feuer. Caetano, Dulac und die Türken stritten sich um die Zahl der Ansätze, die einzusetzenden Chemikalien, um die anzuwendenden Stärken des Feuers und um die Verweilzeiten auf dem Feuer. Aber nur Dulac und die Türken arbeiteten. Zum großen Kummer von Dulac fuhr Caetano mit livrierter Dienerschaft sechsspännig in der Umgebung Münchens spazieren und tat so, als sei er im Besitz des Steins der Weisen, aber eigentlich tat er nichts. Dulac wurde es nun leid, und er begann Caetanos Bewegungsfreiheit einzuschränken, worauf dieser sterbenskrank wurde und Blut spuckte. Dulac meinte aber, er würde dies nur vortäuschen. Caetano wechselte die Taktik und vertraute sich in einem halben Geständnis dem Beichtvater des Kurfürsten an und behauptete, sein Projektionspulver stamme ursprünglich von einem leider verstorbenen Malteserritter, und wenn ihn Gott nun strafen wolle und sein von ihm nachgearbeitetes Pulver nicht funktioniere, so würde er sich in ein Kloster zurückziehen, um dort seine Tage zu beenden. Doch auf allerhöchsten Befehl ließ Dulac Caetano nach Burghausen an der Salzach überführen, wo dieser unter der Aufsicht des Barons D. K. de Widmann – offenbar der Alchemie kundig – arbeiten musste.

Flucht aus dem gewölbten Kellerloch auf Schloss Grünwald

Als es auch in Burghausen Caetano nach etwa acht Monaten nicht mehr gelingen wollte, die vermeintliche Großdarstellung von Gold noch weiter in die Länge zu ziehen, beschloss man, ihn in einem »gewölbten Kellerloch« einzusperren. Kurz zuvor hatte man das Jagdschloss Grünwald zu einem Staatsgefängnis und Pulvermagazin umgebaut. Caetano durfte als erster Gefangener seine Zelle beziehen. Ob er dort Gold machen durfte oder musste, ist den Akten nicht zu entnehmen. Er nutzte die Zeit, um die Wände mit frommen Bildern und Sprüchen zu schmücken *(Abb. 132–133)*. Für seinen Unterhalt gewährte man ihm täglich immerhin einen Gulden. Nach eineinhalbjähriger Haft gelang es ihm zu entkommen. Der anonyme Fluchthelfer rechtfertigte sich später: »Ich befreite ihn aus dem Kerker, nicht wie ein Bösewicht, sondern als ein Patriot, weil sein Bruder mich aus den neapolitanischen Bedrängnissen befreit hatte.« Dies lässt die Vermutung zu, der Fluchthelfer habe aktiv an dem antispanischen, prokaiserlichen neapolitanischen Aufstand teilgenommen.

Caetano floh ohne Geld und ohne seine Hofkleidung in die Lande des Fürsterzbischofs von Salzburg. Offenbar gelang es ihm dort nicht, Unterschlupf zu finden, denn er bot in einem Brief an, er würde freiwillig nach Burghausen zurückkehren, wenn er dort wieder unter der Aufsicht des Barons Widmann arbeiten dürfte. Der Kurfürst entsprach dieser Bitte. Wie Dulac in seinem plastischen Stile festhielt, »wuchsen Caetano jedoch nur neue Fe-

dern« und er behandelte seine Umgebung mit unverhohlener Arroganz und hatte zum Schrecken von Dulac, der wieder einmal für die Kosten aufkommen durfte, die Idee, mit der Post nach München zu reisen, wo er sich im teuersten Gasthof einmietete. Nun reichte es Dulac endgültig. Er ließ Caetano nach Burghausen zurückschaffen und drohte ihm, er würde ihm Nase und Ohren abschneiden lassen, wenn dergleichen noch einmal vorkäme und nicht augenblicklich Gold gemacht würde. Der verschreckte Caetano konnte einige Tage weder reden noch essen und bat dann den Kurfürsten, sich in ein Kloster zurückziehen zu dürfen, um Gott zu dienen.

Endlich Gold

Tatsächlich übersiedelte Caetano in die nicht weit von Burghausen gelegene Zisterzienserabtei Raitenhaslach. Vor den Mönchen machte Caetano einige »*bluette d'or*«, Goldblümlein, was diese mit Begeisterung erfüllte. Dankbarere Zeugen hätte Caetano für seine Goldmacherei nirgends finden können. Das Kloster war hoch verschuldet, und der Abt Candidus Wenzl, der die Klosterkirche prachtvoll barock hatte umbauen lassen, war 1700 wegen Schuldenmachens abgesetzt worden. Zur Ausgestaltung des Inneren fehlte das Geld, so wurde auch der nachfolgende Abt Emanuel Scholz 1733 vorzeitig wegen Schuldenmachens seines Amtes enthoben. Zu allem Überfluss war auch A. Zotz, der resignierte Abt des Zisterzienserklosters Stams in Tirol, der sich ebenfalls beim Bau eines Barockjuwels finanziell übernommen hatte, in Raiten-

haslach. Diese Schar bankrotter Kleriker war für Caetano das ideale Publikum schlechthin, dem er Meere von Gold versprach. Man holte die Gerätschaften aus Burghausen. Es kam ein Knecht zum Treten des Blasebalges. Zwar schrieb Dulac später, er habe nur das Ende der Tragödie dieses Filous sehen wollen, doch ließ er sich den Spaß etwas kosten und beschaffte neues zu vermehrendes Rohmaterial, reines Silber und Gold im Wert von 518 Gulden.

Tatsächlich gelang – scheinbar – eine Vermehrung von Edelmetall. Caetano hatte den grandiosen Einfall, das angeblich multiplizierte Gold nach München zu schicken. Als Überbringer wählte er ausgerechnet seinen Bewacher aus, eine Art Polizist, der ihn hätte beaufsichtigen sollen. Dessen Abwesenheit nutzte Caetano zur Flucht nach Wien. Weiter unten werden wir sehen, dass genau im richtigen Augenblick sein Spießgeselle auftauchen wird!

Bevor wir uns den nächsten Abenteuern unseres Helden zuwenden, wollen wir noch jene Ausdrücke genießen, mit denen Dulac seine abschließende Würdigung Caetanos würzte. Er nannte ihn einen »fripon« – einen Spitzbuben, einen »grand fanfaron sans course«, etwa zu übersetzen mit »ziellosem Aufschneider«. Das Glanzstück Dulacscher Formulierkunst ist fraglos »monteur à triple Etage sans mémoires« auf Deutsch etwa »dreistöckiger Lügner ohne Gedächtnis«. Angesichts der Explosionen, in denen Caetanos Gold regelmäßig zu verschwinden pflegte, prophezeite Dulac seinem Schützling »de finir sa course par un saut en l'air aussy prompt que son Mercure«, etwa »dass er seinen Lebenslauf durch einen ebenso

Abb. 132 | Modell der Gefängniszelle mit Darstellung der Fresken nach Originalbefunden in der Burg Grünwald *(Kat. 86)*.

Abb. 133 | Fresken der Gefängniszelle zu Grünwald.

plötzlichen Luftsprung wie sein Queck-silber beenden werde.« Diese Prophezei-ung sollte sich durch Caetanos Ende am preußischen Galgen auch erfüllen.

Flucht nach Wien

Über die Flucht aus dem Kloster in Rai-tenhaslach im Juni 1702 unterrichtet uns ein Brief von Widmann an Dulac, der ein Urteil des Barons Baumgarten über den Reisebegleiter Caetanos wiedergibt. Ein seltener Zufall wollte es, dass Baumgar-ten, Spitzendiplomat und enger Vertrauter des Kurfürsten, gerade zu dieser Zeit auf seinem Schlösschen an der Salzach weil-te. Caetanos Reisebegleiter wird in den Akten als Geistlicher bzw. Abbé bezeich-net, was stimmen könnte, denn er be-hauptete gegenüber Max Emanuel, Caeta-no habe ihn um sein Pektorale geprellt

und müsse deshalb verprügelt werden. Baumgarten hielt den Abbé zwar für ein »heruntergekommenes Filou«, aber gera-de deshalb für bestimmte Aufgaben be-sonders geeignet. Diese Auslassungen werden durch ein Protokoll des Priesters in italienischer Sprache und abgefasst in einer wundervollen Ganovenprosa bestä-tigt und gestatten einen verblüffenden Rückblick auf die Herberge Alba Crucis zu Genua. Der Abbé berichtete: »Anlässlich der Verschwörung zu Neapel erinnerte ich mich dieser Angelegenheit, kam wieder beim Freiherrn von Baumgarten in Ehrin-gen vorbei, der mir jede Erklärung gab. Ich ließ ihm mein Pferd (Anm.: Dieses war bei der bevorstehenden Flussreise nach Wien nicht von Nutzen). Er gab mir einen Mann mit einem seiner eigenen Pferde bis zum Kloster mit, wo dieses Schlitzohr (d. h. Caetano) wohnte. Die Brüder, um ihn los zu werden, gaben mir

die Zeit, ihn fliehen zu lassen. Es ist wahr, dass ich ihn nach Wien führte, aber nicht in der Absicht, dass der Kaiser ihn kennen lerne, sondern nur, um ihn als Spion mit-zunehmen.« Dieser Text bestätigt eine zu-mindest gelegentliche Agententätigkeit Caetanos, die von Baumgarten zumindest geduldet, wenn nicht gar unterstützt wur-de, um neapolitanische Emigrantenkreise am Wiener Hof auszuhorchen.

Im Güldenen Lämblin zu Wien

Weder für Caetano noch für den Mün-chener Hof liefen die Dinge in Wien be-sonders gut. Die Akten vermitteln kein wirklich klares Bild, was nicht zuletzt an der unglaublich gedrechselten Prosa des bayerischen Residenten in Wien lag. Franz Hannibal Freiherr von Mörmann, seine Briefe zeigen ihn als einen Um-standskramer, gebrauchte zuweilen eine drollige Diktion und schrieb am 3. 6. 1702 nach München: »Als (ich mich) gestern abends nach der Laxenburg (habe) bege-ben wollen, hat ein Italienicher graf ohne benamsung seines namens bei mir die ausrichtung thun lassen, dass er vorges-tern hier angelanget, mit mir ganz noth-wendig zu reden hätte.« Caetano wollte über die Bedingungen einer möglichen Rückkehr verhandeln, hielt aber anderer-seits Distanz zum Residenten, was zu drolligen Situationen führte. So schaute der Resident im »Wirtshaus bey güldenen Lämblin« in der Leopoldstadt vorbei, als er abends den Prater besuchte »wie es hier üblich ist, ging ich notwendigerweise am Gasthaus vorbei; dort da ich zum Fenster reingeschaut hatte, sah ich ihn mit seinem Priester.« Es kam zu mehreren weiteren Treffen, bei denen Caetano drohte, er würde sich um eine Audienz bei Kaiser Leopold I. bemühen. Diese Drohung wurde bayerischerseits sehr ernst genommen, denn der Kaiser galt als großer Freund der Alchemisten.

Wieder im Gefängnis auf Schloss Grünwald

Die Akten verraten leider nicht, wie es gelang, Caetano nach Bayern zurückzuholen. Vielleicht gebrauchte man Gewalt, vielleicht lockte man ihn mit leeren Versprechungen. Wahrscheinlich traf er noch vor dem Ausbruch der kriegerischen Auseinandersetzungen zwischen Max Emanuel und Leopold I. im Herbst 1702 in München ein. Merkwürdigerweise sollte Caetano gerade dem spanischen Erbfolgekrieg seine abermalige Freilassung verdanken. Am 13. 8. 1704 verlor der Kurfürst die Entscheidungsschlacht bei Höchstädt und musste Bayern aufgeben. Die Pulvermagazine wurden der österreichischen Verwaltung übergeben. Vermutlich kam Caetano dabei frei. Vielleicht stimmt sogar die Behauptung, Max Emanuel habe seinem Goldmacher die Freiheit geschenkt. Auf Caetano selbst dürfte die folgende Darstellung zurückgehen: »Bediente er sich eines giftigen Dampfs, der seine Wächter so einnahm, dass sie wie tolle Menschen zur Erde fielen, und er sehr leicht entwischen konnte. Natürlich muss Caetano Gegenmittel gebraucht haben, sonst würde ihm dieser Dampf gewiß ebenso schädlich als seinen Wächtern geworden seyn. Hierauf verbarg sich der Flüchtling in einen Kloster (wieder Raitenhaslach?) aus

dem er durch Hülfe und Beistand der Mönche nach Wien kam.«

Eine Wette um eine halbe Million Thaler

Man kann den Lebenslauf Caetanos auch als ein Problem der Architekturgeschichte betrachten. Eine Unzahl berühmtester Barockbauwerke wurde nie vollendet, weil er das dafür benötigte Gold nicht liefern konnte. So blieb Max Emanuels Schloss Schleißheim nur Fragment. Kaiser Leopold I., der für Schönbrunn Pläne hegte, die weit über das heute zu Sehende hinausgegangen wären, sollte es nicht besser ergehen. Allerdings begann sich allmählich auch die Lebenskurve unseres Neapolitaners abwärts zu neigen. Zwar gelang es ihm noch einmal, den Grafen Harrach und den Fürsten Anton von Liechtenstein mit einer scheinbar geglückten Transmutation zu täuschen – man denke dabei an die unvollendeten Pläne für das Palais Liechtenstein. Doch erstmals trat ein Gegner in das Leben Caetanos, der ihm wirklich gewachsen war: Leopold I. beauftragte den greisen Primas von Ungarn, Leopold Kardinal Graf Kollonitsch, einen ehemaligen Seehelden des Malteserordens, mit der Aufsicht über Caetano und bat ihn, 6 000 Gulden vorzustrecken. Der Kardinal, der politische Energie mit einem gerüttelten Maß an Brutalität vereinte, verknüpfte die Auszahlung mit der massiven Drohung: »Wenn er in seiner versprochenen Verfertigung des Goldes einen Betrug finden würde, er ihn hängen lassen würde«. So etwas Hässliches hatte man in Bayern nie gesagt! Zu allem Überfluss war Kollonitsch selbst ein

Kenner der Alchemie, und das Treiben Caetanos kam ihm irgendwie nicht recht alchemistisch vor.

Dieser bekam es mit der Angst zu tun. Um sich zu retten, schloss er mit dem Kurfürsten Johann Wilhelm von der Pfalz, der gerade das bis heute nicht vollendete Schloss Bensberg bei Düsseldorf baute, einen Vertrag, der von der Kaiserin gegengezeichnet wurde, und in dem er zusicherte, die Darstellung der Goldtinktur zu lehren. Caetano versprach bei Verlust seines Lebens, binnen sechs Wochen 72 Millionen Gulden auf die Burg zu liefern. Kollonitsch nannte Caetano öffentlich einen Betrüger, Johann Wilhelm reagierte spöttisch: Kollonitsch nahm es übel und bot eine Wette über 100 000 Thaler an, dass Caetano kein Gold machen könne. Johann Wilhelm versetzte, dass er als Kurfürst nie unter einen halben Million zu wetten pflege. Zu den großartigen Kuriositäten der Geschichte des Barock gehört es, dass der Kardinal zähneknirschend die Wette hielt und die halbe Million beim Erzbischof von Breslau hinterlegte. Nun wurde Caetano der Boden zu heiß. »Ehe man es sich versah, verschwand Ruggiero in der Mitte des Jahres 1705 und hinterließ in Wien eine Menge betrogener Herren von Würde und Ansehen.« Etwas nahm er freilich mit – eine neue Ehefrau mit dem klangvollen und vielleicht auch nicht echten Namen »Maria delle Torre«.

In Preußen

König Friedrich I. in Preußen brauchte Gold. Bei seiner Krönung in Königsberg hatte er von Herolden Unsummen unters Volk werfen lassen – leider gehörten sie

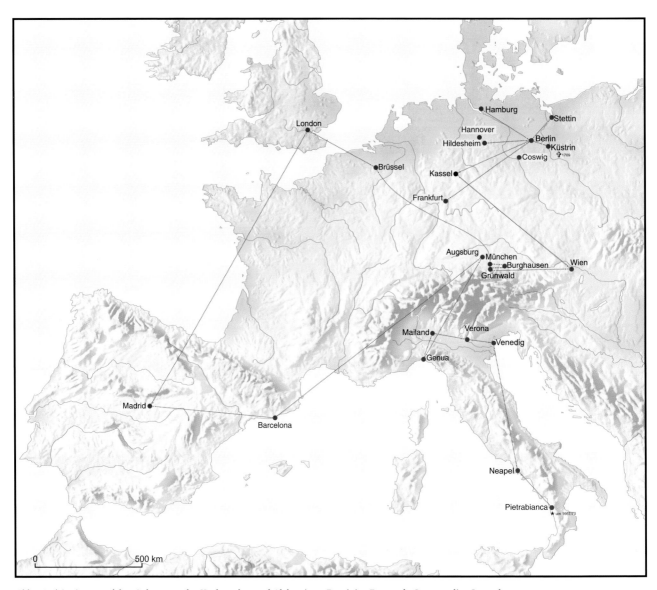

Abb. 134 | Stationen auf dem Lebensweg des Hochstaplers und Alchemisten Dominico Emanuele Caetano alias Conte de Ruggiero (1667/70 bis 1709).

ihm nicht. Der Bau seiner Schlösser, insbesondere Charlottenburg, stagnierte. Was lag näher, als einen Goldmacher zu beschäftigen.

Dem Theologen und Alchemisten Johann Georg Dippel verdanken wir die wohl einzige genauere Schilderung der Persönlichkeit Caetanos: »Man führte uns zu ihm in ein Zimmer, darinnen aufs mindesten 3 bis 4 Dutzend geladene Pistolen an den Wänden hangen. Der Herr Graf schien mir zu zittern und zu beben bey unserer Ankunft, und zeigte so wenig Gräfliches an seiner Visage, als kein Savoyard, der

mit seinem Raritätenkasten und Murmel-Thieren herumreiset, zeigen kann.«

Vor den Augen des erstaunten Kollegen fabrizierte Caetano massives Silber! Dippel zweifelte nicht an Caetanos Fähigkeit, Edelmetalle machen zu können, doch meinte er, dieser habe Projektionspulver und Tinktur durch Raub und Mord an sich gebracht. Auch behauptete er, die Rezeptur zu kennen, die eigentlich ganz einfach sei: Man nehme etwas von allen Substanzen dieser Erde aus allen drei Reichen der Natur, pulverisiere und mische! Fertig!

Dippel verdanken wir auch eine Be-

schreibung von Caetanos Prachtentfaltung: »Er führte einen recht fürstlichen Staat, und konnte die Woche durch kaum mit 1000 Dukaten auskommen. Seinen Dienern, deren wohl zwanzig an der Zahl waren, gab er recht königliche Livree. Sein Weib oder Frau hatte aufs mindeste vor einer halben Million Juwelen an dem Leib, obschon sie nur eine Fleischerstochter aus Wien war.«

Die weitere Entwicklung der Dinge folgte dem schon bekannten Muster: Ernennung zum Generalmajor, um ihn vor der Ergreifung durch andere Fürsten zu sichern, wiederholte vergebliche Großversuche, wiederholte Rückkehr oder Verhaftung. Ein wenig Abwechslung bringt Kardinal Kollonitsch, der seine 6 000 Gulden wiederhaben möchte und sie nicht bekommt. Spannend ist auch Caetanos letztlich gescheiterter Versuch, sich mit Lord Godolphin, dem britischen Schatzkanzler, anzufreunden. Bei einem Ausflug zum Landgrafen von Hessen Kassel – Schloss Wilhelmshöhe und die Gartenanlagen um den Herkules wurden bis heute nicht fertig – produziert er erfolgreich einen großen Goldklumpen, der noch erhalten ist. Leider besteht dieser nur aus vergoldeter Bronze.

Letzte Freuden der Freiheit

Auch in Caetanos letzten vier Lebensjahren gab es – wenn auch immer seltener werdend – Momente, in denen es ihm noch einmal gelang, so viel Vertrauen zu erwecken und so viel Kredit zu sammeln, dass man ihm ein angenehmes Leben ermöglichte. Und Caetano genoss es in vollen Zügen: »Man gab ihm das Fürstenhaus auf dem Werder zur Wohnung, die königlichen Köche mussten ihn Mittags mit zehen und Abends mit acht Speisen beköstigen, und die dazu gehörige Quantität an Rhein-, Moseler-, Champagner- und Burgunderwein nebst Wachslichtern und anderen Notwendigkeiten liefern... Caetano lebte indessen herrlich und in Freuden, hatte lustige Tischgesellschaften, unter denen besonders fast täglich der Harlekin von der damals in Berlin anwesenden italienischen Truppe war, in dessen und anderer aufgeräumter Leute Gegenwart er nicht allein ganz ohne Sorge zu

seyn schien, sondern auch in seinen Unterredungen sich der frechsten Ausdrücke bediente.«

Offenbar vermochte er es nicht, in der Fremde seinen katholischen Glaubenseifer hinreichend zu bremsen: »Er sagte einst über die große Tafel mit Eifer: die kalvinischen und lutherischen Hunde wären es nicht werth, dass man ihnen mit einem so großen Kleinode, als die Tinktur wäre, diene, und sey es auch in den katholischen Gesetzen verboten, den Ketzern zu dienen. Kalvinus wäre ausgestäubt worden, und Lutherus sey ein Hurer gewesen.« Angesichts der Tatsache, dass der König in Preußen Oberhaupt aller seiner protestantischen Landeskirchen und Konfessionen war, zeugen solche unbedachten Äußerungen von bodenlosem Leichtsinn. Auch nährten solche Aussprüche den Verdacht, Caetano könne zwar Gold machen, wolle aber eigentlich gar nicht, und sei schon von daher ein Betrüger. Für Caetano wurde das Netz von König Friedrich I. immer enger, dem die nicht enden wollende Güte Max Emanuels völlig abging.

Das Ende

Beinahe wäre Caetano auf seiner letzten Reise, die nach Spanien gehen sollte, entkommen *(Abb. 134)*. Doch als er in Frankfurt am Main seine Kutsche verkaufen sollte, fiel er auf, wurde festgesetzt und auf Betreiben der preußischen Regierung ausgeliefert und nach Küstrin gebracht. Das Spiel war aus. Am 2.8.1709 übergaben die Räte des preußischen Kammergerichts ihr Urteil, das sich im Wesentlichen auf folgende Punkte stützte: Nichterfüllung

der versprochenen Transmutation im Großen. Nichteinweisung des Königs in den chymischen Prozess, zweimalige Flucht, Konspiration zu einer Flucht nach Schweden – mithin Verrat, sonstige frühere Betrügereien an anderen Höfen und schließlich der Punkt, welcher unsere besondere Aufmerksamkeit verdient, weil er jene Geisteshaltung Caetanos beleuchtet, aus der heraus er wohl auch die Kerkerbemalungen auf Burg Grünwald geschaffen hatte: »Inquisiten desto härter zu bestrafen, da er als ein summus impostor in seinen ad acta liegenden Schriften sich mehr malen Christo, und seinen wohlverdienten Arrest, dem unschuldigen Leiden des Erlösers, auf die aller gotteslästerlichste Art verglichen.«

Am 16.8.1709 wurde Caetano das Todesurteil verkündet: er habe zu hängen wie ein Dieb, und der Galgen oder des Inquisiten Kleidung sei mit Flittergold zu bekleben. Obwohl Caetano Deutsch hinlänglich verstand, wurde das Urteil in Italienisch und Französisch wiederholt. Caetano brach zusammen. Doch gelang es den aus dem Kloster Celle herbeigeholten vier Patres, ihn wieder aufzurichten. Am 24. August führte man ihn auf einer halbgedeckten Chaise, eskortiert von Grenadieren, in Begleitung der Patres auf den Richtplatz. Caetano verabschiedete sich von den Umstehenden, »bejammerte seine Hure«, betete lateinisch und deutsch, legte dann freiwillig selbst Perücke und Halstuch ab. »Im weißen Carmisol und nur Pantoffeln an den Füßen« zog man ihn mit einer Winde auf einer Art Schaukel hinauf »als er mit dem Kopf gegen den Balken/ an welchem ein Fleck so weit er zu hencken gekommen/ mit güldenem Zindel geschlagen war/ kam/ sagte er zum Hen-

cker: geschwind/ worauf ihm denn der Hencker den Strick um den Hals legte/ und das Genücke abdrückte/ das Gesicht ward ihm abscheulich schwartz und braun/ und nach heftigem Zucken/ gab er endlich seinen Geist auf. Er ist mit Ketten überall wohl befestiget/ und nachgehend mit einem auf romanische Art gemachtem Kleide von gülden Zündel umhangen worden/ welches man sehr weit sehen kann.
... Dieses ist nur kürzlich das spectaculeuse und erbärmliche Ende des beruffenen Goldmachers Cajetani, von dem es wohl mit Recht heißt:
Fatische, Fumo, Fame, Furore, Freddo & Fune
Arbeit/Armuth und Gestank/Rauch und Kälte und zuletzt den Strick Zahlet in der Alchemie der Betrüger List und Tück.«
(Abb. 135)

Abgesang

Man kann darüber streiten, ob man den hier vorgestellten Betrüger Caetano und seine goldgierigen, meist hochgestellten Opfer sympathisch finden kann oder ob man sie bedauern muss. Natürlich kann man darüber traurig sein, dass heute im Münchener Residenzmuseum Max Emanuels Kurhut nicht bewundert werden kann, weil er ihn seinerzeit versetzen musste. Da Caetanos Gold ausblieb, konnte er ihn auch nie wieder einlösen. Doch was ist schon ein Kurhut, ein schmaler Goldreif mit ein wenig Hermelin und einem im Laufe der Jahrhunderte von Motten bedrohten Purpurmützchen im Vergleich zu einer solchen Geschichte?

Eine wieder zum Leben erweckte Taube kommt zu spät

Die Misserfolge Caetanos und sein Tod am preußischen Galgen vermochten nicht das Vertrauen Max Emanuels in alchemistische Praktiken nachhaltig zu erschüttern. Allerdings änderte sich die Zielsetzung. Der Kurfürst hatte sich vom einst strahlenden Helden in einen von Krankheiten schwer gezeichneten alten Herrn verwandelt. Zwar hätte er immer noch Gold bitter nötig gehabt, aber die Erhaltung der Gesundheit und die Erlangung eines lebensverlängernden Elixieres schoben sich unbarmherzig in den Vordergrund. In den Jahren 1724/25 führte der Geheime Rat Alois Freiherr von Malknecht, Geheimer Sekretär des Kurfürsten und einer seiner engsten Mitarbeiter, betraut mit der Führung der auswärtigen Angelegenheiten – der einzige Geheime Rat mit eigenem Ressort und damit eine der Spitzen der damaligen bayerischen Politik – einen umfangreichen Briefwechsel mit Guiseppe Longhi, einem alchemistischen Arzt aus Padua. Den Briefen war eine ärztliche Behandlung des schon recht kränklichen Kurfürsten vorausgegangen. Diese muss vor dem ersten erhaltenen Brief Malknechts aus München vom 24.5.1724 stattgefunden haben. Bereits am 4.6. des gleichen Jahres teilte Longhi aus Venedig mit, dass er dort alles für die »Operationen notwendige« kaufen wollte. Chemikalien waren in der Hafen- und Handelsstadt Venedig, dem damaligen Zentrum des europäischen Chemikalienhandels, leichter als anderswo zu erhalten. Anschließend reiste er nach Padua, damals eine Hochburg der Medizin.

Ausführlich schilderte Longhi in zahlreichen Berichten das langsame Voranschreiten seiner Experimente zur Herstellung eines geheimnisvollen, lebensverlängernden Pulvers. Jeder seiner Briefe enthielt langatmige Bitten um mehr Geld. Am 20.12.1725 übermittelte er Weihnachtsgrüße an »Seine Exzellenz« Malknecht und teilte mit, dass er »das Geheimnis« nicht einmal für einen Tag aus den Augen lasse. Er habe ein Experiment gemacht und eine tote Taube wieder zum Leben erweckt. Seine Exzellenz werde das bestellte Pulver erhalten. Mit diesem Brief endete die Korrespondenz. Vielleicht hat Longhis Pulver in München nicht funktioniert – vielleicht bleiben tote Münchener Tauben einfach tot? Wahrscheinlich jedoch kam das Pulver zu spät. Bereits am 26.2.1726 erlag Max Emanuel seinen Leiden.

Longhis Brief vom 7.12.1724 verdient unsere besondere Aufmerksamkeit, weil er etwas über die Triebkraft alchemistischer Affären aussagt. Longhi teilte seiner Exzellenz geschäftsmäßig in dürren Worten mit, dass das vom Kurfürsten versprochene Geld als Wechsel endlich in Padua eingetroffen sei und dass er den vereinbarten Teil dieser Summe – deren Höhe und die Höhe des Anteils von Malknecht erfahren wir leider nicht – an Seine Exzellenz zurücksenden werde. Das bedeutet im Klartext, dass Longhi aus dem vom Kurfürsten erhaltenen Honorar eine namhafte Provision an Malknecht – nach heutiger Amtsbezeichnung immerhin Außenminister Max Emanuels – zurückzahlte. Offenbar reichte ein Alchemist immer einen Teil seiner vom jeweiligen Herrscher erhaltenen Zahlungen umgehend als Schmiergeld in die Taschen von Beamten

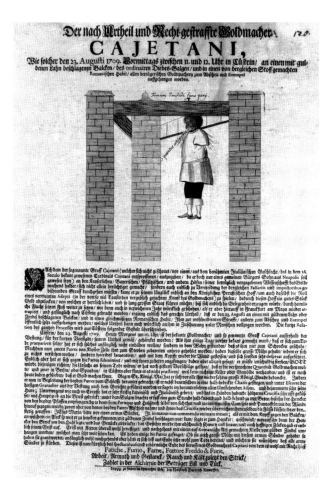

Abb. 135 | Christoph F. Rumpff. »Der nach Urtheil und Recht gestraffte Goldmacher Cajetani«. Kupferstich der Hinrichtung von 1709.

und Hofschranzen weiter. Diese mussten daher naturgemäß ein großes Interesse daran haben, eine alchemistische Betrugsaffäre wider besseres eigenes Wissen möglichst lange am Laufen zu halten. Damit erscheint z. B. die überraschende Duldsamkeit Dulacs gegenüber Caetano und dessen seltsame Aufmüpfigkeit in

einem anderen Licht! Der Alchemist und seine Bewacher waren damit Teil eines gemeinsamen Gesamtkunstwerkes, das für die Beteiligten nicht zu früh enden durfte!

Versuch einer kulturhistorischen Deutung

Trotzdem wird sich der Leser am Ende dieses »Mantel und Degenstückes« verwundert fragen, wie dergleichen eigentlich möglich war. Neben der Triebkraft der damals wie heute allgegenwärtigen Korruption gilt es noch einen weiteren Punkt zu bedenken: Alchemie und alchemistische Betrügereien waren einfach Mode!

Caetano war nicht der erste Betrugsalchemist gewesen, der sich an einen bayerischen Herrscher herangemacht hatte. Bereits Herzog Wilhelm V. war Opfer des zyprisch-venetianischen Goldmachers Marco Bragadino geworden. Dieser wurde am 26.4.1591 in München auf dem jetzigen Marienplatz unter einem mit »geflündertem falschen Zittergold« geschmückten Galgen auf einem mit roter Farbe bemalten Gerüst von einem besonders ungeschickten und schlecht zielenden Scharfrichter – aus Landshut ausgeliehen – mit dem Schwert die Schädeldecke abgetrennt »so dass er alsbald vom Stuhl und das Hirn aus seinem Kopfe auf die Erde der Bühne gefallen. Hernachher hat ihm der Scharfrichter noch zwei Streiche auf den Hals gegeben, ihm die Gurgel folgends erst mit dem Richtschwert endlich abgeschnitten, bis er den Kopf gar vom dem Bottich abgeteilt«, wie ein Zeuge der Hinrichtung das grausliche Geschehen beschrieb.

Aber auch die Zeitgenossen Max Emanuels trieben im großen Stile Alchemie oder wurden Opfer von alchemistischen Betrügern, wie einige wenige Beispiele zeigen sollen: Von Ludwig XIV. – zeitweilig Feind, dann Beschützer Max Emanuels – wird behauptet, er habe zeitweilig vier-

zig (!) Alchemisten beschäftigt. Der Herzog von Saint-Simon schilderte in seinen
berühmten Memoiren die alchemistischen, aber auch chemischen Bemühungen Philipps von Orléans, nach dem Tod
des Sonnenkönigs Regent von Frankreich.
Dessen Nachfolger wiederum, Ludwig
XV., unterhielt in mehreren seiner Schlösser eigene Laboratorien und experimen-
tierte selbst. August der Starke arbeitete
gemeinsam mit seinem Goldmacher und
Porzellanerfinder Johann Friedrich Böttger, dem man, um ihn zu Höchstleistun-
gen anzuspornen, das Schicksal Caetanos
vor Augen hielt. Bevor man den Betrugs-
alchemisten Johann Hector von Kletten-
berg 1820 in Sachsen enthauptete, hatte
dieser den glücklichen Einfall, seine alchemistische Bibliothek den Nachkommen
seines Bruders zu vermachen. Klettenbergs
Nichte Susanna Katharina studierte diese
später gemeinsam mit dem jungen Goethe.
So ist es nicht überraschend, dass »S.A.E.«
Max Emanuel und sein Kammerdiener
Peter von Dulac bei Caetanos Goldma-
cherversuchen selbst mit Hand anlegten.

Danksagung

Für mannigfache Hilfe und Korrekturen
bei der Transkription der handschriftlichen Dokumente und deren Überset-
zung aus dem Neapolitanisch-Italieni-
schen, Französischen, Lateinischen und
Englischen bedankt sich der Autor herz-
lichst bei Frau Alfonsa Ricci-Haberstock,
Frau Francoise Neidhardt und Frau Elske
Neidhard. Herr Dr. C. Heyl vermittelte
dem Autor die Seltsamkeiten bayerischer
militärischer Operationen im Spanischen
Erbfolgekrieg und deren Auswirkungen
auf Caetanos Schicksal.

Lit.: Archivalien: Strafrechtliche Untersuchungen gegen den angeblichen Grafen E. v. Ruggiero. 1699-1702. Bayerisches Hauptstaatsarchiv. Kasten schwarz: 5640. – Alchemistische
Korrespondenz Malknechts an Longhi in Padua.
Bayerisches Hauptstaatsarchiv. Kasten schwarz:
12884. – Personalakte Caetanos: Bayerisches
Hauptstaatsarchiv – Kriegsarchiv. Abt. IV, OP 81
728 (mit zeitgenössischen Kopien der Ernen-
nungsurkunden). – British Museum. Went-
worth Papers. Addit. MS. 28056 ff. 194, 234.
Quellen: Anonymes Flugblatt zur Hinrichtung
Caetanos. Leipzig 1709 (abgedruckt in:
Schramm 1984, 114). – Besonders curiose Ent-
revue in dem Reiche der Todten zwischen den
weltbekannten Goldmachern Dem Grafen Cajetani und dem berühmten Baron von Kletten-
berg (Hamburg, Halle, Leipzig, Nürnberg 1721).
– F. Roth-Scholtz, Deutsches Theatrum Chemi-
cum. 2 Bde. (Nürnberg 1730 [Nachdruck Hildesheim, New York 1976]) 24 f. – S. (d. h. F. J.
v. Schröder): Neue Alchemystische Bibliothek
für den Naturkündiger unseres Jahrhunderts
(Frankfurt, Leipzig 1744) darin D. Clauder: Eine
Abhandlung von dem Universalsteine ... S. 52;
78 und unpaginierter Anhang. – J. Ch. Weigleb,
Historisch-Kritische Untersuchung der Alchemie oder eingebildeten Goldmacherkunst (Weimar 1777) 305 f. – Beytrag zur Geschichte der
höheren Chemie oder Goldmacherkunde in
ihrem ganzen Umfange ... (Leipzig 1785) darin:
Des Grafen Cajetani Leben, Schicksale, alchemistische Arbeiten und Martyrertod ... S. 384 f.
– Historische Nachrichten von dem betrügeri-
schen leben und unrühmlichen Ende des angeblichen Grafen Don Dominiko Emanuel Caetano,
Conte de Ruggiero (Frankfurt a.O. 1790). – Cu-
riositäten der physisch-, literarisch-, artisti-
schen, historischen Vor- und Mitwelt zur ange-
nehmen Unterhaltung für gebildete Leser, Bd.
6 (Weimar 1817) darin: Sehr merkwürdige
Selbstbekenntnisse eines Alchemisten ... Nebst
beiläufigen Nachrichten von dem berüchtigten
Grafen Caetano. S. 103 f.
Neuere Lit.: Hallo 1926. – Striedinger 1928. –
Federmann 1964. – Buntz 1986. – Hoffmann
1985. – Bauer 1988. – Priesner/Figala 1998. –
Schütt 2000.

1 Geräte zur Seifengoldgewinnung

Die Gewinnung von Seifengold erfolgt mittels Schwerkrafttrennung. Diese funktioniert sehr effizient, da Gold eine viel höhere Dichte aufweist als die übrigen Sandkörner. Goldwaschpfannen und Waschrinnen haben sich seit der Antike kaum verändert. [G.L.]

1a Goldwaschbank und Geräte

Speyer.
Mitte/Ende 19. Jh.
Waschbank mit Grobsieb, Tuch und Wollfilz; Schaufel; Stößel; Eimer; Bütten; Waschpfannen u. -schüssel.
Historisches Museum der Pfalz, Speyer Inv. HM/C/1905/665.1-3; 5-11; 15.

Die Waschbank besteht aus vier Brettern und Seitenborden. Sie ist auf natürlich gewachsenen Astbeinen so aufgesetzt, dass ein Gefälle (etwa 10 Grad) nach schräg unten entsteht. Auf diese Bank ist am oberen Ende ein rechteckiges Grobsieb aus Haselnussruten aufgesetzt, das der Trennung von Kies und goldhaltigem Sand dient. Dieser Sand fällt zunächst auf ein Stück Baumwollstoff und wird durch ständig nachgegossenes Wasser weiter die Waschbank hinuntergespült. Etwa Zweidrittel der Waschbank sind mit einem groben Wolltuch bedeckt, auf dem sich die schweren Minerale samt dem Gold ablagern, während die leichteren Bestandteile fortgespült werden. Anschließend wird das Wolltuch in einer Holzbütte sorgfältig ausgewaschen. Das daraus gewonnene Konzentrat wird nun in der länglichen Waschpfanne, dem Niersch, durch Schwenken und Anstoßen weiter konzentriert. Der Niersch wird dabei auf und knapp unterhalb der Wasseroberfläche so bewegt, dass die leichteren Sande aus dem Niersch herausgespült werden, die schweren, goldhaltigen Sande aber am Boden verbleiben. Das so gewonnene Konzentrat wird in eine irdene Schüssel gegeben und mit Quecksilber vermischt. Es entsteht ein Goldamalgam, aus dem durch Auspressen und Erhitzen das Quecksilber vom Gold getrennt wird.

Ein Goldwäscher konnte so etwa 4 Kubikmeter Sand pro Tag waschen. Pro Kubikmeter war eine Goldausbeute von bis zu 1 g möglich. Reich geworden ist im 19. Jahrhundert keiner der Goldwäscher am Rhein. Die Goldwäscherei wurde fast nur nebenberuflich im Herbst und Winter ausgeübt. Ab Mitte des 19. Jahrhunderts waren die alten Goldgründe ausgebeutet und der Rhein durch die Flussregulierung (1817–1866) für Goldanreicherungen ungünstig geworden, so dass der bayerische Staat ab 1863 auf das seit 1817 ausgeübte Goldregal verzichtete.

Die hier gezeigte Waschbank stammt aus dem Besitz des 1896 verstorbenen Josef Ganninger, einem der letzten gewerblich arbeitenden Goldwäscher in der damals bayerischen Rheinpfalz. Das außergewöhnliche Exponat lässt auch heute noch etwas von der Mühsal der Goldwäscherei ahnen. [L.T.]

1b »Scheidtrog« (Goldwaschpfanne)
(o. Abb.)

Siebenbürgen, Rumänien.
19./frühes 20. Jh.
Pappelholz; L. 67 cm.
Slg. G. Lehrberger.
[G.L.]

1c Spitz zulaufende Goldwaschpfanne
(»Batea«) *(o. Abb.)*

Mina Cebadillas, Bolivien.
Eukalyptusholz; Dm. 44 cm.
Slg. G. Lehrberger. [G.L.]

1d Spitz zulaufende Goldwaschpfanne
(»Batea«) *(o. Abb.)*

Tschechische Republik.
Um 1985.
Eisenblech; Dm. 41,5 cm.
Slg. G. Lehrberger.
[G.L.]

1e Moderne Goldwaschpfanne *(o. Abb.)*

Fa. Eastwing, USA.
Kunststoff; Dm. 41,5 cm.
Slg. G. Lehrberger.
[G.L.]

2 Flussgold: vom Primärgold zum Nugget

Die beiden folgenden Objekte verdeutlichen den Unterschied in den Kornformen zwischen Gold aus primären und sekundären Lagerstätten. Die gute Verformbarkeit des Goldes ermöglicht es, dass sich aus scharfkantigen Goldblechen gerundete Nuggets entwickeln. [G.L.]

2a Freigold in Quarz mit Eisenoxid-
Mulm *(Abb. 15)*

Beresowsk im Ural, Russland.
10 x 10 x 8 cm.
Geowissenschaftliche Sammlungen TU Bergakademie Freiberg Inv. LaSa-36308.
[G.L.]

2b Massives Nugget *(Abb. 16)*

Beresowsk im Ural, Russland.
11 x 3 x 3 cm; Gew. 270 g.
Museum Reich der Kristalle München
Inv. MSM-18216.
[G.L.]

3 Seifengold aus Siebenbürgen

Goldgerölle oder Quarzgerölle mit Gold wurden vermutlich schon von Hirten oder Jägern der Daker gefunden, und so wurden sie auf die primären Goldvorkommen flussaufwärts in den Bergen aufmerksam. Das dendritische Wachstum des Goldes ist auch im Anschnitt des kleinen Gängchens im Geröll sehr gut erkennbar. Reine Goldnuggets findet man allerdings selten an der Oberfläche der Flussablagerungen, da sie sich wegen des hohen spezifischen Gewichts stets am Boden absetzen. [G.L.]

3a Quarzgeröll mit Goldadern
(Abb. 27)

Arieș-Fluss (früher Aranyos), Siebenbürgen,
Rumänien.
Ca. 8 x 4,5 x 3,5 cm; Gew. 235 g.
Naturhistorisches Museum Wien
Inv. A.i. 707. [G.L.]

3b Quarzgeröll mit dendritischem
Gold *(o. Abb.)*

Bergbaurevier Valea-Morii, Brad,
Siebenbürgen, Rumänien.
13 x 9 x 5 cm; Gew. gesamt 824 g.
Muzeul Aurului Brad Inv. 1558.
[G.L.]

3c

3c Seifengold

Olt-Tal, Siebenbürgen, Rumänien.
Gew. ca. 10 g.
Muzeul Aurului Brad Inv. 1559. [G.L.]

3d Goldnuggets *(o. Abb.)*

Pianu de Sus (früher Olahpian), Alba Julia,
Rumänien.
Gew. 4,55 g.
Naturhistorisches Museum Wien
Inv. A. a. 2601.

Pianu des Sus stellt eines der größten sekundären Goldvorkommen in Rumänien dar. Ganze
Berghänge wurden metertief auf der Suche
nach den begehrten Goldkörnern durchwühlt.
Die Goldgewinnung wurde in jüngerer Zeit
überwiegend von Zigeunerfamilien durchgeführt. [G.L.]

4 Donaugold und Liefergebiete

Im zentralen Mitteleuropa gibt es zahlreiche Seifengoldvorkommen, die aber
relativ goldarm sind. An den großen Flüssen wurden die Sandbänke meist von
Fischern in Nebentätigkeit durchgewaschen. Sie lieferten das Gold bei der
Münze des jeweiligen Herrscherhauses ab, um ihren Verdienst aufzubessern.
Die Landesherren münzten aus diesem Gold – oft nur aus Prestigegründen –
Dukaten mit der Herkunftsangabe des Flusses, z. B. »Ex auro Danubii« bei
Donaugolddukaten.

Das Gold der Donau stammt aus den Alpen und aus dem Grundgebirge der
Böhmischen Masse. Es wird einerseits von den großen Flüssen des Alpenvorlandes, vor allem der Isar, des Inn und der Salzach, andererseits von den
vielen kleineren Flüssen und Bächen aus dem Oberpfälzer und Bayerischen
Wald sowie des Mühl- und Waldviertels transportiert. [G.L.]

4a Goldflitter *(o. Abb.)*

Großer Regen nördlich Zwiesel, Bayerischer
Wald.
Gew. ca. 5 g.
Slg. G. u. B. Steyer, Wendelstein.

Die Goldkörnchen sind nur wenige Kilometer
von ihrer primären Lagerstätte entfernt aus dem
Flusssand gewaschen worden. Sie sind nur
mäßig gerundet und geplättet. Über den Regen
gelangen die Goldpartikel bei Regensburg in
die Donau.

Lit.: Morávek/Lehrberger 1997. [G.L.]

4b Goldflitter und Nugget *(o. Abb.)*

Bayerischer Wald bei Tittling.
Dm. 1–12 mm; Gew. insges. 4,3 g.
Slg. G. u. B. Steyer, Wendelstein u. H. Voit,
Nürnberg.

In ehemaligen Flussrinnen im Inneren des
Bayerischen Wald-Gebirges konnte sich unge-

4e

wöhnlich grobkörniges Gold ansammeln. Diese Ablagerungen wurden herausgehoben und liegen heute in Form von Sedimentfüllungen der ehemaligen Täler vor. In der frühen Neuzeit wurde aus den Schottern auch Gold gewonnen. Das 1,3 g schwere Nugget ist der größte natürliche Goldfund in Bayern überhaupt. [G.L.]

4c Goldflitter (Abb. 28a)

Salzach bei Taxenbach, Salzburg.
Dm. bis 8 mm; Gew. insges. 7,2 g.
Slg. M. Mönnich, München. [G.L.]

4d Klippe aus Seifengold (Abb. 28b)

Salzach, aus einem Kieswerk bei Bischofshofen, Salzburg.
L. 2,5 cm; Gew. 7,27 g.
Slg. G. Lehrberger. [G.L.]

4e Goldstaub

Talschotter der Isar bei Landshut.
Gew. ca. 0,5 g.
Technische Universität München.

Das Isargold ist im Unterlauf besonders feinkörnig. Es stammt wahrscheinlich aus tertiärzeitlichen Ablagerungen des Molassebeckens, da heute aufgrund der geologischen Situation kein Gold aus den Alpen in den Flusslauf der Isar gelangt. [G.L.]

4f Dukat »Ex auro Isarae« (o. Abb.)

Aus Seifengold der Isar.
Dm. 2 cm; Gew. 4,95 g.
Kopie der Sparkasse Nürnberg,
Slg. G. Lehrberger. [G.L.]

4g Phiole mit Waschgold (o. Abb.)

Aus der Donau bei Tulln, Niederösterreich.
Gew. 25 g.
Naturhistorisches Museum Wien
Inv. A. a. 2603. [G.L.]

4h Dukat »Ex auro Danubii«

Aus Seifengold der Donau.
1780.
Dm. ca. 20 mm; Gew. 3,2 g.
Gäubodenmuseum Straubing.

Vorderseite: Porträt von Kurfürst Karl Theodor, Rückseite: Allegorie des Flussgottes Danubius. [G.L.]

4h

5 Rheingold und Liefergebiete

Der Rhein galt bereits in der Antike als goldführender Fluss, und man mutmaßt, dass bereits die Kelten Gold aus dem Sand des Oberrheins gewaschen hätten. Bis in das 20. Jahrhundert waren »Golder« damit beschäftigt, Gold auf meist traditionelle Weise zu gewinnen. Flussbegradigungen und Uferverbauungen verhindern heute die Bildung größerer Sandbänke mit entsprechenden Goldanreicherungen. [G.L.]

5a Goldnugget (o. Abb.)

Medelser Rhein, Lukmanierschlucht bei Disentis, Graubünden, Schweiz.
Gew. ca. 48,7 g.
Slg. August Brändle. [G.L.]

5b 29 Goldnuggets (o. Abb.)

Rhein im Bündener Oberland, Graubünden, Schweiz.
Einzelgew. 1–12,2 g; Gew. insges. 97,6 g.
Slg. August Brändle. [G.L.]

5c Waschgold (o. Abb.)

Fontanne-Fluss, Napf, Luzern, Schweiz.
Gew. ca. 20 g.
Slg. Toni Obertüfer, Willisau,
Schweiz. [G.L.]

5d Dukat aus Waschgold (o. Abb.)

Napfgebiet, Schweiz.
Dm. 2 cm; Gew. 3,38 g.
Slg. G. Lehrberger. [G.L.]

5e Goldflitter (Abb. 103)

Südlicher Oberrhein bei Istein, Baden-Württemberg.
Dm. bis 4 mm; ca. 20 g.
Slg. AG Minifossi, Friedrich-Ebert-Schule Schopfheim.

Die AG Minifossi unter Leitung von W. Störk beschäftigt sich im Rahmen von Projektarbeit im Unterricht mit der Goldgewinnung am Rhein und im Schwarzwald. Die Schüler lernen dabei nicht nur den Umgang mit dem Goldwaschgerät, sondern auch die Arbeit im Archiv und bei der Vorbereitung von Ausstellungen. Die AG Minifossi betreut die Homepage »www.goldwaschen.de« mit einer Vielzahl von Links zum Thema Gold. [G.L.]

5f Dukat aus Rheingold (Abb. 104)

Kurpfalz; Karl Theodor.
Mannheim 1778.
Historisches Museum der Pfalz, Speyer
Inv. M. 1278.

Vorderseite: Büste Karl Theodors nach rechts; Rückseite: Ansicht Mannheims von Westen mit Goldwäscherszene im Vordergrund; Umschrift: sic fulgent littora rheni (so blitzen die Ufer des Rheins). Rand: Flechtband.

Die früheste kurpfälzische Rheingold-Prägung war ein Halbdukat des Kurfürsten Karl Ludwig (1648–1680). Karl Theodor (1742–1795) ließ in insgesamt vier Jahren zwischen 1763 und 1778 Rheingold-Dukaten nach dem Vorbild der Ausgabe Karl Philipps (1716–1742) von 1742 prägen. Die bayerischen Könige Maximilian I. Joseph, Ludwig I. und Maximilian II. setzten die Tradition der Prägung von Rheingold-Dukaten mit elf Ausgaben in den Jahren 1821–1863 fort. 1863 verzichtete der bayerische Staat auf das Rheingoldregal, da die Ausbeute nach der fortschreitenden Regulierung des Rheinlaufs immer geringer wurde (1862: 278 g).

Lit.: R. Haas, Die Prägung der Mannheimer Münzstätten, Mannheim 1974, Nr. 275. – C. L. Krause/C. Mishler, Standard Catalogue of World Coins 1701–1800, 2. Aufl. (Iola 1998) Pfalz-Sulzbach Nr. 113. [W.T.]

5g Dukat aus Waschgold des Rheins bei Karlsruhe *(o. Abb.)*

Geprägt 1993.
Dm. 20,4 mm; Gew. 3,65 g.
Slg. G. Lehrberger.

Dieser Rheingolddukat stammt aus einer Serie von 53 Stücken, die 1993 aus dem Gold einer Goldwäschergemeinschaft geprägt wurden. Die Vorderseite stellt einen Goldwäscher dar, der vor den Bergen von Schwarzwald und Vogesen am Rhein beim Goldwaschen kniet. Die Rück-

seite zeigt das Stadtwappen von Karlsruhe über dem Schlägel-und-Eisen-Symbol des Bergbaus. [G.L.]

5h Dukat aus Waschgold des südlichen Oberrheins *(o. Abb.)*

Rhein unterhalb Basel.
Sonderprägung November 2000.
Dm. 19 mm; Gew. 4 g.

Slg. AG Minifossi, Friedrich-Ebert-Schule Schopfheim. [G.L.]

6 Thüringen

Das Thüringer Schiefergebirge ist für seine sekundären Goldvorkommen weithin bekannt, da immer wieder große Nuggets gefunden wurden und auch heute noch gefunden werden. In den letzten Jahren konnten aber auch in Ost-thüringen zahlreiche goldführende Flüsse entdeckt werden.

Lit.: v. Wichdorff 1914. – Grunewald et. al. 2001. – Schade 2001. [G.L.]

6a

6a Waschgold

Aus der Schwarza.
Vermutl. Wende 19./20. Jh.
Gläschen 4,5 x 1,3 cm; Gew. 2 g.
Museum f. Mineralogie und Geologie Dresden Inv. Sy15593. [G.L.]

6b Goldkörbchen mit Nuggets *(Abb. 29)*

Aus der Schwarza.
1576.
24 x 64 mm; Gew. 23,3 g; Nugget ca. 9 g.
Thüringisches Landesmuseum Schloss Heidecksburg Inv. Geo 1.

In dem Schmuckstück sind mindestens 4 Nuggets aus den Seifenlagerstätten der Schwarza verarbeitet. 3 Kügelchen dürften geschmolzene Tropfen sein. Die Rückseite zeigt den älteren Schwarzburger Wappenschild mit den Löwen im Mittelfeld, dem Arnstädter Adler und den Sondershäuser Hirschstangen diagonal in den vier Außenfeldern, die durch das sog. Viergrafenkreuz getrennt sind. Beiderseits des Wappens steht die Jahreszahl 1576. Die Buchstabenfolge AGZS verweist möglicherweise auf den ersten Träger des Schmuckstückes, Albrecht Graf zu Schwarzenburg.

Lit.: v. Wichdorff 1914, Taf. 2. – E. Mey/W. Kühn, Belegstücke thüringischen Goldes im Naturhistorischen Museum Rudolstadt (Thür.). Rudolstädter nat. hist. Schr. 3, 1990, 3-11. [G.L.]

6c Nuggets aus Thüringen

c 1) Goldbach, Netzschkau, Vogtland.
    Gew. 2,26 g.
c 2) Weida, Loitsch. Gew. 0,52 g.
c 3) Schlötenbach, Neumühle. Gew. 0,62 g.
c 4) Gänsegraben, Vogtland. Gew. 0,46 g.
Slg. S. Kreher, Gera. [G.L.]

6d Waschgold aus dem Fluss Weida, Ost-Thüringen *(o. Abb.)*

Gew. ca. 6 g.
Slg. H. G. Fröber, Gera.
[G.L.]

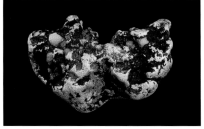

6c 1

7 Der Bergbau auf primäre Goldvorkommen

Bis zur Einführung des Schießpulvers in der 1. Hälfte des 17. Jahrhunderts waren Stein- und später Metallwerkzeuge ausschließlich zur Gewinnung des goldhaltigen Gesteins im Einsatz. Da Werkzeuge bei der Arbeit gelegentlich verloren gingen, findet man sie häufig in den Gruben oder auch in Werkstätten wie verlassenen Bergschmieden.

Beim Einfahren in das Bergwerk wurden von den Bergleuten 10 bis 20 Bergeisen auf einem Bügel oder einem Strick aufgefädelt und über den Schultern hängend mitgenommen. Diese wurden dann im Laufe der Schicht stumpfgeschlagen und ausgewechselt. Nach der Schicht wurden die Eisen in der Bergschmiede nachgeschärft. Man spricht auch von »Anspitzen«, weil z. T. die Spitzen in Form von Hartmetalleinsätzen neu eingeschmiedet werden mussten, wenn sie abgenutzt oder ausgebrochen waren. Man verwendete also auch bei den Bergeisen schon gehärtete Kronen. [G.L.]

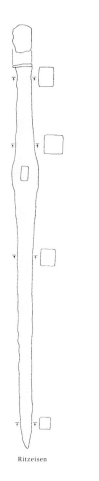

Ritzeisen

7a Ritzeisen

Bockhartrevier, Gasteiner Tal, Österreich.
16. Jh.
Eisen; L. 41,2 cm.
Carolino Augusteum, Salzburger Mus. f.
Kunst- u. Kulturgeschichte. [B.C.]

7b Keilhaue

Bockhartrevier, Gasteiner Tal, Österreich.
16. Jh.
Eisen; L. 21,5 cm.
Carolino Augusteum, Salzburger Mus. f.
Kunst- u. Kulturgeschichte.

Keilhaue mit Schulter (Typ Schwazer Bergbuch), im Gegensatz zur Keilhaue ohne Schulter (Typ Agricola) für die Arbeit im harten Gebirge. [B.C.]

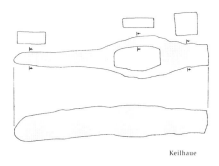

Keilhaue

7c Kratze

Bockhartrevier, Gasteiner Tal, Österreich.
16. Jh.
Eisen; L. 19 cm.
Carolino Augusteum, Salzburger Mus. f.
Kunst- u. Kulturgeschichte.

Das Werkzeug dient dem Zusammenscharren und Einfüllen der Erze. [B.C.]

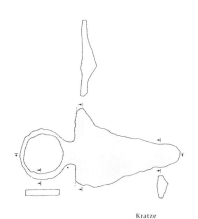

Kratze

7d 4 Bergeisen

Bockhartrevier, Gasteiner Tal, Österreich.
16. Jh.
Eisen; L. 13,3 cm; 11,4 cm; 10,8 cm; 9,7 cm.
Carolino Augusteum, Salzburger Mus. f.
Kunst- u. Kulturgeschichte. [B.C.]

Bergeisen

7e Spitzeisen und Eisenschlägel (o. Abb.)

Novy Knín, Tschechische Republik.
Vermutl. 15. Jh.
Eisenschlägel mit stumpfen Enden und länglichem Stielloch, 18 x 4 x 3 cm; Bergeisen mit ovalem Stielloch, 10 x 2 x 1,5 cm.
Slg. G. Lehrberger.

Schlägel und Eisen stellen die wichtigsten Werkzeuge seit der Antike dar und wurden zum Symbol des Bergbaus. [G.L.]

7f 3 Bergeisen (o. Abb.)

Jílové u Prahy, Tschechische Republik.
Ca. 15. Jh.
L. 6–14 cm.
Slg. G. Lehrberger. [G.L.]

8 Aufbereitung primärer Golderze

Golderze können das Gold in sehr unterschiedlichen Formen enthalten. Je nachdem, welche Minerale das Gold begleiten und wie sie miteinander verwachsen sind, müssen unterschiedliche Zerkleinerungs- und Trennungsverfahren eingesetzt werden. Grundsätzlich muss das Erz auf die Korngröße aufgemahlen werden, bei der verschiedene Mineralkörner nicht mehr verwachsen sind und sie somit nach ihren physikalischen Eigenschaften getrennt werden können. [G.L.]

8a Goldeinschlüsse in Gangquarz (Abb. 14c)

Brennkogel, Fuschertal, Salzburg, Österreich.
28 x 7 x 8 cm.
Priv. Slg. Prof. Dr. W. Paar, Salzburg.
[G.L.]

8b

8b Goldblech auf Quarz

Hondol bei Certej, Siebenbürgen, Rumänien.
10 x 8 x 5 cm; Gew. gesamt 254,4 g.
Muzeul Aurului Brad Inv. 2287.
[G.L.]

8c

8c Gold in derbem Gangquarz

Băița südöstlich von Brad (früher Bocza), Siebenbürgen, Rumänien.
Ca. 12 x 7 x 5 cm.
Naturhistorisches Museum Wien
Inv. A.i. 762.
[G.L.]

8d Gold in Arsenopyrit in Quarzlinse (Abb. 14d)

Neualbenreuth, Oberpfalz.
8 x 4 cm.
Slg. G. Lehrberger.
[G.L.]

8e

8e Freigold neben Galenit (Bleiglanz)

Radhausberg bei Gastein, Salzburg, Österreich.
Ca. 6,0 x 5,5 x 4,0 cm.
Naturhistorisches Museum Wien Inv. K 8670.
[G.L.]

8f Georgius Agricola, 12 Bücher vom Bergwerk (De Re Metallica Libri XII) (o. Abb.)

Slg. G. Lehrberger.

Die Schriften Agricolas sind die »Bibel« für Montan- und Bergtechnik-Geschichtsforschung. Der Arzt Georg Bauer (»Agricola«) trug in der Bergstadt Joachimsthal in Böhmen sämtliche technischen Einrichtungen im mitteleuropäischen Bergwesen in seinem fundamentalen Werk zusammen. Vor allem die zahlreichen Illustrationen sind weltberühmt und vielgezeigt.

Lit.: Agricola 1556 [1994]. [G.L.]

8g Modell eines Pochwerks (o. Abb.)

Bergbaurevier Roșia Montana.
Maßstab ca. 1:20
Slg. G. Lehrberger.

An der Wende vom 19. zum 20. Jahrhundert sollen im Raum Roșia Montana 300 Pochwerke dieses Typs an den Bächen in Betrieb gewesen sein. Daher kommt wohl auch der Begriff der »klappernden Mühle am rauschenden Bach«.
[G.L.]

8h Mörser zum Amalgamieren im Labor (o. Abb.)

Roșia Montana, Siebenbürgen, Rumänien.
H. 15 cm; Dm. 15,5 cm.
Slg. G. Lehrberger.
[G.L.]

8i Pfannenlöffel zum Erhitzen von Amalgam über einer offenen Flamme (o. Abb.)

Roșia Montana, Siebenbürgen, Rumänien.
19./frühes 20. Jh.
L. 28 cm.
Slg. V. Ruttner.
[G.L.]

8k Amalgamkugel aus dem Aufbereitungsprozess (o. Abb.)

Valea Arsului, Rumänien.
Dm. ca. 2 cm; Gew. Gold 24 g.
Muzeul Aurului Brad.
[G.L.]

8l Goldkugel (Abb. 37)

Aufbereitungsanlage Gurabarza bei Brad, Rumänien.
Dm. 25 mm; Gew. 120 g.
Muzeul Aurului Brad Inv. 2304.

Auf der Oberfläche des knödelförmigen Goldaggregates erkennt man die Abdrücke des Stoffbeutels, mit dem das überschüssige Quecksilber ausgedrückt wurde. Das Amalgam wurde anschließend über einer Flamme soweit erhitzt, dass das Quecksilber abdampfte und das reine Gold übrigblieb. [G.L.]

8m Goldwaage mit Gewichten (o. Abb.)

Roșia Montana, Siebenbürgen, Rumänien.
Anfang 20. Jh.
H. 29 cm.
Slg. V. Ruttner.
[G.L.]

9 Deutschland

In Deutschland sind die Goldvorkommen an die Mittelgebirge gebunden. Ihre wirtschaftliche Bedeutung ist heute insgesamt gering. Der Bergbau war bis vor dem Dreißigjährigen Krieg an mehr als einhundert Stellen aktiv. Meist liegt das Gold feinverteilt in den Gesteinen oder in quarzreichen Gangstrukturen zusammen mit sulfidischen Begleitmineralen vor. Die meisten Goldvorkommen treten in Gesteinen des Grundgebirges im Bayerischen Wald und Oberpfälzer Wald auf. [G.L.]

9a Gangstufe mit flächigen Gold-aufwachsungen *(o. Abb.)*

Eisenberg bei Goldhausen, Korbach, Hessen.
70 x 20 cm.
Slg. Kulick Inv. 1.
[G.L.]

Die Goldstufen von Korbach in Hessen zeigen alle ein dendritisches Wachstum von Gold, was auf die relativ niedrigen Bildungsbedingungen von 200 °C oder darunter zurückzuführen ist. Das Gold tritt in feinen Calcitgängchen auf, aus denen es mithilfe von verdünnter Salzsäure herausgelöst wurde, so dass man die Goldaggregate frei auf dem Nebengestein aufgewachsen sieht. [G.L.]

9b Goldstufe mit feinsten Gold-kristall-Dendriten und nadelförmigen Kristallen zwischen moosförmigem Gold *(o. Abb.)*

Eisenberg bei Goldhausen, Korbach, Hessen.
Ca. 7 x 4 cm.
Slg. Kulick Inv. 7.
[G.L.]

9c Rotes Schieferstück mit perfekt ausgebildeten Goldbäumchen *(o. Abb.)*

Eisenberg bei Goldhausen, Korbach, Hessen.
Fläche mit Gold 4 x 3 cm.
Slg. Kulick Inv. 14.
[G.L.]

9d Goldstufe mit dendritischen Gold-kristallen *(Abb. 21)*

Eisenberg bei Goldhausen, Korbach, Hessen.
Ca. 3 x 2 cm.
Slg. Kulick Inv. 19.
[G.L.]

9e Gold in Gangquarz *(o. Abb.)*

Reichmannsdorf bei Saalfeld, Thüringisches Schiefergebirge.
7,5 x 5,5 x 3,5 cm; Dm. des Goldaggregates 0,8 cm.
Museum f. Mineralogie und Geologie Dresden Inv. 166 Sy.

Diese Stufe ist bereits 1750 von C. H. Eilenburg im Goldkatalog des Königlichen Mineralienkabinetts in Dresden unter der Nummer 48a verzeichnet: »Ist nicht allein schön, sondern auch rar, weil ehedem aus diesem Golde gewisse Ducaten geschlagen worden, auf deren einer Seite Herzog Johann Ernestus von Salfeld, auf der anderen aber eine Kirche zu sehen ist, worüber die Sonne ihre Strahlen wirfft; dabey stehet ein Bergmann, mit der Haspel, und der Überschrift: Ex auro vero ad puro Reichmannsdorffiano«. [G.L.]

9f Freigold auf Quarz *(o. Abb.)*

Heubelstollen an der Schiffskuppe bei Steinheid, Thüringen.
3 x 3 x 1,5 cm.
Slg. Steyer.

Die goldführenden Quarzgänge zu beiden Seiten des Grümbenbaches bei Steinheid treten in ordovizischen Frauenbach-Quarziten auf. Die Gänge verlaufen Nordost-Südwest und wurden früher vor allem im Bereich der sog. Schiffskuppe abgebaut.

Lit.: Schade 1996. [G.L.]

9g Gold mit Antimonit und Pyrit in Gangquarz *(o. Abb.)*

Schmutzlerzeche, Bergbaurevier Brandholz, Goldkronach, Oberfranken.
Ca. 6 x 4 x 2 cm.
Museum Reich der Kristalle München Inv. MSM-23279.

Bei Goldkronach liegt die wichtigste gangförmige Goldlagerstätte in Bayern. Die Vererzung tritt in Quarzgängen in paläozoischen Nebengesteinen auf und entstand durch Spannungsfelder zwischen zwei größeren Krustenverwerfungen. [G.L.]

9h Goldkörnchen *(Abb. 22)*

Unterlangau, Oberviechtach, Oberpfalz.
Gew. ca. 1 g.
Slg. Erich Pressl.

Das Gold tritt in den Lagerstätten in Ostbayern meist feinkörnig verteilt in Gneisen auf. Daher lassen sich keine Mineralstufen wie in Ganglagerstätten finden. Wenn die Gesteine verwittern, wird das Gold freigesetzt und man kann die Goldkörnchen durch Auswaschen des dabei entstehenden Gesteinsgruses gewinnen. Die gezeigte Goldmenge entspricht der Ausbeute von ca. 20 Arbeitstagen bei Verwendung einer traditionellen Goldwaschpfanne. [G.L.]

10 Tschechische Republik

Die zahlreichen Goldvorkommen Tschechiens sind in der Ausstellung stellvertretend mit Stufen aus Jílové vertreten. Von Jílové stammen attraktive Goldstufen, die während der letzten Betriebsperiode bis in die 1960er Jahre geborgen wurden.

Lit.: G. Lehrberger, Die Goldreviere in Böhmen – mehr als Glanz vergangener Zeiten. Schriftenreihe Bergbau- u. Industriemuseum Ostbayern 34, 1996, 73–88. – Morávek/Lehrberger 1997. [G.L.]

10b

10a Gold in derbem Gangquarz
(o. Abb.)

Jílové u Prahy (früher Eule), Mittelböhmen, Tschechische Republik.
Ca. 9 x 9 x 5 cm.
Naturhistorisches Museum Wien Inv. A.i. 735.
[G.L.]

10b Gold in derbem Quarz mit Pyrit und Tetradymit

Pepr-Grube, Slojir-Gang, Jílové u Prahy, Tschechische Republik.
Ca. 7,5 x 6 x 3 cm, Gold 1 cm.
Slg. P. Morávek.

Freistehendes Goldaggregat in einem Quarzgang in Assoziation mit Pyrit und Tetradymit (Bismut-Tellurid). Das Nebengestein besteht aus einem stark zerscherten und alterierten Albitgranit. [G.L.]

10c Gold in Calcitgang

Bohuliby-Grube, Jílové u Prahy, Tschechische Republik.
Ca. 12 x 5 x 2 cm.
Slg. P. Morávek.

Das Nebengestein ist ein Metavulkanit der Jílové-Zone. [G.L.]

10c

11 Slowakische Republik

Die Ganglagerstätten in der Stadt Kremnica (früher Kremnitz) lieferten prächtige Antimonit- und Goldstufen. Nach heutigen Maßstäben sind die Lagerstätten nicht mehr wirtschaftlich gewinnbar. [G.L.]

11a

11a Feinkörniges Gold in Quarz

Ferdinandi-Mittel des Sigmundganges in den Stadtgruben, Kremnica, Slowakische Republik.
Ca. 7,0 x 5,5 x 4,5 cm.
Naturhistorisches Museum Wien Inv. D 3508.
[G.L.]

11b Gold auf Quarzrasen *(o. Abb.)*

Stadtgruben, Teufe Nepomucenikluft, Kremnica, Slowakische Republik.
Ca. 5,5 x 2,2 cm.
Naturhistorisches Museum Wien Inv. D 3509.
[G.L.]

11c Feinkörniges Gold in Gängchen

Kremnica, Slowakische Republik.
8 x 8 cm.
Geowissenschaftliche Sammlungen TU Bergakademie Freiberg Inv. MiSa-60718.
[G.L.]

11c

12 Österreichische Alpen

Die Goldlagerstätten der Alpen sind überwiegend an die kristallinen Kernge-
biete gebunden. Die gangförmigen Erzkörper sind im Rahmen der Kluftbildung
bei der alpinen Gebirgsbildung entstanden.

Lit.: R. Ertl, Gold und Silber. Antike Schätze aus Noricum und Pannonien. Publ. d. Museumsver. Petronell-Car-
nuntum Auxiliarkastell (1997). – Günther/Paar 2000. [G.L.]

12a Gold neben Chalkopyrit (Kupfer-kies) auf Grünschiefer *(Abb. 19)*

Bergbau Waschgang (»Großkirchheim«),
Kärnten, Österreich.
Ca. 18 x 14,5 x 13 cm.
Naturhistorisches Museum Wien Inv. A.i. 816.

Der sog. Waschgang liegt am Stellkopf unterhalb des Überganges von Asten in das Zirk-
nitztal. Die Vererzung liegt in Quarzlinsen, die
an einen Chloritschieferhorizont gebunden
sind. [G.L.]

12b Gold in Chloritschiefer

Bergwerk Goldzeche, Salzburg, Österreich.
Ca. 4,5 x 4,5 x 2,7 cm.
Naturhistorisches Museum Wien Inv. K 8667.

Die Goldzeche stellt das höchste Bergwerk in
Europa mit Stollen zwischen 2700 und 2900 m
Höhe dar.

Lit.: Paar 1978. – Schulz/Wenger 1980. [G.L.]

12c Freigoldbleche auf Kluftfläche von Quarzit *(Abb. 20)*

Hainzenberg bei Zell am Ziller, Tirol, Öster-
reich.
Ca. 14 x 13 x 8 cm.
Museum Reich der Kristalle München
Inv. MSM-109.

Die Erzstufe besteht aus einem Quarzit, in dem
ursprünglich Gold feinverteilt mit Arsenopyrit
und Pyrit vorlag. Durch Erhitzen beim Feuersetzen kristallisiert das Gold in größeren Blechen auf der Oberfläche. [G.L.]

12d Gediegen Gold in Uranpecherz mit Brannerit

Mitterberg, Troiboden, Salzburg, Österreich.
6 x 4 x 2,5 cm.
Priv. Slg. Prof. Dr. W. Paar, Salzburg
Inv. I/565/80. [G.L.]

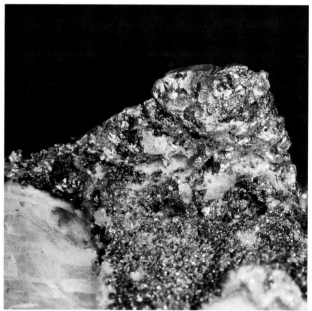

12b

12d

13 »Goldenes Viereck« im Apuseni-Gebirge, Siebenbürgen (Rumänien)

Das »Goldene Viereck« stellt das wichtigste Goldbergbaugebiet in Mitteleuropa und eines der weltweit bedeutendsten dar. Berühmte Freigoldstufen bereichern viele Museen auf der ganzen Welt.

Lit.: R. Slotta/V. Wollmann/I. Dordea, Silber und Salz in Siebenbürgen. Kat. dt. Bergbaumus. (Bochum 1999). – V. Wollmann, Prähistorischer Bergbau in Siebenbürgen. In: ebd. 19–23. [G.L.]

13a Zungenförmige Goldbleche (Abb. 24)

Roşia Montana (früher Vöröspatak), Siebenbürgen.
11,5 x 6,5 x 1,5 cm.
Museum f. Mineralogie und Geologie Dresden Inv. 136.
[G.L.]

13b

13b Gediegenes Goldblech, freistehend in Druse in einem Quarzgang in alteriertem Vulkanit

Roşia Montana (früher Vöröspatak), Siebenbürgen.
6 x 7 cm; Dm. Goldblech 2 cm.
Geowissenschaftliche Sammlungen TU Bergakademie Freiberg Inv. MiSa-42381.
[G.L.]

13c

13c Kleine Goldbleche mit Sphaleritkristallen auf Quarzrasen

Roşia Montana (früher Vöröspatak), Siebenbürgen.
10 x 10 x 4 cm.
Geowissenschaftliche Sammlungen TU Bergakademie Freiberg Inv. WeSa-104831. [G.L.]

13d

13d Goldblech

Roşia Montana (früher Vöröspatak), Siebenbürgen.
9 x 7 cm; Gew. 7,7 g.
Muzeul Aurului Brad Inv. 1598. [G.L.]

13e

13e Moosgold mit Sphalerit auf Quarz

Musariu, Brad, Siebenbürgen.
8,5 x 7 x 1,5 cm; Gew. 95,3 g.
Muzeul Aurului Brad Inv. 1328-192. [G.L.]

13f Moosgold (»Hund«) (Abb. 14b)

Musariu, Brad, Siebenbürgen.
4 x 3 x 0,5 cm; Gew. 6 g.
Muzeul Aurului Brad Inv. 2235. [G.L.]

13g Gediegene Goldbleche auf alteriertem Vulkanit (o. Abb.)

Musariu, Brad, Siebenbürgen.
15 x 15 cm.
Geowissenschaftliche Sammlungen TU Bergakademie Freiberg Inv. MiSa-42376.
[G.L.]

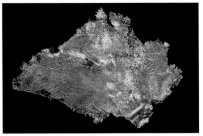

13h

13h Goldblech

Musariu, Brad, Siebenbürgen.
6 x 4 cm; Gew. 6,3 g.
Muzeul Aurului Brad Inv. 1553.
[G.L.]

13i

13i Goldblechstreifen auf Moosgold (»Helm mit Feder«)

Musariu, Brad, Siebenbürgen.
7 x 3 x 6 cm; Gew. 47,9 g.
Muzeul Aurului Brad Inv. 1307. [G.L.]

13k Goldblechaggregat

Musariu, Brad, Siebenbürgen.
5,5 x 3 x 1,2 cm; Gew. 16,5 g.
Muzeul Aurului Brad Inv. 10.002. [G.L.]

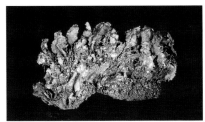

13k

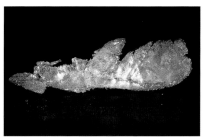

131

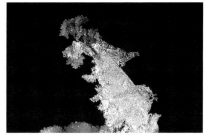

13o

131 Goldblech

Musariu, Brad, Siebenbürgen.
11 x 3 x 0,1 cm; Gew. 3,2 g.
Muzeul Aurului Brad Inv. 1203. [G.L.]

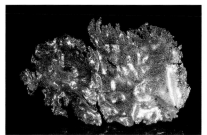

13m

13m Massives Goldblech

Musariu, Brad, Siebenbürgen.
6,5 x 4,5 x 0,2 cm; Gew. 5,2 g.
Muzeul Aurului Brad Inv.1346.
[G.L.]

13p Golddrähte auf Quarzrasen (o. Abb.)

Musariu, Brad, Siebenbürgen.
7 x 4 x 4 cm; Gew. 46,1 g.
Muzeul Aurului Brad Inv. 1350-48.
[G.L.]

13q Goldkristall-Aggregat (Abb. 14a)

Valea Morii, Brad, Siebenbürgen.
3 x 2,5 x 1,5 cm; Gew. 14 g.
Muzeul Aurului Brad Inv. 1536.
[G.L.]

13r Nadeliger Goldkristall auf Quarz (»Schiff«)

Valea-Morii, Brad, Siebenbürgen.
2,5 x 2 x 2 cm; Gew. gesamt 4,7 g.
Muzeul Aurului Brad Inv. 1537.
[G.L.]

13s Dodekaedrische Goldkristalle

Musariu, Brad, Siebenbürgen.
4 x 6 x 2,5 cm.
Muzeul Aurului Brad ohne Inv.
[G.L.]

13t Goldblech auf Quarz

Hondol bei Certej, Siebenbürgen.
6,5 x 5 x 7 cm; Gold 4 cm hoch; Gew. Gold
148,4 g.
Muzeul Aurului Brad Inv. 2286.
[G.L.]

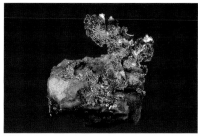

13t

13n

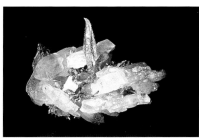

13r

13n Golddendriten auf Quarz

Musariu, Brad, Siebenbürgen.
6 x 4 x 3 cm; Gew. 86 g.
Muzeul Aurului Brad Inv. 1205.
[G.L.]

13o Dendritisches Goldblech auf Quarz

Musariu, Brad, Siebenbürgen.
4 x 4 x 5 cm; Gew. 15,5 g.
Muzeul Aurului Brad Inv. 1274. [G.L.]

13s

14 Nibelungenhort

Bayreuth 1876. Entwurf Carl Emil Doepler.
Messing.
Richard-Wagner-Museum Bayreuth.

Für die Uraufführung des »Ringes der Nibelungen« anlässlich der ersten Bayreuther Festspiele im Sommer 1876 beauftragte Richard Wagner den Berliner Professor Carl Emil Doepler mit dem Entwurf der Kostüme *(vgl. Abb. 99)*. Entgegen der eigentlichen Vorstellung Wagners, sich im Bühnenbild von den vertrauten Vorurteilen und der romantischen Sichtweise des Mittelalters zu lösen, bevorzugte Doepler jedoch einen realistischen Bühnenstil. Für den Entwurf der Kostüme und der Requisiten betrieb Doepler u. a. Studien an originalen Objekten der Vorzeit im Germanischen Nationalmuseum Nürnberg. Bei dem von ihm entworfenen »Nibelungenhort« ließ er sich stark von Gegenständen und Verzierungsmotiven der Nordischen Bronzezeit beeinflussen.

Lit.: Gold im Herzen Europas. Schriftenreihe des Bergbau- und Industriemuseums Ostbayern 34 (Amberg 1996^2) 245 f. – D. Mack, Der Bayreuther Inszenierungsstil (München 1976). [B.H.-G.]

14

16

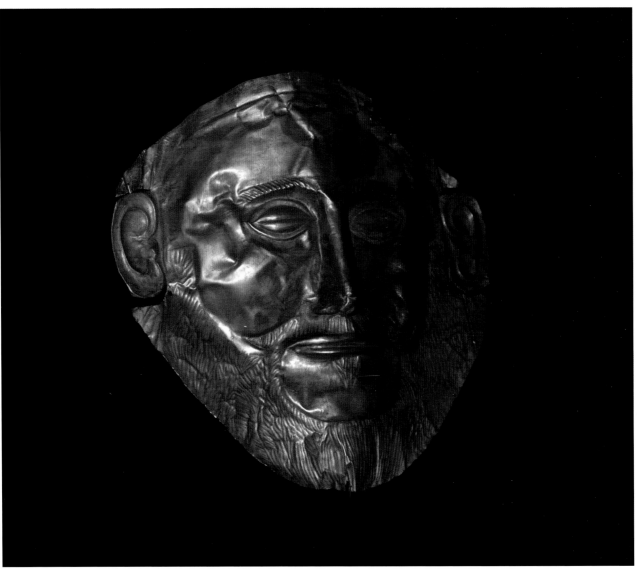

15

15 Totenmaske eines bärtigen Mannes

Mykene Gräberrund A, Schachtgrab V.
17.–16. Jh. v. Chr.
Galvanoplastik der Württembergischen
Metallmanufakturen, 19. Jh.
Eberhard-Karls-Universität Tübingen.

Bei der Freilegung von Schachtgrab V stieß
Schliemann 1876 auf eine Bestattung von drei
Männern. Zwei von ihnen waren mit goldenen
Masken und Brustplatten bedeckt. Um die Be-
statteten herum lag eine reiche Waffenausstat-
tung, Goldschmuck, ein reiches Sortiment von
Trinkgefäßen aus Gold und Silber sowie ein
Straußenei-Rhyton mit Delphinapplikationen
aus Fayence.

Nachdem Schliemann die hier gezeigte
Maske von dem Leichnam hob, soll er einer
griechischen Zeitung telegrafiert haben: »Ich
habe dem Agamemnon ins Antlitz geblickt!«.

Die Identifikation der in Gräberrund A Bestatteten mit den homerischen Helden war, wie
sich später durch die genaue Datierung der Gräber herausstellte, ein Irrtum. Dennoch kann
man vor allem wegen vergleichbarer Darstellungen auf Siegeln davon ausgehen, dass die Totenmasken von Mykene porträtähnliche Züge
haben und damit einen Eindruck vom Aussehen der frühen mykenischen Fürsten geben.
Die Maske ist aus starkem Blech getrieben, die
Kontur des Gesichtes und der Ohren sind ausgeschnitten. Neben den Ohren befindet sich je
ein Loch für einen starken Nagel. Der Rand
über der Stirn ist abgesetzt und nach innen umgebogen, er war ursprünglich wohl von einem
Band oder Tuch überdeckt. Die Augen sind ei-
genartig dargestellt, einerseits durch die Darstellung der Lidspalte im geschlossenen Zustand, andererseits durch die Lidränder im
geöffneten Zustand. Die Barttracht des Fürsten

ist extravagant. Sie setzt sich zusammen aus
einem leicht aufgebogenen spitzen Schnurr-
bart, einem kleinen Spitzbart unter der Unter-
lippe auf dem ausrasierten Kinn und einem
dichten, langen Bart unter dem Kinn und den
Wangen bis hinauf zu den Ohren. Zusammen
mit den Augen ergeben die kräftigen, gestri-
chelten Augenbrauen, die lange schmale Nase,
der schmallippige Mund und die Barttracht den
Eindruck eines Fürsten »in den besten Jahren,
von edlem, dem späteren griechischen in der
einheitlichen, geraden Profillinie der Stirne und
der langen Nase sehr ähnlichem« Typus (Karo).

Lit.: Karo 1930, Nr. 624, Taf. 52. [R.G.]

17

17 Mumienmaske eines Unbekannten

Fundort unbekannt, Ägypten.
3. Zwischenzeit, um 1000 v. Chr.
Silber, vergoldet. H. 29 cm; B. 20 cm.
Staatliches Museum Ägyptischer Kunst München Inv. ÄS 2902.

Bei der aus dünnem Silberblech getriebenen, umfangreich restaurierten Mumienmaske sind sowohl das Gesicht als auch die Streifen der das Gesicht umrahmenden Strähnenperücke vergoldet: Die Brauen und Lider der aus Kalzit eingelegten Augen sind farblich durch eine Auflage aus Niello (?) betont; die ursprünglich entweder aus Glas oder Bergkristall gearbeitete Iris ist bei beiden Augen aus der dafür vorbereiteten Vertiefung in den Augenhöhlen herausgefallen.

Da die gewöhnlichen Mumienmasken entweder aus Kartonage, Leinwand oder Stuck bestehen, dagegen bei Pharaonen meist aus Gold und Silber gearbeitet sind, muss dieses aufwändig gestaltete Exemplar für eine besonders hochgestellte Persönlichkeit aus dem unmittelbaren Umkreis des Königshauses angefertigt worden sein.

Nach Technik und Stil dürfte diese bislang singuläre Mumienmaske in die 3. Zwischenzeit zu datieren sein.

Lit.: Müller/Wildung 1976, 174, Nr. 105 b mit Abb. – Wer zeigt sein wahres Gesicht? Kat. Recklinghausen 1983 (Recklinghausen 1983) Nr. 144. [A.G.]

18

18 Drei Anhänger vom Schmuck der Königsgemahlin Ahhotep in Gestalt der ägyptischen Gottheiten Sachmet und Anubis

Fundort unbekannt, Ägypten. Nach den Inschriften auf den Basisplatten aus dem Grab der Königin Ahhotep in Dra Abu'l-Nagga, Theben-West.

16 Maske (Abb. s. S. 215)

Caucatal, Kolumbien. Ilama-Kultur.
350–100 v. Chr.
Gold. H. 17 cm; B. 17 cm; Gew. ca. 81 g; Feingehalt nach Stichprobe: 750/000.
Ethnologisches Museum, Staatliche Museen zu Berlin Inv. VA 30550; Slg. Navarro, Gerber, Konsul Köhpke 2241/07.

Die Maske ist aus dünnem hochkarätigen Goldblech getrieben. Nase und Wangen sind stark erhaben gearbeitet, Pupillen und Mundöffnung sind ausgeschnitten. Kleine Löcher in Schläfen- und Mundhöhe dienten zur Befestigung der Maske.

Masken aus Goldblech gehören zu den typischen Formen der Ilama-Goldschmiedekunst im Südwesten Kolumbiens. Bislang sind ca. 30 solcher Masken bekannt. Gefunden wurden sie als Beigaben in Schacht-Nischen-Gräbern, in

bis zu zwei Metern Tiefe. Die wenigen Masken, die in kontrollierten Grabungen gefunden wurden, stammen aus außergewöhnlich großen Gräbern. Man fand sie an die Grabwand gelehnt, was zeigt, dass sie – anders als bisher angenommen – nicht als Totenmaske verwendet wurden. Die kleinen seitlichen Löcher an der Maske lassen es wahrscheinlicher erscheinen, dass sie zu zeremoniellen Anlässen getragen wurden.

Lit.: I. v. Schuler-Schömig, Werke indianischer Goldschmiedekunst. Staatliche Museen Preußischer Kulturbesitz, Berlin (Berlin 1981) Abb. 13. – M. Cardale de Schrimpff/W. Bray/Th. Gähwiler-Walder/L. Herrera, Calima. Trois cultures précolombiennes dans le Sud-Ouest de la Colombie (Lausanne 1991). [M.F.]

Neues Reich, Anfang 18. Dynastie, Regierungszeit des Königs Ahmose, um 1554–1529 v. Chr.

Gold (2 Sachmetfigürchen); Gold mit roten Einlagen in der Inschrift (Anubis); Goldösen original (2 Sachmetfigürchen) u. Goldöse sekundär, modern angelötet (Anubis). H. 2,1 cm (Anubisfigürchen), 2,2 cm (2 Sachmetfigürchen); T. (Basis) 0,4 cm; Gew. 2,4 g (Anubisfigürchen) u. 2,7 g (2 Sachmetfigürchen).
Staatliches Museum Ägyptischer Kunst München Inv. ÄS 222 (Anubis); ÄS 223-224 (Sachmetfigürchen).

Das 1859 von Auguste Mariette (1821–1881) in dem auf der thebanischen Westseite gelegenen Nekropolenbereich von Dra Abu'l-Nagga an einem bis heute nicht mehr lokalisierten Ort entdeckte Grab der Königsgemahlin Ahhotep enthielt neben dem monumentalen Sarg mit der Mumie auch die umfangreiche Grabausstattung dieser bedeutenden Frau aus der Familie der Ahmosiden am Ende der 17. Dynastie. Ihre eminent wichtige politische Rolle während des beginnenden Kampfes des thebanischen Königshauses gegen die Oberhoheit der im Nildelta residierenden Hyksos (»Herrscher der Fremdländer«) zeigt sich vor allem an den Grabbeigaben, die ihr von den siegreichen »Befreierkönigen« Kamose – sehr wahrscheinlich ihr Bruder und Ehemann – und dessen Nachfolger Ahmose gestiftet worden sind und die sich heute in der überwiegenden Mehrzahl im Kairener Ägyptischen Museum befinden: Darunter eine Kette mit goldenen Fliegen (das »Ehrengold«), die Zeremonialaxt und der Zeremonialdolch des Königs Ahmose sowie eine goldene Barke auf einem silbernen Wagen. Zu den schmucktechnisch herausragenden Grabbeigaben der Königsgemahlin Ahhotep gehören der massiv goldene Armreif mit Einlagen aus Lapislazuli, die aus Golddrähten mit Perlen aus Gold, Lapislazuli, Karneol und Türkis gefertigten beiden Perlenarmbänder sowie eine goldene Halskette mit einem aus zwei goldenen Plättchen und Lapislazulieinlagen bestehenden Skarabäus als Anhänger.

Neben dem Kairener Ägyptischen Museum besitzt jedoch auch die Ägyptische Abteilung des Pariser Louvre einzelne Objekte aus dem Grab der Ahhotep, darunter zwei kleine, ebenfalls als Anhänger gearbeitete Goldfigürchen in Gestalt des Gottes Anubis, die – wie die drei Münchner Goldfigürchen – an der Vorderseite der Basisplatte in mikrolithischen Hieroglyphen jeweils den Namen der Ahhotep tragen und deshalb – zusammen mit zwei ebenfalls »Ahhotep« beschrifteten Goldfigürchen des Gottes Anubis und der Göttin Sachmet aus der Hilton Price Collection – die unmittelbaren Parallelen zu den Münchner Götterfigürchen darstellen.

Sämtliche dieser bisher bekannt gewordenen Goldfigürchen aus dem Grabschatz der Ahhotep zeigen die Götter tierköpfig, ansonsten aber menschengestaltig, stehend und mit seitlich am Körper entlanggeführten Armen und Händen: Sachmet löwenköpfig, mit einer Sonnenscheibe auf dem Kopf und eng anliegendem, bis zu den Knöcheln herabreichenden Gewand; Anubis schakalsköpfig, mit kurzem, zweigeteiltem, sich vorne überlappendem Schurz.

Da alle an der Rückseite eine Öse besitzen bzw. besaßen, gehören sie unzweifelhaft zu einem Ensemble, und waren ursprünglich – im alternierenden Wechsel Sachmet/Anubis bzw. Anubis/Sachmet – als Anhänger an einer sicherlich ebenfalls aus Gold bestehenden Kette nebeneinander aufgereiht.

Aufgrund ihrer perfekten handwerklichen Ausführung en miniature – trotz des kleinen Formats sind die Arme vom Körper gelöst und der Raum zwischen den Beinen durchbrochen gearbeitet – gehören die im Vollgussverfahren hergestellten Münchner Götterfigürchen aus dem Grabschatz der Ahhotep zu den Meisterwerken der kunsthandwerklichen Goldverarbeitung am Beginn des Neuen Reiches.

Bei der – bislang noch nicht untersuchten – noch in Resten erhaltenen roten Füllmasse in der Basisinschrift des Münchner Anubisfigürchens könnte es sich möglicherweise um einen der bisher frühesten Belege für rotes Glas handeln, das in Ägypten erstmals am Beginn des Neuen Reiches nachgewiesen werden kann.

Lit.: Müller/Wildung 1976, 122, Nr. 81 (dort – ohne Erwähnung der Inschrift! – in die »Spätzeit, um 500 v. Chr.« datiert). – vgl. A Catalogue of the Egyptian Antiquities in the Possession of F. G. Hilton Price, Dir. S.A. (London 1897) 294, Nr. 2490 (»Sekhet«, ohne Erwähnung der Inschrift!) 300, Nr. 2536 (dort als »Set« bezeichnet, ohne Erwähnung der Inschrift!). [A.G.]

19 Das Gregorius-Kreuz

Monza, Domschatz.
Vor 603.
Gold, nielliert, bzw. Gold mit Filigranauflagen und Bergkristall. H. mit Öse 8,4 cm.
Kopie Torhallenmuseum Frauenchiemsee.

Unter dem Einfluss ihrer Königin Theodolinde wechselten die in Italien ansässigen Langobarden vom arianischen zum katholischen Glauben. Der einzige Sohn der Königin, Adaloald, wurde im Jahre 603 katholisch getauft und erhielt als Taufgeschenk von Papst Gregor ein Anhängekreuz mit einem Holzsplitter vom Kreuze Christi. Abnutzungsspuren auf der Rückseite dieses Brustkreuzes zeigen, dass es offenbar häufig getragen wurde. Der Holzsplitter und ein Goldkreuz mit einer eingravierten und mit Schwefelsilber ausgelegten Darstellung des Gekreuzigten mit Maria und Johannes zu beiden Seiten des Kreuzes sind bedeckt von einem in der Form ihm angepassten geschliffenen Bergkristallkreuz. Die Kreuzreliquie und das Goldkreuz mit der griechischen Inschrift stammen nach stilistischen Überlegungen aus dem östlichen Mittelmeerraum, wahrscheinlich aus Syrien. Die Fassung und das Bergkristallkreuz dürften dagegen erst in Rom der Reliquie zugefügt worden sein. Gold stand in der christlichen Vorstellung für Gottes Gerechtigkeit und Ewigkeit und fand so als Material von Reliquien Verwendung, gemäß dem Spruch »Heilige schauen die Verwesung nicht.«

Lit.: H. Dannheimer, Torhalle auf Frauenchiemsee[3] (München, Zürich 1983) 75 ff.; 112 f. [B.H.-G.]

19

22

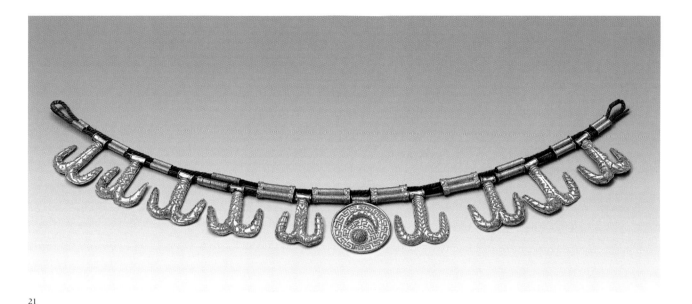

21

20 Anhänger mit Sonne und Halbmond

Jegenstorf »Hurst«, Kanton Bern, Schweiz.
Um 600 v. Chr.
Dm. der Kugel 1,3 cm; B. Filigrangehänge
2,1 cm; Gew. 2,0 g.
Bernisches Historisches Museum Inv. 25175.

In der etwa 12 km nördlich von Bern gelegenen Gemeinde Jegenstorf wurde am Anfang des 20. Jahrhunderts ein rundes Dutzend Grabhügel aus der Hallstattzeit ausgegraben. Der das Umgelände nur noch bescheidene 50 cm überragende Hügel 6 lieferte einen ganz unerwartet spektakulären Befund.

In beträchtlicher Tiefe stieß der Ausgräber Jakob Wiedmer-Stern auf eine kesselförmige Grube, die »mit fast reiner Asche« angefüllt war. Sie enthielt neben Tongefäßen eine Pfeilspitze aus Eisen und einen eisernen Antennendolch, der in einer Holzscheide steckte. Der Dolch trug bei der Bergung noch den Abdruck einer Umhüllung aus grobem Gewebe. Beim sorgfältigen Zerlegen eines kopfgroßen Ballens aus festem Material kam dann eine Gagatperle und ein goldenes Geschmeide zum Vorschein, »das zum Zierlichsten gehört, was wir bis jetzt aus der Hallstattzeit kennen«.

Die Hohlkugel und das Filigrangehänge waren zweifellos durch eine verlorene Achse miteinander verbunden. Aufgrund des Dolches muss man mit der Bestattung eines Mannes rechnen.

Die Filigranarbeit, die Lötverbindungen und besonders die Granulationstechnik zeugen von handwerklicher Meisterschaft, die durch die Kleinheit des Schmuckstücks eine zusätzliche Vollendung erfahren hat. Die Deutung als Halbmond mit eingefügter Sonnenkugel kann sich auf entsprechende Motive aus der Mittelmeerwelt berufen. Zusammen mit dem ähnlichen Kügelchen mit Kette von Ins (30 km westlich

20 (rechts); Kette von Ins (links).

von Jegenstorf) lässt es sich an die Seite von etruskischen Arbeiten stellen.

Ob Import oder einheimische Nachahmung, ist letztlich schwierig zu entscheiden; ein sehr enger Kontakt mit dem Süden ist jedenfalls offensichtlich. Handelt es sich bei den beiden Renommierstücken aus Jegenstorf und Ins vielleicht um »Geschenke aus dem Süden« oder gar um mitgebrachtes Beutegut von keltischen Raubzügen nach Italien um 600 v. Chr.?

Lit.: F. Müller, Das keltische Schatzkästlein. Glanzlichter aus dem Bernischen Historischen Museum 1, 1999, Nr. 4. [F.M.]

21 Halskette

Vulci, Etrurien.
Letztes Viertel 7. Jh. v. Chr.
L. 26,3 cm.
Staatliche Antikensammlungen München
Inv. 2339.

Die Kette ist modern zusammengesetzt aus Doppelröhrchen und dazwischen gehängten 9 Anhängern in stark stilisierter Lotosblütenform sowie einem zentralen Scheibenanhänger, auf dem in Relief eine Mondsichel und eine buckelförmige Sonne angegeben sind. Alle Anhänger sind mit reichem Granulat verziert.

Dabei begegnet auf fünf Anhängern eine typisch etruskische Art der Granulation, nämlich die Darstellung von Figuren in Silhouette, die nur durch Granalien auf glattem Hintergrund wiedergegeben sind. Als Motive finden sich antithetische Kompositionen von geflügelten Vierfüßlern, eine Jagdszene und ein Muttertier mit Jungem. Außerdem wurden verschiedene Ornamente wie Zickzack- oder Mäandermuster in Granulation ausgeführt.

Die Goldkette und die Ornamentik des zentralen Anhängers dokumentieren den Beginn der Goldschmiedekunst bei den Etruskern. Die Verbindungen zum Orient ermöglichten den Etruskern die Einfuhr von Gold. Zusammen mit dem Material kamen gleichzeitig Einflüsse in der Schmuckgestaltung, zum einen in der Übernahme der seit den Sumerern bekannten, bei den Phönikern hoch entwickelten Feingranulation, zum anderen in der Übernahme des Motives von Sonne und Mond, das in mehreren vorderasiatischen Kulturen eine lange Tradition hat.

Lit.: B. Kaeser, Zur Ikonographie frühetruskischer Granulationsarbeiten. Münchner Jahrb. Bildenden Kunst 3, F. 35, 1984, 7 ff. – M. Cristofani/M. Martelli, L'Or des Etrusques (Paris 1985) Nr. 90. [G.Z.]

22 Goldenes Schmuckensemble

Hammersdorf, Lkr. Erding.
14. Jh. v. Chr.
Archäologische Staatssammlung München
Inv. 1998, 25 a–f.

a) Gewölbte Goldblechscheibe mit nach außen gebördeltem Rand. In der Mitte abgeflachter Buckel, umgeben von drei konzentrischen Rippen und einem umlaufenden Leiterband. Darüber ein umlaufendes Wellenband, das neun gleichmäßig verteilte Buckel mit je zwei konzentrischen Rippen umfährt. Den randlichen

23

Abschluss bildet ein zweites umlaufendes Leiterband. Dm. 125–130 mm; Stärke 0,5 mm;
Gew. 12 g. Analyse: 88,76 % Au, 11,24 % Ag.
b) Gewölbte Goldblechscheibe mit umgebör-
deltem Rand. In der Mitte Buckel, umgeben von
fünf konzentrischen Rillen. Das Mittelfeld wird
durch zwei Rippen mit einem dazwischenliegenden Leiterband begrenzt. Daran anschließend eine Zone mit elf gleichmäßig verteilten
Buckeln mit je drei konzentrischen Rillen. Den
randlichen Abschluss bildet ein zweites umlaufendes Leiterband. Dm. 96 mm; Stärke 0,5
mm; Gew. 7g.
c) Langschmaler Goldblechstreifen mit Mit-
telgrat. Spiralig aufgewickelt, zerdrückt und
mehrfach geknickt. B. 5 mm; Stärke 0,2 mm; geschätzte Länge 2,5 m; Gew. 22 g. Analyse:
90,44 % Au, 9,34 % Ag, 0,22 % Cu.
d) Spirale aus doppeltem rundem Golddraht.
Vier Windungen, Drähte an den geschlossenen
Enden leicht aneinander gedrückt. Lichte Weite
37 mm; Stärke 1 mm; Gew. 10 g. Analyse:
92,42 % Au, 7,58 % Ag.
e) Spirale aus doppeltem rundem Golddraht.
Vier Windungen, ein Ende geschlossen, am anderen sind beide Drahtenden in einen kleinen
offenen Drahtring gehakt. Lichte Weite 17–23
mm; Stärke 0,5 mm; Gew. 3 g. Analyse: 87,11 %
Au, 12,73 % Ag, 0,16 % Cu.
f) Drei zu einem länglichen Knäuel gewickelte
Golddrähte mit umgebogenen Enden. Stärke
0,9 mm; Gew. 4 g. Analyse: 87,91 % Au, 11,65 %
Ag, 0,44 % Cu.

Die beiden großen Goldscheiben weisen ein
Verzierungsschema auf, das mit der symbolischen Darstellung der Sonne in Verbindung zu
bringen ist. Charakteristisch ist ein zentraler
Mittelbuckel, umgeben von konzentrischen
Kreisen. Das Motiv wird verkleinert am Rand
wiederholt. Das Leiterband des Mittelfeldes der
kleineren Scheibe und das Wellenband der größeren Scheibe könnte den Strahlenkranz der
Sonne bezeichnen.
Kulturell verweisen die Objekte nach Westböhmen, wo Goldscheiben dieser Art, wohl als
Besatz von Kappen, gelegentlich zur Grabausstattung gehörten. Goldspiralen finden sich in
Gräbern am Kopf des Toten und wurden wohl
auf Zöpfe oder Strähnen geschoben. Die Funktion der langschmalen Drähte mit Mittelrippe ist
dagegen unbekannt. Sie könnten auch wie die
zusammengewickelten Drähte zur weiteren Bestimmung als Rohprodukte gedacht gewesen
sein.
Die Fundumstände dieses Ensembles sind
nicht überliefert. Weil zur Grabausstattung nur
jeweils eine Goldscheibe gehört, könnte es sich
um einen Hortfund handeln.

Lit.: unpubl. [U.S./R.G.]

23 Fünf Goldscheiben mit Kreis-
buckeln und Strahlenmuster

Vermutlich Nordküste von Peru.
Präkolumbisch.
Goldblech, gepunzte Verzierungen.
Dm. 12 cm (große Scheibe); Dm. 10 cm
(kleine Scheiben).
Linden-Museum Stuttgart Inv. 119138-119142.

Die Goldscheiben waren vermutlich Gewandplatten, die Verzierung könnte als Sonnenmotiv gedeutet werden. [D.K.]

24c

24c

24e

24 Votivschatz mit fünf Gefäßen (Abb. 8)

Heroldingen-Huisheim, Lkr. Donau-Ries.
10.–9. Jh. v.Chr.
Archäologische Staatssammlung München
Inv. 2001, 407 a–e.

a) Schale mit kurzem Zylinderhals und schmalem, ausgestelltem Rand. Gefäßunterteil konisch zulaufend, Boden fehlt. Randdm.12,5 cm; H. noch 7,4 cm; D. am Rand 0,5 mm; Gew. noch 98,3 g.

Der Gefäßkörper ist durch umlaufende Treiblinien in Zierzonen gegliedert: auf der Schulter eine Buckelleiste, darunter eine Kerbleiste; Zierzone mit von zwei Kerbleisten gefasster Kreisaugenreihe; Zone mit zwei Gruppen radialer Kerbleisten zwischen konzentrischen Kerbleisten; Bodenzone mit konzentrischer Kerbleiste, Kreisaugenband und zum Zentrum des Bodens laufenden radialen Kerbleisten. Die zum Zentrum zeigenden Kerbleisten der unteren Zierzonen symbolisieren Sonnenstrahlen.

b) Schale mit kurzem Zylinderhals und schmalem, ausgestelltem Rand. Konischer Gefäßkörper mit deutlichem Schulterumbruch, Boden abgeplattet. Gefäß leicht oval verzogen, kleiner Ausbruch in der Wand. Randdm. 11,3–12,2 cm; Dm. max. 12,5 cm; H. 6,9 cm; Gew. 67,1 g.

Wie bei Schale (a) Gliederung des Gefäßkörpers durch Treiblinien in Zierzonen: auf der Schulter Buckelleiste, darunter eine Kerbleiste; von je einer gerahmten Kerbleiste begleitetes Kreisaugenband mit zwischen den Kreisaugen liegenden Buckeln; zum zentralen Bodenbuckel

hin folgen, durch eine Kerbleiste und ein Kreisaugenband unterbrochen, radiale Kerbleisten. Der zentrale, von konzentrischen Kreisen umgebene Buckel symbolisiert zusammen mit den radialen Kerbleisten eine Sonnendarstellung.

c) Spitzkonischer Zylinderhalsbecher mit ausgestelltem Rand. Randdm. 8,7–8,9 cm; H. 6,1 cm; Gew. 47,1 g.

Gliederung des Gefäßkörpers in Zierzonen, jeweils gerahmt von Treiblinien: auf der Schulter Kerbleiste, darunter unverzierte Zone; zwei Zickzacklinien; eine Kerbleiste; jeweils von radialen Doppellinien getrennte Kreisaugenreihe; zentraler, von konzentrischen Kreisen umgebener Mittelbuckel. Die zentrale Bodenverzierung nimmt zusammen mit den radialen Doppellinien die Sonnensymbolik auf.

24b

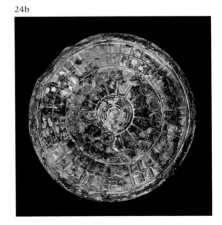

d) Spitzkonischer Zylinderhalsbecher mit ausgestelltem Rand. Randdm. 9,1–9,2 cm; H. 5,8 cm; Gew. 54,1 g.

Gliederung des Gefäßkörpers in Zierzonen, jeweils von Treiblinien gerahmt: auf der Schulter Kerbleiste, darunter glatte Zone, Zickzacklinie, Kerbleiste, Zickzacklinie und Kerbleiste, drei konzentrische Treiblinien und zentraler, von drei konzentrischen Linien umgebener Mittelbuckel.

e) Flasche mit doppelkonischem Gefäßkörper, hoher Zylinderhals und Trichterrand. Größeres Loch oberhalb des Wandumbruches. Dm. max. 8,6 cm; Randdm. 4,1 cm (Öffnung 2,5 cm); H. 9,9 cm; Blechstärke am Rand 0,5 mm; Gew. noch 53 g.

Flaschenkörper bis auf den Zylinderhals und Spitzboden mit Treiblinien, Rippen- und Buckelbändern verziert. Oberhalb des Wandknickes drei Buckelreihen und zwei Kerbleisten, jeweils von Treiblinien eingerahmt. Am Wandknick drei Treiblinien, unterhalb des Wandknickes drei Buckelreihen und eine Kerbleiste, jeweils von zwei Treiblinien eingerahmt, zum spitzkonischen Boden abschließend eine weitere Treiblinie. Unterhalb des Trichterrandes kräftiger Treibwulst. Die zwei Teile des Flaschenkörpers sind entlang des Umbruches in der Technik einer Kupferschmiedefügung zusammengeschmiedet.

Vor etwa 25 Jahren wurde am Ostrand des Nördlinger Rieses in der Nähe einer befestigten, spätbronzezeitlichen Siedlung dieser Schatz ausgegraben. Die beiden Schalen und die drei übrigen Gefäße wurden anschließend getrennt verkauft. Vor einem Weiterverkauf gelang es, den Komplex wieder zusammenzuführen. Die Zusammengehörigkeit lässt sich durch die gleichartige Bodenlagerung, die einen braunen Metalloxidniederschlag verursachte, und die gegenseitigen Abdrücke der ursprünglich ineinandergestellten Gefäße rekonstruieren. Da über die Auffindung nichts Näheres überliefert ist, kann man nur aufgrund der Zusammensetzung vermuten, dass die Gefäße als Weihung vergraben wurden. Der Schatz stellt ein komplettes Service eines Ritualgeschirres dar, bestehend aus einem Schalenpaar, einem Becherpaar und einem Fläschchen. Solche Services waren an die oberste, fürstliche oder vielleicht auch priesterkönigliche Gesellschaftsschicht gebunden, die sie im Rahmen besonderer Trank- und Spendezeremonien verwendeten. Eine Vorstellung über die Verwendung geben Darstellungen aus Vorderasien *(vgl. Abb. 50)*.

Lit.: unpubl. [R.G.]

25 Tasse mit Darstellung einer Meeresszene *(o. Abb.)*

Mykene Gräberrund A, Schachtgrab III.
17.–16. Jh. v. Chr.
Gold. H. 8,1 cm; Randdm. 10 cm.
Galvanoplastik der Württembergischen
Metallmanufakturen, 19. Jh.
Eberhard-Karls-Universität Tübingen.

Die Tasse wurde aus einem Stück Blech getrieben, der an den aufgerollten Enden mit Bronzedraht verstärkte Henkel wurde mit drei Nieten befestigt. Auf dem Boden finden sich konzentrisch eingedrückte Kreise. Etwa in der Mitte der Wand befindet sich ein breiter, dreifach profilierter Wulst, der die dargestellte Szene in zwei Friese teilt. Oben wie unten sieht man Delphine zwischen von oben herabhängenden Felsen und Bogenpaaren mit Punkten, die das Wasser andeuten könnten.

Die Tasse mit der maritimen Szene stammt aus demselben Schachtgrab III (»Grab der Frauen«) wie das große Diadem mit den Blütenkelchen *(Kat. 35)*. Schliemann grub 1876 in diesem Grab die Bestattungen von drei Frauen und zwei Kindern aus. Die Toten waren gleichsam in wertvollen Goldschmuck gehüllt, Goldscheiben waren auf die Gewänder aufgenäht und zwei der Toten waren mit Diademen bekrönt. Die beiden Kinderleichen waren vollständig mit Goldblechen verkleidet. Neben einer Reihe außergewöhnlicher Schmuckstücke, Nadeln mit Bergkristallköpfen, Bernsteinketten und Goldohrringen, fand sich im Grab zahlreiches Gerät, das der Machtrepräsentation diente oder rituelle Verwendung fand. Hierzu zählen die zahlreichen Siegel mit Jagd- und Kampfdarstellungen, goldumwickelte Stäbe, drei aus Goldblech gefaltete und für den Gebrauch nicht geeignete Waagen sowie auch goldene Trinkgefäße. Die hier ausgestellte Tasse war keine rein symbolische Beigabe, sie wurde, wie die Henkelverstärkung zeigt, zu Lebzeiten benutzt.

Lit.: Karo 1930, Nr. 624, Taf. 52. [R.G.]

26 Zwei Goldbecher

Unterglauheim, Lkr. Dillingen a. d. Donau.
10. Jh. v. Chr.
H. 7 cm; Dm. 8,5 cm; Gew. 41 u. 51 g.
Römisches Museum Augsburg
Inv. VF 1/1 u. 1/2.

Die beiden ursprünglich mit der Mündung aufeinandergestellten und mit Golddraht umwickelten Schalen wurden 1834 in einem Bronzebecken *(ähnlich Kat. 150)* gefunden, das durch ein zweites Becken abgedeckt war. Beide Teile befanden sich in einem großen Eimer, der auf der Wand mit dem Motiv der Sonnenbarke verziert war. Das Motiv der Sonnenbarke zeigt eine Sonnenscheibe, die in einer Barke fährt, Heck und Bug des Schiffes sind als stilisierte Wasservögel dargestellt. Nach dem Fundbericht waren Knochen und Asche in dem Bronzebecken, was auf ein Urnengrab hindeuten könnte. Die beiden Goldbecher sind identisch gearbeitet und mit drei Zonen von Kreisornamenten verziert. Der Boden ist als kleiner Standring ausgebildet.

Lit.: W. Menghin/P. Schauer, Der Goldkegel von Ezelsdorf (Nürnberg 1983) 88. [R.G.]

27 Schaleneinlage

Wehringen, Lkr. Augsburg.
7. Jh. v. Chr.
H. 3,2 cm; Dm. 8,5 cm; Gew. 38,8 g.
Römisches Museum Augsburg (o. Nr.).

Die flache Goldkalotte ist mit 8 Zonen von Kreisringen, gerahmt von einfachen Treiblinien, verziert. An dem leicht ausbiegenden Rand befindet sich eine dreifache Perlbuckelreihe. Der Boden ist als kleiner Omphalos ausgeprägt, gefasst von drei konzentrischen Ringen. Das Ornament ist so eingepunzt, dass die Innenfläche als Sichtfläche gestaltet ist. Zusammen mit der Tatsache, dass das Blech der Kalotte für eine di-

rekte Verwendung als Gefäß zu dünn ist, muss man schließen, dass die Kalotte ursprünglich in ein Gefäß aus Ton oder Holz eingelegt war. [R.G.]

28 Schale *(Abb. s. S. 226)*

Stuttgart-Bad Cannstatt Grab 1.
6. Jh. v. Chr.
Dm. 16,9 cm.
Württembergisches Landesmuseum Stuttgart.

In den Gräbern der frühkeltischen »Fürsten« Südwestdeutschlands fand man jeweils einzeln niedergelegt größere kalottenförmige Goldschalen. Im Grab von Hochdorf wurde eine solche Schale direkt auf dem Kessel niedergelegt. Der Befund lässt schließen, dass solche Goldschalen als Schöpfgefäße im Rahmen von Trinkritualen verwendet wurden. Die radiale Rippengliederung und die Kreisaugenmuster setzen den Ornamentkanon der bronzezeitlichen Goldgefäße fort.

Lit.: Zürn 1987, 189 f. [R. G.]

29 Goldschale *(Abb. s. S. 226)*

Sta. Rosa, Ecuador, aus einem Grabfund.
Milagro-Quevedo-Phase.
800–1500 n. Chr.
H. 5,7 cm; B. 12,8 cm; T. 13,2 cm; Gew. 91,7 g;
Feingehalt nach Stichprobe: 750/000.
Ethnologisches Museum, Staatliche Museen
zu Berlin Inv. VA 2627.

Die getriebene Schale aus Gold weist am Boden das Gesicht einer Eule auf. Die Wandung ist mit Reihen konzentrischer Kreise bedeckt.

Während der Milagro-Quevedo-Phase waren die bevorzugten Siedlungsplätze in der fruchtbaren Ebene zwischen dem Daule und dem Guayas-Fluss in Ecuador auf Tumuli *(tolas)* gelegen. Kleinere Tumuli dienten als Begräbnisstätten. Die großen Unterschiede in den Beiga-

26/27 (links)

28

29

ben zeugen von einer stark hierarchisierten Gesellschaft. Das Motiv der Eule kommt in dieser Zeit auch auf Tongefäßen vor. Nachtaktive Tiere werden in vielen indianischen Kulturen Südamerikas mit nächtlichen Ritualen in Verbindung gebracht.

Lit.: Ecuador. La Tierra y el Oro. Kat. Genua (1992). [M.F.]

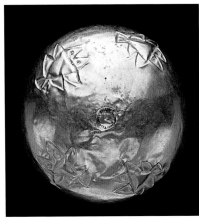

30

30 Omphalosschale mit Fischornamenten

Peru. Chimú-Kultur.
9.–15. Jh. n. Chr.
Gehämmertes Goldblech, eingepunzte Fischornamente. Dm. 13 cm; H. 6 cm.
Linden-Museum Stuttgart Inv. 119123.

Die Chimú-Kultur oder auch das »Königreich von Chimor« war das größte Königreich an der Nordküste Perus vor der Eroberung durch die

Inka. Die Hauptstadt war Chan Chan, eine aus getrockneten Lehmziegeln erbaute, in rechteckige »Zitadellen« eingeteilte Stadt direkt an der Küste des Pazifik. Die Mauern der Wohngebiete der Adelsschicht waren mit aufwändigen Reliefs verziert. Die Mehrzahl dieser Reliefs zeigt Meeresfauna aus dem Pazifik. Die Goldschmiede aus Chimor galten als die besten in Alt-Peru. Sie stellten Schmuck, religiöse Kultobjekte und Geschirr aus Gold- und Silberblechen her. Nach der Eroberung durch die Inka im Jahre 1460 n. Chr. deportierten die Inka nicht nur die Söhne der Herrscher in die Inkahauptstadt Cuzco, um sie dort im Sinne der Inka-Ideologie zu erziehen, sondern sie nahmen auch die Goldschmiede mit. Viele spektakuläre Goldobjekte aus der Inkazeit, von denen leider nur sehr wenige erhalten sind, stammen wahrscheinlich von Goldschmieden aus Chan Chan.

Lit.: M. Moseley, The Incas and Their Ancestors. The Archaeology of Peru (London 1992). – M. Moseley/ A. Cordy-Collins (Hrsg.), The Northern Dynasties: Kingship and Statecraft in Chimor. A Symposium at Dumbarton Oaks, 12th and 13th October 1985 (Washington D.C. 1990). [D.K.]

31 Becher mit plastischem Dekor

Nordküste von Peru.
Präkolumbisch, wahrscheinlich später Horizont.
Gehämmertes Goldblech, Reste roter Bemalung. H. 21 cm; Dm. 9 cm.
Linden-Museum Stuttgart Inv. 31.060 L.

Der Becher zeigt die typischen Schmuckelemente der Nordküstenkulturen: Seevögel und Fische sowie eine menschliche Gestalt mit einer halbrunden Kopfbedeckung. Die Reste roter Bemalung weisen darauf hin, dass der Becher möglicherweise ganz übermalt war.
[D.K.]

32 Becher

Batán Grande, Nordperu. Lambayeque-Kultur.
900 n. Chr. ± 200.
Staatliches Museum f. Völkerkunde München
Inv. 62-7-1.

Goldbecher in Treibarbeit, auf Vorder- und Rückseite ein Kopf, der wohl den Hauptgott der Lambayeque-Kultur wiedergibt. Typisch für ihn sind die mandelförmigen Augen, die auch als geflügelte Augen bezeichnet werden. Im Mund befinden sich Reißzähne von Raubtieren, ein Symbol für Götter, in etwa vergleichbar unserem Heiligenschein. Bei Bechern mit diesem Motiv ist das Haupt stets verkehrt herum angebracht. Herkunft wohl Batán Grande in Nordperu. [H.S.]

31

33 Goldschale mit figuraler Verzierung *(Abb. 7)*

Zürich-Altstetten, Schweiz.
Späte Bronzezeit.
Dm. 25 cm; H. 12 cm; Wandstärke 0,4 mm
(Körper) u. 2 mm (Rand); Gew. 907,8 g u.
5,5 g eines zugehörigen Stückes; Originalgew.
vermutlich zwischen 913–914 g.
Schweizerisches Landesmuseum Zürich Inv.
A 86063.

Die Goldschale von Zürich-Altstetten wurde im
Zuge von Geleisebauten der Schweizerischen
Bundesbahnen am 17.10.1906 – im gleichen
Jahr und unter gleichen Voraussetzungen wie
der Goldbecher von Eschenz im Kanton Thur-
gau – von einem Bauarbeiter gefunden. Beim
gewichtigsten urgeschichtlichen Goldobjekt der
Schweiz handelt es sich demnach, wie bei dieser Fundgattung üblich, um einen Zufallsfund.
Aus der Beschreibung der Fundumstände geht
jedoch klar hervor, dass die Goldschale als ge-
ordnet deponierter Weihe- oder Grabfund angesprochen werden darf. Die bei der Bergung
sehr beschädigte Schale gelangte nach lobens-
werter Umsicht der Verantwortlichen als Geschenk an das Schweizerische Landesmuseum.
Bereits 1907 verfasste J. Heierli einen umfassenden Artikel zur »goldenen Schüssel von
Zürich«. Auffindung und Details zur Fundlage,
Resultate der Nachgrabung, Material- und Ob-
jektbeschreibung, Datierung, kulturelle Einordnung, all diese Aspekte wurden ausführlich
erarbeitet und stellen heute noch die Grundlage der Bearbeitung dieses Objektes dar. Inzwischen beschäftigte die Goldschale Generationen
von ArchäologInnen, zuletzt im Jahre 2000 Barbara Armbruster im Rahmen der Aufarbeitung
iberischer Goldobjekte. Patrick Nagy verfasste
1992 die bisher sorgfältigste Arbeit zu den
handwerklich-technologischen Aspekten.

Unterhalb des 2 cm breiten, glatten Randes
mit umlaufender horizontaler Rippe ist das auf-
fälligste ornamentale Merkmal die flächendeckende, in horizontalen Linien angeordnete
Buckelverzierung, welche gewissermaßen als
Hintergrund für die prominent plazierten, geometrischen und figuralen Darstellungen dient.
Vier sonnen- und vier mondsichelförmige Aus-
sparungen schweben über sieben Tierdarstellungen. Nur das eine, ein anderes überschneidende Tier schaut nach rechts, alle anderen,
eher statisch wirkenden, sind linksgerichtet.
Unterhalb der Tiere bilden sieben weitere liegende Mondsicheln den ornamentalen Abschluss. Die Buckelverzierung bedeckt in konzentrischen Kreisen den gesamten Boden. Der
symbolische Charakter der Verzierung in ihrer
Art und Anordnung der Motive ist offensichtlich, ihre Interpretation erhält mit der Neu-
orientierung der Deutung von systematisch re-
petitiven Ornamenten auf Goldobjekten als
Kalender eine neue Dimension.

Neuere stilistische und herstellungstechni-
sche Vergleiche, insbesondere mit dem Goldschatz von Villena in Spanien, rücken wieder
eine Datierung der Schale von Altstetten in die

32

späte Bronzezeit, wie schon 1907 von Reinecke
vorgeschlagen, in den Vordergrund.

Materialanalysen aus den frühen 70er Jahren ergaben eine Zusammensetzung von etwas
über 85 % Gold, 14 % Silber, 0,4 % Kupfer und
0,24 % Zinn, was auf die Herstellung der Schale
aus Flussgold hindeutet. Die Goldschale wurde
kürzlich an einer beschädigten Stelle neu
beprobt und die Probe mittels LA-ICP-Massen-
spektrometrie auf Spuren- und Ultraspuren-
elemente analysiert. Gleichzeitig wurden zahlreiche Goldflitter aus Schweizer Flüssen mit
untersucht. Als Resultat kann festgehalten
werden, dass die Goldschale von Zürich-Altstetten mit großer Wahrscheinlichkeit nicht aus
Schweizer Flussgold besteht. Es hat sich ebenfalls gezeigt, dass der Goldgehalt gegen außen
zunimmt, was auf eine absichtliche Veredelung
der Oberfläche hindeutet.

Lit.: B. Armbruster, Goldschmiedekunst und Bronze-
technik. Monogr. instrumentum 15 (Montagnac 2000)
160 ff. – P. Nagy, Technologische Aspekte der Goldschale von Zürich-Altstetten. Jahrb. SGUF 75, 1992,
101-116. [W.F.]

34 Tassilo-Kelch *(o. Abb.)*

Benediktinerstift Kremsmünster.
768/769 oder 777.
Vergoldetes Kupfer, silbertauschiert, mit Niel-
lo- und Glaseinlagen. H. 26,6 cm.
Kopie Torhallenmuseum Frauenchiemsee.

Der auf seiner gesamten Oberfläche verzierte
Tassilo-Kelch ist aus Cuppa (Becher), Perlring
und konischem Fuß zusammengesetzt. Die
Cuppa besaß ursprünglich zur Aufnahme des
Weines einen speziellen Einsatz, der verloren-
gegangen ist und dessen Material wir leider
nicht mehr kennen. Man möchte annehmen,
dass er aus Gold bestanden hat, da nur das
edelste Metall dafür geeignet erscheint, mit
dem Blut Christi in Kontakt zu treten. Ein 1795
entstandener Einsatz für den Tassilo-Kelch
bestand aus Gold und wurde bereits wieder
eingeschmolzen. Heute sind im Benediktinerstift Kremsmünster drei Einsätze für den
Kelch in Gebrauch, ein silberner und zwei goldene.

Die Inschrift am Fuß des Kelches bezeugt
eindeutig, dass Herzog Tassilo III. von Baiern
und seine aus königlich langobardischem Geschlecht stammende Gemahlin Liutpirc die
ehemaligen Besitzer oder Stifter dieses liturgischen Gefäßes waren. Möglicherweise wurde
der Kelch anlässlich der Hochzeit Tassilos und
Liutpircs 768/69 in Auftrag gegeben, vielleicht
aber auch anlässlich der Gründung des Klosters Kremsmünster, das im Jahre 777 geweiht
wurde.

Lit.: H. Dannheimer, Torhalle auf Frauenchiemsee[3]
(München, Zürich 1983) 75 ff., 111 f. – G. Haseloff, Der
Tassilokelch und sein Kunstkreis. Münchner Beitr. Vor-
u. Frühgesch. 1 (München 1951). [B.H.-G.]

46

35 Diadem mit Blütenkelchen *(o. Abb.)*

Mykene Gräberrund A, Schachtgrab III.
17.–16. Jh. v. Chr.
H. d. Diadems 16,5 cm; H. ges. 27 cm.
Galvanoplastik der Württembergischen
Metallmanufakturen, 19. Jh.
Eberhard-Karls-Universität Tübingen.

Das Diadem ist mit drei Reihen von Kreisornamenten verziert, die mit Rosetten und Kreispunzen versehen sind. Am oberen Rand sind
neun rechteckige Zacken ausgeschnitten und
umgebogen, darauf wurde je eine große vier-
blättrige Blüte genietet. Die Blüten sind abwechselnd mit Gruppen von Kreispunzen und
Rosetten verziert. Ursprünglich war das Diadem
auf einer festen Unterlage aufgenagelt, unten
befinden sich ein, seitlich je zwei große Löcher.
   Aus den Gräbern des Gräberrundes A und B
von Mykene stammen zahlreiche Diademe, die
überwiegend als Totenschmuck für Frauenbe-
stattungen dienten und für das Begräbnis vermutlich auf den in Tücher gehüllten Leichna-
men angebracht wurden. Besonders zahlreich
sind spitzovale Diademe mit Kreis- und Rosset-
tenverzierung, zum Teil auch nur mit einfachen Kreisbuckeln und punktgesäumtem Rand.
Daneben kommen auch mehrere Diademe mit
oben angebrachten Aufsätzen vor, dreieckigen
Blechen, Sternen oder, wie hier, vegetabilen
Blütenkelchen.
   Die Diademe von Mykene müssen als Fort-
setzung einer Tradition gesehen werden, die
noch bis in die frühminoische Zeit zurückgeht.
Die Form der spitzovalen Totendiademe hält
sich in Griechenland sehr lange. Nach der
Schachtgräberzeit entsteht, wohl durch das Totenritual bedingt, eine Überlieferungslücke.
Eine Renaissance erleben die Diademe im Grab-
brauch des 8.–7. Jahrhunderts v. Chr. So wurden in Sindos (bei Thessaloniki) zahlreiche dieser goldenen Blechdiademe ausgegraben.
   Neben der Verwendung im Totenkult, wo sie
vor allem hochgestellte Persönlichkeiten kennzeichnen, spielen Diademe und Kronen als Attribute von Göttern und Priestern im östlichen
Mittelmeerraum eine wichtige Rolle. Die frühesten Belege für Götterkronen, sog. *poloi*, finden
sich in minoischer Zeit. Die bekanntesten Beispiele sind die fünf Idole von Gazi, gedeutet als
Götterfiguren. Die größte Figur trägt ein Diadem mit drei hochgestellten Mohnkapseln. Vergleichbare Diademe lassen sich bei den Idolen
von Gortyn, den subminoischen Terrakottafi-
gürchen aus dem Höhenheiligtum von Karphi
und bei protogeometrischen Idolen belegen.
Obwohl die meisten der antiken Kultstatuen
verloren sind, gibt es auch hier, meist aufgrund
antiker Beschreibungen, mehrere Belege für das
Schmücken der Standbilder mit Diademen, die
mit vegetabilen oder figürlichen Aufsätzen versehen sind: Die Krone des Kultbildes der Ne-
mesis von Rhamnus war mit Hirschen und
kleinen Nikefiguren verziert, das Kultbild der
Artemis von Delos besaß einen Kranz aus Gold
und Ulmenholz mit zehn Niken auf dem Haupt,

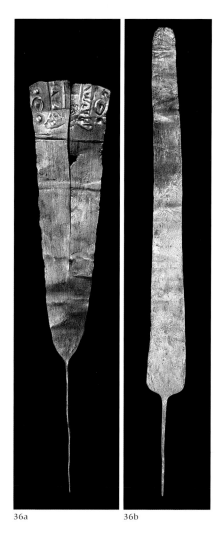

36a   36b

die Hera von Chalkis wurde bereits im 4. Jahrhundert v. Chr. auf Münzbildern mit einer drei-
fachen Perlenkrone oder einem Diadem mit
fünf menschlichen Köpfen dargestellt und gilt
damit als eines der Vorbilder für die in der römischen Kaiserzeit beliebten Büstenkronen.

Lit.: Karo 1930, Nr. 1, Taf. 11–12. – Sp. Marinatos/
M. Hirmer, Kreta und das Mykenische Hellas (1959)
Taf. 128–131. – E. Townsend Vermeule, Götterkult.
Archaeologia Homerica III, Kap. V (Göttingen 1974). –
V. Müller, Der Polos. Die griechische Götterkrone
(1915). – U. Kron, Götterkronen und Priesterdiademe.
In: Armağani. Festschrift für Jale Inan (Istanbul 1989)
373–390. [R.G.]

36a Goldfeder

Lurin, Peru. Lambayeque-Kultur.
800–1350 n. Chr.
H. 22,3 cm; B. 4,4 cm; Gew. 10,49 g.
Ethnologisches Museum, Staatliche Museen
zu Berlin Inv. VA 31795, Slg. Gretzer 2272/07.

Nadeln mit gefiederten Enden sind häufig Teil
eines Kopfputzes, die in die Stirnseite von Diademen gesteckt sind. Die beiden angedeuteten

Federn dieser Nadel enden in stilisierten Feli-
denköpfen mit sichtbaren Reißzähnen, die spie-
gelbildlich zueinander angeordnet sind.

Lit.: A. Baessler, Altperuanische Metallgeräthe, Taf.
23, 24. – E. Boone (Hrsg.), Andean Art at Dumbarton
Oaks (Washington D.C. 1996). [M.F.]

36b Goldfeder

Lurin, Peru. Lambayeque-Kultur.
800–1350 n. Chr.
H. 24,5 cm; B. 2,0 cm; Gew. 7,09 g.
Ethnologisches Museum, Staatliche Museen
zu Berlin Inv. VA 31793, Slg. Gretzer 2272/07.

Teil eines Kopfputzes in Form einer stark stilisierten Feder.

Lit.: A. Baessler, Altperuanische Metallgerathe, Taf. 23,
24, Taf. 24, Fig. 354. – E. Boone (Hrsg.), Andean Art
At Dumbarton Oaks (Washington D.C. 1996). [M.F.]

37 Gesteck mit Darstellung der
Zentralgottheit von Tiwanaku

Titicacasee (?). Tiwanaku-Kultur.
800 n. Chr. ± 300.
L. 25,3 cm; Gew. 106,4 g.
Staatliches Museum f. Völkerkunde München
Inv. G 3599.

Goldfeder mit Gravierung, die den Kopf des
Zentralgottes wiedergibt, der auf dem steinernen Sonnentor in der Ruinenstätte Tiwanaku
südlich des Titicacasees zu sehen ist. Angeblich
von der Sonneninsel im Titicacasee. Die Gravur
sollte durch Einfärbung herausgeholt werden.

Lit.: vgl. H. King, Rain of the Moon – Silver in Ancient
Peru (New York 2000) 32, Abb. 5. [H.S.]

38 Trapezförmiger Kopfschmuck
(o. Abb.)

Chanchán bei Trujillo, Peru. Chimú-Kultur.
Silber, vergoldet. L. 22 cm; B. 7–14 cm.
Museum f. Völkerkunde München Inv. 59-24-1.

Trapez aus vergoldetem Silberblech mit Flach-
relief, womöglich Teil eines Kopfputzes, das
Vögel mit ausladendem Kopfschmuck zeigt.
[H.S.]

37

39

39 Becher mit Zinnoberbemalung und plastischem Dekor

Nordküste von Peru. Lambayeque-Kultur
(Sicán).
9.–10. Jh. n. Chr.
Goldblech, gehämmerte Verzierungen, Zinnoberbemalung. H. 12 cm; Dm. 9 cm.
Linden-Museum Stuttgart Inv. 119132.

Dieser Becher war mit reichen Einlagen versehen. Möglicherweise bestanden sie aus Türkis, Lapislazuli oder Fragmenten der Spondylus-Muschel. Die Rohmaterialien mussten aus weit entlegenen Regionen wie dem heutigen Ecuador (Spondylus) oder Chile (Lapislazuli) eingetauscht werden. Das Motiv zeigt einen sitzenden Adligen, was aus seiner prachtvollen Ausstattung mit (Feder-)Krone und Häuptlingsstab zu erkennen ist.

Lit.: Sicán 1997. – R. Stone-Miller, Art of the Andes from Chavín to Inca (London 1995). [D.K.]

40 Goldbesatz und Schmuck eines Zeremonialgewandes *(Abb. 11)*

Bernstorf, Lkr. Freising.
15.–14. Jh. v. Chr.
Archäologische Staatssammlung München
E 1998/28-29; 38-40.

a) Sechs Teile eines unvollständigen Blechgürtels aus Gold; die dreieckig zulaufenden Endstücke sind je mit einem Befestigungsloch zum Aufbinden des Gürtels versehen. Der Gürtel wurde vor seiner Deponierung zerschnitten. Die Verzierung besteht aus einer Reihe einfacher Kreispunzen und einer Reihe von hängenden, strichgefüllten Dreiecken; beide Reihen voneinander getrennt durch eine feine Punktreihe. Erhaltene L. 49,8 cm; B. 2,5 cm; Gew. 17,6 g.

b) Diademartiges Goldblech mit spitz zulaufenden Enden. Das vermutlich als Gewandverschluss oder Brustschmuck verwendete Blech wurde zusammen mit sieben Anhängern (c) in einem bereits zerfallenen Erdbrocken gefunden. Der Rand des Bleches ist umlaufend mit kleinen spitzovalen Eindrücken gesäumt, nach innen begleitet von einer eingedrückten Linie. An den Seiten je ein Paar Befestigungslöcher. In der Innenfläche fünf einfache Kreispunzenverzierungen in drei unterschiedlichen Größen. Die Enden sind, ähnlich wie beim Gürtelblech, asymmetrisch dreieckig gestaltet, zusätzlich wurde das Blech am Ende jeweils an einer kleinen Stelle gefalzt. L. 13,5 cm; B. 2,5 cm; Gew. 5,1 g.

c) Sieben Anhänger mit Mittelbuckel, in einer Ecke jeweils Lochung zum Aufhängen. Der Mittelbuckel ist mit einer Rille umgeben und von vorne gedellt, so dass der Eindruck von (Sonnen?-) Strahlen entsteht. L. 2,5 cm; Gew. je 0,9 g.

d) Mit großen, strichgefüllten Dreiecken verziertes Goldblechfragment, an beiden Seiten rechtwinklig abgeschnitten. Der Rand ist wie bei dem diademartigen Goldblech (b) mit spitzovalen Eindrücken gesäumt, begleitet von einer Linie. Am Rand zwischen den ersten beiden Dreiecken jeweils ein paar Befestigungslöcher. Das Fragment könnte zu einem Armband gehört haben. L. 9,5 cm; B. 2,5 cm; Gew. 3,4 g.

e) Dick zusammengefaltetes Goldblech, an einer Stelle noch Rest einer Punzverzierung erkennbar. Das aus dem Rahmen der übrigen Teile fallende Blech könnte als Votivgabe gedeutet werden. L. 2,8 cm; Gew. 6,9 g.

f) Drei Goldblechteile, die ursprünglich um ein oder mehrere stabförmige Gebilde gewickelt waren. Das kleinere Goldblechfragment ist flächig mit in Reihen angebrachten Punkten verziert, die anderen beiden Bleche waren gegenläufig gewickelt und sind jeweils an der Schauseite durch eine doppelte Punktreihe verziert. Im Inneren eines Stückes, das bei der Auffindung noch vollständig in ein Lehm-Sandgemisch eingebettet war, befand sich ein Stück eines verkohlten, ursprünglich geschnitzten Eichenholzstabes. Das Holz wurde durch eine ^{14}C-Datierung auf 2995 ± 40 BC datiert, was einem kalibrierten Alter von 1400–1100 v. Chr. entspricht. L. 7 u. 19 cm; Gesamtgew. 15,4 g.

g) Nadel aus Goldblech mit Plattenkopf, der im Zentrum mit in einem Kreis angeordneten Einstichen verziert ist. Die Nadel war bei der Auffindung vollständig in einen Klumpen aus Lehm-Sandgemisch eingebettet. Die Nadel ist aus drei Teilen gearbeitet. In der Mitte des Kopfes befindet sich eine verdichtete Zone, offenbar aus zusammengefaltetem Blech. Möglicherweise ist darin auch noch organisches Material eingewickelt. L. 33 cm; Gew. 8,9 g.

h) Großes, kronenartiges Diadem aus Goldblech mit fünf Aufsätzen. Das Diadem war bei der Auffindung vollkommen zu einem Ballen zusammengefaltet. Das Diadem wurde aus sieben Blechstreifen hergestellt, der Reif aus zwei aneinandergefalzten Blechen, an der oberen Kante wurden durch Schlitze geschoben und umgebördelt die fünf Aufsätze angebracht. Am Reif und den Fortsätzen finden sich jeweils sehr sorgfältig angebrachte Befestigungslöcher. Der Reif des Diadems ist in der oberen Zone alternierend mit hängenden strichgefüllten Dreiecken und kleinen Kreispunzen verziert, in der unteren mit mittelgroßen Kreispunzen. Im mittleren Bereich sind jeweils auf der Höhe der Leerräume zwischen den Zacken sanduhrförmige Dreiecksmuster angebracht. Der Reif ist umlaufend von einer Linie und nach außen mit senkrechten Strichen gesäumt. Der Mittelfalz zwischen den beiden Reifblechen wurde durch eine Punktdellenreihe angedrückt. Die Aufsätze des Diadems sind alternierend mit einer großen Kreispunze und einer kleinen Punktdelle verziert, der Rand ist gesäumt von einer Linie und senkrechten Strichen. L. 43 cm; Gew. 49,9 g.

i) Sechs durchbohrte Bernsteinstücke, gefunden im Bereich der Goldbleche und zweifelsohne zu dem Fundkomplex gehörig. L. 2,4–4,7 cm.

Der Goldfund von Bernstorf wurde 1998 von zwei Hobbyarchäologen, Manfred Moosauer und Traudl Bachmaier, im Bereich einer bronzezeitlichen Burganlage entdeckt. Die Stücke wurden zwischen Wurzelstücken gefunden, die nach einer Rodung von einer Schubraupe auf einem großen Haufen zusammengeschoben wurden. Durch sofortige Fundmeldung konnte die Mehrzahl der Objekte von der Archäologischen Staatssammlung geborgen werden und so wenigstens noch einige wichtige Details festgestellt werden. Zu den wichtigsten Ergebnissen der Grabung gehörte der Nachweis, dass ursprünglich wohl sämtliche Fundstücke vor ihrer sorgfältigen Niederlegung in kleine Hüllen aus Ton-Sandgemisch eingebettet wurden, ein Vorgang, der aus dem östlichen Mittelmeerbereich bei Weihungen bekannt ist *(vgl. Kat. 42).*

Die geborgenen Goldbleche stellen eine nahezu vollständige Tracht-Ausstattung der Bronzezeit dar, mit Kopfschmuck, Brustschmuck, Gürtel und Nadel. Die Ausstattung wurde als komplettes Ensemble aus einzelnen, 2,5 cm breiten Blechen gefertigt. Im Gegensatz zu den spätbronzezeitlichen mitteleuropäischen Goldfunden wurden bei der Herstellung keine Metallpunzen verwendet. Die Art der Eindrücke lässt auf Knochen- oder Holzwerkzeuge schließen. Das verwendete Gold ist nahezu rein, es enthält Kupfer und Zinn lediglich mit einem Anteil von jeweils unter 0,5 %, Silber von unter 0,2 %. Da solches Gold in der Natur nicht vorkommt, muss es geschieden worden sein. Dieser Prozess ist in der Antike belegt als sogenanntes Zementationsverfahren mit Salz. Dabei handelt es sich um einen Glühprozess der Gold-Silberlegierung mit verschiedenen Zusätzen, vor allem mit Kochsalz. Die Scheidung erfolgt durch die Bildung von Silberchlorid (AgCl).

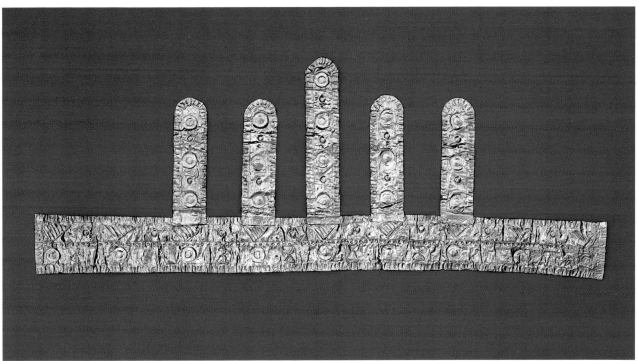

40h

40f

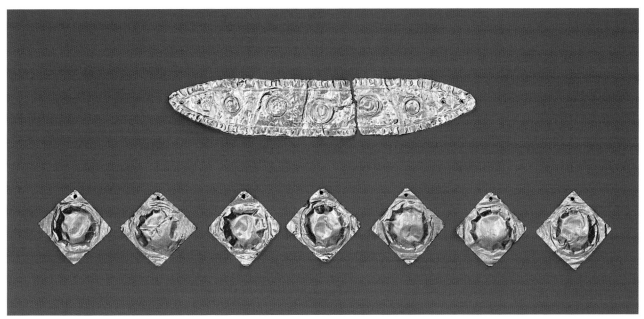

40b (oben), 40c (unten)

41

41

41 (Rückseite)

Die Goldbleche von Bernstorf stehen als Objekte im bronzezeitlichen Fundmaterial Südbayerns einzig da. Auch nur annähernd Vergleichbares kann man bei der antiquarischen Analyse unter dem einheimischen Material kaum finden. Auffallend sind dagegen die mediterranen Bezüge des Komplexes, vor allem durch das große Diadem von Bernstorf, das der Idee der mykenischen Diademe entspricht. Die Idee des Diadems geht auf die Hochkulturen des östlichen Mittelmeerraumes und des Vorderen Orients zurück. Die ältesten, frühbronzezeitlichen Diademe aus Gold- und Silberblech stammen aus Kreta und von den Kykladen. Zugleich kennt man aus der frühen Bronzezeit auch aus Kleinasien, Anatolien, dem Vorderen Orient und Ägypten die Verwendung dieses Kopfschmuckes. Spektakuläre Beispiele sind die Diademe aus dem berühmten Schliemannschen Schatz aus Troja. Aufgrund der hohen Mittel-

bereiche vermutet man, sie wären an einem textilen Träger befestigt oder dienten der Verzierung von Kultfiguren.

Die Analyse des Bernstorfer Fundkomplexes ergab, dass es sich hier eindeutig um keine Grabausstattung handelt. Auch die Verwendung als Zeremonialgewand für einen Priester oder Herrscher scheidet aus, da die Bleche und insbesondere die Nadel so fragil sind, dass sie, selbst wenn sie auf einen Untergrund aufgenäht sind, bei der geringsten Bewegung zerstört würden. Am wahrscheinlichsten handelt es sich daher um die Reste einer ursprünglichen Trachtausstattung eines lebensgroßen Kultbildes. Brandspuren auf dem Gold und der verkohlte Holzstab deuten darauf hin, dass die Reste des Gewandes nach einem Brandereignis vergraben wurden. Unterstützung findet diese Erklärung in der Tatsache, dass nach den Grabungsbeobachtungen vor der Niederlegung sämtliche Teile einzeln mit einem Ton-Sandgemisch ummantelt wurden, also eine nochmalige rituelle Behandlung erfuhren. Vorbilder für solche Kultbilder lassen sich im mykenisch-minoischen Bereich finden, abstrakte Kultbilder, zu denen auch heute nicht erhaltene Holzskulpturen zu zählen sind. Bis in archaische Zeit blieben im griechischen Raum einfache pfeilergestaltige Kultbilder aus Holz oder Stein neben anthropomorphen in Gebrauch, an denen Objekte aus anderem Material, für Gesichter, Füße oder Locken, angebracht werden konnten. Wie später die klassischen, figürlichen Kultbilder wurden sie mit vornehmen, geweihten Gewändern bekleidet.

Lit.: R. Gebhard, Der Goldfund von Bernstorf. Bayer. Vorgeschichtsbl. 64, 1999, 1–18, Taf. 1–8. [R.G.]

41 Zwei gravierte Bernsteinobjekte mit Schriftzeichen

Bernstorf, Lkr. Freising.
15.–14. Jh. v. Chr.
B. 3,2 u. 3,1 cm.
Archäologische Staatssammlung München
E 2000/106.

Im Herbst 2000 wurden wenige Meter von dem Goldfund entfernt zwei Bernsteinstücke mit Gravierungen gefunden. Das erste ist ein 3,2 cm breites, dreieckiges Bernsteinplättchen mit Gravuren an der Vorder- und Rückseite. Die Vorderseite trägt die Gravur eines stilisierten Gesichtes mit Kinnbart in frontaler Darstellung, auf der Rückseite sind drei Bildzeichen erkennbar, darunter in der Mitte ein vierspeichiges Rad. Das zweite ist ein Siegel mit Gravuren von vier Zeichen an der ovalen Schauseite. Das Petschaft auf der Rückseite ist durchbohrt. Das Objekt war bei der Einlieferung noch im Auffindungszustand, eingebettet in eine Ummantelung aus einem lehmigen Sandgemisch. Die Gravur umfasst zwei Zonen: oben drei Schriftzeichen, darunter ein sich über die gesamte Breite erstreckendes Bildzeichen, das auffallend dem kronenartigen Diadem von Bernstorf ähnelt. In der Durchbohrung des Siegelschaftes befanden

sich noch zwei kleine Goldbleche, die wohl zu einer Aufhängung gehörten.

Ein Schriftsystem und damit auch die Deutung der Zeichen bei dem ersten Objekt ist gegenwärtig nicht eindeutig feststellbar. Bei dem Siegel herrscht dagegen Übereinstimmung, dass es sich in der oberen Zone wohl um drei Zeichen der Linear B-Schrift handelt. Die Zeichengruppe »pa-nwa-ti« bzw. im Abdruck »ti-nwa-pa« ist bislang noch nicht in Texten belegt. Es handelt sich wahrscheinlich um einen Namen.

Die Neufunde belegen nach der Entdeckung des Goldfundes erneut einen intensiven Kulturkontakt Südbayerns zum mediterranen Raum, speziell auch zum mykenischen Kreis. Von dem damit verbundenen Gütertausch ist noch wenig bekannt. Bernstein, das Gold des Nordens, war sicher nur eines von vielen Handelsobjekten aus organischem Material, die auch im Süden begehrt waren.

Lit.: unpubl. [R.G.]

42 Tonhülle mit Silberlamellen

Kleinasien.
Mittlere Bronzezeit, 2. Jt. v. Chr.
Ton, Silber. Hülle: L. 10,1 cm; Silberlamellen:
L. 4,8–5,7 cm.
Archäologische Staatssammlung München
Inv. 1990, 177 a–b.

Fünf flache, aus Silberblech ausgeschnittene, lamellenartige Streifen zeigen in Treibarbeit Linien und Punkte, vielleicht sind dabei die äußerst abstrahierten Züge von menschlichen Figürchen gemeint. Sie wurden zusammen in

42

einer Art Umschlag aus Ton aufbewahrt, der heute an einer Seite ausgebrochen ist.

In vielen Heiligtümern der Antike kann man beobachten, dass Weihgeschenke nach einer gewissen Zeit weggeräumt wurden, um neuen Opfergaben Platz zu machen. Da aber alle Geschenke, die dem Gott gehörten, im Tempel verbleiben mussten, deponierte man sie in speziellen Gruben oder in Gefäßen, die man im Tempelbezirk vergrub. Kleine Objekte, wie die vorliegenden Silberstreifen, ummantelte man mit Ton, damit sie nicht verloren gingen.

Lit.: G. Zahlhaas, Orient und Okzident. Ausstellungs-kat. Prähist. Staatsslg. 28 (München 1995) VIII-8. [G.Z.]

43 Goldbesatz und Schmuck eines Zeremonialgewandes *(Abb. 10)*

Bullenheimer Berg, Lkr. Neustadt a.d. Aisch-Bad Windsheim u. Lkr. Kitzingen.
12.–9. Jh. v.Chr.
Archäologische Staatssammlung München
Inv. 1990, 844-846; 1991, 404-505.

a) Langovales Brustblech (»Diadem«) mit flächiger Kreisaugenverzierung, am Rande umlaufend eine feine Perlbuckelreihe zwischen zwei Rippen. Auf der Rückseite haben sich geringe Reste der ehemaligen Verstärkung mit Bronzeblech erhalten. An den Enden je ein Paar Befestigungslöcher. L. 195 mm; B. 16–46 mm; Gew. 4,08 g.
b) Langovales Brustblech (»Diadem«) mit durch Rippen in drei Zonen gegliederter Verzierung aus Perlbuckelreihen und Kreisaugen. Auf der Rückseite befinden sich Reste eines Bronzebleches, das gleichzeitig mit dem Goldblech punziert wurde. An den Enden je ein Paar Befestigungslöcher. L. 199 mm; B. 17–44,5 mm; Gew. 5,55 g.
c) 2 größere Goldblechbuckel mit konzentrischen, gekerbten Treibwülsten und dazwischenliegenden Reihen von Kreisaugenverzierung. Am Rand umlaufend Befestigungslöcher. Dm. 62 und 65 mm; H. 23 mm; Gew. je 8,35 g.
d) 4 Goldblechbuckel mit konzentrischen, gekerbten Treibwülsten und dazwischenliegenden Reihen von Kreisaugenverzierung. Am Rand umlaufend Befestigungslöcher. Dm. 57–59 mm; H. 20–22 mm; Gew. 6,28–6,63 g.
e) 6 Goldspiralringe (Schleifenringe) mit eineinhalb Windungen, am umgeschlagenen Ende ist der Draht tordiert, am anderen Ende plattgehämmert und zusammengedreht. Dm. 74 mm; Gew. 6,97 g. Dm. 72 mm; Gew. 7,13 g. Dm. 82 mm; Gew. 9,19 g. Dm. 69 mm; Gew. 9,58 g. Dm. 82 mm; Gew. 12,59 g. Dm. 79 mm; Gew. 12,75 g.
f) Tongefäß, der Rand fehlt, am Hals eine Reihe einfacher Eindrücke.
g) Bronzeobjekte, die in dem Tongefäß unter den Goldfunden lagen: Armband mit feiner Strichverzierung, Dm. 96 mm, B. 37 mm; Bruchstück eines Armbandes, B. 18 mm; Zerbrochener Fußring mit Rippenverzierung, an der Innenseite Zählmarkierung, L. 109 mm, B. 11 mm;

43

Fußringbruchstück, L. 9,7 cm; 2 Zungensicheln, L. 119 und 124 mm; Tüllenmeißel, L. 115 mm; Tüllenbeitel, L. 103 mm; gekehlter Tüllenmeißel, L. 9,4 cm; Oberständiges Lappenbeil, L. 14,2 cm; Dechsel, L. 11,2 cm.

Im Gegensatz zu dem Komplex von Bernstorf stellt der Komplex vom Bullenheimer Berg ein gebrauchsfertiges Ensemble dar. Sämtliche Schmuck- und Besatzstücke sind so stabil gearbeitet, dass sie ohne weiteres als Bestandteile eine Zeremonialgewandes getragen werden konnten. Besonders anschaulich wird dies an den Brustblechen, die beide an der Rückseite durch ein stabiles Bronzeblech verstärkt sind. Unklarheiten bleiben bei der Rekonstruktion der Trageweise der einzelnen Objekte. So kann bei den sechs Buckeln nur vermutet werden, dass sie einst auf einer Kopfbedeckung aufgenäht waren, vielleicht gehörten sie zu einem Umhang. Der Goldschatz wurde in einem vergrabenen Tongefäß gefunden. Unter dem Gold lagen noch Bronzegeräte und Bronzeschmuck. Der Schatzfund wurde 1989 von Schatzsuchern mit einem Metalldetektor entdeckt, anschließend illegal ausgegraben und mehrfach weiterverkauft. Nach umfangreichen Recherchen konnten die Funde schließlich über den Kunsthandel erworben werden. Ein Zusammengehörigkeitsnachweis des Goldes und des Schatzbehälters gelang durch naturwissenschaftliche Analysen.

Lit.: R. Gebhard, Neue Hortfunde vom Bullenheimer Berg, Gemeinde Ippesheim, Mittelfranken und Gemeinde Seinsheim, Unterfranken. Arch. Jahr Bayern 1990 (1991) 52–55. [R.G.]

43d

44 Drei kleine Goldscheiben *(Abb. s. S. 234)*

Fundort unbekannt.
Dm. 2,7 cm; 3 cm; 3,1 cm.
Archäologische Staatssammlung München
Inv. 2001, 403 a–c.

Die drei flach gewölbten Scheiben aus dünnem Goldblech sind wie die beiden »Diademe« vom Bullenheimer Berg *(Kat. 43)* auf der Rückseite mit Bronzeblech verstärkt. Das Goldblech ist zur Befestigung um den Rand gebördelt. Entlang des Randes sind in regelmäßigen Abständen kleine Befestigungslöcher angebracht. Das Goldblech ist mit einer sehr feinen Kreispunze, bestehend aus einem Mittelbuckel und drei konzentrischen Ringen, verziert. Bei den beiden größeren Scheiben sind um den Mittelbuckel sechs Punzen angebracht, entlang des Randes zwölf. Die kleine Scheibe hat eine Innenzone mit fünf und eine Außenzone mit neun Kreispunzen.

Lit.: unpubl. [R.G.]

44

45 Der »goldene Hut« von Schifferstadt

Schifferstadt, Kr. Ludwigshafen.
Späte Bronzezeit, 13./12. Jh. v. Chr.
H. 29,6 cm; Dm. 18,1 cm; Gew. 350 g.
Historisches Museum der Pfalz, Speyer
Inv. 1934, 20.

Der sog. »goldene Hut« wurde 1835 beim Um-
graben eines Ackers gefunden. Er stand auf
einer Platte, an den Schaft waren drei Beile angelehnt. Aufgrund der damaligen Gebietszuge-
hörigkeit kam er in das Bayerische Nationalmuseum. In dessen Bestandskatalog wurde eine
Interpretation des Fundes gegeben, die nach
langer, anders verlaufender Diskussion in vielen Punkten heute wieder Gültigkeit hat: »...
Dieser sowie ein ähnlicher ›Hut‹ im Louvre zu
Paris [gemeint ist der 1844 bei Avanton, Dép.
Vienne, gefundene Schaft eines Goldkegels]
war einst Bestandtheil einer Kopfbedeckung
ähnlich der Tiara der assyrischen Könige ...«.
1934 wurde der »goldene Hut« vom Bayerischen
Nationalmuseum gegen einen Bronzehelm,
Bronzeschwert und einen Barbetrag vom 5 000
RM getauscht. In der betreffenden Stellung-
nahme an das Staatsministerium für Unterricht
und Kultus hieß es: »Der Goldene Hut von Schifferstadt ist bis heute ein Fremdkörper in der
Prähistorischen Abteilung der Sammlungen des
Bayerischen Nationalmuseums gewesen, da
diese Sammlung sonst nur Gegenstände aus
dem rechtsrheinischen Bayern enthält. Wenn
auch die Direktion des Nationalmuseums sonst
grundsätzlich gegen die Abgabe ausgestellter
wertvoller Sammlungsgegenstände Stellung
nimmt, so glaubt sie in diesem Falle aus den
oben angeführten Gründen eine Ausnahme be-
fürworten zu können. Das angebotene Tausch-
objekt nebst Aufzahlung halte ich für angemessen [3.2.34, gez. Buchheit].«

Lit.: G. Hager/J. A. Mayer, Die vorgeschichtlichen und
merovingischen Altertümer. Kat. des Bayer. Nationalmuseums 4 (1892) 74 f. – Menghin/Schauer 1977, 62.
[R.G.]

46 Goldhut (Abb. s. S. 228)

Ezelsdorf-Buch, Kr. Nürnberger Land.
Späte Bronzezeit, 11.–9. Jh. v. Chr.
H. 88,3 cm; Gew. noch 310 g.
Germanisches Nationalmuseum Nürnberg
Inv. Vb 8001.

Der Goldkegel von Ezelsdorf war nach Schifferstadt (1835) und Avanton (1844) der dritte
entdeckte Goldkegel. Er wurde zufällig beim
Baumstammroden 1953 entdeckt und in Un-
kenntnis des Objektes zunächst zerhackt. Die
Ehefrau, der dieser Fund merkwürdig vorkam,
legte ein kleines Stück einem Zahnarzt zur Prü-
fung vor und durch einen weiteren glücklichen
Umstand gelangten die Teile schließlich zum
zuständigen Konservator am Germanischen Nationalmuseum Dr. G. Raschke, der dann einen
Ankauf erwirkte. Im Vergleich zu den anderen
Goldhüten weist der Ezelsdorfer Hut die vari-
antenreichste Verzierung auf. Unter den Mustern besonders erwähnenswert ist das 8-spei-
chige Rad als Zeichen der Sonne und kleine
quergeriefte Kegel, die wie Miniaturen des
Goldhutes wirken.

Lit.: Menghin/Schauer 1977, 60. – Schauer 1986. –
W. Menghin/P. Schauer, Der Goldkegel von Ezelsdorf
(Nürnberg 1983) 88. [R.G.]

47 »Berliner« Goldhut (Abb. 44–45; 51)

Fundort unbekannt, wohl Süddeutschland.
Urnenfelderkultur, 10.–8. Jh. v. Chr.
Gold, Bronze. H. 74,5 cm; Gew. 490 g.
Museum f. Vor- und Frühgeschichte, Staatli-
che Museen zu Berlin – PK Inv. IIc 6068.

Der 74,5 cm hohe »Berliner« Goldhut ist auf die
gesamte Länge nahtlos aus einem Stück getrieben. Er gliedert sich formal in die Spitze, den
annähernd zylindrischen Schaft, die 10,0 cm
hohe Kalotte und eine 5,2–5,5 cm breite Krempe. Der Schaft wird durch 16 stark profilierte
Treibwülste horizontal strukturiert und ist von
der Kalotte durch einen vertikal gefälteten
Übergang abgesetzt. Im Falz zwischen dem Ka-
lottenfuß und der Krempe befindet sich ein
Bronzeband von 1,0 cm Breite und 20,3 x 17,5
cm Durchmesser, im Krempenrand mit einem
Umfang von 30,7 x 29,5 cm ist ein tordierter
Bronzedraht eingebördelt. Die Goldfolie hat
eine durchschnittliche Stärke von 0,06 mm und
besteht aus einer mit 9,8 % relativ silberhalti-
gen Legierung, die neben weiteren Spurenele-
menten zudem 0,4 % Kupfer und 0,1 % Zinn
enthält. Das Gewicht des Goldhutes beträgt ein-
schließlich der Bronzeverstärkungen 490 g.

Verzierung: Der »Berliner« Goldhut ist auf
seiner gesamten Oberfläche in 21 unterschied-
lich breiten, horizontalen Zonen mit Punkt-,
Kreis- und Scheibenmotiven in variierender
Form, Größe, Zahl und Kombination verziert.
Aus dem Rahmen fallen nur die Spitze mit dem
achtstrahligen Sternmuster vor gepunktetem
Grund (Zone 1–2) sowie der Doppelfries (Zone
5) aus liegenden Mondsicheln mit zentralem
Punkt und Augenmustern (Abb. 46).

Das flächendeckende Ornament des Goldhutes wurde mit insgesamt 20 verschiedenen
Werkzeugen, darunter 17 Punzen und Matrizen, erstellt. Hauptmuster sind 418 Buckelscheiben mit zwei, drei, fünf oder sechs konzentrischen Ringen aus den exakt, ohne Überschnei-
dungen gesetzten Stempeln Nr. 8 bis Nr. 15.

Lit.: s. Beitrag Menghin. [W.M.]

48 Helm (Abb. s. S. 236)

Finca Morabo, Kolumbien. Quimbaya-Kultur.
400–700 n. Chr.
Dm. 19 cm; Gew. 561,5 g; Feingehalt nach
Stichprobe: 750/000.
Ethnologisches Museum, Staatliche Museen
zu Berlin Inv. VA 14618, Slg. Baessler 1899.

Der aus hochkarätigem Gold gearbeitete Helm
ist zunächst in seiner Grundform, inkl. Wulst,
gegossen worden. Anschließend wurden das
am Rand umlaufende Muster sowie die beiden
stilisierten menschlichen Figuren auf beiden
Seiten des Helmes getrieben. Die kleinen, paarweise ausgeschlagenen Löcher an zwei gegenüberliegenden Seiten des Helmrandes zeigen
deutliche Gebrauchsspuren. Demnach wurde
der Helm – von Schnüren gehalten – mit dem
Wulst über dem Scheitel getragen.

48

51 Fünf Tunjos *(Abb. s. S. 238)*

Kolumbien. Muisca-Kultur.
7.–16. Jh. n. Chr.
Tumbaga, aufgelötete Einzelelemente.
L. 8,5; 8,5; 9,3; 16 u. 20 cm.
Linden-Museum Stuttgart Inv. 81394; 115964;
81303; 81302; 31310.

Bei den Tunjos genannten Opfergaben handelt
es sich um Figürchen, die im Wachsausschmelzverfahren hergestellt wurden. Einzelne Drähte
scheinen nachträglich aufgelötet worden zu
sein.

Die Tunjos können Menschengestalt annehmen oder auch Tierdarstellungen wie Vögel
oder Raubkatzen sein. Bei den anthropomorphen Figürchen handelt es sich um Darstellungen der Häuptlinge oder *Kaziken* der Muisca,
die gleichzeitig auch religiöse Oberhäupter dieser Gesellschaft waren. Man erkennt sie an
ihren Herrschaftsattributen wie Kopfschmuck,
Halsketten, Szepter oder Häuptlingsstäbe sowie
Brustplatten. Die Tunjos wurden in Serie hergestellt, es kam auf die Menge an und nicht auf
die vollendete Ausgestaltung des einzelnen.
Man stellte sie in zylindrischen Tongefäßen
auf den Gräbern von Verstorbenen als Opfergaben ab.

Der Kupferanteil bei allen Objekten aus dem
Muiscagebiet ist sehr hoch, da diese Gruppe
nicht über eigene Goldvorkommen verfügte,
sondern Gold in Form kleiner Plättchen, den Te-
juelos, von anderen Gruppen gegen Textilien
und Salz eintauschen musste. Kupfer hingegen
gab es im eigenen Gebiet. Dennoch wollte man
auf Gold als Herrschaftsattribut nicht verzich-
ten, das Tragen von Goldschmuck war den »einfachen Leuten« im Muiscagebiet bei Strafe verboten.

Lit.: D. Kurella, Goldhandel im vorspanischen Kolumbien. In: El Dorado. Das Gold der Fürstengräber (Berlin, München, 1994) 57–68. – dies., The Muisca. Chiefdoms in Transition. In: E. Redmond (Hrsg.), Chiefdoms
and Chieftaincy in the Americas (Gainesville 1998)
189–216. [D.K.]

Wenige Helme der Quimbaya sind erhalten.
Dieser Helm ist mit einem weiteren (VA 14617)
in fünf Meter Tiefe in einem Grab auf der Finca
Morabo (Distr. San Francisco, Dept. Cauca) gefunden worden. Weitere Helme sind Teil des
sog. »Tesoro Quimbaya«, einem Goldfund, der
im Jahre 1892 vom kolumbianischen Staat der
spanischen Königin zum Geschenk gemacht
wurde, andere befinden sich im Museum of
Mankind in London.

Lit.: I. v. Schuler-Schömig, Werke indianischer Goldschmiedekunst. Staatliche Museen Preußischer Kulturbesitz, Berlin (Berlin 1981) 17, Abb. III. – S. Rovira
Llorens, El oro de los quimbayas. El Oro de América
(Sevilla 1992) 104–109. [M.F.]

49 Anhänger

Gegend von Ibague, Kolumbien. Tolima-
Kultur. 0–500 n. Chr.
H. 17 cm; B. 18,5 cm; Gew. 288,2 g; Feingehalt nach Stichprobe: 585/000.
Ethnologisches Museum, Staatliche Museen
zu Berlin Inv. VA 13677, Slg. Benedict Schön-
feld, Hamburg 1152/99.

Der flache Anhänger wurde zunächst in der
verlorenen Form gegossen und nachträglich
durch Hämmern gestreckt. Die stilisierte Figur
konnte mittels einer am rückwärtigen Kopfan-
satz angegossenen Öse als Anhänger getragen
werden.

Stark stilisierte menschliche Figuren sind für
die Tolima-Kultur am mittleren Magdalena-
Fluss typisch. Sie sind in der Regel mit ausgebreiteten Armen und Beinen dargestellt. Das
Gesicht ist häufig eine Mischung von menschlichen Zügen mit Andeutungen tierischer Merkmale. Auffällig ist der oft aufwändige Schmuck:
Kopfputz, Ohrschmuck und Zeichnungen im
Gesicht, bei denen Körperbemalungen angedeutet sein könnten.

Lit.: I. v. Schuler-Schömig, Werke indianischer Goldschmiedekunst. Staatliche Museen Preußischer Kulturbesitz, Berlin (Berlin 1981) 14. [M.F.]

50 Nasenschmuck

Kolumbien. Quimbaya-Kultur.
200–1000 n. Chr.
H. 5,4 cm; B. 6,6 cm; Gew. 4,38 g.
Ethnologisches Museum, Staatliche Museen
zu Berlin Inv. VA 14621.

Der Nasenschmuck wurde in die Nasenscheide-
wand geklemmt getragen und verdeckte somit
einen großen Teil des Mundes. Der Nasenschmuck wurde aus gehämmertem Gold gearbeitet und mit Pressverzierung versehen. Neben
geometrischen Mustern sind zwei stilisierte
Vögel (über Kopf) zu erkennen.

Lit.: W. Bray, El Dorado – Der Traum vom Gold (Hannover 1979). [M.F.]

50

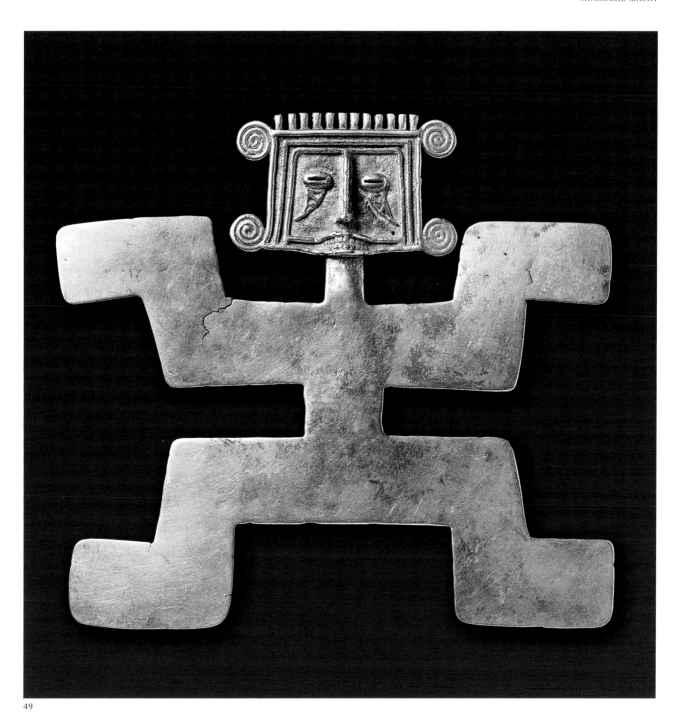

49

51

51

52a Pektoralscheibe

Kolumbien. Calima-Kultur.
Yotoco-Phase, 1.– ca. 12. Jh. n. Chr.
Gehämmertes Gold. Dm. 14,5 cm.
Linden-Museum Stuttgart Inv. 30087.

Runde Brustplatte. Die Verzierungen, zwei
Innenbänder und ein aus Punkten bestehendes
Außenband, sind von innen gearbeitet. [D.K.]

52b Zwei halbmondförmige Pektorale mit Anhängern

Kolumbien. Calima-Kultur.
Yotoco-Phase, 1.– ca. 12. Jh. n. Chr.
L. 14,5 cm; B. 11,5.
Linden-Museum Stuttgart
Inv. M 30090-30091.

Gehämmertes Goldblech, mit Golddraht befestigte Anhänger. [D.K.]

52c Halskette

Kolumbien. Calima-Kultur.
Yotoco-Phase, 1.–12. Jh. n. Chr.
Gehämmertes Goldblech, die einzelnen Elemente sind abwechselnd mit kleinen gegossenen, zylindrischen Schmuckperlen aufgefädelt. L. 53 cm.
Linden-Museum Stuttgart Inv. M 30092.

Das Schmuckensemble gehörte einer hochrangigen Persönlichkeit der Calima-Kultur. Gold galt im präkolumbischen Amerika als Zeichen edler Abstammung, das Tragen von Goldschmuck war in den meisten Kulturen den Adligen vorbehalten. Die Gräber der Häuptlinge des Caucatals, in dem auch die Calima-Kultur beheimatet war, gelten als besonders reich an Goldobjekten. Das komplette Ensemble eines Häuptlingsgrabes, ebenfalls der Calima-Kultur, ergab eine fast völlige Bedeckung des Körpers durch Goldschmuck, der das menschliche Antlitz absichtlich verschwinden ließ. Zahlreiche bewegliche Goldplättchen, wie auch hier an den beiden Pektoralen, steigerten den Effekt eines Auftrittes vor den Untergebenen noch weiter. Häuptlinge sollten nicht als Menschen, sondern als dem Übernatürlichen verhaftete und zugeordnete Wesen gesehen werden.

Lit.: M. Cardale de Schrimpff u.a. (Hrsg.), Calima: Trois cultures précolombiennes dans le Sud-Ouest de la Colombie (Lausanne 1991). – W. Bray u.a., Pro Calima. Archäologisch-ethnologisches Projekt im westlichen Kolumbien/Südamerika. Pro Calima Field Reports 1–5, 1981–1988. [D.K.]

53 Armmanschette mit angelöteten Halbkugeln (Rasseln)

Nordküste von Peru.
Präkolumbisch.
Goldblech, geklammerte kleine Rasselschalen. H. 14,5 cm; Dm. 9 cm.
Linden-Museum Stuttgart Inv. 119135.

Die kulturelle Zugehörigkeit dieses Rasselschmucks kann nicht mehr nachvollzogen werden. Bei religiösen Zeremonien spielt Musik

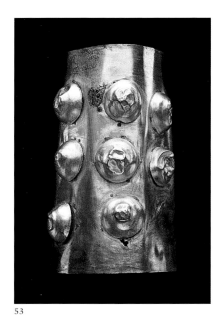

53

52a/b

auch in indianischen Kulturen eine große Rolle. Bei den Völkern Amazoniens gehört Rasselschmuck, zumeist in Form von Gürteln, Arm- und Fußbändern, an denen Fruchtschalen befestigt sind, zum unverzichtbaren Zubehör bei Ritualtänzen. [D.K.]

54 Armmanschette mit Maskenverzierung *(Abb. s. S. 240)*

Nordküste von Peru.
Präkolumbisch.
Goldblech, gepunzte Verzierungen.
H. 11 cm; Dm. 7 cm.
Linden-Museum Stuttgart Inv. 119133.

Die eingepunzten Verzierungen sind stilisierte Masken. Neben Arm- und Beinschmuck sowie Gewandplatten aus Edelmetall gehörten auch Masken aus Gold- und Silberblech zur Ausstattung eines Priesterkönigs. Die menschliche Gestalt sollte so wenig wie möglich sichtbar sein, um die göttliche Herkunft des Königs zu unterstreichen. [D.K.]

55 Armband *(Abb. s. S. 240)*

Ancón, Peru. Nasca-Kultur.
Um 800 n. Chr.
H. 3,2 cm; B. 8,4 cm; T. 7,6 cm; Gew. 23,35 g; Feingehalt nach Stichprobe: schlechter als 333/000.
Ethnologisches Museum, Staatliche Museen zu Berlin Inv. VA 5406, Slg. Macedo 498/84.

Das aus Goldblech gearbeitete Armband ist auf der gesamten Länge mit getriebenen Rauten bedeckt. Innerhalb der Rauten und in den dazwischenliegenden Dreiecken sind blütenartige Muster gepunzt.
    Die Nasca-Kultur von der Südküste Perus ist bekannt durch riesige Scharrbilder (Geoglyphen) in Form von geometrischen Figuren

52c

54

55

(Linien, Dreiecke) und figürlichen Darstellungen von Tieren und Pflanzen, deren Bedeutung bis heute nicht eindeutig geklärt ist. Der archäologische Befund bezüglich der politischen Organisation der Nasca gibt keinen Hinweis auf einen Staat, sondern deutet eher auf Häuptlingstümer mit einer gemeinsamen Religion und ähnlichen gestalterischen Formen in der Verarbeitung von Edelmetallen hin.

Lit.: Artes y Tesoros del Peru. Culturas Precolombinas. Nazca (Lima 1984). [M.F.]

56 Ohrpflockpaar

Chanchán bei Trujillo, Peru. Chimú-Kultur.
1300 n. Chr. ± 200.
Dm. 11,7 cm.
Staatliches Museum f. Völkerkunde München
Inv. 59-24-2.

Ohrpflock aus vergoldetem Silber oder Kupfer. Er besteht aus einem hohlen, nach hinten offenen Zylinder, der mit einer schlecht erkennbaren Ritzzeichnung versehen ist.

Auf der Vorderseite befindet sich eine tellerartig vertiefte Scheibe mit reicher figürlicher Reliefarbeit. Die Darstellung zeigt auf der unteren Hälfte rechts einen liegenden oder wohl richtiger schwimmenden Mann mit ausladendem Kopfputz über oder hinter einem Binsen-

floß, und ihm gegenüber wohl ein Robben-ähnliches Phantasiewesen, ebenfalls mit einem ausladenden Kopfputz, mit Arm-ähnlichen Vorder- und Hinterflossen und zwei Finnen auf dem Rücken, also dreieckigen Rückenflossen. Es handelt sich wohl um eine Meeresgottheit.

Unterhalb des Meerestieres befindet sich ein Papagei, unterhalb des Mannes ein anderes Tier und wohl ein zweites Binsenfloß. Weitere Meerestiere befinden sich über den beiden Gestalten, über den Füßen des Mannes und dem Schwanz des Tieres. Über dieser Szene ein Querbalken mit einer Art Quaste zu beiden Seiten und zwei größeren quastenförmigen Zeichen darüber; links und rechts daneben zwei Papageien. Das Bild umgibt ein Kreis-Band mit Wellenwesen, Nymphen entfernt vergleichbar. Dies Relief weist mit seinen Papageien womöglich auf ein tropisches Gebiet hin. Es könnte die Küste Ecuadors gemeint sein, mit deren Bevölkerung die Händler der Chimú-Kultur Tauschhandel trieben. [H.S.]

57 Nasenschmuck

Cerro Corbacho, Zañatal, Peru.
Formativum, 800–200 v. Chr.
L. 13 cm; H. 9 cm.
Staatliches Museum f. Völkerkunde München
Inv. N.M. 306.

Nasenschmuck aus Goldblech mit Flachrelief. Zwei Personen entspringen Maispflanzen und eilen in entgegengesetzte Richtungen davon. Dabei wenden sie sich die Gesichter zu. Die Figuren tragen einen Halsreif, an dem ein Schmuck für den Oberkörper angebracht ist, überdies sind sie mit Ohrschmuck und Tränenspur geschmückt. Von den Augen nach oben und von den Hüften seitwärts gehen Bänder mit Schlangenköpfen ab. Auf dem Kopf tragen sie Kronen mit nach oben weisenden Köpfen. Die

jetzt leeren Augenhöhlen enthielten wohl Einlagen aus Stein. Die Männer halten eine Pflanze mit der rechten Hand vor sich und eine zweite mit der Linken hinter sich. Ihr nach hinten gesetzter Fuß geht in die Maispflanze über. Anscheinend handelt es sich um die Darstellung göttlicher Maiszwillinge. Seinen Stilmerkmalen zufolge dürfte der Nasenschmuck vom Cerro Corbacho im Zañatal in Nordperu stammen.

Lit.: vgl. W. Alva, Orfebrería del Formativo. In: José Antonio de Lavalle (ed.), Oro del antiguo Peru (Lima 1992) 17–118. [H.S.]

58 Durchbrochene Kreisscheibe mit Darstellung des »Decapitator«, des »Enthaupters« (Abb. 57)

Peru. Moche-Kultur.
2.–8. Jh. n. Chr.
Gehämmertes Silber mit Ritzverzierung, dazu Silberplättchen. Dm. 20 cm.
Linden-Museum Stuttgart Inv. M 32472.

Die durchbrochene Kreisscheibe stammt mit großer Wahrscheinlichkeit aus der Moche-Kultur an der Nordküste Perus. Sie war möglicherweise eine Gewandplatte oder der Besatz eines Zeremonialschildes und zeigt eine der wichtigsten Persönlichkeiten aus der religiösen Ikonographie der Kulturen des präkolumbischen Andenraumes, den Enthaupter. Er hat eine menschliche Gestalt und trägt eine Maske mit Raubtierzähnen und einem kleinen Fledermaus- oder Eulenkopfaufsatz. In einer Hand hält er einen abgetrennten menschlichen Kopf. In der anderen Hand hält der Enthaupter das typische Opfermesser der Andenkulturen, den halbmondförmigen *tumi* mit langem Schaft. Spektakuläre Funde an der Nordküste Perus bewiesen in den letzten Jahren die Existenz solcher Enthaupter. Die Menschenopfer wurden

56

57

im Rahmen religiöser Zeremonien von Pries-
terkönigen vorgenommen, um Regen und damit
Fruchtbarkeit der Felder von den Göttern zu erbitten. Die Existenzgrundlage der Oasenkultu-
ren der Küste Perus, der Feldbau, war nur auf
durch ausgeklügelte Bewässerungssysteme
fruchtbar gemachten Feldern möglich.

Auch das Material für die Darstellung des
Enthaupters wurde nicht zufällig gewählt: Silber galt im Alten Peru als Symbol für den Mond,
nach dessen Zyklus sich der Agrarkalender richtete.

Lit.: G. Bawden, The Moche (Oxford 1996). – A. Cordy-
Collins, Archaism or Tradition? The Decapitation
Theme in Cuspisnique and Moche Iconography. Latin
American Antiquity 3 (3), 1992, 206–220. – B. Lieske,
Mythische Bilderzählungen in den Gefäßmalereien der
altperuanischen Moche-Kultur (Bonn 1992). [D.K.]

59 Zeremonialmesser *(Abb. 58)*

Hacienda de Pampas, Chicamatal, Peru.
Moche-Kultur.
200–500 n.Chr.
Vergoldetes Kupfer, Steineinlagen. H. 21,5 cm.
Staatliches Museum f. Völkerkunde München
Inv. N.M. 339.

Zeremonialmesser aus Kupfer mit drei Figuren
obenauf. Ein Mann mit hohem Kopfputz sitzt
mit erhobenen, bittenden oder abwehrenden

Händen vor der eulengestalteten Gottheit, die
sich nach vorne beugt. Ihr Arm ist auf das linke
Auge des Mannes gerichtet. Daneben steht der
heroische Gott mit der halbkreisförmigen Stirn-
platte und einem Schlangengürtel, er hält einen
Stab in den Händen. Reste von Vergoldung und
Einlagen aus Türkisen.

Dieses Zepter-Messer fand M. Barrua 1875
innerhalb seines Landguts namens Hacienda de
Pampas im äußersten Nordosten des Chicama-
tales.

Lit.: H. Doering, Kunst im Reiche der Inca (Tübingen
1952) F. 228. – E. F. Mayer, Vorspanische Metallwaffen
und -werkzeuge in Peru. AVA-Materialien (Bonn 1998).
– Ch. Wiener, Perú y Bolivia. Inst. Francés de Estudios
Andinos (Lima 1993) 724 f., 727. – vgl. W. Alva, Sipán.
Descubrimiento e Investigación (Lima 1999) 65. [H.S.]

60a Bartzupfer

Chimú-Kultur. 1300 ± 200 n.Chr.
Gold, Steineinlagen. H. 4,5 cm.
Staatliches Museum f. Völkerkunde München
Inv. N.M. 309.

Bartzupfer aus Gold, dessen Form an ein
Schneckenhaus erinnert. Am Griff befindet sich
die plastisch gestaltete Figur eines Papageien,
dessen Augen Einlagen aus Muschelschalen
und dessen Flügel Einlagen aus grünem Stein
aufweisen. Im Rumpf des Tieres eine Öse.

Die Ureinwohner Amerikas besitzen nur
einen spärlichen Bartwuchs, und daher ist es
bei vielen von ihnen Sitte, sich die Gesichts-
haare auszuzupfen. Diesem Zweck dienten solche Bartzupfer, die zum Teil mit viel Witz zu
kleinen Kunstwerken ausgestaltet sind.

Lit.: H. Doering, Kunst im Reiche der Inca (Tübingen
1952) 62. [H.S.]

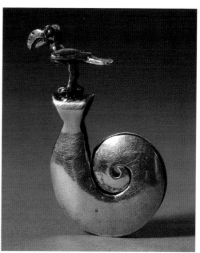

60a

61

62

Perus, ein Zeitabschnitt, in dem sich die religi-öse Kunst, wie bereits der Name sagt, zu formieren beginnt. Goldobjekte wie dieser Stirnschmuck fand man als Hortfunde zusammen mit anderen aus Goldblech gearbeiteten Stücken wie Schalen, Teller, Arm- und Kopfbändern, in Gruben, was eine rituelle Bestattung dieser Schmuckstücke nahelegt.

Lit.: L. Salazar-Burger/R. Burger, Cupisnique. In: Andean Art at Dumbarton Oaks. Vol. 1 (Washington D.C. 1996) 87–100. [D.K.]

62 Diadem

Peru. Ica-Kultur.
1000–1470 n.Chr.
H. 4,7 cm; L. 42 cm; Gew. 30,24 g; Feingehalt nach Stichprobe: 585/000.
Ethnologisches Museum, Staatliche Museen zu Berlin Inv. VA 31716, Slg. Gretzer 2272/07.

Bänder aus Goldblech können je nach Größe Armbänder, Gürtel oder – wie in diesem Falle – Diademe sein. Das Diadem konnte durch einen Faden, der durch die beiden Löcher an den jeweiligen Enden gezogen war, dem Kopfaufsatz angepasst werden. Das Band zeigt, eingeschrieben mittels gepunzter Linien in eingerahmte Felder, Vögel im Flug. [M.F.]

63 Diadem

Tierradentro oder San Agustín, Kolumbien.
0–500 n.Chr. (?)
H. 18,6 cm; B. 21,0 cm; Gew. 50,88 g; Feingehalt nach Stichprobe: 750/000.
Ethnologisches Museum, Staatliche Museen zu Berlin Inv. VA 10234, Slg. Randall-Sokoloski 380/89.

Das Diadem aus Goldblech zeigt eine stark stilisierte weibliche Figur. Das Gesicht der Figur und der stilisierte Körper sind mit einem gepunzten Rand versehen.

Geflügelte Goldbleche sind aus dem gesamten Süden Kolumbiens bekannt. Sie sind in den archäologischen Regionen San Agustín, Tierradentro und Calima gefunden worden. Die Durchbohrungen, die auf allen diesen Blechen vorkommen, legen nahe, dass sie an der Stirnseite von Kopfbedeckungen aufgenäht waren.

Lit.: L. Duque Gomez, Goldmuseum. Kolumbien. Banco de la República (Bogotá 1982) 144. [M.F.]

64 Diadem

Sig-Sig, Tomebamba, Hochland von Ecuador.
Inka-Kultur (?).
1500 ± 50.
Gold.
Staatliches Museum f. Völkerkunde München Inv. G 3491.

Diadem aus Gold, auf der Vorderseite eine Scheibe mit einem stilisierten Gesicht. [H.S.]

60b Kalklöffel (o. Abb.)

Fundort unbekannt. Südamerika.
Wohl 1300 ± 200 n.Chr.
Staatliches Museum f. Völkerkunde München Inv. 56-13-80.

Goldener Kalklöffel mit der Figur eines Mannes, der zwei große Maiskolben in den Händen hält. Auf dem Kopf trägt er Maniok- oder Yukaknollen, eine Knollenfrucht, die in vielen Teilen Südamerikas ein Hauptnahrungsmittel bildet und nach 1500 in vielen tropischen Gebieten rund um die Welt verbreitet wurde. Weitere Früchte befinden sich auf seinem Rücken, sie konnten bislang noch nicht identifiziert werden. Wohl Gottheit der Feldfrüchte. [H.S.]

60c Kalklöffel (Abb. 61)

Fundort unbekannt. Südamerika.
H. 6 cm.
Staatliches Museum f. Völkerkunde München Inv. N.M. 310.

Kalklöffel aus Gold mit der plastisch gestalteten Figur eines Kolibri am Griff. Am Körperansatz befindet sich eine Öse. Reste roter Bemalung sind vorhanden.

Bei Genuss von Coca gab man mit solchen Löffelchen eine Prise Kalk in den Mund, um die Wirkung der Pflanzensäfte zu verstärken.

Lit.: H. Doering, Kunst im Reiche der Inca (Tübingen 1952) 62. – vgl. A. Cordy-Collins, Chimú. In: E. Hill Boone (ed.), Andean Art at Dumbarton Oaks. Vol. 1 (Washington D.C. 1996) 268 f. [H.S.]

61 Stirnschmuck eines Notablen

Nordküste von Peru. Cupisnique-Kultur.
13.–3. Jh. v.Chr.
Gehämmertes Goldblech. L. 40 cm; H. 16 cm.
Linden-Museum Stuttgart Inv. 31946 L.

Dieser Stirnschmuck gehörte einem Notablen der Cupisnique-Kultur. Die dieser Kultur entstammenden Stücke gelten als ein erster Höhepunkt der Formativen Periode an der Nordküste

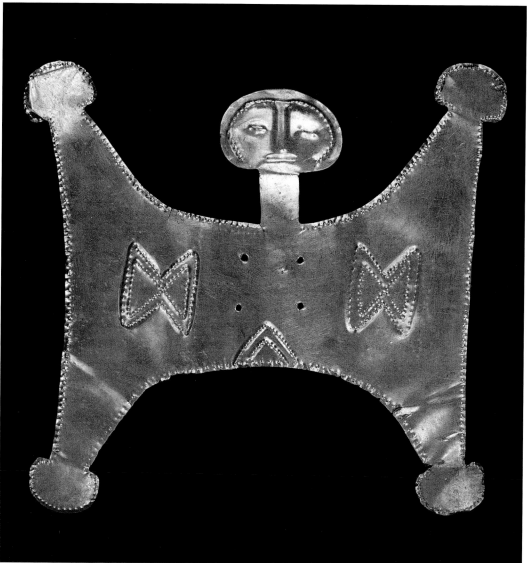

63

64

66

65 Buchdeckel des Evangeliars der Theodolinde

Monza, Domschatz. Vor 603.
Gold mit Perlen- und Steineinlagen und
Resten von Niellierung. H. 34,3 cm.
Kopie Torhallenmuseum Frauenchiemsee.

Das Wort Gottes erhielt im Mittelalter Einbän-
de aus kostbarstem Material wie Elfenbein und
vor allem Gold. Das Evangeliar der Theodolinde
besteht aus Gold und ist nach dem Geschmack
der Zeit über und über mit Perlen, Edelsteinen
und vier großen antiken Kameen geschmückt.
In einem Brief des Papstes Gregor wird das
Evangeliar als »... *theca Persica inclusa(m) ...*«
bezeichnet, d. h. mit einem persischen Einband
versehen. Die in der Tat auf den ersten Blick
orientalisch anmutende Pracht täuscht hingegen, entstanden ist der Einband aufgrund stilistischer Merkmale wahrscheinlich in einer
Goldschmiede der Stadt Rom in der Zeit um
600. Das Papstschreiben informiert uns auch
darüber, dass Theodolinde dieses prächtige
Buch anlässlich der katholischen Taufe ihres
Sohnes Adaloald im Jahre 603 vom Papst geschenkt bekommen hatte. Die nachträglich auf
dem Buchdeckel angebrachte Widmungsin-
schrift bezeugt, dass Theodolinde das Evangeliar an die von ihr in der Nähe ihres Palastes gegründete Kirche zu Ehren Johannes des Täufers
übereignet hatte.

Lit.: H. Dannheimer, Torhalle auf Frauenchiemsee[3]
(München, Zürich 1983) 75 ff., 113 f. [B.H.-G.]

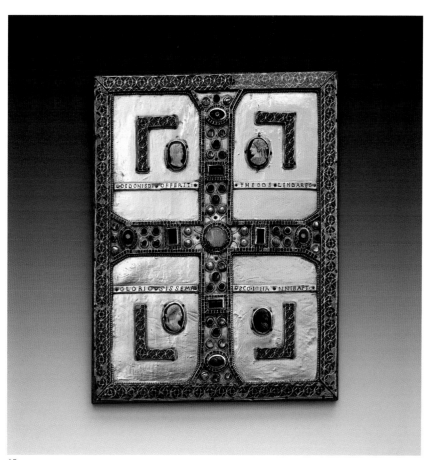

65

66–67 Goldblattkreuze

Zu den besonderen Erscheinungen frühmittelalterlichen Grabbrauches gehörte die Sitte, vornehmen Toten sogenannte Goldblattkreuze mitzugeben. Die
Kreuze wurden aus dünnem, oft verziertem Blech ausgeschnitten und – auf
ein Tuch aufgenäht – den Toten auf Gesicht oder Brust gelegt. Meist bestanden
sie aus Gold und nur sehr selten aus (vergoldetem) Silber. Nur in Oberflacht,
Kr. Tuttlingen ist bislang ein Stoffkreuz nachgewiesen, doch wurde auch hier
ein im Frühmittelalter kostbares Material, nämlich Seide, verwendet.

Die meisten der Bestattungen mit derartigen Kreuzen zeichnen sich durch
reichhaltige Beigaben, aufwändigen Grabbau oder die Lage in einer Gruppe se-
parater Grablegen abseits des allgemeinen Friedhofes aus. Gräber dieser Kategorie lassen sich nur der frühmittelalterlichen adeligen Schicht zuweisen.

Für die Frühgeschichtsforschung sind Goldblattkreuze besonders bedeutsam,
gehören sie doch mit zu den frühesten sicheren Belegen des christlichen Glaubens unter den Germanen. Entwickelt wurde diese Sitte im italischen Lango-
bardenreich, die durch den engen Kontakt zwischen Langobarden und Alamannen bzw. Bajuwaren auch Eingang in das süddeutsche Totenbrauchtum
fand, wo sie jedoch interessanterweise hauptsächlich von den Alamannen ausgeübt wurde.

Lit.: W. Hübener (Hrsg.), Die Goldblattkreuze des Frühen Mittelalters. Veröff. alemann. Inst. Freiburg i. Breisgau
37 (Bühl/Baden 1975). – E. Riemer, Zu Vorkommen und Herkunft italischer Folienkreuze. Germania 77, 1999 (2),
609–636. [B.W.]

67

68b

sitzt im Zentrum eine Fassung mit einer grünen Glaseinlage. Auf den Enden der Kreuzarme sitzen Granalien, die ein Dreieck bilden. H. 5,7 cm; Gew. 8,24 g. Slg. CS 44.

Kreuzanhänger sind in allen Materialien und in allen Variationen weit verbreitet. In viele waren auch Reliquien, z. B. kleine Partikel vom Kreuz Christi, gefasst. Sie konnten einzeln getragen oder größeren Kolliers angefügt werden. Das häufige Tragen von wertvoll gearbeiteten Kreuzanhängern mit integrierten Reliquien belegt, dass der Amulettcharakter von Schmuckstücken wieder sehr zugenommen hat.

Lit.: Rom und Byzanz 1998, Nr. 274, 275, 277. [G.Z.]

66 Goldblattkreuz *(Abb. s. S. 244)*

Spötting Grab 19, Stadt Landsberg a. Lech.
Mitte 7. Jahrhundert.
L. 9,1 x 9,3 cm; Gew. 2 g.
Archäologische Staatssammlung München
Inv. 1986, 6651 a.

Die Grundform ist ein griechisches Kreuz mit sich erweiternden Enden. Die Verzierungen wurden mittels verschiedener Model in das Goldblech gepresst. Im Mittelmedaillon befindet sich die Darstellung eines Menschen mit erhobenen Armen (Gebetsgestus), die Kreuzarme tragen rein ornamentalen Charakter. Das Kreuz wurde in einem Stück aus dem Blech geschnitten.

Lit.: V. Babucke, Nach Osten bis an den Lech. In: Die Alamannen. Kat. Stuttgart 1997, Abb. 270. [B.W.]

67 Goldblattkreuz

Wittislingen, Lkr. Dillingen a. d. Donau.
2. Viertel 7. Jahrhundert.
Gesamtgröße wohl 15 x 15 cm; L. vollständiger Kreuzarm 7,7 cm; Gew. 4,02 g.
Archäologische Staatssammlung München
Inv. IV 1892.

Mehrteiliges Goldblattkreuz. Von den vier Armen sind nur zwei vollständig, ein dritter teilweise erhalten. Möglicherweise gehörte ursprünglich auch ein Mittelstück zu diesem Kreuz. Mehrere kleine Löcher an den Rändern der Kreuzarme dienten zur Befestigung der einzelnen Teile auf einem Tuch.

Die Verzierung besteht aus einem zweizeiligen, punktgefüllten Flechtband, dessen Enden in Vogel- bzw. Eberköpfen auslaufen. Als Rahmung dient eine Perlleiste.

Lit.: J. Werner, Das alamannische Fürstengrab von Wittislingen. Münchner Beitr. Vor- u. Frühgesch. 2 (München 1950) 33–35. [B.W.]

68 Drei Kreuzanhänger

Östlicher Mittelmeerraum. Byzantinisch.
5.–7. Jh. n. Chr.

a) Das Kreuz vom lateinischen Typus, d. h. der untere Arm etwas länger als die anderen drei. Es ist hohl, die obere Seite in Repoussétechnik verziert. An die gabelförmigen Kreuzarmenden sind Medaillons mit Vierpassblüten gefügt. Ein Kreuz im Zentrum entspricht der Form des gesamten Kreuzes. H. 5,6 cm; Gew. 7,03 g. Archäologische Staatssammlung München Inv. 1975, 813.
b) Das Kreuz entspricht dem vorigen, nur sind in den Medaillons Rosetten dargestellt. H. 4,2 cm; Gew. 14,76 g. Slg. CS 903.
c) Das hohle Kreuz vom lateinischen Typus be-

69 Zwiebelknopffibel

Caput Adriae (Aquileia oder Centur bei Koper). Römisch.
30.4.308 bis Sommer 309 n. Chr.
L. 5,3 cm; Gew. 46,9 g.
Archäologische Staatssammlung München
Inv. 1978, 142.

69

70 (2. v. links)

gesellschaftlichen und politischen Macht ihrer Besitzer sehen. Da Imitationen aus wohlfeilem Material wie Bronze fehlen, kann man davon ausgehen, dass Spathen mit Goldblechgriff als eine Art »Rangabzeichen« benutzt oder sogar verliehen wurden.

Lit.: W. Veeck, Die Alamannen in Württemberg. Germ. Denkmäler Völkerwanderungszeit 1 (Berlin, Leipzig 1931) 206, Taf. 68, A 4. – K. Böhner, Germanische Schwerter des 5./6. Jahrhunderts. Jahrb. RGZM 34, 1987 (1989) 421–454. – W. Menghin, Das Schwert im Frühen Mittelalter. Wiss. Beibd. Anz. Germ. National-mus. 1 (Stuttgart 1983) 213, Nr. 41. [B.H.-G.]

71 Degen mit dem Zeichen der Ehrenlegion *(Abb. s. S. 248)*

Martin-Guillaume Biennais, wohl nach Ent-wurf von Charles Percier, Paris, 1804.
Gold, Silber vergoldet, Stahl; L. 90,5 cm.
Bayerische Verwaltung der staatlichen Schlösser, Gärten und Seen, Residenz München, Schatzkammer
Inv. Res. Mü. Schk. 243 (WL).

Griff und Parierstange des Degens sind aus Gold gegossen, die zugehörige Scheide ist mit Schild-patt und Gold beschlagen. Auf dem Griff befin-den sich unter den drei Bienen, dem Adler des französischen Kaiserreiches mit dem Orden der Ehrenlegion die Initiale »N« für Napoleon; die Parierstange trägt die Inschrift »HONNEUR-PATRIE«. Am oberen Teil der Klinge wurden in Goldrelief antikisierende Embleme angebracht: eine Minerva-Büste (SAGESSE), Gesetzestafeln und ihre Urheber (SOLON – JUSTINIEN – NAPOLEON), Schlange mit Spiegel, Strahlen-auge mit Waage; auf der Rückseite zweimal die kapitolinische Wölfin und darunter Löwe und Adler, dazwischen jeweils auf Fahnen die Namen von Schlachten und ihren Siegern (CESAR/PHARSAL – AUGUSTE/ACTIUM – NAPOLEON/MARINGO), den unteren Ab-schluss bildet ein Adler mit Blitzbündel.

Die Zugehörigkeit zur »légion d'honneur« bedeutet bis heute eine große persönliche Aus-zeichnung, erworben in erster Linie durch mi-litärische, aber auch zivile Verdienste für Frank-reich. Gestiftet wurde dieser Orden durch Napoleon Bonaparte, den Ersten Konsul der Re-publik am 29. Floréal an X nach dem Revolu-tionskalender, was dem 19.5.1802 entspricht. Die Einrichtung einer neuen Klasse von Orden war nötig geworden, nachdem in der Revolu-tion alle alten, königlichen Ehrenabzeichen auf-gehoben worden waren. Napoleon benutzte dieses Mittel zur Motivation seiner Untertanen beim Aufbau des Staates nach seinen Vorstel-lungen und vor allem zur Belohnung für Tap-ferkeit, Tugend und Ehre in den zahlreichen Schlachten der nach ihm benannten Kriege.

Die Legion gliederte sich in vier, später fünf Ränge: von unten nach oben Légionaire (Ché-valier), Officier, Commandeur (Commandant), Grand Officier und Grand Aigle (Grand Croix), die sich in der Größe und Ausstattung des fünf-armigen Ehrenkreuzes (mit des Kaisers Kon-

Die Zwiebelknopffibel ist auf dem oberen Bü-gelstreifen mit einem nielloverzierten Ranken-band versehen. Über die beiden Seitenflächen des Bügels verläuft die eingepunzte nielloge-füllte Inschrift in einem gezähnten Rahmen, auf einer Seite MAXENTI VINCAS, auf der an-deren Seite ROMVLE VIVAS. Da diese Fibel-form in Gold zur spätantiken Amtstracht der obersten Ränge von Beamten und Offizieren gehört, handelt es sich bei dem vorliegenden Exemplar um ein offizielles Geschenk anläss-lich eines Jubiläums des Kaisers Maxentius und seines Sohnes Romulus, das zwischen dem Konsularsantritt beider am 30.4.308 und dem Tod des Romulus im Sommer 309 vergeben wurde.

Lit.: H.-J. Kellner, Eine »Kaiserfibel« des Maxentius. Arch. Korrbl. 9, 1979, 209 ff. [G.Z.]

70 Spatha mit Goldgriff

Sindelfingen, Lkr. Böblingen.
2. Hälfte 5. Jh. n. Chr.
Eisen, Gold, Silber. L. 87 cm.
Württembergisches Landesmuseum Stuttgart.

Das zweischneidige Langschwert, die sog. Spa-tha, war die vornehmste Waffe eines frühmit-telalterlichen Kriegers. Lediglich einem kleinen Kreis Privilegierter war diese Waffe vorbehal-ten. Unter den Spathen wiederum nimmt eine kleine Gruppe, deren Griff mit Goldblech belegt ist, eine weitere Sonderstellung ein. Von ihnen sind bislang nur 25 Exemplare bekannt, die alle aus fränkischen oder alamannischen Männer-gräbern der 2. Hälfte des 5. Jahrhunderts stam-men. Die dünnen Goldbleche am Griff machen diese Schwerter für die reelle Kriegsführung untauglich, wir müssen in ihnen ein Symbol der

terfei in der Mitte) und der Anzahl der jeweils Gleichrangigen unterschieden. Die Orden wurden ohne Beachtung der sozialen und nationalen Herkunft verliehen. So war es auch möglich, ausländischen Potentaten im Rahmen einer diplomatischen Geste einen Rang in der Ehrenlegion zuzuerkennen. Ob diese Ehre durch Napoleon dem Kurfürst Max IV. Joseph zuteil wurde, ist ungewiss, da der Degen auch zu dem Nachlass des Stiefsohns Napoleons, Eugène Beauharnais, gehören könnte, der 1806 durch die Heirat der Prinzessin Auguste Amalie der Schwiegersohn Max IV. Josephs wurde.

Lit.: H. Thoma (Hrsg.), Schatzkammer der Residenz München. Katalog (1958). – Schatzkammer der Residenz. Amtlicher Führer (1992). – I. de Pasquier, La légion d'honneur (1992). [R.H./R.G.]

72 Halsring

Stuttgart-Bad Cannstatt Grab 2.
6. Jh. v. Chr.
Dm. 17–18 cm.
Württembergisches Landesmuseum Stuttgart.

Der Halsring aus dünnem Gold wurde zur Verstärkung umlaufend mit Rippen profiliert, dazwischen finden sich je eine Reihe mit gepunzten, nierenförmigen Mustern.

Die goldenen Halsringe waren in frühkeltischer Zeit für kurze Zeit die traditionellen Insignien der Fürsten. Eine viel längere Tradition entwickelt sich bei einer anderen Halsringform, dem Torques, benannt nach seinem einem gedrehten Strick gleichenden Aussehen. Torques gibt es aus Gold, Silber und Bronze. Aus Gold findet man sie ausschließlich als Weihegaben

für die Götter oder als herrschaftliches Rangabzeichen. Den Griechen war der Torques von den Medern und Persern bekannt. Bei den Etruskern kommt er nur bei weiblichen Dämonen und Heroinnen vor. Bei den Römern war er zunächst das Erkennungszeichen für die Kelten schlechthin, später übernahmen sie ihn als militärisches Ehrenzeichen.

Lit.: Zürn 1987, 189 f. [R.G.]

73

73 Fingerring

Manching, Ldkr. Pfaffenhofen a. d. Ilm.
3. Jh. v. Chr.
Dm. 2,1 cm; Gew. 6,1 g.
Archäologische Staatssammlung München.
Inv. 1974, 1737.

Spiralfingerring mit zweieinhalb Windungen. Fingerringe finden sich fast ausschließlich in keltischen Frauengräbern. Meist sind sie aus Silber, die wenigen Goldringe spiegeln die Schichtung in der keltischen Gesellschaftsstruktur. Die Fingerringe der keltischen Frauen sind durch wohl ständiges Tragen oft stark abgenutzt. Ob das Tragen von einzelnen Fingerringen bei den keltischen Frauen auch einen symbolischen Sinn hatte, verschließt sich uns, da schriftliche Berichte fehlen. Der Fingerring aus der Keltenstadt bei Manching stammt aus einem ehemaligen Erdkeller, in dem mehrere Personen hastig verscharrt wurden, darunter auch die Frau, der dieser Ring gehörte.

Lit.: R. Gebhard, Die Fibeln aus dem Oppidum von Manching. Die Ausgrabungen in Manching 14 (Stuttgart 1991) 84. [R.G.]

74 Siegelring des Königs Ramses II.

Fundort unbekannt, Ägypten. Nach der Inschrift auf der Siegelplatte aus dem Grab König Ramses II. im Tal der Könige (KV 7), Theben-West.
Neues Reich, 19. Dynastie, Regierungszeit des Königs Ramses II., um 1250 v. Chr.
Elektron (64 % Gold, ca. 30 % Silber, 5 % Kupfer). L. (Siegelplatte) 2,95 cm; B. (Siegelplatte) 1,90 cm; Dm. Ringöffnung 2,15–2,20 cm; Gew. 52 g.
Staatliches Museum Ägyptischer Kunst München Inv. ÄS 5851.

71a (Vorderseite)

71b (Rückseite)

74

Legierung des Ringes ist als das antike *electrum* bekannt. Bisher veröffentlichte Analysen altägyptischen, aus der 18. und 19. Dynastie stammenden Schmucks aus Elektron ergaben einen Anteil des Goldes von 67–80 %, einen Silberanteil von 15–29 % sowie einen Kupferanteil von 3–8 %; der Siegelring Ramses II. entspricht damit in der Zusammensetzung seiner Metall-Legierung den bisher für Elektron festgestellten Mengenverhältnissen von Gold, Silber und Kupfer.

Da der bis auf einen kleinen Kratzer am oberen Rand der Siegelplatte vollkommen unbeschädigt erhaltene Ring keinerlei Trag- oder Abnutzungsspuren erkennen lässt, wird er zur Grabausstattung des Königs gehört haben. Der außergewöhnlich große Durchmesser der Ringöffnung von maximal 2,20 cm deutet darauf hin, dass dieser Ring über einem Handschuh getragen worden ist. So wurden im Grab des Tutanchamun aus Leinen gefertigte Handschuhe gefunden; sie wurden vom König getragen, wenn er im Streitwagen die Zügel hielt oder den Bogen spannte; zwei Siegelringe gleicher Form – jedoch von wesentlich geringerem Gewicht – befanden sich auch am Mittel- und am Ringfinger der linken Hand der Mumie Tutanchamuns.

Das Grab Ramses II. im Tal der Könige ist bereits während der 20. Dynastie, also kurze Zeit nach der Beisetzung der Mumie mit der kostbaren Grabausstattung geplündert worden, worüber die sog. Grabräuberpapyri – die Prozessakten gegen die Grabräuber (Papyrus Abbott und Papyrus Amherst) – ausführlich berichten. Um 1000 v. Chr. ist die Mumie Ramses' II. dann auf Anordnung des Hohenpriesters Pinodjem in neue Binden gewickelt und in das Versteck der Königsmumien bei Deir el-Bahari – die sog. Mumien-Cachette – umgebettet, d. h. in Sicherheit gebracht worden. Da sich bei der neuzeitlichen Auswicklung der Mumie (1886) keine Schmuckstücke fanden, sind diese somit

bereits in antiker Zeit entfernt und möglicherweise versteckt worden. Aus solch einem Versteck dürfte deshalb vermutlich auch der Münchner Siegelring Ramses II. stammen, einer der zweifellos schönsten bisher bekannt gewordenen Siegelringe aus dem alten Ägypten.

Lit.: H. W. Müller, Ein Siegelring Ramses' II. In: Pantheon XXVII/5, 1969, 359–363, Abb. 1–3. – Müller/Wildung 1976, 125, Nr. 82 mit Abb. – D. Wildung, Vom König gesiegelt. In: A. Grimm/S. Schoske/D. Wildung, Pharao. Kunst und Herrschaft im alten Ägypten. Kat. Kaufbeuren 1997 (München 1997) 115, Nr. 88 mit Abb. – Müller/Thiem 1998, 196, 195, Abb. 410. [A.G.]

75a Magnentius-Ring

Fundort unbekannt. Römisch.
350–353 n. Chr.
Innerer Dm. 2,2 cm; Gew. 10,761 g.
Archäologische Staatssammlung München
Inv. 1998, 8072.

Der gleichmäßig breite Goldreif ist außen in 14 leicht konkave Flächen fazettiert, die durch schmale Doppelstege getrennt sind. In den Feldern befinden sich die Buchstaben der Inschrift, beginnend mit dem Christogramm: MAGNENTIO FIDEM.

75a

Das Exemplar folgt den Goldringen, die als Auszeichnung des Konstantinischen Kaiserhauses verliehen wurden *(vgl. Kat. 75 b)*, wobei hier eine andere im 4. Jahrhundert n. Chr. beliebte Ringform gewählt wurde. Bemerkenswert ist bei diesem einzig bekannten Stück mit einer anderen Kaiserinschrift (sonst nur Constantin und Constans bekannt), dass Magnentius (Usurpator 350–353, als Gegenkaiser zu Constantius II.) das Christogramm anbringen ließ. Er selbst war Heide und begünstigte die heidnische Partei, suchte aber die nicaeischen Christen im Kampf gegen den Arianer Constantius II. auf seine Seite zu bringen. Auch Münzen des Magnentius zeigen als erste das Christogramm als alleiniges Münzbild auf der Rückseite.

Lit.: Rom und Byzanz 1998, Nr. 229. – Die Römer zwischen Alpen und Nordmeer. Schriftenreihe Arch. Staatsslg. München 1 (Mainz 2000) Kat. 147 b. [G.Z.]

72

75b Constantins-Ring *(o. Abb.)*

Prov. Augsburg. Römisch.
306–337 (zwischen 312 und 324 ?).
Innerer Dm. 2,3 cm.
Archäologische Staatssammlung München
Inv. 1970, 2541 (Kopie).

Vom einheitlichen Reif ist eine rechteckige Platte abgesetzt, auf der die Inschrift FIDEM eingepunzt ist, auf dem Reif setzt sich die Inschrift fort: CONSTANTINO.

Es gibt eine Gruppe von vergleichbaren Ringen – alle aus Gold gearbeitet –, die von England bis zum Balkan verbreitet sind. Sie wurden im Sinne von militärischen Orden verliehen und verpflichteten den so ausgezeichneten Träger zur Treue gegenüber dem Kaiser, auf welche dieser in den Machtkämpfen gegen seine Rivalen besonders angewiesen war.

Lit.: Rom und Byzanz 1998, Nr. 228. [G.Z.]

76

76 Siegelring des Thrasamund (?)

Iberische Halbinsel (?).
1. Hälfte 6. Jahrhundert.
Gold. Lichte Weite 1,9 x 2,1 cm; Aufsatzhöhe 1,4 cm; Gew. 22,995 g.
Archäologische Staatssammlung München
Inv. 1994, 2201.

Ringschiene mit flach-dreieckigem Querschnitt und randlicher Perldrahtzier, sie verbreitert sich nach oben hin. An den Seiten und unten punzverzierte Medaillons mit zentraler Kreuzgravur. Die Enden der »seitlichen« Kreuze tragen Buchstaben, die sich zu den Worten VITΛ und REGI zusammensetzen lassen. Der hohle Aufsatz ist umgekehrt pyramidenstumpfförmig mit gewellter Wandung, er befindet sich – durch Perldraht und vier an den Ecken sitzenden Goldkügelchen optisch abgetrennt – auf einer Basis, die seitlich die Worte VIVAS IN|DEO trägt. Die Siegelplatte ist von einem Kugelkranz umgeben, sie zeigt ein Monogramm, das als THRASAM|undi gelesen werden kann, möglicherweise gehörte dieser Ring einst dem Vandalenkönig Thrasamund (496–523). Ein lanzettförmiges Feld auf der Unterseite der Schiene zeigt ein Kreuz.

Lit.: H. Dannheimer, Goldener Siegelring. Münchner Jahrbuch der bildenden Kunst 3.F. 45, 1994, 224 f., Abb. 14. [G.Z./B.W.]

77

77 Kolbenarmring

Fürst, Gde. Fridolfing, Lkr. Traunstein.
1. Hälfte 5. Jahrhundert.
Gold. Lichte Weite 4 x 6 cm; Gew. 69,16 g.
Archäologische Staatssammlung München
Inv. NM 1517.

Rundstabiger Reif mit leicht verdickten, kolbenförmigen Enden, unverziert.

Als im Juni 1843 bei Erdarbeiten in Fürst zwei goldene, mit Granat- und Glaseinlagen verzierte Schnallen zum Vorschein kamen, ahnte wohl niemand, dass dies der spektakulärste völkerwanderungszeitliche Fund Bayerns werden würde. Bei Nachuntersuchungen noch im selben Jahr wurden die Skelettreste eines jungen Mannes, eine weitere mit Einlagen verzierte Schnalle, ein Glasbecher nebst heute verschollener Glaskanne und nicht zuletzt ein goldener Armring geborgen.

Dieses einzigartige Grabensemble, das sicher nicht vollständig ist, gehört seiner Zusammensetzung nach nicht in das einheimischromanische Formenspektrum, sondern in ostgermanisch-reiternomadische Zusammenhänge. Den geschichtlichen Hintergrund bilden die Hunnenzüge unter Attila (gest. 453), in deren Kontext wohl auch der junge »Fürst« nach Bayern kam, dort verstarb und begraben wurde.

Ähnlich prunkvoll ausgestattete Grabfunde des 5. Jahrhunderts n.Chr. fanden sich von Rumänien bis Frankreich und Belgien. Gemeinsames Kennzeichen sind zahlreiche goldene, z.T. mit Granateinlagen verzierte Gegenstände wie Schnallen, Schmuck und Pferdezaumzeug. Fast regelhafter Bestandteil dieser nicht sehr zahlreichen Ensembles ist ein goldener Armring mit kolbenförmig erweiterten Enden, wie er auch aus Fürst vorliegt. Vergleichbare Stücke stammen aus dem Grab des Frankenkönigs Childerich I., der 482 bei Tournai bestattet wurde, und aus einem der drei Gräber von Apahida in Rumänien, die als Grablegen gepidischer Könige angesehen werden. Jüngstes Beispiel

einer königlichen Bestattung mit goldenem Kolbenarmring ist das Frauengrab unter dem Kölner Dom. Gute Gründe sprechen dafür, in der Toten Wisigarde, die Tochter des Langobardenkönigs Wacho und zweite Frau des Frankenkönigs Theudebert I., zu sehen.

Goldene Kolbenarmringe sind in Mitteleuropa seit der jüngeren Kaiserzeit bis ins 6. Jahrhundert hinein bekannt. Sie wurden sowohl von Männern als auch von Frauen getragen, jedoch in unterschiedlicher Weise: Bei Männern saß der goldene Kolbenarmring immer an der rechten Hand, der Schwerthand, Frauen trugen ihren Ring dagegen links, selbst dann, wenn dieser durch einen weiteren, jedoch immer verzierten goldenen Kolbenarmring zu einem Satz ergänzt wurde. Ob von Frauen oder Männern getragen, in beiden Fällen saßen diese Ringe fest am Handgelenk ihrer Träger. Goldene Kolbenarmringe galten als Zeichen der Zugehörigkeit zu einer der fürstlichen Familien ihrer Zeit, ein Zeichen, das in einer langen, seit der jüngeren Römischen Kaiserzeit nachweisbaren germanischen Tradition steht.

Das Wissen um die Bedeutung des goldenen Kolbenarmringes führte schließlich auch zu seiner Imitation: Silberne Kolbenarmringe galten im späten 5. und 6. Jahrhundert als Standeszeichen adeliger Frauen, wie zahlreiche reich ausgestattete Grablegen zeigen. Dass es sich hier um eine bewusste Anlehnung an ihre fürstlichen goldenen Vorbilder handelte, zeigt schon die Tatsache, dass weit über 90 % der silbernen Armringe des späteren 5. und 6. Jahrhunderts kolbenförmig gestaltet sind, silberne Armringe anderer Formen wurden dagegen kaum getragen.

Goldene Arm- und Halsringe waren stets Attribute frühmittelalterlicher Germanenfürsten. Ihr Wert als Würde- und Herrschaftssymbol leitete sich aus heidnischen Vorstellungen ab. Skandinavische Quellen belegen den Ring denn auch als Götterattribut wie auch als Eid- und Tempelring.

Ringschmuck wurde nicht nur von den Fürsten selbst getragen, es galt geradezu als herrschaftliche und eines guten Fürsten würdige Tugend, goldene Ringe und andere Pretiosen freigebig an Gäste und Gefolgschaft zu verschenken.

Lit.: J. Werner, Die frühgeschichtlichen Grabfunde vom Spielberg bei Erlbach und von Fürst. BVbl. 25, 1960, 169–179. – zu Armringen: B. Wührer, Merowingerzeitlicher Armschmuck aus Metall. Europe Médiévale 2 (Montagnac 2000). [B.W.]

78a Ehering des Moritz von Schwind

Wohl Südwestdeutschland.
1842.
Dm. 2,5 cm; Gew. 4,6 g.
Bayerisches Nationalmuseum München
Inv. R 8271.

Der glatte, außen gerundete Goldring, der auf der Innenseite die gravierte Inschrift »L. S. d. 3t. Sept. 1842« trägt, stammt aus dem Besitz des Malers Moritz von Schwind (1804–1871). Dessen Sohn Hermann von Schwind, der den Ring – zusammen mit der goldenen Taschenuhr des Künstlers – 1905 dem Bayerischen Nationalmuseum schenkte, bestätigte brieflich, dass sein Vater den Ring »vom Tag seiner Trauung (...) bis zu seinem Tode (...) getragen hat«. Initialen und Datum beziehen sich auf die Vermählung des Malers mit Louise Sachs, der Tochter eines badischen Offiziers und Nachfahrin des Nürnberger Dichters Hans Sachs, die am 3.9.1842 in der Klosterkirche von Lichtenthal bei Baden-Baden begangen wurde. Moritz von Schwind war damals in Karlsruhe vornehmlich mit der Ausmalung der Kunsthalle befasst, ehe er 1844 nach Frankfurt am Main ging und schließlich 1846 nach München übersiedelte, um eine Professur an der Akademie der Bildenden Künste zu übernehmen. Es mag als glücklicher Zufall gelten, dass sich mit dem goldenen Reif der Ehering gerade jenes Malers der deutschen Spätromantik erhalten hat, der nicht zuletzt durch die Darstellungen zu den Themen von Brautfahrt und Eheglück außerordentliche Popularität erlangte.

Lit.: unpubl. [L.S.]

78b Ring der Anna Amalie Nothafft von Wernberg

Wohl Süddeutschland.
15. Jahrhundert (?).
Dm. 1,7 cm; Gew. 3,6 g.
Bayerisches Nationalmuseum München
Inv. 28/283.

Der glatte, außen gewölbte und am Rand gekantete Goldring trägt auf der Innenseite die gestochene Inschrift »+ GOT + V + V + M + L«. Möglicherweise waren die Buchstaben ursprünglich emailliert. Das Schmuckstück stammt nachweislich aus dem Besitz der Anna Amalie Nothafft von Wernberg, einer geborenen von Wisbeck oder Wispeckh. Wie Harald Stark, Kulmbach, freundlicherweise mitteilte,

78 a (rechts), b (links)

wurde der Ring – zusammen mit zwei weiteren Ringen, die 1928 ebenfalls aus dem Münchner Kunsthandel in das Bayerische Nationalmuseum (Inv. 28/281–28/282) gelangten – bei Nachgrabungen im Jahr 1885 in der Brabanter-Kapelle des ehemaligen Benediktinerklosters Heiligkreuz in Donauwörth gefunden (zur Kapelle siehe B.C. Gantner in: W. Schiedermair [Hrsg.], Heiligkreuz in Donauwörth, Donauwörth 1987, 96–98). In der Kapelle befand sich die Grablege des Johann Heinrich Nothafft von Wernberg, u.a. Vizedom von Landshut (1582–1589) und Pfleger von Vilshofen (1570–1595), der 1595 starb, sowie seiner ihm 1565 angetrauten und 1597 gestorbenen Gemahlin Anna Amalie. Wie das im »Nothafft-Archiv« in Rottach-Egern befindliche Protokoll der Nachgrabungen festhält, waren an den Fingern der rechten Hand des Skeletts der Anna Amalie von Nothafft drei goldene Ringe aufgesteckt, deren einer das Allianzwappen Nothafft-Wisbeck trägt (Inv. 28/281). Auf welchem Wege die Ringe später in den Münchner Kunsthandel kamen, ist nicht bekannt. Seit 1875/78 befand sich der gesamte Komplex des säkularisierten Benediktinerklosters Heiligkreuz in Donauwörth im Besitz des Pädagogen und Verlegers Ludwig Auer (1839–1924), der im vormaligen Konvent eine bedeutende Lehranstalt – das »Cassianeum« – einrichtete. Sein Sohn Ludwig Auer d. J. (1869–1945), später ebenfalls Direktor des »Cassianeum«, verfasste das erwähnte Protokoll des Jahres 1885.

Nach Aussage des Stils der Inschrift – mit sehr kräftigen, durch Kreuze getrennten Majuskeln – ist der Ring wohl nicht in der zweiten Hälfte des 16. Jahrhunderts entstanden, sondern vermutlich spätmittelalterlichen Ursprungs (freundl. Mitteilung Irmtraud Himmelheber). Ob der goldene Ring, mit dem sich die Trägerin unter den Schutz Gottes stellte, aus dem Besitz der Familie Nothafft bzw. Wisbeck stammt und eventuell in sekundärer Verwendung als Ehering diente, lässt sich nicht sicher entscheiden.

Lit.: unpubl. [L.S.]

79 Kultbäumchen

Manching, Ldkr. Pfaffenhofen a. d. Ilm.
3. Jh. v. Chr.
H. 72 cm.
Archäologische Staatssammlung München
Inv. 1984, 5249.

Das Goldbäumchen wurde als Ensemble, zusammen mit einem vergoldeten hölzernen Kasten und Gestellvorrichtungen aus Eisen und Bronze, in der Keltensiedlung vergraben. In einer Restaurierung konnten die originalen Einzelteile auf ein Hilfsgestell übertragen werden. Die gleichzeitig ausgestellte Rekonstruktion gibt eine Vorstellung des ursprünglichen Eindrucks.

Das Manchinger Bäumchen erklärt sich zunächst aus dem keltischen Baumkult. In der Vorstellung der Kelten gehörten von alten Bäumen bestandene, »heilige« Haine den Göttern und waren damit Gegenstand besonderer Verehrung. Nach den Forschungen von Ferdinand Maier sind die Efeublätter und Eichenfrüchte mit der Idee einer vom Efeu umrankten Eiche zu verbinden. Dieses Bild wurde in der Antike auch als Metapher für die Verbindung zweier anonymer Personen gebraucht. Das Bäumchen mit seinen vergoldeten Bronzeblättern ist herstellungstechnisch eng an die hellenistischen Blattkränze angelehnt, Vorbilder finden sich insbesondere in Tarrentiner Werkstätten. Aufgrund zahlreicher abweichender Details ist das Bäumchen jedoch eindeutig in einer keltischen Werkstatt entstanden.

Lit.: F. Maier, Das Kultbäumchen von Manching. Germania 68, 1990, 129–165. – ders., Manching und Tarent. Germania 76, 1998, 177–215. – ders., Eiche und Efeu. Germania 79, 2001 (im Druck). [R.G.]

79

80 Papstrose *(Abb. 13)*

Andechs, Lkr. Starnberg.
Italien, Mitte 15. Jh.
Silber vergoldet, Kupfer vergoldet.
Heiltumsschatz des Klosters Andechs,
Kirchenstiftung St. Vitus, Andechs.

Die sechs Rosenzweige mit vier Blüten und
zwei Knospen waren ursprünglich nur in dem
Handgriff befestigt. Später fügte man einen Fuß
aus vergoldetem Kupfer dazu, der die Wappen
von Klosters Andechs, Bayern und des An-
dechser Abtes Schrattenbach trägt. In den Blüten befinden sich gelochte Kapseln, die nach
den Texten der Heiltumsbücher einst mit Bisam
oder Balsam gefüllt waren.

Die Rose ist 1472 erstmals genant, 1518
sind Sender und Empfänger, bzw. Stifter genannt: »Eine Guldine Rosen, die ist gemacht
von Gold, Bisem, und Balsam, und hat gesegnet der Heylig Vatter Pabst Felix der Fünfft des
Namens zu mitterfasten, und die geschickht,
und geschenckht, auss besonderer Liebe, dem
Durchleuchtigen, Hochgebornen Fürsten, Herzog Albrechten von Bayrn, ... wo die Ros ist,
demselben Land wünscht der Heylig Vatter,
große glückseligkait und fride«.

Am dritten Sonntag vor Ostern (Laetare =
Rosensonntag) weihte der Papst alljährlich eine
Rose, die in Prozession durch die Stadt getragen
wurde und schließlich einem in Rom anwesenden edlen Fürsten als Geschenk überreicht
wurde. Dieser Brauch ist seit dem 11. Jahrhundert nachzuweisen. Aus der Zeit Urbans V. (Anfang 14. Jh.) stammt das erste erhaltene goldene Exemplar (heute Musée Cluny). Es wurde in
einem feierlichen Ritual vom Papst in heiliges
Öl getaucht, mit Moschus bestreut und gesegnet. Anschließend übersandte man sie einem
besonders geliebten Kind der Kirche – die gol-
denen Rosen waren also in erster Linie diplomatische Grußbotschaften des Stellvertreters
Gottes auf Erden an die weltlichen Fürsten.

Besonders häufig wurden die Frauen von
Königen und anderen einflussreichen Herrschern bedacht, um sie an ihre pflichtgemäße
Treue gegenüber dem heiligen Vater der Kirche
zu erinnern. So erhielten beispielsweise Jo-
hanna von Sizilien und Isabella von Spanien
goldene Rosen, und auch die beiden Exemplare der Münchner Residenz wurden 1562 und
1635 den bayerischen Fürstinnen verehrt –
Anna, der Frau Herzog Albrechts V., und Maria
Anna kurz vor ihrer Ehe mit Kurfürst Maximilian. Doch auch Heinrich VIII. von England
schrieb, so motiviert, eine »Behauptung der sieben Sakramente« gegen Luther, dessen Protegé,
Kurfürst Friedrich der Weise von Sachsen, ebenfalls durch eine goldene Rose auf den rechten
Weg zurückgeführt werden sollte.

Die Rose hatte aufgrund ihrer Schönheit,
ihres Duftes und ihrer Dornen seit der Antike
vielfältige symbolische Bedeutungen – sie stand
vor allem für Jugend, Schönheit und Liebe. Die
Wände der frühen christlichen Katakomben
schmücken oft rosenumrankte Kreuze oder
Tauben mit einer Rose im Schnabel – Zierde und
Symbol in einem. Die Rosettenfenster der gotischen Kirchen – am Anfang drei- oder vierteilig
– leiten sich dagegen nicht von einer stilisierten
(immer fünfblättrigen) Rose ab.

Dagegen wurde insbesondere Maria immer
wieder mit der Rose in Verbindung gebracht,
galt als »die schönste Rose unter den Frauen«,
ohne Sünde – dornenlos – mit dem paradiesi-
schen Duft der Tugend und voll mildtätiger
Heilkraft. Das Mittelalter hat zahlreiche Darstellungen der »Madonna im Rosenhag« hervorgebracht, ebenso viele Heilige wurden durch
»Rosenwunder« gerettet, und seit dem 12. Jahrhundert betete die katholische Welt mit dem
letztlich aus Indien und dem Islam übernom-
menen Rosenkranz.

Auch Christus wurde als die Maria ent-
sprossene Rose bezeichnet – ihre Röte und die
Dornenkrone standen für seine Passion und
ihr Duft für die Herrlichkeit der Wiederauf-
erstehung. Das Gold der Goldenen Rose bezeichnete seinen Leib, wurde aber auch nahe-
liegender als Zeichen seiner Weltherrschaft
gedeutet.

Lit.: Der Schatz vom Heiligen Berg Andechs (München
1967) 36. – M. J. Schleiden, Die Rose. Geschichte und
Symbolik (Leipzig 1873). – G. Streng, Das Rosenmotiv
in der Kunst- und Kulturgeschichte (München 1918).
[R.H./R.G.]

81 »Rupertus«-Kreuz *(o. Abb.)*

Pfarrkirche von Bischofshofen, Salzburg,
Österreich.
Um 700.
Ahornholz, Verkleidung aus vergoldetem
Kupferblech, Emaileinlagen. H. 165 cm.
Kopie Archäologische Staatssammlung.

Die reichen Schenkungen der Herrscher des
Frühen Mittelalters an Kirchen und Klöster, die
als Tribut an die Majestät Gottes zu verstehen
sind, bewirkten einen Übergang des Goldes in
den sakralen Bereich. So verwundert es nicht,
dass das deutlichste Zeichen des Christentums,
das Kreuz, häufig in goldenem Glanz dargestellt
wurde.

Detaillierte Ornamentstudien zeigten, dass
dieses hier gezeigte große Prozessions- oder
Vortragekreuz im letzten Drittel des 7. oder in
der 1. Hälfte des 8. Jahrhunderts in England
hergestellt wurde. Traditionell wird es mit dem
aus einer fränkischen Adelssippe stammenden
Hl. Rupert verbunden, der um 700 Bischof von
Salzburg war. Da sich jedoch enge Verbindungen zwischen Salzburg und den Britischen In-
seln erst nach der Mitte des 8. Jahrhunderts
nachweisen lassen, ist eine direkte Verbindung
zwischen diesem Kreuz und dem Hl. Rupert
nicht wahrscheinlich. Möglicherweise gelangte
das Kreuz erst unter dem großen irischen Bischof Virgil nach Salzburg.

Lit.: H. Dannheimer, Torhalle auf Frauenchiemsee[3]
(München, Zürich 1983) 75 ff., 109 f. – V. Bierbrauer,
Zum »Rupertus«-Kreuz von Bischofshofen. Ein insula-
res Denkmal der northumbrischen Renaissance. Arch.
Korrbl. 8, 1978, 223–230. [B.H.-G.]

82 Weihekrone der Theodolinde *(o. Abb.)*

Monza, Domschatz.
Um 590.
Goldblech mit Stein-, Perlmutt- und Perldraht-
auflagen. Dm. 17 cm.
Kopie Torhallenmuseum Frauenchiemsee.

Gold ist das Material für Königskronen. Aus
dem Frühen Mittelalter kennen wir nicht nur
Kronen, die zu feierlichen Anlässen von Herrschern und Herrscherinnen getragen wurden,
sondern auch Weihekronen, die als kostbare
Geschenke in Kirchen aufgehängt wurden.
Auch für die sog. Krone der Theodolinde bezeugen drei kleine Löcher am oberen Kronen-
rand diese Aufhängung. Die Zuweisung der
Krone an die aus bairischem Geschlecht stammende Langobardenkönigin Theodolinde lässt
sich nicht mit letzter Sicherheit nachweisen,
doch spricht sowohl die aus stilistischen Gründen vorgenommene Datierung in die Zeit um
590 als auch eine weitere Beobachtung an der
Krone selbst für diese Zuweisung. Am unteren
Rand der Krone befinden sich nämlich 12 kleine Löcher, die zur Aufnahme feiner Kettchen
dienten. An diesen Kettchen darf man sich
Buchstaben vorstellen, die den Namen der Stif-
terin wiedergaben: THEODELINDA. Das zwölf-
te Loch war für ein den Wortanfang bezeich-
nendes Kreuz gedacht, das wir auch aus einer
bildlichen Wiedergabe des 18. Jahrhunderts
kennen.

Lit.: H. Dannheimer, Torhalle auf Frauenchiemsee[3]
(München, Zürich 1983) 75 ff., 112. [B.H.-G.]

84

83 Laborgeschirr eines Alchemisten
(abgebildet: 83a13 u. 83d2)

Gut Oberstockstall.
Um 1590.
Slg. Fritz Salomon, Gut Oberstockstall.

83a Technische Keramik
83a1 Alembik (Destillierhelm)

Helm für Sublimation. Zylindrischer Aufsatz, Sammelrinne, kugeliger Helm, schräg nach oben gerichteter Tubus, gegenständig dazu Grifföse. Innen, der Schnabel auch außen, grün glasiert. H. 15 cm (Inv. 17).

83a2 Ampulla Caudata (»geschwänzte Flasche«)

Wurde als Zwischenstück bei der Destillation von Mineralsäuren verwendet. Innen vergrößerte Oberfläche durch Drehriefen. Innen grün glasiert, Tubus und Hals auch außen, Glasur außen teilweise verlaufen. H. 24,5 cm (Inv. 19).

83a3 Kleiner konischer Trichter oder Aludel (Aufsatz, Helm)

Innen grün glasiert. Glasur durch Einwirkung von Chemikalien verfärbt, gelblichweiße und grüne Rückstände. H. 12,5 cm (Inv. 59).

83a4 Siebtrichter

Keramik weißlichgelb, fein sandgemagert, Innenflächen grün glasiert. Innen weiße, außen gelbliche und graugrüne Rückstände. H. 6,4 cm (Inv. 92).

83a5 Glockenhelm

Gewölbter Hut mit exzentrischer Lochung, Auflagefalz außen oberhalb des Randes. Das Ritzzeichen auf der Wandung steht für Sublimation. Grün glasiert, innen vollständig, außen nur der Hut. Außen Reste einer Dichtmasse aus feingeschlämmtem Lehm (Lutum sapientiae). H. 17,5 cm (Inv. 33).

83a6 Laborgerät (Bodenkolonne?)

Zylindrisch, mit exzentrisch gelochtem Zwischenboden. Innen unterhalb des Randes Auflagefalz. Außen am entgegengesetzten Rand drei senkrechte Kerben. Innen grün glasiert, Glasur nach außen verlaufen. Außen an einigen Stellen Reste von Lutum. Innen Rückstände. H. 20,7 cm (Inv. 32).

83a7 Zwei Schmelzgefäße

1. Innen grün glasiert oder grünes Flussmittel, das an einer Stelle nach außen über den Rand verlaufen ist. Außen unterhalb des Deckelfalzes Reste von Lutum. H. 7,2 cm (Inv. 540).
2. Durch starke Hitzeeinwirkung ist die Wand an einer Seite verformt, versintert und verschlackt. Ein Lehmmantel (= Lutum) überzieht den Körper bis zum Deckelfalz. An der verschlackten Stelle rotbraune, sonst innen im unteren Drittel weißgraue und rötliche Rück-

stände. Einige Bruchstücke grün verfärbt. H. 18,7 cm (Inv. 20).

83a8 Schüsselartiges Laborgefäß

Funktion bis jetzt unbekannt. Steilkonisch aufsteigende Wand, innen breiter Absatz, von dem ca. 1 cm breite Stege ausgehen, die sich rechtwinklig kreuzen und auf einem mittelständigen Konus aufliegen. Zwei gegenständige Bohrungen, jeweils über einem Steg. Unter einem der Löcher ein schräg eingeritztes Kreuz. Innen dick gelblichbraun glasiert. Glasur nach außen über die Wand verlaufen. H. 10,7 cm (Inv. 85).

83a9 Zwei Aludeln oder konische Trichter

1. Innen senkrechte und waagrechte Schabespuren. Innen gelbbraune Glasur, nach außen verlaufen, teilweise verfärbt und abgeblättert (durch Einwirkung von Chemikalien oder Sekundärbrand). Außen gelbe und graugrüne Verfärbungen und Rußspuren. H. 22,3 cm (Inv. 13).
2. Innen mit Auflagefalz. Innen gelblichbraun glasiert, Glasur nach außen verlaufen. Durch Sekundärbrand oder Einwirkung von Chemikalien Glasur teilweise abgeblättert, matte Oberfläche, gelb und grün verfärbt. Senkrechte Schabespuren. Innen und außen Rückstände und Flussmittelspritzer, gelbe und grüne Verfärbungen. H. 22,3 cm (Inv. 12).

83a10 Aludeln

1. Kalottenförmig, mit sehr hohem, leicht konischem Tubus. Funktional bedingt die dreimal in Abständen paarweise umlaufenden Riefen. Der Tubus wurde in einer Höhe von 16,5 cm abgetrennt. Innenwand vollständig überzogen mit blasigen grauvioletten Rückständen, teilweise entfärbt durch sekundäre Lagerung. H. 24,1 cm (Inv. 91).
2. Auf der Innenseite braunviolette, im Tubus schwarze Rückstände, außen teilweise durch Rückstände grün und gelbgrün verfärbt, teilweise mit grünem und graublauem Flussmittel. Am Tubus Reste von Lutum. Den Spuren nach schräg liegend in Verwendung gewesen. H. 34,6 cm (Inv. 96).
3. Innenwand mit blasigem, grauviolettem Überzug, relativ feinporig. Innen angebackener Eisennagel (sekundär, durch Lagerung in der Grube). H. 30 cm (Inv. 98).
4. Hohe, leicht konische Röhre, einziehend zu einem kurzen Tubus. H. 32,7 cm (Inv. 169).

83a11 Zwei Retorten

1. Fragmentiert, etwa zur Hälfte erhalten. Innen ausgeprägte Drehriefen (Vergrößerung der Kontaktoberfläche). Keramik sekundär gebrannt, steinzeugartig dichter Scherben. Die Oberfläche wurde innen mit Quarzmehl beschichtet. Innen graubräunlich verfärbt, schlackenartige Rückstände (darin nachgewiesen Antimon), teilweise grün verfärbt. Außen vom Tubusansatz ab dicke Schicht von gebranntem, teilweise ver-

schlacktem und gesintertem Lutum, zum Teil abgeplatzt. H. 39,5 cm (Inv. 402).
2. Leicht eingewölbter Boden, kugeliger Körper, leicht schräg gezogener Hals. Innen glasurartiger gelblichgrauer Überzug (Flussmittel?), nach außen über den Rand verlaufen. Am Hals außen grüner und gelblichgrüner, am Bauch grüner glasurartiger Streifen von Flussmittel. H. 19 cm (Inv. 18).

83a12 Destilliergefäß (Blase)

Bauchig, mit flachem Boden, Rand leicht einziehend, außen umlaufend breiter Auflagefalz. Keramik verfärbt durch Sekundärbrand. Außen ist der Körper bis zur Höhe des Falzes mit Lutum überzogen. Innen Boden und Wand violettbraun verfärbt. H. 10 cm (Inv. 6).

83a13 Cucurbite (Destillierkolben) *(Abb. 126)*

1. Innen am Boden und an der Wand bis zur Höhe von 5–6 cm grauviolette Rückstände, darüber die Oberfläche blasig aufgeworfen und grün, rotbraun, türkis und rötlichweiß verfärbt. Außen Reste von Lutum bis ca. 5 cm unterhalb des Randes. H. 33 cm (Inv. 134).
2. Keramik durch Sekundärbrand verfärbt. Funktionslage schräg: im unteren Bereich Lutum, darüber Zone mit glatter und teilweise verschlackter Oberfläche. Der obere Teil war starker Hitzeeinwirkung ausgesetzt und ist stark verfärbt, Oberfläche abgeplatzt. Im Lutum Abdrücke einer Auflage. H. 26 cm (Inv. 104).
3. Keramik verfärbt durch Sekundärbrand, innen am Boden ca. 1,5 cm dicke schlackige Schicht (Reste der Herstellung von Mineralsäure), grün verfärbt, ebenso die Wandung, am Hals innen grauviolette, teilweise weißlich verfärbte Rückstände. Außen von der Schulter aufwärts bis zum Rand Lutummummantelung mit unregelmäßigen senkrechten Kerben. H. 23,5 cm (Inv. 406).

83a14 Matula (weitmündiger Destillierkolben)

Innen im unteren Teil (bis ca. 12 cm Höhe) grünlich verfärbt, am Boden und teilweise auch an der Wand rote und rotbraune kristalline Rückstände, im oberen Teil violettbrauner Überzug. Außen bis ca. 8 cm unterhalb des Randes mit Lutum verschmiert (Schutzlutum, Spuren vom Auftragen), das etwa auf einer Breite von 4 cm rot gebrannt ist. Teilweise oberhalb der Lutumbeschichtung ein großer ovaler Glasurfleck (oder Flussmittel?). H. 32 cm (Inv. 261).

83a15 Laborgefäß

Funktion unbekannt, wahrscheinlich in Art einer Muffel benutzt, das heißt als Schutzhaube oder -hülle im Ofen, um Verunreinigungen durch Asche oder Holzkohle von den Schmelzproben fernzuhalten. Bauchiger Körper mit eingezogenem Rand, eine Seite ausgeformt als Standfläche, mit vier angesetzten Füßchen. Untere Hälfte durch Sekundärbrand hellgrau verfärbt, abblätternde Oberfläche. H. 17,2 cm (Inv. 544).

83a16 Zylindrisches Schmelzgefäß

Auflagefalz innen unterhalb des Randes. Innen am Boden dicke Schicht blasiger Schlacken, außen im oberen Teil Reste von Lutum.
H. 14,5 cm (Inv. 243).

83a17 Zwei Muffeln aus Ton

1. An beiden Seiten und an der Rückwand annähernd tropfenförmige Ausschnitte. Keramik verfärbt durch Sekundärbrand. Außen ist die Oberfäche durch sekundäre Hitzeeinwirkung rauh und hat einen grauen, schlackenartigen Überzug. Innen gelbe, an der Rückwand außen dunkelgraue Flussmittelreste.
H. Rand 17 cm (Inv. 260).
2. Seitenwände und Rückwand mit dreieckigen Ausschnitten. An den Seiten gelblichbraun fein gefleckt durch Flussmittelspritzer, sonst keine Gebrauchsspuren. H. 8,2 cm (Inv. 249).

83b Gebrauchskeramik
83b1 Großer Topf

Mit eingeschnittenen Randmarken. Wurde den Spuren nach als Einsatz im Destillierofen verwendet. Oberfläche teilweise noch metallisch glänzend. Im unteren Teil durch Sekundärbrand hell verfärbt. Außen Reste von Lutum.
H. 33,4 cm. (Inv. 3).

83b2 Vier Henkeltöpfe

1. Oberfläche teilweise noch metallisch glänzend. Durch sekundäre Hitzeeinwirkung unregelmäßig hellgrau gefleckt. Scheint den Spuren nach schräg liegend der Hitzeeinwirkung ausgesetzt gewesen zu sein. H. 18 cm (Inv. 45).
2. Oberfläche teilweise noch metallisch glänzend. Am Rand hellgrau verfärbt durch sekundäre Hitzeeinwirkung. Innen am Boden bis 2 cm dicke Schicht von braunen kristallinen Rückständen, außerdem innen und außen weißlichgraue und gelbbraune Rückstände.
H. 14,7 cm (Inv. 42).
3. Gegenständig zwei identische Randstempel. Der obere Teil des Topfes war schräg abgetrennt. Unterer Teil durch Sekundärbrand graubraun, innen gelb- bis rötlichgrau verfärbt, innen mit einer dünnen Schicht gelblicher Rückstände. Innen und außen Reste von Lutum.
H. 25,7 cm (Inv. 368).
4. Schulterteil gelummelt, auf der Schulter schräg eingeschnittenes Kreuz. Innen gelbbraun glasiert, Glasur teilweise nach außen verlaufen, breiter Glasurstreifen auf der Schulter. Innen schwarze Rückstände. H. 15,3 cm (Inv. 99).

83b3 Halbtopf

Gegenständig zum Henkel ist die Krempe zu einem Grifflappen ausgezogen. Innen gelbbraun glasiert, Glasur teilweise nach außen verlaufen. Durch Sekundärbrand Oberfläche innen und außen beschädigt. H. 10,7 cm (Inv. 100).

83b4 Große konische Keramikschüssel

Mit geschweiftem Stielgriff und gegenständigem Grifflappen. Innen, sowie Griff und Grifflappen gelbbraun glasiert. Außen am Boden Reste von Lutum. Innen am Boden und an der Wand etwa bis zur halben Höhe gelblichweiße und grünliche Rückstände. H. 17 cm (Inv. 103).

83b5 Keramiksieb

Am Rand nebeneinander zwei kleine dreieckige Ausnehmungen, Werkzeugspuren.
H. 1,7 cm (Inv. 585).

83b6 Zwei Salbentöpfchen

1. Dünnwandig, innen hellbraun bis dunkelbraunfleckig glasiert, durchscheinende Magerung, Glasur nach außen verlaufen.
H. 7,6 cm (Inv. 11).
2. Innen hellbraun glasiert, Glasur nach außen verlaufen. Innen weißlichgraue Rückstände. H. 10,3 cm (Inv. 539).

83b7 Konischer Deckel

Der Deckel war außen mit Lutum überzogen. Etwa zwei Drittel des alt gebrochenen Deckels sind mit Flussmittel überzogen, auch die Bruchkanten. Die Spuren auf der Innenseite deuten darauf, dass er als Abdeckung für einen Schmelztiegel benutzt wurde. H. 7 cm (Inv. 30).

83c Glas
83c1 Alembik (Destillierhelm)

Fragmentiert. Aufsatz mit umgelegtem Rand. Der seitlich eingesetzte Schnabel ist nur teilweise erhalten, am Scheitel Knauf aus drei- bis vierfacher Fadenauflage. Grünliches Klarglas, mit mehr oder weniger starkem Einschluss von Luftblasen, irisierend. Aufsatz außen mit Resten von Lutum. Helm und Schnabel innen mit Rückständen. H. ca. 22 cm (Inv. 639).

83c2 Zwei Destillierkolben

1. Fragmentiert, Bodenteil. Absprengmarke. Grünliches Klarglas, mit mehr oder weniger starkem Einschluss von Luftblasen, irisierend. H. 12,6 cm (Inv. 687).
2. Sehr große Phiole. Mit Tubus auf der Schulter. Gewölbter glatter Boden. Tubus auf der Schulter aufgeschmolzen, Ansatz leicht oval. Ränder abgesprengt. Grünliches Klarglas, mit mehr oder weniger starkem Einschluss von Luftblasen. Bruchstücke glasklar bis stark irisierend. Am Tubus Spuren von Rückständen bzw. Ätzung. H. 41,8 cm (Inv. 636).

83c3 Zylindrische Schale mit Ausgussschneppe

Rand umgelegt, Boden leicht eingestochen, Spur vom Absprengen vom Hafteisen.
Grünliches Klarglas, mit Einschluss von Luftblasen, Bruchstücke teilweise irisierend.
H. 4,8–5,3 cm (Inv. 635).

83c4 Phiolen

H. 2,2–15,7 cm.
Slg. Fritz Salomon, Gut Oberstockstall
Inv. 680; 696; 672; 694.

83c5 Flasche

Birnenförmig. Hochgestochener Boden, eine zwei- bis dreifache Fadenauflage bildet den Standring; Körper in sich leicht verzogen. Rand umgelegt. Glas, bläulichgrün, sehr dünnwandig, Bruchstücke teilweise irisierend. Außen am gesamten Körper, Hals und Boden und innen am Rand Reste von Schutzlutum.
H. 12,5 cm (Inv. 609).

83c6 Deckel mit Rosettendekor

Formgeblasen, mit gestauchtem Auflagefalz und umgelegtem Rand. Gekerbter Knauf mit Hafteisenabriss. Fast farbloses Klarglas, außerordentlich dünnwandig, nur wenige Luftblasen enthaltend, irisierend. H. 7 cm (Inv. 638).

83d Probierscherben, Schmelztiegel, Kupellen
83d1 Drei Probierscherben aus Ton

1. Innen metallische graue Rückstände mit weißlichen Einschlüssen und rostfarbenem Anflug (Inv. 546).
2. Tellerförmig, dünnwandig, hellgrau verfärbt durch sekundären Brand (Inv. 62).
3. Napfförmig, dünnwandig. Innen dunkelgrauschwarze, teilweise blasige Rückstände (Inv. 551).

83d2 32 Schmelztiegel (Abb. 127)

Keramik grau, sand- und stark graphitgemagert, häufig verfärbt durch Sekundärbrand. In einigen Gefäßen schlackenartige, blasige oder grünliche bzw. gelbliche Schmelzrückstände, dazu Schabespuren; in seltenen Fällen auch Spuren von Gold (Inv. 219). Außen gelegentlich Reste von Flussmitteln oder z.T. gebranntem Lutum. Manchmal Bodenstempel. H. 1,6–18 cm. Inv. 80; 144; 151; 157; 159; 168; 179; 183; 185–186; 192; 196; 199; 201; 210; 212; 216; 218–219; 223; 301–302; 306; 308; 314; 320; 324; 330; 349; 357; 371; 569.

83d3 Drei Kupellen aus Ton

1. Innen am Boden und am Rand Flussmittel.
H. 2,8 cm (Inv. 61).
2. Innen gelbliche, weißliche und braune Flussmittel- und Schmelzrückstände.
H. 2,7 cm (Inv. 141).
3. H. 3,1 cm (Inv. 28).

83d4 Acht Aschkupellen, z.T. mit feinen Goldspuren

H. 1,6–3,5 cm.
Inv. 891; 894; 908; 912; 930; 935; 949 u. 958. [S.v.O.]

84

84 Muffelofen *(Abb. s. S. 253)*

Nürnberg oder Augsburg, um 1575.
Bronze, Messing, Eisen, Schamotte.
37,8 x 34,5 x 34,5 cm.
Staatliche Kunstsammlungen, Kunstgewerbemuseum Dresden Inv. 40919.

Muffelofen für chemische und alchemistische
Experimente. Auf den verschiebbaren Lüftungs-
platten an den vier Seiten des Ofens sind Jagd-
szenen abgebildet. Die dargestellte Hirschjagd
kann als Metapher gedeutet werden, galt doch
der weiße Hirsch als Symbol des Prinzips
Quecksilber. Die schmaleren Platten seitlich
unter den beiden Griffen zeigen Szenen der Jo-
sephslegende. Der Außenmantel ist mit feinen
Band- und Blattwerkornamenten verziert, in
die auf der Vorderseite die Personifikationen
und Symbole der sieben Planeten des geozen-
trischen Weltbildes als Repräsentanten der sieben bekannten Metalle eingefügt sind: Die
Sonne für Gold, der Mond für Silber, Merkur für
Quecksilber, Mars für Eisen, Jupiter für Zinn,
Saturn für Blei und Venus für Kupfer.

Lit.: F. Daim/Th. Kühtreiber (Hrsg.), Sein & Sinn |
Burg & Mensch. Kat. Niederösterreichisches Landesmus. N. F. 434 (St. Pölten 2001) 330 f. [B.W.]

85 Alchemistische Erzeugnisse des D. E. Caetano *(o. Abb.)*

Dm. der Goldprobe 2,7 cm; L. des Silber-
stabes 7,8 cm.
Museum f. Astronomie u. Technikgeschichte
Kassel.

Die im Wesentlichen aus vergoldetem Kupfer
bestehende Goldprobe und eine kleine Silber-

stange werden dem Grafen Caetano zugeschrieben. Sie sollen ursprünglich in eine Kassette mit
Jaspis- und Achateinlagen gehört haben, bei
der sich auch noch fünf Schriftstücke befanden,
die Caetano als Urheber belegen. Das Gold soll
Caetano aus Kupfer und das Silber aus Quecksilber verfertigt haben. Der Ort, an dem diese
Verwandlungen angeblich durchgeführt wurden, war das Theatergebäude des Landgrafen
Moritz, das sogenannte Ottoneum, das später
als Naturalienmuseum genutzt wurde.

Lit.: R. Hallo, Vom Goldmacher Cajetan. Hessische Bl.
f. Volkskunde 25, 1927, 181–190. [R.G.]

86 Modell der Gefängniszelle des Goldmachers Caetano *(Abb. 132, 133)*

Originalschauplatz Burg Grünwald, Lkr.
München.
Zustand der Zelle um 1701.
Archäologische Staatssammlung München.

Die mittelalterliche Burg von Grünwald gelangte im 13. Jahrhundert in den Besitz der Wittelsbacher, die diese Anlage vorwiegend als Jagdschloss nutzten. Die Burg wurde mehrfach
umgebaut, zuletzt Ende des 17. Jahrhunderts,
als der Südwestbereich zu einem Gefängnis für
adelige Insassen umfunktioniert wurde. Als erster Häftling bezog Dominico Emanuele Caetano, Alchemist und »Goldmacher«, seine Zelle,
deren Wände er mit Bildern biblischen Inhalts
bemalte (vgl. Beitrag O. Krätz in diesem Buch).
Entwurf L. Wamser, Ausführung A. Müller.

Lit.: J. Wild, Führer durch die Geschichte der Burg
Grünwald. Kleine Museumsführer der Prähistorischen
Staatssammlung (München 1979). [B.W.]

124

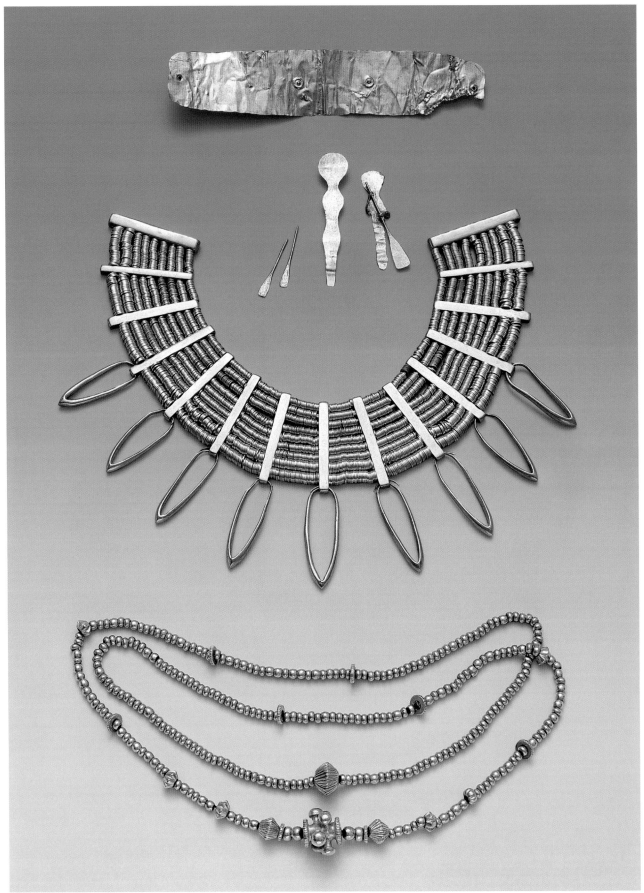

87 Kollier, Kette, Diadem, zwei Idole, zwei Ruder

Anatolien.
Frühe Bronzezeit, 3. Viertel 3. Jt. v. Chr.

Kollier: Hunderte von kleinen flachen, gegossenen Goldscheibchen mit zentralem Loch wurden zwischen 15 mehrfach durchbohrten Stegen in neun Strängen aufgefädelt, so dass sich ein Halskragen ergibt. An den Stegen hängen unten 10 lanzettförmige Anhänger. L. Stege 4,2 cm; Dm. Scheibchen 0,3–0,5 cm; Gew. 368,79 g. Archäologische Staatssammlung München Inv. 1990, 250.
Kette: Sie ist zusammengesetzt aus einfachen runden sowie unterschiedlich großen profilierten Goldperlen. L. ca. 85 cm; Gew. 98,91 g. Archäologische Staatssammlung München Inv. 1990, 249.
Diadem: Als Diadem dient ein einfacher Goldblechstreifen mit durchbohrten Enden zum Umbinden. In die Fläche sind zwei konzentrische Kreispunzen gesetzt. L. 14,6 cm; Gew. 9,21 g. Archäologische Staatssammlung München Inv. 1990, 248.
Idole/Ruder: Die menschengestaltigen Idole, von denen eines ein Ruder hält, und die zwei einzelnen Ruder wurden aus Goldblech in der Silhouette ausgeschnitten. H. Idole 6,5 u. 5,1 cm; Gew. 2,13 u. 2,39 g; L. Ruder 3,1 u. 3,0 cm; Gew. 0,50 u. 0,51 g. Archäologische Staatssammlung München Inv. 1990, 253–255.
Verschiedene Kleinteile und Fragmente; Gew. 42,65 g. Archäologische Staatssammlung München Inv. 1990, 251; 252; 256; 257.

Bei dem Ensemble handelt es sich offenbar um die Grabbeigaben einer Person von höchstem Rang. Diadem und Kollier stellen Würdezeichen dar, welche den Träger im Leben auszeichneten und ihm im Jenseits dasselbe Ansehen verleihen sollten. Die Form der zentralen Perle der Kette als Miniaturkeulenkopf – eines weiteren Würdezeichens – unterstreicht diesen Rang. Die kleinen Idole gehören zur Grabausstattung und deuten zusammen mit den kleinen Rudern die Hoffnung auf eine wohlbehaltene Überfahrt ins Jenseits unter dem Schutz segensreicher Helfer an. Das Gold war hier das rangspezifische Material der herrschenden Oberschicht.

Während das Diadem als einfacher Streifen keine zeittypische Form aufweist, entspricht das Kollier in Form eines Halskragens mit Abstandshaltern, mehreren Perlensträngen und Anhängern einer Mode, die im späten 3. Jahrtausend v. Chr. regionenübergreifend im Vorderen Orient aktuell war. Die berühmtesten Beispiele stammen aus den »Königsgräbern von Ur«.

Lit.: G. Zahlhaas, Orient und Okzident Ausstellungskat. Prähist. Staatsslg. 28 (München 1995) VI 4–9, Farbtaf. G. – vgl. zum Kolliertyp mit Schiebern: Der Garten in Eden. 7 Jahrtausende Kunst und Kultur an Euphrat und Tigris (Mainz 1978) Nr. 105. Form der zentralen Perle: R. O. Arik, Les fouilles d'Alaca Höyük. Rapport préliminaire sur les travaux en 1935 (Ankara 1937) Taf. 173, Nr. 243. [G.Z.]

88 Diadem, Tutuli, Blechfragment, Lunula, Anhänger, 3 Ringchen *(Abb. 52)*

Anatolisch-iranisches Grenzgebiet.
2. Jt. v. Chr.
Archäologische Staatssammlung München Inv. 1973, 950.

Diadem: Das bandförmige Diadem verjüngt sich zu den Enden und ist zu kleinen Ösen eingerollt. Die Verzierung ist von der Rückseite getrieben und zeigt zwischen Kreuzrosetten, deren Blätter mit Punktbuckeln verziert sind, durch Punktbuckel stilisierte langbeinige Vierbeiner, unter denen jeweils ein Junges steht. Am Rand verlaufen hängende Dreiecke, die ebenfalls durch Punktbuckel gebildet werden. L. 25,5 cm; Gew. 14,0 g.
Lunula: Als Anhänger diente eine einfache, aus Goldblech ausgeschnittene Lunula. B. 2,7 cm; Gew. 1,41 g.
Goldscheibchen: Durch eine Öse ist die schlichte runde Goldscheibe als Anhänger gekennzeichnet. Dm. 1,4 cm; Gew. 0,93 g.
Tutuli: Zum Gewandschmuck gehören 4 konische Tutuli, deren Rand ein dreifaches Punktbuckelband säumt. Dm. 2,4 cm; Gew. 2,5; 2,6; 2,7 u. 2,9 g.
3 ineinanderhängende, kleine Ringe: Sie könnten als Anhänger (vielleicht an Ohrringen) gedient haben. Dm. 1,5–1,6 cm; Gew. 7,64 g.

In einem kleinen Bronzegefäß mit Deckel waren eng zusammengepackt eine Reihe von Gold-, Silber- und Bronzeschmuckteilen verwahrt. Eines der beiden Diademe ist aus Gold gefertigt. Anhänger in Form eines hängenden Halbmondes (Lunula) sind in Vorgeschichte und Antike weit verbreitet und als Schmuckform charakte-

ristisch. Viele Einzelformen lassen sich mit Schmuckstücken aus anderen Regionen des Vorderen Orients, aber auch Süd- und Mitteleuropas vergleichen. Man wird bei den vorliegenden Exemplaren von einer Zeremonialtracht ausgehen können, vielleicht auch von Bestandteilen eines Kultbildes, die – außer Gebrauch gestellt – vergraben wurden.

Lit.: P. Schauer, Ein bronzezeitlicher Schmuckdepotfund aus dem persisch-türkischen Grenzgebiet. Arch. Korrbl. 10, 1980, 123 ff. [G.Z.]

89 Zwei Paar Kahnohrringe

Vorderer Orient
1. Hälfte 2. Jt. v. Chr.
B. 3,4–3,7 cm u. 1,5–1,8 cm; Gew. 3,25 u. 3,01 g; 1,39 u. 1,20 g.
Archäologische Staatssammlung München Inv. 1985, 872–873.

Die aus kräftigem Goldblech gefertigten Ohrringe sind in ihrer Grundform halbmond- oder kahnförmig, wobei das Blech der Länge nach in mehrere Falten gelegt ist.
    Diese Form, massiv gegossen oder aus Blech gebogen, findet sich in überregionaler Verbreitung im Vorderen Orient als eine Mode der 1. Hälfte des 2. Jahrtausends v. Chr.

Lit: unpubl. – vgl. K. R. Maxwell-Hyslop, Western Asiatic Jewellery c. 3000–612 v. Chr. (London 1971) Abb. 4 (Ur), 37 a (Kültepe), 59 b (Susa), 120 (Amlash). [G.Z.]

90 Ein Paar Ohrringe, Nadelkopf und Scharnierring *(Abb. 53)*

Urartu.
8./7. Jh. v. Chr.
Archäologische Staatssammlung München Inv. 1971, 1814 a–b; 1815; 1817.

89

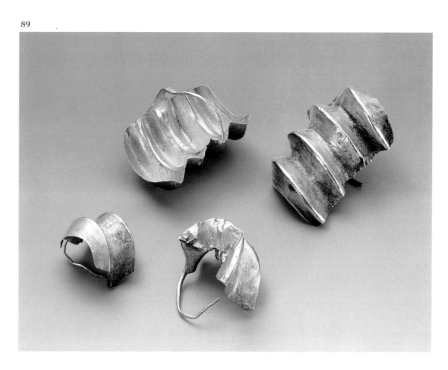

Ohrringe: An einem halbmondförmigen Element sitzt unten ein großes doppelkonisches Zierelement. Beide Teile sind mit Granulation in linearer Reihung, in Vierergruppen und in Kreisen, welche kleine Buckel umgeben, versehen. Auf den Buckeln sitzen kleine Pyramiden aus Granalien. H. 6,1–6,3 cm; Gew. 9,34–9,35 g.
Nadel: Auf einem kapitellartigen Sockel mit Blattprofilen liegen nebeneinander zwei Tiere mit Löwenkörper und -kopf und Stierbeinen. Ursprünglich war der Kopf aus Goldblech auf eine Eisennadel montiert. H. 4,5 cm; Gew. 4,52 g.
Scharnierring: Von dem einfachen Ring ist etwa ein Viertel mittels eines Scharnieres zu öffnen. Die Funktion des Ringes ist unbekannt. Dm. 2,4 cm; Gew. 5,09 g.

Aus dem Bereich des Herrschaftsgebietes von Urartu im östlichen Anatolien stammt ein Ensemble aus Goldblech. Die Form der reich granulierten Ohrringe steht unter dem Einfluss neuassyrischer Schmuckkunst und wurde von den Urartäern als modisches Element übernommen. In beiden Gebieten tragen Götter und Herrscher auf repräsentativen Darstellungen diese Art von Goldschmuck. Der Kopf der Gewandnadel aus Goldblech zeigt die typisch urartäische Ikonographie der Löwenstiere mit Löwenkörper und -kopf, aber mit Stierbeinen und auch in der Art von Stieren mit untergeschlagenen Beinen liegend. Ohrringe und Nadelköpfe dieser Form sind ebenfalls aus Silberblech bekannt, so dass man von einer hierarchischen Trachtordnung ausgehen kann, welche den obersten Gesellschaftsschichten goldenen Zierrat zugestand. In der urartäischen Kultur geht man bei Pektoralen von ähnlichen Abstufungen aus.

Lit.: G. Zahlhaas, Clothing Accessories and Jewellery. In: R. Merhav (Hrsg.), Urartu. A Metalworking Center in the First Millenium B. C. (Jerusalem 1991) 184 ff., Kat. 43 m. Abb. – Zahlhaas 1995, Nr. 22. – vgl. zur hierarchischen Ordnung bei Pektoralen: H.-J. Kellner, Pektorale aus Urartu. Belleten 1977, 481 ff. [G.Z.]

91 Medaillon mit Götterdarstellung

Urartu.
7. Jh. v. Chr.
Dm. 5,3 cm; Gew. 19,68 g.
Archäologische Staatssammlung München
Inv. 1980, 6100.

Auf die runde Scheibe mit angearbeiteter Öse wurde die Darstellung ziseliert. Auf einer doppelten Standlinie steht links ein Gott mit offenem Fransenrock auf einem Löwen. Er ist ausgestattet mit doppeltem Köcher, Bogen und Pfeil und einer Hörnerkrone mit rundem Kugelabschluss, hinter seinem Rücken im Feld ein achtstrahliger Stern. Ihm gegenüber steht ein Mann mit betend erhobenen Händen, gekleidet in ein gemustertes langes Gewand mit Fransensaum, ausgestattet mit einem Schwert und einer spitzen Kopfbedeckung.
    Aus dem urartäischen Bereich sind einige Beispiele von Anhängern in Medaillonform,

91

aber auch in Lunulaform bekannt, welche vergleichbare Götterdarstellungen tragen. Wie bei vielen urartäischen Objekten lässt sich auch hier beobachten, dass sie in den Materialien Bronze, Silber und Gold vorkommen, was eine Rangordnung der Träger vermuten lässt.

Lit.: H.-J. Kellner, Ein neues Goldmedaillon aus Urartu. Arch. Mitt. aus Iran 13, 1980, 83 ff., Taf. 18. – R. Merhav (Hrsg.), Urartu. A Metalworking Center in the First Millennium B.C.E. (Jerusalem 1991) 164 ff. [G.Z.]

92 Zwei Fibeln

Urartu.
8./7. Jh. v. Chr.
B. 1,8 u. 1,9 cm; Gew. 6,25 u. 4,36 g.
Archäologische Staatssammlung München
Inv. 1971, 2026–2027.

Die zwei kleinen Bügelfibeln besitzen jeweils einen verdickten Bügel. Die Nadel ist um das eine Ende des Bügels gewickelt, der Nadelhalter hat die Form eines kleinen Händchens. Bei einem Exemplar ist der Bügel mit Riefen und mit winzigen Löwenköpfen verziert.
    Fibeln sind praktische Gebrauchsgegenstände, die aber zu Schmuckformen ausgebildet wurden. Die vorliegende Form ist für Ost- und Zentralanatolien charakteristisch und findet sich in Eisen, Bronze, Silber und Gold, also

wohl nach dem jeweiligen Rang des Trägers unterschieden.

Lit.: G. Zahlhaas, Clothing Accessories and Jewellery. In: R. Merhav (Hrsg.), Urartu. A Metalworking Center in the First Millenium B.C. (Jerusalem 1991) 184 ff., Kat. 54 u. 55 m. Abb. [G.Z.]

93 Zwei Paar Schlauchohrringe (o. Abb.)

Lesbos, Griechenland.
8./7. Jh. v. Chr.
Dm. 1,2–1,3 cm; Gew. 2,51 u. 2,29 g; 2,51 u. 2,01 g.
Archäologische Staatssammlung München
Inv. 1973, 1274 u. 1275.

Die einfachen kleinen Ohrringe sind massiv gegossen und besitzen dünnere Enden, um sie durch das Ohrläppchen zu ziehen, und eine leicht verdickte Partie im Zentrum.
    Dieser Typus wurde in Syrien-Palästina entwickelt und breitete sich über Zypern und Anatolien bis auf die ägäischen Inseln aus.

Lit.: G. Zahlhaas, Antiker Schmuck aus dem Mittelmeerraum und dem Vorderen Orient. Kleine Ausstellungsführer Prähist. Staatssammlung 4 (München 1985) Nr. 23. – vgl. A. Greifenhagen, Schmuckarbeiten in Edelmetall. I. Fundgruppen (Berlin 1970) Taf. 8, 9. [G.Z.]

94 Diadem und Pektorale

Kleinasien.
6. Jh. v. Chr.
Diadem L. 18,0 cm; Pektorale B. 12,3 cm; Gew. 13,58 u. 13,55 g.
Archäologische Staatssammlung München
Inv. 1980, 6096 a–b.

Das Diadem in einfacher Streifenform mit durchlochten Enden zum Umbinden und das lunulaförmige Pektorale sind mit derselben Ornamentik verziert. Am Rand entlang läuft eine Reihe tropfenförmiger getriebener Buckel, in der Binnenfläche sind profilierte Buckel aufgereiht.
    Die beiden Schmuckstücke sollen aus dem Westen Anatoliens stammen. Während Diademe sowohl im Vorderen Orient als auch im Balkangebiet und im griechisch beeinflussten

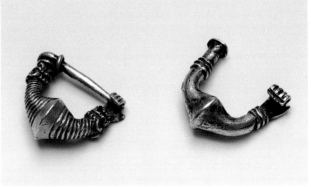

92

94

95

Bereich anzutreffen sind, deuten die halbmondförmigen Pektorale eher auf Traditionen
des Vorderen Orients. Die Ornamentik lässt sich
an Metallarbeiten des achämenidischen Berei-
ches nachweisen. In Anatolien als einer Provinz
des persischen Reiches war diese Dekoration sicher beliebt.

Lit.: G. Zahlhaas, Antiker Schmuck aus dem Mittelmeerraum und dem Vorderen Orient. Kleine Ausstellungsführer Prähist. Staatssammlung 4 (München 1985)
Nr. 3. [G.Z.]

95 Pektorale *(Abb. s. S. 261)*

Makedonien.
Ende 6. Jh. v. Chr.
L. 15,0 cm.
Archäologische Staatssammlung München
Inv. 1984, 3590 a.

Der Lanzettform des Pektorales aus dünnem
Goldblech folgt die Form des Dekors, die über
ein Model getrieben wurde. Sie zeigt im Zentrum eine 16-blättrige Rosette und seitlich je
eine Doppelvolute mit Palmette dazwischen.

Zusammen mit Bronzeschmuck, der entsprechend seiner Abnützungsspuren lange getragen worden sein muss, wurde das vorliegende Pektorale in einem Grab gefunden. Da es
dem Stil nach rund 50 Jahre jünger als der Bronzeschmuck ist, fertigte man es speziell als Totenschmuck für die Bestattung an und legte es
dem Toten auf die Brust. In anderen antiken
Kulturen bedeckte man mit solchen Goldblechen auch den Mund oder die Stirne. Diese
Sitte ist wohl darauf zurückzuführen, dass man
mit dem Material Gold den Gedanken der Unvergänglichkeit verband. Die Form der Palmette datiert das Exemplar in das Ende des 6. Jahrhunderts v. Chr.

Lit.: G. Zahlhaas, Ein makedonischer Grabfund und
verwandte Bronzen aus Makedonien. In: Spurensuche. Festschr. für Hans-Jörg Kellner zum 70. Geburtstag. Kat. Prähist. Staatsslg. Beih. 3 (Kallmünz 1991)
31 ff., Nr. 1, Abb. 1. [G.Z.]

96 Goldblechblüten, Gorgonen, Ohrringe und Gewandschmuck

Ostgriechenland.
6. Jh. v. Chr.
Archäologische Staatssammlung München
Inv. 1975, 900.

Blüten: Der äußere Kontur der sieben Blütenblätter der Rosetten ist ausgeschnitten, die einzelnen Blütenblätter sind durch Einschnitte
voneinander getrennt. Ein zentraler Buckel ist
von Punktbuckeln umgeben. Vier eingestoche-
ne Löcher ermöglichten das Aufnähen. Dm. ca.
4 cm; Gew. 1,10–1,05 g.
Rosetten: 10-blättrige Rosetten in Treibtechnik
besitzen einen geschlossenen, runden Umriss
und waren an den eingestochenen Löchern aufgenäht. Dm. 1,9 cm; Gew. 0,38–0,27 g.
Gorgonen: Frontale Gorgonenköpfchen sind
aus den kleinen Goldblechplättchen herausge-
trieben. 4 kleine Löcher dienten dem Aufnähen.
Dm. 1,0 cm; Gew. 0,08–0,09 g.
Gewandschmuck: Kleine, unterschiedlich ornamentierte Goldblechplättchen dienten aufgenäht als Gewandschmuck. Dm. 1,4–1,6 cm u.
0,6–0,8 cm; Gew. 0,43–0,23 g u. 0,03–0,04 g.
Ohrringe: Die Ohrringe bilden einen einfachen
offenen Kreis und sind fein gerillt. Sie bestehen
aus einem Bronzekern, der mit Goldblech überzogen ist. Dm. 2,9 cm.

Bei dem Komplex soll es sich um zusammengehörige Stücke aus einem Grab handeln. Re-
konstruierbar ist jedenfalls die Anordnung verschiedener Teile zu einem Totenkranz bzw.
einem diademartigen Band. Dazu gehören die
unterschiedlich großen Blüten bzw. Rosetten

96

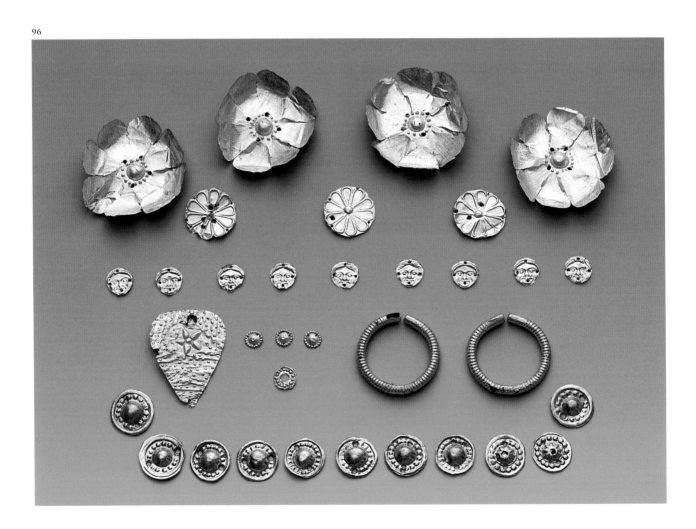

und Gorgonenmasken. Die anderen Besatzstücke mit Buckel- und Sternornamentik dienten als Gewandschmuck zum Aufnähen. Zusätzlich enthält der Komplex ein Paar einfache
Ohrringe. Die Datierung des Fundes lässt sich
durch den Stil der Gorgonen in das 6. Jahrhundert v. Chr. ansetzen. Die Herstellung aus Goldblech ist charakteristisch für Totenschmuck.

Lit.: G. Zahlhaas, Antiker Schmuck aus dem Mittelmeerraum und dem Vorderen Orient. Kleine Ausstellungsführer Prähist. Staatssammlung 4 (München
1985) Nr. 2. – vgl. W. Rudolf, A Golden Legacy. Ancient
Jewelry from the Burton Y. Berry Collection at the Indiana University Art Museum (Bloomington / Indiana
1995) Nr. 22 (vergleichbare Zusammensetzung, z.T.
mit gleicher Ornamentik, insgesamt 357 Einzelelemente) [G.Z.]

97

97 Diadem

Sizilien.
4. Jh. v. Chr.
Bronze, Gold. L. 29,5 cm.
Archäologische Staatssammlung München
Inv. 1974, 3790.

Über einem stabilen Bronzeblechstreifen ist ein
dünnes Goldblech befestigt, dessen Ornament
aus einem Model mit einem Voluten-Palmetten-
Ranken-Motiv getrieben wurde. Im Zentrum
trieb man das Motiv zweimal antithetisch aus
(nicht ganz exakt und somit leicht gegeneinan-
der versetzt), an den Enden je einmal mit der
Spitze der Palmette nach innen. Zwischen die-

ser Dekoration verläuft ein schmaler, horizontaler Fries mit kleinen Gorgonenköpfchen in
Ranken, auch dieser aus einem Model getrieben. Die Enden des Stückes sind mit Löchern
zum Festbinden versehen.

Beim Totenschmuck der griechisch-römi-
schen Antike war die Verwendung von Gorgo-
nendarstellungen als apotropäisches Motiv für
die ungestörte Ruhe des Toten besonders beliebt
(vgl. Kat. 96). Form, Dekorations- und Orna-
mentstil des Diadems weisen nach Unteritalien
und Sizilien und in das 4. Jahrhundert v. Chr.

Lit.: G. Zahlhaas u. H. Fuchs, Ein Diadem aus Sizilien.
Arch. Anz. 1981, 577 ff. m. Abb. [G.Z.]

98 Halskette mit Speerspitzen-
anhängern

Griechisch.
2. Hälfte 4. Jh. v. Chr.
L. 32 cm; Gew. 71 g.
Staatliche Antikensammlungen München
Inv. SL 619.

Ein in sieben Reihen fein geflochtenes Band
aus Golddraht steckt an den Enden in zungenförmigen, flachen Hülsen mit abschließenden
Ösen, durch die ein Band zum Tragen gezogen
wurde. Gerahmt von Perl- und Flechtdraht ist
die Binnenfläche der Hülsenoberseite mit Dop-
pelvoluten und Palmette aus Golddraht deko-

98

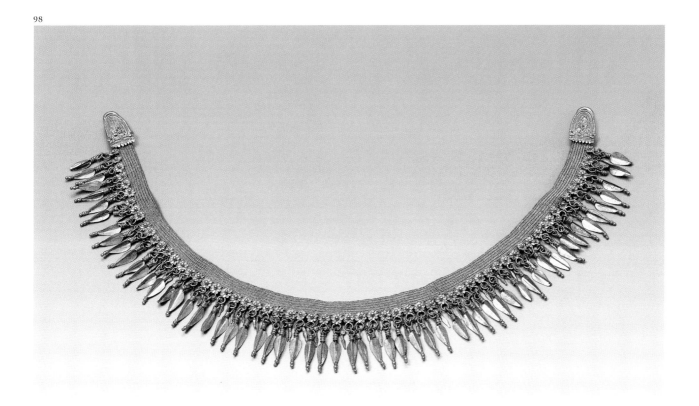

99

riert. Am unteren Rand des Flechtbandes sind in dichter Reihe kleine Rosetten mit Ösen befestigt, in die dreiflügelige Speerspitzen mit Goldkügelchen an der Spitze eingehängt sind. Zwischen den Rosetten hängen an zwei Kettengliedern kleine Scheibchen und daran wiederum Speerspitzen, die im Querschnitt dreieckig und nur ein Drittel so groß sind wie die dreiflügeligen.

Diese Art von geflochtenen Halsbändern gibt es mit unterschiedlich reich gestaltetem Behang. Die Mode der Speerspitzenanhänger beginnt um die Mitte des 4. Jahrhunderts v.Chr. und war bis in frühhellenistische Zeit sehr beliebt. Schon in der Antike wurden diese Anhänger λόγχια (Speerspitzen) genannt, wie ein Inventar des Apollontempels in Delos (279 v.Chr.) belegt. Eine solche Halskette wird dort als Geschenk der Hetäre Simiche aus Mykonos erwähnt. Die Verbreitung dieses Typus erstreckt sich über Griechenland, Makedonien, das Pontus-Gebiet, Kleinasien bis nach Großgriechenland.

Die Goldschmiede setzten die unterschiedliche optische Wirkung des in verschiedenen Techniken verarbeiteten Materials Gold und den dadurch erreichten andersartigen Glanz gezielt ein: Das Flechtband bildet eine geschlossene Form, die Rosetten weisen eine einheitlich ruhige, sehr kleinteilige Musterung auf, während sich der bewegliche Behang mit seinem fließenden Licht- und Schattenspiel wirkungsvoll davon absetzt.

Lit.: unpubl. – vgl. Treasures of Ancient Macedonia (Athen o. J.) Nr. 79, 253. – B. Deppert-Lippitz, Griechischer Goldschmuck (Mainz 1985) 168 ff. [G.Z.]

99 Halskette

Vulci, Etrurien.
Um 500 v.Chr.
L. 34 cm; Gew. 20 g.
Staatliche Antikensammlungen München
Inv. 2344 b.

In der heutigen, modernen Auffädelung sind zwischen Goldperlen (vier bzw. drei Stück) abwechselnd zwei hohl getriebene Ziermotive gesetzt. Beim ersten, das siebenmal vorhanden ist, sind zwei Entchen antithetisch einem zentralen zapfenförmigen Gebilde zugeordnet. Es besteht aus einem größeren Zapfen unten mit feinster Flächengranulation, einem kurzen zylindrischen Stück mit granuliertem Dreieck und der Bohrung, durch die der Faden läuft, und einem kurzen Zapfen oben. An den Entchen ist unten jeweils eine kleine Öse angebracht, in der eine Eichel hängt. Das zweite Zierelement – es kommt neunmal vor – besteht aus einem Wesen mit frontalem Vogelschwanz, aus dem ab der Taille ein dreileibiger Mann wächst, dessen drei Köpfe jeweils mit langem Bart und feinen Etagenperücken, die erst am Hinterkopf ansetzen, ausgestattet sind. Die beiden äußeren Oberteile haben jeweils einen Arm, mit der Hand greifen sie in den Bart. Seitlich hängen an Ösen kleine (Tannen?-) Zapfen.

Der dreileibige Dämon hat offensichtlich Schutzcharakter. Die Wasservögel, die in der italischen Kunst eine lange Tradition haben, weisen zusammen mit den Eicheln und Zapfen vermutlich auf Wohlergehen hin.

Lit.: Kunst und Leben der Etrusker (Köln 1956) Nr. 31. – M. Cristofani/M. Martelli, L'Or des Etrusques (Paris 1985) Nr. 155. [G.Z.]

100 Fuchsschwanzkette mit Medaillons *(Abb. 54)*

Östlicher Mittelmeerraum.
2. Jh. v.Chr.
L. 42 cm; Dm. Medaillon 2,3 cm.
Archäologische Staatssammlung München
Inv. 1974, 5100. – Leihgabe Hypo-Vereinsbank.

Die Kette ist als sog. Fuchsschwanzkette gearbeitet, d.h. 8-förmige Golddrahtglieder werden sternförmig so übereinandergelegt und ineinandergefädelt, dass eine Kette entsteht, die wie gestrickt wirkt. Zwei Goldblechröhren und drei Medaillons sind auf diese Kette aufgezogen. Das mittlere Medaillon zeigt in Relief getrieben die Büste einer Göttin mit Diadem und Schleier, die beiden anderen sind nur durch Spiralornamente verziert.

Goldketten waren sehr beliebt, da sie vielfältige Möglichkeiten für Anhänger boten. Diese hatten überwiegend Amulettcharakter und waren deshalb mit Motiven verziert, die den

Träger des Schmuckstückes schützen sollten. Beim vorliegenden Exponat glaubte man an die Schutzfunktion der dargestellten Göttin.

Lit.: G. Zahlhaas, Antiker Schmuck aus dem Mittelmeerraum und dem Vorderen Orient. Kleine Ausstellungsführer Prähist. Staatssammlung 4 (München 1985) Nr. 10. [G.Z.]

101 Glieder- und Fuchsschwanzkette mit Tierkopfverschlüssen

Kleinasien.
2 Jh. v. Chr.
L. 35 u. 39 cm; Gew. 2,04 u. 5,25 g.
Archäologische Staatssammlung München
Inv. 1975, 724–725.

Die Fuchsschwanzkette ist eine der feinsten ihrer Art. Die zweite Kette setzt sich aus gebogenen Golddrahtgliedern zusammen. Beide Exemplare besitzen als Verschluss kleine Antilopen-Köpfchen, deren Hals durch eine Karneolperle gebildet wird. Jeweils eines der Tiere besitzt am Maul eine Öse, das andere einen Haken zum Einhängen und Verschließen.

Die feinen Kettchen, vor allem die Verschlüsse mit Tierköpfen, sind typische Vertreter der hellenistischen Schmuckkunst. Auch sie waren häufig mit Anhängern bestückt wie bei *Kat. 100.*

Lit.: G. Zahlhaas, De Oudheid Versierd (Heerlen 1991) Nr. 13 u. 14. – vgl. A. Greifenhagen, Schmuckarbeiten in Edelmetall. II. Einzelstücke (Berlin 1975) Taf. 9,5; 9,7; 9,8. – M. Pfrommer, Untersuchungen zur Chronologie früh- und hochhellenistischen Goldschmuckes. Istanbuler Forschungen Bd. 37 (Tübingen 1990) TK 6 u. TK 9, Taf. 16, 1,5 u. 2,1. [G.Z.]

102 Zwei Paar Ohrringe mit Löwengreif- bzw. Gazellenenden

Kleinasien.
3. Jh. / 1. Hälfte 2. Jh. v. Chr.
Dm. 1,3 u. 1,7 cm.
Archäologische Staatssammlung München
Inv. 1985, 727–728.

Die Ohrringe bestehen aus einem tordierten Bügel, der an einem Ende zum Einfädeln in das Ohrläppchen spitz zuläuft, und an der Zier-

102

und Schauseite mit einem Tierkopf verziert ist. Im einen Fall ist es ein aus Karneol geschnittener Rehkopf, im anderen ein aus Goldblech gearbeiteter Löwengreifenkopf, an dessen Hals ursprünglich noch ein Zwischenstück in Halbedelstein gefügt war. Am Halsansatz bildet jeweils eine Manschette mit Blattzungen den Übergang.

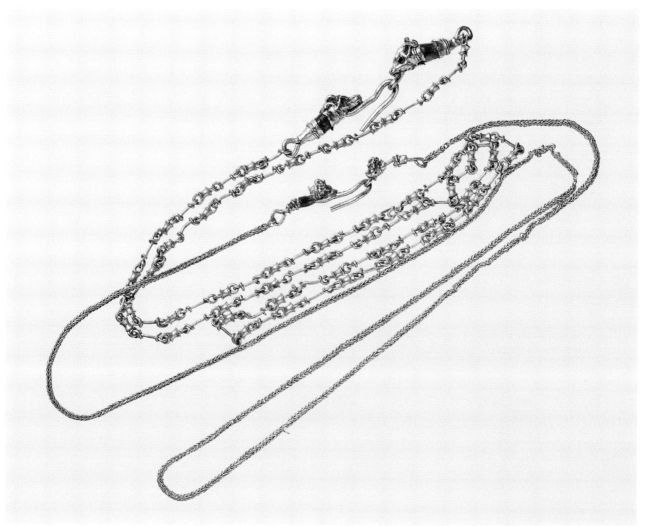

101

Die Tierköpfe sind bei Ohrringen wie bei Halsketten charakteristisch für die hellenistische Schmuckkunst.

Lit.: G. Zahlhaas, De Oudheid Versierd (Heerlen 1991) Nr. 31–32. [G.Z.]

103 Fingerring mit Ähre *(o. Abb.)*

Wohl Emporion, Spanien.
3./2. Jh. v.Chr.
Dm. 1,4–1,7 cm; Gew. 1,02 g.
Archäologische Staatssammlung München
Inv. 1984, 3498.

In den kleinen, bandförmigen Fingerring ist oben eine einfache Ähre eingeritzt.

Fingerringe mit Ähren sind weit verbreitet. Als Grabbeigabe soll dieses Motiv sicherlich das sich wiederholende Werden und Vergehen des Lebens symbolisieren.

Lit.: G. Zahlhaas, Antike Fingerringe und Gemmen. Sammlung Dr. E. Pressmar. Ausstellungskat. Prähist. Staatssammlung 10 (München 1985) Nr. 20. [G.Z.]

104

104 Bulla

Italien (?).
1. Jh. n.Chr.
H. 2,7 cm; Gew. 2,99 g.
Archäologische Staatssammlung München
Inv. 1975, 367.

Die Bulla ist ein linsenförmiges hohles Behältnis aus Goldblech mit profilierter Öse zum Umhängen. Am Ansatz der Öse findet sich als Dekor ein granuliertes Dreieck, am unteren Rand drei strahlenförmig verlaufende Linien aus Granalien.

Aus etruskischer Tradition stammt der Brauch, Knaben – und vermutlich auch Mädchen – einen hohlen linsenförmigen Anhänger als Amulett umzuhängen. Im Inneren verwahrte man Unheil abwehrende Substanzen. Ursprünglich kam den Kindern des Senatoren- bzw. Ritterstandes eine goldene *bulla* zu, den übrigen solche aus minderem Material oder Leder. Später verwischten sich diese Vorschriften

wie bei vielen anderen Tracht- und Schmuckgegenständen, und das Tragen einer *bulla* aus Gold war nur noch vom Vermögen abhängig. Zusammen mit der *toga praetexta* wurde die *bulla* am Ende der Kinderzeit den Laren dargebracht.

Zusammen mit Miniaturwaffen und -werkzeugen und anderen Symbolen zählt die *bulla* u.a. auch zu den *crepundia*, klappernden Anhängern, die den Kindern als Amulette umgehängt wurden.

Lit.: G. Zahlhaas, Antiker Schmuck aus dem Mittelmeerraum und dem Vorderen Orient. Kleine Ausstellungsführer Prähist. Staatssammlung 4 (München 1985) Nr. 17. – vgl. L. Pirzio Biroli Stefanelli, L' Oro dei Romani. Gioelli di Età Imperiale (Rom 1992) Kat. 21, 69 u. Abb. 43. – zur *bulla*: H. Gabelmann, Römische Kinder in toga praetexta. Jahrb. DAI 100, 1985, 497 ff. [G.Z.]

105 Lunula

Kleinasien.
1./2. Jh. n.Chr.
H. 2,6 cm; Gew. 4,78 g.
Archäologische Staatssammlung München
Inv. 1975, 369.

Der halbmondförmige, massiv gegossene Anhänger ist an den Enden mit kleinen Kugeln versehen und oben mit einer reich verzierten Öse (Flechtdraht) ausgestattet.

Die Lunula war eines der beliebtesten Amulette in allen antiken Kulturen (vgl. auch Lunulae des Hortfundes *Kat. 88* und des Models *Kat. 129*). Sie stellte den magischen Schutz und die segnende Wirkung dar, die man dem Mond in Bezug auf die weibliche Fruchtbarkeit zuschrieb. Vor allem Frauen, Kinder und Haustiere trugen dieses sowohl apotropäische wie auch glücksbringende Symbol an vielerlei Schmuckgegenständen. Das vorliegende Beispiel wurde wahrscheinlich als Anhänger an einer Kette auf der Brust getragen. Lunulae fügte man aber auch den Kettenverschlüssen im Nacken hinzu, damit das Unheil, das sich unbemerkt von hinten nähert, dadurch abgewehrt würde.

105

Lit.: G. Zahlhaas, Antiker Schmuck aus dem Mittelmeerraum und dem Vorderen Orient. Kleine Ausstellungsführer Prähist. Staatssammlung 4 (München 1985) Nr. 15. – vgl. L. Pirzio Biroli Stefanelli, L' Oro dei Romani. Gioelli di Età Imperiale (Rom 1992) Kat. 128. – zur Lunula: H. Wrede, Lunulae im Halsschmuck. In: Wandlungen. Studien zur antiken und neueren Kunst (Waldsassen 1975) 243 ff. [G.Z.]

106a–b

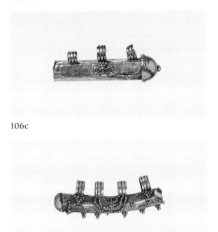

106c

106d

106 Vier Amulettkapseln

a) Mittelmeergebiet, 4. Jh. n.Chr.
b) Mittelmeergebiet, wohl 7. Jh. n.Chr.
c) Mittelmeergebiet, wohl 7. Jh. n.Chr.
d) Mittelmeergebiet, wohl 7. Jh. n.Chr.

Das Grundschema ist bei allen vier Amulettkapseln gleich. Eine zylindrische Röhre ist an beiden Enden mit einem gewölbten Deckel versehen. Sie kommt quer zum Aufhängen und ist dafür mit Ösen ausgestattet. Die Verzierung zeigt Perlstege, ein Kreuz, die Menorah oder Dreiecke in Granulation.
a) B. 3,1 cm; Gew. 5,06 g. Archäologische Staatssammlung München Inv. 1975, 368.
b) B. 3,3 cm; Gew. 4,22. Slg. CS 483.
c) B. 4,2 cm; Gew. 5,01. Slg. CS 1017.
d) B. 4,0 cm; Gew. 5,23 g. Slg CS .

Amulettkapseln sind weit verbreitete und beliebte Anhänger. In ihrem Inneren wurden heilkräftige Mittel oder aufgeschriebene Zaubersprüche aufbewahrt. Die vier vorliegenden Beispiele zeigen klar, dass solche Amulette in verschiedenen Kulturen getragen wurden. Es gibt neutrale mit ornamentaler Verzierung, aber

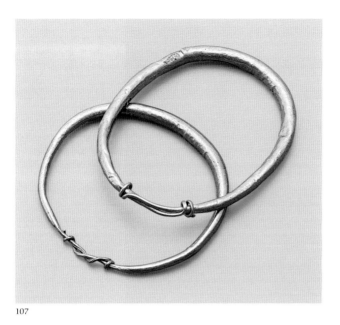

107

Doppelvolutenornament und ein zentraler Steg aufgelötet. Der Platte ist ein erhöhter Rahmen mit reliefierten Halbbögen und kleinen Nasen dazwischen aufgesetzt. Der Typus der Fingerringe mit erhöhtem Rand gehört in das 3./4. Jahrhundert n. Chr.

Die Verzierung des Randes erinnert an die Fassungen bei Anhängern und Ohrringen des 3. Jahrhunderts n. Chr. Die Form der Schultergestaltung entspricht ebenfalls der Mode dieser Zeit, sonst werden die Voluten allerdings überwiegend in Relief oder à jour gearbeitet. Beim vorliegenden Stück weisen geringe Reste vielleicht auf Emaileinlagen zwischen den Drähten hin, was eine Erklärung für die gewählte Technik wäre und der Zeit entspräche. Das Motiv der *dextrarum iunctio* hat in römischer Zeit ab der späten Republik eine lange Tradition und symbolisiert Eintracht und Treue sowohl im politischen als auch im privaten Leben.

Lit.: unpubl. – vgl. Ringform: Jewellery through 7000 Years (London 1976) Nr. 434. – L. Pirzio Biroli Stefanelli, L' Oro dei Romani. Gioelli di Età Imperiale (Rom 1992) Abb. 286. – vgl. Motiv: C. Weiß, Antike Gemmen in Deutschen Sammlungen. Die antiken Gemmen der Sammlung Friedrich Julius Rudolf Bergau im Germanischen Nationalmuseum, Nürnberg (Nürnberg 1996) Nr. 453. [G.Z.]

110 Fingerring, sechseckig mit Inschrift, Gemme und Gegenstein

Kleinasien. Römisch.
3. Jh. n. Chr.
Innerer Dm. 1,7–1,9 cm.
Archäologische Staatssammlung München
Inv. 1985, 608.

Der gegossene Goldring besitzt auf der Platte in lanzettförmiger Fassung eine Granatgemme mit dem eingeschnittenen Motiv der *dextrarum iunctio*. Auf der Fläche der Gegenseite ist ein kleiner runder Karneol gefasst. Die vier seitlichen Streifen der Schiene weisen die griechische Inschrift »EYT YXI AMA ZONI – Heil der Amazone« auf.

---

auch mit Kreuz als Hinweis auf einen christlichen Träger bzw. einer Menorah als Zeichen für einen jüdischen Besitzer. Später wurde der Brauch auch im islamischen Bereich gepflegt.

Lit.: Rom und Byzanz 1998, Nr. 305–306. – Amulett mit Kreuz und Menorah: unpubl. – vgl. Amulett mit Menorah: Jewish, Early Christian and Byzantine Antiquities. Auktion Sternberg 20. Nov. 1989, Nr. 200. [G.Z.]

107 Paar Goldarmreifen

Kleinasien.
2./3. Jh. n. Chr.
Dm. 6,4 u. 5,5 cm; Gew. 8,32 u. 7,2 g.
Archäologische Staatssammlung München
Inv. 1975, 812.

Die aus dickem Golddraht gearbeiteten Armreifen verjüngen sich nach den Enden zu. Die Enden sind übereinander gebogen und spiralig um den Reif gewunden, so dass der Armreif leicht beweglich ist und zum Anziehen etwas auseinandergezogen werden kann.

Bei der Schmuckgattung der Armreifen sind nicht sehr viele Formen erfunden worden. Neben den offenen Exemplaren mit Tierkopfenden sind geschlossene Reifen bekannt, bei denen es als Variante noch die spiralig gewundenen gibt.

Lit.: Die Römer zwischen Alpen und Nordmeer. Schriftenreihe Arch. Staatsslg. 1 (Mainz 2000) Kat. 219 a (ohne Abb.) – vgl. H. Hofmann/V. v. Claer, Antiker Gold- und Silberschmuck (Mainz 1968) 92, Nr. 59. [G.Z.]

108 Schlangenring *(o. Abb.)*

Der-el Zor, Syrien.
2. Jh. n. Chr.
Dm. 1,8 cm; Gew. 2,08 g.
Archäologische Staatssammlung München
Inv. 1984, 3514.

Der Ring ist aus einem flachen Schlangenkörper gebildet, dessen Kopf und Schwanz in mehreren Windungen auslaufen. Die Oberfläche ist mit feinen Schraffuren versehen.

Die Schlange, welche man in der Antike als glückbringendes Tier betrachtete, ist als Motiv für Schmuck sehr beliebt und wird vor allem für Armreifen und Fingerringe gerne verwendet. Beispiele dafür gibt es von der griechischen Klassik bis in die Spätantike.

Lit.: G. Zahlhaas, Antike Fingerringe und Gemmen. Sammlung Dr. E. Pressmar. Ausstellungskat. Prähist. Staatssammlung 10 (München 1985) Nr. 36. [G.Z.]

109

109 Fingerring mit Dextrarum iunctio

Römisch.
3. Jh. n. Chr.
Innerer Dm. 1,8 cm; Gew. 7,38 g.
Slg. Dexel.

Der Reif des Fingerringes mit den annähernd dreieckigen Schulterstücken und der ovalen Platte samt der darauf in Relief wiedergegebenen *dextrarum iunctio* (zwei verschlungene rechte Hände) ist massiv gegossen. Auf die Schulterstücke sind in dickem Golddraht ein

110

110

112

schmückten Damen der Grabporträts aus Palmyra in Syrien kennen, wo sie sehr repräsentativ wirken. Auf das äußere Erscheinungsbild wurde größerer Wert gelegt als auf die Feinheit der Ausführung im Detail. So ließ man z. B. die Möglichkeiten, die der zweifarbig geschichtete Stein zur Verdeutlichung der Darstellung geboten hätte, ungenutzt.

Lit.: G. Zahlhaas, Schmuck der Antike aus einer norddeutschen Privatsammlung. Ausstellungskat. Prähist. Staatssammlung 20 (München 1991) Nr. 38. [G.Z.]

113 Goldkette (o. Abb.)

Gauting, Ldkr. Starnberg. Römisch.
2./3. Jh. n. Chr.
L. 41,3 cm; Gew. 11,14 g.
Archäologische Staatssammlung München
Inv. 1954, 124.

Die einfache Kette aus Golddraht setzt sich aus 8-förmigen Gliedern zusammen. Ihr Verschluss besteht aus einem herzförmig gearbeiteten filigranen Zierelement.

Ketten wie diese waren lange Zeit im Gebrauch und dienten vorzugsweise zur Befestigung verschiedenster Anhänger.

Lit.: Die Römer zwischen Alpen und Nordmeer. Schriftenreihe Arch. Staatsslg. 1 (Mainz 2000) Kat. 221 b. [G.Z.]

114 Votivblech (o. Abb.)

Östliches Mittelmeergebiet. Römisch.
2./3. Jh. n. Chr.
L. 6,2 cm; Gew. 1,86 g.
Archäologische Staatssammlung München
Inv. 1975, 370.

Das stilisierte ovale Blatt aus Goldblech weist in vier Segmenten schräge, parallele, eingedrückte Rippen auf. Die Enden sind zum Befestigen durchlocht.

Die typische Musterung ist vor allem von Votivblechen aus Silber bekannt, es gibt davon nur wenige Beispiele, die aus Gold gefertigt sind. Ähnliche blattförmige Bleche wurden aber auch dem Verstorbenen bei der Bestattung auf den Mund gelegt.

Lit.: Idole. Frühe Götterbilder und Opfergaben. Ausstellungskat. Prähist. Staatsslg. 12 (Mainz 1985) Nr. 85. – vgl. Goldhelm, Schwert und Silberschätze. Reichtümer aus 6000 Jahren rumänischer Vergangenheit (Frankfurt 1994) Kat. 87 (Votive), Kat. 89, 9–10 (Mundblech). [G.Z.]

115 Anhänger mit Bild eines Angehörigen des constantinischen Kaiserhauses

Mittelmeergebiet. Römisch.
4. Jh. n. Chr.
Goldblech in Silberfassung. H. 3,2 cm.
Slg. CS Nr. 1638.

Von einer hochovalen profilierten Silberfassung (unbekannter Zeitstellung) wird das in dünnes Goldblech getriebene Porträt gehalten. Die Büste

Gefasste Steine oder andere Schmuckelemente auf der Innenseite der Schiene sollten dem Träger durch die unmittelbare, permanente Berührung besonderen Schutz bieten. Beispiele für diese zusätzliche magische Komponente sind ab dem Hellenismus zu finden (hier verbunden mit dem Heraklesknoten), wurden in spätrömischer Zeit zunehmend beliebter und sind in der islamischen Schmuckkunst weit verbreitet (vgl. auch den Fingerring mit Kreuz an dieser Stelle, Kat. 76). Die Wirkung ist sicherlich jener der Zauberringe vergleichbar, bei denen man den Ringkasten zum Inneren der Hand drehte, um die Zauberkraft zu aktivieren.

Lit.: unpubl. – vgl. Ringform: F. Henkel, Die römischen Fingerringe der Rheinlande und benachbarter Gebiete (Berlin 1913) Nr. 1819. – L. Ruseva-Slokovska, Roman Jewellery. A Collection of the National Archaeological Museum Sofia (London 1991) Nr. 183. – zum Motiv: s. Kat. 109. – Hellenistische Beispiele: B. Deppert-Lippitz, Griechischer Goldschmuck (Mainz 1985) Abb. 206–207. – zur Handhabung von Zauberringen: Platon, Politeia II 359 D. – Lukian, Der Lügenfreund. [G.Z.]

111 Anhänger in Form einer Herkuleskeule (o. Abb.)

Kleinasien. Römisch.
3. Jh. n. Chr.
L. 3,5 cm; Gew. 2,55 g.
Archäologische Staatssammlung München
Inv. 1972, 70.

Dem hohlen konischen Anhänger aus Goldblech sind tropfenförmige Ornamente in Golddraht aufgesetzt, welche die Astansätze der Herkuleskeule darstellen sollen.

Solche Anhänger wurden an Ketten und vor allem an Ohrringe angehängt und meist von Frauen und Mädchen als amulettartige Schmuckstücke getragen. Der Typus ist im gesamten Imperium Romanum ab der 2. Hälfte des 2. Jahrhunderts n. Chr. verbreitet. Als Symbolgehalt kann an die Überwindung des Todes gedacht werden, die Herkules durch seine Kraft und Stärke gewonnen hat. Da bei vielen Toilettengeräten – etwa bei Spiegeln als Griff – ebenfalls das Motiv der Herkuleskeule gewählt wurde, mag der Sinn auch sein, dass selbst die körperliche Kraft von Schönheit und Liebe besiegt wird.

Lit.: Jahrb. RGZM 31, 1984, Taf. 66, 21. – vgl. L. Ruseva-Slokovska, Roman Jewellery. A Collection of the National Archaeological Museum Sofia (London 1991) Nr. 133. – L. Pirzio Biroli Stefanelli, L' Oro dei Romani. Gioielli di Età Imperiale (Rom 1992) Abb. 287 (Thetford Treasure). [G.Z.]

112 Fuchsschwanzkette mit Schmuckplatte

Mittelmeergebiet. Römisch.
3. Jh. n. Chr.
L. 60 cm; B. Schmuckplatte 4,1 cm.
Slg. Dexel Nr. 38.

Die sehr gleichmäßig gearbeitete Fuchsschwanzkette ist mittels Ösen an einer großen, achteckigen Schmuckplatte befestigt. Darin ist eine große Gemme aus braun-beige-weiß geschichtetem Sardonyx gefasst. Ihre Darstellung zeigt eine Meeresgöttin, die auf einem Seewesen aus zwei Pferdevorderkörpern und einem geringelten Seeschlangenschwanz durch das bewegte Meer reitet, wobei sich ihr Mantel im Wind halbkreisförmig aufbläht.

Das dekorative Schmuckstück entspricht den Beispielen, wie wir sie von den reich ge-

ist nach links gerichtet und trägt eine Strahlenkrone, außerdem die konsularische Tracht. Die
rechte Hand ist erhoben, in der linken Hand
wird der Globus gehalten. Das Medaillon ist in
Form eines Ovales beschnitten, so dass die er-
hobene Hand nur noch zum Teil erhalten ist.

Am besten vergleichbar ist die Darstellung
auf einem Medaillon mit Constantin d. Gr. auf
der Vorderseite und Constantin II. und Constantius II. auf der Rückseite, geprägt um 326
n.Chr. Der Stil ist etwas graphischer, so dass als
Dargestellter neben Constantin auch einer seiner Söhne in Frage kommt.

Lit.: unpubl. – vgl. J. P. C. Kent/B. Overbeck/A. U. Sty-
low, Die römische Münze (München 1973) Nr. 651, Taf.
139. [G.Z.]

116 Gürtelschnalle mit
Tierkampfszene

Östlicher Mittelmeerraum. Byzantinisch.
Um 600 n.Chr.
L. 8,7 cm; Gew. 98,2 g.
Archäologische Staatssammlung München
Inv. 1985, 753.

Die Gürtelschnalle hat einen vorne eingezogenen Schnallenbügel, übergreifenden Schilddorn
und langen U-förmigen Beschlag. Dieser ist am
Ende mit einem laternenförmig gebildeten Knopf
ausgestattet, der ein Phylakterium aufnehmen
sollte.

Auf dem Bildfeld des Beschlages ist in Relief
eine Tierkampfszene dargestellt. Beteiligt sind
ein Drachenwesen mit drei Köpfen und zwei
Vierfüßler. Eine Taube beobachtet den Kampf.

Die Gürtelschnalle sollte dem Träger als
Schutz dienen. Da sie an zentraler Stelle der
Körpermitte getragen wurde, eignet sich diese
Schmuckgattung dazu besonders. Außerdem
erinnern die in Relief ausgeführten Motive auf

115

dem Beschlag an den Sieg Christi über das Böse
und bieten so zusätzlichen Schutz. Es wird eine
Szene gezeigt, bei der nach frühchristlicher
Symbolik (bekannt durch die Beschreibungen
des Physiologus) Christus in Gestalt eines
Fischotters oder eines Panthers gegen den Teu-
fel als Drachen kämpft. Die Taube, welche den
Kampf verfolgt, symbolisiert die Gemeinde der
Gläubigen.

Lit.: J. Werner, Eine goldene byzantinische Gürtelschnalle in der Prähistorischen Staatssammlung München. Bayer. Vorgeschichtsbl. 53, 1988, 301 ff. [G.Z.]

117 Gürtelschnalle

Mittelmeergebiet. Byzantinisch.
7. Jh. n.Chr.
L. 4,3 cm; Gew. 16,07 g.
Slg. CS Nr. 531.

Die zierliche, gegossene Gürtelschnalle setzt
sich aus dem vorne eingezogenen Bügel, dem
übergreifenden Dorn mit Kreuz und dem Beschlag zusammen. Bei diesem bildet eine Doppelvolute und eine von einer Leiste umfasste
Palmette den Hauptteil, an den ein Kreuz aus
unterschiedlich großen Kugeln angesetzt ist.

Das Kreuz diente in verschiedenen Ausführungen als Schmuck von Gürtelschnallen, bei
manchen hatten die Beschläge selbst Kreuzes-
form. Als Heilszeichen sollte es den Träger
schützen.

Lit.: Rom und Byzanz 1998, Kat. 354. [G.Z.]

117

116

118

118 Teile von Gürtelgarnituren

Umgebung von Izmir, Türkei. Byzantinisch. Spätes 6. / frühes 7. Jh. n. Chr.

a) Gürtelschnalle: Die ovale Gürtelschnalle mit übergreifendem Dorn und Kastenfassung für eine Einlage ist durch ein Scharnier mit dem wappenförmigen Beschlag verbunden. Dieser ist dekoriert mit einer reliefierten Palmette, Fischblasen sowie eingetieften Ornamenten. L. 4,8 cm; Gew. 12,07 g. Archäologische Staatssammlung München Inv. 1973, 359.

b) Riemenschlaufe mit Scharnier: Zwei rechteckige, leicht geknickte Platten sind durch Scharniere verbunden. Die Schauseite ist zweimal mit durchbrochenem Ornament versehen. Unten sitzt eine herzförmige Öse beweglich an. L. 5,3 cm; Gew. 20,07 g. Archäologische Staatssammlung München Inv. 1975, 815.

c) Riemenzunge und zwei Beschläge: Mit dem gleichen Durchbruchsornament versehen sind eine Riemenzunge, ein wappenförmiger Gürtelbeschlag und ein gegenständiger Gürtelbeschlag (jeweils mit zwei Ösen auf der Rückseite). Ornament: am Rand entlang Blütenreihe, im Zentrum doppeltes Kommamuster. L. 2,6 cm; 21 cm; 3,2 cm; Gew. 10,01 g; 4,80 g; 5,72 g. Archäologische Staatssammlung München Inv. 1971, 1275 a.

d) Riemenzunge und zwei Beschläge: Die drei zungenförmigen Teile weisen das gleiche Kommamuster in Durchbruchstechnik auf. Die Riemenzunge besitzt oben einen Niet, ein Beschlag ist kastenförmig hinten offen, der andere eine einfache Platte. L. 1,7 cm; 1,8 cm; 1,9 cm; Gew. 3,67 g; 3,43g; 2,78 g. Archäologische Staatssammlung München Inv. 1971, 1275 b; 1980, 3897; 1973, 360.

e) Riemenzunge: Die U-förmige Riemenzunge besitzt oben einen Niet; auf der Vorderseite U-förmiges Zierfeld mit durchbrochenem Kreuzgittermuster, auf der Rückseite Kommaornament. L. 3,1 cm; Gew. 11,40 g. Archäologische Staatssammlung München Inv. 1975, 814.

f) Riemenzunge: Eine Seite des wappenförmigen Stückes endet oben in Bögen. Die Dekoration zeigt in Durchbrucharbeit auf einer Seite ein leierförmiges Ornament, auf der anderen Seite ein etwas reicheres Blattornament. L. 2,7 cm; Gew. 12,11 g. Archäologische Staatssammlung München Inv. 1971, 1275 b.

g) Gürtelbeschlag: Der wappenförmige Beschlag mit zwei rückwärtigen Ösen ist mit zwei seitlichen Herzblättern oben und mit Kommamuster verziert. L. 1,8 cm; Gew. 6,19 g. Archäologische Staatssammlung München Inv. 1971, 1275 c.

Die Teile stammen möglicherweise aus einem Schatzfund, der mehrere goldene Gürtelgarnituren enthielt, denn die vorliegenden Stücke gehören vermutlich zu sechs verschiedenen Gürteln. Der Typus der vielteiligen Gürtelgarnituren ist im gesamten byzantinischen Herrschaftsbereich belegt und war ursprünglich von der Mode der Reiter- und Steppenvölker angeregt worden. In Form und Ornament verwandte Stücke sind in Bronze, Silber und Gold bekannt, wodurch sicherlich eine Rangabstufung angezeigt wird. Byzanz vermittelte den Typus an die Nachbarvölker, wobei im 7. Jahrhundert n. Chr. auch das Gebiet nördlich der Alpen erreicht wurde.

Die zeitliche Einordnung der vorliegenden Teile beruht auf münzdatierten Funden (Mersin um 610, Akalan um 630/40 vergraben) und erfolgt ins späte 6. bis frühe 7. Jahrhundert.

Lit.: Rom und Byzanz 1998, Nr. 339. [G.Z.]

119 Paar Goldarmreifen mit Achatverschlussscheiben *(Abb. 56)*

Kleinasien. Byzantinisch.
5./6. Jh. n. Chr.
H. 5,3 u. 5,4 cm; B. 5,9 cm.
Archäologische Staatssammlung München
Inv. 1985, 876 a/b.

Die Reifen bestehen aus je 3 miteinander verdrehten Golddrähten und enden an beiden Seiten mit einer Öse. Diese greift in die Scharnierteile der zentralen Platten ein. Die Platten weisen eine glatte Goldunterseite auf und eine Oberseite, auf der Perlrand und Flechtband aus Golddraht einen zweifarbigen Schichtenachat im Zentrum rahmen.

Aufgrund der Proportionen zwischen dünnem Reif und großer Platte und der Schlifftechnik des Steines wird das Armreifpaar in das 5./6. Jahrhundert n. Chr. datiert.

Lit.: Rom und Byzanz 1998, Nr. 314. [G.Z.]

120 Fingerring mit Doppelkopf *(o. Abb.)*

Kleinasien. Byzantinisch.
7. Jh. n. Chr.
Innerer Dm. 1,9 cm.
Archäologische Staatssammlung München
Inv. 1998, 8073.

Die Schiene wird gebildet von einer Reihe kleiner Ringelemente mit eingeschriebenen Kreuzen bzw. aufgefädelten Smaragden. Zwei nebeneinander gesetzte zylindrische Elemente ergeben den Ringkopf. Auf einer Bildfläche ist die frontale Halbfigur eines Engels mit Flügeln, Stab und Nimbus graviert, auf der anderen ein Monogramm, das wohl als MARKV aufzulösen ist.

Die schützende Wirkung des Fingerringes wird in den gravierten Bildern der beiden Plattenflächen angezeigt. Der Besitzer, dessen Monogramm auf einer Fläche erscheint, stellt sich somit unter den Schutz des Engels auf der anderen Fläche. Die Wahl der Ringbilder steht un-

mittelbar in der Tradition der heidnischen Antike: Dort wählte man schützende Gottheiten, im frühen Christentum vertraute man sich den Vertretern des christlichen Heilsgeschehens an.

Lit.: Rom und Byzanz 1998, Nr. 321. [G.Z.]

121 Fingerring mit Stadtgöttin *(o. Abb.)*

Östlicher Mittelmeerraum. Byzantinisch.
6. Jh. n. Chr.
Innerer Dm. 1,9 cm; H. 3,3 cm; Gew. 19,6 g.
Slg. CS Nr. 952.

Auf den einfachen Reif ist der kelchartige Kopf mit dreizehn Profilstegen gesetzt. Die runde abgetreppte Platte trägt als Bild eine frontal sitzende Stadtgöttin mit Mauerkrone, Füllhorn, Szepter und Schild.

Den Fingerring wird man einem Amtsträger hoher Position zuweisen dürfen, da das Motiv der Stadtpersonifikation (Konstantinopolis oder Roma) immer im offiziell-amtlichen Kontext vorkommt, so z. B. auf Münzen oder auf Stempeln staatlicher Institutionen.

Lit.: Rom und Byzanz 1998, Nr. 319. [G.Z.]

122 Fingerring mit Brautpaar *(o. Abb.)*

Mittelmeergebiet. Byzantinisch.
7. Jh. n. Chr.
Innerer Dm. 1,8 cm; Gew. 12,78 g.
Slg. CS Nr. 931.

Der schlichten einfachen Schiene ist die runde flache Platte aufgelötet. In die Bildfläche sind die beiden frontalen Büsten eines Mannes und einer Frau negativ eingetragen, darunter steht die Inschrift XAPIC (Gnade), darüber ein Stern.

Es handelt sich bei dieser Art von Ringen um Hochzeitsringe, die das Brautpaar in ihrem rei-

chen Schmuck zeigen. Während der Braut in früherer römischer Zeit ein eiserner Ring an den Finger gesteckt wurde, kommt ab der Spätantike die Sitte der Hochzeitsringe auf, wobei die Bildnisse des Brautpaares zuerst im Profil, später in Frontalansicht wiedergegeben werden. Es ist die verkürzte Darstellungsweise des sonst auf Ringen, Gürteln und Medaillons gebräuchlichen Motivs, bei dem das Brautpaar in ganzer Gestalt mit dem segnenden Christus dazwischen erscheint.

Lit.: Rom und Byzanz 1998, Nr. 320. [G.Z.]

123 Monogrammring *(o. Abb.)*

Östlicher Mittelmeerraum. Byzantinisch.
2. Hälfte 7. / frühes 8. Jh. n. Chr.
Innerer Dm. 1,9 cm; Gew. 7,4 g.
Slg. CS Nr. 932.

Auf den einfachen Reif ist eine leicht ovale Platte aufgelötet. Im Zentrum befindet sich ein Kreuzmonogramm, das in Στεφάνου (»des Stephanos«) aufzulösen ist. Zusätzlich umgibt den Rand eine Inschrift, die aber nur noch zum Teil zu lesen ist: Κύριε βοήθι (statt βοηθει) (»Herr, hilf«).

Das Monogramm nennt den Besitzer des Ringes, einen Stephanos, der durch den Zusatz »Herr, hilf« für sich Schutz erfleht.

Lit.: Rom und Byzanz 1998, Nr. 334. [G.Z.]

124 Halbmondförmige Ohrringe *(Abb. s. S. 257)*

Mittelmeerraum. Byzantinisch.
6./7. Jh. n. Chr.

a) Der halbmondförmige Ohrring ist in Durchbruchsarbeit mit zwei antithetischen Pfauen verziert, die auf eine zentrale Scheibe mit ein-

124

125

beschriebenem Kreuz ausgerichtet sind; über die Fläche verteilt Punzornamente, am äußeren Rand fünf plastische Kugeln. B. 3,9; Gew. 8,89 g. Archäologische Staatssammlung München Inv. 1978, 113.

b) Die Darstellung bilden zwei antithetische Pfauen, welche auf eine zentrale Scheibe mit einbeschriebenem Kreuz ausgerichtet sind. Am äußeren Rand verlaufen 8 Ösen, in die ursprünglich Perlenstränge eingefädelt waren. In ihnen hängen jetzt zwei Saphire, die sicher nicht zugehörig sind. B. 3,6; Gew. 3,23 g. Archäologische Staatssammlung München Inv. 1985, 736.

c) Der Ohrring besteht aus einem halbmondförmigen Goldblech, in das die Darstellung von der Vorder- und Rückseite gepunzt ist: Zwei sehr schematisch wiedergegebe Vögel stehen antithetisch an einem in einen Kreis einbeschriebenen Kreuz. Das Motiv wird von einem Zickzackmuster mit doppeltem Punktbuckelband eingerahmt; am äußeren Rand fünf plastische Kugeln. B. 5,0; Gew. 6,05 g. Archäologische Staatssammlung München E 1999/8.

d) Die Dekoration bilden zwei antithetische Pfauen an einem vertikalen pflanzlichen Gebilde. Die Motive erscheinen leicht plastisch, da sie von hinten etwas getrieben sind, auf der Vorderseite Gravierungen; am äußeren Rand fünf plastische Kugeln. B. 3,0; Gew. 4,57 g. Archäologische Staatssammlung München Inv. 1980, 3899.

e) Die Dekoration bilden zwei antithetische Pfauen mit detailreicher Wiedergabe von Flügeln, Schwanz und Krönchen. Im Zentrum ein

pflanzenähnliches ornamentales Gebilde, dessen obere Ranken weit über die Köpfe der Vögel ausschwingen; am äußeren Rand sieben plastische Kugeln. B. 4,1; Gew. 8,63 g. Slg. Dexel Nr. 69.

f) Die Dekoration bilden zwei antithetische Pfauen an einem zentralen Gefäß. B. 3,6 cm; Gew. 4,47 g. Slg. Otto von Hessen Nr. 28.

g) Die Dekoration bilden symmetrisch angeordnete Weinranken. B. 2,9 cm; Gew. 1,95 g. Slg. Otto von Hessen Nr. 59.

h) Die Dekoration bildet ein frontal wiedergegebener Adler mit ausgebreiteten Flügeln. B. 3,8 cm; Gew. 2,96 g. Slg. Otto von Hessen Nr. 41.

Die halbmondförmigen, durchbrochen gearbeiteten Ohrringe gehörten mit zu den beliebtesten Typen im byzantinischen und byzantinisch beeinflussten Bereich. Darüber hinaus wurden sie in die frühislamische Schmuckkunst übernommen und waren dort lange Zeit beliebt.

Als Motiv wählte man überwiegend die antithetischen Pfauen. In der heidnischen Antike galt der Pfau in Verbindung mit den Prachtgärten als Symbol des Luxus. Da man sich im frühen Christentum das Paradies in ähnlicher Weise dachte, wurde der Pfau als sein Bewohner zum Symbol für das erlöste Leben im Jenseits, eine Vorstellung, die durch das zentrale Kreuz, die Pflanze (Lebensbaum) oder Gefäß (Wasser des Lebens) noch betont wird. Daneben gibt es aber auch Motive, die nicht unbedingt im christlichen Sinne gedeutet werden müssen. Bei den vorliegenden Stücken sind dies Weinranken oder der Adler.

Lit.: a, b, d: Rom und Byzanz 1998, Nr. 264–266. – e: G. Zahlhaas, Schmuck der Antike aus einer norddeutschen Privatsammlung. Ausstellungskat. Prähist. Staatssammlung 20 (München 1991) Nr. 69. – c. unpubl. – f–h: Sternberg Auktion Zürich 25./26. Nov. 1991, Nr. 996, 998, 999. [G.Z.]

125 Paar Körbchenohrringe

Corleone Grab 1, Sizilien. Byzantinisch.
6./7. Jh. n. Chr.
H. 5,3 cm; Gew. 6,73 u. 6,31 g.
Archäologische Staatssammlung München
Inv. 1971, 294 a–b.

Am Reif mit Öse und Haken ist das Körbchen mit Drahtumwicklung befestigt. Der Körper des Körbchens besteht aus volutenartigen Stegen, der Deckel der Schauseite aus konzentrischer Drahtwicklung um eine zentrale Kreiszelle, in der bei einem Exemplar noch eine echte Perle aufgezogen ist.

Diese byzantinische Ohrringform taucht im 5. Jahrhundert n. Chr. im Osten auf und verbreitet sich von da aus. Das vorliegende Paar belegt sein Vorkommen in Italien. Der Typus fand aber auch außerhalb des Mittelmeergebietes zahlreiche Nachahmungen, wie z. B. in Süddeutschland. Hier ist diese Ohrringform eine Modeerscheinung des 7. Jahrhunderts n. Chr.

Lit.: H. Dannheimer, Byzantinische Grabfunde aus Sizilien. Kat. Prähist. Staatssammlung 15 (München 1989) Nr. 29–30. [G.Z.]

126 Zwei Goldbleche der Glocken-becherzeit (o. Abb.)

Aufhausen, Lkr. Dingolfing-Landau.
Ende 3. Jahrtausend v.Chr.
L. 6,7 und 7 cm; B. 2,7 cm.
Zweigmuseum Landau, Kreisarchäologie
Dingolfing-Landau.

Die beiden gehämmerten Schmuckbleche der
Glockenbecherzeit aus einem Brandschüttungs-
grab gehören zusammen mit einem dritten
Goldblech aus einem Grabfund von Landau
a.d. Isar zu den ältesten Goldfunden Bayerns.
Sie waren mit den jeweils drei an der Schmal-
seite befindlichen Löchern auf einer Unterlage
angebracht.

Die Fundgattung der frühen Goldbleche ist
sehr selten, neben den hier vorgestellten Blechen gibt es in Europa nur acht weitere Exemplare aus Polen, Frankreich, Spanien, Sizilien
und Mähren.

Die Bleche sind typisch für den Beginn der
Goldbearbeitung, bei dem das Gold nur ge-
hämmert wird. Unter dem Rasterelektronenmik-
roskop lässt sich an der Bruchstelle des einen
Bleches deutlich erkennen, dass es aus mehre-
ren verschmiedeten Folienabschnitten besteht.
Man kann vermuten, dass hierzu natürliche
Bleche verwendet wurden, ganz ähnlich den
Beispielen aus Siebenbürgen, die in der Aus-
stellung gezeigt werden (vgl. Kat. 13d, 13h).
Aufgrund des hohen Silberanteils im glocken-
becherzeitlichen Gold ist sogar eine direkte sie-
benbürgische Herkunft wahrscheinlich.
[L.K.]

127 Lockenspirale und Draht (o. Abb.)

Hammerau-Ainring, Lkr. Berchtesgadener
Land.
10./9. Jh. v.Chr.
Dm. 2 x 1,2 cm; L. Draht 33,5 cm; Gew. 3,33 g,
5,38 g.
Archäologische Staatssammlung München
Inv. 2001, 180 a–b.

In einem kleinen Depotfund befand sich eine
kleine Lockenspirale und ein sekundär aufge-
wickelter langer Draht, der ursprünglich eine
zweite Spirale war.

Zur Herstellung von Drähten schmiedete
man zunächst dünne Blechstreifen aus, die man
dann gerollt oder in Rillenambossen zum Draht
gehämmert hat. Folglich weisen die vorgeschichtlichen Gold- und Bronzedrähte stets
Nähte und Hammerspuren auf. Erst in der späten Eisenzeit (etwa 4./3. Jh v.Chr.) wird das
Drahtzieheisen erfunden, mit dem man wie
heute noch den Draht durch mehrere, immer
kleiner werdende Löcher zieht.

Lit.: unpubl. [R.G.]

128 Verzierter Goldbecher

Fundort unbekannt, Süddeutschland.
Späte Bronzezeit, 13. Jh. v.Chr.
H. ca. 9,8 cm; Gew. ca. 90 g.
Privatbesitz Schweiz.

Glockenförmiges Gefäß, größte Ausbauchung
etwa auf halber Höhe des Körpers, leicht trich-
terförmiger Hals mit deutlich ausgebogenem
Rand. Der Becher ist flächig verziert. Es lassen
sich fünf Verzierungszonen unterscheiden. Der
Hals ist mit hängenden Dreiecken aus einer feinen doppelten Punktlinie verziert. Eine gleichartige doppelte Punktlinie verläuft unter dem
Rand, sie ist in der Ansicht von oben deutlich
erkennbar und wirkt wie eine Randfacettierung.
Die Schulter ist oberhalb des Bauchumbruches
durch fünf kräftige Rippen gegliedert, die
Zwischenbereiche sind leicht gekehlt. Auf dem
Bauch befindet sich eine schmale, von zwei tie-
fen Riefen eingerahmte Zierzone, in der sich
vier ovale, mit Riefe und Punktreihe umfahre-
ne Flächen befinden. Die dazwischenliegende
Felder sind mit senkrechten Rillen gefüllt. Das
Gefäßunterteil gliedert sich in zwei Zonen: am
Boden des Bechers eine mit konzentrischen
Ringen umgebene Kreisfläche, von der vier

senkrecht gerillte Felder ausgehen. Die in den
Zwickeln entstehenden Dreiecke sind oben
durch eine zusätzliche Rille abgegrenzt.

Der Goldbecher wurde als Einzelstück gefunden und gelangte über den Handel anschließend in eine private Sammlung. Nähere
Angaben zu den Fundumständen sind derzeit
nicht bekannt, was eine Einordnung des Stückes erschwert. Das Stück ist ein Musterbeispiel
einer Frühphase der Goldgefäßherstellung. Es
fehlt der gesamte Verzierungsschatz aus der
Blütezeit der Toreutik mit Kreispunzen, Buckel-
punzen etc., wie wir ihn an den Goldblechke-
geln (vgl. Kat. 45–47) und späten Gefäßen (vgl.
Kat. 24) kennen. Die Art und Ausführung der
Verzierung lässt dagegen noch an Gefäßvorbil-
der aus anderen Materialien, beispielsweise
Keramik, denken. Typische Entlehnungen aus
dem Keramikhandwerk wären hier Wulst- und
Rillengliederung, die kammstrichartigen Ril-
lenfelder, Buckel- oder auch die Einstichver-

128

zierung. Nicht alle diese Elemente müssen übertragen worden sein, so haben scharfkantige Horizontalrillen zugleich die technische Eigenschaft der Stabilisierung der Wand. Sucht man nach keramischen Vorbildern und berücksichtigt zugleich die Bronzeobjekte, so sind alle Verzierungselemente des Bechers im Motivschatz der frühen Urnenfelderzeit, der Stufe Mels-Rixheim und Riegsee, zu finden. Der Becher wäre damit das älteste bekannte Goldgefäß Süddeutschlands. Betrachtet man die lokalen Eigenheiten der Keramik, so lässt sich ein Entstehungsgebiet zwischen dem westlichen Alpenvorland und der Nordschweiz vermuten.

Lit.: unpubl. [R.G.]

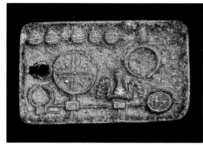
129

129 Model aus Stein

Kleinasien.
Mittlere Bronzezeit, ca. 14. Jh. v. Chr.
Speckstein. L. 7,0 cm; B. 4,2 cm;
Dicke 1,4 cm.
Archäologische Staatssammlung München
Inv. 1973, 1312.

Auf beide Seiten des rechteckigen Specksteinmodels sind die Negativformen verschiedener Schmuckobjekte eingetieft. Auf einer Seite finden sich Anhänger als Stierkopf, als ornamentierte Scheibe und als Lunula, ein Skarabäus, ein Ohrring und sechs gerippte Perlen, auf der anderen Seite ein Ohrring mit geripptem Schmuckelement, ein Lunulaanhänger und ein Skarabäus. Durch Einschlagen von dünnem Metallblech oder durch Eindrücken von Fritte konnten daraus Schmuckstücke gearbeitet werden.
Vergleichbar in Material, Technik und Motiven fanden sich diverse ähnliche Stücke an verschiedenen Fundorten im Vorderen Orient. Bei den meisten Exemplaren handelt es sich um Gussformen mit Einfüllkanälen, aber auch flache Model sind bekannt.

Lit.: unpubl. – vgl. D. Opitz, Altorientalische Gussformen. Festschr. Max Oppenheim. Archiv f. Orientforsch. Beih. 1 (Berlin 1933) 179 ff. – R.-B. Wartke, Vorderasiatische Gussformen aus den Staatlichen Museen zu Berlin. Forsch. u. Ber. 20/21, 1980, 223 ff. [G.Z.]

130

130 Zwei Model

Kleinasien. Byzantinisch.
6./7. Jh. n. Chr.
Eisen. L. 12 cm; H. 4,2 cm.
Archäologische Staatssammlung München
Inv. 1985, 734 a–b.

Die Matrizen aus Eisen, in die verschiedene Motive negativ eingearbeitet sind, dienten dazu, dünnes Gold- oder Silberblech auszutreiben. Dicht gedrängt, die gesamte Fläche – auch die Seitenränder – nutzend sind rundum die unterschiedlichsten Objekte eingetragen: medaillonartige Tondi mit Büsten, Figuren, Arme, Beine, Augen, Ornamentbänder und ein halbmondförmiger Ohrring mit zwei antithetischen Pfauen an einem zentralen Gefäß.
Die Matrizen dienten zur Herstellung von Kästchenbeschlägen, Votiven oder auch kleinen Schmuckstücken.

Lit.: Rom und Byzanz 1998, Nr. 23–24. [G.Z.]

131 Vergoldung des Schreines des Kultbäumchens (o. Abb.)

Manching, Ldkr. Pfaffenhofen a. d. Ilm.
3. Jh. v. Chr.
Archäologische Staatssammlung München
Inv. 1984, 5249.

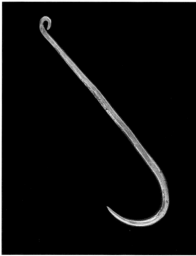
132

Das Kultbäumchen von Manching (Kat. 79) lag zwischen großen Blattgoldflächen, die sich in zwei Schichten trennen ließen. Sie gehörten zu einem Schrein, in dem das Bäumchen aufbewahrt wurde. Auf diesen Blattgoldflächen ließen sich in Resten noch typisch keltische Dreiwirbel und Kreisornamente erkennen. Ursprünglich waren die Kreisornamente vielleicht sogar zuvor direkt in das Holz geschnitzt worden. Die Vergoldung besteht aus zahlreichen 3 bis 3,4 cm großen Blättchen mit einer Dicke von etwa 10 Mikron. Durch eine Analyse ließ sich feststellen, dass als Klebstoff Wollfett verwendet wurde.

Lit.: F. Maier, Manching und Tarent. Germania 76, 1998, 207–215.

132 Angelhaken

Kolumbien.
Gold. L. 5,4 cm; B. 1,6 cm.
Ethnologisches Museum, Staatliche Museen zu Berlin Inv. VA 10183.

Schmuckgegenstände, Statussymbole und Votivgaben sind die von den vorspanischen Kulturen Kolumbiens am häufigsten aus Gold und goldhaltigen Legierungen hergestellten Objekte. Sehr viel seltener sind aus Edelmetallen nachgearbeitete Gebrauchsgegenstände, wie dieser Angelhaken aus gehämmertem Gold. Der genaue Fundort dieses Angelhakens ist nicht bekannt.

Lit.: W. Bray, El Dorado – Der Traum vom Gold (Hannover 1979) Abb. 81–90. [M.F.]

133 Lama (Abb. s. S. 276)

Ancón, Peru. Inka-Kultur.
1440–1532 n. Chr.
Goldblech. H. 5,3 cm; B. 5,4 cm; Feingehalt nach Stichprobe: besser als 333/000, weniger als 585/000.
Ethnologisches Museum, Staatliche Museen zu Berlin Inv. VA 5589, Slg. Macedo 498/84.

Die Figur des Lamas besteht aus vierzehn Teilen. Nach dem Ausschneiden aus dem Goldblech wurden die Teile entsprechend getrieben und gepunzt und nach Bedarf ineinander geschoben.
Das Lama ist bis heute das wertvollste Opfertier in den Anden. Daher findet es sich in verschiedenen Materialien nachgebildet. Lamas und Alpacas aus Silber und Gold finden sich in rituellen Bestattungen, u.a. bei Menschenopfern, die die Inka in den Bergen jenseits der Schneegrenze den Göttern darbrachten.

Lit.: I. v. Schuler-Schömig, Werke indianischer Goldschmiedekunst. Staatliche Museen Preußischer Kulturbesitz, Berlin (Berlin 1981). [M.F.]

134 Votivfigur (Abb. s. S. 276)

Peru. Inka-Kultur. 1440–1532 n. Chr.
Goldblech. H. 14,8 cm; B. 3,3 cm; T. 3,7 cm; Gew. 57,33 g; Feingehalt nach Stichprobe: 585/000.

133/134

Ethnologisches Museum, Staatliche Museen zu Berlin Inv. VA 8652, Slg. Centeno.

Votivfiguren aus Gold- und Silberblech, aber auch aus Spondylus-Muschelschale gearbeitet, finden sich in Gräbern und bei Opferungen in großen Höhen in den Anden. Die meisten waren ursprünglich wohl bekleidet. Die weiblichen Figuren tragen einen um den Körper gewickelten Stoff *(aqsu)*, darüber einen Umhang *(lliklla)*, der mit Fibeln *(tupu)* geschlossen wird.

Lit.: I. v. Schuler-Schömig, Werke indianischer Goldschmiedekunst. Staatliche Museen Preußischer Kulturbesitz, Berlin (Berlin 1981). – E. Boone (Hrsg.), Andean Art At Dumbarton Oaks (Washington 1996). – G. Mostny (Hrsg.), La momia del Cerro el Plomo. Boletín del Mus. Nacional de Hist. Natural 27 (1), 1957. [M.F.]

135 Becher und Holzmodel

Peru. Ica/Inka-Kultur.
1000–1532 n. Chr.
Becher: H. 18,4 cm; B. 8,4 cm; T. 10,3 cm;
Gew. 131,54 g; Feingehalt nach Stichprobe: 750/000.
Model: H. 13,9 cm; B. 4,4 cm; T. 4,6 cm.
Ethnologisches Museum, Staatliche Museen zu Berlin Inv. VA 661 (Becher), VA 5782 (Model).

Aus Edelmetallen gearbeitete Becher sind an der Zentral- und Südküste Perus sehr häufig gefunden worden. Die menschlichen Gesichter mit ausgeprägten Nasen sind mit Holzmodeln aus Gold- oder Silberblech getrieben. Die abgebildete Holzmodel dient nur zur Anschauung und ist nicht die Vorlage für das vorliegende Gefäß.

Trinkbecher dienten – in inkaischer Zeit oft auch als identische Paare gefunden – für den »Toast« bei Ritualen im Agrar- oder Lebenszyklus. Auf einigen dieser Becher findet sich die Darstellung von Maiskolben, die auf das bei Ri-

tualen übliche Getränk, nämlich Maisbier, hinweist.

Lit.: H. King et al., Rain of the Moon. Silver in Ancient Peru (New York 2000) 53. [M.F.]

136 Mumienmaske *(Abb. 59)*

Ancón, Peru.
Mittlerer Horizont oder Späte Zwischenperiode.
H. 19,2 cm; B. 21,5 cm.
Museum f. Völkerkunde München
Inv. 68-20-1.

Maske aus Gold, teilweise mit rotem Zinnober bemalt. Die Augen haben die Form von Rauten, die stark vorspringende Nase ist ein längliches Dreieck mit deutlich angegebenen Nasenflügeln, der Mund bildet ein Rechteck. Am Rande des Gesichts befindet sich eine Reihe von Löchern, offensichtlich zu dem Zweck, das Objekt auf einer Unterlage zu befestigen. Den Unterlagen des Staatlichen Museums für Völkerkunde in München zufolge handelt es sich um eine Chimúmaske, obgleich die Form nicht typisch für den Chimústil ist. Eine zweite Goldmaske mit den Merkmalen rautenförmige Augen und scharfe, schmale Nase befindet sich im Goldmuseum in Lima, die Angaben dazu lauten Nascastil, 8. oder 9. Jahrhundert. Formal weisen beide Goldmasken eine so starke Ähnlichkeit mit Falschköpfen der Mumien aus dem

Gräberfeld Ancón im Norden von Lima auf, dass sie beim gegenwärtigen Stand unserer Kenntnisse nur von dorther stammen können. So eng die lokale Eingrenzung ist, so weit muss die zeitliche Eingrenzung gefasst werden: Mittlerer Horizont oder späte Zwischenperiode.

Lit.: vgl. P. Kaulicke, Gräber von Ancón, Peru. Mat. AVA 7. Komm. (München 1983). – R. Haas, Keramikfunde aus Ancón, Peru. Die Tonobjekte der Sammlung Reiss und Stübel im Museum für Völkerkunde Berlin. Indiana Beih. 11 (Berlin 1986). [H.S.]

137 Gussform aus Stein

Kleinasien. Ca. 6. Jh. v. Chr.
H. 4,2 cm.
Archäologische Staatssammlung München
Inv. 1974, 3126.

Auf einer Seite des Steines, der die Hälfte einer Gussform darstellt, sind die Negativformen von einem Paar großer und einem Paar kleiner Ringe sowie einem profilierten balusterförmigen Endknopf eingetieft, samt den darauf zuführenden Gusskanälen. Drei Durchbohrungen am oberen Rand dienten dem Aufhängen der Form, zwei Eintiefungen der Verbindung mit der Gegenform. Der Endknopf könnte für eine Nadel oder für das Ende einer Haarspirale gedient haben. Seine Form ermöglicht die Datierung.

Lit.: unpubl. [G.Z.]

135

137

138 Zwei Gussformen aus Bronze

Kleinasien. Byzantinisch.
6./7. Jh. n. Chr.
H. 5,1 u. 4,7 cm.
Archäologische Staatssammlung München
Inv. 1972, 71; 1985, 943.

Das annähernd rechteckige bzw. zungenförmi-
ge Bronzestück besitzt auf der Rückseite eine
Öse und oben einen Eingusskanal. In der
Binnenfläche sind seitlich des Einfüllkanales
jeweils fünf bzw. vier halbkugelige Vertiefungen, die mit dem Mittelkanal in Verbindung stehen. Es handelt sich bei jedem der Exemplare
jeweils um die Hälfte einer Gussform. Kleine
Nuppen und Vertiefungen erleichtern das An-
passen der Gegenform.
    Die Formen konnten zum Gießen von klei-
nen Perlen oder Kügelchen verwendet werden.

Lit.: unpubl. [G.Z.]

139 Gussformen für Münzschrötlinge und rekonstruierter Goldschmelzofen (Abb. 67)

Manching, Lkr. Pfaffenhofen a. d. Ilm.
2.–1. Jh. v. Chr.
Archäologische Staatssammlung München
Inv. 1959, 207 b; 1959, 277; 1974, 1592.

140

Neben dem Kaltschmieden des Goldes war
Schmelzen die wichtigste Methode, um das
Metall umzuformen. Der Schmelzpunkt des un-
legierten Goldes liegt bei 1063 °C, Legierungen
mit etwa 25 % Silber schmelzen bereits bei
850–890 °C. In der Vorzeit war es durch die
Verwendung von Holzkohle und Blasebälgen
mit entsprechender Erfahrung möglich, solche
Temperaturen zu erreichen. Für das Schmelzen
von Goldlegierungen zur Münzherstellung be-
nutzten die Kelten kleine Öfen mit zumeist zwei
gegenüberliegenden Blasebälgen. In diese Öfen
legte man kleine Tonplatten mit ausgeformten
Vertiefungen, in die das Metall eingefüllt wurde.
Auf die Schmelzform wurde glühende Holzkohle gefüllt, anschließend deckte man den
Ofen ab und betätigte für drei bis fünf Minuten
die Blasebälge. Nach dem Abkühlen konnten
die kugelförmigen Schmelztropfen entnommen
werden. Der hier beschriebene Vorgang konnte im Rahmen eines von der Volkswagen-Stif-
tung geförderten Forschungsprojektes rekon-
struiert werden.

Lit.: Lehrberger et. al. 1997, 99–116. [R.G.]

140 Scheibenförmiger Anhänger

Kolumbien. Muisca-Kultur.
1000–1540 n. Chr.
H. 9,5 cm; B. 10,1 cm; Gew. 17,44 g; Feingehalt nach Stichprobe: 585/000.
Ethnologisches Museum, Staatliche Museen
zu Berlin Inv. VA 10262.

Die mit falschem Filigran und Durchbrechun-
gen gegossene Scheibe wurde als Anhänger getragen.
    Gegossene runde Anhänger dieser Art sind
ein typischer Schmuck der Muisca vom zentralen Hochland Kolumbiens. Häufig kommen sie
paarweise vor. Da sie immer drei kleine Löcher
am oberen Rand aufweisen, scheinen sie ver-

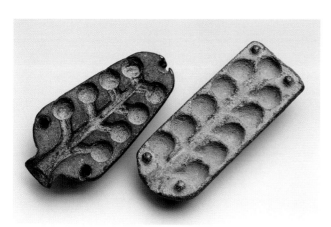

138

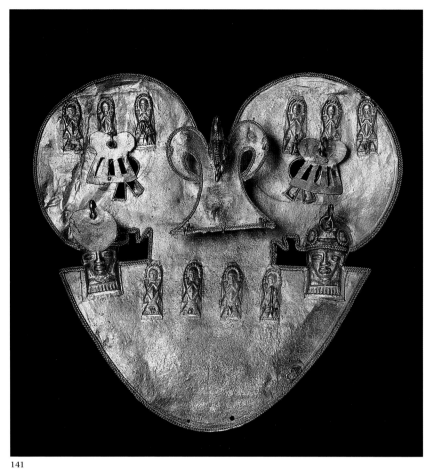

141

142

mutlich eher angenäht als aufgehängt gewesen zu sein.

Lit.: W. Bray, El Dorado – Der Traum vom Gold (Hannover 1979) Abb. 335. [M.F.]

141 Brustplatte

Kolumbien. Muisca-Kultur.
1000–1540 n.Chr.
H. 14,1 cm; B. 15,6 cm; Gew. 101,77 g; Feingehalt nach Stichprobe: 750/000.
Ethnologisches Museum, Staatliche Museen zu Berlin Inv. VA 63331.

Die herzförmige Brustplatte ist im Guss in verlorener Form gearbeitet. Die Reliefs von menschlichen Gesichtern und Tierfiguren wurden vor dem Guss mittels Modelsteinen in Serie hergestellt. Sämtliche erhabenen Verzierungen und die Vogelfigur waren ursprünglich mit Häkchen versehen, an denen Klapperbleche unterschiedlicher Form hingen.

Die Muisca, deren Siedlungsgebiet in der Nähe der heutigen Hauptstadt Kolumbiens Santa Fé de Bogotá lag, verfügten nicht über eigene Goldressourcen. Das Edelmetall musste von den benachbarten Ethnien eingehandelt werden. Kostbare Tauschgüter der Muisca waren Salz und Baumwolldecken.

Lit.: I. v. Schuler-Schömig, Werke indianischer Goldschmiedekunst. Staatliche Museen Preußischer Kulturbesitz, Berlin (Berlin 1981). – D. Kurella, Handel und soziale Organisation im vorspanischen nördlichen Andenraum (Bonn 1993). [M.F.]

142 Modelstein

Kolumbien. Muisca-Kultur.
1000–1540 n.Chr.
H. 3,2 cm; B. 1,7 cm; T. 0,9 cm.
Ethnologisches Museum, Staatliche Museen zu Berlin Inv. VA 2077.

Der Modelstein zeigt im Hochrelief eine stilisierte menschliche Gestalt, die aus einem weichen, feinkörnigen schwarzen Stein herausgearbeitet ist.

Modelsteine, auch Patrizensteine genannt, wurden von den Muisca zur Serienproduktion benutzt. Der Patrizenstein wurde zunächst in weichen Ton gepresst. Von diesem Negativ wurde nun ein Positiv genommen. Durch Wiederholen dieses Vorgangs konnten identische Formen hergestellt werden, die dann zusammengefügt und anschließend ausgegossen wurden. Größere Modelsteine sind rundherum, auf der gesamten Fläche des Steines, mit verschiedenen Motiven versehen.

Lit.: E. Mayer, Zur Funktion der sogenannten Formsteine der Muisca-Kultur Kolumbiens. Beitr. zur Allgemeinen und Vergleichenden Arch. 3 (Bonn 1991) 472–475. – I. v. Schuler-Schömig, Patrizen im Goldschmiedehandwerk der Muisca Kolumbiens. Baessler-Archiv N.F. XXII, 1974, 1–22. [M.F.]

143 Zwei Ohrringpaare (Abb. 60)

Kolumbien. Tairona-Kultur.
9.–16. Jh. n.Chr.
Tumbaga. Paar mit Tierkopf: B. 9 cm; H. 5 cm; einfaches Paar: B. 6 cm; H. 4,5 cm.
Linden-Museum Stuttgart Inv. 30823-30826.

Die unter der Bezeichnung Tairona-Kultur zusammengefassten Gruppen lebten in einem isolierten Gebirgsmassiv, der Sierra Nevada de Santa Marta, an der Karibikküste Kolumbiens. Dieses Gebirge, dessen höchster Berg die 6000 m Grenze fast erreicht (Pico Colón), war bis auf eine Höhe von 2000 m dicht besiedelt. Die einzelnen Dörfer, die auf Terrassen angelegt und von Feldern durchsetzt waren, verbanden gepflasterte Wege und Treppen, die es ermöglichten, jedes Dorf in höchstens zwei Tagen zu erreichen. In jedem dieser Dörfer gab es einen Priesterhäuptling und eine Adelsschicht. Ihre Herrschaftsattribute bestanden, wie in anderen

Regionen, hauptsächlich aus Goldschmuck. Die Schmuckstücke der Tairona-Kultur wirken in ihrer Ausführung nahezu »barock«, verspielt. Mischwesen aus Mensch und Fledermaus oder Mensch und Raubkatze werden als Priester interpretiert. Sie befinden sich zum dargestellten Zeitpunkt auf einer sogenannten »Seelenreise« in die Welt der Götter. Die Fledermaus- und Vogeldarstellungen der präkolumbischen Kunst werden weitgehend dahin gedeutet. Das mit den Tierköpfen verzierte Ohrringpaar zeigt eine doppelköpfige Schlange mit gespaltener Zunge, ein in der Tairona-Kunst häufig auf Schmuckstücken verwendetes Motiv. Die Schlange gilt auch bei heutigen Indianervölkern Kolumbiens als das Tier, das im Ursprungsmythos die Menschen und die Ordnung, in der sie leben, erschuf.

Lit.: M. Fischer, Ordnungsprinzipien in den Mythen der Kágaba der Sierra Nevada de Santa Marta, Kolumbien (Bonn 1990). – D. Kurella, Handel und soziale Organisation im vorspanischen nördlichen Andenraum (Bonn 1993). – Les Esprits, l'Or et le Chamane. Musée de l'Or de Colombie (Paris 2000). [D.K.]

144 Maske (o. Abb.)

München, wohl von Johann Michael Wilm sen.
Um 1920.
H. 1,4 cm; Gew. 0,52 g.
Privatslg. G. Zahlhaas.

Die kleine Maske mit kurzem Halsansatz besitzt kreisrunde ausgestanzte Augen und einen offenen, kreissegmentförmigen Mund. Das Kinn weist feinste Granulation zur Kennzeichnung des Bartes auf, auch auf andere Partien des Gesichtes wurde Granulation aufgebracht, vielleicht unfreiwillig beim Aufbringen der winzigen Granalien.

Erst im 20. Jahrhundert wurde wieder die technische Qualität der Granulation erreicht, die man in der Antike beherrschte. Um 1920 gelangen dem Münchner Goldschmied Johann Michael Wilm sen. unter Verwendung von Kupferoxid als Reaktionslot die ersten Staubgranulationen.

Lit. unpubl. – vgl. J. Wolters, Die Granulation. Geschichte und Technik einer alten Goldschmiedekunst (München 1983) 236, 260, Abb. 352 (Masken). [G.Z.]

145 Engzellig cloisonnierte Fibel mit Filigrandekor

Vagen Grab 20, Gde. Feldkirchen-Westerham, Lkr. Rosenheim.
Um 600 n. Chr.
Hochwertige Goldlegierung mit geringen Anteilen an Kupfer und Silber (Trägerblech, Zierelemente, Nadelhalterung), Buntmetall (Nadel mit Spiralfeder), Eisen (Spiralachse).
Dm. 4,025 cm; H. 0,61 cm; Gew. 14,8 g.
Archäologische Staatssammlung München E 2001/10.

Die Fibel besteht aus einem Trägerblech mit Zellwerkzier (Cloisonné). Die dreizonig gegliederte Schauseite zeigt ein Kreuz aus vier trapez-förmigen Cloisonnéfeldern. Den Hintergrund für das Kreuzmotiv bilden vier filigranverzierte Zierflächen. In der inneren Zone sitzt eine Goldscheibe, die konzentrisch aufgereihte Bahnen aus Filigrandrähten und Granalien trägt. Diese heute auf das Trägerblech abgesunkene Scheibe schloss ursprünglich mit der Oberkante der Zarge ab. Die filigranverzierten Teile der Nadelhalterung bestehen aus zwei Ösen zur Aufnahme der Spiralachse und einer aus einem rechteckigen Blech zurechtgebogenen Nadelrast. Von der Nadel hat sich die Spiralfeder mit dem Nadelansatz erhalten. Daran sind noch Reste einer ehemals am Gewandsaum befestigten Fadenöse vorhanden. Über der Nadelrast und an der Außenseite der inneren umlaufenden Zarge befinden sich Schmorlöcher im Trägerblech, von denen eines bei einer Reparatur entstand.

Die Fibel aus Vagen vereinigt Merkmale zweier Formen von frühen, einzeln getragenen Mantelfibeln, die wahrscheinlich aus Werkstätten in Italien stammen: ganzflächig cloisonnierte, engzellige Scheibenfibeln und erste Filigranscheibenfibeln mit konzentrischer Zierflächengliederung. Unter ihnen gibt es Exemplare, für die Steineinlagen anscheinend nicht vorgesehen waren. Das Vagener Exemplar zeichnet sich durch die hochwertigen Werkstoffe und durch die Qualität der ungemein dünnen und präzise gearbeiteten Perldrähte aus. Die zum Teil extremen Abnutzungsspuren zeigen, dass die Fibel sehr lange getragen wurde. Mit ihrem kreuzverzierten Schmuckstück bekannte die Trägerin einst sichtbar ihren christlichen Glauben.

Broschenartige Gewandschließen, sogenannte Fibeln, gehören zum typischen Bekleidungszubehör des Frühen Mittelalters. Ihre Formgebung, Funktion und Tragweise unterscheidet sich je nach Zeitstellung und Region. Vornehme Damen des Merowingerreiches trugen über einem Hemdkleid einen umhangartigen, auf der Brust geknoteten oder gefibelten Mantel, die palla. Sie folgten darin einer Mode, die bei den Romanen, den Nachfahren der provinzialrömischen Bevölkerung, in den ehemals zum Römischen Reich gehörenden Gebieten üblich war. Am Ende des 6. Jahrhunderts bestand der Fibelverschluss der palla nicht mehr regelhaft aus zwei identischen Kleinfibeln in Tier- oder Scheibenform: Mehr und mehr wurden einzeln getragene, große Scheibenfibeln beliebt. So kam beispielsweise die für das 6. Jahrhundert typische Almandinscheibenfibel aus der Mode. Das Aussehen dieser meist aus vergoldetem Silber bestehenden Fibeln beherrschen in flächiges Zellwerk eingelassene Plättchen aus Granat, oder genauer aus Pyrop bzw.

145

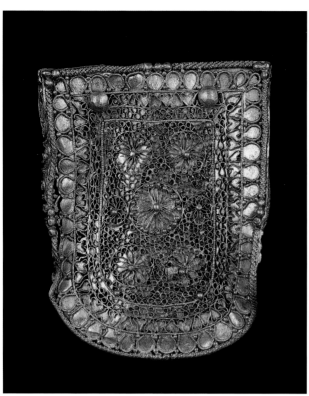

146 (Vorderseite)

Lit.: G. Fingerlin, Das Grab einer adeligen Frau aus Güttingen (Kr. Konstanz). Badische Fundber. Sonderh. 4 (Freiburg i. Breisgau 1964) 19. – G. Graenert, Langobardinnen in Alamannien. Germania 78, 2000, 419 ff. – dies., Merowingerzeitliche Filigranscheibenfibeln westlich des Rheins. Europe médiévale 5 (im Druck). – H. Mallwitz, Ergebnisse experimenteller Archäologie: Zur Herstellungstechnik einer alamannischen Filigranscheibenfibel. In: I. Stork, Fürst und Bauer, Heide und Christ. Arch. Inf. Baden-Württemberg 29 (Stuttgart 1995) 66 ff. – M. Martin, Tradition und Wandel der fibelgeschmückten frühmittelalterlichen Frauenkleidung. Jahrb. RGZM 38, 1991 (1995) 629 ff. – RGA² IX (1994) 29 ff. s. v. Filigran (W. Duczko). – RGA² XII (1998) 363 ff. s. v. Goldschmied, Goldschmiedekunst (J. Wolters) u. 590 ff. s. v. Granulation (ders.). [G.G.]

146 Riemenzunge, Gürtelschnalle und drei Beschläge mit reichem Filigran (Abb. s. S. 273)

Gegend von Jaén, Andalusien, Spanien.
10. Jahrhundert (?).
Archäologische Staatssammlung München
Inv. 1994, 2214 a–e.

Gürtelschnalle: Die in zwei Teile zerbrochene Gürtelschnalle besteht aus einem ovalen Bügel mit übergreifendem Dorn und einem durch Scharnier verbundenen leierförmigen Beschlag. Dieser ist am Rand von Kugeln gesäumt. In der Binnenfläche sitzt ein großer runder Rubin, umgeben von stegartigen Bögen, daneben ein zentraler Smaragd, umgeben von vier leeren Fassungen und Stegen in Volutenform. Auf dem Dornansatz ist ein Saphir gefasst. Auf der Rückseite sind zwei Ösen angebracht, in der Fläche mehrere kleine Befestigungslöcher. L. ca. 9 cm; Gew. 64,47 g.
Riemenzunge: Die große Riemenzunge besteht aus zwei Goldblechplatten, die durch einen Seitenstreifen im Abstand von 1,1 cm miteinander verbunden sind, wobei die gerade Seite offen bleibt. Auf der Vorderseite reiche Filigranarbeit: im zentralen Bildfeld fünf Rosetten, umgeben von flächendeckend aufgesetzten 8-förmigen kleinen Stegen, begrenzt von einem Kerbdraht. Darum verlaufen Rahmen von verschiedenen Ornamenten, den äußeren Rand zieren hufeisenförmige Kerbdrähte, die Kante Kordeldrähte. Die Dekoration der Rückseite ist ziseliert: In der Mitte stehen zwei Vögel antithetisch am Lebensbaum, umgeben von einem Voluten-Palmetten-Fries und einem Rankenfries. Die Seitenstreifen zieren Kerbdrähte in Zungenform mit eingestellten 8-förmigen Elementen. L. 8,7 cm; Gew. 121,93 g.
Beschläge: Drei fünfeckige Beschläge wiederholen in etwas einfacherer Form die Filigrandekoration der Riemenzunge; auf ihrer Rückseite jeweils drei Ösen. Die Ecken betonen Dreiergruppen von Goldkugeln. L. 5,7 cm; Gew. 27,75 g; 26,24 g; 26,07 g.

Lit.: unpubl. [G.Z.]

dem namengebenden Almandin. Diese kräftig tiefrot leuchtenden Fibeln entsprachen am Ende des 6. Jahrhunderts nicht mehr dem Zeitgeschmack, der nun großflächige, goldfarbene Zierflächen forderte. Die typische Mantelfibel des 7. Jahrhunderts trägt auf einer Grundplatte oder auf einem Gehäuse aus Buntmetall ein Goldblech, das über ein Model in Form gepresst worden war. Bei einigen Fibelformen, wie zum Beispiel bei der Filigranscheibenfibel, wurden Filigrandrähte und freistehende Kastenfassungen für bunte Glas- und Edelsteineinlagen auf das plastisch geformte Zierblech gelötet.

Derartige Fibeln sind Produkte eines hochstehenden Goldschmiedehandwerks, dessen Fähigkeiten sich beispielhaft in der Herstellung des Filigrandekors zeigen. Filigrandrähte wurden nicht wie heute üblich gezogen, sondern aus verdrehten Blechstreifen hergestellt, die man mittels Kerben, Feilen oder Verdrillen zu Zierdrähten weiterverarbeitete. Eine besonders hochwertige Zierdrahtform stellt der nach seinen kugeligen Segmenten benannte Perldraht dar. Seine Körnung arbeitete der Goldschmied Segment für Segment mit einer speziellen Feile mit Hohlkehle heraus. Ein kritischer Moment bei der Herstellung des Schmuckstücks war das Belöten der Zierfläche. Der frühmittelalterliche Goldschmied verwendete vor allem zwei Verfahren, Goldlegierungen miteinander zu verbinden: das sogenannte Reaktionslotverfahren und das Schweißen. Das Reaktionslotverfahren hat den Vorteil, dass die dazu nötigen Lote

aus mineralischen Kupferverbindungen leicht hergestellt werden können und keine Rückstände hinterlassen. Außerdem ermöglicht es punktuelle Verbindungen, ohne dass die zu verbindenden Metalle einschwemmen. Im Gegensatz zu anderen Lötverfahren festigen sich die so hergestellten Verbindungen bei wiederholtem Erhitzen zusätzlich. Hochwertige Goldlegierungen lassen sich auch ohne Zuhilfenahme von Lot verschweißen. Als Leim, mit dem die Drähte oder Fassungen auf dem Trägerblech fixiert werden müssen, eignet sich zum Beispiel Quittensaft oder Speichel. Als Wärmequelle dienten sowohl das Holzkohlefeuer (gleichmäßiges, großflächiges Erhitzen) als auch kleinere Wärmequellen – zum Beispiel Öllämpchen – deren Hitze mit einem Blasrohr punktgenau eingesetzt werden konnte (Punktlötung). Es erforderte gute Schulung und viel Erfahrung, die vom Auftraggeber überlassenen Rohstoffe, meist Altmetall und Münzen, zu verarbeiten – genormte Werkstoffe, deren Schmelzverhalten und Flusseigenschaften exakt vorauszusehen sind, standen nicht zur Verfügung. Sehr häufig kann man selbst auf besonders hochwertigen Schmuckstücken blasig verworfene, verschmorte und poröse Stellen beobachten. Sie sind keineswegs die Folge fehlender Fähigkeiten des jeweiligen Goldschmieds, sondern müssen meist den verunreinigten Werkstoffen angelastet werden.

147 Schildring der Königin Amanishakheto

Sudan, Meroë, Nordfriedhof, Pyramide der
Königin Amanishakheto (N 6).
Meroïtisch, Zeit der Königin Amanishakheto,
um 10 v. Chr. – 0.
1839 durch König Ludwig I. von Bayern aus
der Sammlung Giuseppe Ferlini für die »Königlichen Sammlungen« erworben.
Gold, Karneol, grünes und dunkelblaues Glas.
H. 5,5 cm; B. 5,5 cm; Dm. Ring 2,0 cm; Gew.
36,4 g.
Staatliches Museum Ägyptischer Kunst München Inv. Ant. 2446b.

Zu den kostbarsten Objekten aus dem 1834
von Giuseppe Ferlini (ca. 1800–1870) entdeckten Grabschatz der meroïtischen Königin
Amanishakheto – der einäugigen »Kandake«
der biblischen Apostelgeschichte (8, 26) und
der römischen Kriegsberichte aus dem späten
1. Jahrhundert v. Chr. – gehören die sog. Schildringe, die aus einem goldenen Ring bestehen,
an dem mit einem Scharnier eine große bewegliche Ringplatte befestigt ist.

Der untere Teil zeigt das bei diesen Schild-
ringen besonders häufige Motiv der Aegis, gearbeitet aus einem dicken Goldblech, mit auf-
gelötetem Dekor, das im Wechsel Perlenreihen
aus kleinen Goldkügelchen und ein Rautenmus-
ter zeigt, die durch glatte Golddrähte gegen-
einander abgesetzt sind. Auf der Aegis sitzt der
dreidimensional gearbeitete, voll aus Gold gegossene Widderkopf des Gottes Amun mit einer
großen Sonnenscheibe auf dem Kopf vor der
Mitte der dreigliedrigen Fassade einer Kapelle
mit leicht gebößchten Seitenpfosten, die als
Bekrönung einen Fries aus dreizehn Uräusschlangen mit Sonnenscheiben auf dem Kopf
trägt. Jeweils in der Mitte des Türsturzes und
der zwei darüberliegenden Hohlkehlen sitzt
eine Sonnenscheibe mit seitlich herabhängenden Uräusschlangen, wobei die oberste Sonnenscheibe aus blauem Glas und die unterste

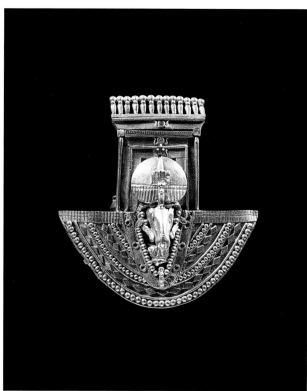

147

aus einem Karneolkügelchen besteht. Um die
untere Hälfte der querovalen Sonnenscheibe
verläuft ebenfalls ein breites, graviertes Uräen-
band; an der Stirn des Widderkopfes ragt eine
große, einzelne Uräusschlange auf, die bekrönt
ist mit einem Kopfschmuck aus Kuhgehörn und
Sonnenscheibe. Vom Widderkopf hängt eine
Kette aus Goldkügelchen herab, an der unten
eine winzige, wohl löwenköpfige Götterfigur
mit Sonnenscheibe befestigt ist, über der sich
eine goldene Lotosblüte erhebt; die Kette wird
seitlich eingefasst von einem mit grünem Glas
eingelegten Band, das oben neben dem Widderkopf mit dem Rand der Aegis abschneidet,
der aus einem stilisierten Uräenfries besteht.

Auf einem Relief vom Pylon der Pyramiden-
kapelle der Amanishakheto trägt die Königin
um die eng anliegende Löckchenfrisur einen
breiten Diademreif, an dem über der Stirn solch
ein Schildring mit Widderkopf befestigt ist. Die
sog. Schildringe wurden somit nicht als Fingerringe getragen – was bereits aufgrund ihrer
Größe, Vielteiligkeit und Beweglichkeit unwahrscheinlich ist –, sondern gehörten ursprünglich zum Ornat dieser bedeutenden, um
die Zeitenwende lebenden meroïtischen Königin, deren Schmuckstücke eine bislang einzigartige Verbindung ägyptischer, meroïtischer
und vereinzelt auch hellenistischer Elemente zu
einem eigenständigen Ganzen zeigen, in zwar
mitunter äußerst komplexen, motivisch über-
ladenen, aber dennoch stets harmonisch aus-
gewogenen »monumentalen« Kompositionen.

Lit.: H. Schäfer (Hrsg.), Ägyptische Goldschmiedear-
beiten. Königliche Museen zu Berlin. Mitt. aus der
Ägyptischen Sammlung, Bd. I (Berlin 1910) 117–119,
Nr. 165, Taf. 22, Nr. 165 a–b. – Müller/Wildung 1976,
244, Nr. 148. – K.-H. Priese, Das Gold von Meroë. Kat.
Berlin 1992 (Berlin, München, Mainz 1992) 18, 33,
Abb. 30. – D. Wildung, Schildring. In: D. Wildung
(Hrsg.), Sudan. Antike Königreiche am Nil. Kat. Mün-
chen 1996 (München 1996) 310, Kat. Nr. 329, 311, Abb.
– Müller/Thiem 1998, 242, 243, Abb. 502. [A.G.]

148

148 Ring mit Raubvogelkopf

Oaxaca, wohl Monte Alban, Mexiko.
Mixtekisch, 13.–15. Jh.
Dm. 2 cm.
Bayerische Verwaltung der staatlichen
Schlösser, Gärten und Seen, Residenz
München, Schatzkammer Inv. Res. Mü.
Schk. 1257 (WL).

Albrecht V. richtete 1565 in seiner Residenz
eine Kunstkammer ein, um seiner Liebhaberei
für erlesene und exotische Stücke einen ge-
bührenden Rahmen zu verschaffen. Schon 1566
wird in der Korrespondenz zwischen dem
Herzog und Handelsvertretern der Fugger in
Lissabon der Ankauf zweier ceylonesischer
Schmuckkästchen, in denen fremdländischer
Schmuck enthalten sei, erwähnt. Es ist sehr
wahrscheinlich, dass der Ring bei dieser Gelegenheit mit erworben wurde – man hielt ihn
entsprechend noch bis weit ins 20. Jahrhundert
hinein ebenfalls für ceylonesisch. Der gegossene Ring gehört damit zu den frühesten Goldobjekten, die nach der Eroberung der Neuen
Welt nach Europa gelangten; er entging aufgrund der geschilderten Umstände als große
Ausnahme dem Einschmelzen.

Lit.: Schatzkammer der Residenz. Amtlicher Führer
(1992). – M. Sepp, Die Kunst- & Wunderkammer Albrechts V. von Bayern, Magisterarbeit München 1986.
[R.H.]

149 Mumienmaske *(o. Abb.)*

Mittlere und südl. Küste Perus. Ica-Kultur.
L. 17,5 cm; H. 16 cm.
Museum f. Völkerkunde München
Inv. G 3602.

Mumienmaske aus getriebenem Goldblech, mit
Zinnober rot bemalt. Über der Maske lag ein Gewebe, dessen Abdrücke auf der Farbe noch zu
erkennen sind. [H.S.]

150 Gefäßhort mit Bronzebecken und 12 Tassen

Fundort unbekannt.
Späte Bronzezeit, 10. Jh. v. Chr.
Becken: Mdm. 26 cm; H. 13,5 cm; Tassen:
Mdm. 12–16 cm; H. 4,5–7,5 cm (o. Henkel).
Archäologische Staatssammlung München
Inv. 2001, 402 a–m.

Der Schatzfund mit 12 Tassen und einem Kreuz-
attaschenbecken der Variante B1 wurde aus
dem Münchner Kunsthandel erworben. Auf-
grund der guten Erhaltung ist er ein schönes
Beispiel dafür, dass Bronze in seiner unpati-
nierten Form den Eindruck von Gold erweckt.
Das Ensemble stellt ein Trinkservice dar, das im
Rahmen ritueller Handlungen benutzt wurde.
Jede Tasse ist individuell mit Punkten und
Buckelreihen verziert. Der Mittelbuckel im
Boden ist in den meisten Fällen durch konzent-
rische Ringe oder Punktverzierungen betont –
dies entspricht der auf den Goldgefäßen *(vgl.
Kat. 24)* vorkommenden Sonnensymbolik. Zahl-

150

reiche Reparaturen an den Tassen und dem
Becken zeugen von einem längeren Gebrauch
des Geschirrsatzes.

Lit.: unpubl. [R.G.]

XII Der Wert des Goldes

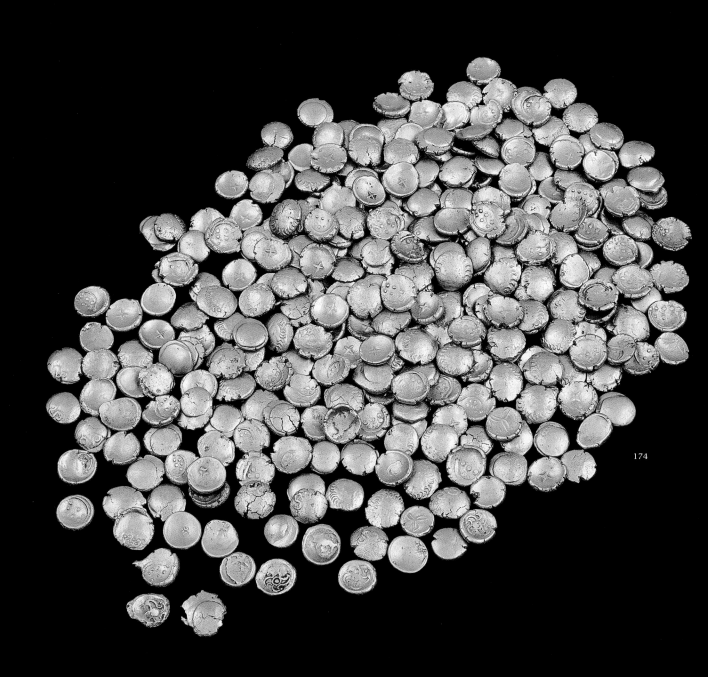

174

Frühe Goldprägungen in Kleinasien
(Kat. 151–154)

151 Elektronstater des Phanes
(Abb. 64 a–b)

Fundort unbekannt (Ionien).
Letztes Viertel 7. Jh. v. Chr.
Gew. 14,22 g. Analyse: Ca. 52 % Au, 45 % Ag,
2 % Cu.
Deutsche Bundesbank. Geldgeschichtliche
Sammlungen im Geldmuseum (Galvano).

Münzstätte: Ephesos? Vs. Äsender Damhirsch
r. mit retrograder griech. Legende ΦΑΝΟΣ ΕΜΙ
ΣΗΜΑ. – Rs. Drei Incusa, zwei quadratisch,
eines rechteckig.

Lit.: P. R. Franke/R. Schmitt, Chiron 4, 1974, 1–4. – M.
Radnoti-Alföldy, Phanes: Einige Gedanken zur Person.
In: S. Scheers (Hrsg.), Studia Paulo Naster oblata I.
(Leuven 1982) 1–6. – E. Pászthory, Die Legierung des
Frankfurter Phanes-Staters. In: a.a.O. 7 11. [B.Z.]

152 Teilstatere unter Alyattes
(610–561 v. Chr.) *(o. Abb.)*

Fundorte unbekannt (Lydien).
Ende 7. Jh. – 561 v. Chr.
Gew. 4,71 g; 1,19 g.
Münzsammlung Universität Tübingen
Nr. 3648-3649.

Drittel-Stater und Zwölftel-Stater. Münzstätte:
Sardis. Vs. Löwenkopf r. mit geöffnetem Rachen.
– Rs. Zwei Quadrata Incusa.

Lit.: Sylloge Nummorum Graecorum Deutschland.
Münzsammlung der Universität Tübingen H. 5 (Karien
und Lydien) Nr. 3648 f., Taf. 120. [B.Z.]

153 Statere unter König Kroisos
(561–546 v. Chr.) *(o. Abb.)*

Fundorte unbekannt (Lydien).
Um 561–546 v. Chr.
Gew. 10,72 g; 8 g.
Münzsammlung Universität Tübingen
Nr. 3650-3651.

Münzstätte: Sardis. Vs. Löwenvorderteil gegenüber Stiervorderteil, beide mit einem ausgestreckten Bein. – Rs. Zwei Quadrata Incusa.

Lit.: wie Kat. 152, Nr. 3650 f. mit Taf. 120. [B.Z.]

154 Dareike unter Artaxerxes II.
(405–359 v. Chr.) oder Artaxerxes III.
(359–338 v. Chr.) *(o. Abb.)*

Fundort unbekannt.
Geprägt Mitte 4. Jh. v. Chr.
Gew. 8,372 g. Privatbesitz.

Münzstätte: in Persien. Vs. Persischer Großkönig kniend mit Bogen, Lanze und Köcher. – Rs.
Rechteckiges Incusum.

Lit.: zum Münztyp vgl. I. Carradice, The ›Regal‹ Coinage of the Persian Empire. In: I. Carradice (Ed.), Coinage and administration in the Athenian and Persian
Empire. BAR Internat. Ser. 343 (Oxford 1987) 87 f.,
Pl. XV, 51 (Type IIIb late). [B.Z.]

Münzen der Kelten: Griechische Vor-
bilder und keltische Nachahmungen
in Gallien und Böhmen *(Kat. 155–161)*

155 Drei Goldstatere Philipps II.
(359–336 v. Chr.) *(Abb. 64 e–f)*

Stollhofen-Lichtenau, Kr. Kehl; Gamhurst,
Kr. Bühl; Fundort unbekannt.
Geprägt 357–336 v. Chr. und später.
Gew. 8,39 g; 8,448 g; 8,551 g.
Badisches Landesmuseum Karlsruhe (Münz-
kabinett) Inv. I 1,1 n. 4a. u. Privatbesitz.

Münzstätte: Pella. Vs. Apollokopf mit Lorbeerkranz r. – Rs. Zweigespann mit Wagenlenker r.,
Beizeichen Dreizack, mit »Kamm« u. griech.
Buchstaben E bzw. Blitzbündel. – Das Stück
von Stollhofen-Lichtenau verfügt über einen
antiken Einhieb.

Lit.: F. Wielandt, Jahrb. Num. Geldgesch. 14, 1964, 112,
Nr. 45a, 103, Nr. 14e mit Taf. 6 u. unpubl. – zum Münztyp vgl. G. Le Rider, Le Monnayage d'argent et d'or de
Philipp II (Paris 1977) Pl. 71, 574 ff.; Pl. 72, 613 u. Pl.
55, 60 ff. [B.Z.]

156 a Gallische Philipper-Statere
(Imitationen) *(o. Abb.)*

Gamshurst, Kr. Bühl u. Fundort unbekannt.
3.–2. Jh. v. Chr.
Gew. 8,39 g; 8,35 g. Analyse: Ca. 96 % Au,
3 % Ag, 1 % Cu.
Badisches Landesmuseum Karlsruhe (Münzkabinett) o. Inv. u. Archäologische Staatssammlung München (Zweigmus. Neuburg
a. d. Donau, Slg. Schörghuber Nr. 384).

Münzstätte: in Gallien, eine Zuweisung zu
einem bestimmten gallischen Stamm ist derzeit
nicht möglich. Vs. Schwach barbarisierter
Apollokopf mit Lorbeerkranz r. – Rs. Biga r. mit
Wagenlenker, der Lenker hält eine Peitsche,
davor ein Kantharos, darunter die Legende:
ΦΙΛΙΠΠΟΥ.

Lit.: wie Kat. 155, 103, Nr. 14 a. – B. Ziegaus, Das Geld
der Kelten und ihrer Nachbarn. Sammlung Josef
Schörghuber. Ausstellungskat. Prähist. Staatsslg. München 24 (München 1994) 137, Nr. 384. [B.Z.]

156b Gallische Philipper-Statere
(Imitationen) *(o. Abb.)*

Fundorte unbekannt. 3.–2. Jh. v. Chr.
Gew. 8,475 g; 8,479 g. Analyse: Ca. 96 % Au,
3 % Ag, 1 % Cu.
Archäologische Staatssammlung München
(Zweigmus. Neuburg a. d. Donau, Slg.
Schörghuber Nr. 382) u. Sammlung A. Biss-
wang, Neu-Ulm.

Münzstätte: in Gallien, nähere Zuweisung nicht
möglich.
Vs. Apollokopf mit verdickter Hals- u. Kinnpartie. – Rs. Biga r. mit Beizeichen Dreizack,
darunter die Legende: ΦΙΛΙΠΠΟΥ.

Lit.: Ziegaus 1994, 137, Nr. 382 u. unpubl. [B.Z.]

156c

156c Gallische Philipper-Statere
(Imitationen)

Fundorte unbekannt.
2.–1. Jh. v. Chr.
Gew. 6,81 g; 6,85 g. Analyse: Ca. 63 % Au,
30 % Ag, 7 % Cu.
Archäologische Staatssammlung München
(Zweigmus. Neuburg a. d. Donau, Slg.
Schörghuber Nr. 327–328).

Münzstätte: Stücke dieses Typs werden dem
Stamm der *Parisii* zugerechnet. Vs. Kopf r. mit
breiten Haarsträhnen, davor Schleifenornamen-
te (Prüfhieb). – Rs. Pferd l., darüber V-förmiges
Netz mit Punkten, unter dem Pferd eine
Punktrosette, das Ganze im Perlkreis.

Lit.: wie Kat. 156 a (Ziegaus) 128, Nr. 327 f. [B.Z.]

156d Gallische Philipper-Statere
(Imitationen) *(o. Abb.)*

Fundorte unbekannt.
2.–1. Jh. v. Chr.
Gew. 7,37 g; 7,39 g. Analyse: Ca. 55 % Au,
35 % Ag, 10 % Cu.
Archäologische Staatssammlung München
(Zweigmus. Neuburg a. d. Donau, Slg.
Schörghuber Nr. 265, 267).

Münzstätte: in Gallien. Vs. Lockenkopf r. mit
Lorbeerkranz u. zwei Lippenpunkten, davor
S-förmige Voluten, Rille am Münzrand. – Rs.
Biga r. mit Wagenlenker, der eine Peitsche in der
Hand hält, darunter ein Triskeles, davor Blatt
mit langem, gewelltem Stiel.

Lit.: wie Kat. 156 a (Ziegaus) 117 f., Nr. 265, 267. [B.Z.]

156e Gallische Philipper-Statere
(Imitationen) *(o. Abb.)*

Fundorte unbekannt.
1. Jh. v. Chr.
Gew. 5,97 g; 6,65 g. Analyse: Ca. 30 % Au,
50 % Ag, 20 % Cu.
Archäologische Staatssammlung München
(Zweigmus. Neuburg a. d. Donau, Slg.
Schörghuber Nr. 533–534).

Münzstätte: Stücke dieses Typs sind in der
Schweiz und im Oberrheingebiet nachgewie-
sen. Vs. Stilisierter Kopf mit Lorbeerkranz. – Rs.
Stilisiertes Gespann mit Wagenlenker.

Lit.: wie Kat. 156 a (Ziegaus) 162, Nr. 533 f. [B.Z.]

156f

156f Gallische Philipper-Viertelstatere (Imitationen)

Weiding, Lkr. Cham; Egglfing, Gde. Köfering, Lkr. Regensburg.
3.–2. Jh. v.Chr.
Gew. 2,0 g; 2,09 g. Analyse: Ca. 93 % Au, 6 % Ag, 1 % Cu.
Archäologische Staatssammlung München Inv. 1970, 2483 (MK-K 1494) u. Inv. 2000, 1999 (MK-K 2894).

Münzstätte: dieser Typ wird in der Literatur dem in Zentralgallien ansässigen Stamm der Aeduer zugewiesen.
Vs. Schwach kenntlicher Apollokopf r. aus flauem Stempel. – Rs. Biga mit Wagenlenker r., darunter Punkt-Strichreste (ehem. Philippou-Legende), Beizeichen: Ähre.

Lit.: Kellner 1990, 198, Nr. 2154. – B. Ziegaus, Bayer. Vorgeschichtsbl. 65, 2000, 81, Nr. 292. [B.Z.]

157 Goldstatere Alexanders des Großen (336–323 v.Chr.) (Abb. 64 g–h)

Fundorte unbekannt.
Geprägt 336–323 v.Chr. und später.
Gew. 8,551 g; 8,400 g. Analyse: 96,4 % Au, 2,3 % Ag, 1,3 % Cu.
Privatbesitz u. Archäologische Staatssammlung München (Zweigmus. Neuburg a. d. Donau, Slg. Schörghuber Nr. 757).

Münzstätte: Milet? u. Ake-Ptolemais (Syrien).
Vs. Kopf der Athene mit Helm r., darauf ein Greif. – Rs. Nike mit Siegeskranz, Beizeichen H bzw. Buchstabenreste, Legende: ΑΛΕΞΑΝΔΡΟΥ.

Lit.: zum Münztyp vgl. M. J. Price, The Coinage in the name of Alexander the Great and Philip Arrhidaeus (Zürich, London 1991) Pl. VII 2122 u. Pl. XI 3257. [B.Z.]

158 Böhmischer oder Ostkeltischer Stater (Imitation) (o. Abb.)

Fundort unbekannt.
3.–2. Jh. v.Chr.
Gew. 8,169 g. Analyse: Ca. 94 % Au, 4 % Ag, 1 % Cu.
Archäologische Staatssammlung München (Zweigmus. Neuburg a. d. Donau o. Inv.)

Münzstätte: ? Vs. Stilisierter Kopf der Athene. – Rs. Geflügelte Nike, Reste eines Beizeichens.

Lit.: unpubl. – zum Münztyp vgl. R. Paulsen, Die Münzprägungen der Boier (Wien, Leipzig 1933) Taf. 2,

36. – G. Dembski, Münzen der Kelten (Wien 1998) 76, Nr. 479, Taf. 24. [B.Z.]

159a Böhmische Imitation eines Alexander-Staters (o. Abb.)

Manching, Lkr. Pfaffenhofen.
2.–1. Jh. v.Chr.
Gew. 5,875 g. Analyse: 98,3 % Au, 1,7 % Ag.
Archäologische Staatssammlung München Inv. 1995, 24 (MK-K 841).

Dreiviertel-Stater? Münzstätte: ? Vs. Stilisierter Kopf der Athene l. – Rs. Gefallener Krieger, der von einem Geier (?) attackiert wird.

Lit.: B. Ziegaus, Münchner Jahrb. Bildende Kunst 47, 1996, 169 f. [B.Z.]

159b Böhmische Imitation eines Alexander-Staters (o. Abb.)

Westerhofen, Lkr. Eichstätt.
2.–1. Jh. v.Chr.
Gew. 5,925 g.
Archäologische Staatssammlung München Inv. 1957, 210 (MK-K 1495).

Dreiviertel-Stater? Münzstätte: ? Vs. Stilisierter Kopf l. mit Helm. – Rs. Geflügelte Nike.
Lit.: Kellner 1990, 189, Nr. 2098. [B.Z.]

160 Böhmischer Stater der Älteren Goldprägung (o. Abb.)

Fundort unbekannt.
3.–2. Jh. v.Chr.
Gew. 7,981 g. Analyse: 97 % Au, 2,2 % Ag, 0,8 % Cu.
Archäologische Staatssammlung München (Zweigmus. Neuburg a. d. Donau, Slg. Schörghuber Nr. 562).

Vs. Buckel (Reste eines Helms). – Rs. Bogen mit Punktresten.

Lit.: Ziegaus 1994, 167, Nr. 562. [B.Z.]

161 Böhmischer Muschelstater (o. Abb.)

Egglfing, Gde. Köfering, Lkr. Regensburg.
2.–1. Jh. v.Chr.
Gew. 7,29 g. Analyse: 95,8 % Au, 3,5 % Ag, 0,8 % Cu.
Archäologische Staatssammlung München Inv. 1995, 11 (MK-K 1641).

Vs. Dezentrierter Buckel mit Strichresten. – Rs. Muschelmotiv.

Lit.: Ziegaus 2000, 79, Nr. 269. [B.Z.]

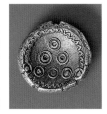

164

Keltische Regenbogenschüsselchen und Kleingoldprägungen (Kat. 162–169)

162 Regenbogenschüsselchen-Statere Typ Lockenkopf (o. Abb.)

Ammerseegebiet u. Fundort unbekannt.
2. Jh. v.Chr.
Gew. 7,647 g; 7,564 g. Analyse: ca. 66 % Au, 25 % Ag, 9 % Cu.
Archäologische Staatssammlung München Inv. 1994, 4502 (MK-K 1540). Sammlung A. Bisswang, Neu-Ulm.

Münzstätte: in Südbayern. Vs. Kopf r. mit lockigen Haaren, die in Punkten enden. – Rs. Zwei gegenständige Leiern zwischen zwei Gerstenkörnern mit Voluten.

Lit.: M. Egger, Der keltische Schatzfund aus dem Ammerseegebiet – Verbindungen zu Italien? In: H. Dannheimer (Hrsg.), Spurensuche. Festschr. Hans-Jörg Kellner zum 70. Geburtstag (Kallmünz/Opf. 1990) 106, Nr. 1. – unpubl. [B.Z.]

163a Regenbogenschüsselchen-Statere Typ Vogelkopf (o. Abb.)

Ammerseegebiet.
2.–1. Jh. v.Chr.
Gew. 7,579 g; 7,603 g. Analyse: ca. 57 % Au, 33 % Ag, 10 % Cu; ca. 68 % Au, 23 % Ag, 9 % Cu.
Archäologische Staatssammlung München Inv. 1994, 4502 (MK-K 1558. 1563).

Münzstätte: in Südbayern. Vs. Stilisierter Vogelkopf im Blattkranz. – Rs. 4-strahliger Stern, darüber drei Kugeln, darunter zwei S-förmige Voluten.

Lit.: wie Kat. 162, 112 f., Nr. 19, 24. [B.Z.]

163b Regenbogenschüsselchen-Statere Typ Vogelkopf (o. Abb.)

Manching, Lkr. Pfaffenhofen u. Stockstadt a. Main, Lkr. Aschaffenburg.
2.–1. Jh. v.Chr.
Gew. 7,245 g; 7,206 g.
Archäologische Staatssammlung München Inv. 1995, 23 (MK-K 680); 1973, 1293 (MK-K 1490) (Galvano).

Münzstätte: in Süddeutschland oder Hessen. Vs. Vogelkopf l. mit gebogenem Schnabel zwischen zwei Kugeln im Blattkranz. – Rs. Torques mit fünf Kugeln und sog. Strichzeichen.

Lit.: unpubl. u. Kellner 1990, 223, Nr. 2327. [B.Z.]

164 Regenbogenschüsselchen-Stater Typ Triskeles

Fundort unbekannt u. Albstadt, Lkr. Aschaffenburg.
2.(?) – 1. Jh. v.Chr.
Gew. 7,129 g; 6,112 g.
Archäologische Staatssammlung München Inv. 1986, 4512 (K 1421). Sammlung A. Bisswang, Neu-Ulm.

Elektron- bzw. Billonstater. Münzstätte: in Hessen und dem Mittelrheingebiet. Vs. Dreiwirbel im Blattkranz mit Kreispunktenden. – Rs. Drei Doppelkreise u. drei Kreise mit Mittelpunkt pyramidal angeordnet, das ganze in einem Zickzackkreis eingefasst, der von zwei Kreisen mit Mittelpunkten unterbrochen wird.

Lit.: Münzhandlung F. Sternberg, Liste 1993, Nr. 5. – Kellner 1990, 219, Nr. 2299. [B.Z.]

165 Regenbogenschüsselchen-Viertelstater Typ Kopf mit Kreuz (o. Abb.)

Fentbachschanze, Lkr. Miesbach u. Stöffling, Lkr. Traunstein.
2.–1. Jh. v. Chr.
Gew. 1,80 g; 1,80 g.
Archäologische Staatssammlung München Inv. 1995, 1 (MK-K 1566) u. 1995, 42 (MK-K 5235).

Münzstätte: in Südbayern. Vs. Konvex stilisierter Kopf r. mit großem Auge. – Rs. Konkav 4-strahliger Stern.

Lit.: unpubl. – zum Münztyp vgl. Kellner 1990, Typenübersicht 3, Typ V D. [B.Z.]

166 Regenbogenschüsselchen-Viertelstater Typ Glatt mit Punkt (o. Abb.)

Egglfing, Gde. Köfering, Lkr. Regensburg.
2. Jh. v. Chr.
Gew. 1,951 g; 1,924 g. Analyse: ca. 90 % Au, 8 % Ag, 2 % Cu.
Archäologische Staatssammlung München Inv. 2000, 1999 (MK-K 5848, 5853).

Münzstätte: in Südbayern. Vs. Konvex glatt mit Randprägung. – Rs. Konkav mit dezentriertem Punkt u. zwei parallel verlaufenden Bögen.

Lit.: Ziegaus 2000, 61, Nr. 7 f. [B.Z.]

167 Vierundzwanzigstelstatere Typ Dreikopf (Abb. 72, 8)

Stöffling, Lkr. Traunstein.
3.–2. Jh. v. Chr.
Gew. 0,336 g. Analyse: ca. 92,8 % Au, 6,5 % Ag, 0,7 % Cu.
Archäologische Staatssammlung München Inv. 1995, 42 (MK-K 6015) u. Rs. Galvano.

Münzstätte: in Südbayern. Vs. Drei in einem Dreiwirbel angeordnete, stilisierte Köpfe. – Rs. Menschenköpfiges Pferd mit Wagenlenker.

Lit.: Steffgen/Ziegaus 1994, 18, Nr. 37. [B.Z.]

168 Vierundzwanzigstelstatere Typ Androkephales Pferd (Abb. 72, 6)

Manching, Lkr. Pfaffenhofen u. Stöffling, Lkr. Traunstein.
3.–2. Jh. v. Chr.
Gew. 0,329 g; 0,342 g. Analyse: ca. 87–90 % Au, 8,5–11 % Ag, 1–2,5 % Cu.
Archäologische Staatssammlung München Inv. 1974, 1015 (MK-K 51); 1995, 42 (MK-K 6018).

Münzstätte: in Südbayern. Vs. Lockenkopf r. – Rs. Menschenköpfiges Pferd l., darunter ein kleiner Vogel.

Lit.: wie Kat. 167, 14, Nr. 23; 13, Nr. 19. [B.Z.]

169 Vierundzwanzigstelstatere Typ Januskopf (Abb. 72, 4)

Stöffling, Lkr. Traunstein.
3.–2. Jh. v. Chr.
Gew. 0,338 g; 0,346 g. Analyse: ca. 94 % Au, 4 % Ag, 1 % Cu.
Archäologische Staatssammlung München Inv. 1995, 42 (MK-K 6016 f).

Münzstätte: in Südbayern. Vs. Januskopf mit im Halsbereich drei in ein Dreieck gestellten Punkten. – Rs. Pferd r., darüber drei in ein Dreieck gestellte Punkte mit Linienverbindung.

Lit.: wie Kat. 167, 10, Nr. 2 f. [B.Z.]

Keltische Münzschätze aus Südbayern (Kat. 170–174)

170a Geldbörse mit Goldmünzen (Abb. 65; 79)

Manching, Lkr. Pfaffenhofen a. d. Ilm.
Wende 3.–2. Jh. v. Chr.
Gew. (Börse): 40,56 g; Gew. (Münzen): 1,992 g; 0,328 g; 0,345 g; 0,333 g; 0,329 g; 0,354 g.
Archäologische Staatssammlung München Inv. 1974, 1598 (Börse); Inv. 1974, 1598 a–f (MK-K 44-49) (Münzen).

Der kleine Bronzebehälter mit einem Durchmesser von 4,3 cm enthielt sechs Goldmünzen und wurde bei Ausgrabungen im Jahre 1972 entdeckt. Er gehört zweifellos zu den herausragenden numismatischen Zeugnissen aus dem keltischen Oppidum. Der Behälter wird wegen seines Inhaltes als keltische Geldbörse interpretiert. Die Größe der Börse ermöglichte nur die Aufnahme kleiner Geldstücke, für große Nominale, z. B. Regenbogenschüsselchen-Statere oder größere Silbermünzen war das Behältnis ungeeignet. Als Verschluss diente vermutlich ein Gegenstand aus organischem Material, der uns nicht überliefert ist. Bei den Münzen handelt es sich im Einzelnen um einen glatten Regenbogenschüsselchen-Viertelstater, vier südbayerische Vierundzwanzigstelstatere vom Typ Manching und einen böhmischen Vierundzwanzigstelstater. Das Gewicht des Viertelstücks liegt bei 2 g, das der Kleingoldmünzen bei jeweils wenig mehr als 0,3 g. Eine metallurgische Untersuchung ergab, dass die süddeutschen Prägungen einen Goldgehalt von 90 % aufweisen, während das böhmische Stück aus nahezu reinem Gold besteht.

Lit.: Kellner 1990, 52, Nr. 56–61. [B.Z.]

170b Münzschatz (Abb. 66)

Manching, Lkr. Pfaffenhofen a. d. Ilm.
2.–1. Jh. v. Chr.
Marktgemeinde Manching, z. Zt. Archäologische Staatssammlung München.

Im September 1999 fanden Archäologen anlässlich der Ausgrabungen in Manching einen Münzschatz, der aus 483 Goldmünzen (Gesamtgewicht ca. 3,5 kg), einem Goldklumpen und drei Bronzeringen bestand. Dies ist der erste Goldschatz, der im Bereich eines Oppidums geborgen wurde. Interessanterweise handelt es sich bei den Goldmünzen nicht um die in Manching zu erwartenden Regenbogenschüsselchen, sondern um böhmische Goldstatere. Keltische Goldmünzen aus dem Siedlungsgebiet der Boier waren in Manching bisher nur selten bezeugt. Der neue Goldfund setzt sich ausschließlich aus Stateren mit Einzelgewichten um 7,2 g zusammen. Teilstücke in Form von Drittel-, Achtel- oder Vierundzwanzigstelstateren, wie sie im Böhmischen häufig bezeugt sind, fehlen im Schatz. Der Fund ordnet sich gut in die Reihe der bisher bekannten keltischen Münzfunde aus Südbayern ein, die sich entweder nur aus Gold- oder aus Silbermünzen zusammensetzen. Mischfunde sind die große Ausnahme.

Die Münzen des Schatzfundes sind als »Boische Statere der Älteren Goldprägung« anzusprechen. Kennzeichen für die meisten von ihnen ist eine buckelige, unregelmäßige Vorderseite mit einer muldenförmigen Vertiefung auf der Rückseite, die bisweilen mit einem Strahlenmuster verziert ist. Der häufigste Typ im Fund, der bisher überhaupt erst einmal als gefüttertes Stück bezeugt ist, zeigt auf der konvexen Seite einen unregelmäßigen, flauen Buckel mit Resten einer Verzierung im Randbereich, die konkave Rückseite eine unförmige Verprägung im Randbereich mit einem Gittermuster. Ferner sind im Fund Stücke vertreten, die auch schon durch früher entdeckte Funde wie z. B. Podmokly (südwestl. von Prag), Starý Kolín (östl. von Prag) oder dem sog. »Fund aus Westböhmen« hinreichend bezeugt sind.

Erste Untersuchungen an den Münzen ergaben, dass sie sich aus einer hochwertigen Gold-/Silberlegierung zusammensetzen (ca. 95 % Au, max. 5 % Ag) und damit über einen deutlich höheren Goldgehalt verfügen als die südbayerischen Regenbogenschüsselchen, denen man größere Mengen Silber und Kupfer beigemischt hatte. Der Wert einer böhmischen Goldmünze übertraf damit in keltischer Zeit deutlich den eines Regenbogenschüsselchens.

Der Fund umfasste jedoch nicht nur Münzen, sondern auch einen 217 g schweren Goldklumpen. Der Klumpen verfügt über eine glatte Unterseite und eine gewölbte Oberseite und war in keltischer Zeit rundherum befeilt worden. Optisch erweckt der Goldrohling den Eindruck, dass er aus dem gleichen Material wie die boischen Statere besteht, metallurgische Untersuchungen hierzu stehen jedoch noch aus.

Ein Schatzfundgefäß zu den Münzen ist nicht nachgewiesen. Drei Bronzeringe, die zusammen mit den Münzen geborgen wurden, dienten wahrscheinlich als Verschluss für einen Stoff- oder Lederbeutel, in dem der Fund ursprünglich lag. Der Beutel ist nicht erhalten.

172

Die Größenordnung des Schatzfundes ist nicht nur ein außerordentliches Zeugnis für den Goldreichtum Böhmens, sondern auch ein Hinweis darauf, dass entsprechende Gegenwerte im Oppidum von Manching vorhanden gewesen sein müssen. Der neue Schatzfund erhellt damit schlaglichtartig das Handels- und Kaufpotential an dem in der spätkeltischen Zeit wichtigsten Ort Süddeutschlands und wird weitreichende Aufschlüsse zu den überregionalen und geldwirtschaftlichen Zusammenhängen zwischen den reichen keltischen Oberschichten im bayerisch-böhmischen Raum erlauben.

Lit.: B. Ziegaus, Der Goldfund. In: S. Sievers, Germania 78, 2000, 378–382. [B.Z.]

171 Münzschatz in einer Auswahl von 74 Exemplaren *(Abb. 73; 75–76; 77; 80, 2–3)*

Herkunftsgebiet »Hofoldinger Forst«,
Lkr. München/Nahbereich Fentbachschanze.
Wohl 177 v.Chr. (nach H. J. Hildebrandt).
Privatbesitz u. Archäologische Staatssammlung München E 2001/17.

Zur Herkunft und Bedeutung dieses ursprünglich 178 (?) Kleingoldmünzen vom Typ Janus I umfassenden Münzschatzes vgl. den Beitrag von L. Wamser in diesem Buch (s. 100 ff.).

Lit.: vgl. Hildebrandt 1998/99. [L.W.]

172 Münzschatz *(Abb. 106)*

Großbissendorf, Lkr. Neumarkt i. d. Opf.
2. Hälfte 2. Jh. v. Chr.
Archäologische Staatssammlung München
Inv. 1994, 4503 (MK-K 2501-2879).

Anlässlich von Gartenarbeiten auf einem Freizeitgelände fanden Privatpersonen 1986 einen aus 384 keltischen Goldmünzen bestehenden Münzschatz, der zu den herausragenden geld- und wirtschaftsgeschichtlichen Zeugnissen im vorgeschichtlichen Bayern zählt. Das Gewicht dieses in einem Eisengefäß deponierten Schatzes beträgt 2,5 kg. Der Fund ist für die überregionale Geldgeschichte insofern aufschlussreich, als er Stücke unterschiedlicher Größe und Herkunft beinhaltet. Neben den südbayerischen Regenbogenschüsselchen-Stateren mit Gewichten von etwa 7,6 g liegen Viertelstücke

mit 1,8 g sowie Statere und Drittelstatere mit 2,5 g aus dem böhmischen Raum vor. Die erstaunlich exakte Einhaltung von Gewichten setzt ein allgemein verbindliches Münzsystem ebenso voraus wie den Einsatz von Feinwaagen zu Kontrollzwecken.

Eine naturwissenschaftliche Untersuchung der südbayerischen und böhmischen Goldmünzen aus dem Schatzfund ergab, dass sie sich in ihren Goldgehalten unterscheiden. Während Ersteren Silber und Kupfer zulegiert wurde, bestehen Letztere aus nahezu reinem Gold. Die Vermischung beider Münzsorten zeigt, dass der Besitzer des Schatzes gute Kontakte zu seinen keltischen Nachbarn in Böhmen pflegte. Über die Art des Zusammenkommens dieses nicht unbeträchtlichen Vermögens können derzeit nur Mutmaßungen angestellt werden.

Lit.: B. Ziegaus, Der Münzfund von Großbissendorf. Ausstellungskat. Prähist. Staatsslg. München 27 (Kallmünz 1995). [B.Z.]

173 Münzschatz *(Abb. 69; 81)*

Wallersdorf, Lkr. Dingolfing-Landau.
2. Jh. v. Chr.
Archäologische Staatssammlung München
Inv. 1995, 39 (MK-K 3401-3766) u. 1995, 40
(MK-K 3767 f).

Bereits in den 70er Jahren fand ein Privatmann beim Anlegen seines Gemüsebeetes immer wieder goldene Metallscheibchen, die er nicht einzuordnen vermochte. Eine Fundvorlage im Jahr 1987 bei einem Goldschmied ergab schließlich, dass es sich um Goldmünzen der Kelten handeln müsse. Anlässlich einer archäologischen Nachuntersuchung im Jahr 1988 konnten noch mehr als 200 Stücke geborgen werden, so dass der Fund ursprünglich wohl mehr als 370 Münzen umfasste. Seine Zusammensetzung ist insofern ungewöhnlich, als er mit Ausnahme von zwei Stücken aus geprägelosen Regenbogenschüsselchen-Stateren besteht. Zu einer Vermischung verschiedener Stater-Typen, wie wir es von den Funden aus Großbissendorf und Sontheim (Sternstatere mit Blattkränzen) oder Irsching und Gaggers (Rolltiere mit Vogelköpfen und Blattkränzen) kennen, kam es in Wallersdorf nicht. Eine Bildanalyse an den glatten Stücken ergab, dass sie wohl nur aus wenigen Stempeln gefertigt wurden, was als Hinweis zu verstehen ist, dass die meisten Münzen wohl kurz nach ihrer Herstellung dem Erdboden anvertraut wurden. Das Gesamtgewicht des Schatzes beträgt etwas mehr als 2,9 kg bei einem durchschnittlichen Gewicht von 7,9 g pro Stück. Trotz der homogenen Zusammensetzung des Fundes gibt es zwei Besonderheiten, nämlich ein Regenbogenschüsselchen-Viertelstück und einen boischen Goldstater der sog. böhmischen Nebenreihe.

Metallurgische Untersuchungen zeigen, dass die glatten Statere zwar etwas schwerer sind als andere Regenbogenschüsselchen, ihr Goldgehalt dafür aber etwas niedriger ausfällt. Als Durchschnittswert, bezogen auf alle glatten Statere, ergaben sich prozentuale Anteile von etwa 70 % Gold, 23 % Silber und 7 % Kupfer.

Lit.: M. Egger/Th. Fischer/L. Kreiner, Arch. Jahr Bayern 1988, 87–89. – H.-J. Kellner, Der keltische Münzschatz von Wallersdorf. Kulturstiftung der Länder (München 1989). [B.Z.]

174 Münzschatz *(Abb. s. S. 284)*

Sontheim, Lkr. Unterallgäu.
2. Jh. v. Chr.
Archäologische Staatssammlung München
Inv. 1994, 4501 (MK-K 3001-3335).

Der 1990 entdeckte Fund umfasste ursprünglich wohl weit mehr als 350 Regenbogenschüsselchen-Statere und enthielt neben bereits bekannten auch seltene und neue Münztypen. Statere mit drei Schleifen, drei Halbmonden, dem vierflügeligen Windrad oder dem Buckelpunkt waren bisher selten bezeugt. In der Zusammensetzung ähnelt Sontheim dem Schatzfund von Großbissendorf *(Kat. 172)*. Gleiche

Bildtypen mit Stern- und Blattkranzmotiv und viele Stücke aus denselben Münzstempeln zeigen, dass ein Großteil der Münzen zur gleichen Zeit hergestellt wurde. Obwohl Manching als Ort der Herstellung von Regenbogenschüsselchen als sicher angenommen werden darf, ist ein Beweis für die Herstellung der Stern- und Blattkranz-Statere bisher nicht zu erbringen.

Lit.: B. Ziegaus, Der Münzfund von Sontheim. Ausstellungskat. Prähist. Staatsslg. 24 (München 1993). [B.Z.]

Ausgewählte Goldmünzen der Römischen Republik, der Kaiserzeit und des Frühen Mittelalters *(Kat. 175–183)*

175 Goldmünzen der Republik
175a Kleingoldprägung der Mars-Adler-Serie *(Abb. 70 a–b)*

Fundort unbekannt.
Geprägt ab 211 v. Chr.
Gew. 3,35 g.
Privatbesitz.

Münzstätte: Rom. Vs. Behelmter Kopf des Mars mit Zahlzeichen ↓X. – Rs. Adler auf Blitzbündel, darunter ROMA.

Lit.: zum Münztyp vgl. M. Crawford, Roman Republican Coinage (Oxford 1973) Pl. IX, 44/2. [B.Z.]

175b

175b Aureus des Caius Iulius Caesar
Fundort unbekannt.
46 v. Chr.
Gew. 8,107 g.
Privatbesitz.

Münzstätte: Rom. Vs. C·CAESAR COS·TER. Frauenkopf r. verhüllt. – Rs. Lituus, Krug u. Axt A HIRTIVS PR.

Lit.: zum Münztyp vgl. Kat. 175 a, Pl. LV, 466/1. [B.Z.]

176 Goldmünzen der Kaiserzeit
176a Aureus des Augustus
(27 v. – 14 n. Chr.) *(Abb. 70 c–d)*

Fundort unbekannt.
Geprägt 2 v. – 1 n. Chr.
Gew. 7,857 g.
Privatbesitz.

Münzstätte: Lugdunum-Lyon. Vs. CAESAR AVGVSTVS DIVI F PATER PATRIAE. – Rs. AVGVSTI F COS DESIG PRINC IVVENT, Caius und

Lucius Caesar mit Schilden, Simpulum und Lituus, im Abschnitt: C L CAESARES.

Lit.: zum Münztyp vgl. C. H. V. Sutherland/R. A. G. Carson, The Roman Imperial Coinage I² (London 1984) No. 205. [B.Z.]

176b Aureus des Tiberius (14–37) *(o. Abb.)*

Burghöfe, Lkr. Donau-Ries.
Geprägt um 30 n. Chr.
Gew. 7,66 g.
Archäologische Staatssammlung München
MK-R 16455.

Münzstätte: Lugdunum-Lyon. Vs. TI CAESAR DIVI AVG F AVGVSTVS. – Rs. PONTIF MAXIM, thronende Figur mit Zweig und Szepter.

Lit.: Die Römer zwischen Alpen und Nordmeer. Schriftenreihe Arch. Staatsslg. 1 (Mainz 2000) 352, Nr. 74 a1. – zum Münztyp vgl. Kat. 176 a, No. 29. [B.Z.]

176c Aureus des Traianus (98–117) *(o. Abb.)*

Fundort unbekannt.
Geprägt 101/102 n. Chr. Gew. 6,99 g.
Archäologische Staatssammlung München
o. Inv. (ex Slg. Graf Koenigsmark, München).

Münzstätte: Rom. Vs. IMP CAES NERVA TRAIAN AVG GERM. – Rs. Hercules mit Keule u. Löwenfell auf Altar P M TRP COS IIII PP.

Lit.: unpubl. – zum Münztyp vgl. H. Mattingly/E. A. Sydenham, The Roman Imperial Coinage II (London 1926) No. 50. [B.Z.]

176d Aureus des Septimius Severus (193–211) *(Abb. 70 e–f)*

Theilenhofen, Lkr. Weißenburg-Gunzenhausen.
Geprägt 193/194 n. Chr.
Gew. 7,05 g.
Privatbesitz u. Archäologische Staatssammlung München o. Inv. (Galvano).

Münzstätte: Rom/Osten. Vs. IMP CAE L SEP SEV PEP(!)T AVG. – Rs. Legionsadler mit zwei Standarten LEG V III AVG II COS, im Abschnitt: TRP COS.

Lit.: H.-J. Kellner, Jahrb. Num. Geldgesch. 28/29, 1978/79, 43–45, Taf. 9,1. – zum Münztyp vgl. H. Mattingly/E. A. Sydenham, The Roman Imperial Coinage IV (London Reprint 1972) No. 11 oder 397. [B.Z.]

176e Aureus des Gallienus (260–268) *(o. Abb.)*

Baldersheim, Lkr. Würzburg.
Geprägt 260/261 n. Chr. (6. Emission).
Gew. 3,79 g.
Archäologische Staatssammlung München
MK-R 3380.

Münzstätte: Rom. Vs. GALLIENVS AVG. – Rs. Friedensgöttin mit Ölzweig und Szepter PAX AVG, im r. Feld: V.

Lit.: wie Kat. 176 b (Kat. Römer 2000) 382, Nr. 140a 13–14. – zum Münztyp vgl. P. H. Webb, The Roman Imperial Coinage V, 1 (London Reprint 1972) No. 63. – R. Göbl, Die Münzprägung der Kaiser Valerianus I./Gallienus/Saloninus (253/268), Regalianus (260) und Macrianus/Quietus (260/262) (Wien 2000) Taf. 34, 367x. [B.Z.]

176f Aureus des Maxentius (306–312) (o. Abb.)

Passau-Niedernburg.
Geprägt 306/307 n. Chr.
Gew. 4,89 g.
Archäologische Staatssammlung München
MK-R 16810.

Münzstätte: Rom. Vs. MAXENTIVS PRINC INVICT. – Rs. CONSERVATOR VRBIS SVAE, Roma thront links auf ovalem Schild, hält Victoria auf Globus und Szepter, l. Feld E, im Abschnitt: PR.

Lit.: wie Kat. 176 b (Kat. Römer 2000) 390, Nr. 152a. – zum Münztyp vgl. C. H. V. Sutherland, The Roman Imperial Coinage VI (London 1967) No. 135. [B.Z.]

177 Spätantike Solidi
177a Solidus des Magnentius (351–353) (Abb. 70, g–h)

Römerschanze bei Grünwald, Lkr. München.
Geprägt 350/351 n. Chr.
Gew. 4,59 g.
Archäologische Staatssammlung München
MK-R 1443.

Münzstätte: Rom. Vs. DN MAGNENTIVS P F AVG. – Rs. VICTORIA AVG LIB ROMANOR, Victoria und Libertas halten ein Tropaion bestehend aus Waffen, im Abschnitt: RT.

Lit.: wie Kat. 176 b (Kat. Römer 2000) 391, Nr. 152d. – zum Münztyp vgl. J. P. C. Kent, The Roman Imperial Coinage VII (London 1981) No. 170. [B.Z.]

177b Solidus des Theodosius I. (379–395) (o. Abb.)

Fundort unbekannt.
Geprägt 383–388 n. Chr.
Gew. 4,48 g.
Archäologische Staatssammlung München
Inv. 1968, 12.

Münzstätte: Constantinopolis. Vs. DN THEODOSIVS PF AVG. – Rs. CONCORDIA AVGGG, Constantinopolis thronend mit Schild, darauf VOT X MVLT XV, im Abschnitt: CONOB.

Lit.: Die Römer zwischen Alpen und Nordmeer. Schriftenreihe Arch. Staatsslg. 1 (Mainz 2000) 352, Nr. 74 b1 (dort fälschlich unter Fundort Moosberg). – zum Münztyp vgl. J. W. E. Pearce, The Roman Imperial Coinage IX (London Reprint 1988) No. 71b. [B.Z.]

178 Goldschatz (o. Abb.)

Augsburg-St. Stephan.
Schlussmünze 163/164 n. Chr.
Archäologische Staatssammlung München u. Röm. Mus. Augsburg.

Der Schatzfund enthält 52 Aurei der Kaiser Nero bis Marc Aurel und Lucius Verus. Die Verbergung des Hortes steht wahrscheinlich in Zusammenhang mit den Einfällen der Markomannen nach Raetien.

Lit.: L. Bakker, Ein Schatzfund von Goldmünzen bei St. Stephan in Augsburg. In: Die Römer in Schwaben. Ausstellungskat. Augsburg. Arbeitsh. Bayer. Landesamt für Denkmalpflege 27 (München 1985) 240, Taf. 9. – zu einer Verbergung in eventuell erst deutlich späterer Zeit vgl. die Bemerkungen von B. Overbeck in: A. Boos/B. Overbeck/L. M. Dallmaier, Der römische Schatzfund von Regensburg-Kumpfmühl (Regensburg 2000) 66 f. [B.Z.]

179 Spätantiker Goldschatz (o. Abb.)

Region Ostallgäu.
Verborgen nach 472 n. Chr.
Archäologische Staatssammlung München
MK-R 20818-20852.

Die 35 Solidi mit einem Gesamtgewicht von 154,17 g wurden 1998 entdeckt. Es handelt sich um Prägungen der Kaiser Honorius (393–423) bis Leo I. (457–474). Den Hauptanteil stellen die Münzen des Valentinianus III. (425–455). Die meisten Solidi stammen aus der Münzstätte Ravenna, vereinzelte Stücke aus den Münzstätten Lyon, Rom, Mailand und Thessaloniki.

Lit.: wie Kat. 176 b (Kat. Römer 2000) 391 f., Nr. 153. [B.Z.]

180 Frühmerowingischer Solidus nach Anastasius I. (491–516) (Abb. 86 oben)

Aigen am Inn, Lkr. Passau.
Geprägt nach 491 n. Chr.
Gew. 4,41 g.
Archäologische Staatssammlung München
Inv. 1971, 1072.

Münzstätte: in Südfrankreich ? Vs. DN ANASTASIVS PF AVC. – Rs. VICTOR VI ..AVGGGA, Victoria mit Kreuz, l. Feld ein Stern, im Abschnitt: COMOB (Doppelschlag).

Lesefund, wohl Beigabe aus einem der Gräber des dortigen baiuwarischen Reihengräberfeldes.

Lit.: Die Bajuwaren. Kat. Rosenheim/Mattsee[2] 1988, 398 M VIII.36d. – W. Hahn, Grundzüge der Altbairischen Münz- und Geldgeschichte. 1. Teil: 6. bis 8. Jahrhundert. Money trend 7/8, 2000, 56 B4. – zum Vorbild vgl. W. Hahn, Moneta Imperii Byzantini Bd. 1. Von Anastasius I. bis Justinianus I. 491–565 (Wien 1973) Taf. 1, 3a. [B.Z.]

181 Frühmittelalterliche Trienten
181a Triens des Iustinianus I. (527–565) (o. Abb.)

Unterigling Grab 34, Gde. Igling, Lkr. Landsberg a. Lech.
Geprägt 540/542 n. Chr.
Gew. 1,45 g.
Archäologische Staatssammlung München
Inv. 1986, 6578k (MK-R 1370).

Münzstätte: Constantinopolis. Vs. DN IVSTINIΛNVS PP ΛVC. – Rs. VICTORIA ΛVCVSTORVM, Victoria mit Kranz u. Kreuzglobus, im Abschnitt: COMOB.

Lit.: unpubl. – zum Münztyp vgl. W. Hahn, Moneta Imperii Byzantini Bd. 1. Von Anastasius I. bis Justinianus I. 491–565 (Wien 1973) Taf. 17, 36. – zum Fundplatz W. Charlier, Landsberger Geschichtsbl. 70/71, 1972/73, 49–52. [B.Z.]

181b Frühlangobardischer (?) Triens nach Iustinus II. (o. Abb.)

Kleinlangheim Grab 10, Lkr. Kitzingen.
Geprägt um 555–584.
Gew. 1,547 g.
Mainfränkisches Museum Würzburg (Original). Archäologische Staatssammlung München o. Inv. (Galvano).

Münzstätte: Norditalien. Vs. ꓛN IVSTINVS PP ΛVC. – Rs. VI◁TORIΛΛVCVꟄTORVN(!), Victoria mit Kreuzglobus, l. Feld Stern, im Abschnitt: ◁OИ O.

Lit.: Chr. Pescheck, Das fränkische Reihengräberfeld von Kleinlangheim, Lkr. Kitzingen. Germ. Denkmäler Völkerwanderungszeit 17 (Mainz 1996) 216, Taf. 2, 16. – zum Münztyp vgl. W. Worth, Catalogue of the coins of the Vandals, Ostrogoths and Langobards in the British Museum (London 1911) Taf. 18, 1 f. [B.Z.]

181c Langobardischer Triens nach Mauricius Tiberius (Abb. 86, 2. v. oben)

Salzburghofen Grab 65 (?), Gde. Freilassing, Lkr. Berchtesgadener Land.
Geprägt Mitte 7. Jahrhundert.
Gew. 1,447 g.
Archäologische Staatssammlung München
Inv. 1966, 471.

Münzstätte: ? Vs. Verwilderte Büste r., IVOTO V ITVNO. – Rs. IIꓤOTIVΛVIΛOꓤII, stilisierte Victoria frontal mit Kranz und Kreuzglobus, im Abschnitt: OIIO.

Lit.: Die Bajuwaren. Kat. Rosenheim/Mattsee[2] 1988, 398 M VIII.36e. – wie Kat. 180 (Hahn 2000) 58 E1. – zum Münztyp vgl. J. Werner, Münzdatierte austrasische Grabfunde. Germ. Denkmäler Völkerwanderungszeit 3 (Berlin, Leipzig 1935) Taf. II 69. [B.Z.]

181d Merowingischer Triens nach Iustinianus I. (o. Abb.)

Aschheim Grab 25, Lkr. München.
Geprägt Ende 6. – Mitte 7. Jh.
Gew. 1,435 g.
Archäologische Staatssammlung München
Inv. 1970, 2602.

Münzstätte: mittelrheinisch. Vs. DИIVSTINIII-IDИVꟄPPПVC. – Rs. VVIORIMVIIVSTORM, Victoria l. mit Kreuzglobus, im Abschnitt: ONO.

Lit.: H. Dannheimer, Aschheim im Frühen Mittelalter. Teil 1. Münchner Beitr. Vor- u. Frühgesch. 32 (München 1988) 40, Taf. 6, 7. [B.Z.]

181e Merowingischer Triens *(o. Abb.)*

Kleinlangheim Grab 65, Lkr. Kitzingen.
Geprägt 2. Hälfte 6. Jh.
Gew. 1,326 g.
Mainfränkisches Museum Würzburg (Original). Archäologische Staatssammlung München Inv. 1979, 3393 (Galvano).

Münzstätte: Batenegiaria – Battignies-les-Binche (Hainaut, Belgien). Vs. (h)VNTIO (Huntio oder Guntio). – Rs. BΛLEⱾⰄƐⰄIΔ, Kreuz auf Globus, im Abschnitt: ΔI⒪.

Lit.: Chr. Pescheck, Das fränkische Reihengräberfeld von Kleinlangheim, Lkr. Kitzingen. Germ. Denkmäler Völkerwanderungszeit 17 (Mainz 1996) 226, Taf. 18, 10. [B.Z.]

181f Merowingischer Triens *(o. Abb.)*

Kleinlangheim Grab 261, Lkr. Kitzingen.
Geprägt 2. Hälfte 6. Jh.
Gew. 0,998 g.
Archäologische Staatssammlung München Inv. 1979, 3351.

Münzstätte: linksrheinisch. Vs. Büste l. mit Schriftresten. – Rs. Kreuzglobus mit Querbalken, darum herum Reste von Buchstaben.

Lit.: Chr. Pescheck, Das fränkische Reihengräberfeld von Kleinlangheim, Lkr. Kitzingen. Germ. Denkmäler Völkerwanderungszeit 17 (Mainz 1996) 261, Taf. 65, 1. [B.Z.]

181g Merowingischer Triens nach Iustinianus I. *(Abb. 86, 2. v. unten)*

Thalmässing, Lkr. Roth.
Geprägt 2. Hälfte 6. Jh.
Gew. 1,46 g.
Archäologische Staatssammlung München Inv. 1894, 16.

Münzstätte: Rheinfränkisch? Vs. Stilisierte Büste r. mit Kreuzglobus IIIIIHTV - NΛPPVΛ. – Rs. VIDIIIIIITCHΛVI, Victoria mit Kranz.

Lit.: J. Werner, Münzdatierte austrasische Grabfunde. Germ. Denkmäler Völkerwanderungszeit 3 (Berlin, Leipzig 1935) 114, M 46, Taf. II. – wie Kat. 180 (Hahn 2000) 56, B5. [B.Z.]

182 Gefasster Solidus Constans II. und Constantinus IV. (654–668) *(Abb. 86 unten)*

Au, Gde. Rehling, Lkr. Aichach-Friedberg.
Geprägt 659–662 n. Chr.
Gew. 5,15 g.
Archäologische Staatssammlung München Inv. 1958, 562.

Münzstätte: Constantinopolis. Vs. ẟN CON-STANTINЧS C CONSTANTIN. – Rs. VICTORIΛ AVGЧ (Offizin?), Heraclius und Tiberius zwischen Kreuzglobus, im Abschnitt: CONOB.
Das Stück ist mit einem Perldraht eingefasst, dessen Öse abgerissen ist.

Lit.: H.-J. Kellner, Bayer. Vorgeschichtsbl. 21, 1955, 129, Taf. 17, 4. – wie Kat. 180 (Hahn 2000) 58, D5. – zum Münztyp vgl. W. Hahn, Moneta Imperii Byzantini Band 3. Von Heraclius bis Leo III/Alleinregierung 610–720 (Wien 1981) Taf. 20, 29 f. [B.Z.]

183 Münzschmuck
183a Münzfingerring

Kirchheim-Hausen Grab 42, Lkr. München.
Mitte 7. Jahrhundert.
Gold. Stempelstellung 1 h; Lichte Weite 2,3 x 2,3 cm; Gew. 6,68 g.
Archäologische Staatssammlung München Inv. 1999, 4097.

Schmaler bandförmiger Reif aus Goldblech, in Längsrichtung dreifach gerippt, auf der Unterseite alt gebrochen und repariert. Die Enden sind gespalten und volutenförmig nach außen gelegt und an der Unterseite der Münze angelötet. Die Platte besteht aus einem byzantinischen Solidus.
Münze: 20-karätiger Solidus der Kaiser Heraclius und Constantinus (610–641), geprägt 616–625 in der Münzstätte Constantinopolis. Vs. ẟẟ NN hƐRACLIЧS ƐT hƐRACONSTPPAVC, Frontalbüsten des Heraclius und Constantinus, dazwischen ein Kreuz. – Rs. VICTORIΛ ΛVG (Offizin?), erhöhtes Kreuz mit Balkenabschlüssen, das auf drei pyramidal angeordneten Stufen steht, darunter die Sigle: BOXX.

183a

Eine besondere Form des Frühen Mittelalters sind Münzfingerringe, also Ringe, deren Platte aus einer aufgelöteten byzantinischen Goldmünze oder einer goldenen barbarischen Nachprägung besteht. Stets wurde das Abbild des Kaisers als Schauseite genutzt. Ringe dieser Art fanden sich vorwiegend im heutigen West- und Süddeutschland, sie wurden ab dem mittleren 7. Jahrhundert und fast ausschließlich von Männern getragen. Ein typisches Kennzeichen dieser wie auch anderer Ringe mit flacher Platte aus dem 7. Jahrhundert sind drei kleine Goldkügelchen auf dem Reif am Übergang zwischen diesem und der Zierfläche. Diese »3-Knoten-Ringe« gelten als Leitform des 7. Jahrhunderts nördlich der Alpen, südlich der Alpen tragen die

Reifenden lediglich zwei Kügelchen, wobei je eines seitlich am Reif befestigt ist.
Aufgrund ihrer Ähnlichkeit zu den südlich der Alpen vorkommenden Siegelringen mit Brustbild scheinen Münzfingerringe als Imitate derselben gegolten zu haben, die ihren Besitzer in jedem Fall als adeligen Herren kennzeichneten.

Lit.: R. Christlein u. a., Bajuwarische Adelsgräber des 7. Jahrhunderts von Hausen, Gde. Kirchheim bei München, Lkr. München. Arch. Jahr Bayern 1982, 127 f. – zum Münztyp vgl. W. Hahn, Moneta Imperii Byzantini Band 3 (Wien 1981) Taf. 3, 65. – zu Fingerringen: A.A. Fourlas, Der Ring in der Antike und im Christentum. Der Ring als Herrschaftssymbol und Würdezeichen. Forsch. Volkskunst 45 (Münster 1971). – W. Kurze, Siegelringe aus Italien als Quelle zur Langobardengeschichte. Frühmittelalterliche Stud. 20, 1986, 414–451. [B.W./B.Z.]

183b Fünf Münzabschläge von Solidi *(Abb. 71)*

München-Aubing, Gräber 257 u. 303.
Geprägt Mitte 6. Jh.
Gew. Abschläge: 1,83 g; 1,50 g (Grab 257) u. 2,56 g; 1,58 g; 1,59 g (Grab 303).
Archäologische Staatssammlung München Inv. 1939, 772–773 (Grab 257) u. 1939, 925–927 (Grab 303).

Die Abschläge zeigen die Vorderseitenmotive merowingischer Imitationen (Münzstätte in Italien) auf Solidi des Iustinianus I. (527–565), wobei für vier Stücke dieselbe Vorlage diente. Die gößten Abschläge wurden an Perlenketten getragen.

Lit.: H. Dannheimer, Das baiuwarische Reihengräberfeld von Aubing, München (Stuttgart 1998) 111, 116, Taf. 108, 7–11. – zum Münztyp vgl. W. Hahn, Moneta Imperii Byzantini Bd. 1. Von Anastasius I. bis Justinianus I. 491–565 (Wien 1973) Taf. 37, 28. – für Auskünfte sei Univ. Prof. Hahn, Inst. f. Numismatik Wien, herzlich gedankt. [B.W./B.Z.]

184

Goldbarren *(Kat. 184–186)*

184 Keltischer Goldbarren

Stöffling, Lkr. Traunstein.
3.–1. Jh. v. Chr.
L. 2 cm; B. 0,6–0,7 cm; H. 0,5 cm;
Gew. 10,30 g.
Privatbesitz R. Sporn, Ruhpolding.

An den Kanten und Flächen behämmerter Goldbarren, an den Enden gestaucht.

Lit.: unpubl. [B.Z.]

185 Frühkaiserzeitliche Gussformen für Barren *(o. Abb.)*

Magdalensberg, Kärnten, Österreich.
Nach 37 n. Chr.
Archäologischer Park Magdalensberg.

Gussform für Goldbarren I (L. 52,5 cm; B. 30,5 cm; St. 9,2 cm): In die geglättete Oberseite der etwa rhombischen Marmorplatte ist eine parallelepipetförmige Vertiefung eingearbeitet (Maße der Außenkanten: 34,5 x 4,0 cm; Tiefe 2,1 cm). Am Boden der Ausnehmung findet sich die durch eine dünne Rille gerahmte, spiegelverkehrte Inschrift (Buchstabenhöhe: 1,5 cm): C(aii) CAESARIS AVG(usti) GERMANICI IMP(eratoris) EX NORIC(...). Diese weist die darin gegossenen Goldbarren (Volumen max. 290,64 cm³) als Besitz des Kaisers Caligula (37–41) und den Rohstoff als den aus den Norischen Goldvorkommen stammend aus.
Gussform für Goldbarren II (L. 30 cm; B. 20 cm; St. 10 cm.): Die ebenfalls geglättete Oberfläche der nur bruchstückhaft erhaltenen, quaderförmigen Marmorgussform weist auch hier eine langrechteckige Vertiefung auf, die sich nach innen zu leicht trapezoid verjüngt (Maße der Außenkanten: 17 x 5 cm, Tiefe 3,5 cm). Die in Spiegelschrift erhaltene Inschrift (Buchstabenhöhe: 1,8 cm) wird inhaltlich der im Fundobjekt I erhaltenen entsprochen haben: [C(aii) CAESARIS AVG(usti) GERMAN]ICI IMP(eratoris) EX NORIC(...)]. Links oberhalb der Ausnehmung, die ein Volumen von max. 752,5 cm³ birgt, ist zudem ein Phallus samt Scrotum eingeritzt.

Bereits in augusteischer Zeit wird das *forum mercantile* der Stadt Alt-Virunum auf dem Magdalensberg im Südwesten durch einen weitläufigen Baukomplex begrenzt, der die Bezeichnung »Obere und untere AA-Bauten« trägt.

Vermutlich infolge eines Erdbebens wird dieser in frühtiberischer Zeit streckenweise bis auf die Grundmauern abgetragen und nachfolgend als kaiserlich norische Goldschmelze *(flatura auraria)* kasernenartig adaptiert. Zu den hieraus geborgenen Funden zählen sowohl die zwei Goldbarrengussformen des Kaisers Caligula, als auch 50, wohl nur als Nebenprodukte des hochalpinen Goldbergbaus erklärbare, bis zu 50 kg schwere Bergkristalle. Bauhöhen von bis zu 15 m verbinden hier drei Terrassen zu einer Nutzfläche von an die 4000 m². Auch bisher nur als Großvilla oder Herberge deutbar gewesene Bauten einschließend gliedert sich die Anlage nach derzeitigem Kenntnisstand in einen Versorgungstrakt mit Großküche, Bäckerei und Therme sowie separierte Unterkunfts-, Lager- und Verwaltungsbereiche. Wie jüngst durchgeführte naturwissenschaftliche Analysen belegen, darf als Nukleus der Anlage ein Hochsicherheitstrakt auf zwei Terrassen bezeichnet werden, in welchem insgesamt 19 kleine, blockhaft angeordnete Goldschmelzöfen angetroffen wurden.

Lit.: G. Piccottini, Gold und Kristall am Magdalensberg. Germania 72, 1994, 467–477. – ders., Die Ausgrabungen auf dem Magdalensberg 1999, Rudolfinum 2000, 63–75. – ders., Die Ausgrabungen auf dem Magdalensberg 2000, Rudolfinum 2001, 61–80. [H.D.]

186 Spätantiker Goldbarren *(o. Abb.)*

Czófalva, Siebenbürgen.
L. 10,2 cm; H. 0,8 cm; Gew. 247,8 g.
Magyar Nemzeti Múzeum Budapest R 17.189 (Original). Privatbesitz P. R. Franke, München (Kopie).

Gefunden »beim Schotter-Abbrechen 1887 von zwei Zigeunern und einem Insassen«. Der Fund setzte sich aus neun gestempelten Goldbarren zusammen, wobei einige nach der Auffindung mit einem Meißel, darunter auch das vorliegende Stück, geteilt wurden. Das hier gezeigte Stück ist die eine Hälfte eines rechteckigen Barrenfragments (ursprüngliches Gesamtgewicht 456 g), an dem an einer Seite deutliche Meißelspuren erkennbar sind. Auf dem Stück befinden sich drei rechteckige Stempel mit Perlverzierung und den Vermerken: FL FLAVIAN / VS PRO · SIG / AD DIGMA Palmzweig (Doppelstempel) – LVCIANVS OBR · I · SIG (Palmzweig).

Lit.: F. Kenner, Römische Goldbarren mit Stempeln. Num. Zeitschr. 20, 1888, 22 IIIb. [B.Z.]

Goldmünzproduktion *(Kat. 187–191)*

187a Keltischer Münzschrötling *(o. Abb.)*

Frankreich oder England.
2.–1. Jh. v. Chr.
Dm. 1,1–1,9 cm. Gew. 8,426 g. Analyse: ca. 50,8 % Au, 44 % Ag, 5 % Cu.
Archäologische Staatssammlung München (Zweigmus. Neuburg a. d. Donau, Slg. Schörghuber Nr. 754).

Münzstätte: in Nordgallien oder Südengland. Elektronrohling im Gewicht eines Staters. Vs. plan, ohne Prägespuren. – Rs. plan ohne Prägespuren (moderne Kratzspuren).

Lit.: Ziegaus 1994, 202, Nr. 754. [B.Z.]

187b Keltischer Münzschrötling *(o. Abb.)*

England ?
2.–1. Jh. v. Chr.
Dm. 1,15–1,4 cm; Gew. 7,656 g. Analyse: ca. 44 % Au, 13,5 % Ag, 42,4 % Cu.
Archäologische Staatssammlung München (Zweigmus. Neuburg a. d. Donau, Slg. Schörghuber Nr. 755).

Münzstätte: in England ? Gold-Kupfer Münzrohling für einen Stater. Vs. Konvex, ohne Prägespuren. – Rs. plan, ohne Prägespuren.

Lit.: Ziegaus 1994, 202, Nr. 755. [B.Z.]

187c Keltischer Münzschrötling *(Abb. 72, 1)*

Stöffling, Lkr. Traunstein.
3.–2. Jh. v. Chr.
Dm. 0,5 cm; Gew. 0,384 g.
Archäologische Staatssammlung München Inv. 1995, 42 (MK-K 1530).

Schrötling für einen Vierundzwanzigstelstater. Vs. u. Rs. plan, Rand befeilt.

Lit.: unpubl. [B.Z.]

188 Bronzepatrize und Münzen *(o. Abb.)*

Manching, Lkr. Pfaffenhofen a. d. Ilm.
2.–1. Jh. v. Chr.
H. 0,4 cm, Dm. 1,85 cm; Gew. 6,74 g.
Stadtmuseum Ingolstadt Inv. 5931.

Patrize: Bronzeplättchen, welches in erhabener Form einen stilisierten Kopf mit lockigen, nackenlangen Haaren zeigt. Die Rückseite ist plan, der Rand weist eine umlaufende Rille auf. Es handelt sich wahrscheinlich um eine Bronzepatrize zur Herstellung eines Vorderseitenstempels für Viertelstatere des sog. Pegasustyps. Der Fundort dieses Stückes gibt zunächst Rätsel auf, da die entsprechenden Münzen bevorzugt im Rheinland umliefen. Jedoch zeigen neuere Funde von Münzwerkzeugen, dass der Auffindungsort mit dem Umlaufgebiet keineswegs identisch sein muss. – Die hier gezeigten Belegstücke aus Manching, Lkr. Pfaffenhofen a. d. Ilm und Gaukönigshofen, Lkr. Würzburg sind deshalb nicht weiter verwunderlich: Archäologische Staatssammlung München Inv. 1974, 1803 (K 61), Gew. 1,70 g. – Inv. 1965, 450 (K 1453), Gew. 1,36 g. Analyse: ca. 80 % Au, 15–17 % Ag, 3–5 % Cu. Lit.: vgl. Kat. 156 f, 44, Nr. 4; 216 Nr. 2274.

Lit.: B. Ziegaus, Sammelbl. Hist. Ver. Ingolstadt 104, 1995, 37–42. – zum Münztyp vgl. S. Scheers, La Gaule Belgique² (Leuven 1982) 328 ff., No. 23. [B.Z.]

189

189 Keltische Münzstempel

Heidetränke, Stadt Oberursel u. Donnersberg, Kr. Kirchheimbolanden.
2.–1. Jh. v. Chr.
H. 2,5 cm; Gew. 68,5 g u. H. 2,5 cm; Gew. 69,2 g.
Archäologische Staatssammlung München Inv. 1990, 3511; 1997, 1011.

Konische Bronzestempel mit buckeliger Erhöhung bzw. muldenförmiger Vertiefung zur Herstellung von Vorder- und Rückseiten von glatten Regenbogenschüsselchen-Stateren. – Dazu drei glatte Regenbogenschüsselchen aus Manching, Lkr. Pfaffenhofen a. d. Ilm, die aus ähnlichen Stempeln stammen: Archäologische Staatssammlung München Inv. 1956, 785a–c (MK-K 2.4.6); Gew. 7,919 g; 7,507 g; 7,695 g. Analyse: ca. 80–85 % Au, 13–16 % Ag, 1–4 % Cu. Lit.: Kellner 1990, Nr. 46–48.

Lit.: Auktionskatalog B. Peus 326, 1989, Nr. 27. – unpubl. [B.Z.]

190 Münzstempeldepot *(Abb. 68)*

Niederaltheim, Lkr. Donau-Ries.
2. Jh. v. Chr.
Archäologische Staatssammlung München Inv. 2001; 1989; 1991; 1992; 1994–1996 (Auswahl).

Das aus 10 eisernen Münzstempeln und einer Bronzepatrize bestehende Depot wurde im Juli 2000 entdeckt. Vom Fundplatz gibt es weder Münzen noch Hinweise auf eine Werkstatt. Der Fund lag konzentriert unterhalb eines Baumstammes in einer Tiefe von 15 cm. Trotz unterschiedlicher Erhaltung lassen sich noch eine Reihe von Bildmotiven identifizieren, so dass die einzelnen Vorder- und Rückseitenstempel eine Zuweisung erlauben, welche goldenen Re-

genbogenschüsselchen und silbernen Büschelquinaren damit hergestellt wurden. Die Gewichte der Rückseitenstempel liegen zwischen 200 und 275 g, das Gewicht des großen Gesenks beträgt 521 g, die beiden kleinen Eisenblöcke wiegen 123 bzw. 54 g. Sicher identifizierbar sind folgende Vorderseitenmotive: Rolltier mit Rückenborsten, Vogelkopf mit Schnabel zwischen zwei Kugeln, Vogelkopf mit sog. Spange, Blattkranz. Rückseitenmotive: Torques mit drei und mit sechs pyramidal angeordneten Kugeln (vgl. Kellner 1990, Typenübersicht 1 f. Typ I A, II A, II C, IV u. Typenübersicht 5 Büschelquinar Gruppe A). Auch das Vorderseitenmotiv für einen Büschelquinar ist bezeugt. Entsprechende Belegstücke, die mit diesen Stempeln gefertigt wurden, liegen von verschiedenen Fundorten aus Bayern vor. Die in der Ausstellung gezeigten Exemplare fanden sich in Manching, der Ammerseeregion und Fundorten in Oberbayern (= Archäologische Staatssammlung München u. Sammlung A. Bisswang, Neu-Ulm).

Lit.: unpubl. – der gesamte Fund von Niederaltheim wird zusammen mit weiteren Stempeln und Münzwerkzeugen aus Kleinsorheim (Schwaben) an anderer Stelle ausführlich publiziert. [B.Z.]

191 Feinwaage mit Münzen *(o. Abb.)*

Manching, Lkr. Pfaffenhofen a. d. Ilm.
2.–1. Jh. v. Chr.
Archäologische Staatssammlung München Inv. 1962, 305 (Waagbalken); Inv. 1956, 785 d (MK-K 8) u. Inv. 1974, 1293 (MK-K 107) (Münzen).

Idealrekonstruktion einer Balkenwaage aus antiken (Waagbalken) und modernen (Schälchen, Drähte) Bestandteilen, welche zum Justieren von kleinen Objekten wie z. B. Münzen Verwendung finden konnte.

Lit.: Das Keltische Jahrtausend. Ausstellungskat. Prähist. Staatsslg. München 23 (Mainz 1993) 294, Nr. 147b. – zu den Münzen vgl. Kellner 1990, 51, Nr. 49 f. [B.Z.]

Antike und moderne Fälschungen (Kat. 192–196)

192 Keltisches Regenbogenschüsselchen mit drei Halbmonden *(o. Abb.)*

Huglfing, Lkr. Weilheim-Schongau.
2.–1. Jh. v. Chr.
Gew. 4,43 g (gefüttert mit einem Bronzekern).
Archäologische Staatssammlung München Inv. 1994, 4558 (MK-K 1536).

Münzstätte: in Südbayern. Vs. Konvex glatt. – Rs. Konkav mit drei kleinen Halbmonden, mit Abplatzungen am Rand, wodurch der Kupferkern sichtbar wird.

Lit.: unpubl. [B.Z.]

193 Vergoldeter Semis des Nero (54–68) *(o. Abb.)*

Burghöfe, Lkr. Mertingen.
Geprägt nach 64 n. Chr.
Gew. 3,008 g.
Archäologische Staatssammlung München o. Inv. [Burghöfe Nr. 171].

Aus einer antiken Fälscherwerkstatt. Vs. NERO CAES AVG IMP. – Rs. PM TRP PP, thronende Roma auf Cürass, im l. oberen Feld der Buchstabe S, im Abschnitt SC.
Es handelt sich um eine Kleinbronzemünze aus der Münzstätte Rom, die man nachträglich vergoldet hatte.

Lit.: unpubl. – zum Münztyp vgl. C. H. V. Sutherland/ R. A. G. Carson, The Roman Imperial Coinage I² (London 1984) No. 221. [B.Z.]

194 Solidus des Theodosius I. (379–395) *(o. Abb.)*

Unterigling Grab 69, Gde. Igling, Lkr. Landsberg a. Lech.
Gew. 4,059 g (gefüttert mit einem Bronzekern).
Archäologische Staatssammlung München Inv. 1986, 6607 (MK-R 1371).

Münzstätte: Trier (Vorbild). Vs. DN THEODOSIVS PF AVG. – Rs. VICTORIA AVGG zwei Kaiser halten einen Globus, darüber Victoria mit ausgebreiteten Schwingen, darunter ein Palmzweig, im Abschnitt: TROBS.
    Als Münzanhänger gebraucht, Öse ausgerissen.

Lit.: unpubl. – zum Münztyp vgl. J. W. E. Pearce, The Roman Imperial Coinage IX (London Reprint 1988) No. 50 var. [B.Z.]

195 Merowingischer Triens nach Iustinianus I. oder Iustinus II. *(o. Abb.)*

Lorenzberg Grab 35, Gde. Epfach,
Lkr. Landsberg a. Lech.
Geprägt 2. Hälfte 6. Jh.
Gew. 1,30 g (gefüttert).
Archäologische Staatssammlung München
Inv. 1954, 61.

Münzstätte: linksrheinisch. Vs. I VAIVNI. – Rs.
VNIVIDIVTИV OƧИD, Victoria mit Schleifen-
kranz u. Globus, r. Feld Stern, im Abschnitt:
NON.

Lit.: H.-J. Kellner, Die Münzen. In: J. Werner, Der
Lorenzberg bei Epfach Bd. 2. Münchner Beitr. Vor- u.
Frühgesch. 8 (Munchen 1969) 212–214. [B.Z.]

196 Fälschungen nach antiken Vorbildern aus einem Schatzfund *(o. Abb.)*

»Sontheim«, Lkr. Unterallgäu.
Archäologische Staatssammlung München
o. Inv. (VR 3, 5, 7, 10, 11).

Im gleichen Jahr der Entdeckung des keltischen
Münzschatzfundes von Sontheim *(vgl. Kat.
174)* wurden fast drei Dutzend gefälschter Regenbogenschüsselchen in den Münzhandel ein-
geschleust. Eine Identifizierung der Fälschungen war aufgrund einer Abweichung in den
Gewichten und Feingehalten möglich. Zudem
hatte man die Stücke gegossen und nicht – wie
in der Antike – mit Münzstempeln geprägt.
Mehrere Stücke stammen aus derselben Gussform. Gezeigt wird eine Auswahl der modernen
Fälschungen.

Lit.: H. Dannheimer, Fundgeschichte. In: B. Ziegaus,
Der Münzfund von Sontheim. Ein Schatz keltischer
Goldmünzen aus dem Unterallgäu. Ausstellungskat.
Prähist. Staatsslg. München 24 (München 1993) 11–18,
Taf. 17 f. [B.Z.]

197 Regenbogenschüsselchen aus einem Erbschaftsvertrag *(Abb. 115)*

Umgebung Weißenhorn, Lkr. Neu-Ulm.
2.–1. Jh. v.Chr.
Gew. 7,466 g (Münze); dazu Unterlagszettel.
Franziskanerinnenkloster Hl. Kreuz Mindelheim.

Münzstätte: in Südbayern. Vs. konvex Vogelkopf r. im Blattkranz. – Rs. konkav Torques mit
sechs pyramidal angeordneten Kugeln.
Die Münze war in ein Stück Papier eingewickelt
und fand sich im Frühjahr 2001 bei der Durchsicht der Archivschubladen des Klosters unter
der Rubrik »Reliquien, Seligsprechungen etc.«.
Der Zettel trägt den handschriftlichen Vermerk:
»Anno 1653. den 3. december haben wür
das Regenbogen Schissele geörbt, von unser
Schwester Ludovica Muettern selb:[iges]. Gott
vergelte.«
Es handelt sich um eine der frühesten Er-
wähnungen des Begriffs »Regenbogenschüsselchen«. Mit dem Eintritt von Ludovica Seitz

(1611–1670) in das Kloster ging das Stück in den
Besitz der Kirche über.

Lit.: zum Münztyp vgl. das stempelgleiche Stück aus
dem Fund von Irsching in: Kellner 1990, Taf. 46, 1677.
– für Auskünfte und Recherchen sei Herrn Chr. Schedler M.A., Mus. Mindelheim, herzlich gedankt. [B.Z.]

198 Kaiserbüste

Fundort unbekannt.
Spätes 3./Anfang 4. Jh. n.Chr.
H. 13,2 cm; B. max. 12,6 cm; Gew. 147,78 g.
Privatbesitz.

Die Büste ist in einem Stück aus dünnem Goldblech getrieben, das teilweise nur eine Stärke
von 0,1 mm aufweist. Von der Montage auf
einem nicht mehr erhaltenen Träger (Holz?)
zeugen vier Nagellöcher am unteren Büsten-
rand.
Der Dargestellte ist durch das Tragen des
Feldherrenmantels *(paludamentum)* mit pen-
diliengeschmückter Rundfibel, aber auch durch
die Verwendung des kostbaren Materials Gold
für die Herstellung des Bildwerkes als Angehö-
riger des Kaiserhauses ausgewiesen. Trotz des
beabsichtigten Porträtcharakters fällt die Identifizierung mit einem bestimmten Herrscher
aufgrund der maskenhaft-starren Gestaltung
der Gesichtszüge nicht leicht. Die kurz gescho-
rene Haartracht ist kennzeichnend für die sog.
Soldatenkaiser seit Maximinus Thrax (235–238
n.Chr.) bis zu den Tetrarchen (293–311 n.Chr.)
und den Mitgliedern der anschließenden Herr-
scherkollegien (311–324 n.Chr.). In diese Zeitspanne fügt sich auch gut die vorliegende Darstellungsweise der Augen mit den entrückt
noch oben gerichteten Pupillen.
Eigentümlich ist der eng anliegende, gewellt-
strähnige Bart, der das Kinn freilässt und im
Oberlippenbereich nur angedeutet erscheint.
Dieses Merkmal findet sich im genannten Zeitraum auf Bildnissen der Kaiser Tacitus (275–
276 n.Chr.) und Licinius I (308–324 n.Chr.).
Der Gesamtduktus des Porträts mit seinen bereits spätantik-schematisiert wirkenden Zügen
dürfte dabei eher auf Licinius I hinweisen.
Die überlieferten Bildwerke römischer Kaiser aus Edelmetall, die in einiger Zahl in Form
meist kleiner Porträtbüsten vorliegen – davon
nur fünf Exemplare aus Gold –, zeigen in ihrer
künstlerischen Ausführung eine breite Quali-
tätsspanne. Darunter fehlen bisher allerdings
Stücke, denen man den Rang offizieller »Hof-
kunst« beimessen möchte. Es scheint sich vielmehr um Produkte von Goldschmiedewerk-
stätten zu handeln, die für einen lokalen Markt
arbeiteten. Man hat den Eindruck, dass dabei
dem Wert des gewählten Werkstoffes größere
Bedeutung beigemessen wurde als der kunsthandwerklichen Umsetzung.
Die Funktion derartiger *imagines* ist umstritten und wahrscheinlich nicht auf einen Ver-
wendungsbereich beschränkt. Im militärischen
Bereich sind Kaiserbildnisse an den Standarten
der Truppenabteilungen bezeugt, die zweifellos
aus Edelmetall gefertigt waren. Mit wenigen

Ausnahmen verfügten die Einheiten eigens über
spezielle Träger *(imaginiferi)* für das Kaiserbild.
Außerhalb des militärischen Umfeldes dürfte
die *imago* des regierenden Herrschers aus Edelmetall im reichsweit praktizierten Kaiserkult
eine Rolle als Objekt der Verehrung gespielt
haben. Der Überlieferung zufolge wurden bereits zu Anfang des 2. Jahrhunderts die Christen
gezwungen, vor dem Bildnis des Kaisers Opfer
darzubringen (Plinius, Epistulae 10, 96, 5 f.).
Man wird vermuten dürfen, dass es sich dabei
um Darstellungen der vorliegenden Art gehandelt hat.

Lit.: unpubl. – vgl. E. Künzl, Zwei silberne Tetrar-
chenporträts im RGZM und die römischen Kaiserbildnisse aus Gold und Silber. Jahrb. RGZM 30, 1983,
381–402. [B.S.]

199 Die »letzte Goldmark« *(Abb. 90)*

Prägestätte D = München, Auflage je 200 000
in fünf Münzstätten.
Dm. 2,35 cm; Gew. 12 g.
Privatbesitz.

Kurz nach der Gründung des Deutschen Kaiserreiches wurde 1871 die erste Goldmark geprägt.
130 Jahre später folgte, nach einer Prägepause
seit 1915, die vorläufig »letzte Goldmark«. Anlass war der Abschied von der D-Mark bei der
Umstellung auf den Euro. Der Münze wurde
weitgehend die Gestalt der 1 DM Kursmünze
gegeben, die Umschrift lautet in Abweichung zu
dieser DEUTSCHE BUNDESBANK. Für die Prägung der Münze wurde eigens ein Sondergesetz
erlassen. Die Begehrlichkeit nach der Münze –
sie war bereits wenige Tage nach der Erstaus-
gabe am 26. Juli vergriffen – war sicher auch
durch das Material Gold bestimmt. Ein Teil des
Erlöses aus dem Verkauf der Münze wird für die
Sanierung der Berliner Museumsinsel verwendet werden. [R.G.]

Kürzel der Katalog-Autoren

B.C.	Brigitte Cech, Wien
H.D.	Heimo Dolenz, Landesmuseum für Kärnten, Ausgrabungen Magdalensberg
W.F.	Walter Fasnacht, Schweizerisches Landesmuseum, Zürich
M.F.	Manuela Fischer, Ethnologisches Museum – Staatl. Museen zu Berlin
R.G.	Rupert Gebhard, Archäologische Staatssammlung München
G.G.	Gabriele Graenert, Service archéologique cantonal Fribourg
A.G.	Alfred Grimm, Staatliches Museum Ägyptischer Kunst München
B.H.-G.	Brigitte Haas-Gebhard, Archäologische Staatssammlung München
R.H.	Robert Heckert, Marburg
L.K.	Ludwig Kreiner, Kreisarchäologie Dingolfing-Landau
D.K.	Doris Kurella, Staatliches Museum für Völkerkunde, Linden-Museum Stuttgart
G.L.	Gerhard Lehrberger, Lehrstuhl für Allgemeine, Angewandte und Ingenieur-Geologie, Technische Universität München
W.M.	Wilfried Menghin, Museum für Vor- u. Frühgeschichte – Staatl. Museen zu Berlin
F.M.	Felix Müller, Bernisches Historisches Museum
S.v.O.	Sigrid von Osten, Wien
H.S.	Helmut Schindler, Staatliches Museum für Völkerkunde München
L.S.	Lorenz Seelig, Bayerisches Nationalmuseum München
U.S.	Ute Steffgen, Koblenz
B.S.	Bernd Steidl, Archäologische Staatssammlung München
L.T.	Ludger Tekampe, Historisches Museum der Pfalz Speyer
L.W.	Ludwig Wamser, Archäologische Staatssammlung München
B.W.	Barbara Wührer, Archäologische Staatssammlung München
G.Z.	Gisela Zahlhaas, Archäologische Staatssammlung München
B.Z.	Bernward Ziegaus, Archäologische Staatssammlung München

Literaturverzeichnis

Für Zitierweise und Zeitschriftenabkürzungen gelten die Richtlinien der Römisch-Germanischen Kommission Frankfurt a. Main in der derzeit gültigen Version Ber. RGK 71, 1990, 973–998 u. 73, 1992, 477–540.

Abels/Overbeck 1982
B.-U. Abels/B. Overbeck, Ein Schatzfund keltischer Münzen aus Neuses, Gemeinde Eggolsheim, Landkreis Forchheim, Oberfranken. Arch. Jahr Bayern 1981 (1982) 126.

Adams et al. 1999
M. Adams /M. Johns/D. Dew, Recovery of Gold from Ores and Environmental Aspects. In: H. Schmidbaur (Hrsg.), Gold: Progress in Chemistry, Biochemistry and Technology (Chichester 1999) 65–104.

Agricola 1556 [1994]
G. Agricola, De re metallica (Basel 1556; Ausgabe G. Agricola, Vom Berg- und Hüttenwesen. Reprint 1994 der 3. Auflage des VDI-Verlags Düsseldorf 1961).

Albarracin-Jordan 1992
J. Albarracin-Jordan, Orfebrería del Formativo. In: José Antonio de Lavalle (ed.), Oro del antiguo Peru (Lima 1992) 17–118.

Albarracin-Jordan 1999 a
J. Albarracin-Jordan, The Archaeology of Tiwanaku. The Myths, History and Science of an Ancient Andean Civilization (La Paz 1999).

Albarracin-Jordan 1999 b
J. Albarracin-Jordan, Sipán. Descubrimiento e Investigación (Lima 1999).

Allen III 1995
D. F. Allen/M. Mays, Catalogue of the Celtic Coins in the British Museum. Vol. III: Bronze Coins of Gaul (London 1995).

Alva 1993
W. Alva/Ch. B. Donnan, Royal Tombs of Sipán (Los Angeles 1993).

Amiet 1977
P. Amiet, Die Kunst des Alten Orient (Freiburg, Basel, Wien 1977).

Bachmann 1999
H.-G. Bachmann, Gold for coinage: history and metallurgy. In: H. Schmidbaur (Hrsg.), Gold: Progress in Chemistry, Biochemistry and Technology (Chichester 1999) 3–37.

Bahrfeldt 1923
M. v. Bahrfeldt, Die römische Goldprägung während der Republik und unter Augustus (Halle 1923).

Barks 1960
C. Barks, The Carl Barks Library of Donald Duck in Color. Donald Duck 71 (Western Publishing, o.O. 1960).

Baudouin 2000
B. Baudouin, Die Inkas. Geschichte, Kultur, Spiritualität (Freiburg 2000).

Bauer 1988
A. Bauer, Chemie und Alchemie in Österreich bis zum beginnenden 19. Jahrhundert (Wien 1988).

Bauer 1999
B. Bauer, The Early Ceramics of the Inca Heartland. Fieldiana Anthropology N. S. 31, 1999.

Baumann/Grosse 1961
G. Baumann/S. Grosse (Hrsg.), E. Mörike, Sämtliche Werke. Brief. Bd. 1 (1961²) 621 ff. u. 625 f.

Beck 1903
M. Beck, Die Regenbogenschüsselchen, die ältesten Münzen des Abendlandes. Thüringer Hausfreund 21, 1903, 164–166.

Berbeleac 1985
I. Berbeleac, Zacaminte de Aur (Bucuresti 1985).

Beyschlag et al. 1912
F. Beyschlag/P. Krusch/J.Vogt, Die Lagerstätten der Nutzbaren Mineralien und Gesteine. 2. Bd., 1. Hälfte (Stuttgart 1912).

Biringuccio 1540 [1977]
V. Biringuccio, De la Pirotechnia Libri X. (Venedig 1540; Nachdruck Mailand 1977).

Boehringer 1991
Chr. Boehringer, Ein Goldmünzchen süddeutscher Kelten aus Sizilien. In: H.-C. Noeske/H. Schubert (Hrsg.), Die Münze. Bild-Botschaft-Bedeutung. Festschr. Maria R.- Alföldi (Frankfurt a. M., Bern, New York, Paris 1991) 51–64.

Bollinger/Aichinger 1972
M. Bollinger/H. Aichinger, Der Regenbogen. Eine uralte Geschichte (Zürich, München 1972).

Bonn 2000
Gold aus dem Alten Peru. Die Königsgräber von Sipán. Ausstellungskatalog (Bonn 2000).

Boyer 1959
C. B. Boyer, The rainbow, from myth to mathematics (New York, London 1959).

Brandt 1997
B. Brandt, Regenbogenschüsselchen. Münzen Revue 10, 1997, 32–35.

Brandt 2001
B. Brandt, Der Schatzfund von Teisendorf – Vergleichende Studien zu spätkeltischen Büschelquinaren. Ausstellungskat. Arch. Staatssammlung 32 (München 2001; im Druck). Fort-

setzung der »Ausstellungskataloge der Prähistorischen Staatssammlung«.

Braun 1932
J. Braun, Das christliche Altargerät in seinem
Sein und in seiner Entwicklung (München 1932).

Braunfels 1950
W. Braunfels, Nimbus und Goldgrund. Das
Münster 3, 1950, 321–334; wieder abgedruckt
in: W. Braunfels, Nimbus und Goldgrund. Wege
zur Kunstgeschichte, 1949–1975 (Mittenwald
1979) 9–27.

Bray 1991
W. Bray, Die Metallarbeit im prähispanischen
Peru. In: S. Purin (Hrsg.), Inka – Peru: indiani-
sche Hochkulturen durch drei Jahrtausende,
Bd. 1. Kat. oberösterreichisches Landesmus.
Linz (1991) 274–297.

Buntz 1986
H. Buntz, Alchemie und Aufklärung. In: Ch.
Meinel (Hrsg.), Die Alchemie in der europä-
ischen Kultur- und Wissenschaftsgeschichte.
(Wiesbaden 1986) 333.

Burger/Gordon 1998
R. Burger /R. Gordon, Early Central Andean
Metalworking from Mina Perdida, Peru. Scien-
ce 282, 1998, 1108–1111.

Castelin 1980
K. Castelin, Vindelikisches Gold bei Vercelli
(Oberitalien). Ein ungelöstes Rätsel der keltischen Numismatik in Oberitalien. Money Trend
2, 1980, 14–16.

Castelin 1985
K. Castelin, Keltische Münzen – Katalog der
Sammlung des Schweizerischen Landesmu-
seums Zürich (Stäfa o.J.) (1976 u. 1985).

Cauuet 1999 a
B. Cauuet, Keltischer Goldbergbau im Limousin
(Frankreich). Der Anschnitt 2/3, 1999, 58–71.

Cauuet 1999 b
B. Cauuet, L'exploitation de l'or en Gaule à l'âge
du Fer. In: B. Cauuet (Hrsg.), L'or dans l'anti-
quité de la mine à l'objet. Aquitania Suppl. 9,
1999, 31–70.

Cech 1996
B. Cech, Montanarchäologie. Edelmetallbergbau des 16. Jahrhunderts im Gasteiner Tal. His-
toricum 49, 1996, 27–33.

Cech 2000
B. Cech, Gold and silver production in the 15th
and 16th century based on the results of archaeological excavations in the Gasteiner Tal,
Austria. In: M. Feugère/M. Gustin (Hrsg.), Iron,
Blacksmiths and Tools. Ancient European
crafts. Acts of the Instrumentum Conference at
Podsreda (Slovenia) in April 1999. Instrumentum Monogr. 12 (Montagnac 2000) 21–33.

Cech/Paar 1997
B. Cech/W. Paar, Archäologische und geolo-
gisch-lagerstättenkundliche Untersuchungen in
einem Edelmetallbergbau des 16. Jhs. im Gasteiner Tal, Salzburg. Proc. of the 12th Internat.
Symposium of Speleology. Symposium 3: Speleology and Mines (La-Chaux-de-Fonds 1997)
209–212.

Cech/Walach 1999
B. Cech/G. Walach, Die spätmittelalterlich/
frühneuzeitliche Edelmetallverhüttung im
Angertal, Bad Hofgastein – Eine Studie zur
systematischen Erforschung alpiner Montan-
landschaften. Arch. Austriaca 82–83, 1999,
479–492.

Cech/Walach 2000
B. Cech /G. Walach, Interdisciplinary research
on a miners' smithy of the 16th century in Gastein, Salzburg, Austria. Methods and results. Il
Ferro nelle Alpi. Atti del Covegno (Bienno 2000)
114–123.

Christ 1960
K. Christ, Antike Münzfunde Südwestdeutsch-
lands. Vestigia. Beiträge zur Alten Geschichte.
Bd. 3/I (Heidelberg 1960) 45 u. 70.

Claude 1973
D. Claude, Beiträge zur Geschichte der frühmittelalterlichen Königsschätze. In: Early Me-
dieval Stud. 7 = Antikvariskt arkiv 54 (Stock-
holm 1973).

Claussen 1978
P. C. Claussen, Goldschmiede des Mittelalters.
Zeitschr. dt. Ver. für Kunstwissenschaft 32, 1978,
46–86.

Colwell et al. 1998
M. R. Colwell/K. Hyme/N. D. Meeks/P. T. Craddock, Analyses of the Lydian electrum, gold
and silver coinages. In: W. A. Oddy/ M. R. Cowell (Edd.), Metallurgy in Numismatics Vol. 4.
Royal Numismatic Society SP No. 30. (London
1998) 526–538.

Crawford 1974
M. H. Crawford, Roman Republican Coinage
(Cambridge 1974) 144 Nr. 28/5, Pl. IV.

Das Keltische Jahrtausend
H. Dannheimer/R. Gebhard (Hrsg.), Das Kelti-
sche Jahrtausend. Ausstellungkat. Prähist.
Staatssammlung 23 (Mainz 1993).

Demortier/Ruvalcaba-Sil 2000
G. Demortier /J. Ruvalcaba-Sil, Depth profiling
of the gilding on Mesoamerican jewellery items.
In: G. Demortier/A. Adriaens (ed.), Ion beam
study of art and archaelogical objects. A con-
tribution by members of the COST G1 Action.
EUR 19218. European commission 2000.

Denecke 1971
B. Denecke, Hochzeit (München 1971).

Dethlefs 1988
G. Dethlefs, Eine keltische Goldmünze aus dem
Schatzfund von Gaggers (1751). Jahrb. Num. u.
Geldgesch. 37/38, 1987/88, 9 f.

Doederlein 1739
J. A. Doederlein, Dissertatio epistularis...de-
generatione patellarum...Iridis...ad Lucam
Schroeckium, und Dissertatio epistularis, qua in
patellarum ut dicuntur Iridis...veros auctores
meteriam variasque formas ac figuras...inqui-
rit...ad Guolfg. Georgium Welckium, Suobaci
1739.

Donnan/McClelland 1999
Chr. Donnan/D. McClelland, Moche Fineline
Painting. Its Evolution and Its Artists. Fowler
Mus. of Cultural Hist. Univ. of California (Los
Angeles 1999).

Dunareanu-Vulpe 1967
E. Dunareanu-Vulpe, Der Schatz von Pietroasa
(Bukarest 1967).

Dürr 1996
E. Dürr, Oro del Perú. Schätze aus dem Land der
Inka. Kat. Böblingen (1996).

Egger 1991
M. Egger, Der keltische Schatzfund aus dem
Ammerseegebiet – Verbindungen zu Italien? In:
H. Dannheimer (Hrsg.), Spurensuche. Festschr.
Hans-Jörg Kellner zum 70. Geburtstag. Kat. der
Prähistorischen Staatssammlung, Beih. 3 (Kall-
münz 1991) 105–120.

Egger/Fischer/Kreiner 1989
M. Egger/Th. Fischer/L. Kreiner, Der keltische
Münzschatz von Wallersdorf, Landkreis Din-
golfing-Landau. Arch. Jahr Bayern 1988, 87–89.

Ehrismann 1975
O. Ehrismann, Das Nibelungenlied in Deutschland (München 1975).

Elbern 1963
V. H. Elbern, Der eucharistische Kelch im frühen Mittelalter. Zeitschr. dt. Ver. Kunstwiss. 27,
1963, 1 ff.

El Dorado 1994
El Dorado, Das Gold der Fürstengräber. Ausstellungskatalog München (1994).

Ercker 1574
L. Ercker, Beschreibung Allerfürnemisten Mineralischen Ertzt unnd Bergkwercks arten (Prag
1574).

Ernst 1959
W. Ernst, Josef Victor von Scheffel. Ingolstädter Heimatbl. 22, 1959, 37–39.

Fecht 2000
M. Fecht et al., Betrachtungen zur Herstellungstechnik der Metallfunde aus dem Fürstengrab
von Sipán. In: Bonn 2000.

Federmann 1964
R. Federmann, Die Königliche Kunst ... (Wien 1964) 3; 285 f.

Fischer 1920
H. Fischer, Schwäbisches Wörterbuch. Bd. 5 (Tübingen 1920) 238.

Fischer 1988
Th. Fischer, Der Fund von Hohenfels. Ein neuer keltischer Goldschatz aus Bayern. Charivari. Kunst, Kultur und Leben in Bayern H. 11 (November) 14, 1988, 16–20.

Fladt 1747
Ph. Fladt, Beschreibung einer alten heydnisch = allemannisch = goldenen Münze, oder Gattung eines sogenannten Regenbogenschüßelchen, so am Ufer des Rheins 1746 bey Oppenheim gefunden worden (Heidelberg 1747).

Forrer 1908
R. Forrer. Keltische Numismatik der Rhein- und Donaulande Band I (Straßburg 1908, ND Graz 1968). Bd. II: Bibliographische Nachträge und Ergänzungen, bearb. v. D. F. Allen, K. Castelin, J.-B. Colbert de Beaulieu, G. K. Jenkins, H.-J. Kellner, J. Winkler (Graz 1969).

Friedländer 1930
M. J. Friedländer, Die altniederländische Malerei, Bd. 8 (Berlin 1930) 33 u. 97 Nr. 48.

Friese 1592
T. Friese, Münzspiegel. Bd. I (Frankfurt a. Main 1592) Cap. 22 (zitiert nach Voigt 1771a, 71 f.).

Fuchs 1996
F. Fuchs, Das Gold in der Kulturgeschichte und in der Kunst. Schriftenr. Bergbau- u. Industriemuseum Ostbayern 34, 1996, 157–187.

Galcenco/Velciov 1992
V. Galcenco /G. Velciov, Alluvial gold in the middle flow of the Mureş, Strei and Crişul Alb rivers. Romanian Journal of Mineralogy Vol. 75, Suppl. 1, 1992, 10–11.

Gerloff 1995
S. Gerloff, Bronzezeitliche Goldblechkronen aus Westeuropa. Betrachtungen zur Funktion der Goldblechkegel vom Typ Schifferstadt und der atlantischen »Goldschalen« der Form Devil's Bit und Axtroki. In: A. Jockenhövel (Hrsg.), Festschr. Hermann Müller-Karpe zum 70. Geburtstag (1995) 153–194.

Gilles 1996
K.-J. Gilles, Das Münzkabinett im Rheinischen Landesmuseum Trier (Trier 1996).

Gnädinger 1975
L. Gnädinger, 6000 Jahre Goldbergbau. In: Das Buch vom Gold (Luzern, Frankfurt 1975) 10–47.

Goethe 1817
J. W. von Goethe, Münzkunde der deutschen Mittelzeit (1817). In: W. Frhr. von Löhneysen (Hrsg.), J. W. Goethe, Schriften zur Kunst II (Stuttgart 1962 = Gesamtausgabe der Werke und Schriften in 22 Bänden, Bd. 17) 14–16. – Vgl. auch E. Beutler (Hrsg.), J. W. Goethe, Gedenkausgabe der Werke, Briefe und Gespräche. Bd. 11: Die Italienische Reise. Die Annalen (Zürich 1950) 890 f.

Grasser 1980
W. Grasser, Bayerische Münzen (Rosenheim 1980).

Griffin/Shimada 1997
J. Griffin /I. Shimada, Goldbearbeitung im vorspanischen Amerika. In: Rickenbach 1997, 91–103.

Grinzinger 1956
M. Grinzinger, Das anno 1616 verschwundene Regenbogenschüsselchen. Eine köstliche Geschichte um ein keltisches Goldstück; aus dem Briefprotokollbuch der Stadt Ingolstadt. Ingolstädter Heimatblätter 19, 1956, 32.

Gropengießer 1978
E. Gropengießer, »Altes Heidengold«. Keltische Goldmünzen der Archäologischen Sammlungen im Reiss-Museum. Mannheimer Hefte 2, 1978, 120– 129.

Gröschel 1999
C. Gröschel, Die goldenen Äpfel. Zitrusfrüchte zwischen antikem Mythos, Herrschaftssymbol und bildender Kunst. In: Der Süden im Norden. Orangerien – ein fürstliches Vergnügen (Regensburg 1999) 6–13.

Grün 1996
E. Grün, Die Entdeckung von Peru 1526 – 1712 (Stuttgart 1996).

Grunewald et al. 2001
W. Grunewald /H.-G. Fröber/S. Kreher, Goldvorkommen in Ostthüringen und im Vogtland. In: G. Lehrberger/W. Völcker-Janssen, Gold in Deutschland. Museumsh. Waldeck-Frankenberg (im Druck, 2001).

Guggisberg 1997
M. Guggisberg, Drei »Goldbarren« im Schatz von Erstfeld. Jahrb. SGUF 80, 1997, 131–146.

Guggisberg 2000
M. Guggisberg, Der Goldschatz von Erstfeld. Antiqua 32 (Basel 2000).

Günther/Paar 2000
W. Günther/W. Paar, Schatzkammer Hohe Tauern. 2000 Jahre Goldbergbau (Salzburg, München 2000).

Haertle 1993
C. M. Haertle, Die Münzen und Medaillen des Stiftes und der Stadt Kempten (Kempten 1993).

Hainhofer 1896
Ph. Hainhofer, Beziehungen zum Herzog Philipp II. von Pommern-Stettin, Correspondenzen aus den Jahren 1610–1619. Quellenschr. für Kunstgesch. und Kunsttechnik des Mittelalters und der Neuzeit. N.F. Bd. 6 (Wien 1896) 25.

Hallo 1926
R. Hallo, Vom Goldmacher Grafen Cajetan. Hessische Blätter für Volkskunde XXV,1926, 181 f.

Hampel 1905
J. Hampel, Die Alterthümer des frühen Mittelalters in Ungarn I–III (Braunschweig 1905).

Hansmann/Kriss-Rettenbeck 1977
L. Hansmann/L. Kriss-Rettenbeck, Amulett und Talisman. Erscheinungsform und Geschichte (München 1977) Reg. 412–444.

Härd 1996
J. E. Härd, Das Nibelungenepos. Wertung und Wirkung von der Romantik bis zur Gegenwart (Tübingen, Basel 1996).

Hardt 1998
M. Hardt, Royal Treasures and Representation in the Early Middle Ages. In: W. Pohl/H. Reimitz (Hrsg.), Strategies of Distinction. The Construction of Ethnic Communities, 300–800 (Leiden, Boston, Köln 1998) 255–280.

Haselberghe 1972
G. H. Haselberghe, The Cult of Sol Invictus (Leiden 1972).

Hedler 1730
J. C. Hedler, Diatribe de nummis scyphtis Nordmannorum, quos vulgo Regenbogenschüsslein appellant (Berlin 1730) 4.

Helke 1938
A. Helke, Die jungvulkanischen Gold-Silber-Erzlagerstätten des Karpathenbogens. Archiv f. Lagerstättenforschung 66 (Berlin 1938).

Henkel/Schöne 1967
A. Henkel /A. Schöne (Hrsg.), Emblemata. Handbuch zur Sinnbildkunst des XVI. und XVII. Jahrhunderts (Stuttgart 1967).

Hertlein 1904
F. Hertlein, Die geschichtliche Bedeutung der in Württemberg gefundenen keltischen Münzen. Fundber. Schwaben 7, 1904, 60–107.

Heß et al. 1982
W. Heß/H. Küthmann/B. Overbeck/I. Szeiklies-Weber (Bearb.), vom Königlichen Cabinet zur Staatssammlung 1807–1882. Ausstellungskatalog Staatl. Münzsammlung München 1982/83 (München 1982) 12, 21 ff., 28 f., 83 f., 131 ff., 207.

Heusler 1921
A. Heusler, Nibelungensage und Nibelungenlied. Die Stoffgeschichte des deutschen Heldenepos (Dortmund 1921).

Hildebrandt 1998/99
H. J. Hildebrandt, Das latènezeitliche Münzsystem im mittleren Europa, Teil 3 u. 4. Jahrb. Num. Geldgesch. 48/49, 1998/99 (2001) 7–28.

Hoffmann 1985
K. Hoffmann, Johann Friedrich Böttger. Vom Alchemistengold zum weißen Porzellan (Berlin 1985).

Homann 1989
W. Homann, Die sedimentären Goldvorkommen im Variszischen Gebirge. Teil 1: Zur Verbreitung und Herkunft des Seifengoldes im Nordteil des Ostrheinischen Schiefergebirges. Dortmunder Beitr. Landeskde., naturwiss. Mitt., 23, 1989, 49–92.

Horn 1981
H.-J. Horn, Gold. In: Reallexikon für Antike und Christentum 11 (Stuttgart 1981) 895–930.

Huber/Huber 1983
S. Huber /P. Huber, Das Goldmuseum in Brad. LAPIS 8, 10, 1983, 31 u. 37.

Isbell/McEwan 1991
W. Isbell/G. McEwan (Hrsg.), Huari Administrative Structure. Prehist. Mon. Architecture and State Government. Dumbarton Oaks Research Library and Collection (Washington D. C. 1991).

Janes 1998
D. Janes, God and Gold in Late Antiquity (Cambridge 1998).

Kappel 1976
I. Kappel, Der Münzfund von Mardorf und andere keltische Münzen aus Nordhessen. Germania 54, 1976, 75–101.

Karo 1930
G. Karo, Die Schachtgräber von Mykenai (München 1930).

Karwiese 1995
S. Karwiese, Die Münzprägung von Ephesos (Wien, Köln, Weimar 1995).

Keller 1777
E. U. Keller, Das Grab des Aberglaubens. Bd. 4 (Frankfurt, Leipzig 1777) 99–104.

Keller 1856
G. Keller, Die Leute von Seldwyla. Erzählungen (Braunschweig 1856).

Kellner 1961
H.-J. Kellner, Die älteste keltische Fundmünze aus dem Oppidum von Manching. Germania 39, 1961, 299–305.

Kellner 1968
H.-J. Kellner, Zur Goldprägung der Helvetier. Die Viertelstatere vom Typ Unterentfelden. In: Provincialia. Festschrift R. Laur-Belart (Basel, Stuttgart 1968) 593 Abb. 1.

Kellner 1984a
H.-J. Kellner, Zwei neue keltische Münzschätze. Arch. Jahr Bayern 1983 (1984) 79–81.

Kellner 1984b
H.-J. Kellner, Keltische Münzen. Ostbairische Grenzmarken, Passauer Jahrbuch 26, 1984, 60–75.

Kellner 1986
H.-J. Kellner, Die Forschungssituation zum Münzwesen. In: K. H. Schmidt (Hrsg.), Geschichte und Kultur der Kelten (Heidelberg 1986) 216–233.

Kellner 1989
H.-J. Kellner, Der keltische Münzschatz von Wallersdorf. Kulturstiftung der Länder (München 1989) 8–16.

Kellner 1990
H.-J. Kellner, Die Münzfunde von Manching und die keltischen Fundmünzen aus Südbayern. Die Ausgrabungen in Manching 12 (Stuttgart 1990).

Kilian-Dirlmeier 1986
I. Kilian-Dirlmeier, Beobachtungen zu den Schachtgräbern von Mykenai und zu den Schmuckbeigaben mykenischer Männergräber. Untersuchungen zur Sozialstruktur in späthelladischer Zeit. Jahrb. RGZM 33, 1986, 159 ff.

Klein 1989
U. Klein, Der keltische Münzschatz von Schönaich und die Geschichte des Fundes (Schönaich 1989).

Kluge 1991
B. Kluge, Deutsche Münzgeschichte. Die Salier (Sigmaringen 1991).

Knésl/Knéslová 1999
J. Knésl /A. Knéslová, The types of gold mineralizations at Slovakia and the possibilities of their utilization. In: M. Háber (Hrsg.), Zlato na Slovensku – Gold in Slovakia. Mineralia Slovaca 31, 3–4, 1999, 171–174.

Korte 2000
F. Korte, Ökologisch-chemische Betrachtungen zu heutigen Goldgewinnungsmethoden. Schriftenr. Bergbau- u. Industriemuseum Ostbayern 36, 2000, 163–171.

Kostial 1997
M. Kostial, Kelten im Osten. Gold und Silber der Kelten in Mittel- und Osteuropa. Sammlung Land. Katalog der Staatl. Münzsammlung München (München 1997).

Kristjánsson 1994
J. Kristjánsson, Eddas und Sagas. Die mittelalterliche Literatur Islands (Hamburg 1994) bes. 25–85.

Kroha 1997
T. Kroha, Großes Lexikon der Numismatik (1997).

Kühn 1982
W. Kühn, Münzen in der Volksmedizin. In: H. Maué/L. Veit (Hrsg.), Brauch und Aberglaube. Germ. Nationalmus. Nürnberg (Nürnberg 1982) 75–80.

Kulick et al. 1997
J. Kulick /S. Meisl/A.-K. Theuerjahr, Die Goldlagerstätte des Eisenberges südwestlich von Korbach. Geol. Abhandl. Hessen 102 (Wiesbaden 1997).

Lavalle 1989
J. de Lavalle (Hrsg.), Lambayeque. Colección Arte y Tesoros del Perú (Lima 1989).

Lavalle 1991
J. de Lavalle (Hrsg.), Chimu. Colección Arte y Tesoros del Perú (Lima 1991).

Lavalle/Lang 1990
J. de Lavalle/W. Lang (Hrsg.), Chancay?. Colección Arte y Tesoros del Perú (Lima 1990).

Lavallée/Lumbreras 1986
D. Lavallée/L. Lumbreras, Die Andenvölker: von den frühen Kulturen bis zu den Inka (München 1986).

Leach 1978
E. Leach, Kultur und Kommunikation. Zur Logik symbolischer Zusammenhänge (Frankfurt 1978).

Lehrberger 1996
G. Lehrberger, Goldlagerstätten und historischer Goldbergbau in Bayern. Schriftenr. Bergbau- u. Industriemuseum Ostbayern 34, 1996, 17–63.

Lehrberger 1997
G. Lehrberger (Hrsg.), Gold in Bayern. Vorkommen am Westrand der Böhmischen Masse. Geologica Bavarica 102 (München 1997).

Lehrberger et al. 1997
G. Lehrberger /J. Fridrich/R. Gebhard/J. Hrala (Hrsg.), Das Prähistorische Gold in Bayern, Böhmen und Mähren. Památky arch. Suppl. 7 (Prag 1997).

Lehrberger/Gebhard 1998
G. Lehrberger/R. Gebhard, Am Ende des Regenbogens. aviso 4, 1998, 38–45.

Lehrberger/Raub/Morteani 1997
G. Lehrberger/Chr. Raub/G. Morteani, Metallkundliche Untersuchungen zur prähistorischen Verarbeitung von Edelmetallen. In : Lehrberger et al. 1997, 70–78.

Le Rider 1996
G. Le Rider, Monnayage et finances de Philipp II. Un état de la question. Meletemata 23 (Athen 1996).

Libavius 1597 [1964]
A. Libavius, Alchemia (Frankfurt a. Main 1597; Ausgabe F. Rex [Hrsg.]), Die Alchemie des Andreas Libavius. Ein Lehrbuch der Chemie aus dem Jahre 1597 (Weinheim 1964).

Loers/Witzmann 1993
V. Loers /P. Witzmann (Hrsg.), Joseph Beuys. documenta-Arbeit. (Stuttgart, Ostfildern 1993).

Loibl 1980
W. Loibl, Wittelsbacher Jagdschlösser um München. Ein Kapitel bayerischer Geschichte vom 15. bis 19. Jahrhundert. Bayerland H. 2 (Februar) 82, 1980, 2–64.

Longhena/Alva 1999
M. Longhena/W. Alva, Die Inka und weitere bedeutende Kulturen des Andenraumes (Erlangen 1999).

Lothrop 1964
S. Lothrop, El Tesoro del Inca. Según visto por los historiadores espanoles (Lima 1964).

Ludwig/Gruber 1987
K.-H. Ludwig /F. Gruber, Gold- und Silberbergbau im Übergang vom Mittelalter zur Neuzeit (Köln, Wien 1987).

Maag 1999
R. Maag, Luzerner Napfgold, Emmengold und Reussgold. In: P. Pfander/V. Jans, Gold in der Schweiz (Thun 1999) 34–45.

Malkmus 1993
W. Malkmus, Addenda to Vermeules catalog of ancient coin dies: Part 5. Journal of the Soc. for Ancient Num. 18, 1993, No. 4, 96–105.

Mannsperger 1981
D. Mannsperger, Münzen und Münzfunde. In: K. Bittel/W. Kimmig/S. Schiek (Hrsg.), Die Kelten in Baden-Württemberg (Stuttgart 1981) 228–245.

Mannsperger 1984
D. Mannsperger, Keltische Münzen aus Baden-Württemberg. In: G. Grasmann/W. Janssen/M. Brandt (Hrsg.), Keltische Numismatik und Archäologie. BAR Internat. Ser. 200 (I) (Oxford 1984) 235.

Märtens 1921
J. Märtens, Die Mythologie bei Mörike (1921) 62 f.

Marzell 1953
H. Marzell, Regenbogenschüsselchen, ein Beitrag zur alten Volksmedizin im bayerischen Franken. Schönere Heimat 42, 1953, 50 u. 59.

Maxwell-Hyslop 1971
K. R. Maxwell-Hyslop, Western Asiatic Jewellery c. 3000–612 B. C. (London 1971).

Mayer 1992
E. Mayer, Zur Nutzung und Bedeutung der Metalle im vorspanischen Andenraum. Beitr. z. Allg. u. Vergleichenden Arch. 12 (Mainz 1992) 303–314.

Menghin 1997
W. Menghin, Der Berliner Goldhut und das Kultgerät der späten Bronzezeit im Museum für Vor- und Frühgeschichte. Jahrb. Preußischer Kulturbesitz 34, 1997, 345–363.

Menghin 1998
W. Menghin (Hrsg.), Eisenzeit. Europa und Eurasien. Museum für Vor- und Frühgeschichte. Saalführer (Berlin 1998) 132.

Menghin 2000
W. Menghin, Der Berliner Goldhut und die goldenen Kalendarien der alteuropäischen Bronzezeit. Acta Praehist. et Arch. 32, 2000, 31–103.

Menghin/Schauer 1977
W. Menghin /P. Schauer, Magisches Gold. Kultgerät der späten Bronzezeit. Germanisches Nationalmuseum Nürnberg. Ausstellungskatalog (Nürnberg 1977).

Meyer 1900
E. H. Meyer, Badisches Volksleben im neunzehnten Jahrhundert (Straßburg 1900) 517.

Moesta/Franke 1995
H. Moesta /P. R. Franke, Antike Metallurgie und Münzprägung (Basel 1995).

Mommsen 1860
Th. Mommsen, Geschichte des Römischen Münzwesens (Berlin 1860 [Neudruck Graz 1956]).

Morávek/Lehrberger 1997
P. Morávek /G. Lehrberger, Die genetische und geotektonische Klassifikation der Goldvererzungen in der Böhmischen Masse. In: Lehrberger 1997, 7–31.

Morteani 1996
G. Morteani, Vom Erz zum Barren – Die Aufbereitung von Golderzen. Schriftenr. Bergbau- u. Industriemuseum Ostbayern 34, 1996, 89–107.

Müller 1995
F. Müller, Gold deposits and the archeological distribution of gold artefacts: A case-study of the La Tène period in the Swiss Midlands. In: G. Morteani/J.P. Northover (Hrsg.), Prehistoric gold in Europe (Dordrecht, Boston, London 1995) 183–198.

Müller/Thiem 1998
H. W. Müller/E. Thiem, Die Schätze der Pharaonen (Augsburg 1998).

Müller/Wildung 1976
H. W. Müller/D. Wildung, Staatliche Sammlung Ägyptischer Kunst. Katalog München 1976? (München 1976).

Müller-Wille 1999
M. Müller-Wille, Opferkulte der Germanen und Slawen. Arch. in Deutschland Sonderh. (Stuttgart 1999).

Münsterer 1957
H. O. Münsterer, Die Münzen in der Volksmedizin. Medizinische Monatszeitschrift 6, 1957, 382–385 und 7, 1957, 454–459.

Musche 1992
B. Musche, Vorderasiatischer Schmuck von den Anfängen bis zur Zeit der Achämeniden (ca. 10 000–330 v. Chr.). Handbuch der Orientalistik (Leiden 1992).

Nagel 1986 a
W. Nagel, Zum Sonnenrad in Vorderasien (Vortrag vor der Deutschen Orient Gesellschaft, Berlin 1986).

Nagel 1986 b
W. Nagel., in: W. Treue (Hrsg.), Achse, Rad und Wagen (1986).

Nestle 1898
W. Nestle, Verzeichnis der in Württemberg gefundenen keltischen Münzen. Fundber. Schwaben 1, 1893, 35–51.

Nibelungenlied 1979
Das Nibelungenlied. Ausstellungskat. Vorarlberger Landesmus. Nr. 86 (Bregenz 1979) 25–39.

Obermayr 1763
J. E. Obermayr, Historische Nachricht in bayerischen Münzen (Leipzig 1763).

v. Osten 1998
S. von Osten, Das Alchemistenlaboratorium Oberstockstall. Ein Fundkomplex des 16. Jahrhunderts aus Niederösterreich. Mit Beiträgen von O. Cichocki, W. Heinrich, E. Kanelutti, Th. Rehren, G. Sperl, O. Thalhammer. Monogr. Frühgesch. u. Mittelalterarch. 6 (Innsbruck 1998).

Overbeck 1980
B. Overbeck, Die Münzen. In: Die Kelten in Mitteleuropa. Kultur. Kunst. Wirtschaft. Salzburger Landesausstellung im Keltenmuseum Hallein (Salzburg 1980) 101–106.

Overbeck 1983
Der Neufund einer keltischen Goldmünze am Dürrnberg bei Hallein, Land Salzburg, Österreich. Germania 61, 1983, 589–592.

Overbeck 1985
B. Overbeck /M. Overbeck, Zur Datierung und Interpretation der spätantiken Goldbarren aus Siebenbürgen anhand eines unpublizierten Fundes von Feldioara. Chiron 15, 1985, 199–210.

Overbeck 1986
B. Overbeck, Neufunde sogenannter »glatter Regenbogenschüsselchen« aus Unterfranken. Mainfränkische Studien 37, 1986, 106–112.

Overbeck 1987
B. Overbeck, Celtic Chronologie in South Germany. In: A. M. Burnett/M. H. Crawford (Hrsg.), The Coinage of the Roman World in the Late Republic. BAR Internat. Ser. 326 (Oxford 1987) 1–12.

Overbeck 1996
B. Overbeck, Keltisches Münzwesen in Altbayern. Jahresber. Stiftung Aventinum H. 9/10 (Abensberg 1996) 5–55.

Paar 1978
W. Paar, Die Uranknollen-Paragenese von Mitterberg (Salzburg, Austria). Neues Jahrb. f. Mineralogie Abh. 131/3, 1978, 254–271.

Paar 2000
W. Paar, Montangeologie des Tauerngoldes. in: Günther/Paar 2000, 301–365.

Paret 1921
O. Paret, Urgeschichte Württembergs (Stuttgart 1921).

Pauli 1975
L. Pauli, Keltischer Volksglaube und Sonderbestattungen am Dürrnberg bei Hallein und im eisenzeitlichen Mitteleuropa. Münchner Beitr. Vor- u. Frühgesch. 28 (München 1975).

Paulsen 1933
R. Paulsen, Die Münzprägungen der Boier mit Berücksichtigung der vorboischen Prägungen (Leipzig, Wien 1933).

Paulus 1854
E. Paulus, Schriften des Württembergischen Altertumsvereins [E. Münzen] Bd. 1, H. 3 (Stuttgart 1854) 23.

Pfander/Jans 1999
P. Pfander /V. Jans (Hrsg.), Gold in der Schweiz (Thun 1999).

Pichler 1865
F. Pichler, Repertorium der steierischen Münzkunde I (Graz 1865) 143.

Plouin 1978
R. Plouin, L'or dans la peinture de la renaissance. In: L'or au temps de la renaissance du mythe à l'économie (Paris 1978) 27–31.

Polenz 1982
H. Polenz, Münzen in latènezeitlichen Gräbern Mitteleuropas in der Zeit zwischen 300 und 50 v. Chr. Geburt. Bayerische Vorgeschbl. 47, 1982, 22–222.

Pörtner 1961
R. Pörtner, Bevor die Römer kamen. Städte und Stätten deutscher Urgeschichte (Düsseldorf, Wien 1961) 358–360.

Price 1991
M. J. Price, The coinage in the name of Alexander the Great and Philip Arrhidaeus (Zürich, London 1991).

Priesner/Figala 1998
C. Priesner/K. Figala, Alchemie. Lexikon einer hermetischen Wissenschaft (München 1998).

Proels o. J.
J. Proels (Hrsg.), J. V. v. Scheffel, Gesammelte Werke in sechs Bänden. Bd. 1 (o. J.) 190 ff.

Raff 1994
Th. Raff, Die Sprache der Materialien. Anleitung zu einer Ikonologie der Werkstoffe (München, Berlin 1994).

Raiser 1841
J. N. von Raiser, Jahresbericht des historischen Vereins im Oberdonau-Kreise für den Regierungsbezirk Schwaben und Neuburg 1839/40 (Augsburg 1841) 107.

Ramage/Craddock 2000
A. Ramage /P. Craddock, King Croesus' Gold. Excavations at Sardis and the History of Gold Refining (London 2000).

Rätsch 1998
Chr. Rätsch, Enzyklopädie der psychoaktiven Pflanzen. Botanik, Ethnopharmakologie und Anwendung (Aarau 1998).

Rauscher 1996
G. Rauscher, Vergoldungsmethoden vorspanischer Indianerkulturen im nordwestlichen Südamerika. Metall 50, 1996 (3).

Reichel-Dolmatoff 1988
G. Reichel-Dolmatoff, Goldwork and Shamanism. An Iconographic Study of the Gold Museum. Museo del Oro Colombia (Medellín 1988).

Reichelt 1676
J. Reichelt, De amulettis (Straßburg 1676).

Reinecke 1930
P. Reinecke, Spätkeltische Oppida im rechtsrheinischen Bayern. Bayer. Vorgeschichtsfreund 9, 1930, 29–52.

Renfrew 1986
C. Renfrew, Varna und der soziale Kontext früher Metallurgie. In: Das erste Gold der Menschheit. Die älteste Zivilisation in Europa[2] (Freiburg 1986) 43 ff.

Rickenbach 1997
J. Rickenbach (Hrsg.), Sicán – Ein Fürstengrab in Alt-Peru. Kat. Rietberg (Zürich 1997).

Rieckhoff 1990
S. Rieckhoff, Faszination Archäologie. Bayern vor den Römern (Regensburg 1990).

Rittmann 1975
H. Rittmann, Deutsche Geldgeschichte 1484–1914 (München 1975).

Roman et al. 1986
B. Roman /A. Sintimbrean/V. Wollmann, Aurarii din Muntii Apuseni (Bukuresti 1982).

Rom und Byzanz 1998
Rom und Byzanz. Kat. Prähist. Staatssammlung München (München 1998).

Schade 2001
M. Schade, Gold in Thüringen. Thüringer Wald – Schiefergebirge – Frankenwald (Weimar 2001).

Schauer 1986
P. Schauer, Die Goldblechkegel der Bronzezeit. Ein Beitrag zur Kulturverbindung zwischen Orient und Mitteleuropa. Monogr. RGZM 8 (Bonn 1986).

Scheffel 1855
J. V. von Scheffel (mit einer Einleitung von A. Klaar), J. V. von Scheffels Werke in sechs Bänden (Heidelberg 1855).

Schindler 2000
H. Schindler, Die Kunstsammlung Norbert Mayrock aus Alt-Peru (München 2000).

Schmitz 1986
J. Schmitz, Ein Überblick über die Golderz-Aufbereitung. In: Edelmetalle – Exploration und Gewinnung. Schriftenr. GDMB (Weinheim 1986) 151– 166.

Schramm 1984
P. Schramm, Die Alchemisten. Gelehrte, Goldmacher, Gaukler (Taunusstein 1984) 114.

Schreiber 1841
H. Schreiber, Die Metallringe der Kelten als Schmuck und Geld. Taschenbuch für Geschichte und Alterthum in Süddeutschland 3 (Freiburg i. B. 1841).

Schulte-Wülwer 1980
U. Schulte-Wülwer, Das Nibelungenlied in der deutschen Kunst des 19. und 20. Jahrhunderts (Gießen 1980).

Schulz/Wenger 1980
O. Schulz /H. Wenger, Die Goldlagerstätte Zell am Ziller, Tirol. Jahrb. Geol. Bundesanstalt 123, 1980, 113–141.

Schumacher 1912
F. Schumacher, Die Golderzlagerstätten und der Goldbergbau der Rudaer Zwölf-Apostel-Gewerkschaft zu Brad in Siebenbürgen (Berlin 1912).

Schütt 2000
H.-W. Schütt, Auf der Suche nach dem Stein der Weisen. Die Geschichte der Alchemie (München 2000).

Sedlmayer 1977
H. Sedlmayer, Zeichen der Sonne. In: Epochen und Werke. Gesammelte Schriften zur Kunstgeschichte Bd. 2 (Mittenwald 1977) 249–256.

Sedlmayer 1979
H. Sedlmayer, Das Licht in seinen künstlerischen Manifestationen (Mittenwald 1979).

v. See 1971
K. v. See, Germanische Heldensage. Stoffe, Probleme, Methoden (Frankfurt /M. 1971).

v. See 1978
K. v. See (Hrsg.), Europäische Heldendichtung. (Darmstadt 1978).

Sicán 1997
J. Rickenbach (Hrsg.), Sicán – Ein Fürstengrab in Alt Peru. Kat. Rietberg (Zürich 1997).

Sixt 1898
G. Sixt, Regenbogenschüsselchen und andere keltische Münzen aus Württemberg. Fundber. Schwaben 6, 1898, 37–41.

Slotta/Wollmann 1999
R. Slotta /V. Wollmann, Denkmale des Bergbaus. In: R. Slotta et al. (Hrsg.), Silber und Salz in Siebenbürgen. Kat. dt. Bergbaumus. (Bochum 1999) 109– 153.

Spycher 1983
A. Spycher, Rheingold. Basel und das Gold am Oberrhein (Basel 1983).

Steffgen 1997
U. Steffgen, Spätkeltisches Gold – Bayern. In: Lehrberger et al. 1997, 228–249.

Steffgen et al. 1998
U. Steffgen /R. Gebhard/G. Lehrberger/G. Morteani, Platin Group Metal inclusions in celtic gold coins. In: W. A. Oddy/M. R. Cowell (Edd.), Metallurgy in Numismatics, Vol. 4. Royal Num. Society SP No. 30 (London 1998) 202–207.

Steffgen/Ziegaus 1994
U. Steffgen/B. Ziegaus, Untersuchungen zum Beginn der keltischen Münzprägung in Süddeutschland. Jahrb. Num. Geldgesch. 44, 1994, 9–34.

Stein 1868
Ph. Stein (Hrsg.), F. Rückerts ausgewählte Werke in sechs Bänden. Bd. 3 (1868) 313.

Steuer 1997
H. Steuer, Handel und Fernbeziehungen. Tausch, Raub und Geschenk. In: Die Alamannen (Stuttgart 1997) 389–402.

Štibal 2000
F. Štibal, Übersicht über die Problematik der beabsichtigten Goldgewinnung in der Umgebung der Stadt Kašperské Hory/Bergreichenstein im Böhmerwald. Schriftenr. Bergbau- und Industriemuseum Ostbayern 36, 2000, 173–176.

Storch 1987
W. v. Storch (Hrsg.), Die Nibelungen, Bilder von Liebe, Verrat und Untergang (München 1987).

Störk 2000
W. Störk, Das Rheingold – zwischen Mystik und Wissenschaft. Bd. 2 (Markgräflerland 2000) 65–111.

Streber 1860–1862
F. Streber, Über die sogenannten Regenbogenschüsselchen. 1. Von der Heimath und dem Alter der sogenannten Regenbogen-Schüsselchen. Abhandlungen d. Philosph.-Philolog. Classe d. Königl. Bayer. Akad. d. Wiss. Band 9 Abt. 1 (München 1860). – 2. Beschreibung der sogenannten Regenbogen-Schüsselchen und Erklärungs-Versuch ihrer Typen. Band 9 Abt. 3 (München 1862).

Striedinger 1928
I. Striedinger, Der Goldmacher Marco Bragadino. Archivkundliche Studie zur Kulturgeschichte des 16. Jahrhunderts (München 1928).

Tentzel 1689
N. N. Tentzel, Dialog. mentr. oder seiner Monatlichen Gespräche (o.O. 1689) 904–915 (zitiert nach Döderlein 1739).

Thausing 1970 [1872]
M. Thausing, Dürers Briefe und Tagebücher (Osnabrück 1970 [1872]).

Thurneysser 1574
L. Thurneysser, Hermaeneia. Das ist ein Onomasticum, Interpretation über die frembden und unbekannten Wörter, Caracter und Namen ... in den Schriften des Paracelsi gefunden. – Historia und Beschreibung Influentischer Elementischer und Natürlicher Wirckungen ... (Berlin 1574).

Tüngel 1964
R. Tüngel, 400 Jahre Kunst, Kultur und Geschichte im Prado (Zürich 1964) 88 f. Abb. 35–36.

Udubaşa et al. 2001
G. Udubaşa/E. Rosu/I. Seghedi/P. M. Ivascanu, The »Golden Quadrangle« in the Metaliferi Mountains, Romania: What does this really mean ? Romanian Journal of Mineral Deposits 79, Suppl. 2 (Bukarest 2001) 24–34.

Valentini 1704
M. B. Valentini, Museum Museorum oder vollständige Schaubühne aller Materialien und Specereyen. 2 Bde. (Frankfurt a. Main 1704).

Veit 1982
L. Veit, Münzen – Mittler des Glaubens – Die Madonna im Münzbild. In: Münzen in Brauch und Aberglauben. Zur 100-Jahrfeier des Vereins für Münzkunde Nürnberg (Mainz 1982) 35–50.

Voigt 1771a
A. Voigt, Beschreibung der bisher bekannten Böhmischen Münzen. Bd. 1 (Prag 1771) 63–86.

Voigt 1771b
A. Voigt, Schreiben an einen Freund; von den bey Podmokl einem in der Hochfürstl. Fürstenbergischen Herrschaft Pürglitz gelegenen Dorfe in Böhmen gefundenen Goldmünzen (Prag 1771).

Wagner 2000
E. Wagner, Jade. Das grüne Gold der Maya. In: N. Grube (Hrsg.), Maya: Gottkönige im Regenwald (Köln 2000).

Wamser 2000
L. Wamser, Von der »Prähistorischen Sammlung des Staates« zur »Archäologischen Staatssammlung – Museum für Vor- und Frühgeschichte«. Zur wechselvollen Geschichte des Hauses und seiner Tätigkeitsbereiche. Bayer. Vorgeschbl. 65, 2000, 321–347.

Wamser 2001
L. Wamser, Eine spätkeltische Münz-»Reliquie« aus Weißenhorn im Franziskanerinnenkloster Hl. Kreuz zu Mindelheim. Geschichte im Landkreis Neu-Ulm. Jahrb. Landkreis Neu-Ulm 7, 2001 (im Druck).

Weisgerber 1998
G. Weisgerber, Zur Bergtechnik nach den Ausgrabungen. In: C. Dahm/U. Lobbedey/G. Weisgerber, Der Altenberg – Bergwerk und Siedlung aus dem 13. Jh. im Siegerland. Denkmalpflege und Forschungen in Westfalen 34, 1998, 184–198.

Werner 1925
A. Werner, The Mythology of all Races. African 7 (Boston 1925) 234 f.

Werner 1935
J. Werner, Münzdatierte austrasische Grabfunde. Germ. Denkmäler Völkerwanderungszeit 3 (Berlin, Leipzig 1935).

Weyer 1992
J. Weyer, Graf Wolfgang II. von Hohenlohe und die Alchemie. Alchemistische Studien in Schloß Weikersheim 1587–1610. Forsch. aus Württembergisch Franken 39 (Sigmaringen 1992).

v. Wichdorff 1914
H. v. Wichdorff, Die Gold vorkommen des Thüringer Waldes und Frankenwaldes und die Geschichte des Thüringer Goldbergbaus und der Goldwäschereien. In: Königl. Preuss. Geol. Landesanst. (Hrsg.), Beitr. z. Geschichte des Thü-

ringer Bergbaus und zur montangeologischen
Kenntnis der Erzlagerstätten und Mineralvor-
kommen des Thüringer Waldes und Frankenwaldes (Berlin 1914).

Widmann 1999
M. Widmann, [Gold im] Tessin und in Graubünden. In: Pfander/Jans 1999, 137–157.

Wielandt 1951
F. Wielandt, Münzkunde und Münzkabinette
am Oberrhein. In: ders. (Hrsg.), Festschr. zum
30jährigen Bestehen der Badischen Gesellschaft
für Münzkunde (Karlsruhe 1951) 9–64.

Willi 1999
G. Willi, Alltag und Brauch in Bayerisch-Schwa-
ben. In: P. Fassl (Hrsg.), Quellen zur historischen Volks- und Landeskunde 1 (Augsburg
1999) 322.

Williams/Ogden 1994
D. Williams /J. Ogden, Greek Gold. Jewellery
of the Classical World (London 1994).

Wollmann 1996
V. Wollmann, Der Erzbergbau, die Salzgewin-
nung und die Steinbrüche im römischen Dakien. Veröff. dt. Bergbaumuseum Bochum 63
(Cluj, Napoca 1996).

Wollmann 1999 a
V. Wollmann, Prähistorischer Bergbau in Sie-
benbürgen. In: R. Slotta et al. (Hrsg.), Silber und
Salz in Siebenbürgen. Kat. dt. Bergbaumus.
(Bochum 1999) 19–23.

Wollmann 1999 b
V. Wollmann, Bergbau im römischen Dakien.
In: R. Slotta et al. (Hrsg.), Silber und Salz in Siebenbürgen. Kat. dt. Bergbaumus. (Bochum 1999)
24–34.

Wooley 1934
C. L. Wooley, Ur Excavations. Vol. II. The Royal
Cemetery. A Report on the Predynastic and Sar-
gonid Graves Excavated between 1926 and 1931.
2 Bde. (London 1934).

Wurster 1991
W. W. Wurster, Die Schatzgräber. Archäologische Expeditionen durch die Hochkulturen Südamerikas (Hamburg 1991).

Zedler 1741
J. H. Zedler, Universallexikon, Tom. XXX (Leipzig, Halle 1741) Sp. 1755–1758.

Ziegaus 1989
B. Ziegaus, Der latènezeitliche Münzumlauf in
Franken. Bayer. Vorgeschbl. 54, 1989, 69–135.

Ziegaus 1993
B. Ziegaus, Der Münzfund von Sontheim. Ein
Schatz keltischer Goldmünzen aus dem Unter-
allgäu. H. Dannheimer (Hrsg.), Ausstellungskat.
Prähist. Staatssammlung 24 (München 1993).

Ziegaus 1994
B. Ziegaus, Das Geld der Kelten und ihrer Nachbarn. Sammlung Josef Schörghuber. H. Dannheimer (Hrsg.), Ausstellungskat. Prähist.
Staatssammlung 26 (München 1994).

Ziegaus 1995
B. Ziegaus, Der Münzfund von Großbissendorf.
Eine numismatisch-historische Untersuchung
zu den spätkeltischen Goldprägungen in Südbayern. Ausstellungskat. Prähist. Staatssammlung 27 (München 1995).

Ziegaus 1996
B. Ziegaus, Keltische Münzen in der Oberpfalz.
In: Gold im Herzen Europas. Gewinnung, Bearbeitung, Verwendung. Schriftenr. Bergbau-
und Industriemuseum Ostbayern 34 (Theuern
1996) 127–133.

Ziegaus 2000
B. Ziegaus, Die Fundmünzen aus der jüngerla-
tènezeitlichen Siedlung von Egglfing. In: H.
Dannheimer/A. Schmid/L. Wamser (Hrsg.),
Festschr. Hans-Jörg Kellner zum 80. Geburts-
tag. Bayer. Vorgeschbl. 65, 2000, 39–83.

Zürn 1987
H. Zürn, Hallstattzeitliche Grabfunde in Württemberg und Hohenzollern. Forsch. u. Ber. Vor-
u. Frühgesch. Baden-Württemberg 25 (Stuttgart 1987).

Zwicker 1998
U. Zwicker, An investigation of inclusions of
platin-group metals in ancient coinage. In: W.
A. Oddy/M. R. Cowell (Edd.), Metallurgy in
Numismatics, Vol. 4. Royal Num. Society SP No.
30 (London 1998) 171–201.

Bildnachweis

Agricola 1556, 560: Abb. 125.

Amiet 1977, Nr. 793; Nr. 807; Umzeichnung D. Hinz, MVF: Abb. 50.

Autrum-Mulzer, S., Staatl. Museum f. Völkerkunde München: Kat. 32.

Bachmann, M./Hofmeier Th., Geheimnisse der Alchemie (Basel 1999) 166: Abb. 129.

Bayerische Staatsgemäldeslg.: Abb. 91, 119 (München, Alte Pinakothek, Inv.-Nr. 38).

Berbeleac 1985: Abb. 18.

Berger, M., Arch. Staatsslg. München: Abb. 63, 83, 84, 107, 134.

Cauuet, B., Entwurf: Abb. 30.

Cech, B.: Abb. 38, 39 (Kartengrundlage Bundesamt f. Eich- und Vermessungswesen, Wien, Graphik B. Cech): 40–43, Kat. 7 a–d.

Crawford, M., Roman Republican Coinage II (Cambridge 1974) Pl. IV, 6-28/5. Umzeichnung G. Sorge, Arch. Staatsslg. München: Abb. 85

Dannheimer, H., Arch. Staatsslg. München: Abb. 130.

Deckers, S.: Abb. 12.

Dethlefs 1988: Abb. 112.

Dreyer, A., Linden-Museum Stuttgart: Abb. 57, 60, Kat. 23, 30–31, 39, 51, 52, 58, 61, 143.

Dunareanu-Vulpe 1967: Abb. 102.

Eberlein, M., Arch. Staatsslg. München: Abb. 8, 10, 11, 13, 52–54, 56, 64–73, 75–77, 80–82, 86, 90, 101, 105, 106, 108, 110, 114–116, 118, 132–133, Kat. 18, 19, 21, 22, 24, 26, 27, 37, 40–44, 65–67, 68 b, 73, 75 a, 76–80, 87–92, 94–107, 109, 110, 112, 115–120, 124, 125, 129, 130, 136–139, 144–146, 150–197.

Eluère, Ch.: Abb. 9.

Ethnologisches Museum, Staatliche Museen zu Berlin: Kat 16.

Franke, M., Staatl. Museum f. Völkerkunde München: Abb. 58, Kat. 59.

Franke, M., Arch. Staatsslg. München: Kat. 198.

Franke, P. R.: Abb. 62.

Franken, M., Ethnologisches Museum, Staatliche Museen zu Berlin: Kat. 29, 36 a–b, 50, 55, 62, 63, 132–135, 140–142.

Frankenstein, P./Zwietasch, H., Württemberg. Landesmuseum Stuttgart: Kat. 28, 72.

Friedrich-Wilhelm-Murnau Stiftung: Abb. 100.

Gebhard, R.: Abb. 2 (Römisch-Germanisches Zentralmuseum Mainz), 3 (Ägyptisches Nationalmuseum Kairo), 78 (Arch. Staatsslg. München), 96–97 (Umzeichnung).

Germanisches Nationalmuseum Nürnberg: Abb. 135 (HB 25.083), Kat. 46.

Graf, D., Ethnologisches Museum, Staatliche Museen zu Berlin: Kat. 48, 49.

Grunewald, W.: Kat. 6 c.

Hochleitner, R., Mineralogische Staatssammlung, Museum Reich der Kristalle: Abb. 16, 20.

Hist. Mus. der Pfalz, Speyer: Abb. 104, Kat. 1 a, 45.

Hotter, H., Staatliche Münzsammlung München: Abb. 87–89.

Interfoto Pressebild-Agentur Bildarchiv: Kat. 15.

J. Karpinski, Kunstgewerbemuseum Dresden: Kat. 84.

Kellner 1990, Taf. 4 sowie M. Eberlein, Arch. Staatsslg. München: Abb. 79.

Kulick, J.: Abb. 21, Kat. 9 a.

Laurenzo, A., Staatl. Museum f. Völkerkunde München: Kat. 56, 57, 60 c, 64.

Lehrberger, G.: Abb. 14, 17 (nach Paar 2000 Abb. 8), 22, 25, 26, 28, 31–33, 35–37, 103, Kat. 3 c, 4 e, 4 h.

Leidorf, K., Foto, Archivnummer 8136/001, Bayer. Landesamt f. Denkmalpflege, Luftbildarchäologie, Aufnahme vom 4.10.1993: Abb. 74.

Libavius 1597, II, 38: Abb. 124.

Linden-Museum Stuttgart: Abb. 1.

Lovekin, J.: Abb. 55.

Madrid, Museo del Prado, Inv.-Nr. 425: Abb. 121.

Maertens, H., Hessisches Landesmuseum Darmstadt: Abb. 93.

Mainfränkisches Museum Würzburg: Abb. 4.

Massanek, A., TU Bergakademie Freiberg: Abb. 15, Kat. 11 c, 13 b–c.

Menghin, W., Graphik K. D. Schwarz, MVF: Abb. 49.

Morávek, P.: Kat. 10 b, 10 c.

Mus. Brad: Kat. 8 b, 13 d–e (1598), 13 h–o, 13 s, 13 t.

Museum f. Mineralogie und Geologie Dresden: Abb. 24, Kat. 6 a.

Museum f. Völkerkunde Berlin: Abb. 59.

Münchow, A., Foto, Copyright: Domkapitel Aachen: Abb. 92.

Nationalarchiv Richard-Wagner-Stiftung Bayreuth: Abb. 99, Kat. 14.

Nationalmuseum of Denmark, Kopenhagen: Abb. 5.

Naturhist. Museum Wien: Kat. 8 c, 8 e, 11 a, 12 b.

Niedermayr, G., Naturhistorisches Museum Wien: Abb. 19, 27.

v. Osten, S.: Abb. 122, 123, 126, 127, 128 (1998, 17 Abb. 5).

Paar, W.: Kat. 12 d.

Plamp, C., MVF: Abb. 44–45, 51.

Rainer, K., Salzburg: Kat. 69.

Raiser 1841: Abb. 72, 9–11.

Rebsamen, S., Bernisches Historisches Museum: Kat. 20.

Richter, Ludwig (1803–1844). Die Sterntaler (1853). Illustration zum gleichnamigen Märchen der Gebrüder Grimm (1812–15): Abb. 120.

Rommel, I., Linden-Museum Stuttgart: Kat. 53, 54.

Schatzkammer der Residenz, München; Bayer. Verwaltung der Staatl. Schlösser, Gärten u. Seen: Abb. 6, Kat. 71, 148.

Schwarz, K. D., Graphik, MVF: Abb. 46–48.

Schweizerisches Landesmuseum Zürich: Abb. 7.

Staatliche Graphische Sammlung München: Abb. 94, 131 (Inv. 238726).

Staatl. Museen Preuß. Kulturbesitz – Mus. f. Vor- u. Frühgeschichte Berlin: Kat. 47.

Staatliche Münzsammlung, München, nach Originalkupferstich: Abb. 111.

Staatl. Museum f. Völkerkunde München: Abb. 61, Kat. 60 a–b.

Staatl. Sammlung Ägyptischer Kunst, München: Kat. 17, 74, 147.

Staatsgalerie Stuttgart: Abb. 95.

Streber, F., Über die sogenannten Regenbogenschüsselchen, Teil I (München 1860): Abb. 113.

Tebbe, S.: Abb. 34.

Thüringisches Landesmuseum Schloss Heidecksburg: Abb. 29.

Udubaşa et al. 2001 und Schuhmacher 1912: Abb. 23.

Württemberg. Landesmuseum Stuttgart: Abb. 72,5, Kat. 70.

Ziegaus 2001: Abb. 117.

© VG Bild-Kunst, Bonn 2001: Abb. 95.